# DAS BESTE AUS ITALIENS KÜCHE

Elena Spagnol

# DAS BESTE AUS ITALIENS KÜCHE

## Originalrezepte von heute

Verlag Das Beste Zürich-Stuttgart-Wien

Zur Handhabung    Die Zutaten und Geräte sind in der Reihenfolge, wie sie benötigt werden, zusammengestellt. Geräte und Zutaten in Klammern können weggelassen werden.

Die Rezepte sind mit Symbolen versehen:

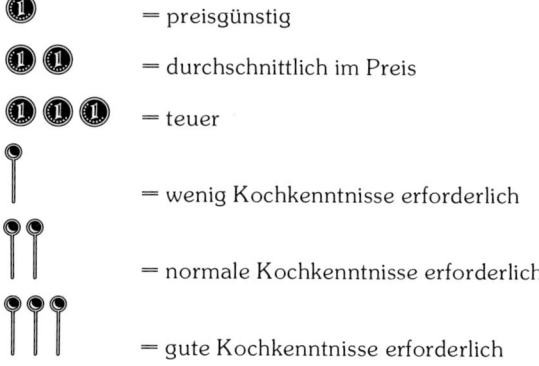

= preisgünstig

= durchschnittlich im Preis

= teuer

= wenig Kochkenntnisse erforderlich

= normale Kochkenntnisse erforderlich

= gute Kochkenntnisse erforderlich

**Das Beste aus Italiens Küche**
Originalrezepte von heute

ist die gekürzte, übersetzte und bearbeitete Fassung von:
Elena Spagnol, «Il grande libro della cucina d'oggi»,
© 1982 Selezione dal Reader's Digest S.p.A. – Milano

*Fachliche Bearbeitung für den deutschsprachigen Raum:*
*Marianne Kaltenbach, Luzern*

Übersetzung: Sonja Jost, Culinas PR AG, Luzern
Redaktion: Christina Sieg-Welti, Berikon
Gestaltung: Aldo Capiaghi, Zürich
Einband: Peter Helbling, Zürich
Fotos Einband: Michael Lieb, Langnau a. A.
Fotos Rezepte: Culinas PR AG, Luzern
Illustrationen: Alessandro Bartolaminelli, Milano

4. Auflage
© 1986 Verlag Das Beste aus Reader's Digest AG, Zürich
Räffelstrasse 11, «Gallushof», 8021 Zürich

ISBN 3 7166 0041 5

# Inhaltsverzeichnis

# Vorwort

*Die Italiener sind lebhaft und gesellig und lieben ein gutes Essen. Zu Recht rühmen sie sich einer Küche mit jahrhundertealter Tradition, die heute in grossen Teilen der Welt ein Begriff ist. Ihr wichtigstes Merkmal ist die Einfachheit – eine Einfachheit, die auf der Verwendung von möglichst naturbelassenen Zutaten und auf deren mässigen und klugen Anwendung beruht, ferner auf der kurzen Kochzeit, welche die ursprünglichen Eigenschaften eines Lebensmittels zu erhalten und hervorzuheben bestrebt ist. Zugleich muss auch betont werden, dass es keine eigentliche italienische Küche gibt, sondern viele verschiedene regionale Küchen, jede mit ihrem eigenen, unverkennbaren Gesicht.*

*Eine typisch italienische Mahlzeit setzt sich aus mehreren kleinen Gängen zusammen; sie beginnt mit Teigwaren, Reis, einer gehaltvollen Suppe oder Polenta. – Ab und zu wird vorher noch ein «Antipasto» serviert. – Dann folgt ein Gang, bestehend aus Fleisch, Fisch, Wurst oder Eiern, meist begleitet von Salat oder Gemüse. Anschliessend geniesst der Italiener gerne ein wenig Käse und als Schlussbouquet eine Süssspeise und/oder Früchte. Ein starker Kaffee rundet das Essen ab.*

*Die Einteilung der Rezepte in diesem Buch entspricht nicht ganz den italienischen Gepflogenheiten. Sie wurde den Essgewohnheiten im deutschen Sprachraum angepasst. Bei der Auswahl achteten wir darauf, dass alle Zutaten leicht erhältlich sind. Die Zubereitung der Gerichte ist klar und ausführlich beschrieben; Sie können sie problemlos nachkochen. Am Anfang der Rezepte sind die Geräte angegeben, welche die Arbeit erleichtern, ferner Arbeitsaufwand und Kochzeit. Die Fussnoten zeigen Variationsmöglichkeiten, so dass die Rezepte den eigenen Vorlieben oder den besonderen Umständen angepasst werden können.*

*Der Anhang «Warenkunde und Fachausdrücke» vermittelt weitere Informationen, speziell über typische, uns weniger vertraute Zutaten. Ein deutsches und ein italienisches Register erleichtern das Nachschlagen eines bestimmten Rezeptes.*

*Viel Spass beim Kochen und «buon appetito» wünscht Ihnen*

*Elena Spagnol*

# Salate

Bei der Zusammenstellung von Salaten sind der Phantasie keine Grenzen gesetzt, denn «erlaubt ist, was gefällt»! Von der einfachsten Variante aus einer einzigen Salatsorte bis zu Kombinationen mit Fleisch-, Fisch- und Geflügelresten erfreuen unzählige Varianten das Auge und den Gaumen.

Der wichtigste aller italienischen Salate ist die bei uns bekannte klassische Komposition des «Insalata mista» aus verschiedenen Blattsalaten, zum Beispiel roter und grüner Cicorino, Scarola, Lattughino, Lattuga, alles Salate, die man heute bei uns ohne Mühe bekommen kann. Dazu gehören meistens gekochte weisse oder rote Bohnen oder je nach Jahreszeit auch grüne, gekochte Bohnen, Fenchel und Selleriestangen. Findet man ganz kleine, zarte Artischocken, können sie ebenfalls beigefügt werden. Die bei uns üblichen Salatsorten wie Kopfsalat, Rettich, Randen (rote Beete) und ähnliche gehören nicht in einen typisch italienischen Salat. Auch die Zwiebeln lässt man am besten weg.

Eine italienische Salatsauce besteht nur aus Salz, Weinessig und gutem Öl (Oliven- oder evtl. Sonnenblumenöl). Meist wird der Salat erst am Tisch angemacht. In guten Restaurants wird dies vom Kellner besorgt, der in einer Schüssel zuerst das Salz im Essig auflöst und dann das Öl darunterrührt. Danach kommen die Salate hinein, und alles wird gut vermischt.

Die Salate gehören in Italien eigentlich zu den «Antipasti». Weil sie auch bei uns als Vorspeise sehr beliebt sind, enthält dieses Buch so viele Varianten und Anregungen, dass daraus ein eigenes Kapitel wurde. Nebst den rohen Gemüsesalaten enthält es auch einige Rezepte für Fleisch-, Fisch- und Geflügelsalate. Sie sehen auf einem kalten Buffet, als selbständige Vorspeise oder als kleines Nachtessen gleich gut aus. Immer beliebt ist auch der Reissalat, zum Beispiel in der schmackhaften Kombination mit Miesmuscheln, und interessant für Käseliebhaber ist bestimmt der Gorgonzola-Salat.

*Der Reissalat mit Miesmuscheln (Seite 21) oder der gemischte Gemüsesalat (Seite 12) eignen sich sowohl als Vorspeise wie auch als leichtes Hauptgericht*

## Gemüsesalate

Gemüsesalat, vor dem Hauptgericht serviert, ist ein wertvoller Vitaminspender, ganz besonders wenn das Gemüse roh zubereitet wird. Aber auch mit gekochtem Gemüse, warm, lauwarm oder kalt aufgetragen, regt er die Magensäfte an und setzt den Verdauungsmechanismus in Bewegung. Zu diesem Zweck lassen sich beliebige Gemüse in schwach gesalzenem Wasser knapp gar kochen und mit einer Vinaigrette oder Zitronensauce (bzw. einer ihrer Varianten, s. Seite 437) beträufeln sowie nach Belieben mit gehacktem Ei oder Kräutern bestreuen. Auch Reste von Gemüse, das nur in Salzwasser gegart wurde, lassen sich auf diese Weise weiterverwerten. Die Kombination mit Käse, z.B. Mozzarella, schmeckt nicht nur köstlich, sondern bereichert den Salat auch mit Eiweiss.

# Selleriesalat mit Karotten
## Insalata di sedano e carote

**Für 4 Personen**
*Arbeitsaufwand: 6–8 Minuten*
*Stehenlassen: 30 Minuten*

*Zutaten:*
*1 kleine Sellerieknolle*
*2 grosse Karotten*
*Salz*
*2 Esslöffel Zitronensaft*
*4–6 Esslöffel Rahm*

*Geräte:*
*kleines und grosses Küchenmesser, Gemüseraffel, Salatschüssel*

- Den Sellerie mit dem grossen Messer in 4 Stücke schneiden. Mit dem kleinen Messer die Schale grosszügig entfernen. Die Karotten schälen.
- Beide Gemüse waschen und gut abtropfen lassen. Mit der Gemüseraffel in ziemlich feine Streifen schneiden.
- In die Salatschüssel geben und Salz und Zitronensaft darüber verteilen. Alles gut vermischen.
- Eine halbe Stunde stehenlassen.
- Vor dem Servieren den Rahm beifügen und mischen.

- *Nach Belieben 2 Scheiben in feine Streifen geschnittenen gekochten Schinken beifügen.* • *Der Rahm kann durch Öl ersetzt werden.*

# Roher Kohlsalat – Insalata di cavolo crudo

**Für 4 Personen**
*Arbeitsaufwand: ca. 10 Minuten*
*Stehenlassen: mind. 1 Stunde*

*Zutaten:*
*1/2 mittelgrosser, fester Kohl oder Wirsing (ca. 400 g)*
*1/2 kleine Knoblauchzehe*
*1/2 Esslöffel Sardellenpaste*
*6 Esslöffel Öl*
*2 Esslöffel Essig*

*Geräte:*
*grosses Küchenmesser,*
*Holzbrett und Wiegemesser,*
*Salatschüssel*

- Den Kohl oder Wirsing putzen und wenn nötig allzu grüne Blätter entfernen (sie können später für eine Gemüsesuppe verwendet werden).
- In 2 Viertel schneiden, den Strunk entfernen und die Blätter nach Belieben längs oder quer in sehr feine Streifen schneiden.

- Waschen, abtropfen lassen und trockenschwingen.
- Den Knoblauch fein hacken.
- Die Sardellenpaste auf dem Boden der Salatschüssel mit dem nach und nach beigefügten Öl verrühren. Den Essig und den Knoblauch beifügen.
- Den Kohl dazugeben und gut mit der Sauce vermischen. Bis zum Servieren 1 Stunde oder nach Belieben auch länger stehenlassen (jedoch nicht mehr als 12 Stunden, da der Kohl sonst gären könnte).

---

- *Der Kohl oder Wirsing kann ganz oder teilweise durch Rotkohl ersetzt werden.* • *Zum Anrichten kann dieser Salat mit dünnen, rohen Zwiebelscheiben garniert werden, man kann sie nach Belieben aber auch unter den Salat mischen.*

# Rotkohlsalat – Insalata di cavolo rosso

**Für 4 Personen**
*Arbeitsaufwand: ca. 10 Minuten*
*Stehenlassen: 12 Stunden*

*Geräte:*
*grosses Küchenmesser,*
*Holzbrett, Salatschüssel*

*Zutaten:*
*½ kleiner Rotkohl (ca. 400 g)*
*Salz*
*ca. 6 Esslöffel Öl*

- Den Kohl von den äussersten Blättern befreien und zuerst in Viertel, dann in sehr schmale Streifen schneiden. Dabei nur den Strunk entfernen.
- Waschen, abtropfen lassen und trockenschwingen.
- In die Salatschüssel geben und einige Teelöffel Salz darüberstreuen. Gut mischen.
- 12 Stunden stehenlassen.
- Vor dem Servieren das Öl beifügen.

---

- *Nach Belieben 1 Esslöffel Essig, gehackte Nüsse oder einen kleinen, in Scheiben geschnittenen Apfel beifügen.*

# Tomatensalat mit Mozzarella
## Insalata di pomodori e mozzarella

**Für 4 Personen**
*Arbeitsaufwand: 7–8 Minuten*

*Geräte:*
*kleines Küchenmesser,*
*(Küchenschere)*

*Zutaten:*
*½ Esslöffel Sardellenpaste*
*5–6 Esslöffel Öl*
*250 g Mozzarella*
*2 grosse Tomaten*
*Salz*
*5–6 Basilikumblätter*

- Die Sardellenpaste nach und nach mit dem Öl verrühren.
- Den Mozzarella in Scheiben schneiden.
- Die Tomaten waschen, abtrocknen und ebenfalls in Scheiben schneiden.

*Tomatensalat mit Mozzarella in den italienischen Landesfarben, vorne ein Mozzarella-Zöpfchen*

● Abwechselnd mit den Mozzarella-Scheiben dachziegelartig auf eine flache Platte anrichten. Schwach salzen (die Sardellen-paste ist bereits gesalzen) und mit der Sauce beträufeln.
● Die Basilikumblätter waschen und abtropfen lassen. Mit der Küchenschere in Streifen schneiden oder von Hand in kleine Stücke reissen. Über den Salat verteilen. Servieren.

---

*● Nach Belieben 1 fein gehackte Knoblauchscheibe oder 1 Prise Knoblauchpulver mit der Sauce vermischen. ● Das Basilikum kann durch Oregano ersetzt werden.*

# Gemischter Gemüsesalat – Insalata Maria

**Für 4 Personen**
*Arbeitsaufwand: 15 Minuten*
*Kochzeit: ca. 10 Minuten*

*Zutaten:*
*Salz*
*200 g grüne Bohnen*
*½ kleiner Blumenkohl (ca. 350–400 g)*
*1 kleiner Lattich oder Kopfsalat*
*8 Radieschen*
*1 mittelgrosse Gurke*
*1 Frühlingszwiebel*
*1 Esslöffel feine Kapern*
*2 Esslöffel Essig*
*6 Esslöffel Öl*

*Geräte:*
*2 mittelgrosse Pfannen,*
*kleines Küchenmesser,*
*Holzbrett, Sieb, Salat-*
*schüssel*

- Beide Pfannen zwei Drittel hoch mit Salzwasser aufsetzen.
- Die Bohnen putzen, indem beide Enden weggeschnitten und allfällige Fäden entfernt werden. Den Blumenkohl in Röschen teilen. Beide Gemüse waschen, jedoch separat halten.
- Wenn das Wasser kocht, die Bohnen in die eine und den Blumenkohl in die andere Pfanne geben. Ca. 10 Minuten bei mittlerer Hitze kochen, oder bis die beiden Gemüse gar, aber nach Belieben noch ein wenig knackig sind (mit einer Gabel prüfen).
- Während die Gemüse kochen, den Lattich oder Kopfsalat putzen, waschen, abtropfen lassen und trockenschwingen. Die Radieschen putzen und waschen. Die Gurke schälen. Von der Frühlingszwiebel die Wurzeln, den grünen Teil und das äusserste Blatt entfernen. Radieschen und Gurke in einige Millimeter dicke Scheiben schneiden. Die Zwiebel zuerst der Länge nach halbieren und dann in hauchdünne Scheibchen schneiden.
- Bohnen und Blumenkohl, sobald sie gar sind, aus der Pfanne nehmen und sofort unter fliessendem kaltem Wasser abschrecken. Sehr gut abtropfen lassen und sorgfältig trockentupfen.
- Alle Gemüse in die Salatschüssel geben und die Kapern darüber verteilen.
- Mit Salz bestreuen und mit Essig und Öl beträufeln. Sehr gut mischen und servieren.

# Kartoffelsalat nach Mailänder Art
## Insalata di patate alla milanese

**Für 4 Personen**
*Arbeitsaufwand: 10 Minuten*
*Kochzeit: 20–35 Minuten*

*Zutaten:*
*800 g Kartoffeln*
*Salz*
*7–8 Esslöffel Öl*
*2 Esslöffel Essig*
*2 Esslöffel gehackte Petersilie*
*1 Knoblauchzehe*

*Geräte:*
*mittelgrosse Pfanne,*
*Spiesschen, Schaumlöffel*
*oder Sieb, kleines*
*Küchenmesser, Salat-*
*schüssel, Holzbrett und Wiege-*
*messer, Kochlöffel*

- Die Kartoffeln sorgfältig waschen.
- In die Pfanne geben, mit kaltem Wasser bedecken und etwas Salz beifügen.
- Zum Kochen bringen, dann die Hitze etwas reduzieren und 15–30 Minuten (je nach Grösse der Kartoffeln) garen, bis sie weich sind (mit dem Spiesschen prüfen, nicht mit dem Küchenmesser, da die Kartoffeln dabei zerbrechen könnten).
- Mit dem Schaumlöffel herausheben oder in ein Sieb schütten.
- So rasch wie möglich schälen (um sich die Hände nicht zu verbrennen, einen Topfhandschuh oder ein Paar Gummihandschuhe anziehen oder ein mehrmals gefaltetes Küchentuch zu Hilfe nehmen).
- Die Kartoffeln in eher dicke Scheiben oder in Würfel schneiden und in die Salatschüssel geben. Sofort mit Öl, Essig, etwas Salz, Petersilie und der geschälten und in Scheiben geschnittenen Knoblauchzehe (diese wird beim Essen wieder entfernt)

sorgfältig mit einem Kochlöffel mischen. Nach Belieben warm, lauwarm oder kalt servieren.

● *Dieser Salat schmeckt gut als Beilage zu Siedfleisch.*

# Zwiebelsalat mit Basilikum
## Insalata di cipolle al basilico

**Für 4 Personen**
*Arbeitsaufwand: ca. 5 Minuten*
*Stehenlassen: 1 Stunde*

*Zutaten:*
*3–4 mittelgrosse Zwiebeln (wenn möglich rote Sorte)*
*1½ Esslöffel Essig*
*Salz*
*4 Esslöffel Öl*
*1 gehäufter Esslöffel gehacktes Basilikum*

*Geräte:*
*kleines Küchenmesser,*
*Holzbrett, Salatschüssel,*
*Wiegemesser*

● Die Zwiebeln schälen.
● In der Längsrichtung halbieren und ebenfalls der Länge nach in feine Scheiben schneiden.
● In die Salatschüssel geben und mit Essig, Salz und Öl vermischen. 1 Stunde oder nach Belieben auch länger stehenlassen.
● Unmittelbar vor dem Servieren mit dem gehackten Basilikum bestreuen.

● *Schmeckt besonders gut zu kaltem Braten oder zu Schweinefleisch.*

# Salat mit Gorgonzola – Insalata con gorgonzola

**Für 4 Personen**
*Arbeitsaufwand: 10 Minuten*

*Zutaten:*
*200–250 g Blattsalat, möglichst 2 verschiedene Sorten, z.B. Kopf-salat und Cicorino rosso (Radicchio)*
*50 g pikanter Gorgonzola*
*70 g Emmentaler*
*1 längliches, knuspriges Brötchen*
*1 Knoblauchzehe*
*Salz*
*3 Esslöffel Essig*
*8 Esslöffel Öl*

*Geräte:*
*kleines Küchenmesser,*
*Salatschleuder, Salatschüssel*

● Den Salat putzen und waschen, abtropfen lassen und trockenschwingen oder -tupfen.
● Den Gorgonzola in die Salatschüssel geben und in kleine Stückchen schneiden. Den Emmentaler in Stäbchen oder Scheibchen direkt in die Schüssel schneiden.
● Das Brötchen der Länge nach halbieren. Die Schnittflächen mit der geschälten Knoblauchzehe bestreichen und in ca. 4 cm grosse Stücke schneiden.
● Unmittelbar vor dem Servieren den Salat und die Brotstücke in die Schüssel geben. Salz, Essig und Öl (in dieser Reihenfolge) darüber verteilen und alles gut mischen.

*Zwei sättigende Sommersalate: Salat mit Gorgonzola und Truthahnsalat mit grünen Bohnen (Seite 18)*

## Fleisch- und Fischsalate

Reste von gebratenem oder gekochtem Fleisch, Geflügel und Fisch lassen sich sehr gut mit Gemüse kombinieren und, mit einer Vinaigrette oder ähnlichen Sauce vermischt (siehe Seite 437), als Vorspeise oder – in grösserer Menge – als leichtes Hauptgericht an warmen Tagen servieren. Gekochtes Rindfleisch kann man auch beim Metzger kaufen, man kann aber ohne weiteres auch ein Stück Fleisch, Geflügel oder einen Fisch speziell zu diesem Zweck kochen und im Sud erkalten lassen. Rohes und gekochtes Gemüse oder solches aus dem Essig bringen nebst den Geschmacksvarianten auch farbige Akzente. Durch die Beigabe von gekochtem Reis wird der Salat etwas nahrhafter. Es ist viel Platz für Phantasie und Kreativität vorhanden.

# Fleischsalat – Insalata di arrosto

**Für 4 Personen**
*Arbeitsaufwand: 5 Minuten*

*Zutaten:*
*6 Esslöffel Öl*
*1 Esslöffel Essig*
*einige Spritzer Worcestershire-Sauce*
*Salz*
*1 Prise getrocknete, gehackte Zwiebeln oder Zwiebelpulver*
*1 Prise getrocknete Thymianblätter*
*300–350 g kalter Kalbs- oder Schweinebraten*

*Geräte:*
*Schüssel, Holzbrett,*
*Küchenmesser*

- Alle Zutaten ausser dem Fleisch in die Schüssel geben und gut verrühren.
- Den Braten von allfälligem Fett befreien. In dünne Scheiben, diese in einige Zentimeter breite Streifen und dann in quadratische oder rechteckige Stücke schneiden.
- In die Schüssel geben und mit der Sauce vermischen.

---

- *Vor dem Servieren 1 Stunde stehenlassen.* • *Nach Belieben Petersilie oder andere gehackte frische Kräuter oder 1 Prise getrocknetes Basilikum beifügen.* • *Etwas gekochten, kalten Reis und gefüllte, in Scheiben geschnittene oder mit einem Messer von den Steinen und in kleine Stücke geschnittene Oliven unter den Salat mischen.*

# Siedfleischsalat nach Triestiner Art
## Insalata di manzo bollito alla triestina

**Für 4 Personen**
*Arbeitsaufwand: 10 Minuten*

*Zutaten:*
*300 g kaltes Siedfleisch*
*2 mittelgrosse, gekochte, kalte Kartoffeln*
*1 kleine Zwiebel*
*2 grosse Essiggurken*
*8 Esslöffel Öl*
*3 Esslöffel Essig*
*Salz*
*Pfeffer*
*1 mittelgrosse, nicht zu reife Tomate*

*Geräte:*
*grosses Küchenmesser,*
*Holzbrett, grosse Tasse,*
*Salatschüssel*

- Allfälliges Fett, Nerven oder Hautstücke vom Fleisch entfernen. In dünne Scheiben schneiden.
- Die Kartoffeln schälen und in 3–4 mm dicke Scheiben schneiden.
- Die Zwiebel schälen und in hauchdünne Scheiben schneiden.
- Die Essiggurken in einige Millimeter dicke Scheiben schneiden.
- In der Tasse aus Öl, Essig, Salz und Pfeffer eine Sauce rühren.
- Das Fleisch und die Kartoffeln lagenweise in die Salatschüssel schichten. Die Zwiebel- und Gurkenscheiben dazwischen verteilen. Die Sauce darüberträufeln (1 Esslöffel voll zurückbehalten).
- Kurz vor dem Servieren die Tomate waschen und abtrocknen. In ziemlich dünne Scheiben schneiden und diese schön auf der Oberfläche des Salates verteilen. Mit der zurückbehaltenen Sauce beträufeln.

---

- *Wer die Kalorien zählt, ersetzt das Öl durch die gleiche Menge Fleischbrühe und die Kartoffeln durch 2 hartgekochte Eier, die in Scheiben oder Schnitzen als Garnitur auf den Salat gelegt werden.* • *Eine ganz andere Note bekommt das Gericht, wenn man anstelle der Kartoffeln 6 Esslöffel Maiskörner (evtl. aus der Dose), 12 schwarze Oliven und als zusätzliches Gewürz Oregano beimischt.* • *Auch Kopfsalat- oder Lattichblätter oder gekochte Blumenkohlröschen bilden eine dekorative und schmackhafte Ergänzung.*

# Geflügelsalat mit Mayonnaise
## Insalata di pollo con maionese

**Für 4 Personen**
*Arbeitsaufwand:*
*10–12 Minuten*

*Zutaten:*
*ca. 300 g gekochtes oder gebratenes, kaltes Geflügelfleisch*
*1 Sellerieherz*
*5–6 Esslöffel Mayonnaise*
*4–6 grosse, zarte Salatblätter*
*1 Esslöffel Kapern*
*12 schwarze Oliven*
*3–4 hartgekochte Eier*

*Geräte:*
*kleines und grosses*
*Küchenmesser, Holzbrett,*
*grosse Schüssel, grosse Tasse*

- Das Geflügelfleisch in ca. 1 cm grosse Würfel schneiden.
- Das Sellerieherz in die einzelnen kleinen Stangen zerpflükken. Waschen, die Blätter entfernen und in ca. ½ cm grosse Würfel schneiden.
- Geflügelfleisch und Sellerie in die Schüssel geben.
- Die Mayonnaise in der Tasse mit ca. 2 Esslöffeln kochendem Wasser verrühren, damit sie etwas flüssiger wird. Etwas mehr als die Hälfte davon in die Schüssel geben und mit Fleisch und Sellerie vermischen.
- Die Salatblätter unter fliessendem kaltem Wasser waschen und vorsichtig trockentupfen.
- Im letzten Moment vor dem Servieren eine Schüssel mit den Salatblättern auslegen. Die Fleisch-Sellerie-Mischung in die Mitte geben und die restliche Mayonnaise darüber verteilen. Mit den gut abgetropften Kapern bestreuen. Mit den Oliven und den geschälten und in Stücke geschnittenen Eiern garnieren.

# Geflügelsalat mit Apfel und Sellerie
## Insalata di pollo con mela e sedano

**Für 4 Personen**
*Arbeitsaufwand: 15 Minuten*

*Zutaten:*
*4 Esslöffel Öl*
*4 Esslöffel Zitronensaft*
*1 kleiner Apfel*
*1 kleiner Endiviensalat*
*ca. 300 g gekochtes oder gebratenes, kaltes Geflügelfleisch*
*2 kleine, zarte Selleriestangen*
*6–8 Walnüsse*
*Salz*

*Geräte:*
*grosse Tasse, kleines*
*Küchenmesser, Nussknacker,*
*Salatschüssel*

- Öl und Zitronensaft in die Tasse geben.
- Den Apfel schälen, in Viertel schneiden und das Kerngehäuse entfernen. Die Viertel in dünne Scheiben schneiden und sofort in die Tasse geben. Mit Öl und Zitronensaft vermischen, damit sie sich nicht verfärben.
- Den Salat putzen. Dabei welke oder zerdrückte Blätter entfernen. Die kleinen Blätter ganz lassen und die grossen in

mundgerechte Stücke brechen. In reichlich kaltem Wasser mehrmals waschen, abtropfen lassen und trockenschwingen.
- Das Geflügelfleisch in kleine Stücke schneiden. Den Sellerie waschen und ebenfalls kleinschneiden. Die Nüsse schälen und die Kerne vierteln.
- Unmittelbar vor dem Servieren alle Zutaten in die Salatschüssel geben und vermischen.

# Truthahnsalat mit Oliven
## Insalata di tacchino con olive

**Für 2 Personen**
*Arbeitsaufwand: 5 Minuten*

*Zutaten:*
*150–170 g gebratenes, kaltes Truthahnfleisch*
*7–8 grosse schwarze Oliven*
*20 g Peperone (Paprikaschote) aus dem Essig*
*ca. 120 g gekochter, kalter Reis (ca. 40–50 g Rohgewicht)*
*3–4 Esslöffel Öl*
*1 Esslöffel Essig*
*Salz*

*Geräte:*
*kleines und grosses Küchenmesser, Holzbrett, Schüssel*

- Das Truthahnfleisch in etwas über 1 cm grosse Würfel schneiden. In die Schüssel geben.
- Mit dem kleinen Küchenmesser die Oliven von den Steinen und in Stücke schneiden. Zum Fleisch geben.
- Den eingelegten Peperone in kleine Stücke schneiden und zu den übrigen Zutaten geben.
- Reis, Öl, Essig und Salz (es braucht nicht viel, weil verschiedene Zutaten bereits gesalzen sind) zugeben und alles sorgfältig mischen.

- *Man kann den Salat einige Zeit (sogar einige Stunden) vor dem Essen zubereiten.* • *Wenn es eilt, ganze Oliven verwenden. Die Anzahl etwas erhöhen, weil sie sich im Salat weniger gut verteilen, als wenn sie in Stücke geschnitten sind.*

# Truthahnsalat mit grünen Bohnen
## Insalata di tacchino con fagiolini verdi

**Für 4 Personen**
*Arbeitsaufwand: 15 Minuten*
*Kochzeit: ca. 10 Minuten*

*Zutaten:*
*Salz*
*500 g grüne Bohnen*
*300–350 g gebratenes, kaltes Truthahnfleisch*
*1 grosse Tomate*
*3 Esslöffel Essig*
*6 Esslöffel Öl*

- Reichlich Salzwasser zum Kochen bringen.
- Inzwischen die Bohnen putzen, indem beide Enden und allenfalls vorhandene Fäden entfernt werden. In 2–3 Teile schneiden,

*Geräte:*
*grosse Pfanne, kleines und grosses Küchenmesser, Holzbrett, Sieb, Salatschüssel*

so dass ca. 3 cm lange Stücke entstehen. In einem Gefäss mit viel kaltem Wasser jeweils einige Stücke zwischen den Handflächen reiben und gründlich waschen. Abspülen und abtropfen lassen.

- In das kochende Wasser geben und ca. 7 Minuten garen.
- Das Truthahnfleisch in ca. 1½ cm grosse Würfel schneiden.
- Die Tomate waschen, abtrocknen und in Stücke schneiden.
- Wenn die Bohnen gar oder nach Belieben noch ein wenig knackig sind, abgiessen und unter fliessendem kaltem Wasser abschrecken. Sehr gut abtropfen lassen und trockentupfen.
- Bohnen, Truthahnfleisch und Tomaten in die Salatschüssel geben. Salz, Essig und Öl darüber verteilen und gut mischen.

---

- *Wenn genügend Zeit zur Verfügung steht, empfiehlt es sich, den Salat 30 Minuten im voraus zuzubereiten und bis zum Auftragen ziehen zu lassen. Einzig die Tomaten dürfen erst im letzten Moment beigefügt werden, da sie sonst schlaff werden.*

---

# Fischsalat – Pesce condito

**Für 4 Personen**
*Arbeitsaufwand: 7–8 Minuten*
*Stehenlassen: mind. 1 Stunde*

*Zutaten:*
*ca. 400 g gekochter oder gebratener Fisch*
*1 sehr kleine Zwiebel*
*1 kleine Knoblauchzehe*
*4–5 Esslöffel Öl*
*(ca. 1½ Esslöffel Essig)*
*Salz*

*Für den Familientisch oder das kalte Buffet und ideal zum Vorbereiten – ein Fischsalat*

*Geräte:*
*kleines Küchenmesser,*
*Holzbrett, Schüssel*

- Den Fisch von Haut und Gräten befreien und mit den Fingern in kleine Stücke zerpflücken.
- Die Zwiebel schälen, der Länge nach halbieren und in dünne Scheiben schneiden.
- Die Knoblauchzehe schälen und in dünne Scheibchen schneiden.
- Das Fischfleisch zusammen mit den Zwiebel- und Knoblauchscheiben in die Schüssel geben. Öl und nach Belieben Essig darübergiessen. Salzen (nur wenig, wenn der Fisch bereits gesalzen ist), alles vermischen und 1 Stunde oder länger ziehen lassen. Die Knoblauch- und auch die Zwiebelscheiben können beim Essen entfernt werden. Nach Belieben in Portionenschalen, die mit Salatblättern ausgelegt wurden, anrichten.

# Miesmuschelsalat – Cozze in insalata

**Für 4 Personen**
*Arbeitsaufwand: ca. 30 Minuten*
*Garzeit: 4–6 Minuten*
*Erkalten: mind. 30 Minuten*

*Zutaten:*
*1,2 kg Miesmuscheln (Moules)*
*3–4 Esslöffel Öl*
*(1 Esslöffel Essig oder Zitronensaft)*
*1 gehäufter Esslöffel gehackte Petersilie*
*1 Knoblauchzehe*
*Salz*

*Geräte:*
*kräftige Bürste (wenn möglich aus Metall), Messer mit kurzer, kräftiger Klinge, grosse Pfanne, Deckel, (Schaumlöffel), Holzbrett und Wiegemesser, kleines Küchenmesser*

- Muscheln mit zerbrochenen oder geöffneten Schalen ausscheiden (sie sind mit Sicherheit tot, während Muscheln im Moment des Einkaufens lebend sein müssen).
- Die einwandfreien Muscheln in ein grosses Gefäss geben und im Spültrog eine nach der anderen unter fliessendem Wasser bürsten.
- Es ist nicht nötig, sie zu schaben, da die Schalen weggeworfen werden. Hingegen den Bart entfernen, der sich auf der einen Muschelseite befindet, indem er mit Daumen und Messerklinge herausgezogen wird.
- Die geputzten Muscheln mit reichlich kaltem Wasser gut spülen. Mit den Händen herausheben, gut abtropfen lassen und in die Pfanne geben.
- Den Deckel aufsetzen und bei kräftiger Hitze unter gelegentlichem Umrühren 4–6 Minuten dünsten.
- Wenn sich die Muscheln geöffnet haben, mit dem Schaumlöffel (oder einem gewöhnlichen Löffel oder vorsichtig von Hand) herausheben und in eine grosse Schüssel geben. Muscheln, die sich nach einigen Minuten Kochzeit nicht öffnen, sind wegzuwerfen.
- Erkalten oder lauwarm werden lassen. Dann das Muschelfleisch mit Hilfe eines Teelöffels aus den Schalen nehmen und in eine Schüssel geben.
- Öl, nach Belieben Essig oder Zitronensaft, Petersilie, die geschälte und in Scheibchen geschnittene Knoblauchzehe (man kann sie beim Essen wieder entfernen) und Salz darübergeben und gut mischen. Kalt servieren. Der Salat wird schmackhafter, wenn er einige Stunden vor dem Servieren zubereitet wird.

# Reissalat mit Miesmuscheln
## Insalata di riso con cozze

**Für 4 Personen**
*Arbeitsaufwand: 15 Minuten*
*Kochzeit: 15–20 Minuten*
*Kühlzeit: ca. 20 Minuten*

*Zutaten:*
*Salz*
*200 g Reis*
*1 kg Miesmuscheln (Moules)*
*1 mittelgrosse Zwiebel*
*1 Knoblauchzehe*
*2–3 Petersilienzweiglein*
*1 kleines Lorbeerblatt*
*1½ dl Weisswein*
*8–10 Esslöffel Öl*
*2 Esslöffel Essig*
*2 Esslöffel Petersilie und Basilikum, zusammen gehackt*

*Geräte:*
*mittelgrosse Pfanne, (Stahl-bürste), grosse Pfanne, Deckel, kleines Küchenmesser, Schüssel, Sieb, Salatschüssel*

- In der kleineren Pfanne genügend Wasser für den Reis aufsetzen und salzen. Wenn das Wasser kocht, den Reis hineingeben und ca. 15 Minuten garen.
- Inzwischen die Muscheln in einem grossen Gefäss waschen und einzeln sorgfältig (wenn möglich mit einer Stahlbürste) putzen. Es ist allerdings nicht nötig, sie völlig sauber abzuschaben, da die Schalen weggeworfen werden. In reichlich Wasser mehrmals spülen.
- In die grosse Pfanne geben. Die Zwiebel schälen, in grobe Stücke schneiden und zu den Muscheln geben. Die geschälte, aber ganze Knoblauchzehe, die gewaschenen Petersilienzweiglein, das Lorbeerblatt und den Weisswein beigeben.
- Den Deckel aufsetzen und alles bei starker Hitze zum Kochen bringen.
- Nach einigen Minuten beginnen sich die Muscheln zu öffnen. Den Deckel entfernen und die geöffneten Muscheln nach und nach auf einen grossen Teller herausheben. Muscheln, die nach 7–8 Minuten noch verschlossen sind, wegwerfen. Die Kochflüssigkeit aufheben.
- Das Muschelfleisch mit Hilfe eines Teelöffels aus den Schalen nehmen und in die Schüssel geben. 3–4 Esslöffel Öl, Essig, gehackte Petersilie und Basilikum zugeben. Mischen und wenn nötig etwas Salz beifügen. Für ca. 20 Minuten oder bis zur Weiterverwendung in den Kühlschrank stellen.
- Den nach Belieben nur knapp gar gekochten Reis abgiessen, mit kaltem Wasser abspülen und sehr gut abtropfen lassen.
- In die Salatschüssel geben. Mit 5–6 Esslöffeln Öl und ca. 3 Esslöffeln Kochflüssigkeit der Muscheln vermischen (die genaue Menge selber festlegen und darauf achten, dass ein allfälliger Bodensatz in der Pfanne zurückbleibt). Wenn nötig noch etwas salzen, aber die Kochflüssigkeit der Muscheln dürfte genügend gesalzen sein.
- Zum Servieren die Muscheln samt ihrer Flüssigkeit in die Mitte des Reises geben.

---

- *Es gibt auch Miesmuscheln im Glas zu kaufen, die in Salzwasser eingelegt sind und sich für diesen Reissalat gut eignen.*

# Vorspeisen und Snacks

Ein «Antipasto» gehört an den Anfang eines konventionell zusammengestellten italienischen Menüs, wie das obligatorische «Dolce» an den Schluss. In den Restaurants sind sie meistens als Blickfang beim Eingang aufgebaut.

Zuhause wird man sich auf eines oder zwei dieser attraktiven Gerichte beschränken, vor allem wenn das Menü sättigend genug ist oder die Zubereitung einer Vorspeise nebst den übrigen Gerichten zu anspruchsvoll wäre. In diesem Fall ist es durchaus erlaubt und vielleicht sogar besser, sich auf das Servieren von Salzstangen, Oliven, gesalzenen Mandeln, rohem, in Stäbchen geschnittenem Gemüse oder kleinen Knabbereien zum Aperitif zu beschränken. Möglicherweise trifft aber auch das Gegenteil zu: Mit einer Vorspeise kann eine Mahlzeit, die vielleicht von der Menge oder Zusammensetzung her etwas knapp ist, aufgewertet werden. Wenn man «Antipasti» besonders gerne hat und sie gut vorbereiten kann, darf man das Menü auch absichtlich etwas kürzen und auf Teigwaren, Reis oder Suppe verzichten, um stattdessen bei den kalten Köstlichkeiten um so herzhafter zugreifen zu können. «Antipasti» eignen sich auch vorzüglich für ein kaltes Buffet.

Attraktiv sind die kleinen Happen zum Aperitif, zum Beispiel lecker zubereitete Oliven oder Kanapees, die mit italienischen Produkten eine besondere Note erhalten. Auch kleine Käsespezialitäten passen gut zu einem Glas Spumante oder trockenem Weisswein.

Weitere Gerichte, die sich als Vorspeise eignen und in anderen Kapiteln untergebracht wurden, sind:

Salate (s. Seite 10–21)
Sardellen in Zitronensaft (s. Seite 110)
Meerbarben mit Zitronen (s. Seite 115)
Blumenkohl mit Weisswein (s. Seite 274)
Zucchini in grüner Sauce (s. Seite 291)
Piemonteser Gemüsefondue (s. Seite 310)
Alle Eierspeisen, ausgenommen die einfachen Spiegeleier (s. Seite 314–331)

*Feine Kleinigkeiten zum Auftakt: Melone mit Schinken oder Coppa (Seite 42), Leberpâté mit Madeira und Trüffel (Seite 32), kalte Auberginen in roter Sauce (Seite 40) und mit Reis gefüllte Tomaten (Seite 35)*

# Kleine Happen zum Apéro

## Oliven in Orangenmarinade
### Olive all'arancia

**Für 4 Personen**
*Arbeitsaufwand: 5 Minuten*
*Stehenlassen: 24 Stunden*

*Zutaten:*
*abgezogene Schale von ¼ Orange*
*1 grosses Lorbeerblatt*
*(1 Scheibe Knoblauch)*
*200 g schwarze Oliven*
*2 Esslöffel Öl*

*Geräte:*
*kleines Küchenmesser,*
*Holzbrett und Wiegemesser,*
*kleine Schüssel*

● Die Orange waschen und abtrocknen. Von einem Viertel die Schale hauchdünn wegschneiden und darauf achten, dass nur die farbige, äusserste Schicht entfernt wird und nicht die weisse, die bitter ist.
● Zusammen mit dem Lorbeerblatt und nach Belieben mit der Knoblauchscheibe hacken.
● Diese Mischung mit den Oliven und dem Öl zusammen in die Schüssel geben, gut mischen und vor dem Servieren ca. 24 Stunden stehenlassen.

## Gefüllte Brötchen mit Geflügelleber
### Tartinette con fegatini di pollo

**Für 4–6 Personen**
*Arbeitsaufwand:*
*8–10 Minuten*
*Backzeit: 10–12 Minuten*

*Zutaten:*
*4 Geflügellebern*
*12 sehr kleine Milchbrötchen (4–5 cm Durchmesser)*
*60–70 g Butter*
*Salz*
*Worcestershire-Sauce*

*Geräte:*
*Küchenmesser, feuerfeste Form*

● Den Backofen auf 190 °C vorheizen.
● Die Lebern von Fett, Nerven, Häuten und evtl. grünlichen Teilen (die bitter sind, weil sie mit der Galle in Berührung kamen) befreien. Jede Leber in 3 Teile schneiden.
● Die Brötchen der Breite nach halbieren und so gut wie möglich aushöhlen, ohne die Kruste zu beschädigen. Grosszügig mit der Butter bestreichen.
● In jede untere Hälfte ein Stück Leber geben, salzen und mit Worcestershire-Sauce beträufeln.
● Mit der oberen Brötchenhälfte zudecken und in einer feuerfesten Form anordnen. In die Mitte des vorgeheizten Backofens schieben und 10–12 Minuten backen. Sofort heiss servieren.

# Oliven in Speck – Olive nella pancetta

**Für 4 Personen**
*Arbeitsaufwand: 10 Minuten*
*Bratzeit: ca. 10 Minuten*

*Zutaten:*
*130 g Fontina in dünnen Scheiben*
*12 grosse grüne Oliven (ca. 150 g)*
*12 sehr dünne Scheiben geräucherter Pancetta (ca. 110 g)*

*Geräte:*
*kleines Küchenmesser,*
*(Grillrost), Grillblech,*
*12 Holzstäbchen*

- Den Backofen auf 220 °C vorheizen.
- Die Fontina-Scheiben in Stücke von ca. 2 x 6 cm zuschneiden. Die Pancetta-Scheiben der Länge nach halbieren.
- Jede Olive zuerst in ein Stück Fontina, dann in eine Scheibe Pancetta wickeln.
- Die Röllchen auf den Rost und diesen auf das Grillblech legen (oder die Röllchen direkt auf das Blech legen).
- Während ca. 10 Minuten, oder bis der Pancetta leicht gebräunt ist, in die Mitte des Ofens schieben.
- In jede Olive ein Holzstäbchen stecken und sofort servieren.

*Anstatt Nüsschen Oliven in Orangenmarinade oder in Speck oder auch Brötchen mit Geflügelleber*

## Kanapees

Man verwendet dafür meistens Scheiben von Kastenbrot oder auch anderen Brottypen, wie z.B. Roggenbrot. Man kann sie in geometrische oder beliebige andere Formen zuschneiden. Meistens werden sie mit Butter oder cremeähnlichen Pasten bestrichen und nach persönlichem Geschmack und eigener Phantasie verschieden garniert.

Es empfiehlt sich, die Brotscheiben vor dem Zuschneiden und vor dem Entfernen der Kruste zu bestreichen und manchmal auch zu garnieren. Man kann auf diese Weise die Ränder besser bestreichen.

Butter kann leichter verarbeitet werden, wenn sie weich ist. Deshalb eine halbe Stunde vor Gebrauch aus dem Kühlschrank nehmen. Sollte die Butter oder ein anderer Aufstrich etwas zu weich sein, empfiehlt es sich, das bereits bestrichene Brot kurz in den Kühlschrank zu geben, bevor man es zuschneidet oder die Kruste entfernt. Sonst bleibt der Aufstrich am Messer kleben und verhindert saubere Ränder.

Aus einer quadratischen Scheibe Kastenbrot lassen sich die verschiedensten Formen zuschneiden: rechteckige, wenn man die Scheibe in der Mitte der Länge nach halbiert, dreieckige, wenn man sie diagonal entzweischneidet, quadratische, wenn sie übers Kreuz zerschnitten wird, und Phantasieformen (runde, herz- oder sternförmige usw.) durch Verwendung von Teigausstechern.

Wenn sehr viele Kanapees benötigt werden, kann man ein ganzes Kastenbrot der Länge nach in Scheiben schneiden, bestreichen und erst dann beliebig zuschneiden.

Aus einem 40 cm langen Kastenbrot lassen sich Kanapees für 20–24 Personen zubereiten. In diesem Fall werden meist nicht alle Kanapees gleich zubereitet, sondern zwei, drei oder mehr verschiedene Sorten.

Pro Person muss man 4–5 Kanapees rechnen (d.h. durchschnittlich zwei Kastenbrotscheiben) und knapp 10 g gewöhnliche oder gemischte Butter oder einen ähnlichen Aufstrich oder ca. 1 Esslöffel Mayonnaise.

Weitere Rezepte befinden sich im Kapitel «Belegte Brote» (s. Seite 340–347). Im Grunde genommen können alle kleinen belegten Brötchen, die nur aus einer einzigen Brotscheibe bestehen, als Kanapees bezeichnet werden. Ausser den in den folgenden Rezepten ausführlich beschriebenen Garnituren hier noch einige weitere Anregungen:

---

## Garnituren für Kanapees

- Butter und Rohschinken. Pro Person sind ca. 30–35 g Rohschinken zu rechnen.
- Butter und geriebener Parmesan (oder Greyerzer) zu gleichen Teilen, mit ganz wenig Brandy (Weinbrand) und Rahm vermischt. Mit Mandeln oder Nusskernen garnieren.
- Butter und Räucherlachs. Wenig Butter verwenden und pro Person ca. 50 g Lachs.
- Butter und Kaviar. Pro Person braucht es 15–20 g Kaviar.
- Butter mit Senf vermischt, garniert mit Eischeiben und gehackter Petersilie.
- Butter mit Senf vermischt, mit hauchdünnen Emmentalerscheibchen bedeckt.
- Butter mit Senf und Meerrettich vermischt, bedeckt mit in feine Streifen geschnittenen Scheiben von gekochter Zunge und/oder gekochtem Schinken.
- Mascarpone mit Sardellenpaste verknetet, mit Cornichon-Scheibchen garniert.

---

# Kanapees mit Sardellen – Canapè all'acciuga

**Für 4 Personen**
*Arbeitsaufwand: 10 Minuten*

*Zutaten:*
*80 g Butter*
*20 g Sardellenpaste*
*8 Scheiben Kastenbrot*
*16 grosse schwarze Oliven*

*Geräte:*
*kleine Schüssel oder tiefer Teller, scharfes Messer (evtl. mit Sägeschliff), kleines Küchenmesser*

- Butter und Sardellenpaste in die Schüssel oder den Teller geben. Mit einer Gabel verarbeiten und so lange mischen, bis eine gleichmässige Paste entstanden ist.
- Gleichmässig auf die Brotscheiben streichen.
- Mit einem scharfen Messer die Krusten wegschneiden. Jede Scheibe in 4 Quadrate oder 2 Dreiecke schneiden (s. Seite 26).
- Jedes Kanapee mit einer Scheibe einer schwarzen Olive garnieren (von jeder Olive kann man zwei schöne Scheiben schneiden).

---

- *Zur Butter-Sardellen-Mischung nach Belieben ½ Esslöffel sehr fein gehackten Schnittlauch geben.*

# Kanapees mit Thunfisch – Canapè al tonno

**Für 4 Personen**
*Arbeitsaufwand: 12 Minuten*

*Zutaten:*
*60 g Thunfisch aus dem Öl*
*40 g Butter*
*Saft von ¼ Zitrone*
*8 Scheiben Kastenbrot*
*2 hartgekochte Eier*

*Geräte:*
*Holzbrett und Wiegemesser, kleine Schüssel oder tiefer Teller, scharfes Messer (evtl. mit Sägeschliff), (Eierschneider)*

- Den Thunfisch fein hacken.
- In die Schüssel oder den Teller geben und Butter und Zitronensaft beifügen.
- Alle Zutaten mit einer Gabel verarbeiten und so lange mischen, bis eine gleichmässige Paste entstanden ist.
- Gleichmässig auf die Brotscheiben streichen.
- Mit einem scharfen Messer die Krusten wegschneiden. Jede Scheibe in 4 Quadrate schneiden (s. Seite 26).
- Die Eier in Scheiben schneiden (wenn möglich mit einem Eierschneider, weil damit regelmässigere und schönere Scheiben entstehen). Jedes Kanapee mit einer Eischeibe garnieren.

---

- *Nach Belieben noch mit Kapern garnieren.* • *Die Butter-Thunfisch-Mischung kann man mit etwas Curry abschmecken.*

# Kanapees mit Gorgonzola und Nüssen
Canapè con gorgonzola e noci

**Für 4 Personen**
*Arbeitsaufwand: 10 Minuten*

*Zutaten:*
*50 g Butter*
*25 g reifer Gorgonzola*
*8 Scheiben Kastenbrot*
*16 halbe Walnusskerne*

*Geräte:*
*kleine Schüssel oder tiefer Teller, scharfes Messer*

- Butter und Gorgonzola in die Schüssel oder den Teller geben. Mit einer Gabel verarbeiten und so lange mischen, bis eine gleichmässige Paste entstanden ist.

*Kanapees mit Sardellen (Seite 26), Thunfisch (Seite 27), Gorgonzola und Nüssen (Seite 27) sowie Sellerie*

- Gleichmässig auf die Brotscheiben streichen.
- Mit einem scharfen Messer die Krusten wegschneiden. Jede Scheibe in 4 Quadrate oder 2 Dreiecke schneiden (s. Seite 26).
- Jedes Kanapee mit ½ oder ¼ Nusskern garnieren.

# Kanapees mit Sellerie – Canapè al sedano rapa

**Für 4 Personen**
*Arbeitsaufwand: 12 Minuten*

*Zutaten:*
*1 Sellerieknolle (ca. 400 g)*
*4 Esslöffel Mayonnaise*
*Saft von ½ Zitrone*
*8 Scheiben Kastenbrot*
*3–4 Esslöffel scharfer Senf*

*Geräte:*
*starkes sowie kleines Küchen-*
*messer, Gemüseraffel,*
*Schüssel, scharfes Messer*
*(evtl. mit Sägeschliff)*

- Mit dem starken Messer die Sellerieknolle in 4 Stücke schneiden. Mit dem Küchenmesser schälen und Wurzeln sowie Blattansätze entfernen.
- Auf der Gemüseraffel mit der feinen Scheibe reiben.
- In die Schüssel geben. Mayonnaise und Zitronensaft beifügen (bei diesem die genaue Menge nach dem Geschmack und der

Konsistenz der Mayonnaise richten, dabei aufpassen, dass die Mischung nicht zu flüssig wird). Alles gut mischen.
● Die Brotscheiben mit Senf bestreichen.
● Mit dem scharfen Messer die Krusten wegschneiden. Jede Scheibe in 4 Quadrate oder 2 Dreiecke schneiden (s. Seite 26). Den Sellerie darauf verteilen.

## Käse

Obwohl es sich beim Käse in der Regel um ein Fertigprodukt handelt, lässt er sich auch weiterverarbeiten. So entstehen nebst den bekannten warmen Käsegerichten auch raffinierte Brotaufstriche, die zu einem sonntäglichen Brunch, auf Crackers oder kleinen Brotschnittchen zum festlichen Apéro oder ganz einfach als Zwischenmahlzeit grossen Anklang finden. Der nach den folgenden Rezepten zubereitete Käse kann im übrigen wie irgendein anderer Käse als Nachspeise serviert werden (s. dazu auch das Kapitel «Italienischer Käse», Seite 475 f.).

# Gorgonzola-Schaum – Spuma di gorgonzola

**Für 4 Personen**
*Arbeitsaufwand: 3 Minuten*

*Zutaten:*
*150 g pikanter Gorgonzola*
*120 g Ricotta*
*40 g Butter*
*3 Esslöffel Rahm*
*Salz*

*Geräte:*
*Krug, Stabmixer*

● Gorgonzola, Ricotta, Butter und Rahm in den Krug geben und mit dem Stabmixer pürieren, bis eine glatte, feste Masse entstanden ist.
● Wenn nötig noch etwas Salz beifügen und mit einem Löffel daruntermischen.

● *Mit Brot, nach Belieben getoastet, Crackers oder in zarten Selleriestangen servieren.*

# Ricotta-Schaum mit Kräutern
## Spuma di ricotta alle erbe

**Für 4 Personen**
*Arbeitsaufwand: 10 Minuten*

*Zutaten:*
*1 Petersilienzweig (gehackt 1 knapper Esslöffel)*
*5–6 Basilikumblätter*
*½ Lorbeerblatt*
*(2 Scheiben einer Frühlingszwiebel oder kleinen Zwiebel)*
*(1 dünne Knoblauchscheibe)*
*250 g Ricotta*
*2 Teelöffel Kümmelsamen*
*Salz*
*(schwarzer Pfeffer)*

*Geräte:*
*Holzbrett und Wiegemesser,*
*Schüssel, starke Gabel*

• Petersilie, Basilikum, Lorbeer und nach Belieben Zwiebel- und Knoblauchscheibe zusammen fein hacken.
• Alle Zutaten in die Schüssel geben und mit der Gabel kräftig rühren, bis eine glatte, cremige Masse entstanden ist.

---

• *Zusammen mit Brot (evtl. dunklem), Crackers oder in zarten Selleriestangen servieren. Separat Öl bereitstellen, damit die Mischung nach Belieben damit beträufelt werden kann.*

---

# Ziegenkäse in Marinade – Caprino all'aceto

**Für 1 Person**
*Arbeitsaufwand: 2 Minuten*

*Zutaten:*
*1 kleiner Ziegenkäse*
*2 Esslöffel Öl*
*1 Teelöffel Essig*
*Salz*
*(schwarzer Pfeffer)*

*Geräte:*
*kleines Schüsselchen*

• Den Käse aus seiner Verpackung nehmen und auf einen Teller legen.
• Im Schüsselchen mit einer Gabel Öl, Essig, Salz und nach Belieben Pfeffer gut verrühren.
• Diese Sauce über den Käse giessen und mit einer Gabel alles verkneten, bis eine glatte, cremige Masse entstanden ist.

---

• *Mit frischem oder getoastetem Brot, Crackers o. ä. servieren.*

---

# Tomme mit Zwiebeln – Tomino alla cipolla

**Für 2 Personen**
*Arbeitsaufwand: 5 Minuten*
*Stehenlassen: 2 Stunden*

*Zutaten:*
*¼ rote Zwiebel*
*3 Esslöffel Öl*
*1 Esslöffel nicht zu scharfer Essig*
*1 Teelöffel gehackte Petersilie*
*Salz*
*(Pfeffer)*
*1 frischer Tomme (ca. 150 g)*

*Geräte:*
*kleines Küchenmesser,*
*Holzbrett und Wiegemesser,*
*Tasse*

• Zwei Stunden vor dem Servieren die Zwiebel schälen, in sehr feine Scheiben schneiden und in eine Tasse geben. Öl, Essig, Petersilie, Salz und nach Belieben Pfeffer beifügen.
• Nach 1 Stunde den Tomme in rechteckige Scheibchen schneiden. Auf einer Servierplatte in einer einzigen Schicht schön anordnen und die Zwiebeln mit ihrer Sauce darüber verteilen.

---

• *Nach Belieben in den Kühlschrank stellen, aber wenn möglich nicht länger als ½ Stunde, weil sehr kalter Käse an Geschmack verliert.* • *Man kann diesen Käse nach Belieben mit einigen grünen oder schwarzen Oliven garnieren.*

# Grüner Mozzarella – Mozzarella al verde

**Für 4 Personen**
*Arbeitsaufwand: 10 Minuten*
*Kühlzeit: 1 Stunde*

*Zutaten:*
*1 grosser Mozzarella*
*1–2 Petersilienzweige (gehackt 1 gehäufter Esslöffel)*
*2 Sardellenfilets*
*½ Esslöffel Kapern*
*1 Esslöffel geriebener Parmesan oder Pecorino*
*3 Esslöffel Öl*

*Geräte:*
*grosses Küchenmesser, Holz-*
*brett und Wiegemesser, kleine*
*Schüssel, Käseraffel*

- Den Mozzarella in knapp ½ cm dicke Scheiben schneiden und nebeneinander auf einem flachen Teller anordnen.
- Die Petersilie waschen, gut abtropfen lassen und zusammen mit den Sardellenfilets und den Kapern hacken.
- In die kleine Schüssel geben, den geriebenen Käse und das Öl beifügen und alles gut mischen.
- Über die Mozzarella-Scheiben verteilen.
- Vor dem Servieren ca. 1 Stunde im Kühlschrank stehenlassen.

*Ziegenkäse in Marinade, Gorgonzola-Schaum in Selleriestangen, Ricotta-Schaum und Grüner Mozzarella*

# Kalte Vorspeisen

---

# Leberpâté mit Madeira und Trüffel
## Pâté Bergese

**Für 6–8 Personen**
*Arbeitsaufwand: ca. 15 Minuten*
*Garzeit: ca. 10 Minuten*
*Kühlzeit: 5½ Stunden*

*Zutaten:*
*200 g Kalbsleber*
*200 g Entenleber*
*200 g Geflügelleber*
*250 g Butter*
*2 dl Madeira oder Marsala*
*3 Esslöffel Brandy (Weinbrand)*
*2 Lorbeerblätter*
*Salz*
*weisser Pfeffer*
*(50 g weisse oder schwarze Trüffeln, evtl. nur Abschnitte, die weniger teuer sind)*

*Geräte:*
*grosses und kleines Küchenmesser, Holzbrett, grosse Bratpfanne, kräftiger Mixer, Bürstchen, Aluminiumfolie*

Dies ist eines der köstlichen Rezepte, die uns Nino Bergese, ein grossartiger Koch, der vor einigen Jahren verstorben ist, hinterlassen hat.

- Die Lebern von Fett, Nerven, Häuten und evtl. grünlichen Teilen (die bitter sind, weil sie mit der Galle in Berührung kamen) befreien.
- Die grösseren Teile in dünne Scheiben schneiden.
- In der Bratpfanne 100 g Butter schmelzen und aufschäumen lassen.
- Die Lebern hineingeben und unter häufigem Wenden ca. 5 Minuten braten, oder bis sie auf allen Seiten gebräunt sind.
- Madeira oder Marsala, Brandy, Lorbeerblätter, Salz und Pfeffer beifügen und immer noch bei kräftiger Hitze 5 Minuten weiterbraten, oder bis in der Pfanne fast keine Flüssigkeit mehr vorhanden ist.
- Etwas abkühlen lassen (ca. 15 Minuten).
- Die Lorbeerblätter entfernen. Die Leber mit der noch vorhandenen Flüssigkeit und der in Stücke geschnittenen restlichen Butter im Mixer pürieren, bis eine feine, gleichmässige Masse entstanden ist. Es ist möglich, dass die Butter zu weich wird. In diesem Fall die Masse im Mixglas 30 Minuten, oder bis sie die gewünschte Festigkeit angenommen hat, in den Kühlschrank stellen. Dann mit dem Mixen fortfahren.
- Die Trüffeln (oder die Abschnitte) unter fliessendem Wasser waschen. Mit einem Bürstchen reinigen (am besten eignet sich ein ungebrauchtes Zahnbürstchen). In verschieden grosse, zum Teil sehr kleine, zum Teil etwas grössere Würfel (von ca. ½ cm Seitenlänge) schneiden. Unter die Lebermasse mischen und nur einen Moment mixen, um sie zu verteilen.

- Die Masse auf ein Stück Aluminiumfolie geben, zu einer langen Rolle formen und einwickeln.
- Während ca. 5 Stunden in den Kühlschrank geben. Zum Servieren mit einem immer wieder in warmes Wasser getauchten Messer in Scheiben schneiden.

- *Mit leicht getoasteten und zu Drei- oder Rechtecken halbierten Kastenbrotscheiben servieren.* • *Kann im Kühlschrank 24 Stunden oder etwas länger aufbewahrt werden (aber nicht viel länger, weil diese Art von Pâté nicht sehr lange haltbar ist).* • *Sollte die Pâté sehr kalt und hart sein, vor dem Servieren während ca. 30 Minuten bei Zimmertemperatur stehenlassen.* • *Die Entenleber kann auch durch Kaninchenleber ersetzt werden.* • *Das gleiche Rezept kann auch nur mit Kalbsleber zubereitet werden.* • *Statt die Masse in einer Aluminiumfolie zu formen, kann man sie auch in eine Terrinenform geben.*

# Kalbspâté nach Mailänder Art
## Pâté di vitello alla milanese

**Für 8–10 Personen**
*Arbeitsaufwand:*
*15–20 Minuten*
*Kochzeit: ca. 20 Minuten*
*Kühlzeit: 6 Stunden*

*Zutaten:*
*1 mittelgrosse Karotte*
*1 mittelgrosse Zwiebel*
*1 zarte Selleriestange*
*170 g Butter*
*Salz*
*400 g kalter Kalbsbraten*
*6 Esslöffel Rahm*
*3 Esslöffel geriebener Parmesan*
*2 Esslöffel Brandy (Weinbrand)*
*150 g magerer gekochter Schinken*

*Geräte:*
*kleines Küchenmesser, Holzbrett, kleine Pfanne, Deckel, kräftiger Mixer (Cutter), Käseraffel, Aluminiumfolie*

- Die Karotte schälen und waschen. Die Zwiebel schälen. Die Selleriestange waschen.
- Die Gemüse in kleine Würfel oder dünne Scheiben schneiden.
- Mit 20 g Butter und wenig Salz in ein Pfännchen geben und zugedeckt bei schwacher Hitze und unter gelegentlichem Wenden 20 Minuten dünsten, oder bis das Gemüse gar ist.
- Unterdessen den Braten von Fett und, wenn vorhanden, Nerven befreien und in kleine Stücke schneiden.
- Wenn das Gemüse gar ist, in den Cutter geben. Braten, restliche Butter, Rahm, Parmesan, Brandy und nochmals wenig Salz dazugeben.
- Pürieren, bis eine feine, gleichmässige Masse entstanden ist. Wenn nötig noch etwas Salz beifügen und durchmischen.
- Ein grosses Stück Aluminiumfolie auf dem Tisch ausbreiten.
- Vom Schinken wenn nötig das Fett wegschneiden. Die Schinkenscheiben leicht überlappend in rechteckiger Form auf der Folie ausbreiten.
- Die pürierte Masse auf den Schinken geben. Mit der Hand zu einer länglichen Wurst formen.
- Zuerst in den Schinken, dann in die Aluminiumfolie einwickeln.

● 6 Stunden oder bis zum Gebrauch in den Kühlschrank legen. Zum Servieren mit einem immer wieder in warmes Wasser getauchten Messer in Scheiben schneiden.

---

● Mit leicht getoasteten Brotscheiben oder Crackers servieren. ● Wenn man nicht über einen genügend kräftigen Mixer verfügt, kann man aber auch Fleisch und Gemüse zwei- oder dreimal durch den Fleischwolf drehen oder sie mit einem Cutter zerkleiern und dann in einer Schüssel mit Hilfe einer Gabel mit den übrigen Zutaten verarbeiten. Die Butter muss dafür weich sein. Deshalb ca. 1 Stunde vor Gebrauch aus dem Kühlschrank nehmen.

# Geflügelleber-Parfait
## Perfetto di fegatini di pollo

**Für 6–8 Personen**
Arbeitsaufwand: ca. 15 Minuten
Garzeit: 40 Minuten
Ruhen und Kühlstellen:
ca. 15 Stunden

Geräte:
Küchenmesser, mittelgrosses
Kochgeschirr, das im Backofen
verwendet werden kann,
Aluminiumfolie, kräftiger
Mixer, kleine, rechteckige
Cakeform

Zutaten:
700 g Geflügelleber
Salz
weisser Pfeffer
2 Esslöffel Brandy (Weinbrand)
250 g Butter

● Die Lebern von Fett, Nerven, Häuten und evtl. grünlichen Teilen (die bitter sind, weil sie mit der Galle in Berührung kamen) befreien.
● In ein feuerfestes Geschirr geben und Salz, Pfeffer und Brandy beifügen. Gut mischen und 2 Stunden stehenlassen. 10 Minuten vor Ablauf dieser Zeit den Backofen auf 200 °C einschalten.
● Das Kochgeschirr mit einem doppelten Stück Aluminiumfolie bedecken. Dem Rand entlang gut umschlagen. Auf der mittleren Rille in den Backofen schieben und 40 Minuten garen.
● Aus dem Ofen nehmen und ca. 30 Minuten abkühlen lassen.
● Die ausgetretene Flüssigkeit weggiessen. Die 4 schönsten Lebern auswählen und beiseite legen.
● Die übrigen mit der in Stücke geschnittenen Butter im Mixer pürieren, bis eine feine, gleichmässige Masse entstanden ist. Es ist möglich, dass die Butter zu weich wird. In diesem Fall die Masse im Mixglas 30 Minuten, oder bis sie die gewünschte Festigkeit angenommen hat, in den Kühlschrank stellen. Dann mit dem Mixen fortfahren.
● Die Cakeform mit Aluminiumfolie auslegen. Sorgfältig glattstreichen und alle Falten so gut wie möglich flachdrücken.
● Die Hälfte der pürierten Masse in die Form geben und glattstreichen. Die zurückbehaltenen Lebern der Länge nach darauf verteilen. Mit der restlichen Masse bedecken. Glattstreichen und ein weiteres Stück Aluminiumfolie darauflegen. Es spielt keine Rolle, wenn die Form nicht gefüllt wird. Sie muss lediglich die Masse formen.
● Während 12 Stunden in den Kühlschrank stellen.
● Unmittelbar vor dem Servieren die Aluminiumfolie von der Oberfläche entfernen. Das Parfait auf eine passende Platte stürzen und die andere Aluminiumfolie sorgfältig abziehen. Wenn

nötig die Oberfläche mit einem in warmes Wasser getauchten Messer oder Spatel etwas glattstreichen. Zum Servieren mit einem immer wieder in warmes Wasser getauchten Messer in Scheiben schneiden.

---

● *Mit leicht getoasteten und zu Drei- oder Rechtecken halbierten Kastenbrotscheiben servieren.* ● *Man kann das Parfait bis zu 24 Stunden oder etwas länger im Kühlschrank aufbewahren (aber nicht viel länger, weil das Gericht nicht sehr haltbar ist). Sollte das Parfait sehr kalt und hart sein, vor dem Servieren während ca. 30 Minuten bei Zimmertemperatur stehenlassen.*

---

# Schinkenschaum – Spuma di prosciutto

**Für 4 Personen**
*Arbeitsaufwand: 7–8 Minuten*
*Stehenlassen im Kühlschrank:*
*2 Stunden*

*Zutaten:*
*300 g gekochter Schinken*
*70 g ungesalzener Frischkäse*
*1 dl Rahm*
*2 Esslöffel Madeira oder Portwein*

*Geräte:*
*grosses Küchenmesser,*
*starker Mixer*

Für diesen Schaum möglichst weichen, mageren Schinken verwenden. Eine Scheibe etwas dicker schneiden lassen.

● Aus der dickeren Schinkenscheibe 4 Rauten (verschobene Vierecke) schneiden und beiseite legen.
● Den restlichen Schinken kleinschneiden, mit allen übrigen Zutaten in den Mixer geben und pürieren, bis eine gleichmässige, feinkörnige, leicht geschlagene Masse entstanden ist.
● In eine runde Schüssel geben. Die Oberfläche mit einem Spatel oder dem Rücken eines Löffels glattstreichen (in der Mitte soll die Masse etwas erhöht sein). Die zurechtgeschnittenen Schinkenstücke dekorativ darauf anordnen.
● Für ca. 2 Stunden in den Kühlschrank stellen.

---

● *Mit knusprigem oder leicht getoastetem Brot oder Crackers servieren.*
● *Der Schinkenschaum kann im Kühlschrank, mit Aluminiumfolie bedeckt, bis zu 2 Tagen aufbewahrt werden.*

---

# Tomaten gefüllt mit Reis
## Pomodori ripieni di riso

**Für 4 Personen**
*Arbeitsaufwand: 5 Minuten*
*Stehenlassen: 30 Minuten*

*Zutaten:*
*2 dl Rahm*
*Saft von 1 grossen Zitrone*
*2 grosse Schöpflöffel gekochter, kalter Reis (von ca. 100 g rohem Reis)*
*2 Esslöffel gehackte Petersilie*
*Salz*
*4 mittelgrosse Tomaten*

*Geräte:*
*grosse Tasse, kleines Küchen-*
*messer, Zitronenpresse,*
*Schüssel, Holzbrett und*
*Wiegemesser*

• In der Tasse den Rahm mit dem Zitronensaft mischen und 30 Minuten stehenlassen. Der Rahm wird dickflüssig und angenehm säuerlich werden.

• In der Schüssel Reis, Petersilie, Salz und angesäuerten Rahm vermischen.

• Die Tomaten waschen und abtrocknen. Der Breite nach halbieren und mit der Schnittfläche nach unten sorgfältig, aber bis zuunterst auspressen, um die Kerne zu entfernen.

• Die Tomatenhälften mit der Schnittfläche nach oben auf einer Platte anordnen. Leicht salzen, mit dem Reis füllen und sofort servieren.

---

• *Nach Belieben mit hartgekochten Eivierteln garnieren oder einige hartgekochte und grobgehackte Eier oder eine dicke, in Würfel geschnittene Scheibe gekochten Schinken unter den Reis mischen.* • *Einen Teil der Petersilie durch beliebige andere frisch gehackte Kräuter ersetzen.* • *Man kann auch Sauerrahm verwenden (Zitronensaft weglassen).*

---

# Gefüllte Tomaten – Pomodori ripieni

**Für 4 Personen**
*Arbeitsaufwand: 5 Minuten*

*Zutaten:*
*2 grosse Tomaten*
*1 Scheibe Kastenbrot (ohne Kruste)*
*4 schwarze Oliven*
*1 grosser Bund Petersilie*
*4 Esslöffel Öl*
*1 Esslöffel Essig*
*1 gehäufter Esslöffel Kapern*
*1/2 Esslöffel Sardellenpaste*
*Salz*
*2 hartgekochte Eier*

*Geräte:*
*Küchenmesser, Holzbrett,*
*kräftiger Mixer, (Oliven-*
*entkerner), Platte zum*
*Servieren oder 4 Portionen-*
*teller*

• Die Tomaten waschen und abtrocknen. Der Breite nach halbieren und mit der Schnittfläche nach unten sorgfältig, aber bis zuunterst auspressen, um die Kerne zu entfernen.

• Das Brot in kaltem Wasser einweichen, ausdrücken und in den Mixer geben.

• Die Oliven entkernen. Die Petersilie waschen und die Stiele entfernen. Oliven und Petersilie ebenfalls in den Mixer geben.

• Öl, Essig, Kapern und Sardellenpaste beifügen. Pürieren und wenn nötig mit wenig Salz abschmecken.

• Die Eier schälen und grob hacken.

• Die 4 Tomatenhälften mit der Schnittfläche nach oben auf einer Platte oder auf Portionentellern anordnen. Mit wenig Salz bestreuen. Die gehackten Eier darin verteilen und mit der Sauce begiessen. Sofort servieren.

---

• *Die Tomaten nicht mehr stehenlassen, wenn sie gesalzen sind, da sie sonst Wasser ziehen.* • *Keinen Mixer mit zu schwacher Leistung verwenden, weil er die Petersilie zu wenig fein hacken würde. Petersilie, Kapern und Oliven eher von Hand hacken und dann mit den übrigen Zutaten für die Sauce vermischen.*

# Gefüllte Gurke – Cetriolo ripieno

**Für 4 Personen**
*Arbeitsaufwand: 7–8 Minuten*
*Kühlzeit: mind. 1 Stunde*

*Geräte:*
*kleines und grosses Küchen-*
*messer, Ausstecher,*
*Aluminiumfolie*

*Zutaten:*
*1 grosse Gurke (ca. 20 cm lang)*
*40–50 g Kräuterkäse*

- Die Gurke schälen und an beiden Enden einige Zentimeter wegschneiden.
- In zwei ca. 8 cm lange Hälften schneiden (dadurch wird das weitere Vorgehen erleichtert) und mit einem Ausstecher so durchbohren und aushöhlen, dass das Gurkenfleisch noch eine Dicke von 4 mm aufweist.
- Die beiden Öffnungen mit dem Käse füllen. Gut hineinpressen, damit keine Hohlräume verbleiben.
- Die beiden Gurkenhälften in Aluminiumfolie einwickeln und während mindestens 1 Stunde (oder auch bis zum nächsten Tag) in den Kühlschrank geben.
- Unmittelbar vor dem Servieren die Gurke in dünne Scheiben schneiden und dachziegelartig auf einer flachen Platte anrichten.

---

- *Anstatt fertigen Kräuterkäse zu verwenden, kann man auch selber cremigen Frisch- oder Schmelzkäse mit gehackten Kräutern nach Belieben, evtl. mit wenig Zwiebel und/oder gehacktem Knoblauch oder Knoblauchpulver, Salz und Pfeffer, vermischen.*

---

# Avocados mit Reis- und Tomatenfüllung
## Avocado ripieni di pomodoro e riso

**Für 4 Personen**
*Arbeitsaufwand: 10 Minuten*

*Zutaten:*
*2 grosse, reife Avocados*
*1 grosse Zitrone*
*1 grosse, rote, feste Tomate*
*1 halbe Tasse gekochter, körniger, kalter Reis (von ca. 50 g rohem Reis)*
*4–5 Esslöffel Öl*
*Salz*

*Geräte:*
*kleines Küchenmesser, Pariser*
*Löffel, Schüssel, Holzbrett*

- Die Avocados waschen, abtrocknen und der Länge nach halbieren. Die Steine entfernen.
- Aus den Hälften mit dem Pariser Löffel kleine Kugeln ausstechen und in die Schüssel fallen lassen, dabei einige Millimeter Fruchtfleisch in der Schale belassen, damit sie die Form behält.
- Das Innere der ausgehöhlten Avocadohälften sofort mit Zitronensaft beträufeln. Den restlichen Zitronensaft in die Schüssel pressen und mit den Avocadokugeln mischen. Der Zitronensaft verhindert das Verfärben des Fruchtfleisches.
- Die Tomate waschen, abtrocknen und halbieren. Mit der Schnittfläche nach unten die Kerne herausdrücken. Die Tomatenhälften aushöhlen und das Tomatenfleisch in kleine Würfel schneiden und ebenfalls in die Schüssel geben.

- Reis, Öl und Salz beifügen und alles mischen.
- Die Avocadoschalen damit füllen, auf einer Platte anrichten und servieren.

---

- *Evtl. mit ganz kleinen Basilikumblättchen garnieren.* • *Richtiger Reifegrad der Avocados, s. Seite 478.* • *Statt mit einem Pariser Löffel kann man die Avocados auch mit einem gewöhnlichen Löffel aushöhlen und das Fruchtfleisch in gleich grosse Würfel wie die Tomate schneiden.* • *Schälen der Tomate, s. Seite 495.*

---

# Avocados mit Krevetten
## Avocado con gamberetti

**Für 4 Personen**
Arbeitsaufwand: 5 Minuten

*Zutaten:*
*2 grosse, reife Avocados*
*ca. 80 g gekochte und geschälte Krevetten*
*wie für einfache Vinaigrette oder Zitronensauce*
*(s. Seite 437)*

*Geräte:*
*mittelgrosse Schüssel,*
*Gabel, kleines Küchenmesser*

- Die Avocados waschen und abtrocknen.
- In der Schüssel eine Vinaigrette oder Zitronensauce, wie auf Seite 437 beschrieben, zubereiten. Die Krevetten dazugeben und gut damit mischen.

*Elegant und schnell zubereitet: Avocados mit Krevetten an Vinaigrette- oder Zitronensauce*

![Avocados mit Krevetten]

• Unmittelbar vor dem Servieren die Avocados der Länge nach halbieren und die Steine herausnehmen. Die Hälften auf einer Platte anordnen und die Krevetten samt der Sauce in die Vertiefungen, welche die Steine hinterlassen haben, verteilen. Sofort servieren, da sich die Avocados rasch verfärben. Sie werden mit einem Dessertlöffel direkt aus der Schale gegessen.

---

• *Die Vinaigrette oder Zitronensauce kann durch Zugabe eines gehäuften Esslöffels gehackter Petersilie ergänzt werden.* • *Richtiger Reifegrad der Avocados, s. Seite 478.* • *Bei den Krevetten kann man wählen zwischen Konserven in der Dose oder im Glas, tiefgefrorenen oder frischen. Die tiefgefrorenen sind meistens die besten, bereits geschält und fast immer auch schon gekocht. Kochen oder auftauen gemäss den Angaben auf der Verpackung. Frische Krevetten bekommt man mit Schale, ganz oder ohne Kopf. 3–5 Minuten in Salzwasser leise kochen, bis das Fleisch weiss geworden ist. Beim Schälen sorgfältig den Kopf, sofern vorhanden, und den Schwanz herausdrehen. Dann die Schalen mit den Fingern oder einer kleinen Schere aufbrechen und entfernen. Für dieses Gericht benötigt man 250 g ganze Krevetten oder 120 g ohne Köpfe.*

---

# Marinierte Auberginen
## Caponata di melanzane

**Für 4–6 Personen**
*Arbeitsaufwand: 5 Minuten*
*Kochzeit: ca. 22 Minuten*
*Kühlzeit: mind. 2 Stunden*

*Zutaten:*
*400 g Auberginen (Eierfrüchte)*
*1 grosse Zwiebel (150–170 g)*
*2 kleine Selleriestangen*
*6 Esslöffel Öl*
*250 g geschälte Tomaten aus der Dose (Pelati), abgetropft*
*1 Esslöffel Tomatenpüree*
*Salz*
*2 Esslöffel abgetropfte Kapern*
*ca. 20 grüne Oliven, wenn möglich entsteint*

*Geräte:*
*grosses und kleines Küchenmesser, Holzbrett, mittelgrosse Pfanne, Deckel, Dosenöffner*

• Von den Auberginen den Stielansatz entfernen, die Zwiebel schälen.
• Auberginen und Selleriestangen waschen.
• Die Auberginen in 1 cm grosse und die Zwiebel in ½ cm grosse Würfel schneiden, die Selleriestangen in Scheibchen.
• Auberginen, Zwiebel und Sellerie mit dem Öl in die Pfanne geben und bei schwacher Hitze unter gelegentlichem Rühren 3–4 Minuten dünsten. Das Gemüse soll keine Farbe annehmen.
• Kleingeschnittene, geschälte Tomaten, Tomatenpüree und Salz beifügen. Zugedeckt bei schwacher Hitze ca. 18 Minuten schmoren, oder bis die Auberginenwürfel gar sind. Falls aus dem Gemüse Flüssigkeit ausgetreten ist, gegen Ende der Kochzeit den Pfannendeckel wegnehmen und bei stärkerer Hitze fertig kochen. Das Gericht soll trocken sein.
• Kapern und Oliven beifügen, gut mischen und vom Herd wegziehen.
• Bei Zimmertemperatur auskühlen lassen und für 1¼ Stunden oder wenn möglich 1–2 Tage in den Kühlschrank stellen.

# Kalte Auberginen in roter Sauce
## Melanzane fredde in salsa rossa

**Für 4 Personen**
*Arbeitsaufwand:*
*10–15 Minuten*
*Kochzeit: ca. 20 Minuten*
*Stehenlassen: 5½ Stunden*

*Zutaten:*
*400 g Auberginen (Eierfrüchte)*
*Salz*
*700 g reife Tomaten*
*1 grosse Knoblauchzehe*
*6 Esslöffel Öl*
*1 Esslöffel Essig*
*1 Esslöffel gehacktes Basilikum*

*Geräte:*
*Küchentuch, kleines Küchen-*
*messer, Holzbrett, Sieb,*
*Passevite (Gemüsepassier-*
*maschine), Schüssel, mittel-*
*grosse Bratpfanne, Wiege-*
*messer*

● Die Auberginen waschen und abtrocknen. Den Stielansatz entfernen und der Breite nach in ½ cm dicke Scheiben schneiden. In das Küchensieb geben, mit Salz bestreuen und ½ Stunde stehenlassen.
● Die Tomaten waschen, in Stücke schneiden und durch die Gemüsepassiermaschine in die Schüssel treiben.
● Die Auberginenscheiben mit dem Küchentuch trockentupfen und in die Schüssel mit dem Tomatenmark geben. Die geschälte und in feine Scheiben geschnittene Knoblauchzehe beifügen. Mischen und darauf achten, dass die Auberginenscheiben überall von den Tomaten bedeckt sind. 2 Stunden stehenlassen.
● In der Bratpfanne 4 Esslöffel Öl erhitzen.
● Die Auberginenscheiben mit einer Gabel aus der Schüssel nehmen, gut abtropfen lassen und in das Öl geben. Auf jeder Seite ca. 2 Minuten braten, oder bis sie leicht Farbe angenommen haben.
● Die Hitze reduzieren und die Auberginen unter gelegentlichem Wenden weiterbraten, bis sie weich sind (dies dauert ca. 15 Minuten).
● Wieder in die rohe Tomatensauce geben. Restliches Öl, Essig und gehacktes Basilikum beifügen. Wenn nötig nochmals etwas Salz beifügen und vor dem Servieren 3 Stunden stehenlassen.

● *Es genügt auch, das Gericht 1 Stunde in den Kühlschrank zu stellen.*

# «Kaviar» aus Auberginen und Peperoni
## «Caviale» di melanzane e peperoni

**Für 4–6 Personen**
*Arbeitsaufwand: ca. 25 Minuten*
*Kochzeit: ca. 35 Minuten*
*Kühlzeit: 1 Stunde*

*Zutaten:*
*2 grosse Auberginen (Eierfrüchte), insgesamt 700 g*
*3 grüne Peperoni (Paprikaschoten), insgesamt 400–450 g*
*1 Bund Petersilie (gehackt 2 Esslöffel)*
*½ kleine Knoblauchzehe*
*6 Esslöffel Öl*
*2 Esslöffel Zitronensaft*
*Salz*
*schwarzer Pfeffer*

_Geräte:_
_2 Küchentücher, kleines_
_Küchenmesser, Holzbrett,_
_Wiegemesser, mittelgrosse_
_Schüssel_

- Den Backofen auf 230 °C vorheizen.
- Auberginen und Peperoni waschen und gut abtrocknen.
- Auf dem Grill in die Mitte des Backofens schieben.
- Die Peperoni 25 Minuten und die Auberginen 35 Minuten, oder bis sie sich beim Einstechen mit einer Gabel weich anfühlen, schmoren.
- Eines der Küchentücher in kaltes Wasser legen und dann gut auswringen. Die Auberginen darin einwickeln, sobald sie aus dem Ofen kommen, und 10 Minuten ruhen lassen. Dadurch löst sich die Schale vom Fleisch.
- Unterdessen die Peperoni schälen. Stielansatz, Kerne und Rippen entfernen. Fein hacken und in die Schüssel geben.
- Die Petersilienstiele entfernen, die Blätter waschen, gut abtropfen lassen und zusammen mit der halben Knoblauchzehe fein hacken.
- Die Auberginen schälen, fein hacken und das Fleisch mit dem anderen Küchentuch trocknen.
- Zusammen mit dem Petersilien-Knoblauch-Gemisch ebenfalls in die Schüssel geben. Öl, Zitronensaft, Salz und Pfeffer beifügen. Mischen und 1 Stunde oder bis zum Servieren in den Kühlschrank stellen.

---

- _Wenn der Knoblauchgeschmack weniger ausgeprägt sein soll, den Knoblauch anstatt zu hacken nur in Scheibchen schneiden, die man auf dem Teller wieder entfernen kann. • Dieses Gemüse eignet sich nicht nur als Vorspeise, sondern auch als Beilage zu einem Fleischgericht._

---

# Geflügelcocktail mit Spargel
## Cocktail di asparagi e pollo

**Für 4 Personen**
_Arbeitsaufwand: 10 Minuten_

_Zutaten:_
_1 Dutzend grosse, knapp gar gekochte Spargelstangen_
_½ gekochte Pouletbrust, kalt_
_1 mittelgrosse, reife Tomate_
_2 hartgekochte Eier_
_8–12 schöne Kopfsalatblätter_
_1 Tasse Mayonnaise (ca. 150 g)_
_2 Esslöffel Zitronensaft_
_2 Esslöffel Tomaten-Ketchup_
_1 Teelöffel Brandy (Weinbrand)_

_Geräte:_
_kleines Küchenmesser, Holz-_
_brett, mittelgrosse Schüssel,_
_Küchentuch oder -papier,_
_Tasse, 4 Coupegläser_

Mit «Cocktail» bezeichnet man eine Mischung verschiedenster Zutaten:

- Den Spargel, von der Spitze ausgehend, in 2–3 cm lange Stücke schneiden. Harte Teile am unteren Ende der Stangen wegwerfen. Die Spitzen beiseite stellen und die anderen Stücke in die Schüssel geben.
- Das Pouletfleisch in 2–3 cm lange und ca. ½ cm dicke Scheiben schneiden. Zu den Spargelstücken geben.
- Die Tomate waschen und abtrocknen. In 8 Schnitze schneiden. Beiseite stellen.

*Zum Anfangen eine delikate Vorspeise: Geflügelcocktail mit Spargel*

- Die hartgekochten Eier schälen und jedes in 4 Schnitze schneiden. Beiseite stellen.
- Die Salatblätter unter fliessendem kaltem Wasser waschen, gut abtrocknen, indem sie vorsichtig an ein Küchentuch gedrückt werden.
- In einer Tasse Mayonnaise, Zitronensaft, Ketchup und Brandy gut vermischen.
- Die Hälfte davon mit den Spargelstücken und dem Pouletfleisch mischen.
- Die Coupegläser mit je 2–3 Salatblättern auslegen und Pouletfleisch sowie Spargel darauf verteilen.
- Mit der restlichen Mayonnaise, den Spargelspitzen, Tomaten- und Eierschnitzen garnieren.

# Melone mit Schinken oder Coppa
## Melone con prosciutto o coppa

**Für 4 Personen**
*Arbeitsaufwand: 7 Minuten*

*Zutaten:*
*1 grosse, reife Melone (1,3–1,5 kg)*
*200 g Rohschinken oder Coppa*

*Geräte:*
*Küchentuch oder -papier,*
*langes Messer, Löffel,*
*kleines Küchenmesser,*
*1 oder 2 Platten*

Es handelt sich hier nicht um ein eigentliches Rezept, aber für weniger Geübte können die Gewichtsangaben und die verschiedenen Handgriffe vielleicht nützlich sein.

- Die Melone waschen und abtrocknen.
- Mit dem Messer oben und unten geradeschneiden, dann der Länge nach halbieren. Mit dem Löffel Kerne und Fäden herauskratzen. Jede Hälfte in 4–6 Schnitze schneiden.
- Mit dem Messer das Fruchtfleisch von der Schale trennen, bis auf etwa 4 cm am einen Ende, die man stehen lässt. Dieser Vorgang ist nicht unbedingt nötig, sondern eher eine Aufmerksamkeit den Gästen gegenüber.
- Zum Servieren die Melonenschnitze und den Rohschinken oder den Coppa je nach Gutdünken auf zwei verschiedenen oder auf einer Platte anrichten (z.B. auf einer langen, schmalen Platte oder kreisförmig auf einer runden Platte, mit dem Rohschinken oder dem Coppa in den Zwischenräumen oder über die Melonenschnitze gelegt).

---

- *Richtiger Reifegrad der Melone, s. Seite 489.* ● *Melonen sollten zwar kühl serviert werden, aber nicht so kalt, dass sie den Geschmack verloren haben, d. h., sie müssen (ganz) 2–3 Stunden im Kühlschrank gelagert werden. Wenn sie sich viel länger im Kühlschrank befanden, müssen sie etwa 20 Minuten vor dem Servieren herausgenommen werden.*

# Melone mit Portwein – Meloncino al porto

**Für 2 Personen**
*Arbeitsaufwand: 5 Minuten*

*Zutaten:*
*1 kleine Melone (ca. 400 g)*
*Portwein*

*Geräte:*
*Küchentuch oder -papier,*
*Küchenmesser, Löffel*

Im Sommer gibt es kleine, faustgrosse Melonen aus Frankreich zu kaufen, die sich zum einfachen Servieren mit Portwein geradezu anbieten.

- Die Melone waschen und abtrocknen. In der Mitte halbieren und Kerne und Fäden mit einem Löffel herauskratzen.
- Zum Servieren die beiden Hälften in zwei Teller stellen (nötigenfalls den Boden etwas geradeschneiden) und die Öffnung mit Portwein füllen. Die Portweinflasche auf den Tisch stellen, damit nach Belieben etwas nachgegossen werden kann. Man isst die Melone mit einem Dessertlöffel oder, was allerdings weniger geeignet ist, mit einem Teelöffel.

---

- *Richtiger Reifegrad der Melone, s. Seite 489.* ● *Melonen sollten zwar kühl serviert werden, aber nicht so kalt, dass sie den Geschmack verloren haben, d. h., sie müssen (ganz) 2–3 Stunden im Kühlschrank gelagert werden. Wenn sie sich viel länger im Kühlschrank befanden, müssen sie etwa 20 Minuten vor dem Servieren herausgenommen werden.* ● *Man kann in die Öffnung ½ Esslöffel Zucker geben oder feinen Zucker separat auf den Tisch stellen.* ● *Melone auf diese Art kann man sehr gut auch als Dessert servieren.* ● *Portwein kann durch Sherry oder Marsala ersetzt werden.*

# Warme Vorspeisen

---

## Leberpaste mit Sardellen
## Pasta di fegatini all'agro

**Für 4 Personen**
*Arbeitsaufwand: 10 Minuten*
*Garzeit: 10 Minuten*

*Zutaten:*
*130 g Geflügelleber*
*2 Esslöffel Butter*
*2 grosse Sardellenfilets*
*1 Scheibe Kastenbrot (ohne Kruste)*
*½ Esslöffel scharfer Essig*
*Saft von ¼ Zitrone*
*½ Esslöffel Kapern*
*(Salz)*

*Geräte:*
*Küchenmesser, kleine Brat-*
*pfanne, Krug und Stabmixer*
*oder Holzbrett und Wiege-*
*messer*

● Die Lebern von Fett, Nerven, Häuten und evtl. grünlichen Teilen (die bitter sind, weil sie mit der Galle in Berührung kamen) befreien.

*Eine Spezialität aus Florenz: Leberpaste mit Sardellen*

- In der Bratpfanne die Butter schmelzen und aufschäumen lassen.
- Die Lebern beifügen und bei ziemlich starker Hitze 3–4 Minuten unter ständigem Wenden anziehen lassen, bis sie überall leicht gebräunt sind.
- Die Hitze reduzieren, die Sardellenfilets beifügen und während weiteren 5–6 Minuten dünsten. Dabei die Lebern mit einer Gabel leicht zerdrücken, um zu kontrollieren, ob sie auch im Innern nicht mehr roh sind.
- Vom Herd wegziehen und die Brotscheibe auf den Boden der Bratpfanne geben. Herumschieben und wenden, bis sie den Bratensatz aufgenommen hat.
- Essig, Zitronensaft und Kapern beifügen und alles mischen.
- Alles in einem Krug mit dem Stabmixer pürieren oder auf einem Holzbrett mit dem Wiegemesser fein hacken.
- Wenn nötig mit etwas Salz abschmecken, was vermutlich jedoch überflüssig ist, weil die Sardellen gesalzen sind.

---

- *Die Paste in einer kleinen Schüssel, begleitet von getoasteten oder in Butter gerösteten, heissen Brotscheiben, oder direkt auf Brot gestrichen servieren.*

## Vol-au-vent

Der französische Name dieses in der Mitte hohlen Blätterteiggebäcks betont die Leichtheit der Hüllen, die mit beliebigen Zutaten gefüllt werden können: auf der Basis von Fleisch, Fisch, Innereien, Gemüse, Käse usw.

Die nachstehend beschriebene Zubereitung ist nicht kompliziert und kann eine beträchtliche Einsparung bringen. Pastetchenhüllen kann man aber ohne weiteres in Bäckereien kaufen. Auch der Blätterteig ist fertig erhältlich. Pastetchen werden heiss serviert. Aber man kann die leeren Hüllen auch nach dem Backen auskühlen lassen und dann unmittelbar vor dem Servieren nochmals erhitzen.

# Einfache Pastetchen – Vol-au-vent semplici

**Für 4 Personen**
*Arbeitsaufwand: 10 Minuten*
*Backzeit: ca. 20 Minuten*

*Geräte:*
*Wallholz (Nudelholz), 2 runde Teigausstecher mit geraden Rändern von 7 und 5 cm Durchmesser, Backblech, Küchenpinsel, Küchenmesser*

*Zutaten:*
*300 g Blätterteig*
*wenig verquirltes Ei*

- Den Backofen auf 220 °C vorheizen.
- Den Teig ca. 7 mm dick ausrollen. Dabei möglichst ein Quadrat von 14 cm Seitenlänge formen (zweimal so lang wie der grössere der beiden Teigausstecher).
- Mit dem grösseren Teigausstecher 4 Scheiben von ca. 7 cm Durchmesser ausstechen.
- Den Boden des Backblechs 1 mm hoch mit kaltem Wasser bedecken.
- Die Teigscheiben darauf legen. Die Oberfläche mit dem verquirlten Ei bestreichen. Aufpassen, dass kein Ei über den Rand läuft, da dies ein gleichmässiges Aufgehen des Teiges verhindern würde.

- In der Mitte jeder Teigscheibe mit dem kleineren Ausstecher einen Kreis markieren. Etwa zwei Drittel tief einstechen.
- In die Mitte des heissen Ofens schieben und ca. 20 Minuten backen, oder bis die Pastetchenhüllen schön aufgegangen und goldgelb gebacken sind.
- Aus dem Ofen nehmen. Mit der Spitze eines Messers den inneren Teil herausheben.

---

- *Mit der gleichen Blätterteigmenge lassen sich ein Dutzend Pastetchenhüllen von 5 cm oder zwei Dutzend von 2–3 cm Durchmesser zubereiten, was für 3–4 Personen ausreicht. Natürlich müssen dafür kleinere Teigausstecher verwendet und die Backzeit auf ca. 15 Minuten reduziert werden.* • *Die Teigabfälle können aufeinandergelegt und zusammengepresst werden. Im Tiefkühlgerät lassen sie sich für eine andere Verwendung aufbewahren.* • *Die heissen Pastetchenhüllen können mit Champignons gefüllt werden (s. Rezept Seite 307).*

---

# Pastetchen mit Gorgonzola
## Vol-au-vent al gorgonzola

**Für 4 Personen**
*Arbeitsaufwand: 9–10 Minuten*
*Backzeit: ca. 5 Minuten*

*Geräte:*
*mittelgrosse Schüssel mit*
*gewölbten Wänden, Backblech*

*Zutaten:*
*200 g Gorgonzola*
*120 g ungesalzener Frischkäse*
*4 Esslöffel Brandy (Weinbrand)*
*ca. 8 Esslöffel Rahm*
*24 kleine Pastetchenhüllen von 2–3 cm Durchmesser*

- Die beiden Käsesorten und den Brandy in eine Schüssel geben und mit einer Gabel vermischen.
- Unter Rühren so viel Rahm beifügen, bis eine weiche Masse entstanden ist. Leicht aufschlagen. Wenn sie nicht sofort weiterverwendet wird, in den Kühlschrank stellen.
- 15 Minuten vor dem Servieren den Backofen auf 200 °C vorheizen.
- Die Pastetchenhüllen mit der Käsemasse füllen. Auf das Backblech stellen und für 5 Minuten in den Ofen schieben, bis sie heiss sind. Herausnehmen, bevor die Füllung zu schmelzen beginnt.

---

# Fondue nach Piemonteser Art
## Fonduta piemontese

**Für 4 Personen**
*Arbeitsaufwand: 15 Minuten*
*Kochzeit: ca. 10 Minuten*
*Stehenlassen: mind. 4 Stunden*

*Zutaten:*
*400 g Fontina-Käse*
*ca. 4 dl Milch*
*4 Eigelb*
*ca. 30 g Butter*
*(1 weisse Trüffel)*
*(einige Scheiben Toastbrot)*

*Geräte:*
*kleines und grosses Küchen-*
*messer, mittelgrosse Pfanne,*
*(Schaumlöffel oder Deckel),*
*Kochlöffel*

● Die Käserinde entfernen und den Käse in sehr kleine Stücke schneiden.
● In die Pfanne geben und so viel Milch darübergiessen, dass er davon vollständig bedeckt ist.
● 4 Stunden (oder wenn möglich länger) stehenlassen.
● Unmittelbar vor dem Kochen die Milch weggiessen (den Käse dabei von Hand, mit dem Schaumlöffel oder einem Deckel zurückhalten). Den Käse nicht auspressen, so dass in der Pfanne 3–4 Esslöffel Milch zurückbleiben.
● Die Eigelbe und die Butter beifügen.
● Bei ganz schwacher Hitze erwärmen und mit einem Kochlöffel (wenn möglich aus Holz) ununterbrochen und so lange rühren, bis der Käse geschmolzen ist und eine vollständig glatte Masse entstanden ist (nach ca. 10 Minuten).
● Sofort in tiefen, wenn möglich vorgewärmten Tellern servieren. Nach Belieben mit hauchdünnen Trüffelscheiben bestreuen.

---

● *Dieses Gericht kann auch als Hauptgang serviert werden (jedoch nicht bei einem festlichen Essen).* ● *Zur «Fonduta» wird oft geröstetes Brot gereicht.* ● *Zur Vorbereitung der Trüffel s. Seite 496.*

*Auch in Italien gibt es Fondue, die «Fonduta piemontese», die mit dem Löffel gegessen wird*

# Suppen

Es gibt wohl kaum ein anderes Land, in welchem Suppen mit so viel Liebe zubereitet werden wie in Italien. Die berühmteste Suppe ist zweifellos die «Minestrone». Vor allem auf dem Land steht fast täglich ein grosser Topf auf dem Herd, der im ganzen Hause einen herrlichen Duft von Gemüse, Speck, Hülsenfrüchten und aromatischen Kräutern verbreitet. Um diese köstliche Suppe noch nahrhafter zu machen, werden ihr oft Teigwaren in den vielfältigsten Formen oder Reis beigegeben. Die «Minestrone» ersetzt in Italien sehr oft den «Primo piatto», also den ersten Gang, der üblicherweise aus Teigwaren, Reis oder einem Maisgericht besteht. Sie lässt sich bei uns, gefolgt von etwas Käse oder einem «Dolce», aber auch als eigenständige kleine Mahlzeit oder als Nachtessen servieren. Im Unterschied zu vielen üppigen Suppen aus anderen Ländern ist sie vielfältig zusammengestellt und sieht sehr appetitanregend aus. Ebenso vielfältig sind auch die Fischsuppen, die aus Gründen der Übersicht im Kapitel «Fische und Meeresfrüchte» (s. Seite 140–143) untergebracht wurden.

In Italien werden aber auch sehr feine klare Suppen zubereitet. Am besten schmecken sie mit einer hausgemachten Fleischbrühe, die mit den verschiedensten Einlagen bereichert werden kann. Sehr beliebt ist die «Stracciatella», eine Bouillon mit Eiereinlage, oder die bekannte «Zuppa pavese», die als Schnellimbiss oder kleine Mahlzeit ganz besonders geeignet ist.

Die etwas weniger oft zubereiteten gebundenen Suppen weichen von unseren bekannten Cremesuppen ab. Man kocht sie aus Gemüse, zum Beispiel Randen (Roten Beeten), Gurken, Sellerie, Kürbis oder Zwiebeln.

Hervorragend sind auch die Teigwaren- und Reissuppen, die ebenfalls mit Gemüse kombiniert werden, etwa die Reissuppe mit Kartoffeln und Basilikumsauce, dem berühmten «Pesto». Obgleich für uns diese Zusammenstellung etwas ungewohnt ist, lohnt es sich, einmal einen Versuch zu wagen!

*Typisch italienische Zutaten werden für die gehaltvolle Rapssprossensuppe mit Teigwaren (Seite 58) verwendet: Cime di rapa, Kürbis und Makkaroni. Der Lauch bildet die Brücke zu unserer nördlichen Küche*

## Klare Suppen

Früher war es selbstverständlich, dass jederzeit selbstgekochte Fleischbrühe zur Verfügung stand. Heute greift die eilige Hausfrau lieber zu einem industriell hergestellten Produkt. Um so mehr wird deshalb eine zuhause mit viel Sorgfalt zubereitete Fleischbrühe geschätzt. Ganz klar, nur mit einigen Tropfen Sherry parfümiert oder mit einer feinen Einlage, gilt sie – im Tässchen serviert – als durchaus elegante kleine Vorspeise.

# Konzentrierte Rindfleischbrühe
## Consommé di manzo (o brodo ristretto)

**Für 4 Personen**
*Arbeitsaufwand: 7–10 Minuten*
*Kochzeit: ca. 1 Stunde*

*Zutaten:*
*200 g mageres Rindfleisch*
*1 kleine Lauchstange*
*1 kleine Karotte*
*1 l kalte, entfettete Rindfleischbrühe*
*1 Eiweiss*

*Geräte:*
*grosses und kleines Küchenmesser, Holzbrett, grosse Pfanne, Schwingbesen, feines Sieb, feingewobenes Tuch oder Filterpapier, grosses Gefäss*

Zum Herstellen der konzentrierten Fleischbrühe wird echte Rindfleischbrühe benötigt.

- Das Rindfleisch in sehr kleine Würfel schneiden.
- Von der Lauchstange den Wurzelansatz und fast den ganzen Teil der grünen Blätter entfernen und die Stange der Länge nach bis auf 5 cm über dem unteren Ende halbieren. Die Karotte schälen.
- Beide Gemüse waschen. Dabei die Lauchstange unter fliessendem Wasser etwas lockern. Beides in Scheiben schneiden.
- Alle Zutaten in eine Pfanne geben. Das Eiweiss zuletzt beifügen.
- Bei mittlerer Hitze zum Kochen bringen. Dabei mit dem Schwingbesen ununterbrochen rühren, bis sich auf der Oberfläche ein dichter Schaum gebildet hat.
- Die Temperatur reduzieren und das Ganze bei schwacher Hitze 1 Stunde sehr leise kochen lassen.
- Das Sieb mit einem in kaltes Wasser getauchten, gut ausgedrückten und doppelt gefalteten Tuch oder einem Filterpapier auslegen.
- Auf ein genügend grosses Gefäss stellen und die Fleischbrühe hineingiessen.
- In die Pfanne zurückgiessen und ein zweites Mal in das Sieb mit dem darin zurückgebliebenen Schaum giessen: Das Resultat ist eine absolut klare Fleischbrühe.

- *Man kann diese Consommé auch mit heisser Fleischbrühe zubereiten. In diesem Fall alle anderen Zutaten in die Pfanne geben und die Fleischbrühe nur nach und nach beifügen. Dazwischen mit dem Schwingbesen ständig kräftig rühren, damit das Eiweiss nicht auf einmal gerinnt und dadurch seine Wirkung, die Fleischbrühe zu klären, verlieren würde.* • *Die konzentrierte Fleischbrühe wird in speziellen Suppentassen mit zwei Henkeln serviert.* • *Man kann sie heiss (in diesem Fall kurz vor dem Servieren nochmals erhitzen) oder kalt servieren. Sie kann auch einige Stunden in den Kühlschrank gestellt werden, wo sie, falls ein*

Kalbsknochen mitgekocht wurde, leicht geliert. Wenn sie kalt serviert wird, muss sie etwas stärker gesalzen werden, weil durch das Kühlen etwas Aroma verlorengeht. • Kalt oder warm kann man die konzentrierte Fleischbrühe mit einigen Esslöffeln Brandy (Weinbrand) oder mit ca. 4 Esslöffeln trockenem Portwein oder Sherry parfümieren (diese Menge bezieht sich auf 4 Personen und nicht auf eine Portion).

# Fleischbrühe mit Nudeleinlage – Passatelli

**Für 4 Personen**
*Arbeitsaufwand: 4–5 Minuten*
*Kochzeit: 8–9 Minuten*

*Zutaten:*
*8–10 dl Rindfleischbrühe*
*2 Eier*
*3 Esslöffel geriebener Parmesan*
*1/2 Mokkalöffel geriebene Muskatnuss*
*ca. 6 Esslöffel Paniermehl*
*Salz*

*Geräte:*
*mittelgrosse Pfanne, Tasse, Käseraffel, Muskatnussreibe, Kartoffelpresse oder Schaumlöffel mit nicht zu kleinen Löchern*

Es handelt sich hier um eine typische Suppe aus der «Emilia». In dieser Gegend gibt es für die Herstellung ein spezielles Gerät, das «ferro per passatelli» heisst. Man kann aber auch die erwähnten Geräte oder ein anderes Hilfsmittel verwenden, mit denen sich aus dem beschriebenen Teig eine Art kurze, dicke Spaghetti zubereiten lässt.

• In der Pfanne die Rindfleischbrühe erhitzen.
• Unterdessen die Eier einzeln in einen Teller aufschlagen, um die Qualität zu prüfen, und dann in die Tasse geben. Parmesan und Muskatnuss beifügen und mit einer Gabel gut verrühren. Nach und nach so viel Paniermehl dazugeben, dass eine feste, aber nicht zu trockene Masse entsteht.
• Die Fleischbrühe aufkochen und den Teig durch die Kartoffelpresse oder mit Hilfe eines Löffels durch den Schaumlöffel direkt in die Suppe drücken.
• Sobald sie wieder kocht, die Hitze reduzieren und die Suppe noch 4–5 Minuten schwach kochen lassen.

• *Nach Belieben separat zusätzlichen Parmesan dazu servieren.*

# Eierflockensuppe – Stracciatella

**Für 4 Personen**
*Arbeitsaufwand: 3–4 Minuten*
*Kochzeit: 8–9 Minuten*

*Zutaten:*
*8–10 dl Rindfleisch- oder Hühnerbrühe*
*3 Eier*
*3 Esslöffel geriebener Parmesan*
*2 Esslöffel Griess*

• Die Fleischbrühe zum Kochen bringen.
• Unterdessen die Eier einzeln in einen Teller aufschlagen, um die Qualität zu prüfen, und in die Tasse geben. Parmesan und

*Geräte:*
*mittelgrosse Pfanne,*
*grosse Tasse, Käseraffel,*
*Schwingbesen*

Griess beifügen und mit einer Gabel zu einer glatten Masse verrühren.
● Die Mischung unter kräftigem Rühren mit dem Schwingbesen in die siedende Fleischbrühe geben.
● Wenn sie wieder aufkocht, die Hitze reduzieren und die Suppe ganz schwach noch 3–4 Minuten köcheln lassen.

*● Der Eimischung nach Belieben ganz wenig fein gehackte Petersilie beifügen. ● Nach Belieben zusätzlichen Parmesan separat servieren.*

# Fleischbrühe mit Ei nach Art von Pavia
## Zuppa pavese

**Für 4 Personen**
*Arbeitsaufwand: 4–5 Minuten*
*Kochzeit: 5–6 Minuten*

*Zutaten:*
*8 dl Rindfleisch- oder Hühnerbrühe*
*60 g Butter*
*4 dünne Scheiben Brot*
*ca. 4 Esslöffel geriebener Parmesan*
*4 sehr frische Eier*

*Mehr als nur eine Suppe, die berühmte «Zuppa pavese» mit Brot, Ei und Parmesan*

*Geräte:*
*mittelgrosse Pfanne, grosse*
*Bratpfanne, 4 Suppenteller,*
*Käseraffel*

- Die Fleischbrühe erhitzen.
- Unterdessen in der Bratpfanne die Butter schmelzen und aufschäumen lassen. Sobald sie sich leicht hellbraun verfärbt, die Brotscheiben hineingeben. Ca. 1 Minute pro Seite rösten, oder bis sie leicht gebräunt sind. Die Hitze so regulieren, dass sie nicht zu dunkel werden.
- Mit einer Gabel herausheben und in 4 Suppenteller verteilen. Mit dem Parmesan bestreuen.
- Die Eier einzeln in einen kleinen Teller aufschlagen, um die Qualität zu prüfen, und je ein Ei auf eine mit Käse bestreute Brotscheibe gleiten lassen.
- Die heisse Fleischbrühe in die Suppenteller giessen.

---

- *Nach Belieben zusätzlichen Parmesan separat servieren.* • *Vielfach wird die Meinung vertreten, bei der beschriebenen Zubereitungsart blieben die Eier zu roh. Man kann deshalb die Zutaten anstatt in Suppenteller in kleine, feuerfeste Formen geben und diese so lange in den sehr heissen Ofen schieben, bis die Eiweisse fest geworden sind. Oder man kann die Eier in der Fleischbrühe bei schwacher Hitze pochieren (s. Seite 320), mit einem Schaumlöffel herausheben und dann in die Teller verteilen (in diesem Fall empfiehlt sich die Verwendung einer grossen, eher flachen Pfanne zum Erhitzen der Fleischbrühe).* • *Anstelle von in Butter geröstetem Brot lässt sich diese Suppe auch mit getoasteten Brotscheiben zubereiten.*

## Cremesuppen

Kleine Ursache (lies Aufwand) – grosse Wirkung, könnte man von den Cremesuppen sagen. Sie wirken immer festlich und vermitteln den Eindruck einer komplizierten Zubereitung. Das Gegenteil ist der Fall: Sie sind ausgesprochen einfach zu kochen und beanspruchen wenig Zeit, vor allem wenn ein Mixer zur Verfügung steht. Eine Cremesuppe kann lange im voraus zubereitet werden und verlangt im letzten Moment weder Zeit noch Aufmerksamkeit. Wird sie kalt serviert, wartet sie geduldig im Kühlschrank, und wenn sie heiss sein muss, kann sie problemlos aufgewärmt werden. Für die Zubereitung dieser Cremesuppen ist ein Stabmixer das ideale Hilfsmittel, weil die Suppe direkt im Kochgeschirr püriert werden kann. Sollte sie am Ende etwas zu dickflüssig sein, kann sie einfach mit wenig Wasser oder, je nach Rezept, mit etwas Milch verdünnt werden.

# Selleriecremesuppe – Crema di sedano rapa

**Für 4 Personen**
*Arbeitsaufwand: 6–7 Minuten*
*Kochzeit: ca. 25 Minuten*

*Zutaten:*
*3 gehäufte Esslöffel Mehl*
*1 Sellerieknolle (ca. 500 g)*
*1 grosse Zwiebel (ca. 200 g)*
*Salz*
*2–4 Esslöffel geriebener Parmesan*

- Das Mehl in die Pfanne geben und unter Rühren nach und nach, damit keine Klümpchen entstehen, 1 l Wasser beifügen.
- Die Sellerieknolle putzen und schälen. In ca. 10 Stücke schneiden, waschen und in die Pfanne geben.

*Geräte:*
*mittelgrosse Pfanne, Deckel,*
*kleines Küchenmesser, Mixer*
*(wenn möglich Stabmixer) oder*
*Passevite (Gemüsepassier-*
*maschine), Käseraffel*

- Die Zwiebel schälen und direkt über der Pfanne in Schnitze schneiden.
- Salzen und bei mittlerer Hitze zum Kochen bringen. Dabei ständig rühren, damit sich keine Klümpchen bilden.
- Zudecken, die Temperatur reduzieren und bei schwacher Hitze ca. 20 Minuten kochen, oder bis das Gemüse gar ist.
- Mit dem Mixer pürieren oder durch die Gemüsepassiermaschine mit der kleinsten Lochung treiben.
- Zum Servieren in der gleichen Pfanne nochmals erhitzen. Mit dem geriebenen Parmesan bestreuen.

---

- *Nach Belieben mit 20–30 g Butter (erst ganz am Schluss beifügen und rühren, bis sie geschmolzen ist) oder mit 3–4 Esslöffeln Rahm verfeinern.* • *Evtl. mit gerösteten Brotwürfelchen servieren.*

# Zwiebelcremesuppe mit Thymian
## Crema di cipolle al timo

**Für 4 Personen**
*Arbeitsaufwand: ca. 10 Minuten*
*Kochzeit: ca 25 Minuten*

*Zutaten:*
*500 g Zwiebeln*
*150 g Kartoffeln*
*Salz*
*2 Teelöffel getrocknete Thymianblätter*
*4 Esslöffel Rahm*

*Geräte:*
*kleines Küchenmesser,*
*mittelgrosse Pfanne, Deckel,*
*Mixer (wenn möglich Stab-*
*mixer) oder Passevite*
*(Gemüsepassiermaschine)*

- Die Zwiebeln schälen, die Kartoffeln schälen und waschen. In Stücke oder Scheiben schneiden (je kleiner oder dünner, um so kürzer die Kochzeit).
- Mit 8 dl Wasser, Salz und Thymian aufsetzen.
- Bei starker Hitze zum Kochen bringen.
- Zudecken und bei schwacher Hitze 20 Minuten kochen.
- Mit dem Mixer pürieren oder durch die Gemüsepassiermaschine mit der kleinsten Lochung treiben.
- Zum Servieren den Rahm in der Pfanne, die zum Kochen verwendet wurde, erhitzen. Vom Herd wegziehen, Suppe und Rahm mischen und gut umrühren.

---

- *Wenn man Rahm nicht mag, kann man ihn durch 30 g Butter ersetzen. Gut rühren, bis sie geschmolzen ist.*

# Kürbiscremesuppe – Crema di zucca

**Für 4 Personen**
*Arbeitsaufwand: 8–10 Minuten*
*Kochzeit: ca. 25 Minuten*

*Zutaten:*
*450 g gelber Kürbis*
*2 mittelgrosse Kartoffeln*
*1 grosse Zwiebel*
*Salz*
*4 Esslöffel Rahm*

*Geräte:*
*grosses und kleines Küchen-*
*messer, mittelgrosse Pfanne,*
*Deckel, Mixer (wenn möglich*
*Stabmixer) oder Passevite*
*(Gemüsepassiermaschine)*

● Den Kürbis mit einem grossen Messer in Scheiben schneiden. Alle Samen, Fäden und die Schale entfernen. Kartoffeln und Zwiebel schälen.
● Die Kartoffeln waschen und alles in Stücke oder Scheiben schneiden (je kleiner oder dünner sie sind, um so kürzer ist die Kochzeit).
● In die Pfanne geben. 8 dl Wasser und Salz beifügen. Bei starker Hitze zum Kochen bringen.
● Die Temperatur reduzieren und die Suppe ca. 20 Minuten, oder bis alles weich ist, leise kochen lassen.
● Mit dem Mixer pürieren oder durch die Gemüsepassiermaschine mit der kleinsten Lochung treiben.
● Zum Servieren nochmals in der gleichen Pfanne erhitzen. Vom Herd wegziehen, den Rahm beifügen und gut daruntermischen.

---

● *Man kann diese Suppe mit einigen Löffeln gekochtem und abgetropftem Reis bereichern und zum Schluss mit gehackter Petersilie bestreuen.*
● *Der Rahm kann durch 30 g Butter ersetzt werden. Erst ganz am Schluss beifügen und die Suppe so lange rühren, bis die Butter geschmolzen ist.*

---

# Randencremesuppe – Crema di barbabietola

**Für 4 Personen**
*Arbeitsaufwand: 6–7 Minuten*
*Kochzeit: ca. 25 Minuten*
*Kühlzeit: ca. 1 Stunde*

*Zutaten:*
*1 sehr grosse Zwiebel*
*1 mittelgrosse Kartoffel*
*1 kleiner Fleischbrühewürfel*
*ca. 250 g gekochte Rande (rote Beete)*
*2 dl Rahm*
*Saft von 1 kleinen Zitrone*
*Salz*

*Geräte:*
*kleines Küchenmesser, kleine*
*Pfanne, Deckel, Mixer*
*(wenn möglich Stabmixer) oder*
*Passevite (Gemüsepassier-*
*maschine), Zitronenpresse*

● Die Zwiebel schälen. Die Kartoffel schälen und waschen. In Stücke oder Scheiben schneiden (je kleiner oder dünner, um so kürzer die Kochzeit).
● Zusammen mit dem Fleischbrühewürfel und 6 dl Wasser in die Pfanne geben. Bei mässiger Hitze zum Kochen bringen.
● Zudecken und bei schwacher Hitze 20 Minuten kochen, oder bis das Gemüse weich ist. Unterdessen die Rande schälen und in Stücke schneiden.
● Zwiebel, Kartoffel, Kochflüssigkeit und Rande mit dem Mixer pürieren oder durch die Gemüsepassiermaschine mit der kleinsten Lochung treiben, bis eine vollständig glatte Masse entstanden ist.
● Auskühlen lassen.
● Vor dem Servieren den Rahm und den Zitronensaft daruntermischen. Gut umrühren und prüfen, ob die Suppe genügend gesalzen ist.

---

● *Nach Belieben und sofern die Zeit reicht, die ausgekühlte Suppe bis zum Servieren in den Kühlschrank stellen.*

# Gurkencremesuppe – Crema di cetrioli

**Für 4 Personen**
*Arbeitsaufwand: 6–7 Minuten*
*Kochzeit: ca. 25 Minuten*
*Kühlzeit: ca. 1 Stunde*

*Zutaten:*
*4 eher kleine Gurken (je ca. 150 g)*
*250 g Kartoffeln*
*Salz*
*1½ dl Rahm*
*Saft von 1 grossen Zitrone*

*Geräte:*
*kleines Küchenmesser,*
*mittelgrosse Pfanne, Deckel,*
*Mixer (wenn möglich Stab-*
*mixer) oder Passevite (Gemüse-*
*passiermaschine), Zitronen-*
*presse*

• Die Gurken und Kartoffeln schälen und waschen. In Stücke oder Scheiben schneiden (je kleiner oder dünner, um so kürzer die Kochzeit).
• Mit 6 dl Wasser und Salz bei starker Hitze zum Kochen bringen.
• Zudecken und bei schwacher Hitze 20 Minuten kochen, oder bis das Gemüse gar ist.
• Mit dem Mixer pürieren oder durch die Gemüsepassiermaschine mit der kleinsten Lochung treiben, bis eine vollständig glatte Masse entstanden ist.
• Auskühlen lassen.
• Vor dem Servieren Rahm und Zitronensaft daruntermischen. Gut umrühren und prüfen, ob die Suppe genügend gesalzen ist.

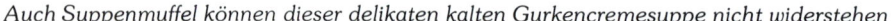

• *Nach Belieben mit gehackter Petersilie oder Pfefferminze oder mit rohen Gurkenwürfeln bestreuen.* • *Der Rahm kann durch Joghurt ersetzt werden.* • *Nach Belieben und sofern die Zeit reicht, die ausgekühlte Suppe bis zum Servieren in den Kühlschrank stellen.*

*Auch Suppenmuffel können dieser delikaten kalten Gurkencremesuppe nicht widerstehen*

## Gemüsesuppen mit Teigwaren

Als bodenständig und unprätentiös könnte man diese Suppen bezeichnen, die in den verschiedenen Regionen Italiens zwar ähnlich, aber doch immer ein wenig anders sind. Gemüse ist fast das ganze Jahr frisch erhältlich und vermittelt die lebenswichtigen Vitamine. Um den Nährwert zu erhöhen, werden die Suppen oft mit «Pasta», die in fast unendlicher Auswahl zur Verfügung steht, angereichert. Diese Teigwareneinlagen müssen immer in die stark kochende Suppe gegeben werden. Vielleicht sind aber auch Reste von Teigwaren vorhanden, die in der Suppe nur noch erhitzt zu werden brauchen. Auch getrocknete Bohnen, eingelegt und vorgekocht, werden gerne als Einlage verwendet. Bei allen diesen Suppen kann man dem Kochwasser einen kleinen Fleischbrühewürfel beifügen oder etwas Fleisch- oder Gemüseextrakt darin auflösen.

# Bohnensuppe nach toskanischer Art
## Pasta e fagioli alla toscana

**Für 4 Personen**
*Einweichen der Bohnen:*
*12 Stunden*
*Arbeitsaufwand: ca. 10 Minuten*
*Kochzeit:*
*ca. 2 Stunden 20 Minuten*

*Zutaten:*
*300 g getrocknete weisse Bohnen*
*Salz*
*1 Zweiglein Rosmarin*
*2 Knoblauchzehen*
*3 Esslöffel Tomatenpüree*
*150 g Trenette (feine Nudeln)*
*Öl*
*Pfeffer*

*Geräte:*
*Sieb, grosse Pfanne, Deckel,*
*Küchenfaden, Passevite*
*(Gemüsepassiermaschine)*

Für diese traditionelle Suppe verwendet man in der Toscana Cannellini-Bohnen, die beim Kochen cremig-weich werden.

● Die Bohnen verlesen und kontrollieren, dass sie von guter Qualität sind und keine Steinchen oder andere Unreinheiten daruntergemischt sind.
● In ein Gefäss geben, gut mit leicht lauwarmem Wasser bedecken und eine Handvoll grobes Salz beifügen. 12 Stunden stehenlassen.
● In das Sieb giessen und gut abspülen.
● In der Pfanne knapp 2 l Wasser aufsetzen. Bohnen, mit Faden umwickeltes Rosmarinzweiglein (damit es die Nadeln nicht verliert) sowie die ganzen, ungeschälten Knoblauchzehen hineingeben. Zudecken und langsam aufkochen.
● Die Hitze noch etwas reduzieren und ca. 2 Stunden, oder bis die Bohnen gar sind, ganz leise kochen lassen. Erst am Ende der Kochzeit salzen.
● Rosmarin und Knoblauch herausnehmen. Die Bohnen durch die Gemüsepassiermaschine (feinste Lochung) treiben. Die Kochflüssigkeit nicht weggiessen.
● Kochflüssigkeit und Bohnen wieder in die Pfanne geben. Tomatenpüree und, falls die Suppe zu dick sein sollte, noch etwas Wasser beifügen. Wieder zum Kochen bringen, dabei einige Male umrühren.
● Die in grosse Stücke gebrochenen Teigwaren dazugeben und bei schwacher Hitze und unter ziemlich häufigem Rühren ca.

15 Minuten, oder bis die Teigwaren gar sind, weiterkochen. Dabei nach Bedarf nochmals etwas heisses Wasser zugiessen.
● Mit Öl und nach Belieben mit wenig schwarzem Pfeffer abschmecken.

---

● *Nach diesem Rezept erhält man eine ziemlich leichte Bohnensuppe, sofern eine Suppe dieser Art überhaupt leicht sein kann. Wenn ein kräftigerer Geschmack gewünscht wird, Rosmarin und Knoblauch nicht mit den Bohnen kochen, sondern in 4 Esslöffeln Öl in einer separaten Pfanne dünsten und dann die passierten Bohnen mit der Kochflüssigkeit zusammen beifügen.* ● *Man kann auch nur einen Teil der Bohnen passieren und ein Drittel bis die Hälfte ganz lassen.* ● *Zum Einweichen der Bohnen kann die fürs Kochen bestimmte Pfanne verwendet werden.*

---

# Rapssprossensuppe mit Teigwaren
## Pasta con cime di rapa

**Für 4 Personen**
*Arbeitsaufwand: 10 Minuten*
*Kochzeit: ca. 20 Minuten*

*Zutaten:*
*500 g Cime di rapa (Rapssprossen)*
*2 grosse Lauchstangen*
*400 g Kürbis (ungerüstet gewogen)*
*100–120 g kurze Makkaroni*
*Salz*
*3–4 Esslöffel Öl*

*Geräte:*
*grosse Pfanne, kleines sowie starkes Küchenmesser*

● 1½ l Wasser zum Kochen bringen.
● Während das Wasser heiss wird, die Cime di rapa putzen. Zähe Blätter und Stengel entfernen. Die übrigen in Stücke schneiden, die Röschen ganz lassen. Waschen und gut abtropfen lassen.
● Den Lauch putzen. Die Wurzeln, den grünen Teil der Blätter sowie die 1–2 äussersten, zähen Blätter entfernen. Bis 5 cm vor den Wurzelansatz der Länge nach halbieren. Unter fliessendem Wasser sorgfältig waschen. Etwas auseinanderzupfen, damit allfällig vorhandener Schmutz zwischen den Blättern herausgespült wird. In gut ½ cm breite Stücke schneiden.
● Mit dem starken Messer den Kürbis in Scheiben schneiden. Samen, Fäden und Schale entfernen. Waschen und in kleine Stücke oder dünne Scheiben schneiden.
● Cime di rapa, Lauch und Kürbis in das siedende Wasser geben. Die Temperatur reduzieren und 10 Minuten leicht kochen lassen.
● Wieder zu starkem Kochen bringen, die Makkaroni hineingeben, salzen und umrühren.
● Wenn die Suppe wieder kräftig kocht, die Hitze erneut reduzieren und weitere 10 Minuten, oder bis die Teigwaren gar sind, kochen lassen.
● Die Pfanne vom Herd ziehen, das Öl beifügen und gut mischen.

---

● *Geriebener Parmesan passt gut dazu.* ● *Die Rapssprossen sind bei uns unter dem italienischen Namen «Cime di rapa» erhältlich.*

# Stielmangoldsuppe mit Teigwaren
## Pasta con bietole

**Für 4 Personen**
*Arbeitsaufwand: 7–8 Minuten*
*Kochzeit: ca. 17 Minuten*

*Zutaten:*
*250–300 g Stielmangold (Krautstiele)*
*1 mittelgrosse Kartoffel*
*2 Lauchstangen*
*120 g kurze Makkaroni*
*Salz*
*3–4 Esslöffel Öl*

*Geräte:*
*grosse Pfanne,*
*kleines Küchenmesser*

- 1½ l Wasser zum Kochen bringen.
- Unterdessen den Mangold putzen. Gelb gewordene Blätter oder Blatteile sowie das verfärbte Stielende wegschneiden. In reichlich kaltem Wasser, das mehrmals erneuert wird, waschen, abtropfen lassen und in grosse Stücke schneiden oder brechen.
- Die Kartoffel waschen, schälen und in ca. 1 cm dicke Scheiben schneiden.
- Den Lauch putzen. Die Wurzeln, den grünen Teil der Blätter sowie die 1–2 äussersten, zähen Blätter entfernen. Bis 5 cm vor den Wurzelansatz der Länge nach halbieren. Unter fliessendem Wasser sorgfältig waschen. Etwas auseinanderzupfen, damit allfällig vorhandener Schmutz zwischen den Blättern herausgespült wird. In gut ½ cm breite Stücke schneiden.
- Mangold, Kartoffeln und Lauch in das siedende Wasser geben. Die Temperatur reduzieren und 5 Minuten kochen lassen.
- Wieder zu starkem Kochen bringen, die Makkaroni hineingeben, salzen und umrühren.
- Wenn die Suppe wieder kräftig kocht, die Hitze erneut reduzieren und 10 Minuten, oder bis die Teigwaren gar sind, leise weiterkochen lassen.
- Die Pfanne vom Herd ziehen, das Öl beifügen und gut mischen.

- *Geriebener Parmesan passt gut dazu.*

# Bohnensuppe nach Art des Veneto
## Pasta e fagioli alla veneta

**Für 4 Personen**
*Einweichen der Bohnen:*
*12 Stunden*
*Arbeitsaufwand: 8–9 Minuten*
*Kochzeit:*
*ca. 2 Stunden 40 Minuten*

*Zutaten:*
*300 g getrocknete weisse Bohnen*
*Salz*
*2 mittelgrosse Zwiebeln*
*Öl*
*100 g frische Nudeln oder andere frische Teigwaren nach Belieben*
*schwarzer Pfeffer*

- Die Bohnen verlesen, einweichen und kochen, wie im Rezept auf Seite 57 beschrieben, allerdings ohne Rosmarin und Knoblauch beizufügen.

*Geräte:*
*Sieb, grosse Pfanne, Deckel,*
*kleines Küchenmesser,*
*kleine Pfanne, Schaumlöffel,*
*Passevite (Gemüsepassier-*
*maschine)*

● Unterdessen die Zwiebeln schälen und in dünne Scheiben schneiden.
● Mit 6 Esslöffeln Öl und 1 Prise Salz in die kleine Pfanne geben und bei schwacher Hitze unter gelegentlichem Rühren ca. 3/4 Stunden garen. Sie sollen sich nur ganz leicht goldgelb verfärben.
● Wenn die Bohnen gar sind, mit dem Schaumlöffel ca. die Hälfte herausheben und durch die Gemüsepassiermaschine treiben.
● Das Püree in die Pfanne zurückgeben. Die Zwiebeln beifügen und die Suppe nochmals 30 Minuten kochen. Während der Kochzeit 2–3 Schöpflöffel Wasser dazugiessen, um eine nicht zu dicke Suppe zu erhalten.
● Die Teigwaren beifügen und nochmals 5 Minuten oder länger kochen (die Dauer der Kochzeit hängt von der Qualität der Teigwaren ab).
● Separat zur Suppe Öl und schwarzen Pfeffer in der Mühle servieren.

---

● *Diese Suppe müsste mit den berühmten, aber fast nicht erhältlichen «Lamon»-Bohnen zubereitet werden. Als Ersatz kann man «Borlotti» oder weisse Bohnen verwenden.* ● *Zum Einweichen der Bohnen kann die fürs Kochen bestimmte Pfanne verwendet werden.*

# Suppe mit Wurst und getrockneten Pilzen
## Pasta con salsiccia e funghi secchi

**Für 4 Personen**
*Arbeitsaufwand: 5 Minuten*
*Kochzeit: ca. 30 Minuten*

*Zutaten:*
*200 g Karotten*
*2 grosse Selleriestangen*
*ca. 10 g getrocknete Pilze (Steinpilze)*
*150 g frische Schweinebratwurst*
*Salz*
*200 g kurze Teigwaren*
*3–4 Esslöffel Öl*

*Geräte:*
*kleines Küchenmesser,*
*Holzbrett, grosse Pfanne,*
*Deckel*

● Die Karotten schälen, waschen und in eher dünne Scheiben (einige Millimeter dick) schneiden.
● Die Selleriestangen putzen und Blätter und harte Stellen wegschneiden. Waschen, den breiten Teil der Länge nach halbieren, in Scheibchen schneiden, die etwas dicker als diejenigen der Karotten sind.
● Die Pilze mit kaltem Wasser abspülen (es ist nicht nötig, sie einzuweichen).
● Die Wurst in 2–3 cm dicke Scheiben schneiden.
● Karotten- und Selleriescheiben, Pilze und Wurst in die Pfanne geben. 1½ l Wasser und wenig Salz (weil die Wurst gesalzen ist) dazugeben. Zum Kochen bringen.
● Die Hitze reduzieren, zudecken und 20 Minuten leise kochen lassen.
● Nochmals stark aufkochen und die Teigwaren beifügen. Wenn die Suppe wieder kocht, die Temperatur reduzieren und

unter gelegentlichem Rühren weitere 10 Minuten, oder bis die Teigwaren gar sind, leise zu Ende kochen.
- Die Pfanne vom Herd ziehen, das Öl beifügen und mischen.

---

- *Geriebener Parmesan passt gut dazu.*

## Reissuppen

Nicht überall in Italien gedeiht der Reis, aber dort, wo er angepflanzt wird (etwa in der Lombardei), macht er auch vor dem Suppentopf nicht halt. Für die folgenden Rezepte eignet sich Rundkornreis besser als der nicht verkochende Langkornreis, weil er die Suppe etwas bindet. In allen Rezepten kann ein Fleischbrühewürfel oder eine Messerspitze Fleischextrakt beigefügt werden, um den Geschmack der Suppe abzurunden. Und wie bei den Suppen mit Teigwaren gehört eine kleine Schale mit frisch geriebenem Parmesan auf den Tisch, um die Suppe zusätzlich zu würzen und sie nach Belieben noch sättigender zu machen.

# Reissuppe mit Brokkoli – Riso e broccoletti

**Für 4 Personen**
*Arbeitsaufwand:*
*7–10 Minuten*
*Kochzeit: ca. 25 Minuten*

*Geräte:*
*mittelgrosse Pfanne, grosses und kleines Küchenmesser, Holzbrett*

*Zutaten:*
*2 grosse «Köpfe» Brokkoli*
*1 mittelgrosse Kartoffel*
*1/2 mittelgrosse Sellerieknolle*
*1 kleine Zwiebel (50–70 g)*
*120 g Reis*
*Salz*
*1 Esslöffel Olivenöl*

- 1¾ l Wasser aufsetzen.
- Während es heiss wird, das Gemüse vorbereiten: zu grosse Blätter und harte Stiele des Brokkoli wegschneiden, Kartoffel, Sellerie und Zwiebel schälen.
- Alle Gemüse unter fliessendem kaltem Wasser waschen.
- Die Brokkoli-«Köpfe» in 2 oder 4 Stücke teilen. Kartoffel und Sellerie in 3–4 mm dicke Scheiben schneiden, die Zwiebel halbieren und in dünne Scheiben schneiden.
- Das Gemüse in das siedende Wasser geben. 5 Minuten kochen lassen.
- Den Reis beifügen, salzen und umrühren.
- Wenn die Suppe wieder kocht, die Hitze etwas reduzieren und ziemlich lebhaft 12–16 Minuten (je nach Qualität des verwendeten Reises) unter gelegentlichem Rühren weiterkochen lassen. Der Reis soll nur knapp weich sein (er wird während des Abschmeckens und Servierens von der Eigenwärme noch etwas weicher werden). Während der Kochzeit nach Bedarf noch etwas heisses Wasser beifügen: Die Suppe soll nicht zu dickflüssig sein.
- Vom Herd wegziehen und mit dem Öl abschmecken. Servieren.

---

- *Nach Belieben geriebenen Parmesan mit dieser Suppe servieren.*

# Reissuppe mit Kartoffeln und Basilikumsauce
## Riso e patate al pesto

**Für 4 Personen**
*Arbeitsaufwand: 5–6 Minuten*
*Kochzeit: ca. 25 Minuten*

*Zutaten:*
*2 mittelgrosse Kartoffeln (insgesamt ca. 250 g)*
*40 g Butter*
*150–180 g Reis*
*Salz*
*(1 Fleischbrühewürfel oder 1 Messerspitze Fleischextrakt)*
*2 Esslöffel Basilikumsauce (s. Seite 441)*

*Geräte:*
*kleines Küchenmesser, Holzbrett, mittelgrosse Pfanne*

- Die Kartoffeln schälen, waschen und abtrocknen. Eine Kartoffel in kleine Würfelchen von 5–6 mm schneiden, die beim Kochen zerfallen, die andere in grössere Würfel von 1½ oder 2 cm.
- Die Butter erhitzen. Die Kartoffelwürfel beifügen und bei mittlerer Hitze und häufigem Rühren 3–4 Minuten dünsten, oder bis sie leicht Farbe angenommen haben.
- Mit 1¾ l Wasser ablöschen und bei starker Hitze zum Kochen bringen.
- Die Temperatur reduzieren und 5 Minuten mittelstark kochen.
- Wieder zu starkem Kochen bringen. Reis, nach Belieben Fleischbrühewürfel oder Fleischextrakt sowie Salz beifügen. Umrühren.
- Wenn die Suppe wieder kocht, die Hitze erneut reduzieren und 12–15 Minuten (je nach Qualität des verwendeten Reises) unter gelegentlichem Rühren weiterkochen. Der Reis soll nur knapp weich sein (er wird während des Abschmeckens und Servierens von der Eigenwärme noch etwas weicher werden). Während der Kochzeit nach Bedarf noch etwas heisses Wasser beifügen. Die Suppe soll nicht zu dickflüssig sein.
- Vom Herd wegziehen und die Basilikumsauce beifügen. Gut umrühren und servieren.

- *Anstelle von Basilikumsauce kann man dieser Suppe auch 2–3 Esslöffel hausgemachte Tomatensauce und 1 Esslöffel gehackte Petersilie beifügen, oder auch nur 1 Scheibchen Knoblauch und fein gehackte Petersilie.*

## Verschiedene Suppen

In Italien wird noch verhältnismässig viel Suppe gegessen. Die Hausfrauen besuchen täglich einen der unzähligen Quartiermärkte und lassen sich vom Angebot inspirieren. So entstehen immer wieder neue Kombinationen, und jede Köchin hat ihre eigenen Rezepte. Zwischen extrem leichten Süppchen, die sich auch für kranke Tage eignen, über nahrhafte Gersten- oder Linsensuppen zu den berühmten italienischen Gemüsesuppen, der «Minestrone alla genovese» mit «Pesto» (Basilikumsauce) oder der «Minestrone alla milanese», liegt ein weites Spektrum. Von sanft und fein, mit Rahm und Eigelb gebunden, bis sehr pikant, mit Knoblauch und scharfen Pfefferschoten, reicht die Palette, so dass jeder Geschmack auf seine Rechnung kommt.
Die dicken Minestroni werden übrigens sowohl warm als auch kalt auf den Tisch gebracht und, weil sie doch viel Arbeit geben, oft in doppelter Menge zubereitet, nach Belieben tiefgefroren und ein zweites Mal serviert.

*Die Gemüsesuppe nach Mailänder Art vereinigt eine bunte Palette von Gemüse in einem Topf*

# Gemüsesuppe nach Mailänder Art
## Minestrone alla milanese

**Für 4–6 Personen**
*Arbeitsaufwand: ca. 20 Minuten*
*Kochzeit:*
*ca. 1 Stunde 35 Minuten*

*Zutaten:*
*150 g dicke, grüne Bohnen (mit Hülsen)*
*300 g Erbsen (mit Hülsen)*
*50 g magerer Pancetta, in dünnen Scheiben*
*2–3 Esslöffel Butter*
*1 mittelgrosse Zwiebel*
*1 Lauchstange*
*2 Stangen Bleichsellerie*
*200 g Karotten*
*200–250 g Zucchini*
*200 g Kartoffeln*
*200 g Wirsing*
*100 g Blattmangold (Schnittmangold)*
*ca. 200 g geschälte Tomaten aus der Dose (Pelati), abgetropft*
*Salz*
*200 g Reis*
*1 gehäufter Esslöffel Petersilie und Basilikum, zusammen gehackt*
*(1 Scheibchen Knoblauch, mit Petersilie und Basilikum gehackt)*
*5 Esslöffel geriebener Parmesan*

*Geräte:*
*Holzbrett, Wiegemesser oder*
*grosses Messer, grosser*
*Kochtopf, Deckel, Kochlöffel,*
*kleines Küchenmesser, Sieb*

- Bohnen und Erbsen enthülsen.
- Mit dem Wiegemesser oder einem grossen Messer den Pancetta hacken. Mit der Butter in den Kochtopf geben und bei schwacher Hitze unter gelegentlichem Rühren anziehen lassen. Inzwischen Zwiebel und Lauch putzen (beim Lauch den grünen Teil, die Wurzel und die äussersten 2 Blätter entfernen). Die Zwiebel hacken. Den Lauch zuerst der Länge nach halbieren, waschen und dann in dünne Scheiben schneiden.
- Zwiebel und Lauch ebenfalls in die Pfanne geben und unter gelegentlichem Rühren mitdünsten. Während dieser Zeit Sellerie und Karotten putzen und waschen. Die Selleriestangen wenn nötig der Länge nach halbieren und in ca. $1/2$ cm grosse Stückchen schneiden. Die Karotten der Länge nach vierteln und in gleich grosse Stückchen schneiden.
- Sellerie und Karotten ebenfalls in den Kochtopf geben und mitdünsten.
- Von den Zucchini die beiden Enden wegschneiden. Waschen. Die Kartoffeln schälen und waschen. Die Zucchini, gleich wie die Karotten, zuerst der Länge nach vierteln und dann in $1/2$ cm grosse Stückchen schneiden. Die Kartoffeln in Würfel von 1 cm schneiden. Den Wirsing entblättern, dabei Strunk und Blattrippen entfernen. Den Mangold verlesen. Beides waschen, abtropfen lassen und die Blätter in grosse Stücke teilen, die Mangoldstiele kleinschneiden.
- Alles Gemüse in den Kochtopf geben. Bohnenkerne und Erbsen sowie die geschälten Tomaten beifügen, salzen und unter gelegentlichem Rühren ca. 5 Minuten dünsten.
- 2 l Wasser dazugiessen und alles aufkochen.
- Bei schwacher Hitze zugedeckt ca. 1 Stunde leise köcheln lassen.
- Die Temperatur erhöhen, den Reis beifügen und gut umrühren.
- Sobald die Suppe kocht, die Hitze wieder reduzieren. Unter gelegentlichem Rühren weiterkochen, bis der Reis gar ist (12–16 Minuten, je nach Geschmack und Reisqualität).
- Mit den gehackten Kräutern und, nach Belieben, Knoblauch sowie mit dem Parmesan bestreuen.

---

- *Die beschriebene Zubereitungsart ist relativ zeitsparend, da, während die Gemüse geputzt werden, die Suppe bereits aufgesetzt ist und kocht. Dies schliesst natürlich nicht aus, dass alle Gemüse vor Kochbeginn bereitgestellt werden. Man kann sie auch alle gleichzeitig beifügen (nachdem der Pancetta mit der Butter 5–7 Minuten gedünstet wurde) und zusammen 7–8 Minuten anziehen lassen, bevor sie mit Wasser abgelöscht werden.* • *Die Gemüsesuppe nach Mailänder Art ist ein sehr vielseitiges Gericht: Sie kann beliebig variiert und ergänzt werden. Man kann z. B. gleichzeitig mit dem Pancetta und dem Gemüse ein zusammengebundenes Gewürzsträusslein, bestehend aus einem Büschel Petersilie, Rosmarin und Lorbeerblatt, mitdünsten und herausnehmen, wenn das Wasser beigefügt wird.* • *Das Wasser kann durch eine leichte Fleischbrühe ersetzt werden, oder man kann zwei kleine Fleischbrühewürfel beifügen.* • *Man kann der Suppe auch Scheiben oder Stücklein oder ein einziges grosses Stück Pancetta zugeben.* • *Mangold kann durch Spinat ersetzt werden. Je nach Jahreszeit können Spargelspitzen, Saubohnen, Kürbis, in 2–3 Stücke zerteilte Zucchiniblüten usw. mitgekocht werden. In diesem Fall die übrigen Gemüse reduzie-*

ren. • *Auch die Konsistenz der Suppe kann nach Belieben gewählt werden: entweder eher dünnflüssig oder eher dick. Dazu entweder mehr
Wasser beifügen oder die Suppe bei starker Hitze etwas einkochen lassen.* • *Die Minestrone schmeckt auch kalt sehr gut. Kalt sollte sie eher
dickflüssig serviert werden. Vom Herd wegziehen, wenn der Reis «al
dente» ist, und die Suppe sofort in ein anderes, grosses, aber nicht sehr
hohes Gefäss oder in Portionentassen giessen. Sonst bleibt sie zu
lange heiss, und der Reis wird zu weich und zerfällt.* • *Frische Bohnenkerne können auch durch eine kleine Tasse getrocknete und bereits
halb weich gekochte Bohnen ersetzt werden.*

# Gemüsesuppe nach Genueser Art
## Minestrone alla genovese

**Für 6 Personen**
*Arbeitsaufwand: ca. 15 Minuten
Kochzeit: ca. 1 Stunde*

*Zutaten:*
*500 g dicke, grüne Bohnen (mit Hülsen)*
*15 g gedörrte Pilze (Steinpilze)*
*400 g Zucchini*
*600 g Auberginen (Eierfrüchte)*
*500 g reife, aber feste Tomaten*
*400 g Wirsing*
*120 g Trenette (feine Nudeln)*
*4 gehäufte Esslöffel Pesto (Basilikumsauce, s. Seite 441)*
*(Salz)*

*Geräte:*
*grosser Kochtopf, Deckel,
grosse Tasse, grosses und
kleines Küchenmesser, Holzbrett, Sieb, Kochlöffel*

• Die Bohnen entkernen und die Kerne mit 2 l Wasser in den
Kochtopf geben.
• Zum Kochen bringen. Zudecken, die Hitze reduzieren und 30
Minuten ganz leicht kochen lassen.
• Inzwischen die gedörrten Pilze in der Tasse in lauwarmes
Wasser einlegen. Das übrige Gemüse putzen: Von den Zucchini
die beiden Enden wegschneiden, waschen und in 1 cm dicke
Scheiben schneiden (wenn nötig vorher der Länge nach halbieren oder dritteln). Von den Auberginen den Stielansatz entfernen, das Gemüse waschen und in ca. 1½ cm grosse Würfel
schneiden. Die Tomaten waschen und vierteln. Vom Wirsing
zerdrückte oder welke Blattstellen sowie dicke Blattrippen wegschneiden, die Blätter lösen, in reichlich Wasser waschen und
gut abtropfen lassen. In grosse Stücke brechen.
• Wenn die Bohnen 30 Minuten gekocht haben, die gut ausgedrückten Pilze und das übrige Gemüse beifügen. Ca. 15 Minuten kochen, so dass das Gemüse noch nicht ganz gar ist.
• Die in ca. 10 cm lange Stücke gebrochenen Trenette dazugeben, gut umrühren und unter gelegentlichem Rühren weitere
10 Minuten kochen, oder bis die Teigwaren «al dente» sind.
• Vom Herd wegziehen, den Pesto beifügen und gut umrühren.
Wenn nötig etwas salzen.

• *Diese Minestrone schmeckt sowohl warm als auch kalt. Wird sie kalt
serviert, den Kochprozess beenden, bevor die Trenette «al dente» gekocht sind.* • *Wenn nötig während der Zubereitung noch etwas Wasser
beifügen, das unbedingt heiss sein muss, da sonst die Schalen der Bohnen hart werden.*

# Tomaten-Brot-Suppe – Pappa col pomodoro

**Für 4 Personen**
*Arbeitsaufwand: 5 Minuten*
*Kochzeit: 15–25 Minuten*

*Zutaten:*
*Öl*
*2 Knoblauchzehen*
*400 g geschälte Tomaten aus der Dose (Pelati), abgetropft*
*1/2 Esslöffel Tomatenpüree*
*(1 Lorbeerblatt)*
*Salz*
*200 g altbackenes Brot*
*schwarzer Pfeffer*

*Geräte:*
*mittelgrosse Pfanne, kleines Küchenmesser, Dosenöffner*

- 2 Esslöffel Öl und die geschälten, aber ganzen Knoblauchzehen in eine Pfanne geben.
- Bei mittlerer Hitze leicht anbraten, bis der Knoblauch eine goldgelbe Farbe angenommen hat.
- Den Knoblauch herausnehmen und die gut abgetropften Tomaten und 3–4 Schöpflöffel Wasser in die Pfanne geben. Tomatenpüree, nach Belieben ein Lorbeerblatt und Salz beifügen. Zum Kochen bringen.
- Das in Stücke gebrochene Brot zugeben. Unter häufigem Rühren leise weiterkochen lassen. Das Brot, sobald es weich genug ist, mit einem Löffel oder einer Gabel auseinanderzup-

*Aus Brotresten von gestern und Pelati entsteht die schmackhafte Tomaten-Brot-Suppe*

fen. Wenn nötig nach und nach noch etwas Wasser beifügen. Die Kochzeit hängt vom verwendeten Brot ab: Sie ist beendet, wenn das Brot weich und ganz zerfallen ist. Die Suppe soll ziemlich dickflüssig sein. Separat Öl und schwarzen Pfeffer dazu servieren.

# Gerstensuppe – Minestra d'orzo

**Für 4 Personen**
*Arbeitsaufwand: 4–5 Minuten*
*Kochzeit: ca. 30 Minuten*

*Zutaten:*
*130 g Rollgerste (Perlgraupen)*
*1 1/2 l Fleischbrühe*
*2 Eigelb*
*3–4 Esslöffel Rahm*
*3 Esslöffel geriebener Parmesan*
*1 Mokkalöffel geriebene Muskatnuss*
*(Salz)*

*Geräte:*
*mittelgrosse Pfanne, Deckel, Schaumlöffel, Mixer (wenn möglich Stabmixer), Suppenschüssel, Käseraffel, Muskatnussreibe*

• Die Rollgerste mit der Fleischbrühe in die Pfanne geben.
• Bei mittlerer Hitze zum Kochen bringen.
• Zudecken, die Temperatur reduzieren und 25 Minuten leise köcheln lassen.
• Mit dem Schaumlöffel einen Teil der Gerste herausheben und beiseite stellen. Die restliche Suppe pürieren. Sollte sie etwas zu dick sein, mit wenig Wasser oder Milch verdünnen.
• Erneut aufkochen. Die zurückbehaltene Gerste wieder beifügen. Unterdessen in der Suppenschüssel Eigelb, Rahm, Parmesan und Muskatnuss gut verrühren.
• Unter kräftigem Rühren die sehr heisse Suppe dazugiessen. Wenn nötig noch etwas nachwürzen. Sofort servieren.

• *Anstelle von Fleischbrühe kann man auch Wasser und einen kleinen Fleischbrühewürfel verwenden.* • *Ist kein Rahm vorhanden, kann man ihn durch Milch ersetzen.*

# Rote Linsensuppe – Minestra di lenticchie rosse

**Für 4–6 Personen**
*Arbeitsaufwand: 4–5 Minuten*
*Kochzeit: 1 Stunde 10 Minuten*

*Zutaten:*
*500 g kleine, rote Linsen*
*Salz*
*1/4 Zwiebel*
*4 Esslöffel Öl*
*2 Knoblauchzehen*
*1 Stücklein rote, scharfe Pfefferschote*

• Die Linsen verlesen und allfällige Fremdkörper oder unschöne Linsen entfernen. In ein Sieb geben und unter fliessendem kaltem Wasser waschen (da sie keine Schalen haben, braucht man sie nicht einzulegen).

*Geräte:*
*Sieb, grosse Pfanne, Deckel,*
*Mixer oder Stabmixer oder*
*Passevite (Gemüsepassier-*
*maschine), kleines Küchen-*
*messer, Holzbrett, (mittelgrosse*
*Pfanne)*

- In die Pfanne geben. Kaltes Wasser dazugiessen, bis sie 3 cm hoch davon bedeckt sind. Wenig Salz beifügen.
- Zudecken und zum Kochen bringen.
- Die Hitze reduzieren und 1 Stunde unter gelegentlichem Rühren ganz leise kochen lassen.
- Mit dem Mixer oder der Gemüsepassiermaschine pürieren und dabei die ganze Kochflüssigkeit mitverwenden.
- Die Zwiebel schälen und fein hacken.
- Die vorher verwendete Pfanne ausspülen und abtrocknen oder eine etwas kleinere Pfanne nehmen, das Öl darin erhitzen und die Zwiebel, die ganzen, geschälten Knoblauchzehen sowie das Pfefferschotenstück darin unter häufigem Rühren bei mittlerer Hitze dünsten.
- Wenn nach ca. 7 Minuten Zwiebel und Knoblauch leicht Farbe angenommen haben, die pürierten Linsen beifügen und erhitzen. Nach Bedarf noch etwas Wasser beifügen und evtl. nachwürzen.

---

- *Man kann diese Suppe über Scheiben von altbackenem Brot anrichten.* • *Rote Linsen bekommt man ohne Schwierigkeiten in Drogerien und im Reformhaus.* • *Wenn Kardamomsamen verfügbar sind, kann man 10–12 grob zerstossene Samen mit Zwiebel und Knoblauch zusammen dünsten.*

# Zucchinisuppe mit Ei
## Minestra di zucchine all'uovo

**Für 4 Personen**
*Arbeitsaufwand: 6 Minuten*
*Kochzeit: ca. 13 Minuten*

*Zutaten:*
*500 g Zucchini*
*Salz*
*(1 Messerspitze Fleischextrakt)*
*2 Eigelb*
*4 Esslöffel geriebener Parmesan*
*2 Esslöffel Butter*

*Geräte:*
*mittelgrosse Pfanne, Deckel,*
*Küchenmesser, Gemüseraffel,*
*Suppenschüssel, Käseraffel*

- ¾ l Wasser zum Kochen bringen.
- Unterdessen die Zucchini putzen. Dabei die beiden Enden wegschneiden. Waschen.
- Mit der gröbsten Scheibe raffeln.
- Ins Wasser geben und erneut zum Kochen bringen.
- Zudecken, die Hitze reduzieren und 7–10 Minuten kochen, oder bis die Zucchini gar, aber nicht allzu weich, sondern noch leicht knackig sind. Salzen und nach Belieben den Fleischextrakt darin auflösen.
- Inzwischen in der Suppenschüssel die Eigelbe mit dem Parmesan verrühren. Die in kleine Stücke geschnittene Butter beifügen.
- Wenn die Zucchini gar sind, die sehr heisse Suppe nach und nach unter kräftigem Rühren in die Suppenschüssel giessen. Sofort servieren.

---

- *Nach Belieben mit getoastetem oder geröstetem Brot servieren.*

# Milchsuppe mit Ei – Zuppa di latte e uovo

**Für 4 Personen**
*Arbeitsaufwand: 4–5 Minuten*
*Kochzeit: 6–7 Minuten*

*Zutaten:*
*50 g Butter*
*12 dünne Scheiben Brot, von einem Pariserbrot geschnitten*
*3 Esslöffel gehackte Petersilie*
*¾ l Milch*
*1 Eigelb*
*Salz*

*Geräte:*
*grosse Bratpfanne, Messer,*
*4 Suppenteller, Holzbrett und*
*Wiegemesser, mittelgrosse*
*Pfanne, grosse Tasse, (Schwing-*
*besen)*

• Die Butter in der Bratpfanne schmelzen und aufschäumen lassen. Die Brotscheiben hineingeben und ca. 1 Minute pro Seite rösten, oder bis sie leicht gebräunt sind. Die Hitze so regulieren, dass sie nicht zu dunkel werden.
• Mit einer Gabel herausheben und in 4 Suppenteller verteilen. Mit der Petersilie bestreuen.
• In der Pfanne die Milch bis fast zum Siedepunkt bringen. Den Herd ausschalten.
• Das Eigelb in die Tasse geben und mit dem Schwingbesen oder einer Gabel sehr gut verquirlen. Etwas heisse Milch daraufgiessen und damit vermischen.
• Unter kräftigem Rühren den Inhalt der Tasse in die Milch giessen. Mit Salz abschmecken und in die Teller verteilen. Sofort servieren.

# Milchsuppe mit Kopfsalat
## Minestra di latte e lattuga

**Für 4 Personen**
*Arbeitsaufwand: 10 Minuten*
*Kochzeit: ca. 30 Minuten*

*Zutaten:*
*2 mittelgrosse Kopfsalate*
*50 g Butter*
*Salz*
*¾ l Milch*

*Geräte:*
*Küchenmesser, Holzbrett, Sieb,*
*mittelgrosse Pfanne, Deckel*

• Den Kopfsalat putzen. Welke und zerdrückte Stellen entfernen, aber nicht die grünen Blätter.
• Ohne die Blätter vom Strunk zu lösen, den Salat in feine Streifen schneiden.
• Mehrmals in reichlich Wasser waschen, gut ausdrücken.
• Mit der Butter und wenig Salz in die Pfanne geben, zudecken und bei sehr schwacher Hitze ca. 20 Minuten dünsten.
• Die Milch zugiessen und, ohne die Pfanne zuzudecken, bei mittlerer Hitze zum Kochen bringen. Darauf achten, dass die Milch nicht überkocht.
• Sobald die Milch siedet, noch 5 Minuten weiterkochen.
• Wenn nötig noch etwas nachwürzen und sofort servieren.

• *Nach Belieben mit Parmesan bestreuen oder den Käse separat servieren.* • *Geröstete Brotscheiben oder Brotwürfel passen gut dazu.*

# Teigwaren, Reis und Mais

Wer das italienische Wort «Pasta» hört oder liest, denkt augenblicklich an die italienische Küche und an die vielen Teigwarensorten, die in diesem Land zu haben sind. Bekanntlich aber behaupten nebst den Italienern auch die Griechen und die Chinesen, die Teigwaren erfunden zu haben. Wie dem auch sei, es ist unbestritten, dass heute die Italiener die absoluten Könige der «Pasta» sind. In der Tat sind Teigwaren in vielen Provinzen Italiens eine Art Nationalgericht, das beinahe jeden Tag auf den Tisch kommt. «Pastasciutta», Synonym aller Italienliebhaber für Teigwaren schlechthin, bedeutet, genau betrachtet, im Salzwasser gekochte, gut abgetropfte Teigwaren, zu denen meist eine Sauce (s. Seite 440 ff.) serviert wird. Sie gelangen im italienischen Menü als «Primo piatto», als erster Gang, auf den Tisch. Bei uns dagegen serviert man sie gerne als Hauptgericht, vielleicht nach einem Salat oder gefolgt von einem leichten Dessert. Man sagt, dass es an die 600 verschiedene Teigwarensorten gibt. Auf Seite 493 sind die geläufigsten, die auch im Ausland leicht erhältlich sind, abgebildet.

In Norditalien ersetzt der Reis sehr oft die «Pastasciutta». Seine Zubereitung erfordert etwas mehr Zeit, und auch das Reiskorn muss wie die Teigwaren im Inneren noch einen festen Kern besitzen. Von den vielen verschiedenen Reissorten, die international im Handel sind, gebrauchen die Italiener fast nur die im Lande selber angebauten Qualitäten. Für die meisten Gerichte verwenden sie die Sorten Vialone und Arborio, die beim Kochen sehr viel Flüssigkeit aufnehmen und deshalb stark aufquellen.

Mais findet in der italienischen Küche fast ausschliesslich als Polenta und Maisschnitten Verwendung. Ganz herrlich schmeckt dieses Gericht mit gehaltvollen Saucen, die Pilze, Wurst, Hackfleisch oder Tomaten enthalten. Mais ist in Italien ausser Gemüse und Kartoffeln auch die einzige tolerierte Beilage zu Fleischgerichten (Mailänder Risotto zu Kalbshaxen macht hier eine Ausnahme).

*Liebhaber von Knoblauch und Olivenöl kommen bei diesem schnell zubereiteten Spaghettigericht (Seite 82) voll auf ihre Rechnung*

# Teigwaren

Man unterscheidet zwischen der «Pasta secca», den industriell hergestellten, und der «Pasta fresca», den hausgemachten, frischen Teigwaren. Erstere bestehen meistens aus Hartweizengriess und Wasser und bei uns oft zusätzlich noch aus Eiern. Dabei ist der Begriff «Frischeierteigwaren» in der Schweiz streng reglementiert und bedeutet, dass auf 1 kg Hartweizengriess mindestens 3 frische Eier verwendet wurden, während «Eierteigwaren» weniger Eier und «Teigwaren» keine Eier enthalten. Industriell hergestellte Teigwaren sind in der Regel von guter Qualität und Haltbarkeit (kühl, trocken und dunkel gelagert sind sie zwei Jahre oder länger haltbar).

Die *Portionen* in den folgenden Rezepten sind so berechnet, dass man anschliessend noch einen Fleischgang ins Menü einbauen kann. Wenn man die Teigwaren als Hauptgericht serviert, sind die angegebenen Mengen um ein Viertel zu erhöhen.

## Teigwaren – richtig gekocht

• *Teigwaren in sehr viel Wasser kochen!* Genau genommen müssten es pro 100 g Teigwaren 1 l Wasser sein. Diese Menge soll nur leicht unterschritten werden. Niemals weniger als 5 dl Wasser pro 100 g Teigwaren verwenden!

• *Das Wasser salzen (erst wenn es kocht!), bevor die Teigwaren hineingegeben werden.* Im allgemeinen wird in der Küche zuviel Salz verwendet. Deshalb sparsam damit umgehen, um so mehr als die Teigwaren ja mit einer würzigen Sauce oder mit Käse serviert werden.

• *Die Teigwaren immer in das kräftig kochende Wasser geben!* Sofort mit einem Kochlöffel umrühren, damit die Teigwaren nicht aneinanderkleben. Wenn das Wasser wieder kocht, die Temperatur reduzieren. Während der Garzeit gelegentlich umrühren.

• *Die richtige Kochzeit.* Am wichtigsten und gleichzeitig am schwierigsten ist es, die Teigwaren genau im richtigen Moment vom Herd zu nehmen. Sie sollen, wenn sie auf den Tisch kommen, immer noch «al dente», d.h. noch leicht bissfest sein. Dünne, lange Teigwaren wie Spaghetti oder feine Nudeln reagieren stärker auf eine halbe Minute Kochzeit mehr oder weniger als etwa dicke Makkaroni. Eine ungefähre Richtzeit steht meist auf der Verpackung. Am besten ist es, gegen Ende der Kochzeit die Teigwaren zu probieren.

• *Die Teigwaren sofort abgiessen.* Wenn der Moment zum Anrichten gekommen ist, die Pfanne zum Spültrog bringen und etwas kaltes Wasser hineingiessen. Die Teigwaren in ein bereitgestelltes Sieb giessen, kurz schütteln, in eine tiefe, wenn möglich vorgewärmte Schüssel anrichten und so rasch wie möglich servieren, damit die Teigwaren nicht aneinanderkleben. Um dies zu verhindern, kann man dem Kochwasser auch 1–2 Esslöffel Öl beigeben.

• *Frische Teigwaren* benötigen in der Regel nur eine kurze Kochzeit. Am besten ist es, sich beim Einkaufen zu erkundigen oder sie gegen Ende der Kochzeit zu probieren.

• *Gefüllte Teigwaren* werden auf die gleiche Weise wie die übrigen Teigwaren gekocht. Das Wasser sehr vorsichtig salzen, weil schon die Füllung der Teigwaren Salz enthält. Es darf nicht zu stark kochen, da sonst die Teigwaren auseinanderfallen können und die Füllung verlorengeht.

# Teigwaren mit Sardellen – Pasta all'acciuga

**Für 4 Personen**
*Arbeitsaufwand: 3–4 Minuten*
*Kochzeit: ca. 15 Minuten*

*Zutaten:*
*Salz*
*300–400 g Spaghetti oder Trenette*
*3 grosse Sardellenfilets (zusammen ca. 50 g)*
*60 g Butter*

*Geräte:*
*grosse Pfanne für die Teigwaren, kleine Pfanne, Sieb, Schüssel*

- Die Teigwaren kochen, wie auf Seite 72 beschrieben, aber das Wasser nur sehr schwach salzen.
- 5 Minuten bevor die Teigwaren fertig gekocht sind, im kleinen Pfännchen die Butter schmelzen und die Sardellenfilets darin mit einer Gabel zerkleinern, was sehr leicht geht. Darauf achten, dass die Hitze nicht zu gross wird, weil sonst das Gemisch einen bitteren Geschmack annimmt.
- Wenn die Teigwaren gar sind, abgiessen. In eine Schüssel anrichten und die Sardellensauce darübergeben.

# Teigwaren mit Sardellen und Petersilie
## Pasta all'acciuga con prezzemolo

**Für 4 Personen**
*Arbeitsaufwand: 5 Minuten*
*Kochzeit: ca. 15 Minuten*

*Zutaten:*
*Salz*
*300–400 g Spaghetti oder Trenette*
*6–8 Sardellenfilets*
*1 Büschel Petersilie (gehackt 1 gehäufter Esslöffel)*
*1 Scheibe Knoblauch*
*60–80 g Butter*

*Geräte:*
*grosse Pfanne für die Teigwaren, Holzbrett und Wiegemesser, Schüssel, Sieb*

- Die Teigwaren kochen, wie auf Seite 72 beschrieben, aber das Wasser nur sehr schwach salzen.
- Unterdessen die gut abgetropften Sardellenfilets, die Petersilie und den Knoblauch zusammen fein hacken. Rasch mit der Butter verkneten, dabei die Masse immer wieder mit der Gabel auf dem Boden der Schüssel zerdrücken.
- Wenn die Teigwaren gar sind, abgiessen. In die Schüssel geben, umrühren und servieren.

# Teigwaren mit Kohl – Pasta e cavoli

**Für 4 Personen**
*Arbeitsaufwand: 5 Minuten*
*Kochzeit: ca. 15 Minuten*

*Zutaten:*
*Salz*
*1/2 mittelgrosser Wirsing*
*1 grosse Kartoffel*
*300–400 g Spaghetti oder Trenette*
*ca. 8 Esslöffel Öl*
*4 Esslöffel geriebener Parmesan oder Pecorino*

*Geräte:*
*grosse Pfanne für die Teig-*
*waren, kleines Küchenmesser,*
*Sieb, Schüssel, Käseraffel*

- Das Wasser zum Kochen der Teigwaren aufsetzen und salzen (s. Seite 72).
- Während es heiss wird, den Wirsing putzen, indem verwelkte Blätter oder Blattstellen sowie grosse Blattrippen weggeschnitten werden. Entblättern, grosse Blätter in Stücke reissen, in viel kaltem Wasser waschen, dabei das Wasser mehrmals wechseln. Gut abtropfen lassen.
- Die Kartoffel waschen und schälen. In ziemlich dicke Scheiben (ca. ½ cm) schneiden.
- Teigwaren und Gemüse in das stark siedende Wasser geben und kochen, wie auf Seite 72 beschrieben. Wenn die Teigwaren von guter Qualität sind und nicht zu rasch weich werden, sollten alle Zutaten gleichzeitig gar sein.
- Alles in einem Sieb gut abtropfen lassen. In eine Schüssel geben. Mit Öl und geriebenem Parmesan oder Pecorino mischen und sofort servieren.

# Teigwaren mit Speck und Tomaten
## Pasta all'amatriciana

**Für 4 Personen**
*Arbeitsaufwand: 7–8 Minuten*
*Kochzeit: ca. 25 Minuten*

*Zutaten:*
*1 kleine Zwiebel*
*1 Scheibe (20 g) geräucherte Schweinebacke oder Magerspeck*
*1 Scheibe (20 g) magerer Pancetta*
*3 Esslöffel Öl*
*1 kleines Stück scharfe, rote Pfefferschote, zerkleinert*
*Salz*
*1 Esslöffel Essig*
*3 Esslöffel trockener Weisswein*
*8–10 reife Tomaten (wenn möglich birnenförmige Saucentomaten)*
*300–400 g Bucatini (hohle, lange Nudeln)*
*3 Esslöffel geriebener Parmesan*
*3 Esslöffel reifer, geriebener Pecorino*
*ca. 10 Blätter Basilikum*

*Geräte:*
*kleines und grosses Küchen-*
*messer, Holzbrett und Wiege-*
*messer, grosse Bratpfanne,*
*grosse Pfanne für die Teig-*
*waren, Sieb, Schüssel,*
*Käseraffel*

Dieses Rezept stammt von Aldo Fabrizi, einem grossen Teigwarenkenner.

- Die Zwiebel schälen und nicht allzu fein hacken.
- Schweinebacke und Pancetta in kleine Würfel (ca. 4 mm Seitenlänge) oder nach Belieben der Länge nach in Streifen schneiden.
- Kurz vor dem Aufsetzen des Wassers für die Teigwaren in der Bratpfanne Öl, Zwiebel, Schweinebacke, Pancetta und Pfefferschote erhitzen. Bei mittlerer Hitze unter gelegentlichem Rühren 5–7 Minuten dünsten, oder bis der Pancetta durchsichtig und leicht gebräunt ist. Unterdessen das Wasser für die Teigwaren aufsetzen und salzen (s. Seite 72).
- Den Essig in die Bratpfanne giessen und vollständig verdampfen lassen.
- Den Wein beifügen und zur Hälfte einkochen. Unterdessen die

*Teigwaren «all'amatriciana» schmecken köstlich und können auch als Hauptgericht aufgetragen werden*

Tomaten waschen und in Stücke schneiden (3–4 pro Tomate).
● Die Tomaten ebenfalls in die Bratpfanne geben und bei mittlerer Hitze ca. 15 Minuten schmoren. Von Zeit zu Zeit umrühren und die Tomaten mit einer Gabel zerquetschen. Die Temperatur so regulieren, dass am Ende der Kochzeit die Sauce auf die gewünschte Konsistenz eingekocht ist. Unterdessen die Teigwaren kochen.
● Die Teigwaren abgiessen und in eine Schüssel geben. Mit der Sauce und den zwei Käsesorten mischen. Mit dem grob gehackten (oder mit einer Küchenschere geschnittenen oder mit den Fingern zerzupften) Basilikum bestreuen und sofort servieren.

---

● *Anstelle von Bucatini kann man auch Spaghetti verwenden.* ● *Statt frische Tomaten eignen sich auch Pelati.* ● *Auch fein geschnittene Peperoni und 1 gehackte Knoblauchzehe können beigefügt werden.*

# Teigwaren mit Fenchel und Tomaten
## Pasta con finocchio e pomodoro

**Für 4 Personen**
*Arbeitsaufwand: 5 Minuten*
*Kochzeit: ca. 15 Minuten*

*Zutaten:*
*Salz*
*300–400 g Spaghetti oder Trenette*
*1 mittelgrosse Tomate*
*1 kleiner, zarter Fenchel*
*4–6 Esslöffel Öl*

*Geräte:*
*grosse Pfanne für die Teig-*
*waren, kleines Küchenmesser,*
*Holzbrett, Schüssel, Sieb*

- Das Wasser zum Kochen der Teigwaren aufsetzen und salzen (s. Seite 72).
- Während es heiss wird oder etwas später, wenn die Teigwaren bereits kochen, die Tomate waschen und der Breite nach halbieren. Mit der Schnittfläche nach unten die Kerne herausdrücken. Das Tomatenfleisch in kleine Würfel schneiden und dabei den Stielansatz entfernen.
- Den Fenchel putzen. Wenn nötig die beiden äussersten Blätter entfernen. Der Länge nach in 4 Teile schneiden, unter fliessendem Wasser gut waschen. Die Blätter dabei etwas voneinander lösen, damit allfällige Erd- oder Sandrückstände herausgewaschen werden. Quer in dünne Scheibchen schneiden.
- Tomatenwürfel und Fenchelscheibchen in die Schüssel geben, leicht salzen und mit dem Öl vermischen.
- Wenn die Teigwaren gar sind, abgiessen. Ebenfalls in die Schüssel geben, mit dem Gemüse mischen und servieren.

- *Die Tomate nach Belieben schälen (s. Seite 495).*

# Teigwaren mit grünen Bohnen
## Pasta con fagiolini verdi

**Für 4 Personen**
*Arbeitsaufwand: 5 Minuten*
*Kochzeit: ca. 15 Minuten*

*Zutaten:*
*Salz*
*250 g grüne, feine Bohnen*
*300–350 g Spaghetti oder Trenette*
*60 g reifer Pecorino*
*4–6 Esslöffel Rahm*
*8–10 Blätter Basilikum*

*Geräte:*
*grosse Pfanne für die Teig-*
*waren, kleines Küchenmesser,*
*Sieb, Käseraffel, Schüssel*

- Das Wasser zum Kochen der Teigwaren aufsetzen und salzen (s. Seite 72).
- Während es heiss wird, die Bohnen putzen. Dabei die beiden Enden sowie allfällige Fäden entfernen. In einem Gefäss unter fliessendem kaltem Wasser waschen. Gut abtropfen lassen.
- Wenn das Wasser kocht, Teigwaren und Bohnen hineingeben und kochen, wie auf Seite 72 beschrieben.
- Unterdessen den Pecorino reiben und in der Schüssel mit so viel Rahm vermischen, dass eine Art dickflüssige Sauce entsteht.

- Die Basilikumblätter waschen und trockentupfen.
- Wenn die Teigwaren gar sind, abgiessen. In die Schüssel geben und mit der Sauce mischen. Die Basilikumblätter mit den Fingern zerzupfen und darüberstreuen. Sofort servieren.

---

- *Bei Verwendung von grösseren Bohnen, diese der Länge nach halbieren.*

---

# Teigwaren mit Mozzarella
## Pasta con mozzarella

**Für 4 Personen**
*Arbeitsaufwand: 5 Minuten*
*Kochzeit: ca. 15 Minuten*

*Zutaten:*
*Salz*
*300–400 g Spaghetti oder Trenette*
*¾ Esslöffel Sardellenpaste*
*4–5 Esslöffel Öl*
*100–120 g Mozzarella*

*Geräte:*
*grosse Pfanne für die Teigwaren, Schüssel, kleines Küchenmesser, Holzbrett, Sieb*

- Die Teigwaren kochen, wie auf Seite 72 beschrieben, aber das Wasser nur sehr schwach salzen.
- Unterdessen auf dem Boden der Schüssel mit einer Gabel die Sardellenpaste mit dem Öl verrühren.
- Den Mozzarella zuerst in Scheibchen, dann in ziemlich dünne Streifen schneiden und ebenfalls in die Schüssel geben.
- Wenn die Teigwaren gar sind, abgiessen und ebenfalls in die Schüssel geben. Mit den übrigen Zutaten mischen und servieren.

---

- *Nach Belieben einige gut ausgedrückte und abgetropfte Kapern beifügen.* • *Auch eine mittelgrosse, reife, aber feste Tomate, entkernt und in kleine Würfel geschnitten, passt dazu oder, separat serviert, etwas heisse Tomatensauce.*

---

# Teigwaren mit Ricotta
## Pasta alla ricotta

**Für 4 Personen**
*Arbeitsaufwand: 2 Minuten*
*Kochzeit: ca. 20 Minuten*

*Zutaten:*
*Salz*
*300–400 g Penne*
*200 g Ricotta*
*ca. 1 Mokkalöffel Zimt*
*2 Teelöffel Zucker*

*Geräte:*
*grosse Pfanne für die Teigwaren, Schüssel, Sieb*

- Die Teigwaren kochen, wie auf Seite 72 beschrieben. Unterdessen den Ricotta in die Schüssel geben.
- Wenn die Teigwaren fast gar sind, ca. 3 Esslöffel Kochflüssigkeit zum Ricotta geben, um ihn weich zu machen. Mit einer Gabel zerdrücken und mit Zimt und Zucker mischen.
- Wenn die Teigwaren gar sind, abgiessen und in die Schüssel geben. Vermischen und servieren.

# Makkaroni mit Käse – Maccheroni al formaggio

**Für 4 Personen**
*Arbeitsaufwand: 5 Minuten*
*Kochzeit: ca. 35 Minuten*

*Zutaten:*
*1 ½ l Milch*
*Salz*
*300–400 g dicke Makkaroni oder Penne*
*50–60 g Butter*
*6 Esslöffel geriebener Parmesan*

*Geräte:*
*grosse Pfanne für die Teig-*
*waren, Sieb, Käseraffel, grosse,*
*feuerfeste Form mit niedrigem*
*Rand*

- Die Milch mit gleichviel Wasser zum Kochen bringen. Salzen wie üblich (s. Seite 72).
- Sobald die Teigwaren ins Wasser gegeben werden, den Backofen auf 240–250 °C erhitzen.
- Die Teigwaren kochen, wie auf Seite 72 beschrieben. Abgiessen und im gleichen Kochgeschirr (um nicht ein weiteres zu beschmutzen) mit der Butter und fast allem Parmesan vermischen. In die Gratinform füllen und mit dem restlichen Parmesan bestreuen.
- Für ungefähr 10 Minuten in die Mitte des Backofens schieben, oder bis sich da und dort auf der Oberfläche eine goldgelbe Kruste zu bilden beginnt.

- *Man kann den Parmesan durch kleine Gorgonzola-Würfel ersetzen (vor dem Überbacken mit den Makkaroni mischen und den Käse im Ofen nur schmelzen lassen).*

*Sehr sättigend sind die in Milch und Wasser gekochten und mit Käse und Butter überbackenen Penne*

# Makkaroni an Béchamelsauce
## Maccheroni alla besciamella

**Für 4 Personen**
*Arbeitsaufwand: 6–7 Minuten*
*Kochzeit: ca. 25 Minuten*

*Zutaten:*
*Salz*
*50 g Butter*
*2½ Esslöffel Mehl*
*ca. 3 dl Milch*
*300–400 g möglichst feine Makkaroni*
*1 Messerspitze Fleischextrakt*
*4 Esslöffel geriebener Parmesan*

*Geräte:*
*grosse Pfanne für die Teig-
waren, mittelgrosse Pfanne,
Kochlöffel oder kleiner
Schwingbesen, Sieb, Käseraffel*

- Das Wasser zum Kochen der Teigwaren aufsetzen und salzen (s. Seite 72).
- Bevor die Teigwaren hineingegeben werden, mit 40 g Butter, dem Mehl und der Milch eine Béchamelsauce zubereiten (s. Seite 434), die nicht zu dick sein darf.
- Bei kleiner Hitze köcheln lassen. Dabei häufig umrühren, damit keine Haut entsteht (sie würde beim Umrühren Klümpchen bilden). Unterdessen die Teigwaren kochen.
- Im letzten Moment bevor die Teigwaren fertig gekocht sind, Fleischextrakt, zurückbehaltene Butter und Parmesan in der Béchamelsauce verrühren.
- Die Makkaroni abgiessen, mit der Sauce vermischen und servieren.

# Überbackene Makkaroni
## Maccheroni gratinati

**Für 4 Personen**
*Arbeitsaufwand: 8–10 Minuten*
*Kochzeit: ca. 35 Minuten*

*Zutaten:*
*Salz*
*50 g Butter*
*2½ Esslöffel Mehl*
*ca. 3 dl Milch*
*300–400 g möglichst feine Makkaroni*
*1 Messerspitze Fleischextrakt*
*4 Esslöffel geriebener Parmesan*
*2 Eigelb*

*Geräte:*
*grosse Pfanne für die Teig-
waren, mittelgrosse Pfanne,
Kochlöffel oder kleiner
Schwingbesen, Käseraffel,
Sieb, grosse, feuerfeste Form
mit niedrigem Rand*

- Die Makkaroni und die Béchamelsauce wie im vorstehenden Rezept zubereiten.
- 10 Minuten bevor die Makkaroni gar sind, den Backofen auf 240–250 °C erhitzen.
- Wenn die Teigwaren beinahe fertig gekocht sind, Fleischextrakt, zurückbehaltene Butter und Parmesan in der Béchamelsauce verrühren. Vom Herd wegziehen und die Eigelbe rasch daruntermischen.
- Die «al dente» gekochten Makkaroni abgiessen und mit der Sauce vermischen. In die Gratinform geben und für ungefähr 10

Minuten in die Mitte des Backofens schieben, oder bis sich eine leichte, goldgelbe Kruste gebildet hat.

---

- *Für Makkaroni mit Schinken anstelle des Eigelbs oder zusätzlich dazu 80 g gekochten Schinken unter die Béchamelsauce mischen. Die Schinkenscheiben, die doppelt so dick wie üblich sein sollen, zuvor der Länge nach in 2–3 Stücke und dann quer in ½ cm breite Streifen schneiden.*

---

# Überbackene Nudeln
## Tagliatelle con uova in forno

**Für 4 Personen**
*Arbeitsaufwand: 5 Minuten*
*Kochzeit: ca. 20 Minuten*

*Zutaten:*
*Salz*
*100 g Butter*
*350–400 g frische Nudeln oder 250–300 g trockene*
*4 Eier*
*4 Esslöffel geriebener Parmesan*

*Geräte:*
*grosse Pfanne für die Teigwaren, Schüssel, Tasse, mittelgrosse Bratpfanne, Sieb, grosse, feuerfeste Form mit niedrigem Rand, Käseraffel*

- Den Backofen auf 250 °C erhitzen.
- In der grossen Pfanne das Wasser für die Teigwaren aufsetzen und salzen (s. Seite 72).
- Die Hälfte der Butter in Stückchen schneiden und in die Schüssel geben. Die Eier einzeln in einen kleinen Teller aufschlagen, um die Qualität zu prüfen, und dann in eine Tasse geben.
- Sobald die Nudeln im Wasser sind, in der Bratpfanne die restliche Butter schmelzen. Bei sehr schwacher Hitze die Eier beifügen, salzen und unter ständigem Rühren mit einer Gabel 2–3 Minuten erhitzen, bis sie etwas angezogen haben.
- Wenn die Nudeln «al dente» gekocht sind, abgiessen, in die Schüssel geben und mit der Butter gut vermischen.
- Die Hälfte der Teigwaren gleichmässig in die Gratinform verteilen. Die Eier darübergeben und mit den restlichen Nudeln bedecken. Mit dem Käse bestreuen.
- Ungefähr für 5 Minuten in den Backofen schieben, oder bis sich der Käse leicht goldgelb verfärbt hat.

---

# Nudeln mit Käse
## Tagliatelle al formaggio

**Für 4 Personen**
*Arbeitsaufwand: 4–5 Minuten*
*Kochzeit: 15–20 Minuten*

*Zutaten:*
*1 Esslöffel Mehl*
*ca. ¼ l Milch*
*Salz*
*350–400 g frische Nudeln oder 250–300 g trockene*
*80 g geriebener Parmesan*
*½ Mokkalöffel geriebene Muskatnuss*
*50 g Butter*

*Geräte:*
*kleine Pfanne, Kochlöffel*
*oder kleiner Schwingbesen,*
*grosse Pfanne für die*
*Teigwaren, Käseraffel, Muskat-*
*nussreibe, Sieb, Schüssel*

• Unmittelbar bevor das Wasser für die Teigwaren aufgesetzt wird, im kleinen Pfännchen das Mehl kräftig mit der Milch verrühren, damit sich keine Klümpchen bilden.
• Bei schwacher Hitze unter Rühren die Milch zum Kochen bringen und das Mehl etwas aufquellen lassen (ca. 3–4 Minuten). Unterdessen das Salzwasser für die Teigwaren aufsetzen (s. Seite 72).
• Parmesan, Muskatnuss und Salz in die Sauce geben und gut verrühren. Bei kleinster Hitze unter gelegentlichem Umrühren und wenn nötig unter Beifügen von etwas mehr Milch ganz leicht kochen lassen. Die Sauce soll wie eine dünne Béchamelsauce sein. Inzwischen die Nudeln kochen.
• Wenn die Nudeln gar sind, abgiessen, in die Schüssel geben und mit der Butter vermischen.
• Die Käsesauce darüber verteilen und das Gericht servieren.

---

• *Man kann zur Hälfte weisse, zur Hälfte grüne Nudeln verwenden.*

---

# Spaghetti nach Köhlerart
## Spaghetti alla carbonara

**Für 4 Personen**
*Arbeitsaufwand: 5 Minuten*
*Kochzeit: ca. 15–20 Minuten*

*Zutaten:*
*Salz*
*120 g magerer Pancetta in nicht zu dünnen Scheiben*
*40 g Butter*
*300–400 g Spaghetti*
*4 Eier*
*3–4 Esslöffel geriebener Parmesan*

*Geräte:*
*grosse Pfanne für die Teig-*
*waren, Küchenmesser, Holz-*
*brett, mittelgrosse Pfanne,*
*kleine Schüssel, Tasse, Sieb,*
*Käseraffel*

• Das Wasser zum Kochen der Teigwaren aufsetzen und salzen (s. Seite 72).
• Den Pancetta von allfälligen Schnurstücken befreien. Die Scheiben aufeinanderlegen und quer zu den Fett- und Fleischschichten in 3–4 mm breite Streifen schneiden.
• Kurz bevor die Spaghetti ins Wasser gegeben werden, in der anderen Pfanne die Butter bei schwacher Hitze schmelzen. Die Pancettastreifen hineingeben und gut mischen. Weiter bei schwacher Hitze dünsten, dabei gelegentlich wenden. Sollte der Pancetta schon leicht geröstet sein, bevor die Spaghetti gar sind, vom Herd wegziehen.
• Die Eier einzeln in eine Tasse aufschlagen, um die Qualität zu prüfen, und dann in die Schüssel geben. Mit einer Gabel verquirlen, bis Eigelb und Eiweiss gut vermischt sind.
• Wenn die Teigwaren fertig gekocht und abgegossen sind, die Eier zum Pancetta geben und bei ganz schwacher Hitze etwas anziehen lassen, so dass sie noch halbflüssig sind.
• Sofort auf die Spaghetti giessen, mit dem Parmesan bestreuen und servieren.

---

• *Dieses Gericht lässt sich auch am Tisch in einer Flambierpfanne fertigstellen, in der Küche werden nur die Spaghetti gekocht.*

# Spaghetti mit Knoblauch und Olivenöl
## Spaghetti aglio e olio

**Für 4 Personen**
*Arbeitsaufwand: 3–4 Minuten*
*Kochzeit: ca. 15 Minuten*

*Geräte:*
*grosse Pfanne für die Teig-*
*waren, kleines Pfännchen,*
*kleines Küchenmesser, Sieb,*
*Holzbrett und Wiegemesser*

*Zutaten:*
*Salz*
*6 Esslöffel Olivenöl*
*2 Knoblauchzehen*
*300–400 g Spaghetti*
*2 Esslöffel gehackte Petersilie*

- Das Wasser zum Kochen der Teigwaren aufsetzen und salzen (s. Seite 72).
- Öl und Knoblauch, geschält und fein gehackt oder in Scheibchen geschnitten, in das Pfännchen geben.
- Wenn die Spaghetti ins Wasser gegeben werden, das Pfännchen aufsetzen und das Öl mit dem Knoblauch bei niedriger Temperatur erhitzen, bis sich der Knoblauch goldgelb verfärbt. Mit einer Gabel herausheben und wegwerfen.
- Die gekochten und gut abgetropften Spaghetti mit dem Öl und der Petersilie vermischen.

---

- *Wird ein ausgeprägterer Knoblauchgeschmack gewünscht, können die Zehen durchgepresst werden. Das Öl dann, nach Belieben, durch ein Filterpapier giessen.* • *Obwohl es die streng neapolitanische Tradition nicht erlaubt, kann man diese Spaghetti mit wenig geriebenem Parmesan oder Pecorino bestreuen.* • *Nach Belieben dem Öl wenig gehackte, rote Pfefferschote beifügen.*

---

# Tortellini oder Cappelletti mit Rahm
## Tortellini o cappelletti alla panna

**Für 4 Personen**
*Arbeitsaufwand: 5 Minuten*
*Kochzeit: ca. 30 Minuten*

*Geräte:*
*grosse Pfanne, Sieb*

*Zutaten:*
*Salz*
*500–600 g Cappelletti oder Tortellini*
*4 dl Rahm*

- Die Teigwaren kochen, wie auf Seite 72 beschrieben. Wenn sie «al dente» sind, abgiessen.
- Den Rahm aufkochen (man kann dies in der Pfanne tun, die für die Teigwaren benutzt wurde) und bei starker Hitze 3–4 Minuten etwas einkochen lassen. Leicht salzen.
- Die Teigwaren beifügen und nochmals einige Minuten, jetzt bei schwacher Hitze, unter sorgfältigem Rühren kochen.

---

- *Nachdem die Pfanne vom Herd weggezogen wurde, 2–3 Esslöffel geriebenen Parmesan daruntermischen.* • *Den Rahm kann man vor dem Beifügen der Teigwaren mit 2–3 Esslöffeln hausgemachter Tomatensauce rosa färben.* • *Man kann die Teigwaren im voraus kochen. Abgiessen und mit etwas Butter, damit sie nicht kleben, in eine Schüssel geben. Im letzten Moment im Rahm erhitzen.*

*Aus Rahm und Parmesan entsteht auf einfache Art eine herrlich schmeckende Sauce zu Tortellini*

# Überbackene fleischlose Ravioli
## Ravioli di magro gratinati

**Für 4 Personen**
*Arbeitsaufwand: 5 Minuten*
*Kochzeit: ca. 30 Minuten*

*Zutaten:*
*Salz*
*500–600 g fleischlose Ravioli*
*60 g Butter*
*10–12 Esslöffel geriebener Parmesan*
*2 dl Rahm*

*Geräte:*
*grosse Pfanne, Sieb,*
*grosse, feuerfeste Form mit*
*niedrigem Rand oder*
*4 Portionenteller, Käseraffel*

● Die Ravioli kochen, wie auf Seite 72 beschrieben. Abgiessen, wenn sie noch leicht «al dente» sind. Ca. 10 Minuten bevor sie fertig sind, den Backofen auf 240 °C vorheizen.
● Die Ravioli abgiessen und in die Pfanne zurückgeben. Die Butter beifügen und damit mischen, um sie zu schmelzen.
● Die Ravioli in die Gratinform oder die Portionenteller geben. Mit dem Parmesan bestreuen und langsam, damit sich der Käse vollsaugen kann, den Rahm darübergiessen.
● Ungefähr für 10 Minuten in die Mitte des Backofens schieben, oder bis sich eine feine, goldgelbe Kruste gebildet hat.

# Überbackene Lasagne mit Bologneser Sauce
## Lasagne in forno con ragú alla bolognese

**Für 4 Personen**
*Arbeitsaufwand:*
*20–25 Minuten*
*Kochzeit: 1½ Stunden*

*Zutaten:*
*1 kleine Zwiebel (ca. 50 g)*
*1 kleine Karotte*
*1 Stange Bleichsellerie*
*50 g magerer Pancetta*
*4 Esslöffel Öl*
*ca. 100 g Butter*
*ca. 250 g mageres, gehacktes Rindfleisch*
*1 Lorbeerblatt*
*200 g geschälte Tomaten aus der Dose (Pelati), abgetropft*
*1 Esslöffel Tomatenpüree*
*1½ dl trockener Weisswein*
*1 knapper Teelöffel geriebene Muskatnuss*
*Salz*
*(Pfeffer)*
*(4–5 Esslöffel Rahm)*
*60 g Mehl*
*ca. ½ l Milch*
*ca. 300 g frische, grüne oder weisse Lasagne*
*4 Esslöffel geriebener Parmesan*

*Geräte:*
*kleines und grosses Küchen-messer, Holzbrett, (Wiege-messer), mittelgrosse Pfanne, Deckel, Dosenöffner, Muskat-nussreibe, kleinere Pfanne, Kochlöffel oder kleiner Schwingbesen, grosse Pfanne, 2–4 Küchentücher, 1–2 gelochte Bratschaufeln, feuerfeste Form, am besten viereckig (ca. 25 x 20 cm) mit nicht zu niedrigem Rand*

- In der mittelgrossen Pfanne die Bologneser Fleischsauce zu-bereiten (s. Seite 440).
- Nach 40 Minuten Kochzeit in der grossen Pfanne ca. 3 l Was-ser zum Kochen bringen. Salz und 2 Esslöffel Öl beifügen (das Öl verhindert das Zusammenkleben der Lasagne).
- Zur gleichen Zeit aus 50 g Butter, dem Mehl und der Milch eine Béchamelsauce zubereiten (s. Seite 434). Die Milchmenge so dosieren, dass eine ziemlich dünne Sauce entsteht. Wenn sie die gewünschte Konsistenz erreicht hat, mit etwas Salz und Mus-katnuss abschmecken und bei sehr schwacher Hitze leise weiter-kochen lassen. Dabei ständig rühren und wenn nötig (falls die Sauce zu stark einkochen sollte) immer wieder etwas Milch bei-fügen.
- Wenn das Salzwasser kocht, vorsichtig eine Lasagne nach der anderen ins Wasser gleiten lassen. Sobald das Wasser wieder sie-det, die Temperatur reduzieren und die Lasagne ganz schwach noch ca. 5 Minuten, oder bis sie «al dente» sind, weiterköcheln lassen. Unterdessen auf der Arbeitsfläche 1–2 Küchentücher ausbreiten.
- Die Lasagne mit einer grossen, gelochten Bratschaufel her-ausheben (evtl. mit einer zweiten Bratschaufel helfen, damit sie nicht heruntergleiten). Sorgfältig auf den Küchentüchern aus-breiten. Mit den andern Küchentüchern bedecken, um sie auch auf der Oberfläche zu trocknen.
- Mit der restlichen Butter den Boden der feuerfesten Form be-streichen.
- Den Backofen auf 180 °C vorheizen.
- Wenn die Fleischsauce fertig und ziemlich dickflüssig ist, eine Schicht auf dem Boden der feuerfesten Form verstreichen. Mit

einer Schicht Béchamelsauce und Lasagne bedecken und auf diese Weise weiterfahren, bis alle Zutaten aufgebraucht sind. Mit einer Schicht Fleischsauce und Béchamelsauce aufhören und die ganze Oberfläche zuletzt mit dem Parmesan bestreuen.
• Für ca. 30 Minuten in den Backofen schieben.

---

• *Das Rezept ist nicht schwierig auszuführen, aber es verlangt eine gewisse Koordination. Allerdings ist es auch nicht schlimm, wenn Fleischsauce, Béchamelsauce oder Lasagne einige Minuten warten müssen, denn sie verderben nicht. Es ist durchaus möglich, die Fleischsauce im voraus, evtl. sogar am Vortag zu kochen, um die Zubereitung etwas zu vereinfachen.* • *Frische Lasagne sind in Spezialgeschäften, die frische Teigwaren verkaufen, erhältlich, aber es empfiehlt sich, sie vorzubestellen.* • *Anstelle von frischen Lasagne kann man auch trockene verwenden. In diesem Fall benötigt man 200 g, und die Kochzeit dauert ca. 15 Minuten.*

---

# Cannelloni mit Ricotta und Spinat
## Cannelloni con ricotta e spinaci

**Für 4 Personen**
*Arbeitsaufwand: 20 Minuten*
*Kochzeit: ca. 40 Minuten*

*Zutaten:*
*75 g Butter*
*120 g abgebrühter Spinat (gut ausgedrückt, roh ca. 300 g)*
*Salz*
*2 Esslöffel Öl*
*2 Esslöffel Mehl*
*ca. 1/4 l Milch*
*8 Stück frische Lasagne (ca. 12 x 9 cm, insgesamt ca. 180 g)*
*220 g Ricotta*
*6 Esslöffel geriebener Parmesan*
*1 Messerspitze geriebene Muskatnuss*

*Geräte:*
*kleine Bratpfanne, Holzbrett und Wiegemesser oder grosses Messer, grosse Pfanne, kleinere Pfanne, Kochlöffel oder kleiner Schwingbesen, 2–4 Küchentücher, 1–2 grosse, gelochte Bratschaufeln, mittelgrosse Schüssel, Käseraffel, Muskatnussreibe, grosse, flache, feuerfeste Form*

• 30 g Butter in der Bratpfanne bei mittlerer Hitze schmelzen. Den gut ausgedrückten Spinat hineingeben und unter gelegentlichem Wenden 5 Minuten dünsten.
• Hacken und beiseite stellen.
• In der grossen Pfanne 2½ l Wasser zum Kochen bringen und salzen. 2 Esslöffel Öl beifügen (das Öl verhindert das Zusammenkleben der Lasagne während des Kochens).
• Gleichzeitig in der kleineren Pfanne eine eher dünnflüssige Béchamelsauce (s. Seite 434) aus 25 g Butter, dem Mehl und so viel Milch, wie dafür benötigt wird, zubereiten. Wenn die Sauce die richtige Konsistenz aufweist, salzen und bei niedrigster Temperatur unter gelegentlichem Rühren leise kochen lassen. Sollte sie zu dick werden, von Zeit zu Zeit noch ein wenig Milch beifügen.
• Wenn das Wasser kocht, vorsichtig eine Lasagne nach der anderen hineingleiten lassen. Sobald das Wasser wieder zu kochen beginnt, die Temperatur reduzieren und die Lasagne noch 5 Minuten ganz schwach kochen lassen, oder bis sie wunschgemäss gar sind.
• Unterdessen auf dem Tisch 1–2 Küchentücher ausbreiten.

- Die Lasagne mit einer grossen, gelochten Bratschaufel herausheben (wenn nötig mit einer zweiten Schaufel nachhelfen, damit sie nicht heruntergleiten) und sorgfältig auf die Tücher legen. Mit den anderen Tüchern bedecken, um sie auch auf der Oberseite zu trocknen.
- Den Backofen auf 220 °C vorheizen.
- In der Schüssel den Ricotta mit 4 Esslöffeln geriebenem Parmesan und der geriebenen Muskatnuss mit einer Gabel gut vermischen.
- Den gehackten Spinat und Salz beifügen und nochmals mischen. Probieren, ob die Masse richtig gewürzt ist.
- Den Boden der Auflaufform mit der restlichen Butter bestreichen.
- Auf jede Lasagne entlang der einen Schmalseite ca. 2 Esslöffel der vorbereiteten Masse geben. Aufrollen, so dass Cannelloni entstehen, und nebeneinander in die Auflaufform legen.
- Den restlichen Käse mit der Béchamelsauce vermischen.
- Über die Cannelloni verteilen.
- Für ca. 15 Minuten, oder bis sich auf der Oberfläche eine leichte, goldgelbe Kruste gebildet hat, in den Backofen schieben.

---

- *Dieses Rezept ist zwar nicht schwierig, aber ziemlich arbeitsaufwendig. Deshalb kann man auch bereits gekochten Spinat (s. Seite 297) verwenden.* • *Frische Lasagne kann man in Spezialgeschäften kaufen, die frische Teigwaren anbieten.* • *Anstatt frische Lasagne kann man auch trockene verwenden. Die Kochzeit erhöht sich in diesem Fall auf ca. 15 Minuten, und es werden ca. 120 g benötigt.*

## Gnocchi

Kleine Klösschen, aus Kartoffeln oder Griess zubereitet, werden in Italien ebenfalls als «Primo piatto» und mit den gleichen Saucen und Zutaten wie Teigwaren aufgetragen (s. Seite 440–447). Eine Ausnahme bilden die Spinat-gnocchi mit dem respektlosen Namen «Strangolapreti», die aus Spinat und Ricotta zubereitet werden. Gnocchi sind immer frisch oder tiefgekühlt.

# Spinatgnocchi – Strangolapreti

**Für 4 Personen**
*Arbeitsaufwand:*
*10–12 Minuten*
*Kochzeit: 12–15 Minuten*

*Zutaten:*
*100 g Butter*
*180–200 g gedünsteter Spinat oder Blattmangold (Schnittmangold), gut ausgedrückt (roh ca. 450 g)*
*200 g Ricotta*
*ca. 8 Esslöffel Mehl*
*100 g geriebener Parmesan*
*2 Eier*
*1 Mokkalöffel geriebene Muskatnuss*
*Salz*

- In der Bratpfanne 30 g Butter schmelzen. Den gedünsteten Spinat oder Mangold hineingeben und bei mittlerer Hitze unter gelegentlichem Rühren 3–4 Minuten dünsten, oder bis das Ge-

*Auch die Blätter von Krautstielen können für die Zubereitung von Spinatgnocchi verwendet werden*

<u>Geräte:</u>
*kleine Bratpfanne, Holzbrett, grosses Messer oder Wiege-messer, Schüssel, Käseraffel, Muskatnussreibe, sehr grosse Pfanne, kleines Pfännchen, Schaumlöffel*

müse die Butter aufgenommen hat und keine Flüssigkeit mehr vorhanden ist.
● Auf das Holzbrett geben und fein hacken.
● Ricotta, 3 Esslöffel Mehl und ca. die Hälfte des Parmesans in die Schüssel geben. Mit einer Gabel zu einer gleichmässigen, feinen Masse verarbeiten.
● Die Eier einzeln in einen Teller aufschlagen, um die Qualität zu prüfen, und in die Schüssel geben. Unter die Ricotta-Masse mischen.
● Gehackten Spinat oder Mangold, Muskatnuss und wenig Salz beifügen und alles gut durchmischen.
● In der Pfanne 2–3 l Wasser aufsetzen und leicht salzen.
● Während das Wasser heiss wird, mit einem Teelöffel von der Spinatmasse Klösschen abstechen und zwischen den bemehlten Händen etwas formen. Auf einen grossen Teller legen.
● Wenn die ganze Masse zu Klösschen geformt ist und das Wasser kocht, die Klösschen sorgfältig einzeln hineingeben. Die Hitze sofort reduzieren, damit das Wasser nur knapp kocht.

- Sobald sich alle Klösschen im Wasser befinden, die restliche Butter im kleinen Pfännchen bei schwacher Hitze schmelzen.
- Nach 5–7 Minuten Kochzeit tauchen die Klösschen an die Oberfläche. Sofort mit einem Schaumlöffel herausheben und sie sorgfältig und gründlich abtropfen lassen. Auf einer Platte anrichten.
- Mit dem restlichen Parmesan bestreuen und mit der geschmolzenen Butter beträufeln. Sofort servieren.

*• Vermutlich würde Mangold eher dem klassischen Rezept entsprechen, aber Spinat schmeckt delikater. • Wenn möglich die Spinatmasse einige Stunden im voraus zubereiten und bis zur Verwendung in den Kühlschrank stellen. Sie wird dadurch etwas härter und leichter zu verarbeiten.*

# Gnocchi nach Piemonteser Art
## Gnocchi di patate

**Für 4 Personen**
*Arbeitsaufwand:*
*15–20 Minuten*
*Kochzeit: ca. 30 Minuten*

*Geräte:*
*kleines Küchenmesser,*
*mittelgrosse Pfanne,*
*Schaumlöffel, Sieb und*
*Stössel oder Kartoffelstampfer,*
*genügend grosse Schüssel mit*
*hohem Rand, Kochlöffel,*
*grosse, niedrige Pfanne*

*Zutaten:*
*500 g Kartoffeln*
*Salz*
*100 g Mehl*

- Die Kartoffeln schälen. Wenn sie gross sind, in Stücke schneiden, die einer mittelgrossen Kartoffel entsprechen (50–70 g). Waschen.
- In die mittelgrosse Pfanne geben, mit kaltem Wasser bedecken und salzen. Bei mittlerer Hitze zum Kochen bringen.
- Wenn der Siedepunkt erreicht ist, die Temperatur reduzieren und die Kartoffeln ca. 15 Minuten, oder bis sie beim Einstechen mit der Gabel ziemlich weich erscheinen, ganz leicht kochen lassen, nicht länger, weil sie sich nun mit Wasser vollsaugen und zu zerfallen beginnen.
- Das Wasser abgiessen und die Kartoffeln sofort pürieren, indem sie mit einem Stössel durch das Sieb getrieben oder mit dem Kartoffelstampfer zermalmt werden. Das Püree in eine Schüssel geben.
- Das Mehl und wenig Salz beifügen und mit dem Kochlöffel rühren, bis eine gleichmässige Masse entstanden ist. In der Schüssel mit den Händen zu einer kompakten Masse zusammendrücken, ohne sie aber übermässig zu kneten.
- In der zweiten Pfanne reichlich (2–3 l) leicht gesalzenes Wasser aufsetzen.
- Aus kleinen Portionen der Kartoffelmasse zwischen den Händen ca. 2 cm dicke Rollen formen. In knapp 3 cm lange Stücke schneiden. Jedes dieser Stücke in der Mitte mit zwei Fingern zusammenpressen oder einzeln über die Zinken einer Gabel rollen und dabei in der Mitte eindrücken, so dass eine Vertiefung entsteht.
- Wenn alle Gnocchi vorbereitet sind, in das siedende Wasser geben und wieder aufkochen. Die Temperatur reduzieren und nur noch leicht kochen.

- Sobald die Gnocchi an die Oberfläche steigen (nach ca. 3 Minuten), sie mit dem Schaumlöffel herausheben und sehr gut abtropfen lassen.

- *Mit geriebenem Parmesan und separat geschmolzener Butter (4–6 Esslöffel Parmesan und ca. 100 g Butter für 4 Personen), Tomatensauce oder Pesto (Basilikumsauce) servieren.* • *Am besten schmecken die mit einer Gabel geformten Gnocchi, weil sie durch die Vertiefung in der Mitte und die Spuren der Gabelzinken die Sauce oder Butter besser aufnehmen.*

# Griessgnocchi nach römischer Art
## Gnocchi di semolino alla romana

**Für 4 Personen**
*Arbeitsaufwand:*
*10–15 Minuten*
*Kochzeit: ca. 40 Minuten*
*Stehenlassen: 1½ Stunden*

*Zutaten:*
*¾ l Milch*
*200 g Griess*
*Salz*
*1 Mokkalöffel geriebene Muskatnuss*
*80–90 g geriebener Parmesan*
*2 Eigelb*
*60 g Butter*

*Geräte:*
*mittelgrosse Pfanne, Schwingbesen, Muskatnussreibe, Kochlöffel, Käseraffel, Backblech oder sehr grosse Platte, grosses Messer, niedrige, feuerfeste Form, runder Ausstecher von 5–6 cm Durchmesser*

- Die Milch aufkochen.
- Den Griess einrühren. Dabei mit dem Schwingbesen kräftig rühren, um die Bildung von Klümpchen zu verhindern.
- Sobald eine feste Masse entstanden ist und auf der Oberfläche grosse Blasen sichtbar werden, die Hitze reduzieren.
- Salz und Muskatnuss beifügen und ca. 20 Minuten bei niedriger Temperatur weiterkochen. Häufig rühren (jetzt mit einem Kochlöffel) und darauf achten, dass die Masse jeweils von Pfannenboden und -wänden gelöst wird.
- Die Pfanne vom Herd wegziehen und die Hälfte des Käses sowie die Eigelbe beifügen. Kräftig rühren, bis sich die Eigelbe mit der Masse vollständig vermischt haben.
- Mit ca. 1 Esslöffel Butter den Boden des Bleches oder der Platte bestreichen.
- Den Brei daraufgiessen und gleichmässig ca. ½ cm dick verstreichen. Die Oberfläche mit einem Messer glätten.
- 1½ Stunden stehenlassen, oder auch bis zum nächsten Tag.
- Den Backofen auf 240–250 °C vorheizen.
- Mit einem weiteren Esslöffel Butter den Boden der feuerfesten Form bestreichen.
- Mit einem entsprechenden Förmchen so viele Rondellen wie möglich aus dem erkalteten Brei ausstechen. Die entstandenen unförmigen Abschnitte auf den Boden der Form legen. Die Rondellen dachziegelartig darüber verteilen.
- Mit dem restlichen Parmesan bestreuen und die Butter in Flöckchen darüber verteilen.
- Die Form in der Mitte des Backofens einschieben und 10–15 Minuten überbacken, oder bis sich auf der Oberfläche eine goldgelbe Kruste gebildet hat. Sofort servieren.

# Reis

Für die Zubereitung von Reisgerichten gibt es zwei Möglichkeiten: Entweder der Reis wird zu Beginn in Butter oder Öl gedünstet und dann mit Flüssigkeit abgelöscht, oder er wird zum Garen in die kochende Flüssigkeit gegeben und erst vor dem Servieren mit etwas frischer Butter vermischt. Diese zweite Methode, auch wenn sie vorerst etwas ungewöhnlich scheint, hat gegenüber der ersten verschiedene Vorteile: Auf diese Weise zubereiteter Reis ist leichter verdaulich und gesünder, weil dafür weniger Fettstoff nötig ist und dieser zudem in unveränderter Form verwendet werden kann.

Es wird zwar in den Rezepten erwähnt, sei aber hier nochmals festgehalten: Im Moment, wo der Reis vom Herd genommen wird, darf er nicht zu trocken sein. Ein Teil der noch vorhandenen Flüssigkeit wird vom Reis selber aufgesogen und ein weiterer Teil vom geriebenen Parmesan und der Butter, die am Schluss daruntergemischt werden. Nur wenn sich diese drei Zutaten verbinden können, wird ein Risotto wirklich so suppig, wie er sein soll.

Beim Anrichten muss nicht so blitzschnell vorgegangen werden wie bei den Teigwaren, im Gegenteil: 2–3 Minuten Ruhe bekommen dem Reis gut. Nur wenn er versehentlich zu lange gekocht wurde, muss sehr rasch gehandelt werden.

Zur Kochzeit ist grundsätzlich festzuhalten, dass Reis, der zuerst gedünstet wurde, etwas länger braucht, bis er gar ist, als solcher, der nur in Flüssigkeit gekocht wurde. Um festzustellen, ob der Reis weich ist, muss man ein Körnchen probieren und zerbeissen. Bei dieser Gelegenheit merkt man auch, ob er genügend gewürzt ist.

Ein kleiner Trick: Sollte sich am Ende der Kochzeit zeigen, dass der Reis ein wenig zu weich und vielleicht zu trocken ist, ½ Gläschen kaltes Wasser zugiessen. Es kühlt den Reis nicht merklich ab, aber verleiht den Körnern etwas mehr Festigkeit.

## Gekochter Reis – Riso bollito

**Für 4 Personen**
*Arbeitsaufwand: 2 Minuten*
*Kochzeit: ca. 18 Minuten*

*Geräte:*
*grosse Pfanne, Sieb*

*Zutaten:*
*Salz*
*ca. 280–300 g Langkornreis*

| Methode 1 |

- Gut achtmal soviel Wasser wie Reis aufsetzen (z.B. für 300 g Reis ca. 2,5 l Wasser). Salzen (ca. 1 Mokkalöffel Salz pro Liter).
- Den Reis verlesen, damit er keine Unreinheiten oder Fremdkörper enthält.
- Sobald das Wasser kocht, den Reis hineingeben.

- Wenn das Wasser wieder kocht, die Hitze leicht reduzieren und bei schwachem Kochen und gelegentlichem Rühren den Reis garen.
- Nach 14–15 Minuten den Reis zu kontrollieren beginnen, damit er, sobald er nach Wunsch gar ist, im richtigen Moment vom Herd genommen werden kann.
- Abgiessen und gut abtropfen lassen.

**Für 4 Personen**
*Arbeitsaufwand: 2 Minuten*
*Kochzeit: ca. 18 Minuten*

*Geräte:*
*mittelgrosse Pfanne,*
*Deckel*

*Zutaten:*
*Salz*
*ca. 280–300 g Langkornreis*

Methode 2

Diese zweite Methode ist etwas komplizierter als die erste. Sie ist aber auch die bessere, weil der Reis kompakter bleibt und weniger zerfällt.

- Genau doppelt soviel Wasser wie Reis (mit einem Schöpflöffel oder Massbecher abgemessen) aufsetzen. ½ Mokkalöffel Salz pro ½ l Wasser beifügen.
- Wenn das Wasser kocht, den Reis hineingeben und unter Rühren wieder zum Kochen bringen.
- Die Hitze reduzieren und die Pfanne mit einem gut schliessenden Deckel versehen. Den Reis bei schwacher Hitze 14 Minuten garen.
- Den Deckel abheben und probieren: Der Kochvorgang ist beendet, wenn der Reis nach Wunsch weich und das Wasser aufgesogen ist. Nach 14 Minuten kann es sein, dass der Reis noch zu wenig gar ist und noch etwas (heisses) Wasser beigefügt werden muss, um ihn fertig zu kochen. Oder es kann noch etwas Wasser vorhanden sein, obwohl der Reis schon weich ist. In diesem Fall bei ziemlich starker Hitze und ohne Deckel auf der Pfanne das Wasser unter Rühren einkochen.

- *Gekochten Reis kann man mit Öl oder frischer oder warmer Butter (s. Seite 449) verfeinern. Man kann ihn aber auch als Beilage servieren, vor allem zu Fleisch oder Fisch, und den Kochsaft des Gerichtes darüber verteilen. Kalt dient er vor allem als Grundlage für Reissalat und ähnliche Gerichte. Soll der Reis kalt weiterverwendet werden, spült man ihn, sobald die Kochflüssigkeit abgegossen ist, mit reichlich kaltem Wasser ab und lässt ihn dann gut abtropfen.*

# **Bouillonreis** – Risotto bianco fatto con brodo

**Für 4 Personen**
*Arbeitsaufwand: 2 Minuten*
*Kochzeit: ca. 18 Minuten*

*Zutaten:*
*ca. 1 l Fleischbrühe*
*280–300 g Rundkornreis (Vialone oder Arborio)*
*40 g Butter*
*4 Esslöffel geriebener Parmesan*
*(Salz)*

*Geräte:*
mittelgrosse Pfanne,
*Käseraffel*

- ¾ l Fleischbrühe bei starker Hitze zum Kochen bringen.
- Den Reis hineingeben und nochmals aufkochen.
- Die Temperatur leicht reduzieren und den Reis unter häufigem Rühren ca. 15 Minuten lebhaft weiterkochen, bis er fast weich ist (er wird während des Abschmeckens und Servierens von der Eigenwärme noch etwas weicher werden). Dabei von Zeit zu Zeit (bei Bedarf) etwas heisse Fleischbrühe beifügen. Der Reis soll am Ende der Kochzeit ziemlich, aber doch nicht ganz trocken sein.
- Das Kochgeschirr vom Herd ziehen. Die in Stücke geschnittene Butter und den Parmesan beifügen. Gut mischen, bis die Butter geschmolzen ist.
- Wenn nötig mit wenig Salz abschmecken (es ist möglich, dass die Fleischbrühe nicht genügend gesalzen war) und servieren.

---

- *Man kann den Reis auch in 40 g Butter 3–4 Minuten dünsten und mit ¾ l Fleischbrühe ablöschen und dann, wie oben beschrieben, weiterfahren.* • *Sollte sich während des Kochens zeigen, dass zuwenig Flüssigkeit vorhanden ist, kann man etwas heisses Wasser zugiessen.*

# Wasserreis
## Risotto bianco fatto con acqua

**Für 4 Personen**
Arbeitsaufwand: 2 Minuten
Kochzeit: ca. 18 Minuten

*Zutaten:*
280–300 g Rundkornreis (Vialone oder Arborio)
Salz
40 g Butter
4 Esslöffel geriebener Parmesan

*Geräte:*
mittelgrosse Pfanne,
*Käseraffel*

- ¾ l Wasser bei starker Hitze zum Kochen bringen.
- Den Reis hineingeben, salzen und nochmals aufkochen.
- Die Temperatur leicht reduzieren und den Reis unter häufigem Rühren ca. 15 Minuten lebhaft weiterkochen, bis er fast weich ist (er wird während des Abschmeckens und Servierens von der Eigenwärme noch etwas weicher werden). Dabei von Zeit zu Zeit (bei Bedarf) etwas heisses Wasser beifügen. Der Reis soll am Ende der Kochzeit ziemlich, aber doch nicht ganz trocken sein.
- Das Kochgeschirr vom Herd ziehen. Die in Stücke geschnittene Butter und den Parmesan beifügen. Gut mischen, bis die Butter geschmolzen ist. Wenn nötig mit wenig Salz abschmecken und servieren.

---

- *Für Tomatenreis am Ende der Kochzeit, zusammen mit der Butter und dem geriebenen Käse, 3 Esslöffel hausgemachte Tomatensauce daruntermischen.* • *In Italien ist auch die Kombination von Reis mit Artischocken sehr beliebt. Damit der Reis seine besondere Note erhält, werden die geputzten, vom «Heu» befreiten und in 6–8 Schnitze geschnittenen Artischocken mit dem Reis in der gleichen Pfanne gegart. Besonders delikat schmeckt es, wenn ein Teil des Wassers durch Weisswein ersetzt wird. Zusätzlich zu den Artischocken können auch einige Esslöffel zarte, enthülste Erbsen mitgekocht werden, was am Tisch sehr schön aussieht.*

# Überschmelzter Reis – Riso in cagnone

**Für 4 Personen**
*Arbeitsaufwand: 2–3 Minuten*
*Kochzeit: ca. 18 Minuten*

*Zutaten:*
*Salz*
*280–300 g Reis*
*3 Knoblauchzehen*
*100–120 g Butter*
*2–3 Salbeiblätter*
*80–100 g geriebener Parmesan*

*Geräte:*
*grosse Pfanne, kleines Küchenmesser, kleine Bratpfanne oder Pfanne, Sieb, Käseraffel*

- Den Reis kochen, wie auf Seite 90 f. beschrieben.
- Unterdessen den Knoblauch schälen.
- Wenn der Reis fast gar ist (nach ungefähr 12 Minuten), in der Bratpfanne oder einem Pfännchen bei schwächster Hitze die Butter mit Knoblauch und Salbei erhitzen.
- Sobald der Reis gar und, wenn nötig, abgetropft ist, anrichten und mit dem Käse bestreuen.
- Die Butter aufschäumen und ganz leicht bräunen lassen.
- Über den mit Käse bestreuten Reis verteilen und darauf achten, dass die ganze Oberfläche begossen wird, dabei Knoblauch und Salbei entfernen. Sofort servieren und erst am Tisch umrühren.

- *Man kann auch auf Knoblauch und Salbei verzichten. Der Reis schmeckt vielleicht etwas weniger gehaltvoll, aber immer noch sehr gut.*

# Überschmelzter Reis mit Spinat
## Riso in cagnone con spinaci

**Für 4 Personen**
*Arbeitsaufwand: 3–4 Minuten*
*Kochzeit: ca. 18 Minuten*

*Zutaten:*
*Salz*
*280–300 g Reis*
*3 Knoblauchzehen*
*120–150 g Butter*
*2–3 Salbeiblätter*
*1 Handvoll gedünsteter oder gekochter Spinat (gut ausgedrückt, roh ca. 250 g)*
*80–100 g geriebener Parmesan*

*Geräte:*
*grosse Pfanne, kleines Küchenmesser, kleine Bratpfanne oder Pfanne, zweite Bratpfanne, Sieb, Käseraffel*

- Wie beim einfachen überschmelzten Reis vorgehen (s. vorstehendes Rezept).
- Wenn der Reis fast gar ist, die restlichen 20–30 g Butter in der zweiten Bratpfanne schmelzen, den Spinat beifügen und unter gelegentlichem Rühren erhitzen und würzen. Darauf achten, dass er nicht zu trocken wird.
- Den gekochten und abgetropften Reis zum Spinat geben. Gut mischen und mit dem geriebenen Käse bestreuen.
- Mit der schäumenden Butter wie im vorstehenden Rezept begiessen.

# Überschmelzter Reis mit Wirsing
## Riso in cagnone con verza

**Für 4 Personen**
*Arbeitsaufwand: 3–4 Minuten*
*Kochzeit: ca. 18 Minuten*

*Zutaten:*
*Salz*
*½ kleiner Wirsing*
*280–300 g Reis*
*3 Knoblauchzehen*
*100–120 g Butter*
*2–3 Salbeiblätter*
*80–100 g geriebener Parmesan*

*Geräte:*
*grosse Pfanne, kleines*
*Küchenmesser, kleine*
*Bratpfanne oder Pfanne,*
*Sieb, Käseraffel*

- Den Reis kochen, wie auf Seite 90 f. beschrieben.
- Während das Wasser heiss wird, die Blätter des Wirsings lösen, die zähen Blatteile oder Rippen entfernen und die grossen Blätter in mittelgrosse Stücke brechen oder schneiden. Waschen und gut abtropfen lassen.
- Zusammen mit dem Reis in das siedende Wasser geben.
- Weiter vorgehen wie beim einfachen überschmelzten Reis (s. Seite 93).

---

- *Für dieses Gericht einen nicht zu schnell kochenden Reis verwenden, sonst ist er vor dem Wirsing weich.* • *Nach Belieben eine kleine Tasse fast weich gekochte «Borlotti»-Bohnen (frische oder getrocknete) beifügen.* • *Falls Bohnen beigefügt werden, kann man die Reismenge etwas reduzieren.*

*Überschmelzter Reis mit Wirsing bildet eine ideale Ergänzung zu geschmortem Fleisch*

# Reis mit Erbsen – Risotto con piselli

**Für 4 Personen**
*Arbeitsaufwand: ca. 2 Minuten*
*Kochzeit: ca. 18 Minuten*

*Zutaten:*
*100–120 g zarte Erbsen, ohne Hülsen*
*280–300 g Rundkornreis (Vialone oder Arborio)*
*Salz*
*40 g Butter*
*4 Esslöffel geriebener Parmesan*

*Geräte:*
*mittelgrosse Pfanne,*
*Käseraffel*

● Vorgehen wie beim Wasserreis (s. Seite 92), jedoch gleichzeitig mit dem Reis die Erbsen in die Pfanne geben.

● *Nach Belieben am Ende der Kochzeit 1 Esslöffel gehackte Petersilie oder 2–3 Esslöffel hausgemachte Tomatensauce beifügen.*

# Reis mit Ei – Risotto all'uovo

**Für 4 Personen**
*Arbeitsaufwand: 2–5 Minuten*
*Kochzeit: 18–22 Minuten*

*Geräte:*
*mittelgrosse Pfanne,*
*Tasse, Käseraffel*

*Zutaten:*
*wie für Bouillon- oder Wasserreis (s. Seite 91–92)*
*2 Eigelb*

● Den Reis nach einem der Rezepte auf Seite 91 f. zubereiten. Inzwischen die Eigelbe in eine Tasse geben.
● Am Ende der Kochzeit, zusammen mit der Butter und dem geriebenen Käse, die Eigelbe unter kräftigem Rühren unter den Reis mischen.

● *Für Zitronenreis am Ende der Kochzeit anstelle der Eigelbe 1 gehäuften Esslöffel gehackte Petersilie, die abgeriebene Schale einer halben, grossen Zitrone, Butter und geriebenen Parmesan daruntermischen.*

# Safranreis – Risotto allo zafferano

**Für 4 Personen**
*Arbeitsaufwand: 2–5 Minuten*
*Kochzeit: 18–22 Minuten*

*Geräte:*
*mittelgrosse Pfanne,*
*kleine Tasse, Käseraffel*

*Zutaten:*
*wie für Bouillon- oder Wasserreis (s. Seite 91–92)*
*1 Briefchen Safran*

● Den Reis nach einem der Rezepte auf Seite 91 oder 92 zubereiten. In einem beliebigen Moment des Kochvorganges den in einem Tässchen in wenig kaltem Wasser aufgelösten Safran beifügen.

● *Man kann der Kochflüssigkeit (besonders wenn es sich um Wasser handelt) 1½ dl trockenen Weisswein oder einige Esslöffel trockenen Marsala beifügen.* ● *Dieser Reis ist nicht mit dem Risotto nach Mailänder Art zu verwechseln.*

# Reis mit getrockneten Pilzen
## Risotto con funghi secchi

**Für 4 Personen**
*Einweichen der Pilze:*
*15 Minuten*
*Arbeitsaufwand: 2–5 Minuten*
*Kochzeit: 18–22 Minuten*

*Geräte:*
*Tasse, mittelgrosse Pfanne,*
*Käseraffel*

*Zutaten:*
*wie für Bouillon- oder Wasserreis (s. Seite 91–92)*
*10–15 g getrocknete Pilze (z.B. Steinpilze)*

● Vor Kochbeginn die getrockneten Pilze in lauwarmem Wasser einweichen. 15 Minuten stehenlassen.
● Den Reis nach einem der Rezepte auf Seite 91–92 zubereiten. Die getrockneten, abgetropften und ausgedrückten Pilze gleichzeitig mit der Fleischbrühe oder mit dem Reis in die Pfanne geben.

● *Die für den Reis verwendete Flüssigkeit kann teilweise durch das Einlegewasser der Pilze ersetzt werden, jedoch ohne den allfälligen sandhaltigen Rückstand.*

# Reis mit Erbsen und Pancetta – Risi e bisi

**Für 4 Personen**
*Arbeitsaufwand:*
*ca. 20 Minuten*
*Kochzeit: ca. 28 Minuten*

*Zutaten:*
*600 g zarte Erbsen (mit Hülsen)*
*1 sehr kleine Zwiebel*
*50 g Pancetta in Scheiben*
*1 schönes Büschel Petersilie*
*50 g Butter*
*250–260 g Langkornreis*
*Salz*
*4 Esslöffel geriebener Parmesan*

*Geräte:*
*grosse Pfanne, kleines*
*Küchenmesser, Holzbrett*
*und Wiegemesser oder*
*grosses Küchenmesser,*
*mittelgrosse Pfanne, Sieb,*
*Käseraffel*

● Die Erbsen enthülsen (gelbe oder welke Schalen wegwerfen).
● Die schönen Schalen in die grosse Pfanne geben, mit einem guten Liter kaltem Wasser bedecken. Zum Sieden bringen und ca. 10 Minuten kochen lassen.
● Inzwischen die Zwiebel schälen. Mit Pancetta und Petersilie hacken.
● Mit 20 g Butter in der mittelgrossen Pfanne bei mittlerer Hitze unter häufigem Rühren 5 Minuten dünsten, oder bis die Zwiebel etwas Farbe angenommen hat.
● Die Erbsen beifügen und alles zusammen unter häufigem Rühren 5 Minuten weiterkochen.
● Die Erbsenschalen abgiessen und die Kochflüssigkeit auffangen.
● 4 Schöpflöffel dieser Flüssigkeit zu den Erbsen giessen und zum Kochen bringen.
● Den Reis beifügen, salzen, mischen und erneut zum Kochen bringen.

- Die Temperatur etwas reduzieren. Den Reis ziemlich lebhaft weiterkochen lassen. Dabei von Zeit zu Zeit nach Bedarf noch mehr Kochflüssigkeit der Erbsenschalen zufügen. Nach ca. 15 Minuten, oder wenn der Reis fast gar ist (er wird während des Abschmeckens und Servierens von der Eigenwärme noch etwas weicher werden), soll er noch leicht flüssig sein.
- Vom Herd wegziehen und die restliche, in 2–3 Stücke geschnittene Butter sowie den Parmesan darunterziehen. Wenn die Butter vollständig geschmolzen ist, anrichten und servieren.

# Gebratener Reis – Risotto al salto

**Für 1 Person**
*Arbeitsaufwand: 2 Minuten*
*Bratzeit: ca. 10 Minuten*

*Geräte:*
*kleine Bratpfanne mit*
*ca. 15 cm Bodendurchmesser,*
*(Bratschaufel), Teller*

*Zutaten:*
*40 g Butter*
*1 gehäufter Schöpflöffel Risotto nach Mailänder Art (s. Seite 101), kalt*

- 25 g Butter in der Bratpfanne bei ziemlich starker Hitze schmelzen und aufschäumen lassen.
- Den Risotto hineingeben und mit einer Gabel zu einer gleichmässig dicken Schicht zurechtdrücken.
- Ca. 5 Minuten braten, d.h., bis sich auf der Unterseite eine goldgelbe Kruste gebildet hat. Die Temperatur etwas reduzieren, damit die Kruste nicht verbrennt.
- Die Bratpfanne schütteln. Wenn nötig mit einer Bratschaufel oder Gabel sorgfältig den Reis vom Pfannenboden lösen.
- Auf einen Teller stürzen (wie auf Seite 494 erklärt).
- Die restliche Butter in der Pfanne schmelzen und aufschäumen lassen. Den Reiskuchen hineingleiten lassen und auf der anderen Seite 4–5 Minuten braten.

- *Geriebenen Parmesan separat dazu servieren oder ca. 1 Esslöffel voll über die Oberfläche verteilen.* • *Anstelle von Risotto nach Mailänder Art kann auch weisser Reis auf diese Weise zubereitet werden.* • *Für diese Zubereitung ist eine beschichtete Bratpfanne von Vorteil.*

# Reis mit Spargel – Risotto con asparagi

**Für 4 Personen**
*Arbeitsaufwand: 4–5 Minuten*
*Kochzeit: ca. 20 Minuten*

*Zutaten:*
*500 g mitteldicker, grüner Spargel*
*260–280 g Rundkornreis (Vialone oder Arborio)*
*Salz*
*40 g Butter*
*4 Esslöffel geriebener Parmesan*
*(1 Esslöffel gehackte Petersilie)*

- ¾ l Wasser bei starker Hitze zum Kochen bringen.
- Während das Wasser heiss wird, den oberen Teil des Spargels,

*Geräte:*
*mittelgrosse Pfanne, kleines*
*Küchenmesser, Sieb,*
*Käseraffel, Holzbrett und*
*Wiegemesser*

d. h. bis zur Stelle, wo er vom Grün ins Weiss übergeht und nicht mehr zart ist, in ca. 3 cm lange Stücke schneiden. In ein Gefäss mit kaltem Wasser geben. Jeweils einige Spargelstücke zwischen den Handflächen reiben, abspülen und abtropfen lassen.
- Wenn das Wasser kocht, Spargel, Reis und Salz hineingeben, rühren und wieder aufkochen.
- Die Temperatur leicht reduzieren und den Reis unter häufigem Rühren ca. 15 Minuten lebhaft weiterkochen, bis er fast weich ist (er wird während des Abschmeckens und Servierens von der Eigenwärme noch etwas weicher werden). Dabei von Zeit zu Zeit (bei Bedarf) etwas heisses Wasser beifügen. Der Reis soll am Ende der Kochzeit noch nicht ganz trocken sein.
- Das Kochgeschirr vom Herd ziehen. Die in Stücke geschnittene Butter, den Parmesan und nach Belieben die Petersilie beifügen. Gut mischen, bis die Butter geschmolzen ist.

---

- *Für dieses Gericht wenn möglich italienischen Spargel mit grüner Spitze verwenden.* • *Man kann die Hälfte des Spargels durch 100–150 g zarte, enthülste Erbsen (300–450 g mit Hülsen) ersetzen, die man mit Spargel und Reis zusammen ins Wasser gibt.*

---

# Reis mit Kürbis und anderen Gemüsen
## Risotto con zucca e altro

**Für 4 Personen**
*Arbeitsaufwand: 10 Minuten*
*Kochzeit: ca. 22 Minuten*

*Zutaten:*
*450 g Kürbis (ungerüstet gewogen)*
*1 mittelgrosse Kartoffel (ca. 150 g)*
*1 kleine Zwiebel*
*ca. 150 g Mangoldblätter*
*Salz*
*130 g Rundkornreis (Vialone oder Arborio)*
*40 g Butter*
*4 Esslöffel geriebener Parmesan*

*Geräte:*
*mittelgrosse Pfanne, starkes*
*und kleines Küchenmesser,*
*Holzbrett, Käseraffel*

- ¾ l Wasser zum Kochen bringen.
- Mit dem starken Messer das Kürbisstück zuerst in Scheiben schneiden, dann mit dem kleinen Messer Schale, Kerne und Fäden entfernen.
- Kartoffel und Zwiebel schälen. Den Mangold verlesen und verwelkte Blätter oder Blatteile entfernen.
- Alles Gemüse waschen.
- Kürbis und Kartoffel in ca. 1 cm grosse Würfel schneiden. Die Zwiebel zuerst halbieren und dann in dünne Scheiben schneiden, den Mangold in grosse Stücke schneiden.
- Alles Gemüse in das kochende Wasser geben.
- Salzen, gut durchrühren und erneut aufkochen lassen.
- Den Reis hineingeben und bei starker Hitze wieder zum Kochen bringen.
- Die Temperatur leicht reduzieren und den Reis unter häufigem Rühren (vor allem gegen Ende der Kochzeit) ca. 15 Minuten lebhaft weiterkochen, bis er fast weich ist. Dabei von Zeit zu Zeit evtl. etwas heisses Wasser beifügen. Der Reis soll am Ende ziem-

*Wenn vom Kürbis Reste übrigbleiben, schmecken sie auch im Reis sehr gut*

lich, aber doch nicht ganz trocken sein (er wird während des Abschmeckens und Servierens noch etwas weicher werden).
● Das Kochgeschirr vom Herd ziehen und die in Stücke geschnittene Butter beifügen. Mischen, bis sie geschmolzen ist.
● Den geriebenen Parmesan separat servieren.

---

● *Die Kartoffel- und Kürbiswürfel sollen nicht grösser geschnitten wer-
den als oben erwähnt, damit sie am Ende der Kochzeit weich sind.*
● *Die Butter kann durch 3 Esslöffel Olivenöl und der Mangold durch
Spinat ersetzt werden.*

# Risotto mit frischen Pilzen
## Risotto con funghi freschi

**Für 4 Personen**
*Arbeitsaufwand: 5–7 Minuten*
*Kochzeit: ca. 25 Minuten*

*Zutaten:*
*ca. 200 g frische Steinpilze, wenn möglich kleinere*
*80 g Butter*
*260–280 g Rundkornreis (Vialone oder Arborio)*
*(1 Messerspitze Fleischextrakt)*
*Salz*
*4 Esslöffel geriebener Parmesan*
*1 Esslöffel gehackte Petersilie*

*Geräte:*
*kleines Küchenmesser,*
*Bürstchen, Küchentuch,*
*Holzbrett, mittelgrosse Pfanne,*
*Schaumlöffel, Käseraffel,*
*Wiegemesser*

- Die Pilze putzen und mit einem kleinen Messer die erdigen Stellen des Stieles so entfernen, dass möglichst wenig vom Pilz weggeschnitten wird. Unter fliessendem kaltem Wasser sorgfältig und rasch, am besten mit einem weichen Bürstchen (ungebrauchtes Hand- oder Zahnbürstchen) waschen und sofort trockentupfen.
- Die Pilze der Länge nach in ein paar Millimeter dicke Scheiben schneiden.
- In der zum Kochen vorgesehenen Pfanne etwas mehr als die Hälfte der Butter schmelzen und aufschäumen lassen.
- Die Pilze hineingeben und unter ständigem Rühren 3–4 Minuten bei starker Hitze dünsten.
- Mit dem Schaumlöffel auf einen Teller herausheben.
- Die restliche Butter ins Kochgeschirr geben und bei schwacher Hitze schmelzen. Den Reis beifügen und unter ständigem Rühren einige Minuten dünsten, bis er glasig ist.
- Mit ¾ l heissem Wasser ablöschen. Nach Belieben den Fleischextrakt darin auflösen. Salzen und bei starker Hitze zum Kochen bringen.
- Die Temperatur leicht reduzieren und den Reis unter häufigem Rühren immer noch lebhaft kochen. Dabei von Zeit zu Zeit (bei Bedarf) etwas heisses Wasser beifügen. Nach 10 Minuten die Pilze zugeben und weiterkochen, bis der Reis fast weich ist (er wird während des Abschmeckens und Servierens von der Eigenwärme noch etwas weicher werden). Der Reis soll am Ende der Kochzeit ziemlich, aber doch nicht ganz trocken sein.
- Das Kochgeschirr vom Herd ziehen. Den Parmesan und die Petersilie beifügen. Gut mischen und servieren.

# Risotto mit Lorbeer – Risotto all'alloro

**Für 4 Personen**
*Arbeitsaufwand: 2 Minuten*
*Kochzeit: 18–20 Minuten*

*Zutaten:*
*4 Blätter frischer Lorbeer*
*280–300 g Rundkornreis (Vialone oder Arborio)*
*Salz*
*40 g Butter*
*4 Esslöffel geriebener Parmesan*

*Geräte:*
*mittelgrosse Pfanne,*
*Käseraffel*

- ¾ l Wasser bei starker Hitze zum Kochen bringen.
- Lorbeerblätter, Reis und Salz beifügen, rühren und erneut aufkochen.
- Ca. 15 Minuten kochen, wie im Rezept «Reis mit Kürbis» beschrieben (s. Seite 98).
- Das Kochgeschirr vom Herd ziehen. Die Lorbeerblätter entfernen und die in Stücke geschnittene Butter sowie den Parmesan darunterziehen. Gut mischen, bis die Butter geschmolzen ist, und servieren.

---

- *Man kann den Reis mit den Lorbeerblättern auch in 40 g Butter 3 Minuten dünsten und mit heissem Wasser ablöschen. Dann wie oben weiterfahren. Zum Schluss nochmals 30–40 g Butter beifügen.*

# Risotto mit Zucchini
## Risotto con zucchine

**Für 4 Personen**
*Arbeitsaufwand: 5 Minuten*
*Kochzeit: ca. 22 Minuten*

*Zutaten:*
*4 kleine, feste Zucchini (insgesamt ca. 300 g)*
*60 g Butter*
*260–280 g Rundkornreis (Vialone oder Arborio)*
*Salz*
*1 Esslöffel gehackte Petersilie*
*4 Esslöffel geriebener Parmesan*

*Geräte:*
*kleines Küchenmesser,*
*mittelgrosse Pfanne, Holzbrett*
*und Wiegemesser, Käseraffel*

• Die Zucchini putzen. Dabei die beiden Enden wegschneiden. Waschen, aber nicht schälen, abtrocknen und in einige Zentimeter lange Stücke schneiden.
• 40 g Butter in der Pfanne schmelzen und die Zucchinistücke hineingeben. Bei ziemlich schwacher Hitze und unter häufigem Rühren 2–3 Minuten dünsten, bis sie leicht Farbe angenommen haben.
• Den Reis beifügen und unter Rühren weitere 2–3 Minuten dünsten.
• Mit ¾ l heissem Wasser ablöschen, salzen und umrühren. Bei starker Hitze zum Kochen bringen.
• Ca. 15 Minuten kochen, wie im Rezept «Reis mit Kürbis» beschrieben (s. Seite 98).
• Das Kochgeschirr vom Herd ziehen und die restliche Butter, die Petersilie und den geriebenen Parmesan beifügen. Mischen, bis sich die Butter vollständig aufgelöst hat. Servieren.

---

• *Nach Belieben 2–3 Esslöffel hausgemachte Tomatensauce beifügen.*
• *Gleichzeitig mit den Zucchinistückchen auch 1 kleine Zwiebel anziehen lassen.*

---

# Risotto nach Mailänder Art
## Risotto alla milanese

**Für 4 Personen**
*Arbeitsaufwand: 5–6 Minuten*
*Kochzeit: ca. 30 Minuten*

*Zutaten:*
*1 mittelgrosse Zwiebel (70–80 g)*
*60–70 g Butter*
*280–300 g Rundkornreis (Vialone oder Arborio)*
*1½ dl trockener Weisswein*
*1 Briefchen Safran*
*ca. 1 l Fleischbrühe*
*4 Esslöffel geriebener Parmesan*
*(Salz)*

*Geräte:*
*kleines Küchenmesser,*
*Holzbrett, mittelgrosse*
*Pfanne, Käseraffel*

• Die Zwiebel schälen, halbieren und in dünne Scheibchen oder kleine Würfelchen schneiden.
• 40 g Butter in der Pfanne schmelzen. Die Zwiebel dazugeben und bei schwacher Hitze unter häufigem Rühren ca. 10 Minuten dünsten, bis sie ganz leicht Farbe angenommen hat.

- Den Reis beifügen und unter ständigem Rühren bei schwacher Hitze glasig werden lassen.
- Mit dem Wein ablöschen und bei etwas höherer Temperatur fast vollständig verdampfen lassen.
- Mit dem Safran bestreuen, mischen und sofort ¾ l heisse Fleischbrühe dazugiessen. Bei starker Hitze zum Kochen bringen.
- Die Temperatur leicht reduzieren und den Reis unter häufigem Rühren ca. 15 Minuten lebhaft weiterkochen, bis er fast weich ist (er wird während des Abschmeckens und Servierens von der Eigenwärme noch etwas weicher werden). Dabei von Zeit zu Zeit (bei Bedarf) etwas heisse Fleischbrühe beifügen. Der Reis soll am Ende der Kochzeit ziemlich, aber doch nicht ganz trocken sein.
- Das Kochgeschirr vom Herd ziehen. Die restliche Butter und den geriebenen Parmesan daruntermischen. Rühren, bis die Butter geschmolzen ist. Wenn nötig noch etwas nachwürzen (es ist möglich, dass das Salz der Fleischbrühe nicht ausreicht). Servieren.

---

- *Passt als Beilage zu «Kalbshaxen nach Mailänder Art» (s. Seite 204).*

# Genueser Risotto mit Gemüse und Sardellen
## Risotto genovese con verdure e acciuga

**Für 4 Personen**
*Arbeitsaufwand: 5–7 Minuten*
*Kochzeit: ca. 30 Minuten*

*Zutaten:*
*1 kleine Zwiebel*
*1 kleine Karotte*
*1 mittelgrosse Selleriestange*
*60 g Butter*
*4 Sardellenfilets*
*280–300 g Rundkornreis (Vialone oder Arborio)*
*Salz*

*Geräte:*
*kleines Küchenmesser,*
*Holzbrett, mittelgrosse*
*Pfanne*

- Die Zwiebel schälen. Die Karotte schälen und waschen. Von der Selleriestange harte Stellen und Blätter wegschneiden, waschen.
- In kleine Würfelchen (3–4 mm) schneiden.
- Mit 40 g Butter in die Pfanne geben und bei schwacher Hitze unter häufigem Rühren ca. 10 Minuten dünsten.
- Die Sardellenfilets zugeben und noch einige Minuten weiterrühren, bis sie zerfallen sind.
- Den Reis beifügen, die Temperatur etwas erhöhen und bei mittlerer Hitze und unter fast ständigem Rühren noch einige Minuten weiterdünsten.
- Mit ¾ l heissem Wasser ablöschen, salzen (nicht zu stark, weil die Sardellen schon Salz enthalten), umrühren und bei ziemlich starker Hitze zum Kochen bringen.
- Ca. 15 Minuten kochen, wie im vorstehenden Rezept beschrieben.
- Das Kochgeschirr vom Herd ziehen. Die restliche Butter beifügen und mischen, bis sie ganz geschmolzen ist. Servieren.

# Risotto mit Peperoni
## Risotto con peperoni

**Für 4 Personen**
*Arbeitsaufwand: 5 Minuten*
*Kochzeit: ca. 20 Minuten*

*Zutaten:*
*2 mittelgrosse rote Zwiebeln*
*2 kleine gelbe Peperoni (Paprikaschoten)*
*3 Esslöffel Öl*
*5 geschälte Tomaten (Pelati)*
*260–280 g Rundkornreis (Vialone oder Arborio)*
*½ Mokkalöffelchen Safran*
*Salz*
*4 Esslöffel geriebener Parmesan*

*Geräte:*
*kleines Küchenmesser,*
*Holzbrett, mittelgrosse*
*Pfanne, Dosenöffner,*
*Käseraffel*

● Die Zwiebeln schälen. Die Peperoni putzen, d.h., Stielansatz, innere Rippen und Samen entfernen, und der Länge nach in Streifen schneiden.
● Die Zwiebeln halbieren und in feine Schnitzchen schneiden. Die Peperonistreifen in 2 x 3 cm grosse Stückchen schneiden.
● Zwiebeln, Peperoni und Öl aufsetzen und bei mässiger Hitze unter häufigem Rühren einige Minuten dünsten.
● Die geschälten Tomaten beifügen und kurz weiterdünsten.
● Reis, Safran und Salz hineingeben und gut mischen.
● Mit ¾ l heissem Wasser ablöschen und bei starker Hitze zum Kochen bringen.
● Ca. 15 Minuten kochen, wie im Rezept «Risotto nach Mailänder Art» beschrieben (s. Seite 102).
● Das Kochgeschirr vom Herd ziehen. Den geriebenen Parmesan beifügen, gut mischen und servieren.

*Dieser Risotto mit Peperoni schmeckt nicht nur ausgezeichnet, sondern lässt auch das Auge mitgeniessen*

# Polenta

Aus den USA kennen wir den Zuckermais, der am Kolben gekocht oder grilliert oder als zarte Körner zubereitet wird. Der ita-
lienische Mais ist entweder leicht rötlich oder aber – wenn er aus
Friaul-Julisch Venetien stammt – weiss und feiner als der gelbe
Mais und bildet zusammen mit einer Kalbsleber nach venezianischer Art (s. Seite 226) eine köstliche Mahlzeit.
Die Zubereitung einer Polenta, des dicken bäuerlichen Breis aus
Maisgriess, der in vielen Gebieten Italiens gerne als «Primo
piatto» serviert wird, ist zwar ganz einfach, braucht jedoch etwas
Geduld. Soll eine Polenta richtig gut schmecken, muss der
Maisbrei während mindestens einer halben Stunde fast ununterbrochen gerührt werden. Die Garzeit kann 1 bis 3 Stunden betragen. Beim Mais ist es so: Je länger er kocht, um so besser
schmeckt er. Wichtig ist nur, dass von Zeit zu Zeit heisses Wasser
nachgegossen wird und der Brei nicht zu dick wird.
Polenta wird oft mit Saucen (s. Seite 447 f.) oder anderen würzigen Zutaten serviert. Sie schmeckt jedoch genauso vorzüglich,
wenn man sie ganz einfach mit Butter (auch Olivenöl) ab-
schmeckt oder mit kalter Milch (oder kühlem Rahm) begleitet. Als
Beilage serviert man sie vor allem zu Fleisch mit dunklen Saucen.

---

# Maisbrei – Polenta

**Für 4 Personen**
*Arbeitsaufwand:*
*40 Minuten bis 3 Stunden*
*Kochzeit:*
*40 Minuten bis 3 Stunden*

*Zutaten:*
*Salz*
*400 g Maisgriess*

Aus diesen Zutaten ergeben sich ca. 1,3 kg Polenta

*Geräte:*
*unverzinnter Kupferkessel*
*oder Kochtopf, kleinere*
*Pfanne, spezieller Rührstab*
*oder Kochlöffel*

Traditionelle Zubereitungsart: | Methode 1 |

- 1 l Wasser im Kupferkessel oder Kochtopf zum Kochen bringen. Inzwischen im kleinen Pfännchen ½ l Wasser erwärmen.
Das Wasser im grossen Topf salzen.
- Wenn es kocht, den Maisgriess nicht auf einmal, aber ziemlich
rasch unter ständigem Rühren hineingeben.
- Unter ständigem Rühren wieder aufkochen und von Zeit zu
Zeit, falls die Polenta zu dick wird, etwas heisses Wasser aus dem
kleinen Pfännchen beifügen, bis der Brei die gewünschte Festigkeit erreicht hat.
- Während mindestens 30 Minuten, aber wenn möglich einer
ganzen Stunde bei schwacher Hitze und unter fast ständigem
Rühren weiterkochen. Die Kochzeit kann auf 2–3 Stunden verlängert werden, wobei die Polenta immer besser wird.

- Die kleine Pfanne mit 1 l Wasser aufsetzen.
- Den Maisgriess in den Kupferkessel oder in den Kochtopf geben und unter Rühren 1 l kaltes Wasser dazumischen und etwas Salz beifügen.
- Bei schwacher Hitze aufsetzen und unter ständigem Rühren langsam zum Kochen bringen. Sobald die Polenta zu fest wird, etwas heisses Wasser aus der anderen Pfanne beifügen, bis die gewünschte Festigkeit erreicht ist.
- Weiterfahren, wie bei Methode 1 beschrieben.

---

- *Die Polenta zum Servieren in eine mit kaltem Wasser ausgespülte Schüssel giessen. Etwas schütteln, damit sich die Oberfläche glättet. Einige Minuten stehenlassen, dann auf eine grosse runde Platte oder auf ein spezielles, rundes Holzbrett stürzen. Mit einem Faden (was sehr genaue, saubere Scheiben ergibt) oder dem zum Holzbrett gehörenden speziellen Spatel oder auch mit einem gewöhnlichen, grossen Küchenmesser in Scheiben schneiden.* • *Die Polenta wird intensiver im Geschmack, wenn Vollkornmais oder ca. ⅓ Buchweizen verwendet wird. Beide Produkte sind in Reformhäusern erhältlich.*

---

# Maisbrei mit Öl – Polenta all'olio

**Für 4 Personen**
*Arbeitsaufwand:*
*40 Minuten bis 3 Stunden*
*Kochzeit:*
*40 Minuten bis 3 Stunden*

*Geräte:*
*unverzinnter Kupferkessel oder Kochtopf, kleinere Pfanne, spezieller Rührstab oder Kochlöffel*

*Zutaten:*
*Salz*
*400 g Maisgriess*
*5–8 Esslöffel Öl*

- Die Polenta nach einer der Methoden im vorstehenden Rezept zubereiten, aber wenn sie zu kochen beginnt, das Öl beifügen.

---

# Maisbrei mit Eiern – Polenta con uova

**Für 4 Personen**
*Arbeitsaufwand: 6–8 Minuten*
*Kochzeit: ca. 10 Minuten*

*Zutaten:*
*90 g Butter*
*1,2 kg fertige Polenta*
*100 g reifer, nicht zu scharfer, geriebener Pecorino*
*8 Eier*
*Salz*

- Den Backofen auf 250 °C vorheizen.
- Mit 10–15 g Butter den Boden der feuerfesten Form bestreichen.

*Geräte:*
grosse, niedrige, feuerfeste
Form, grosses Küchenmesser,
Käseraffel, Schüssel, grosse
Bratpfanne

- Die in 1½ cm dicke Scheiben geschnittene Polenta darin so anordnen, dass zwischen den einzelnen Scheiben möglichst kein Platz frei bleibt.
- Mit ungefähr der Hälfte des Käses bestreuen.
- Die Eier einzeln in einen kleinen Teller aufschlagen, um die Qualität zu prüfen, und in eine Schüssel geben. Salzen und mit einer Gabel nur so lange verquirlen, bis sich Eiweiss und Eigelb vollständig vermischt haben.
- Die restliche Butter in der Bratpfanne bei schwacher Hitze schmelzen. Die Eier hineingiessen und unter ständigem Rühren ca. 3 Minuten erhitzen, bis sie nur ganz leicht fest geworden sind.
- Über die Polenta verteilen und mit dem restlichen Käse bestreuen.
- Für 5–7 Minuten in den Backofen schieben, oder bis sich auf der Oberfläche des Käses eine leichte Kruste gebildet hat.

---

- *Falls kein Pecorino zur Verfügung steht, kann auch Parmesan verwendet werden.* • *Dieser überbackene Maisbrei kann auch als preisgünstiges Hauptgericht serviert werden.*

*An Taler aus Gold erinnert der gratinierte Mais mit Fleischsauce*

# Maisbrei nach Art des Aosta-Tals
## Polenta valdostana

**Für 4 Personen**
*Arbeitsaufwand:*
*40 Minuten bis 3 Stunden*
*Kochzeit:*
*40 Minuten bis 3 Stunden*

*Geräte:*
*unverzinnter Kupferkessel*
*oder Kochtopf, kleinere*
*Pfanne, spezieller Rührstab*
*oder Kochlöffel, grosses*
*oder kleines Küchenmesser*

*Zutaten:*
*400 g Maisgriess*
*Salz*
*180 g Fontina-Käse*
*100 g Butter*

● Aus Maisgriess, Wasser und Salz nach dem Grundrezept auf Seite 104 eine Polenta zubereiten (vorsichtig salzen, da der Fontina bereits ziemlich stark gesalzen ist).
● Während der Zubereitung der Polenta den Käse in kleine Würfel schneiden.
● Wenn die Polenta fertig gekocht ist und vom Herd weggezogen werden kann, Fontina und Butter beifügen und während einiger Minuten bei schwacher Hitze unter den Brei rühren, bis der Käse geschmolzen ist und Fäden zieht.

---

● *Auch im Piemont verschmäht man die Polenta nicht und serviert sie gerne zusammen mit einer «Fonduta» (s. Seite 47), die man im Teller darübergiesst. Für jemanden, der unverfälschte Gerichte liebt, ein Erlebnis!*

# Gratinierter Mais mit Fleischsauce
## Polenta pasticciata con sugo di carne e salsiccia

**Für 4 Personen**
*Einweichen der Pilze:*
*15 Minuten*
*Arbeitsaufwand:*
*15–20 Minuten*
*Kochzeit: 40–50 Minuten*

*Geräte:*
*wie für Fleischsauce*
*mit Wurstmasse (s. Seite 448),*
*wie für Béchamelsauce*
*(s. Seite 434), grosses*
*Küchenmesser, grosse,*
*niedrige, feuerfeste Form,*
*Käseraffel*

*Zutaten:*
*wie für Fleischsauce mit Wurstmasse (s. Seite 448)*
*wie für Béchamelsauce (s. Seite 434)*
*ca. 1 kg fertig gekochte Polenta*
*30 g Butter*
*50–60 g geriebener Parmesan*

● Die Fleischsauce zubereiten, wie auf Seite 448 beschrieben.
● Gegen Ende der Kochzeit eine Béchamelsauce zubereiten, wie auf Seite 434 beschrieben.
● Den Backofen auf 220 °C vorheizen. Die Polenta in ca. 1 cm dicke Scheiben schneiden.
● Den Boden und die Wände der feuerfesten Form mit Butter bestreichen.
● Die in Scheiben geschnittene Polenta schichtweise in die Form geben. Dabei jede Schicht mit Fleischsauce, Béchamelsauce und Parmesan bedecken.
● In die Mitte des Backofens schieben und 10–15 Minuten überbacken, oder bis der Käse auf der Oberfläche geschmolzen ist und eine leichte Kruste gebildet hat.

---

● *Der gratinierte Mais kann auch als preisgünstiges Hauptgericht serviert werden.*

# Fische und Meeresfrüchte

Fische, Krusten- und Schalentiere spielen in der italienischen Küche eine bedeutende Rolle. 16 der 21 Provinzen grenzen ans Meer, und zudem gibt es in Oberitalien viele Seen und Flüsse, die köstliche Fische liefern. Die Italiener halten aber nicht viel von allzu raffinierten Fischgerichten, sondern greifen bewusst zu einfachen, überlieferten Rezepten, die das unterschiedliche Aroma der verschiedenen Fischsorten nicht überdecken oder beeinträchtigen. Gerne verwenden sie bei der Zubereitung Zwiebeln, Tomaten, Oliven und natürlich Wein, herrlich duftendes Olivenöl und Kräuter. Besonders geschätzt werden auch in der Folie gekochte oder grillierte Fische. Und Tradition haben die schmackhaften Fischsuppen.

Selbstverständlich kommen an den Küsten die Fische fangfrisch auf den Tisch, was mit ein Grund ist, warum wir sie an Ort und Stelle besonders gut finden. Dank der heutigen Transportmöglichkeiten sind aber auch in Binnenländern vielerorts wirklich frische Fische erhältlich. Allerdings, der Einkauf von Fisch ist und bleibt Vertrauenssache. Mit ein bisschen Übung kann man frischen Fisch aber auch selbst erkennen. Sein Geruch soll angenehm sein und darf nicht an Ammoniak erinnern. Er soll glänzend schimmern und niemals matt aussehen. Die Schuppen und die Haut müssen noch stark haften. Beim Anfassen muss sich das Fleisch unbedingt fest anfühlen. Frische Fische haben ausserdem klare, glänzende Augen, die leicht hervorstehen, und feuchte, glänzende Kiemen. In Binnenländern wird auch tiefgekühlter Fisch angeboten. Er ist oft frischer als solcher, der einen längeren Transport hinter sich hat. Allerdings muss er vor der Verwendung schonend aufgetaut werden.

Alle Krusten-, Schalen- und Weichtiere sind besonders schnell verderblich und müssen unbedingt lebendfrisch in die Pfanne kommen. Dann aber sind sie eine Delikatesse, die entgegen der häufig gehegten Meinung nicht unbedingt teuer sein muss. (Auf Seite 484, 485 und 488 sind die in Italien am häufigsten verwendeten Fische und Meeresfrüchte abgebildet.)

*Mit den vielfältigen Schätzen aus dem Mittelmeer lassen sich ausgesprochen delikate Gerichte zubereiten: Goldbrasse im Ofen (Seite 116), Miesmuscheln nach Matrosenart (Seite 133), Krevetten*

# Fische

## Ganze Fische

Fische, die ganz zubereitet werden sollen, kauft man am besten pfannenfertig, d.h. geschuppt und ausgenommen. Falls man diese Arbeit selbst verrichten muss, geht man wie folgt vor:

*Entschuppen:* Die Fische immer vor dem Ausnehmen entschuppen, denn wenn die Bauchhöhle entleert ist, fällt diese Arbeit schwer. Zum Entschuppen den Fisch auf ein grosses Stück Papier legen. Den Schwanz festhalten und ein nicht zu scharfes Messer (damit die Haut nicht verletzt wird) vom Schwanz gegen den Kopf führen. Wer häufig Fische entschuppen muss, prüfe vielleicht die Anschaffung eines entsprechenden Spezialgerätes.

*Ausnehmen:* Man unterscheidet grundsätzlich zwischen runden und platten Fischen. Die ersteren haben die Eingeweide im Bauch, die letzteren in der Nähe des Kopfes. Eine Möglichkeit, grössere, runde Fische (z.B. Forellen) auszunehmen, besteht darin, die Kiemen herauszureissen und die mit ihnen verbundenen Eingeweide aus der entstandenen Öffnung zu ziehen. Einfacher und gebräuchlicher ist es aber, mit der Spitze eines scharfen Messers oder mit einer Küchenschere den Bauch unterhalb des Kopfes auf zwei Dritteln der Länge des Fisches aufzuschneiden. Mit einem Finger in die entstandene Öffnung fahren und auf diese Weise die Eingeweide herausziehen. Mit einem Messer oder einer Schere vom Fisch lostrennen.

Bei kleinen runden Fischen, wie Sardinen und Sardellen, geht man anders vor: Mit den Fingern oder einem kleinen Küchenmesser den Kopf vom Rücken her abtrennen und dabei gleichzeitig die Eingeweide herausziehen.
Bei Seezungen, Steinbutt, Flundern und anderen Plattfischen dagegen bringt man mit der Spitze eines Messers auf der dunklen Seite des Fisches hinter dem Kopf einen halbrunden Schnitt an und nimmt die sich dort befindenden Eingeweide heraus.

Nachdem der Fisch entschuppt und ausgenommen ist, mit einem Messer oder einer Schere *die Flossen wegschneiden.* Unter fliessendem kaltem Wasser abspülen und dabei den Bauch gut öffnen.

---

# Sardellen in Zitronensaft
## Acciughe cotte nel limone

**Für 4 Personen**
*Arbeitsaufwand: ca. 20 Minuten*
*Stehenlassen: mind. 4 Stunden*

*Zutaten:*
*600–700 g frische Sardellen*
*Saft von 6 Zitronen*
*4–6 Esslöffel Öl*
*(1 knapper Esslöffel Oregano)*

*Geräte:*
*kleines Küchenmesser,*
*Schüssel, Zitruspresse*

● Die Sardellen ausnehmen und den Kopf abtrennen, wie oben in der Einleitung beschrieben (der Fischhändler wird dies kaum machen).
● Mit den Fingern oder mit Hilfe des kleinen Küchenmessers die Fische in zwei Hälften teilen und dabei die Hauptgräte, die Rückenflosse und den Schwanz entfernen.
● Unter fliessendem kaltem Wasser waschen und sehr gut abtropfen lassen. Nach Belieben trockentupfen.

- Die Filets in eine Schüssel legen und den Zitronensaft darübergiessen.
- Mindestens 4 Stunden stehenlassen (man kann sie aber auch schon am Vortag zubereiten).
- Den Zitronensaft abgiessen, Öl und nach Belieben Oregano darüber verteilen und servieren.

---

- *Anstelle von Oregano kann auch 1½ Esslöffel gehackte Petersilie verwendet werden. Nach Belieben 1 Knoblauchscheibchen mithacken.*
- *Auf diese Weise zubereitete Sardellen können auch als Vorspeise serviert werden. In diesem Fall reichen für 4 Personen 400 g.*

---

# Sardellen mit Paniermehl
## Acciughe al pangrattato

**Für 4 Personen**
*Arbeitsaufwand:*
*12–15 Minuten*
*Garzeit: 10–15 Minuten*

*Zutaten:*
*600 g frische Sardellen*
*6 Esslöffel Öl*
*Salz*
*(Pfeffer)*
*2 Esslöffel gehackte Petersilie*
*3 Esslöffel Paniermehl*
*2–3 Knoblauchzehen*

*Geräte:*
*kleines Küchenmesser,*
*grosse, feuerfeste Form,*
*Holzbrett und Wiegemesser*

Es handelt sich hier um ein berühmtes neapolitanisches Gericht, welches «Alici ammolliccate» (oder «ammulleccate») heisst.

- Den Backofen auf 220 °C vorheizen.
- Die Sardellen ausnehmen und den Kopf abtrennen, wie auf Seite 110 beschrieben (der Fischhändler wird dies vermutlich kaum machen).
- Die Fische unter fliessendem kaltem Wasser waschen. Dabei den Bauch öffnen und mit dem Wasserstrahl und einem Finger reinigen. Sehr gut abtropfen lassen und nach Belieben trockentupfen.
- Den Boden der Form mit wenig Öl bestreichen und die Sardellen darin schön anordnen. Mit Salz, nach Belieben Pfeffer, Petersilie und Paniermehl bestreuen und da und dort einige Knoblauchscheibchen dazwischenstecken. Wenn sich mehrere Schichten ergeben, diese Zutaten gleichmässig verteilen. Mit dem verbliebenen Öl beträufeln.
- In die Mitte des Backofens schieben und je nach Grösse der Sardellen 10–15 Minuten garen.

---

- *Dieses Gericht kann lauwarm serviert werden, aber es schmeckt auch sehr gut heiss, wenn die Sardellen und das Paniermehl knusprig sind.* • *Wenn das Paniermehl weggelassen und durch gehackten Oregano ersetzt wird, entsteht ein anderes berühmtes neapolitanisches Gericht: die «Alici areganate».* • *Normalerweise wird der Knoblauch gehackt und somit auch gegessen, was ein Gericht schwerer verdaulich macht. In Scheiben geschnitten, vermittelt er seinen Geschmack ebenfalls an das Gericht, kann aber beim Essen nach Belieben entfernt werden.*

## Besondere Zubereitungsarten für Fisch

Für Fisch gibt es noch weitere Zubereitungsarten, die in den Rezepten dieses Buches nicht erwähnt werden, in Italien aber doch gebräuchlich sind:

## Fisch in der Folie

Auf der Arbeitsfläche so viele Stücke Aluminiumfolie bereit legen, als Fische oder Fischscheiben zubereitet werden. Sie sollen so gross sein, dass sich die Fische gut darin einpacken und die Ränder ausreichend verschliessen lassen. In die Mitte jedes Folienstückes einige Tropfen Öl oder ein kleines Stück Butter geben. Die Fische darauflegen, salzen und mit etwas Öl beträufeln oder mit wenig Butter belegen. Die Ränder der Folien sorgfältig verschliessen und die Pakete in den auf 200 bis 220 °C vorgeheizten Backofen schieben. Pro 2½ cm Dicke der Fische oder Fischstücke 10 Minuten garen. Die Pakete ungeöffnet servieren.
Die Fische nach Belieben vor dem Verschliessen der Folie mit etwas Zitronensaft beträufeln, mit verschiedenen gehackten Kräutern füllen, mit Zitronen- oder Tomatenscheiben belegen oder mit einigen Kapern bestreuen. Diese Zubereitungsart, die zwar etwas mehr Zeit beansprucht als ein normal im Ofen gegarter Fisch, hat den Vorteil, dass der Fisch nicht trocken wird, auch wenn sich das Servieren um einige Minuten verzögert, und dass keine schmutzigen Kochgeschirre zu reinigen sind.

## Fisch gegart auf dem Teller

Es handelt sich hier um eine bei uns weniger bekannte Kochmethode, die nicht nur sehr einfach ist, sondern zarte Fischfilets äusserst schonend und mit sehr wenig Fett gart. Sie eignet sich nur für kleinere Mengen und für filetierte, flache oder sehr kleine Fische.
Zu diesem Zweck ca. 2 cm hoch Wasser in eine Pfanne füllen und zum Kochen bringen. Einen Teller mit ganz wenig flüssiger Butter oder Öl bestreichen und den leicht gesalzenen Fisch darauflegen. Nach Belieben Milch dazugiessen, bis der Fisch bedeckt ist. Den Teller auf die Pfanne stellen und mit einem Deckel oder einem zweiten Teller zudecken. Bei schwacher Hitze (das Wasser in der Pfanne soll ständig ganz leicht kochen) den Fisch garen. Man rechnet pro 2½ cm Dicke ca. 10 Minuten.

## Grillierter Fisch

Fisch wird in Italien gerne auf dem Grill zubereitet. Da Fischfleisch sehr zart ist, müssen dafür einige Regeln beachtet werden:
● Fisch bleibt gerne am Grill kleben. Deshalb ganze Fische, die grilliert werden, nicht entschuppen. Die Schuppen dienen als Schutz gegen die Hitze. Sie bleiben am Grill hängen. Es empfiehlt sich deshalb, den Grill mit Alufolie zu belegen.
● Ganze Fische werden vor dem Grillieren oft mit Maisgriess paniert, was ihnen einen schonenden Überzug verleiht.
Zum Grillieren wie folgt vorgehen:
Ca. 45 Minuten vor Beginn des Grillierens das Feuer anzünden. 15 Minuten bevor die Fische auf den Grill gelegt werden, diesen mit Öl oder flüssiger Butter bestreichen. Den Fisch ebenfalls mit Öl oder Butter bepinseln und auf den Grill legen. Während des Grillierens von Zeit zu Zeit mit wenig Öl oder flüssiger Butter bestreichen. Als Anhaltspunkt für die Garzeit gilt auch hier: pro 2½ cm Dicke ca. 10 Minuten. Zur Kontrolle mit einem Löffel oder stumpfen Messer einen Rand der Bauchöffnung leicht anheben und prüfen, ob das Fleisch im Inneren nicht mehr roh ist.
Den Fisch vor dem Grillieren nach Belieben marinieren (siehe Seite 452) oder mit gehackten Kräutern füllen. Auch eine würzige Buttermischung (s. Seite 449–451) oder eine passende Sauce (s. Seite 437–438), zum Servieren über den Fisch verteilt, verleiht ihm eine besondere Note.

## Fischfond

Fischgräten und -köpfe können mit Zwiebel, Lauch und Sellerie sowie Gewürzen in ca. ½ l Wasser gekocht werden. Durch ein Sieb giessen und als Grundlage für eine delikate Fischsauce verwenden.

# Sardinen im Ofen – Sardine in forno

**Für 4 Personen**
*Arbeitsaufwand: 15 Minuten*
*Garzeit: ca. 10 Minuten*

*Zutaten:*
*8 frische Sardinen (ca. 600 g)*
*3–4 Esslöffel Öl*
*4 Sardellenfilets (ca. 30 g)*
*3 Esslöffel feine Kapern*
*1 gehäufter Esslöffel Paniermehl*
*1 Zitrone*

*Geräte:*
*kleines Küchenmesser, grosse,*
*niedrige, feuerfeste Form,*
*in der die Fische neben-*
*einander Platz finden*

- Den Backofen auf 220 °C vorheizen.
- Die Fische entschuppen, von den Köpfen befreien und ausnehmen, wie auf Seite 110 beschrieben (der Fischhändler wird dies kaum machen).
- Die Gräten herausnehmen, indem man ein Filet nach dem andern mit einer Fingerspitze (am besten mit dem Daumen) von der Kopfseite her gegen den Rücken in Richtung Schwanz von den Gräten löst. Zum Schluss die Gräten unmittelbar vor dem Schwanz abbrechen oder abschneiden (es ist besser, den Schwanz zu belassen, da er mithilft, die beiden Filets zusammenzuhalten).
- Die Fische unter fliessendem kaltem Wasser waschen, ohne die beiden Filets voneinander zu trennen. Sehr gut abtropfen lassen.
- Den Boden der feuerfesten Form mit ganz wenig Öl bestreichen.
- Jeweils zwischen 2 Filets der Länge nach ein dünnes Stückchen Sardellenfilet und 3–4 Kapern geben. Die Sardinen wieder zusammenfügen und nebeneinander in die Form legen.
- Mit dem Paniermehl bestreuen und mit ganz wenig Öl beträufeln.
- In die Mitte des Backofens schieben und 10 Minuten garen.
- Mit Zitronenschnitzen garnieren und sehr heiss servieren.

---

- *Wenn die feuerfeste Form nicht auf den Tisch gebracht werden kann, zum Anrichten eine grosse Bratschaufel verwenden.*

# Sardinen mit Oregano – Sardine all'origano

**Für 4 Personen**
*Arbeitsaufwand: 15 Minuten*
*Garzeit: 10 Minuten*

*Zutaten:*
*ca. 600 g frische Sardinen*
*3 Esslöffel Öl*
*7 Esslöffel Weisswein*
*1 Knoblauchzehe*
*1 Teelöffel Oregano*
*Salz*
*Saft von ½ Zitrone*

- Die Fische entschuppen, von den Köpfen befreien und ausnehmen, wie auf Seite 110 beschrieben.

*Geräte:*
*kleines Küchenmesser,*
*grosse Bratpfanne,*
*grosse Bratschaufel*

- Die Fische unter fliessendem kaltem Wasser waschen. Dabei den Bauch öffnen und mit dem Wasserstrahl und einem Finger reinigen. Sehr gut abtropfen lassen und nach Belieben trockentupfen.
- Das Öl in der Bratpfanne erhitzen.
- Sardinen, Wein und die geschälte, in Scheiben geschnittene Knoblauchzehe hineingeben. Mit Oregano und Salz bestreuen.
- Aufkochen, die Temperatur reduzieren und bei schwacher Hitze die Sardinen noch ca. 8 Minuten schmoren lassen. Nach 5 Minuten sorgfältig wenden.
- Vorsichtig mit der Bratschaufel anrichten. Sollte zuviel Flüssigkeit in der Pfanne sein, diese bei starker Hitze auf die gewünschte Konsistenz einkochen lassen. Über die Fische verteilen.
- Mit dem Zitronensaft beträufeln und servieren.

# Meerbarben nach Livorneser Art
## Triglie alla livornese

**Für 4 Personen**
*Arbeitsaufwand: 10 Minuten*
*Garzeit: ca. 25 Minuten*

*Zutaten:*
*4 Meerbarben (Rougets) von ca. 200 g*
*1 sehr kleine Zwiebel*
*1 dl und 4 Esslöffel Öl*
*1 Knoblauchzehe*
*300 g geschälte Tomaten aus der Dose (Pelati), abgetropft*
*Salz*
*(Pfeffer)*
*3 Esslöffel Mehl*
*1 Esslöffel gehackte Petersilie*

*Geräte:*
*kleines Küchenmesser,*
*Holzbrett und Wiegemesser,*
*2 grosse Bratpfannen,*
*ein Brotstücklein, grosse*
*Bratschaufel*

Den Fischhändler bitten, die Barben zu entschuppen, nach Belieben auszunehmen (wenn sie ganz frisch sind, ist dies nicht nötig) und die Flossen zu entfernen. (Wer dies selbst tun muss, beachte die Erklärung auf Seite 110.)

- Die Zwiebel schälen und in kleinste Würfelchen schneiden oder fein hacken.
- In eine der beiden Bratpfannen geben. 4 Esslöffel Öl und die geschälte, ganze Knoblauchzehe beifügen. Bei schwacher Hitze 4–5 Minuten dünsten, ohne Farbe annehmen zu lassen.
- Die sehr gut abgetropften Pelati beifügen und mit einer Gabel zerdrücken. Mit Salz und nach Belieben mit Pfeffer bestreuen und rasch aufkochen.
- Die Temperatur wieder reduzieren und bei eher schwacher Hitze unter gelegentlichem Rühren weiterkochen.
- Inzwischen die Barben waschen und mit Küchenpapier trockentupfen. Mit Mehl bestäuben und das überschüssige Mehl durch Abschütteln wieder entfernen.
- Das restliche Öl in der zweiten Bratpfanne stark erhitzen. Die Temperatur ist richtig, wenn ein Brotstücklein innerhalb von 40–50 Sekunden Farbe annimmt, ohne zu verbrennen.

● Die Barben hineingeben und auf jeder Seite einige Minuten braten, oder bis sie schön goldbraun sind.

● Mit der Bratschaufel herausheben, abtropfen lassen und in die Pfanne mit der Tomatensauce geben. Darin auf jeder Seite noch 5 Minuten ziehen lassen. Dabei einmal sehr sorgfältig wenden.

● Anrichten. Sollte die Tomatensauce zu dünnflüssig sein, noch kurz bei starker Hitze unter ständigem Rühren aufkochen. Über die Fische verteilen, mit der Petersilie bestreuen und servieren.

# Meerbarben mit Zitronen – Triglie al limone

**Für 4 Personen**
*Arbeitsaufwand:*
*10–12 Minuten*
*Garzeit: ca. 10 Minuten*

*Zutaten:*
*8 Meerbarben (Rougets) von ca. 100 g*
*Saft von 2 Zitronen*
*4 Zitronenscheibchen*
*ca. 3 dl Weisswein*
*Salz*
*4 Esslöffel Öl*
*1 gehäufter Esslöffel gehackte Petersilie*

*Rougets sind einfach in der Zubereitung und grossartig im Effekt*

*Geräte:*
*grosse Bratpfanne, in der*
*alle Fische nebeneinander*
*Platz finden, Deckel,*
*Zitruspresse, grosse*
*Bratschaufel, Holzbrett*
*und Wiegemesser, (kleines*
*Küchenmesser)*

Den Fischhändler bitten, die Meerbarben zu entschuppen und auszunehmen (wenn sie ganz frisch sind, ist dies nicht nötig).

- Die Barben innen und aussen waschen. Nebeneinander in die Bratpfanne legen. Den Zitronensaft und so viel Wein beifügen, bis die Fische zur Hälfte in der Flüssigkeit liegen. Salzen.
- Bei schwacher Hitze aufkochen.
- Die Fische vorsichtig wenden, den Deckel aufsetzen und bei niedrigster Temperatur noch 5 Minuten ziehen lassen.
- Mit der Bratschaufel vorsichtig anrichten.
- Mit 2–3 Esslöffeln Kochflüssigkeit befeuchten, mit dem Öl beträufeln und mit der Petersilie bestreuen. Mit Zitronenscheibchen garnieren. Warm oder kalt servieren.

- *Dieses Gericht eignet sich auch als Vorspeise.*

# Goldbrasse im Ofen – Orata in forno

**Für 4 Personen**
*Arbeitsaufwand: 5 Minuten*
*Garzeit: ca. 20 Minuten*

*Zutaten:*
*1 Goldbrasse (Dorade royale) von ca. 1 kg*
*5 Esslöffel Öl*
*Salz*
*1 Zitrone*
*2 mittelgrosse Tomaten, reif, aber fest*
*5 Esslöffel Weisswein*
*8–10 grosse schwarze Oliven*

*Geräte:*
*grosse, feuerfeste, wenn*
*möglich ovale Form,*
*Holzbrett, kleines, wenn*
*möglich gezahntes*
*Küchenmesser*

Den Fischhändler bitten, den Fisch zu entschuppen, auszunehmen und die Flossen zu entfernen. (Wer dies selbst tun muss, beachte die Erklärung auf Seite 110.)

- Den Backofen auf 190 °C vorheizen.
- Den Fisch unter fliessendem kaltem Wasser waschen. Dabei den Bauch gut öffnen. Den Fisch sorgfältig abtropfen lassen.
- 2 Esslöffel Öl auf den Boden der Form verteilen, den Fisch darauflegen und innen und aussen salzen.
- Zitrone und Tomaten waschen und in nicht zu dünne Scheiben schneiden. Die Zitronenscheiben auf dem Fisch, die Tomatenscheiben seitlich davon verteilen. Mit ganz wenig Salz bestreuen.
- Das restliche Öl über die ganze Oberfläche verteilen.
- Die Form in die Mitte des Backofens schieben und den Fisch 10 Minuten dünsten.
- Den Wein auf den Boden der Form giessen und die Oliven darüber verteilen.
- Weitere 10 Minuten garen, oder bis das Fischfleisch beim vorsichtigen Öffnen des Bauches gleichmässig weiss aussieht. In dieser zweiten Phase des Garens den Fisch einige Male mit der Flüssigkeit auf dem Boden der Form begiessen.

- *Zum Servieren nach Belieben mit 1 Esslöffel gehackter Petersilie bestreuen.*

# Gedünstete Goldbrasse – Orata in umido

**Für 2 Personen**
*Arbeitsaufwand: 5 Minuten*
*Garzeit: 15–18 Minuten*

*Zutaten:*
*1 Goldbrasse (Dorade royale) von ca. 400 g*
*3 Esslöffel Öl*
*Salz*
*5 Esslöffel geschälte Tomaten aus der Dose (Pelati), abgetropft*
*1 Lorbeerblatt*
*5 Esslöffel Weisswein*
*1 Esslöffel gehackte Petersilie*

*Geräte:*
*genügend grosse, wenn möglich ovale, halbhohe Pfanne, Dosenöffner, lange Bratschaufel, Holzbrett und Wiegemesser*

Zum Entschuppen und Ausnehmen s. vorstehendes Rezept.

- Den Fisch unter fliessendem kaltem Wasser waschen. Dabei den Bauch gut öffnen. Den Fisch sorgfältig abtropfen lassen.
- Das Öl in der Pfanne erhitzen.
- Den Fisch innen salzen, in die Pfanne legen und bei mässiger Hitze beidseitig 2–3 Minuten dünsten.
- Die gut abgetropften und mit einer Gabel zerdrückten Pelati, das Lorbeerblatt, Weisswein und Salz beifügen.
- Bei schwacher Hitze ca. 10 Minuten weitergaren, oder bis das Fischfleisch beim vorsichtigen Öffnen des Bauches gleichmässig weiss aussieht. Dabei nach 5 Minuten den Fisch sorgfältig wenden.
- Den Fisch mit einer langen Bratschaufel vorsichtig anrichten. Falls die Sauce zu dünnflüssig ist, bei starker Hitze etwas einkochen lassen. Über den Fisch verteilen.
- Vor dem Servieren die Goldbrasse mit der Petersilie bestreuen.

- *Anstatt mit Pelati gelingt dieses Gericht auch mit ca. 3 Esslöffeln Tomatensauce.*

# Forellen mit Petersilie – Trotelle al prezzemolo

**Für 4 Personen**
*Arbeitsaufwand: 5 Minuten*
*Garzeit: ca. 13 Minuten*

*Zutaten:*
*4 Forellen von ca. 150 g*
*40 g Butter*
*Salz*
*1½ dl Weisswein*
*½ Teelöffel Fleischextrakt*
*1 gehäufter Esslöffel gehackte Petersilie*
*Saft von ½ Zitrone*

*Geräte:*
*grosse, feuerfeste Form, grosse Bratschaufel, Holzbrett und Wiegemesser*

Den Fischhändler bitten, die Forellen auszunehmen und die Flossen zu entfernen (s. dazu auch die Erklärung auf Seite 110).

- Den Backofen auf 180 °C vorheizen.
- Den Boden der Form mit ca. der Hälfte der Butter bestreichen.

- Die Forellen unter fliessendem kaltem Wasser waschen und sehr gut abtropfen lassen.
- Innen salzen, in die Form legen und mit etwas Salz bestreuen. Ca. 1 cm hoch Wein in die Form giessen.
- In die Mitte des Ofens schieben, wenn dieser die gewünschte Temperatur erreicht hat, und ca. 10 Minuten garen, oder bis das Fischfleisch beim vorsichtigen Öffnen des Bauches gleichmässig weiss aussieht.
- Mit einer Bratschaufel anrichten und im ausgeschalteten Backofen warm stellen.
- Die Form auf den Herd stellen. Die Garflüssigkeit der Forellen dürfte noch zu dünn sein (andernfalls etwas Wasser beifügen).
- Bei eher mässiger Hitze aufkochen und den Fleischextrakt darin auflösen. Kochen, bis die Flüssigkeit auf nicht mehr als 3–4 Esslöffel reduziert ist.
- Die Form vom Herd wegziehen, Petersilie, Zitronensaft und restliche Butter beifügen. Rühren, bis die Butter geschmolzen ist. Über die Fische giessen und servieren.

---

- *Dieses Rezept eignet sich auch ausgezeichnet für die Zubereitung von Saiblingen oder Felchen.*

# Gefüllte Zahnbrasse – Dentice ripieno

**Für 2 Personen**
*Arbeitsaufwand: 10 Minuten*
*Garzeit: ca. 15 Minuten*

*Zutaten:*
*1 Zahnbrasse von ca. 800 g*
*3 Scheiben Kastenbrot*
*3 Esslöffel Weisswein*
*1 Esslöffel gehackte Petersilie*
*1 Esslöffel Zitronensaft*
*3 Esslöffel Öl*
*Salz*

*Geräte:*
*(kleines Küchenmesser),*
*Schüssel oder Suppenteller,*
*Holzbrett und Wiegemesser,*
*mittelgrosse, feuerfeste Form,*
*(Bratschaufel)*

Den Fischhändler bitten, den Fisch zu entschuppen, auszunehmen und die Flossen zu entfernen (s. dazu auch Seite 110).

- Den Backofen auf 200 °C vorheizen.
- Den Fisch unter fliessendem kaltem Wasser waschen. Dabei den Bauch gut öffnen. Den Fisch sehr gut abtropfen lassen.
- Mit dem kleinen Küchenmesser oder von Hand die Kruste vom Brot entfernen. Das Brot in die kleine Schüssel oder den Suppenteller geben. Weisswein, gehackte Petersilie, Zitronensaft, 1 Esslöffel Öl und 1 Prise Salz beifügen. Mit einer Gabel zerdrücken und alles gut mischen, bis eine glatte Masse entstanden ist.
- Den Boden der feuerfesten Form mit 1 Esslöffel Öl bestreichen und den Fisch darauflegen. Mit Hilfe eines Löffels die Bauchöffnung mit der vorbereiteten Masse füllen. Den Fisch mit Salz bestreuen und mit dem restlichen Öl bepinseln.
- In der Mitte des Backofens einschieben, sobald dieser die gewünschte Temperatur erreicht hat. 15 Minuten garen, oder bis

sich beim vorsichtigen Öffnen des Bauches zeigt, dass das Fischfleisch auch im Inneren weisslich geworden ist. Wenn möglich den Fisch von Zeit zu Zeit mit einigen Löffeln des ausgetretenen Saftes, der sich auf dem Boden der Form gebildet hat, beträufeln. Den Fisch wenn möglich direkt in der Form auf den Tisch bringen. Soll er hingegen auf eine andere Platte angerichtet werden, sehr vorsichtig mit einer möglichst langen Bratschaufel vorgehen.

# Seezunge nach Müllerinnenart
## Sogliola alla mugnaia

**Für 1 Person**
*Arbeitsaufwand: 5 Minuten*
*Garzeit: ca. 10 Minuten*

*Zutaten:*
*1 Seezunge (Sole) von ca. 200 g*
*5 Esslöffel Milch*
*50 g Butter*
*ca. 2 Esslöffel Mehl*
*Salz*
*½ Esslöffel gehackte Petersilie*
*Saft von ¼ Zitrone*

*Geräte:*
*mittelgrosse Bratpfanne,*
*grosse Bratschaufel,*
*Holzbrett und Wiegemesser*

Den Fischhändler bitten, die Seezunge pfannenfertig vorzubereiten, d. h., sie zu häuten, auszunehmen und wenn möglich auch die seitlichen Gräten zu entfernen. (Wer dies selbst tun muss, beachte die Erklärungen auf Seite 122 und 110.)

- Den Fisch innen und aussen unter fliessendem kaltem Wasser waschen. Gut abtropfen lassen.
- Die Milch in einen Teller geben. 40 g Butter in der Bratpfanne erhitzen.
- Während die Butter schmilzt und heiss wird, die Seezunge beidseitig zuerst in der Milch und dann im Mehl wenden. Durch Schütteln das überschüssige Mehl wieder entfernen.
- Wenn die Butter heiss ist, die Seezunge hineingeben.
- Die Hitze etwas reduzieren, damit der Fisch nicht dunkel wird, bevor er auch innen gar ist, und damit die Butter auf dem Pfannenboden nicht zu dunkel wird. Auf jeder Seite 3–4 Minuten braten, oder bis die Seezunge eine goldgelbe Farbe angenommen hat. Nach der halben Bratzeit mit der Bratschaufel sorgfältig wenden.
- Den Fisch anrichten und mit wenig Salz bestreuen.
- Die Bratpfanne wieder auf den Herd stellen und die restliche Butter darin erhitzen.
- Petersilie und Zitronensaft beifügen, kurz mischen und über den Fisch verteilen. Sofort servieren.

---

- *In einer mittelgrossen Bratpfanne finden zwei Seezungen Platz, was auch besser ist als eine, da praktisch der ganze Pfannenboden bedeckt wird und weniger Gefahr besteht, dass die Butter verbrennt. Für zwei Seezungen werden ca. 70 g Butter benötigt. Falls gleichzeitig vier Seezungen gebraten werden sollen, empfiehlt sich die Verwendung von zwei Bratpfannen.*

![Makrelen mit Erbsen - Sgombri con piselli]

*Auch preiswerte Fische können hervorragend schmecken, wenn sie mit Liebe zubereitet sind*

# Makrelen mit Erbsen – Sgombri con piselli

**Für 4 Personen**
*Arbeitsaufwand:*
*15–20 Minuten*
*Garzeit: ca. 25 Minuten*

*Geräte:*
*mittelgrosse, wenn möglich*
*ovale Pfanne mit Deckel*

*Zutaten:*
*2 Makrelen von ca. 300 g*
*1 kg frische Erbsen (mit Hülsen)*
*4 Esslöffel Öl*
*Salz*

Zum Ausnehmen s. folgendes Rezept.

- Die Erbsen enthülsen und direkt in die Pfanne geben.
- Öl und Salz beifügen, umrühren und den Deckel aufsetzen.
- Ganz kurz erhitzen, oder bis man es in der Pfanne zischen hört.
- Die Hitze reduzieren und die Erbsen bei niedriger Temperatur 10 Minuten dünsten.
- Inzwischen die Fische innen und aussen unter fliessendem kaltem Wasser waschen und sehr gut abtropfen lassen.
- Wenn die Erbsen seit 10 Minuten garen, die Fische innen salzen und sorgfältig in die Pfanne legen. Mit etwas Salz bestreuen.

• Den Deckel wieder aufsetzen und bei schwacher Hitze 12 Minuten weitergaren, oder bis das Fischfleisch beim vorsichtigen Öffnen des Bauches gleichmässig weiss aussieht. Während der Garzeit die Erbsen einige Male umrühren. Es ist nicht nötig, die Fische zu wenden. Wenn der Deckel gut schliesst, sollte keine weitere Flüssigkeitszugabe erforderlich sein. Falls die Erbsen aber beinahe ansitzen und dunkel zu werden beginnen, ganz wenig Wasser zufügen.

---

• *Die angegebene Garzeit bezieht sich auf kleine, zarte Erbsen. Sollten sie schon etwas grösser sein, muss die Garzeit um 10 Minuten verlängert werden, ohne jedoch die Garzeit der Makrelen zu verändern.*
• *Nach Belieben folgende Zutaten beifügen: gleichzeitig mit den Erbsen 3–4 Esslöffel gut abgetropfte und mit einer Gabel zerdrückte Pelati, dazu evtl. 1 kleine gehackte Zwiebel und/oder 1 Knoblauchzehe, je nach Geschmack ganz oder gehackt. Am Ende der Kochzeit kann das Gericht mit gehackter Petersilie bestreut werden.* • *Anstelle von frischen Erbsen können auch tiefgekühlte Erbsen verwendet werden (Garzeit 20–25 Minuten).* • *Man kann auch andere Fische, z.B. Sardinen, Meerbarben, Felchen oder Forellen, auf diese Art zubereiten.*

---

# Makrelen in Butter – Sgombri al burro

**Für 4 Personen**
*Arbeitsaufwand: 10 Minuten*
*Garzeit: ca. 15 Minuten*

*Zutaten:*
*4 Makrelen von ca. 200 g*
*1 dl Essig*
*1 Teelöffel schwarze Pfefferkörner*
*Salz*
*80 g Butter*
*1 Esslöffel gehackte Petersilie*
*Saft von 1/2 Zitrone*

*Geräte:*
*Fischpfanne oder grosse,*
*ovale Pfanne (falls*
*die Fischpfanne über keinen*
*Siebeinsatz verfügt,*
*Schaumlöffel), Holzbrett*
*und Wiegemesser, kleine*
*Brat- oder andere*
*Pfanne*

Den Fischhändler bitten, die Fische auszunehmen und die Flossen zu entfernen. (Wer dies selbst tun muss, beachte die Erklärung auf Seite 110.)

• Die Fische innen und aussen unter fliessendem kaltem Wasser waschen und in die Fisch- oder die entsprechende normale Pfanne legen. Mit Wasser bedecken und Essig, Pfeffer und wenig Salz beifügen.
• Bei mässiger Temperatur erhitzen und leicht zum Kochen bringen.
• Die Hitze reduzieren und 10 Minuten ziehen lassen, oder bis das Fischfleisch beim vorsichtigen Öffnen des Bauches gleichmässig weiss aussieht.
• Die Fische sehr sorgfältig herausheben, abtropfen lassen und anrichten. Im Backofen auf der niedrigsten Stufe warm stellen.
• In der kleinen Brat- oder anderen Pfanne die Butter schmelzen und hellbraun werden lassen.
• Die Fische mit der Petersilie bestreuen und mit Zitronensaft und Butter begiessen. Sofort servieren.

---

• *Man kann auch Felchen auf diese Art zubereiten.*

# Wolfsbarsch im Ofen – Spigola in forno

**Für 4 Personen**
*Arbeitsaufwand: 5 Minuten*
*Garzeit: ca. 25 Minuten*

*Zutaten:*
*1 Wolfsbarsch (Loup de mer) von ca. 1½ kg*
*3 Esslöffel Öl*
*Salz*
*1 kleine Zwiebel (50–70 g)*
*1 mittelgrosse Karotte*
*1½ dl Weisswein*

*Geräte:*
*feuerfeste, ovale Form mit niedrigem Rand, kleines und grosses Küchenmesser*

Den Fischhändler bitten, den Fisch zu entschuppen, auszunehmen und die Flossen zu entfernen. (Wer dies selbst tun muss, beachte die Erklärung auf Seite 110.)

- Den Backofen auf 180 °C vorheizen.
- Den Fisch unter fliessendem kaltem Wasser waschen. Dabei den Bauch gut öffnen. Sorgfältig abtropfen lassen.
- Ca. 1 Esslöffel Öl auf dem Boden der Form verteilen. Den Fisch darauflegen und innen salzen.
- Die Zwiebel schälen, die Karotte schälen und waschen und beides in dünne Scheiben schneiden. Um den Fisch herum verteilen.
- Fisch und Gemüse mit etwas Salz bestreuen und mit dem restlichen Öl beträufeln.
- Wenn der Backofen die gewünschte Temperatur erreicht hat, die Form in der Mitte einschieben. Nach 5 Minuten den Wein dazugiessen. Von Zeit zu Zeit den Fisch mit etwas Kochflüssigkeit übergiessen. 25 Minuten garen, oder bis das Fischfleisch beim vorsichtigen Öffnen des Bauches gleichmässig weiss aussieht.
- Am Ende der Garzeit, vor dem Servieren, Zwiebel- und Karottenscheiben entfernen.

- *Man kann auch eine grosse Forelle oder einen Lachs auf diese Art zubereiten.*

## Fischfilets und Fischtranchen

Es gibt Leute, die den Geschmack von Fisch zwar durchaus mögen, aber trotzdem kaum einmal Fisch essen wegen der Gräten. Andere sagen wegen des Kopfes. Wie dem auch sei, in den Fischläden gibt es jede Menge von filetierten Fischen zu kaufen. Es müssen aber nicht immer Filets sein, die oft ziemlich teuer sind. Fischtranchen schmecken ebenfalls sehr gut

und weisen fast die gleichen Eigenschaften auf, mit der Ausnahme, dass sie in der Mitte ein meist dickes und somit leicht entfernbares Stück Gräte aufweisen. Falls sie von einer Haut überzogen sind, die stört, lässt sich diese vom gekochten Fisch mit Leichtigkeit abziehen.
Falls man aus irgendeinem Grund einen Fisch selber filetieren muss, geht man wie folgt vor:
Zunächst gilt es, zwischen platten (z.B. Scholle, See-

zunge, Flundern) und runden Fischen (z.B. Forelle, Barbe, Sardine) zu unterscheiden. Sie müssen wegen ihrer Form verschieden behandelt werden.

*Häuten:* Zuerst werden die Fische gehäutet. Bei platten Fischen die Haut der dunklen Körperseite unmittelbar oberhalb der Schwanzflosse einschneiden. Den Fisch fest in die Hand nehmen (vielleicht mit einem Küchentuch oder etwas Haushaltpapier festhalten), ein Stück Haut lösen und

mit einem kräftigen Ruck gegen den Kopf hin abziehen. Die helle Seite wird in der Regel nicht gehäutet. Wer dies trotzdem wünscht, geht genau gleich vor wie bei der dunklen Seite.
Runde Fische werden seltener gehäutet. Wenn es trotzdem getan wird, die Haut auf einer Seite unmittelbar unter dem Kopf mit einem scharfen Messer durchschneiden und sorgfältig ein Stück Haut ablösen. Den Fisch, wie oben beschrieben, mit der Hand festhalten und die Haut sorgfältig gegen die Schwanzflosse hin abziehen, wegschneiden und die zweite Seite gleich behandeln.

*Filetieren:* Bei einem runden Fisch muss zuerst der Kopf weggeschnitten werden. Dann mit einem spitzen Messer den Fisch auf der ganzen Länge in der Mitte des Rückens vom Kopf her in Richtung Schwanz einschneiden. Anschliessend mit dem Messer, die Klinge gegen den Schwanz gerichtet und gegen die Mittelgräte hin geneigt, das obere Filet von der Mittelgräte lösen. Zum Schluss die Gräte mit der Messerspitze sorgfältig vom unteren Filet lösen und mit dem Schwanz wegschneiden.
Um einen platten Fisch zu filetieren, den gehäuteten Fisch, von dem auch die seitlichen

Gräten entfernt wurden, mit der zuvor von der dunklen Haut bedeckten Seite nach oben auf die Arbeitsfläche legen. Mit der Spitze eines Messers das Filet entlang der Mittelgräte einschneiden, und zwar vom Kopf her in Richtung Schwanz. Mit einem halbrunden Schnitt unmittelbar unterhalb des Kopfes bis zur Mittelgräte einschneiden. Mit dem Messer, das wirklich scharf sein muss, zuerst das linke und dann das rechte Filet von der Gräte lösen und mit einem Schnitt vom Schwanz trennen. Den Fisch wenden und auf der zweiten Seite gleich vorgehen.

# Gebackener Wittling – Merlano fritto

**Für 4 Personen**
*Arbeitsaufwand:*
*15–20 Minuten*
*Garzeit: ca. 20 Minuten*
*Stehenlassen: 2 Stunden*

*Zutaten:*
*1 kleine Zwiebel*
*3 dl Öl*
*1 knapper Esslöffel Zitronensaft*
*2 Petersilienzweige*
*Salz*
*500–600 g Wittlingfilets (Merlan)*
*1 Ei*
*1 Eigelb*
*5–6 Esslöffel Mehl*
*1 Zitrone*

*Geräte:*
*kleines Küchenmesser,*
*grosse Bratpfanne,*
*ein Brotstücklein,*
*Schaumlöffel*

- Die Zwiebel schälen und in dünne Scheiben schneiden. In einen Suppenteller geben.
- 5–6 Esslöffel Öl, Zitronensaft, gewaschene und abgezupfte Petersilie sowie etwas Salz beifügen. Alles gut mischen.
- Die Wittlingfilets beidseitig in diese Marinade tauchen. Im Suppenteller aufeinanderschichten. Dabei die Zwiebelringe und Petersilienblätter zwischen die einzelnen Filets verteilen.
- 2 Stunden stehenlassen.
- In einem anderen Suppenteller Ei, Eigelb und 1 Esslöffel Marinade verklopfen.
- Die Filets gut abtropfen lassen, Zwiebeln und Petersilie entfernen und die Filets mit Küchenpapier trockentupfen.
- In der Bratpfanne das restliche Öl erhitzen. Inzwischen die Fischfilets zuerst im Mehl und dann im Ei wenden.
- Nach ca. 3 Minuten prüfen, ob das Öl heiss genug ist: ein kleines Brotstück hineingeben, wenn es innerhalb von ca. 30 Sekun-

*Stets heiss geliebt: fritierte Fischfilets*

den Farbe angenommen hat, weist das Öl die richtige Temperatur auf. So viele Fischfilets aufs Mal hineingeben, wie nebeneinander Platz finden. Auf jeder Seite ca. 4 Minuten backen, oder bis sie goldbraun sind. Dabei die Hitze so regulieren, dass sie durchgaren können, ohne zu verbrennen. Die gebackenen Filets herausnehmen, gut abtropfen lassen, anrichten und eine weitere Portion Filets in die Pfanne geben.

● Die Filets mit wenig Salz bestreuen, mit der in Schnitze geschnittenen Zitrone garnieren und heiss servieren.

---

*● Nach Belieben mit gehackter Petersilie bestreuen. ● Anstatt mit Zitronenvierteln mit heisser Tomatensauce servieren. ● Auch eine Mayonnaise, evtl. mit gehackten Kräutern oder Kapern vermischt, passt gut zu diesem gebackenen Fisch. ● Selbstverständlich kann man diese Fischfilets auch in einer Friteuse zubereiten.*

# Makrelen in Weisswein
## Sgombri al vino bianco

**Für 4 Personen**
*Arbeitsaufwand: 10 Minuten*
*Garzeit: ca. 15 Minuten*
*Erkalten: mind. 30 Minuten*

*Zutaten:*
*2 Makrelen von ca. 300 g*
*2 mittelgrosse Zwiebeln*
*1 kleine Karotte*
*6–7 schwarze Pfefferkörner*
*2 Lorbeerblätter*
*1/2 l Weisswein*
*Salz*
*2 Esslöffel Öl*
*1 Zitrone*

*Geräte:*
*kleines Küchenmesser,*
*Holzbrett, mittelgrosse*
*Pfanne, mittelgrosse, ovale,*
*feuerfeste Form, in der alle*
*Fische nebeneinander Platz*
*finden, Sieb*

Den Fischhändler bitten, die Makrelen zu filetieren. (Wer dies selbst tun muss, beachte die Erklärung auf Seite 123.)

- Die Zwiebeln schälen, die Karotte waschen und schälen und beides in dünne Scheiben schneiden.
- Zwiebeln, Karotte, Pfefferkörner, Lorbeerblätter, Wein und wenig Salz in die Pfanne geben.
- Aufkochen und bei schwacher Hitze 10 Minuten leise kochen lassen.
- Inzwischen den Boden der feuerfesten Form mit dem Öl bestreichen und die Makrelenfilets nebeneinander hineinlegen.
- Die Zitrone schälen, in Scheiben schneiden und auf die Fischfilets verteilen.
- Die kochende Flüssigkeit langsam durch ein Sieb aus der Pfanne über die Fische giessen.
- Die Form auf den Herd stellen und bei schwacher Hitze nochmals aufkochen. Vom Herd wegziehen und erkalten lassen.

---

- *Es handelt sich hier um ein Gericht, das am Morgen für den Abend oder am Abend für den nächsten Mittag vorbereitet werden kann.*
- *Auch andere Fische können auf diese Art zubereitet werden, z.B. Sardinen, Felchen oder Weissfische.*

---

# Forellenfilets – Filetti di trotella

**Für 4 Personen**
*Arbeitsaufwand: 6–8 Minuten*
*Garzeit: ca. 15 Minuten*
*Erkalten: ca. 1 Stunde*

*Zutaten:*
*4 Forellen von ca. 150 g*
*1 kleine Zwiebel*
*1 Prise getrockneter Estragon*
*2 dl Weisswein*
*Saft von 1/2 kleinen Zitrone*
*Salz*
*1 dl Rahm*

Den Fischhändler bitten, die Forellen zu filetieren. (Wer dies selbst tun muss, beachte die Erklärung auf Seite 123.)

*Geräte:*
*niedrige, sehr grosse Pfanne*
*(die Filets sollen alle*
*nebeneinander oder nur leicht*
*übereinander auf dem Boden*
*Platz finden), Deckel, kleines*
*Küchenmesser, Holzbrett,*
*lange Bratschaufel, Sieb*

- Die Filets auf den Pfannenboden legen.
- Die Zwiebel schälen und in feine Scheiben schneiden. Über die Forellenfilets verteilen. Mit Estragon bestreuen und mit Weisswein und Zitronensaft begiessen. Wasser beifügen, bis die Filets gerade davon bedeckt sind. Wenig Salz darüberstreuen.
- Bei schwacher Hitze aufkochen.
- Den Herd sofort ausschalten, den Deckel auf die Pfanne setzen und 7 Minuten stehenlassen, oder bis die Filets, die in der heissen Flüssigkeit weitergaren, weiss geworden sind.
- Mit der Bratschaufel vorsichtig herausheben, abtropfen lassen und auf eine grosse Platte anrichten. Dabei Estragonblättchen und Zwiebeln weitgehend entfernen.
- Die Flüssigkeit bei starker Hitze auf 6–7 Esslöffel einkochen lassen.
- Den Rahm beifügen und erhitzen, ohne zu kochen.
- Über die Forellenfilets giessen und vor dem Servieren erkalten lassen.

---

- *Anstelle einer gewöhnlichen Pfanne eine Bratpfanne oder ein anderes flaches Kochgeschirr mit möglichst weitem Boden verwenden.*
- *Saiblinge oder Felchen lassen sich ebenfalls auf diese Art zubereiten.*

# Petersfisch mit Gemüse
## Sampietro con verdure      ❶❶❶

**Für 4 Personen**
*Arbeitsaufwand: 10 Minuten*
*Garzeit: ca. 30 Minuten*

*Zutaten:*
*1 Petersfisch von gut 1 kg (viel Abfall!)*
*150 g Karotten*
*250 g Kartoffeln*
*40 g Butter*
*Salz*

*Geräte:*
*kleines Küchenmesser,*
*Gemüseraffel, grosse*
*Bratpfanne, Deckel,*
*grosse Bratschaufel*

Den Fischhändler bitten, den Fisch zu filetieren. (Wer dies selbst tun muss, beachte die Erklärung auf Seite 123.)

- Karotten und Kartoffeln schälen und waschen.
- Auf der gröbsten Gemüseraffel separat reiben.
- 30 g Butter und die Karotten in die Bratpfanne geben und zugedeckt bei schwacher Hitze 10 Minuten dünsten.
- Die Kartoffeln beifügen, mischen, den Deckel wieder aufsetzen und nochmals 10 Minuten garen.
- Das Gemüse an den Pfannenrand schieben, um Platz für die Fischfilets zu machen, und diese auf den Pfannenboden legen. Die restliche Butter in kleine Stücke schneiden und darüber verteilen. Alles mit Salz bestreuen.
- Den Deckel wieder aufsetzen und 10 Minuten weitergaren, oder bis das Fischfleisch weiss geworden ist und sich beim vorsichtigen Einstechen mit einer Gabel weich anfühlt.
- Zum Servieren die Fischfilets mit der Bratschaufel vorsichtig anrichten und das Gemüse darum herum verteilen.

---

- *Man kann auch andere Fischfilets auf diese Art zubereiten.*

# Seezungenfilets im Ofen
## Filetti di sogliola in forno

**Für 4 Personen**
*Arbeitsaufwand: 10 Minuten*
*Garzeit: ca. 12 Minuten*

*Zutaten:*
*ca. 1 dl Öl*
*1 Büschel Petersilie (gehackt 2 Esslöffel)*
*Schale von ½ Zitrone*
*6 gehäufte Esslöffel Paniermehl*
*2 Zweiglein frischer Thymian*
*oder 1 Prise getrocknete Blättchen*
*Salz*
*1½ dl Milch*
*ca. 600 g Seezungenfilets (Sole)*

*Geräte:*
*grosse, feuerfeste Form*
*(die Fische müssen*
*nebeneinander Platz finden),*
*kleines Küchenmesser,*
*Holzbrett und Wiegemesser*

- Den Backofen auf 240 °C vorheizen.
- So viel Öl in die Form giessen, dass der Boden ca. 3 mm hoch davon bedeckt ist.
- Petersilie und Zitronenschale zusammen hacken. Mit Paniermehl, Thymianblättchen und Salz mischen.
- Die Milch in einen tiefen Teller giessen. Ein Filet nach dem anderen zuerst in der Milch, dann in der Kräutermischung wenden und in die Form legen. Dabei im Öl einmal wenden.
- In die Mitte des Backofens schieben und 12 Minuten backen, oder bis sich das Fleisch beim Einstechen weich anfühlt.

# Seehecht mit Zwiebeln – Nasello con cipolle

**Für 4 Personen**
*Arbeitsaufwand: 5 Minuten*
*Garzeit: ca. 15 Minuten*

*Zutaten:*
*1 mittelgrosse Zwiebel*
*3 Esslöffel Öl*
*Salz*
*4 Seehechtfilets (Colin) von ca. 150 g*
*1 Zitrone*
*5 Esslöffel Weisswein*

*Geräte:*
*kleines Küchenmesser, Holz-*
*brett, grosse Bratpfanne,*
*Deckel, grosse Bratschaufel*

- Die Zwiebel schälen, der Länge nach halbieren und in feine Scheiben schneiden.
- Mit dem Öl und 1 Prise Salz in die Bratpfanne geben. Zugedeckt bei schwacher Hitze und unter gelegentlichem Wenden 10 Minuten dünsten.
- Die Fischfilets hineinlegen, mit Zitronensaft und Wein beträufeln und mit Salz bestreuen.
- Den Deckel wieder aufsetzen und bei schwacher Hitze weitere 5 Minuten schmoren, bis das Fischfleisch weiss geworden ist. Beim Anrichten eine möglichst grosse Bratschaufel verwenden.

- *Nach Belieben die Zwiebeln einige Minuten länger garen, bevor die Fischfilets in die Pfanne gegeben werden.* • *Nach dem gleichen Rezept können auch Wittlingfilets (Merlan) zubereitet werden.*

# Seehecht im Ofen – Nasello in forno

**Für 4 Personen**

*Arbeitsaufwand: 5 Minuten*
*Garzeit: ca. 20 Minuten*

*Zutaten:*
*1 kleine Zwiebel (ca. 50 g)*
*3 Esslöffel Öl*
*4 Seehechtfilets (Colin) von ca. 150 g*
*2 Esslöffel gehackte Petersilie*
*Salz*
*Saft von ½ Zitrone*

*Geräte:*
*kleines Küchenmesser,*
*Holzbrett, kleine Pfanne,*
*grosse, niedrige, feuerfeste*
*Form, Wiegemesser*

- Den Backofen auf 220 °C vorheizen.
- Die Zwiebel schälen und in sehr kleine Würfel schneiden.
- Mit 1 Esslöffel Öl in die Pfanne geben und bei schwacher Hitze und unter häufigem Umrühren 7–10 Minuten dünsten. Sie sollen kaum Farbe annehmen.
- Mit dem restlichen Öl den Boden der feuerfesten Form bestreichen und die Fischfilets darauf anordnen.
- Die Zwiebeln und die Petersilie darüber verteilen. Mit Salz bestreuen.
- In der Mitte des Backofens einschieben und ca. 10 Minuten garen, oder bis das Fischfleisch weiss geworden ist und sich beim Einstechen an der dicksten Stelle weich anfühlt.
- Aus dem Ofen nehmen und mit dem Zitronensaft beträufeln. In der Form auf den Tisch bringen.

- *Nach dem gleichen Rezept können auch Wittlingfilets (Merlan) zubereitet werden.*

# Glatthai nach sardischer Art
## Palombo alla sarda

**Für 4 Personen**

*Arbeitsaufwand: 10 Minuten*
*Garzeit: ca. 12 Minuten*
*Stehenlassen: 1 Stunde*

*Zutaten:*
*1 Knoblauchzehe*
*6 Esslöffel Öl*
*1 kleine Zitrone*
*Salz*
*4 Scheiben Glatthai von je ca. 150 g und ca. 1½ cm Dicke*
*1 knapper Esslöffel gehackte Petersilie*

*Geräte:*
*kleines Küchenmesser,*
*mittelgrosse Bratpfanne,*
*(kleiner Spatel),*
*Holzbrett und Wiegemesser*

- Die Knoblauchzehe schälen, in feine Scheiben schneiden und in einen Suppenteller geben. 4 Esslöffel Öl, den Saft von ½ Zitrone und Salz beifügen. Gut mischen.
- Die Fischscheiben beidseitig in diese Marinade tauchen und aufeinanderschichten. Die Knoblauchscheibchen dazwischen verteilen.
- 1 Stunde stehenlassen.
- Das restliche Öl in der Bratpfanne erhitzen.
- Die Fischscheiben hineingeben und dabei die Knoblauchscheibchen entfernen. Bei kräftiger Hitze unter mehrmaligem

Wenden ca. 10 Minuten braten. Zum Wenden wenn möglich einen Spatel benutzen, damit die Fischscheiben nicht zerbrechen.
● Anrichten, mit der Petersilie bestreuen und mit dem restlichen Zitronensaft beträufeln.

● *Während des Bratens die Fischscheiben nach Belieben mit ganz wenig getrockneter, zerkleinerter Pfefferschote bestreuen.* ● *Anstelle von Glatthai kann man Kabeljau oder Seehecht (Colin) verwenden.*

# Thunfisch nach Art der Marken
## Tonno alla marchigiana

**Für 4 Personen**
*Arbeitsaufwand: 10 Minuten*
*Garzeit: ca. 20 Minuten*

*Zutaten:*
*1 mittelgrosse Zwiebel*
*3 Zweiglein Petersilie*
*6 Esslöffel Öl*
*1 Lorbeerblatt*
*4 Scheiben frischer Thunfisch von 150–200 g*
*Salz*
*Pfeffer*
*5 Esslöffel Marsala*
*4–6 Sardellenfilets*
*1 Esslöffel feine Kapern*
*Saft von ½ Zitrone*

*Geräte:*
*kleines Küchenmesser,*
*Holzbrett, mittelgrosse*
*Bratpfanne, (Bratschaufel),*
*kleine Pfanne, Sieb*

● Die Zwiebel schälen, halbieren und in einige Millimeter dicke Scheiben schneiden. Die Petersilie unter fliessendem kaltem Wasser waschen, gut abtropfen lassen und dann nur den Stiel entfernen.
● Die Hälfte des Öls, die Zwiebel, die Petersilie und das Lorbeerblatt in die Bratpfanne geben. Bei niedriger Temperatur unter häufigem Rühren 4–5 Minuten dünsten, oder bis die Zwiebel Farbe anzunehmen beginnt.
● Die Zwiebel an den Pfannenrand schieben und die Fischscheiben auf den Pfannenboden legen. Auf beiden Seiten je einige Mi-

---

### Reste von Fisch

Falls von einer Fischmahlzeit Reste übrigbleiben, lassen sich diese sehr gut weiterverwenden. Delikat ist z.B. der Fischsalat auf Seite 19.
Fischreste kann man auch in Stücke zerpflücken, in ausgebutterte Muschelschalen, Portionenförmchen oder in eine feuerfeste Form geben und mit einer Mornay-Sauce (s. Seite 435) bedecken. Im Ofen überbacken, bis sich auf der Oberfläche eine leichte Kruste gebildet hat. Den Fisch nach Belieben durch einige gekochte Krevetten ergänzen, was besonders hübsch aussieht.
Eher für sommerliche Tage oder als kleine Vorspeise geeignet ist die Weiterverwendung in Kombination mit Mayonnaise: Die Fischreste in kleine Stücke teilen, evtl. mit gekochten Krevetten ergänzen und mit Mayonnaise vermischen. Auf Salatblätter anrichten und mit Eierscheiben und Tomatenschnitzen garnieren.

nuten anziehen lassen. Zum Wenden wenn möglich eine Bratschaufel verwenden, damit die Fischscheiben nicht zerbrechen.
● Mit Salz (nur wenig, weil noch Sardellen beigefügt werden) und Pfeffer bestreuen. Den Marsala in die Pfanne giessen und ca. 10 Minuten weitergaren. Die Fische nach 5 Minuten nochmals wenden.
● Während der Thunfisch gart, das restliche Öl und die Sardellenfilets in die kleine Pfanne geben. Bei niedriger Temperatur erhitzen. Dabei die Sardellenfilets mit einer Gabel zerdrücken und umrühren, bis sie zerfallen sind (etwa 4 Minuten). Vom Herd wegziehen.
● Wenn die Thunfischscheiben gar sind, vorsichtig anrichten.
● Die Kochflüssigkeit durch ein Sieb zu den zerdrückten Sardellen giessen. Wenn nötig alles nochmals erhitzen, ohne jedoch kochen zu lassen.
● Vom Herd wegziehen und die abgetropften, jedoch nicht abgespülten Kapern sowie den Zitronensaft dazugeben. Mischen, über die Thunfischscheiben verteilen und servieren.

---

● *Man kann für dieses Rezept auch Scheiben von Kabeljau, Seehecht usw. verwenden.*

---

# Thunfisch im Ofen – Tonno in forno

**Für 6 Personen**
Marinierzeit: 1 Stunde
Arbeitsaufwand: 6–7 Minuten
Garzeit: ca. 50–60 Minuten

*Zutaten:*
*1 sehr kleine Zwiebel*
*6–7 Esslöffel Öl*
*2 Esslöffel Essig*
*1 Scheibe frischer Thunfisch von ca. 2–3 cm Dicke (ca. 1 kg)*
*Salz*
*(Pfeffer)*
*1 Esslöffel gehackte Petersilie*

*Geräte:*
*kleines Küchenmesser,*
*Holzbrett und Wiegemesser,*
*feuerfeste, niedrige Form in*
*passender Grösse (nicht aus*
*Metall)*

● Die Zwiebel schälen und in kleinste Würfelchen schneiden oder hacken.
● In die Form geben und mit Öl und Essig mischen. Die Thunfischscheibe darin wenden, damit beide Seiten von der Marinade bedeckt sind. Mit einem Deckel, Teller oder mit Aluminiumfolie bedecken und ca. 50 Minuten stehenlassen.
● Den Backofen auf 180–190 °C vorheizen.
● Wenn er die gewünschte Temperatur erreicht hat, die Thunfischscheibe mit Salz und, nach Belieben, Pfeffer bestreuen, wenden und auch die andere Seite würzen.
● Den Fisch in die Mitte des Ofens schieben und 50–60 Minuten garen.
● Zum Servieren mit der Petersilie bestreuen.

---

● *Der Pfeffer kann durch ganz wenig fein gehackte Pfefferschote ersetzt werden.* ● *Während der Garzeit wenn möglich ab und zu die Oberfläche des Fisches mit etwas ausgetretener Flüssigkeit beträufeln.* ● *Man kann auch andere Fischtranchen, z.B. Kabeljau, Seehecht usw., verwenden.*

# Aal in Tomatensauce – Anguilla al pomodoro

**Für 4–6 Personen**
*Arbeitsaufwand: 10 Minuten*
*Garzeit: ca. 30 Minuten*

*Zutaten:*
*1 mittelgrosser Aal (ca. 1 kg)*
*4 Esslöffel Öl*
*30 g Butter*
*1 Knoblauchzehe*
*2 Salbeiblätter*
*400 g geschälte Tomaten aus der Dose (Pelati), abgetropft*
*5 Esslöffel Marsala*
*1 Esslöffel Essig*
*Salz*
*(Pfeffer)*
*1 gehäufter Esslöffel gehackte Petersilie*

*Geräte:*
*(Küchenmesser), grosse Pfanne, Dosenöffner, Holzbrett und Wiegemesser*

Den Fischhändler bitten, den Aal zu häuten und auszunehmen. In ca. 5 cm dicke Stücke schneiden oder schneiden lassen.

● Öl und Butter in der Pfanne erhitzen, die Aalstücke hineingeben und während ca. 5 Minuten unter häufigem Wenden auf allen Seiten anbraten.
● Die geschälte, ganze Knoblauchzehe und die Salbeiblätter bei-

*Sehr italienisch schmeckt der Aal in Tomatensauce mit Salbei und Marsala*

fügen. Weitere 2–3 Minuten dünsten, oder bis der Knoblauch Farbe anzunehmen beginnt.

• Die gut abgetropften und mit einer Gabel zerdrückten Pelati, Marsala, Essig, Salz und nach Belieben Pfeffer beifügen. Bei starker Hitze zum Kochen bringen.

• Die Temperatur reduzieren und ca. 20 Minuten garen. Die Hitze dabei so regulieren, dass am Ende der Kochzeit eine sämige Sauce entstanden ist. Während des Garens die Aalstücke mehrmals wenden.

• Zum Servieren mit der Petersilie bestreuen.

*• Nach Belieben mit Polenta servieren.*

# Stockfisch an Tomatensauce
## Baccalà al pomodoro

**Für 4 Personen**
*Einlegen: 2 Tage*
*Arbeitsaufwand:*
*15–20 Minuten*
*Garzeit: ca. 35 Minuten*

*Zutaten:*
*500 g Stockfisch*
*1 mittelgrosse Zwiebel*
*4 Esslöffel Öl*
*1 Knoblauchzehe*
*250 g geschälte Tomaten aus der Dose (Pelati), abgetropft*
*60–70 g schwarze Oliven*
*(Salz)*

*Geräte:*
*grosses Gefäss zum Einlegen des Fisches, grosses und kleines Küchenmesser, Holzbrett, mittelgrosse Pfanne, Dosenöffner*

• Den Fisch entsalzen, indem er 48 Stunden wenn möglich in fliessendem Wasser gehalten oder das Wasser drei- bis viermal pro Tag erneuert wird.

• Die Zwiebel schälen, halbieren und in 2–3 mm dicke Scheiben schneiden.

• Öl, Zwiebel und geschälte, aber ganze Knoblauchzehe in die Pfanne geben. Bei schwacher Hitze und unter häufigem Rühren ca. 10 Minuten dünsten. Zwiebel und Knoblauch sollen sich dabei jedoch nicht verfärben, andernfalls sofort wenig kaltes Wasser dazugiessen.

• Inzwischen den Stockfisch gut abtropfen lassen und in mittelgrosse Stücke schneiden. Bei dieser Gelegenheit die Gräten, aber nicht die Haut entfernen, die den Fisch zart macht.

• Die gut abgetropften und mit einer Gabel zerdrückten Pelati der Zwiebel beifügen und 5 Minuten weiterschmoren.

• Den Knoblauch entfernen. Die Fischstücke in die Pfanne geben und ca. 20 Minuten schmoren. Ziemlich häufig wenden und nach 10 Minuten die Oliven beifügen. Die Temperatur so regulieren, dass am Ende der Kochzeit eine sämige, nicht zu dünne Sauce vorhanden ist. Sollte die Flüssigkeit jedoch zu stark verdampfen, von Zeit zu Zeit etwas Wasser beifügen. Vor dem Servieren evtl. mit etwas Salz nachwürzen.

*• Es gibt bereits eingelegten Stockfisch zu kaufen (in diesem Fall benötigt man 800 g). • Wird ein kräftigerer Geschmack gewünscht, kann gehackter Knoblauch in beliebiger Menge beigefügt werden.*

# Meeresfrüchte

Meeresfrüchte brauchen durchaus nicht teuer zu sein. Wer in diesem Zusammenhang nur an Hummer und Austern denkt, hat unrecht. Die Miesmuscheln zum Beispiel sind ausgesprochen preisgünstig und eignen sich nicht nur als Vorspeise, sondern durchaus auch als Hauptgericht am Familientisch. Auch die verschiedenen Arten von Tintenfischen gehören zu den durchaus erschwinglichen Delikatessen, die ein wenig Mittelmeerstimmung in die nördliche Küche zu zaubern vermögen. Die Zubereitung ist nicht schwierig, wenn man sich an die Rezepte hält. Für das gute Gelingen aller Gerichte ausschlaggebend und von allergrösster Wichtigkeit ist vor allem bei Meeresfrüchten deren Frische. In guten Geschäften werden zwar nur frische Produkte zum Verkauf angeboten, sie ertragen aber keine zusätzliche Lagerung, sondern sollen umgehend verarbeitet werden. Es empfiehlt sich auch keinesfalls, Meeresfrüchte selber tiefzukühlen. Bei Meeresfrüchten gilt die Devise: kaufen, zubereiten, geniessen. (Weitere Rezepte mit Meeresfrüchten finden sich auf den Seiten 20, 21, 38 und 442.)

---

# Miesmuscheln nach Matrosenart
## Cozze alla marinara

**Für 4 Personen**
*Arbeitsaufwand:*
*ca. 30 Minuten*
*Garzeit: ca. 10 Minuten*

*Zutaten:*
*1,2 kg Miesmuscheln (Moules)*
*2 mittelgrosse Zwiebeln*
*1 mittelgrosse Karotte*
*1 Knoblauchzehe*
*1 Lorbeerblatt*
*(1 frisches Thymianzweiglein)*
*ca. 10 schwarze Pfefferkörner*
*1½ dl Weisswein*
*2 Esslöffel gehackte Petersilie*
*20 g Butter*

*Geräte:*
*kräftige Bürste (wenn möglich aus Metall), Messer mit kurzer, kräftiger Klinge, grosse Pfanne, Deckel, kleines Küchenmesser, Holzbrett und Wiegemesser, (Schaumlöffel), feines Sieb, dicht gewobenes Tüchlein, kleine Pfanne*

● Muscheln mit zerbrochenen oder geöffneten Schalen ausscheiden (sie sind mit Sicherheit tot, während **Muscheln im Moment des Einkaufens lebend sein müssen**).
● Die einwandfreien Muscheln in ein grosses Gefäss geben und im Spültrog eine nach der anderen unter fliessendem Wasser bürsten.
● Mit der Klinge des Messers die Verkrustungen auf den Schalen abschaben. Auch den Bart, der sich auf der einen Muschelseite befindet, entfernen, indem er mit Daumen und Messerklinge herausgezogen wird.

- Die geputzten Muscheln mit reichlich kaltem Wasser gut spülen. Mit den Händen herausheben, gut abtropfen lassen und in die Pfanne geben.
- Die Zwiebeln schälen, die Karotte schälen und waschen und beides in Scheiben schneiden. Die Knoblauchzehe schälen.
- Zwiebel- und Karottenscheiben, Knoblauchzehe, Lorbeerblatt, Thymian (sofern vorhanden), Pfefferkörner, Wein und die Hälfte der Petersilie zu den Muscheln geben.
- Den Deckel auf die Pfanne setzen und bei kräftiger Hitze unter gelegentlichem Umrühren 4–6 Minuten dünsten.
- Inzwischen im eingeschalteten Backofen bei offener Türe (oder auf einer heissen, aber ausgeschalteten Kochplatte oder auf einer Pfanne, in der etwas Wasser siedet) eine grosse Schüssel vorwärmen.
- Wenn sich die Muscheln geöffnet haben, mit dem Schaumlöffel (oder einem gewöhnlichen Löffel oder vorsichtig von Hand) herausheben und in die grosse Schüssel geben. Muscheln, die sich nach einigen Minuten Kochzeit nicht öffnen, sind wegzuwerfen.
- Das Sieb mit dem Tüchlein auslegen und die Kochflüssigkeit durch dieses in die kleine Pfanne giessen.
- Bei kräftiger Hitze um ein Drittel einkochen.
- Die Butter beifügen und schmelzen lassen. Rühren und sofort über die Muscheln giessen.
- Mit der restlichen Petersilie bestreuen und servieren. Es ist nicht nötig, die Muscheln zu salzen.

# Miesmuscheln im Ofen – Cozze in tortiera

**Für 4 Personen**
*Arbeitsaufwand:*
*ca. 30 Minuten*
*Garzeit: ca. 40 Minuten*

*Zutaten:*
*500 g Kartoffeln*
*Salz*
*1 kg Miesmuscheln (Moules)*
*5 Esslöffel Öl*
*3 Esslöffel geriebener Parmesan*
*2 Esslöffel Paniermehl*
*3 Eier*

*Geräte:*
*kleines Küchenmesser,*
*Holzbrett, kräftige Bürste*
*(wenn möglich aus Metall),*
*Messer mit kurzer, kräftiger*
*Klinge, grosse Pfanne,*
*Deckel, (Schaumlöffel),*
*grosse, feuerfeste Form, Sieb,*
*Käseraffel, Tasse*

- Die Kartoffeln schälen, waschen und in feine Scheiben schneiden. In eine Schüssel geben, mit Wasser bedecken, etwas Salz beifügen, mischen und stehenlassen.
- Muscheln mit zerbrochenen oder geöffneten Schalen ausscheiden (sie sind mit Sicherheit tot, während Muscheln im Moment des Einkaufens lebend sein müssen).
- Die einwandfreien Muscheln reinigen, wie im vorstehenden Rezept beschrieben, und in die Pfanne geben.
- Den Backofen auf 190 °C vorheizen.
- Den Deckel auf die Pfanne mit den Muscheln setzen und bei kräftiger Hitze unter gelegentlichem Umrühren 4–6 Minuten dünsten.
- Wenn sich die Muscheln geöffnet haben, mit dem Schaumlöf-

fel (oder einem gewöhnlichen Löffel oder vorsichtig von Hand) herausheben und in eine grosse Schüssel geben. Muscheln, die sich nach einigen Minuten Kochzeit nicht öffnen, sind wegzuwerfen.

- 4 Esslöffel Öl auf dem Boden der feuerfesten Form verteilen. Die gut abgetropften Kartoffelscheiben in einer gleichmässigen Schicht daraufgeben.
- Die leeren Schalenhälften der Muscheln entfernen und die Hälften mit dem Muschelfleisch nebeneinander auf den Kartoffeln anordnen.
- Mit Parmesan und Paniermehl bestreuen, wobei eher die Muscheln als die Kartoffeln davon bedeckt werden sollen. Das restliche Öl über die Oberfläche träufeln.
- In die Mitte des Backofens schieben und 30 Minuten garen, oder bis sich die Kartoffeln beim Einstechen mit einer Gabel weich anfühlen.
- Ein Ei nach dem andern in ein Tellerchen aufschlagen, um die Qualität zu prüfen, und dann in die Tasse geben. Leicht salzen und mit der Gabel verquirlen, bis sich Eiweiss und Eigelb gut miteinander verbunden haben.
- Gut verteilt in die Form giessen. Nochmals 5 Minuten überbacken, oder bis die Eier ziemlich fest geworden sind. Sofort servieren.

---

- *Bevor die Muschelhälften auf die Kartoffeln gelegt werden, kann nach Belieben die beim Dünsten aus den Muscheln ausgetretene Flüssigkeit darüber verteilt werden. Da diese möglicherweise sandig ist, sie am besten durch ein mit einem Tüchlein ausgelegtes Sieb giessen.*
- *Noch feiner wird dieses Gericht, wenn man für den Guss nur 2 Eier und dazu 4 Esslöffel Rahm verwendet.*

# Krevetten im Ofen – Gamberetti in forno

**Für 4 Personen**
*Arbeitsaufwand: 7–8 Minuten*
*Garzeit: 10–12 Minuten*

*Zutaten:*
*Salz*
*1 Büschel Petersilie (gehackt 2 Esslöffel)*
*(1 Scheibchen Knoblauch)*
*100 g Butter*
*einige Tropfen Worcestershire-Sauce*
*600 g geschälte, rohe Krevetten (Garnelen)*

*Geräte:*
*mittelgrosse Pfanne,*
*Holzbrett und Wiegemesser,*
*kleine Schüssel, Sieb,*
*4 feuerfeste*
*Portionenförmchen*

- Den Backofen auf 200 °C vorheizen.
- In der Pfanne 1½ l Wasser bei starker Hitze zum Kochen bringen.
- Inzwischen die Petersilie, nach Belieben zusammen mit dem Knoblauchscheibchen, fein hacken. In eine kleine Schüssel geben und die bei Zimmertemperatur weich gewordene Butter, Worcestershire-Sauce und wenig Salz beifügen und alles mit einer Gabel gut vermischen.
- Wenn das Wasser siedet, die Krevetten hineingeben und 3 Minuten kochen, oder bis das Fleisch weiss geworden ist, aber keinen Moment länger.

● Gut abtropfen lassen und in die Portionenförmchen verteilen. Die vorbereitete Butter in Flöckchen darübergeben.
● In die Mitte des Backofens schieben und 3–4 Minuten überbacken, oder bis die Butter geschmolzen ist. Sofort servieren.

---

● *Nach Belieben vor den Krevetten zuerst getoastete Brotscheiben in die Förmchen legen.* ● *Anstelle von geschälten Krevetten kann man auch ganze oder solche, bei denen die Köpfe bereits entfernt wurden, verwenden. In diesem Fall werden 1,8 kg bzw. 1 kg benötigt. Beim Schälen sorgfältig den Kopf, falls vorhanden, und das Schwanzende herausdrehen. Dann die Schalen mit den Fingern oder mit einer Schere öffnen und entfernen.* ● *Dieses Rezept kann auch mit tiefgekühlten, rohen Krevetten zubereitet werden.*

---

# Krevetten in Zitronensauce
## Gamberetti in umido

**Für 4 Personen**
*Arbeitsaufwand: 5 Minuten*
*Garzeit: ca. 5 Minuten*

*Zutaten:*
*40–50 g Butter*
*600 g geschälte, rohe Krevetten (Garnelen)*
*Salz*
*2 Esslöffel gehackte Petersilie*
*1 1/2 Esslöffel sehr feine Kapern*
*Saft von 1/4 Zitrone*

*Geräte:*
*mittelgrosse Pfanne,*
*Holzbrett und Wiegemesser*

● Die Butter bei schwacher Hitze in der Pfanne schmelzen.
● Die Krevetten hineingeben, leicht salzen und unter ständigem Wenden ca. 3 Minuten dünsten, oder bis das Fleisch weiss geworden ist, aber keinen Moment länger.
● Petersilie, abgespülte und abgetropfte Kapern sowie Zitronensaft beifügen, mischen und sofort servieren.

---

● *Nach Belieben zusammen mit der Petersilie 1 Scheibchen Knoblauch hacken.* ● *Anstelle von geschälten Krevetten kann man auch ganze oder solche, bei denen die Köpfe bereits entfernt wurden, verwenden. In diesem Fall werden 1,8 kg bzw 1 kg benötigt. Zum Schälen s. Erklärung im vorstehenden Rezept.* ● *Dieses Rezept kann auch mit tiefgekühlten, rohen Krevetten zubereitet werden.*

---

# Tintenfische nach neapolitanischer Art
## Polpi alla luciana

**Für 4 Personen**
*Arbeitsaufwand: 12 Minuten*
*Garzeit: ca. 35–45 Minuten*

*Zutaten:*
*600–700 g kleine Tintenfische (Kraken)*
*Salz*
*6 Esslöffel Öl*
*1 gehäufter Esslöffel Petersilie*
*2 Esslöffel Zitronensaft*
*1 Knoblauchzehe*

*Geräte:*
*kleines Küchenmesser,*
*grosser Kochtopf, Deckel,*
*Sieb, Holzbrett und*
*Wiegemesser*

Für die Zubereitung dieses berühmten neapolitanischen Gerichtes wenn möglich «echte» Kraken verwenden, d. h. diejenigen mit 2 Reihen Saugnäpfen an den Fangarmen (s. Seite 488).

● Die Kraken putzen, indem Innereien, Augen und «Maul» entfernt werden. Unter fliessendem kaltem Wasser gut waschen. Mit einem Stein oder dem Wallholz (Nudelholz) klopfen, um sie zart zu machen.
● Inzwischen im Kochtopf genügend Salzwasser zum Sieden bringen.
● Wenn es kocht, die Kraken hineingeben. Sobald das Wasser erneut aufkocht, den Deckel aufsetzen und die Temperatur reduzieren.
● 30–40 Minuten leicht ziehen lassen, oder bis sich das Fleisch beim Einstechen mit einer Gabel weich anfühlt.
● Abtropfen lassen. Öl, Petersilie, Zitronensaft und die geschälte, in feine Scheibchen geschnittene Knoblauchzehe beifügen. Alles gut mischen. Warm, lauwarm oder kalt servieren.

---

● *Nach Belieben den Knoblauch hacken anstatt in Scheibchen schneiden, die beim Essen wieder entfernt werden können. Auch die Knoblauchmenge kann nach Belieben angepasst werden.* ● *Anstelle von kleinen Kraken eine grosse verwenden, die dann in kleine Stücke geschnitten wird. Die Kochzeit wird entsprechend länger (ca. 1 Stunde pro Kilogramm Gewicht).*

*Für das kalte Buffet, als Vorspeise oder sommerliches Hauptgericht passt ein Tintenfischsalat*

# Geschmorte Tintenfische – Calamari in umido

**Für 4 Personen**
*Arbeitsaufwand: 5 Minuten*
*Garzeit:*
*ca. 1 Stunde 5 Minuten*

*Zutaten:*
*3 Esslöffel Öl*
*6 Sardellenfilets*
*300 g geschälte Tomaten aus der Dose (Pelati), abgetropft*
*5 Esslöffel Weisswein*
*1 Knoblauchzehe*
*½ Teelöffel getrocknete, zerkleinerte Pfefferschote*
*600 g geputzte Tintenfische (Kalmar), in Streifen geschnitten*
*Salz*

*Geräte:*
*mittelgrosse Pfanne,*
*Deckel, Dosenöffner,*
*kleines Küchenmesser*

- Öl und Sardellenfilets in die Pfanne geben und bei mittlerer Temperatur erhitzen. Dabei die Sardellen mit einer Gabel zerdrücken und mit dem Öl verrühren, bis sie zerfallen sind.
- Die Pelati beifügen und mit der Gabel ebenfalls zerdrücken. Wein, geschälte, ganze Knoblauchzehe, Pfefferschote, Tintenfische und Salz beifügen und zum Kochen bringen.
- Den Deckel aufsetzen, die Temperatur reduzieren und bei schwacher Hitze 1 Stunde garen. Wenn der Deckel gut verschliesst, sollte keine weitere Flüssigkeitszugabe erforderlich sein. Es ist im Gegenteil möglich, dass am Ende der Garzeit die Kochflüssigkeit bei starker Hitze und ohne Deckel eingekocht werden muss. Sollte zuwenig Flüssigkeit vorhanden sein, von Zeit zu Zeit etwas Wasser oder Wein zugiessen.

# Tintenfisch mit Erbsen – Seppie con piselli

**Für 4 Personen**
*Arbeitsaufwand:*
*ca. 30 Minuten*
*Garzeit: ca. 25 Minuten*

*Zutaten:*
*500 g Tintenfisch (Sepia)*
*1 kg grüne Erbsen (mit Hülsen)*
*1 kleine Zwiebel (ca. 50–60 g)*
*4 Esslöffel Öl*
*5 Esslöffel Weisswein*
*Salz*

*Geräte:*
*grosses und kleines*
*Küchenmesser, (Küchenschere),*
*Holzbrett, mittelgrosse*
*Pfanne, Deckel*

- Die Tintenfische putzen. Dabei den Kopf mit allen daranhängenden Innereien sowie den Schild herausziehen. Den sackförmigen Körper entweder nur aufschneiden oder halbieren. Mit den Fingern und evtl. mit Hilfe eines Messers die Haut abziehen.
- Alles unter fliessendem kaltem Wasser sehr gut spülen und abtropfen lassen. Den sackförmigen Körper in 1–2 cm breite Streifen, den Teil mit den Fangarmen in 2–3 Teile schneiden.
- Die Erbsen enthülsen.
- Die Zwiebel schälen und in ca. 2 mm grosse Würfel schneiden.
- Zwiebel und Öl in die Pfanne geben und einige Minuten bei sehr schwacher Hitze dünsten. Von Zeit zu Zeit rühren.
- Erbsen und Tintenfische beifügen und nochmals einige Minuten dünsten.

• Wein und Salz beifügen und den Deckel aufsetzen. Noch einige Minuten bei mittlerer Hitze garen.
• Dann die Temperatur reduzieren und bei schwacher Hitze noch ca. 15 Minuten weiterkochen, oder bis Tintenfisch und Erbsen gar sind (das Fleisch des Tintenfisches soll sich beim Einstechen mit einer Gabel weich anfühlen; die Erbsen probieren). Während der Kochzeit einige Male umrühren und die Hitze so regulieren, dass das Gericht nicht trocken wird. Sollte am Schluss etwas viel Flüssigkeit in der Pfanne sein, die Temperatur leicht erhöhen, den Deckel abheben und die Sauce einkochen.

---

• *Anstatt 500 g ungeputzte Tintenfische zu kaufen, wählt man mit Vorteil 400 g schon pfannenfertige. Der Arbeitsaufwand reduziert sich dadurch um ca. 10 Minuten.* • *Es können auch tiefgekühlte Tintenfische verwendet werden.* • *Wenn zudem auch tiefgekühlte Erbsen zur Verfügung stehen, beträgt der Arbeitsaufwand nur noch ca. 5 Minuten.* • *Nach Belieben zusammen mit Erbsen und Tintenfisch noch 250 g geschälte Tomaten aus der Dose (Pelati), gut abgetropft und mit einer Gabel zerdrückt, beifügen.* • *Die halbe Menge dieser letzten Variante kann auch als Sauce zu Spaghetti gereicht werden.*

---

# Tintenfisch nach venezianischer Art
## Seppie alla veneta

**Für 4 Personen**
*Arbeitsaufwand:*
*ca. 12 Minuten*
*Garzeit: 30–35 Minuten*

*Zutaten:*
*600–700 g Tintenfische (Sepia), wenn möglich kleine*
*6 Esslöffel Öl*
*1 Knoblauchzehe*
*Salz*
*5 Esslöffel Wein*

*Geräte:*
*grosses und kleines*
*Küchenmesser, (Küchenschere),*
*Holzbrett, mittelgrosse Pfanne,*
*Deckel*

• Die Tintenfische putzen und zerschneiden, wie im vorstehenden Rezept erklärt. Jedoch 2–3 Tintensäcke aufheben.
• Öl und geschälte, ganze Knoblauchzehe in die Pfanne geben. Bei mässiger Temperatur 3–4 Minuten dünsten, oder bis der Knoblauch leicht Farbe angenommen hat.
• Den Knoblauch herausnehmen. Die Tintenfische in die Pfanne geben und salzen. 2–3 Minuten unter häufigem Rühren anziehen lassen.
• Den Deckel aufsetzen, die Temperatur reduzieren und 15–20 Minuten weitergaren, bis sich die Tintenfische beim Einstechen mit einer Gabel weich anfühlen. Von Zeit zu Zeit rühren.
• Den Wein und einen Tintensack beifügen und umrühren. Wenn das Gericht zu wenig dunkel ist, einen zweiten und eventuell dritten Tintensack hineingeben.
• Unter gelegentlichem Umrühren weitere 5 Minuten kochen, oder bis die Flüssigkeit die gewünschte Konsistenz besitzt.

---

• *Zu diesem Gericht passen Polenta oder gebratene Polentascheiben sehr gut.* • *Mit der Knoblauchzehe kann 1 kleine, gehackte Zwiebel und 1 Esslöffel gehackte Petersilie mitgedünstet werden.* • *Vor dem Aufsetzen des Deckels evtl. 3 Esslöffel Tomatensauce beifügen.*

# Fischsuppen

Die Fischsuppen, von denen nachstehend drei Rezepte folgen, gehörten ursprünglich zu den einfachsten Gerichten, die an Bord von Fischkuttern oder in den Küchen von Fischerfamilien entstanden sind. Es handelt sich fast immer um ziemlich arbeitsintensive Gerichte, die aber gerade deshalb viel Raum für Kreativität lassen. Sie variieren je nach Küste und den dort erhältlichen Fischen. Selbstverständlich soll denn auch beim Einkauf für eine Fischsuppe das aktuelle Angebot berücksichtigt werden. Am besten lässt man sich vom Fischhändler beraten und bittet ihn, die Fische und Meeresfrüchte pfannenfertig vorzubereiten.

## Fischsuppe ohne Gräten
### Zuppa di pesce senza spine

**Für 4 Personen**
*Arbeitsaufwand: 15 Minuten*
*Garzeit: 20–25 Minuten*

*Zutaten:*
*800 g gemischter Fisch, z.B. Drachenkopf (Rascasse), Scampi (Langoustines), Kurzschwanzkrebs (Crab)*
*4 dl Weisswein*
*2 Knoblauchzehen*
*300 g geschälte Tomaten aus der Dose (Pelati), abgetropft*
*Salz*
*600–800 g Filets von Fisch mit weissem, festem Fleisch (wenn möglich Petersfisch)*
*4 grosse Brotscheiben*
*ca. 1 dl Öl*
*2 Esslöffel gehackte Petersilie*

*Geräte:*
*grosse Pfanne oder Kochtopf, Dosenöffner, Sieb, Gefäss zum Auffangen der Fischbrühe, grosses und kleines Küchenmesser, Holzbrett, grosse Bratpfanne, Wiegemesser*

Wenn möglich die Fische vom Fischhändler putzen lassen. Andernfalls erhöht sich der Arbeitsaufwand um 25–30 Minuten.

● Den gemischten Fisch gut waschen.
● Wein, 3 dl Wasser, 1 Knoblauchzehe, die gut abgetropften und mit einer Gabel zerdrückten Pelati und Salz in die grosse Pfanne geben.
● Bei starker Hitze zum Kochen bringen.
● Die verschiedenen Fische und Krustentiere hineingeben und bei mittlerer Temperatur 10–15 Minuten kochen lassen.
● Durch ein Sieb in ein Gefäss giessen. Die festen Teile nur ganz leicht mit einem Löffel auspressen. Einige der Fischstücke oder Krustentiere aufheben, schälen und sie dann wieder in die Brühe geben.
● Die Pfanne ausspülen und die Fischbrühe wieder hineingeben. Die in 2 cm grosse Stücke geschnittenen Petersfischfilets (oder Filets von anderen Fischsorten) beifügen.

● Bei ganz schwacher Hitze 3–4 Minuten ziehen lassen.

● Inzwischen die Brotscheiben mit der restlichen Knoblauchzehe bestreichen. So viel Öl in die Bratpfanne giessen, dass der Boden ca. ½ cm hoch davon bedeckt ist. Wenn es heiss ist, die Brotscheiben hineingeben und auf jeder Seite 2–3 Minuten rösten, oder bis sie eine schöne Farbe angenommen haben. Die Hitze so regulieren, dass sie nicht zu dunkel werden. Herausnehmen, abtropfen lassen und in 4 Suppenteller verteilen.

● Die Brühe mit den Fischstücken vom Herd ziehen und die Petersilie sowie 4–6 Esslöffel Öl daruntermischen. Über die Brotscheiben anrichten und sofort servieren.

---

● *Diese Suppe kann bereichert werden durch Zugabe von je 10 kleinen Tintenfischen, Krevetten und Miesmuscheln. Zum Putzen der Tintenfische s. Seite 138 («Tintenfisch mit Erbsen»), der Krevetten s. Seite 135 («Krevetten im Ofen») und der Miesmuscheln s. Seite 20 («Miesmuschelsalat»). Gleichzeitig wie die in Stücke geschnittenen Fischfilets in die Brühe geben.* ● *Um die Brühe herzustellen, können beliebige andere Fische und z. B. auch Seezungengräten und -köpfe verwendet werden. Es empfiehlt sich, mit dem Fischhändler darüber zu sprechen, weil die Fische ja nachher grösstenteils weggeworfen werden.* ● *Zur Abwechslung kann man dieser Suppe wenig gehackte, scharfe Pfefferschote oder einige Peperonistreifen beigeben.*

*Schmeckt auch dem anspruchsvollsten Gast: Fischsuppe ohne Gräten*

# Livorneser Fischsuppe – Cacciucco

**Für 4 Personen**
*Arbeitsaufwand: 15 Minuten*
*Garzeit: ca. 45 Minuten*

*Zutaten:*
*150 g kleine Tintenfische (Kalmar, Krake, Sepia)*
*1 kg gemischter Fisch, z.B. Knurrhahn, Petersfisch, Glatthai, Drachenkopf (Rascasse), Meeraal*
*1 getrocknete, rote, scharfe Pfefferschote*
*3 Knoblauchzehen*
*1 ½ dl Öl*
*3 dl Weisswein*
*6 grosse, rote, reife, birnenförmige Tomaten*
*Salz*
*(Pfeffer)*
*8 Brotscheiben*
*2 Esslöffel gehackte Petersilie*

*Geräte:*
*grosses und kleines Küchenmesser, Holzbrett, 2 mittelgrosse Pfannen, Wiegemesser, grosse Pfanne, Toaster, Schöpflöffel*

Wie für viele andere berühmte Gerichte gibt es auch für diese Fischsuppe verschiedene Zubereitungsarten.
Die Fische und Weichtiere wenn möglich vom Fischhändler putzen lassen. Andernfalls erhöht sich der Arbeitsaufwand um mindestens 30 Minuten. Um die Tintenfische zu putzen, immer den Teil mit den Fangarmen samt den Innereien und dem Knochen oder Knorpel sorgfältig aus dem sackförmigen Körper ziehen. Vom Kopfteil praktisch nur die Fangarme verwenden.

• Fische und Tintenfische sorgfältig waschen. Die Fische in 2–3 cm dicke Scheiben schneiden, die Tintenfische in kleinere Stücke. Beides getrennt halten.
• Eine der mittelgrossen Pfannen mit Wasser aufsetzen. Es wird benötigt, um die Tomaten zu schälen.
• Pfefferschote und 2 geschälte Knoblauchzehen zusammen fein hacken.
• Zusammen mit dem Öl in die andere mittelgrosse Pfanne geben und bei mässiger Hitze dünsten. Dabei häufig umrühren, damit der Knoblauch nicht zu dunkel wird.
• Die Tintenfische beifügen und unter Rühren 3–4 Minuten anziehen lassen.
• Den Wein beifügen und 7–8 Minuten kochen, oder bis er auf die Hälfte eingekocht ist.
• Inzwischen die Tomaten einige Sekunden in das kochende Wasser tauchen, mit kaltem Wasser abschrecken und schälen. Halbieren und die Kerne herausdrücken. Ziemlich grob hacken.
• Die Tomaten zu den Tintenfischen geben und 10 Minuten bei mittlerer Hitze mitdünsten.
• Die Fische in die grosse Pfanne geben und den Inhalt der mittleren Pfanne darübergiessen. Mit Salz und, nach Belieben, Pfeffer würzen. Bei mittlerer Hitze 20 Minuten garen.
• Inzwischen die Brotscheiben toasten. Mit der letzten Knoblauchzehe bestreichen und in 4 Suppenteller verteilen.
• Die Fischsuppe vom Herd wegziehen und mit der Petersilie bestreuen. Mit dem Schöpflöffel auf die Brotscheiben geben und darauf achten, dass die verschiedenen Fischarten gleichmässig auf die Teller verteilt werden.

# Einfache Fischsuppe – Zuppa di pesce ①①① ⌇⌇

**Für 6 Personen**
*Arbeitsaufwand:*
*15–20 Minuten*
*Kochzeit: 30–35 Minuten*

*Zutaten:*
*2 kg gemischter Fisch (Drachenkopf, Seeteufel, roter Knurrhahn, Petermännchen, Muräne, Meeraal, einige delikatere Fische wie z.B. Wittling oder Plattfische, einige kleinere Fische, evtl. einige Krustentiere)*
*1 grosse Zwiebel*
*3 Knoblauchzehen*
*1½ dl Öl*
*500 g geschälte Tomaten aus der Dose (Pelati), abgetropft*
*Salz*
*Pfeffer*
*2 Esslöffel gehackte Petersilie*
*2 Briefchen Safran*
*6 grosse Brotscheiben*

*Geräte:*
*kleines und grosses Küchenmesser, Holzbrett und Wiegemesser, grosser Kochtopf, Dosenöffner, Toaster, Schaumlöffel, (Sieb)*

Das nachstehende Rezept für eine Fischsuppe kann beliebig abgeändert werden. Es hat Ähnlichkeit mit der traditionellen Bouillabaisse, wie sie an der französischen Mittelmeerküste zubereitet wird. Selbstverständlich kann eine Fischsuppe auch mit preisgünstigeren Meerfischen aus dem Norden zubereitet werden, wie z.B. Rotbarsch, Leng, Schollen usw.

- Die Fische und evtl. Krustentiere sorgfältig waschen. Grosse Fische in Stücke schneiden. Die feineren Fische beiseite legen.
- Die Zwiebel schälen und hacken oder in ganz kleine Würfelchen schneiden. Die Knoblauchzehen schälen.
- Die Hälfte des Öls mit den Zwiebeln und 2 Knoblauchzehen in den Kochtopf geben. Bei mittlerer Hitze unter häufigem Rühren ca. 7 Minuten dünsten, oder bis sich die Zwiebeln leicht verfärbt haben.
- Die gut abgetropften und mit einer Gabel zerdrückten Pelati, 3 l möglichst heisses Wasser, die Fische (mit Ausnahme der beiseite gelegten Fische mit feinerem Fleisch) und Krustentiere, Salz, Pfeffer, gehackte Petersilie, Safran und das restliche Öl beifügen.
- Zum Sieden bringen und 15–20 Minuten kochen.
- Inzwischen die Brotscheiben beidseitig mit den Schnittflächen der halbierten Knoblauchzehe bestreichen, toasten und in 6 Suppenteller verteilen.
- Die Hitze reduzieren und die zurückbehaltenen Fische ebenfalls in den Kochtopf geben. Die Suppe noch ca. 5 Minuten ziehen lassen, oder bis auch das Fleisch der zuletzt beigefügten Fische weiss geworden ist.
- Vom Herd wegziehen. Die Krustentiere und die ganz gebliebenen Fische auf eine flache Platte anrichten. Den Rest der Suppe (mit allem, was sie enthält, oder nach Belieben durch ein Sieb passiert) über die Brotscheiben in die Teller verteilen.

---

- *Nach Belieben zusammen mit Pelati, Wasser usw. 1 Stück Orangenschale, 1 Gewürznelke, 1 Lorbeerblatt und, falls vorhanden, 1 frisches Thymianzweiglein beifügen.*

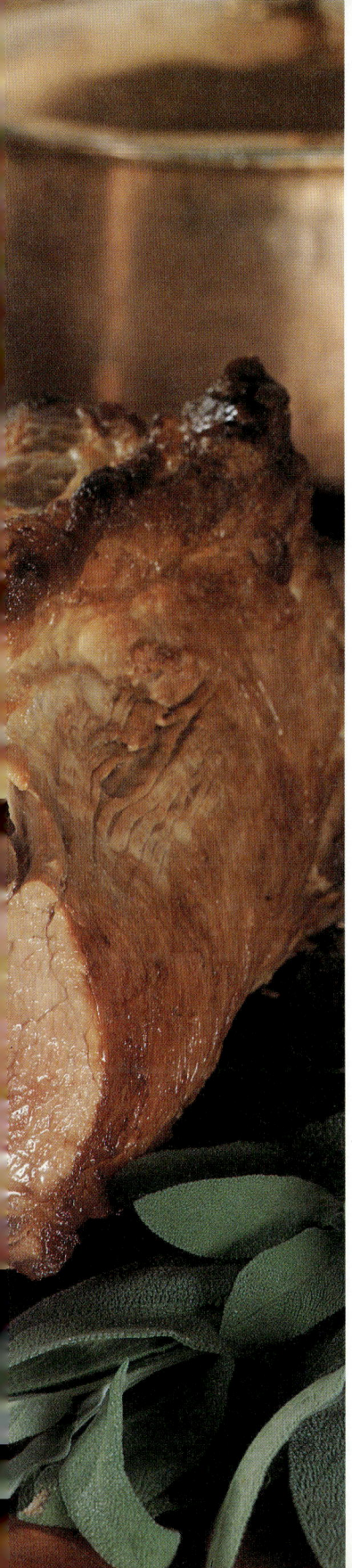

# Fleischgerichte

Der Fleischgang wird in Italien meistens ohne Beilage oder höchstens mit etwas Gemüse oder Kartoffeln serviert. Vielfach kommt das Fleisch ohne Sauce auf den Teller. Dies setzt voraus, dass es von bester Qualität ist oder, wenn es sich um ein preisgünstigeres Stück handelt, dass es ausgezeichnet zubereitet wurde. Fast jede Region ist stolz auf ihre Spezialitäten. Ein Braten in der Lombardei oder im Piemont ist so zart, dass man ihn beinahe mit dem Löffel essen könnte. Aus der Emilia-Romagna kennt man herrliches Siedfleisch und als Höhepunkt den imposanten «Bollito misto». In der Toscana wiederum ist im Chianti-Gebiet hervorragendes Kalb- und Rindfleisch erhältlich. Der Inbegriff eines Fleischgerichtes ist in dieser Gegend die «Fiorentina», ein T-Bone Steak, das praktisch ohne Öl über der Holzkohlenglut grilliert wird. Verführerisch duftet ein mit Kräutern und Knoblauch gewürzter Schweinebraten. Weiter im Süden weiss man vieles mit Hackfleisch anzufangen, und in anderen Provinzen liebt man das Lammfleisch.

In Italien werden die Fleischstücke, ausgenommen vielleicht das Schweinefleisch, anders geschnitten als bei uns. In den folgenden Rezepten wurde auf die bei uns üblichen Fleischschnitte Rücksicht genommen (s. auch «Kleines Wörterbuch», Seite 499). Auch Innereien sind in Italien sehr geschätzt, und man weiss mit ihnen umzugehen. Denken wir nur an Leber nach venezianischer Art oder Kutteln, wie sie in der Gegend um Florenz zubereitet werden.

Aus einigen der folgenden Rezepte geht hervor, dass die Zubereitungsmethoden von den in unserer Küche üblichen etwas abweichen. Man tut gut daran, sich an die Anweisungen zu halten, denn gerade die Details sind es, die einem Gericht oft erst die italienische Note verleihen.

*Ein unglaublich zarter, sehr italienischer Braten: «Nodino» (Kalbskotelettstück mit Filet) mit Salbei (Seite 194)*

# Rindfleisch

Rindfleisch ist zweifellos eine der wertvollsten Fleischsorten. Es enthält Eiweiss, Fett, Vitamine und Mineralsalze, zum Beispiel Eisen. Ein durchschnittliches Stück weist ca. 20% Eiweiss und nur ca. 220 kcal/920 kJ pro 100 g auf. Je nach Fleischstück und Verwendungszweck wird das Fleisch länger oder weniger lang gelagert, was auch einen Einfluss auf die Farbe hat. Hellrotes Fleisch ist weniger lang gelagert als dunkelrotes. Beim Einkauf von Fleisch, das roh genossen wird, wie zum Beispiel Carpaccio oder Tatar, empfiehlt es sich, dem Metzger ausdrücklich zu sagen, wofür es bestimmt ist, und es dann innert kürzester Zeit zuzubereiten. Zu bemerken ist noch, dass das geschlachtete Vieh fast in jedem Land anders zerschnitten wird und ein «Bistecca» nicht unbedingt einem unserer Steaks entsprechen muss.
Bei den Rezepten für die Zubereitung von Rindfleisch kann man unterscheiden zwischen kurz gebratenem Fleisch (wofür die teureren Stücke benötigt werden) und geschmortem sowie gesottenem Fleisch. Mit Absicht wird denjenigen Rezepten, für die auch preisgünstigere Fleischstücke verwendet werden können, viel Platz eingeräumt, da die Meinung falsch ist, nur aus teurem Fleisch liessen sich ausgezeichnete Gerichte zubereiten.

## Rindsfilet

Dieses Kapitel enthält nicht nur Anleitungen für die Zubereitung von Filetsteaks, sondern auch, für ganz besondere Gelegenheiten, einige Rezepte für am Stück gebratenes Rindsfilet, sogenannten Filetbraten. Als ungefähre Garzeit für ein «saignant» gebratenes Filetsteak kann man pro Zentimeter Dicke insgesamt ca. 2½ Minuten rechnen. Die folgenden Rezepte zeigen eine Auswahl von besonderen Zubereitungsarten, die mit wenigen Zutaten und zusätzlichem Arbeitsaufwand aus einem Stück etwas Besonderes machen. Für Rindsfilet anwendbar ist auch das Rezept auf Seite 154 («Rindskotelett mit Kapern»). Filetsteaks können auch auf dem Grill zubereitet werden. Angaben dazu finden sich auf Seite 355.

# Rohes Rindfleisch – Carpaccio

**Für 1 Person**
*Arbeitsaufwand: 2 Minuten*

*Zutaten:*
*120–150 g Rindsfilet, in hauchdünne Scheiben geschnitten*
*2 Esslöffel Öl*
*½–1 Esslöffel Zitronensaft*
*Salz*
*(Pfeffer)*

*Geräte:*
*grosser Teller, kleine Schüssel*

Den Metzger bitten, das Fleisch speziell für diese Zubereitungsart zu schneiden.

- Unmittelbar vor dem Servieren das Fleisch auf dem Teller so anordnen, dass es möglichst nicht überlappt.
- In der kleinen Schüssel Öl, Zitronensaft, Salz und nach Belieben Pfeffer zu einer sämigen Sauce schwingen.
- Das Fleisch damit beträufeln und sofort servieren.

---

- *Nach Belieben mit einem Sparschäler Parmesanspäne schneiden und über das Fleisch verteilen. Auch dünn geschnittene Steinpilzscheiben schmecken gut dazu.*

---

# Einfache Filetsteaks – Bistecche semplicissime

**Für 4 Personen**
*Arbeitsaufwand: 3–4 Minuten*
*Bratzeit: ca. 8 Minuten*

*Geräte:*
*schwere, mittelgrosse*
*Bratpfanne (wenn möglich*
*mit Antihaftbelag),*
*Bratschaufel*

*Zutaten:*
*4 Rindsfiletsteaks von 2 cm Dicke (je 150 g)*
*Salz*
*ca. 2 Esslöffel Butter*

- Die Bratpfanne bei hoher Temperatur erhitzen.
- Wenn sie richtig heiss ist, die Steaks hineingeben.
- Bei starker Hitze auf jeder Seite ganz kurz anbraten, bis sich eine braune Kruste gebildet hat.
- Die Hitze reduzieren und 2–3 Minuten weiterbraten. Dabei einmal wenden.
- Auf eine Platte anrichten.
- Sofort 2–3 Esslöffel Wasser in die Pfanne geben und bei starker Hitze den Bratensatz lösen. Kochen, bis sich eine Sauce gebildet hat. Dabei etwas Salz dazugeben.
- Vom Herd wegziehen und die Butter beifügen. Rühren, bis sie geschmolzen ist. Über das Fleisch giessen und sofort servieren.

---

- *Filetsteaks der angegebenen Dicke werden, wenn sie gemäss den Angaben zubereitet werden, «saignant» sein. Bei einem dickeren oder dünneren Fleischstück oder wenn anders vorgegangen wird, muss die Bratzeit entsprechend angepasst werden.* • *Man kann das Fleisch, bevor es in die Bratpfanne gegeben wird, mit etwas Öl oder Butter bestreichen. Oder man kann die Bratpfanne leicht einfetten. Dies ist vor allem nötig, wenn eine Pfanne ohne Antihaftbelag verwendet wird.* • *Um die Sauce zuzubereiten, kann man anstelle von Wasser auch trockenen Weisswein oder Rotwein verwenden.*

---

# Filetsteaks mit Rosmarin
## Bistecche al rosmarino

**Für 4 Personen**
*Arbeitsaufwand: 7–8 Minuten*
*Bratzeit: ca. 6 Minuten*

*Zutaten:*
*2 Zweiglein Rosmarin*
*4 Rindsfiletsteaks von 2 cm Dicke (je 150 g)*
*1 Esslöffel Öl*
*Salz*
*3 Esslöffel Butter*

*Geräte:*
schwere, mittelgrosse
Bratpfanne, Bratschaufel

- Den Rosmarin waschen und entstielen.
- Die Steaks beidseitig mit einer geschlossenen Schicht von Rosmarinnadeln bedecken. Mit der Handfläche fest andrücken.
- Die Bratpfanne bei hoher Temperatur erhitzen.
- Wenn sie richtig heiss ist, das Öl hineingeben.
- Die Pfanne drehen und leicht schräg halten, damit sich das Öl über den ganzen Boden verteilt. Die Steaks hineingeben.
- Bei starker Hitze auf jeder Seite ganz kurz anbraten.
- Die Hitze reduzieren und 2–3 Minuten weiterbraten. Dabei einmal wenden.
- Mit einem Messer die Rosmarinnadeln auf beiden Seiten der Steaks wegkratzen.
- Die Steaks anrichten und mit Salz bestreuen. Je ein Stücklein Butter darauflegen und servieren.

---

- *Änderung der Bratzeit, s. Anm. Seite 147.* • *Nach dem gleichen Rezept können auch Rindskoteletts zubereitet werden.*

# Filetsteaks mit schwarzem Pfeffer
## Bistecche al pepe nero

**Für 4 Personen**
Arbeitsaufwand: 7–8 Minuten
Bratzeit: ca. 7 Minuten

*Zutaten:*
*2 Esslöffel schwarze Pfefferkörner*
*4 Rindsfiletsteaks von 2 cm Dicke (je 150 g)*
*4–5 Esslöffel Butter*
*1 dl Brandy (Weinbrand)*
*Salz*

*Geräte:*
Mörser oder Fleischhammer
und sehr starkes Papier
oder Holzbrett, mittelgrosse
Bratpfanne, Bratschaufel

- Die Pfefferkörner im Mörser grob zerstossen oder auf ein starkes Papier oder ein Holzbrett legen und mit dem Fleischhammer zerklopfen.
- Den Pfeffer auf beide Seiten der Steaks verteilen und mit den Handballen etwas andrücken.
- 40 g Butter in der Bratpfanne schmelzen, und wenn sie sich leicht haselnussbraun verfärbt, die Steaks hineingeben.
- Bei starker Hitze auf jeder Seite ganz kurz anbraten, bis sich eine braune Kruste gebildet hat.
- Die Hitze reduzieren und 2–3 Minuten weiterbraten. Dabei einmal wenden.
- Auf eine Platte anrichten.
- Sofort den Brandy in die Pfanne giessen und bei starker Hitze kurz aufkochen. Dabei den Bratensatz lösen und etwas Salz beifügen.
- Wenn die Flüssigkeit auf die Hälfte eingekocht ist, vom Herd wegziehen, die restliche Butter beifügen und rühren, bis sie geschmolzen ist.
- Die Sauce über das Fleisch giessen und sofort servieren.

---

- *Änderung der Bratzeit, s. Anm. Seite 147.* • *Nachdem der Pfeffer über das Fleisch verteilt wurde, kann man es eine Stunde ruhen lassen, damit es den Geschmack richtig aufnimmt.* • *Anstelle von Brandy kann man trockenen Weisswein oder kräftigen Rotwein verwenden.*

# Rindsfilet mit Gorgonzola
## Bistecchine al gorgonzola

**Für 4 Personen**

*Arbeitsaufwand: 2 Minuten*
*Bratzeit: ca. 4 Minuten*
*Stehenlassen: 2–4 Minuten*

*Geräte:*
*grosse Bratpfanne (wenn*
*möglich mit Antihaftbelag),*
*Deckel, Bratschaufel, kleines*
*Küchenmesser*

*Zutaten:*
*ca. 600 g Rindsfilet oder Roastbeef in kleinen, dünnen Scheiben*
*Salz*
*Gorgonzola*

- Die Bratpfanne stark erhitzen.
- Wenn sie richtig heiss ist, die Fleischstücke hineingeben.
- Bei starker Hitze einige Minuten braten.
- Wenden, leicht salzen und sofort den Gorgonzola in kleinen Stückchen darüber verteilen.
- Die Herdplatte ausschalten, den Deckel auf die Bratpfanne setzen und das Gericht 2–4 Minuten stehenlassen, oder bis der Käse geschmolzen ist.

---

- *Nach Belieben mit dem Saft von ½ Zitrone beträufeln und mit 1 Esslöffel gehackter Petersilie bestreuen.*

*Der geschmolzene Käse vermittelt den Rindsfiletscheiben mit wenig Aufwand eine besondere Note*

# Rindsfilet mit Knoblauch – Bistecchine all'aglio

**Für 4 Personen**
*Marinierzeit: ca. 3 Stunden*
*Arbeitsaufwand: 4–5 Minuten*
*Bratzeit: ca. 3 Minuten*

*Zutaten:*
*1 Knoblauchzehe*
*3 Esslöffel Öl*
*Saft von ½ Zitrone*
*ca. 600 g Rindsfilet in kleinen, dünnen Scheiben*
*Salz*
*3 Esslöffel Butter*
*1 Esslöffel gehackte Petersilie*

*Geräte:*
*kleines Küchenmesser,*
*grosse, schwere Bratpfanne*
*(wenn möglich mit*
*Antihaftbelag), Bratschaufel,*
*Holzbrett und Wiegemesser*

Nach Möglichkeit Fleisch von der Filetspitze kaufen. Wenn dies nicht möglich ist und die Scheiben ziemlich gross sind, in der Mitte halbieren.

● Die geschälte und in dünne Scheibchen geschnittene Knoblauchzehe, Öl und Zitronensaft in einen Suppenteller geben und vermischen.
● Die Fleischscheibchen beidseitig in diese Marinade tauchen und in einem Suppenteller aufeinanderlegen. Dabei zwischen die einzelnen Fleischstücke immer etwas Knoblauch verteilen. Zudecken und ca. 3 Stunden stehenlassen.
● Die Bratpfanne stark erhitzen.
● Wenn sie richtig heiss ist, die Fleischstücke einzeln hineingeben und dabei die anhaftenden Knoblauchscheiben entfernen.
● Bei starker Hitze auf jeder Seite ganz kurz anbraten, bis sich eine braune Kruste gebildet hat.
● Auf eine Platte anrichten und mit Salz bestreuen. Die Butter in kleinen Stückchen darüber verteilen. Mit der Petersilie bestreuen.

● *Man kann nach diesem Rezept auch andere Fleischstücke zubereiten.*

# Florentiner Steak – Fiorentina

**Für 4 Personen**
*Für die Glut: ca. 45 Minuten*
*Arbeitsaufwand: 5–6 Minuten*
*Bratzeit: 16–18 Minuten*

*Zutaten:*
*1 T-Bone Steak von ca. 4 cm Dicke (gut 1 kg)*
*ca. 3 Esslöffel Öl*
*Salz*
*schwarzer Pfeffer*

*Geräte:*
*Grill und alles Nötige,*
*um die Glut vorzubereiten*
*(s. Seite 350), Bratschaufel*

Das T-Bone Steak besteht aus einem Stück Roastbeef und Filet, getrennt durch den T-förmigen Knochen.

● Das Feuer entfachen und warten, bis sich die gewünschte Glut gebildet hat.
● Ca. 15 Minuten vor Bratbeginn die Stäbe des Grills mit Öl bepinseln und den Grill (falls er in der Höhe verstellbar ist) so nahe wie möglich über das Feuer legen.

- Ca. 30 Minuten bevor das Fleisch serviert werden soll, das Steak auf den Grill legen.
- Beidseitig ganz kurz anbraten, bis sich eine leichte braune Kruste gebildet hat.
- Den Grill nun etwas vom Feuer entfernen oder, wenn dies nicht möglich ist, die Glut etwas verteilen. Das Fleischstück noch ca. 15 Minuten grillieren. Dabei einige Male wenden.
- Auf einen Teller legen, mit Salz und Pfeffer bestreuen, bedecken und vor dem Servieren noch 10–15 Minuten warm stellen.
- Zum Servieren das Fleisch vom Knochen trennen. Dazu mit der Spitze eines Messers auf beiden Seiten so nah wie möglich dem Knochen entlangschneiden. Die beiden Fleischstücke in so viele Teile, wie Gäste anwesend sind, oder in Scheiben schneiden. Dies kann am Tisch oder in der Küche geschehen. Wird es in der Küche gemacht, kann man zum Auftragen das geschnittene Fleisch und den Knochen wieder in die ursprüngliche Form zusammensetzen.

---

- *Das T-Bone Steak kann vor dem Grillieren einige Minuten in Öl mit Pfeffer oder in mit etwas Essig verquirltem Öl eingelegt werden. Vor dem Marinieren das Fleisch nach Belieben mit einer halbierten Knoblauchzehe bestreichen. Evtl. das grillierte Fleisch mit etwas Öl und Zitronensaft beträufeln oder mit Zitronenschnitzen servieren. • Als klassische Beilage zu einem grillierten Florentiner Steak werden warme, mit Öl und Pfeffer abgeschmeckte Bohnenkerne serviert. • Änderung der Bratzeit, s. Anm. Seite 147. • Wenn kein Holzkohlengrill zur Verfügung steht, kann das Fleisch auch in einer Bratpfanne zubereitet werden.*

---

# Gebratenes Rindsfilet
## Filetto al colpo di fuoco

**Für 4–6 Personen**
*Arbeitsaufwand: 2–3 Minuten*
*Bratzeit: 15 Minuten*
*Stehenlassen: 15 Minuten*

*Geräte:*
*scharfes Küchenmesser, Bräter (möglichst mit Antihaftbelag), Bratschaufel*

*Zutaten:*
*ca. 1 kg Rindsfilet (vom Mittelstück)*
*(½ Esslöffel Öl)*
*Salz*

Das Filet soll an seiner dicksten Stelle nicht mehr als 12 cm im Durchmesser aufweisen, weil es sonst zu blutig bleiben würde (beim Kauf beachten!). Da das Filet ungleichmässig dick ist, wird das Fleisch an der dünneren Seite stärker durchgebraten sein. Dies ist gut so, da kaum 4–6 Personen den gleichen Geschmack in bezug auf den Gargrad von Fleisch haben und es für jeden ein Stück geben sollte, das ihm zusagt.

- Den Backofen auf der höchsten Stufe vorheizen.
- Das Fleischstück mit einem scharfen Messer von Sehnen und Häuten befreien.
- In den Bräter legen (falls er nicht mit einem Antihaftbelag beschichtet ist, vorher mit ganz wenig Öl bestreichen).
- Wenn der Backofen 10 Minuten vorgeheizt ist, den Bräter auf mittlerer Höhe einschieben.

- Das Fleisch während 15 Minuten braten. Dabei einmal wenden (nicht anstechen, falls dazu eine Gabel verwendet wird).
- Den Backofen ausschalten, kurz öffnen, um die grösste Hitze austreten zu lassen. Dann die Türe wieder schliessen und das Fleisch im Ofen noch ca. 15 Minuten stehenlassen.
- Das Fleisch in Scheiben schneiden und gleichmässig mit Salz bestreuen.

---

- *Zu diesem Braten eine Sauce (s. Seite 438 f.) oder, was einfacher ist, eine Buttermischung (s. Seite 449–451) servieren.* • *Man kann auch auf eine Sauce verzichten, wenn zum Fleisch eine Gemüsegarnitur gereicht wird.* • *Auch aus dem Bratensatz lässt sich eine Sauce zubereiten (s. folgendes Rezept).*

---

# Rindsfilet mit grüner Sauce
## Filetto con salsa verde

**Für 4–6 Personen**
*Arbeitsaufwand: 4–5 Minuten*
*Bratzeit: 15 Minuten*
*Stehenlassen: 15 Minuten*

*Zutaten:*
*ca. 1 kg Rindsfilet (vom Mittelstück)*
*(½ Teelöffel Öl)*
*6 Esslöffel Rahm*
*Salz*
*2 gehäufte Esslöffel gehackte Petersilie*

*Geräte:*
*scharfes Küchenmesser,*
*länglicher Bräter (wenn möglich mit Antihaftbelag),*
*Bratschaufel, Holzbrett,*
*Schüssel, Wiegemesser*

Das für diese Zubereitungsart geeignete Fleischstück ist im vorstehenden Rezept beschrieben.

- Das Fleisch gleich wie im vorstehenden Rezept im Backofen braten.
- Nach 10 Minuten Ruhezeit im Ofen herausnehmen, auf ein Holzbrett legen und mit einer umgekehrten Schüssel zudecken, damit es nicht abkühlt.
- Den zur Zubereitung des Fleisches verwendeten Bräter auf den Herd stellen. Den Rahm hineingeben und mit einer Bratschaufel den Satz auf dem Boden der Pfanne lösen. Ungefähr auf die Hälfte einkochen lassen und salzen.
- Vom Herd wegziehen und die Petersilie daruntermischen.
- Jetzt das Fleisch in Scheiben schneiden, gleichmässig mit Salz bestreuen und mit der Sauce überziehen.

---

# Rindsfilet an Rahmsauce – Filetto alla panna

**Für 4–6 Personen**
*Arbeitsaufwand: 5 Minuten*
*Garzeit: ca. 50 Minuten*

*Zutaten:*
*ca. 1 kg Rindsfilet (vom Mittelstück)*
*20–25 g Butter*
*2 dl Rahm*
*½ Lorbeerblatt*
*1 Gewürznelke*
*Salz*

*Geräte:*
*scharfes Küchenmesser,*
*Küchenfaden, mittelgrosse,*
*wenn möglich ovale Pfanne*
*mit Deckel*

• Das Fleisch mit dem scharfen Messer von Sehnen und Häuten befreien und mit Küchenfaden umwickeln.
• Die Butter in der Pfanne schmelzen, das Fleisch hineinlegen und bei mittlerer Temperatur 8–10 Minuten auf allen Seiten anbraten und leicht Farbe annehmen lassen.
• 3–4 Esslöffel Rahm in einer Tasse zurückbehalten. Den Rest zusammen mit Lorbeerblatt, Gewürznelke und Salz zum Fleisch geben. Rasch aufkochen.
• Den Deckel aufsetzen, die Hitze reduzieren und das Fleisch bei niedriger Temperatur 30 Minuten garen. Nach den ersten 20 Minuten wenden.
• Den Deckel etwas wegziehen, so dass der Dampf entweichen kann, und weitere 10 Minuten schmoren lassen. Gegen Ende der Garzeit die Temperatur wieder erhöhen, um wenn nötig die Sauce etwas einkochen und Farbe annehmen zu lassen.
• Gewürznelke und Lorbeerblatt entfernen und den zurückbehaltenen Rahm beifügen. Bei schwacher Hitze rühren, um den Bratensatz zu lösen, erhitzen und wenn nötig nochmals etwas einkochen lassen.

# Rindsfilet im Blätterteig – Filetto in crosta

**Für 6–8 Personen**
*Arbeitsaufwand:*
*ca. 15 Minuten*
*Garzeit: 40 Minuten*

*Zutaten:*
*1,5 kg Rindsfilet (vom Mittelstück)*
*450 g Blätterteig*
*ca. 4 Esslöffel Mehl*
*Salz*
*150 g Gänseleberpâté*
*1 Ei*

*Geräte:*
*scharfes Küchenmesser,*
*Wallholz (Nudelholz),*
*(Dosenöffner), Spatel oder*
*Messer, Backblech von mind.*
*22 cm Länge, Tasse, Küchen-*
*pinsel, kleines Küchenmesser*

Die Filetspitze ist für dieses Gericht nicht geeignet. Vom Metzger das Mittelstück verlangen.

• Den Backofen auf 220 °C vorheizen.
• Das Fleisch mit dem scharfen Messer von Sehnen und Häuten befreien.
• Den Teig zu einem Viereck von 30 x 40 cm ausrollen. Falls er an der Arbeitsfläche oder am Wallholz klebt, etwas Mehl darunter oder darauf streuen. In eine gerade Form schneiden und die Abschnitte aufheben.
• Das Fleisch auf einer Seite leicht salzen und mit der Hälfte der Gänseleberpâté bestreichen.
• Das Filet mit der bestrichenen Seite nach unten in die Mitte des Blätterteigvierecks legen. Dann die andere Seite salzen und mit dem Rest der Gänseleberpâté bestreichen.
• Die Längsseiten des Blätterteiges über das Filet legen. Dann die Schmalseiten des Teiges gegen die Mitte hin aufrollen. Darauf achten, dass der Teig überall gut angedrückt wird.
• Den Boden des Backbleches mit kaltem Wasser abspülen.
• Das Blätterteigpaket mit den überlappenden Teilen nach unten sorgfältig auf das Blech legen.
• Die Oberfläche mit einer Gabel dicht einstechen.

• Dann mit der Gabel das Ei in der Tasse verquirlen und die Teigoberfläche damit bestreichen.
• Aus den Teigabfällen einen langen Stengel und 3–4 ovale Blätter ausschneiden und darauf mit einer Messerspitze Blattadern markieren. Dekorativ auf der Teigoberfläche anordnen und ebenfalls mit Ei bepinseln.
• In die Mitte des Ofens schieben und 40 Minuten backen. Das Filet im Blätterteig schmeckt am besten heiss, lässt sich aber auch lauwarm oder kalt servieren.

## Rindskoteletts

Unter einer «Costata» versteht der Italiener ein Rindskotelett. Es wird aus der ganzen Länge des Nierstücks geschnitten und ist deshalb mit oder ohne Knochen erhältlich. Das Fett nach Belieben vom Metzger wegschneiden lassen und in der verbleibenden Haut, die das Fleisch umgibt, 2–3 Einschnitte anbringen, damit es sich während des Bratens nicht zusammenzieht. Die Garzeit ist grundsätzlich länger als bei einem Filet, weil das Fleisch nicht ganz so zart ist. Als Faustregel, aber wirklich nur als solche bzw. als Anhaltspunkt, kann man pro Zentimeter Dicke insgesamt 3–4 Minuten Garzeit rechnen, bis das Fleisch «saignant» gebraten ist. Nicht vergessen, dicke Stücke vor dem Aufschneiden 10–15 Minuten an der Wärme (zum Beispiel im Backofen bei 80–100 °C) stehenzulassen, damit sich die Hitze gleichmässig im Fleischstück verteilt.
Zum Anrichten einer «Costata» mit Knochen zuerst diesen entfernen. Dann das Fleisch in Scheiben schneiden, wobei das Messer senkrecht oder leicht schräg (es entstehen dabei die grösseren Scheiben) geführt werden kann. Zum Servieren die Stücke dachziegelartig oder wieder zur ursprünglichen Form zusammengefügt auf eine flache Platte anrichten.
Für Rindskoteletts anwendbar ist auch das Rezept auf Seite 147 («Filetsteaks mit Rosmarin»). Zur Zubereitung auf dem Grill siehe die Erklärungen auf Seite 355.

# Rindskotelett mit Kapern – Costata ai capperi

**Für 4–5 Personen**
*Marinieren und Stehenlassen:*
*6 Stunden 15 Minuten*
*Arbeitsaufwand: 6 Minuten*
*Garzeit: 9–11 Minuten*

*Zutaten:*
*4 Esslöffel Brandy (Weinbrand)*
*1 Rindskotelett mit Knochen (ca. 1,1 kg) oder ohne Knochen*
*(ca. 800 g), ca. 3 cm dick*
*1 gehäufter Esslöffel gehackte Petersilie*
*1 Esslöffel Kapern*
*2–3 Sardellenfilets*
*4–5 Esslöffel Öl*
*Salz*
*(Pfeffer)*

*Geräte:*
*schwere Bratpfanne in der Grösse des Fleischstückes (wenn möglich mit Antihaftbelag), Bratschaufel, Holzbrett und Wiegemesser, kleine Schüssel*

• Den Brandy in einen Teller giessen. Das Fleischstück hineinlegen und wenden, damit es auf beiden Seiten mit dem Brandy in Berührung kommt. Mit einem zweiten Teller zudecken und ca. 6 Stunden stehenlassen. Das Fleisch während dieser Zeit wenn möglich einmal wenden.
• Die Bratpfanne erhitzen.
• Wenn sie heiss ist, das abgetropfte, aber nicht trockengetupfte Fleischstück hineingeben.

- Auf beiden Seiten bei starker Hitze ganz kurz anbraten, bis sich eine dünne, braune Kruste gebildet hat.
- Die Temperatur reduzieren und das Fleisch unter gelegentlichem Wenden ca. 7–9 Minuten weiterbraten.
- Das Fleisch herausheben, auf einen Teller legen und zudecken. 10–15 Minuten an der Wärme stehenlassen.
- Inzwischen die Petersilie waschen, abtropfen lassen und zusammen mit den Kapern und den Sardellenfilets fein hacken. In ein Schüsselchen geben, Öl, Salz und nach Belieben Pfeffer zugeben und alles gut vermischen.
- Wenn das Fleisch 15 Minuten geruht hat, in Scheiben schneiden und anrichten. Den ausgetretenen Fleischsaft und die Petersilienmischung darüberträufeln. Es schmeckt kalt oder warm gleich gut.

---

- *Ein Kotelett der oben erwähnten Dicke und gemäss Rezept gebraten, wird beim Aufschneiden «saignant» sein. Bei einem dickeren oder dünneren Fleischstück, oder wenn anders vorgegangen wird, muss die Bratzeit entsprechend angepasst werden.* • *Wenn eine Bratpfanne ohne Antihaftbelag verwendet wird, empfiehlt es sich, sie leicht mit Öl zu bestreichen, bevor das Fleisch hineingegeben wird.* • *Nach dem gleichen Rezept können auch Filetsteaks zubereitet werden.*

---

# Rindskotelett an Grappa-Sauce
## Costata alla grappa

**Für 4–5 Personen**
*Arbeitsaufwand: 4–5 Minuten*
*Garzeit: 10–12 Minuten*
*Stehenlassen: 10–15 Minuten*

*Zutaten:*
*1 Rindskotelett mit Knochen (ca. 1,1 kg) oder ohne Knochen (ca. 800 g), ca. 3 cm dick*
*3 Esslöffel Grappa*
*1 Scheibe Knoblauch*
*5 Esslöffel Weisswein*
*1 Mokkalöffel getrockneter Estragon*
*Salz*
*30 g Butter*

*Geräte:*
*schwere Bratpfanne in der Grösse des Fleischstückes (wenn möglich mit Antihaftbelag), Bratschaufel, kleines Küchenmesser, Holzbrett und Wiegemesser*

- Die Bratpfanne erhitzen und das Fleisch hineingeben.
- Auf beiden Seiten bei starker Hitze ganz kurz anbraten, bis sich eine dünne, braune Kruste gebildet hat.
- Die Temperatur reduzieren und das Fleisch unter gelegentlichem Wenden ca. 6–7 Minuten weiterbraten.
- Den Grappa in die Pfanne giessen, einen Moment warm werden lassen und vorsichtig mit einem Streichholz anzünden.
- Wenn die Flammen verlöscht sind, das Fleisch herausheben, auf einen Teller legen und mit einem zweiten Teller zudecken. 10–15 Minuten an der Wärme stehenlassen.
- 5 Minuten vor dem Servieren die Knoblauchscheibe fein hacken.
- Wein, Knoblauch, den zwischen den Fingern zerkrümelten Estragon und Salz in die Bratpfanne geben und bei kräftiger Hitze unter ständigem Rühren 2–3 Minuten kochen, oder bis die Flüssigkeit auf ca. die Hälfte eingekocht ist.

*Dieses Rindskotelett hat eine Sauce aus Grappa, Knoblauch, Wein, Estragon und Butter*

● Vom Herd wegziehen und die in kleine Stücke geschnittene Butter hineingeben. Rühren, bis sie geschmolzen ist. Das Fleisch in Scheiben schneiden, anrichten und mit dem ausgetretenen Fleischsaft und der zubereiteten Sauce begiessen.

---

● *Änderung der Bratzeit, s. Anm. zum vorstehenden Rezept.* ● *Bei Verwendung einer Bratpfanne ohne Antihaftbelag s. Anm. zum vorstehenden Rezept.*

---

# Rindskotelett in Tomatensauce
## Costata alla pizzaiola

**Für 4–5 Personen**
*Arbeitsaufwand: 5 Minuten*
*Garzeit: ca. 25 Minuten*

*Zutaten:*
*1 Rindskotelett ohne Knochen von ca. 3 cm Dicke (ca. 800 g)*
*250 g geschälte Tomaten aus der Dose (Pelati), abgetropft*
*1 Knoblauchzehe*
*1 Mokkalöffel Oregano*
*Salz*
*2–3 Esslöffel Öl*

● Das Fleisch braten wie im vorstehenden Rezept.
● Das Fleisch aus der Bratpfanne herausheben, auf einen Teller legen und mit einem zweiten Teller zudecken. An die Wärme stellen.

*Geräte:*
*schwere Bratpfanne in der*
*Grösse des Fleischstückes*
*(wenn möglich mit Antihaft-*
*belag), Bratschaufel, Dosen-*
*öffner, kleines Küchenmesser*

● Die gut abgetropften und mit einer Gabel zerdrückten Pelati in die Pfanne geben. Die geschälte, ganze Knoblauchzehe, Oregano und Salz beifügen und bei mittlerer Hitze ca. 10 Minuten kochen. Die Temperatur dabei so regulieren, dass bis zum Ende der Kochzeit eine dickflüssige Sauce entstanden ist.
● Das Öl hineinrühren, das Fleisch samt dem ausgetretenen Fleischsaft wieder in die Pfanne geben und bei schwacher Hitze nochmals 2–3 Minuten in der Sauce ziehen lassen. Dabei einmal wenden.

● *Änderung der Bratzeit, s. Anm. Seite 155.* ● *Bei Verwendung einer Bratpfanne ohne Antihaftbelag s. Anm. Seite 155.*

# Rindskotelett in der Salzkruste
## Costata al sale

**Für 6 Personen**
*Arbeitsaufwand: 5 Minuten*
*Garzeit: 25 Minuten*
*Stehenlassen: 10–15 Minuten*

*Zutaten:*
*ca. 1,3 kg grobes Salz*
*1 Rindskotelett ohne Knochen von ca. 4 cm Dicke (ca. 1 kg)*

*Geräte:*
*6–7 cm hohe, feuerfeste Form*
*oder Pfanne (möglichst genau*
*in der Form des Fleischstückes)*

● Den Backofen auf 250 °C vorheizen.
● Eine Salzschicht auf den Boden der Form oder Pfanne verteilen. Das Fleisch darauflegen und das übrige Salz darüber- und danebenstreuen. Darauf achten, dass das Fleisch überall von Salz bedeckt ist.
● In den heissen Ofen schieben und 25 Minuten garen.
● Aus dem Ofen nehmen und über dem Spültrog das Salz vom Fleisch abschütteln (keine Angst: Das Fleisch ist nicht zu stark gesalzen, sondern gerade richtig gewürzt).
● Auf einen Teller legen und mit einem zweiten Teller bedecken. 10–15 Minuten im ausgeschalteten Backofen warm stellen.

● *Auf diese Weise zubereitet, wird das Fleisch «saignant» sein. Wer es mehr durchgebraten wünscht, verlängert die Garzeit auf 30 Minuten oder auf 40–45 Minuten, wenn es vollständig durchgebraten sein soll.*

# Rindskotelett mit Senf – Costata alla senape

**Für 4–5 Personen**
*Arbeitsaufwand: 5 Minuten*
*Garzeit: 10–11 Minuten*
*Stehenlassen: 10–15 Minuten*

*Zutaten:*
*1 Rindskotelett ohne Knochen von ca. 3 cm Dicke (ca. 800 g)*
*40 g Butter*
*1 Esslöffel Senf*
*einige Tropfen Worcestershire-Sauce*
*Salz*

● Die Bratpfanne erhitzen und das Fleisch hineingeben.
● Auf beiden Seiten bei starker Hitze ganz kurz anbraten, oder bis sich eine dünne, braune Kruste gebildet hat.

*Geräte:*
*schwere Bratpfanne in der*
*Grösse des Fleischstückes*
*(wenn möglich mit*
*Antihaftbelag), Deckel,*
*Bratschaufel, tiefer Teller*
*oder kleine Schüssel, kleines*
*oder grosses, spitzes*
*Küchenmesser*

- Die Temperatur reduzieren und das Fleisch unter gelegentlichem Wenden ca. 4–5 Minuten weiterbraten.
- Inzwischen im tiefen Teller oder einer kleinen Schüssel die restlichen Zutaten mit einer Gabel verkneten.
- Das Fleisch wenden und mit der Spitze des Küchenmessers die Oberfläche im Abstand von ca. 2½ cm kreuzweise ca. ½ cm tief einritzen.
- Die vorbereitete Buttermischung daraufstreichen und das Fleischstück 4 Minuten weitergaren, ohne es aber noch einmal zu wenden.
- Den Herd ausschalten, die Pfanne zudecken und das Fleisch 10–15 Minuten stehenlassen. Ungeschnitten auf den Tisch bringen und erst dort in die gewünschte Anzahl Teile schneiden.

---

- *Änderung der Bratzeit, s. Anm. Seite 155.* • *Bei Verwendung einer Bratpfanne ohne Antihaftbelag s. Anm. Seite 155.*

## Rindsbraten

Die Italiener sind Meister in der Zubereitung von guten Schmorbraten. Ihr «Brasato» oder, was gleichbedeutend ist, ihr «Stufato» ist denn auch ein Begriff. In der Tat weist ein Rindsbraten eine ganze Anzahl von Vorzügen auf: Er gibt wenig Arbeit, kann gut im vor- aus zubereitet und später zum Auftragen wieder erhitzt werden (er schmeckt am nächsten Tag genau so gut, wenn nicht sogar besser). Ferner lassen sich dafür weniger teure Fleischstücke verwenden, wie etwa Hohrücken, Schulter oder Stücke aus dem Stotzen (Eckstück, Unterspälte). Nur: Der Schmorbraten braucht seine Zeit, bis er gar ist. Sardellen, Orangen, Zwiebeln, Pilze usw. geben ihm immer wieder einen anderen Charakter. Ob der Braten auf dem Herd oder im Backofen zubereitet wird, ist zum Teil Ansichtssache, kann aber auch eine Frage der Zubereitungsart oder des zur Verfügung stehenden Kochgeschirrs sein.

---

# Einfacher geschmorter Rindsbraten
## Manzo alla pitocchetta

**Für 6 Personen**
*Arbeitsaufwand: 3 Minuten*
*Garzeit: ca. 3 Stunden*

*Zutaten:*
*1 grosse Zwiebel*
*3 Esslöffel Öl*
*ca. 1,2 kg Rindfleisch zum Schmoren*
*2 Esslöffel Essig*
*1 Lorbeerblatt*
*2 Gewürznelken*
*Salz*
*(Pfeffer)*

*Geräte:*
*kleines Küchenmesser,*
*Holzbrett, in der Grösse*
*genau zum Fleisch passende*
*Pfanne mit sehr gut*
*schliessendem Deckel*

- Die Zwiebel schälen, halbieren und in dünne Scheiben schneiden.
- Das Öl auf den Pfannenboden geben und die Zwiebelscheiben darüber verteilen.
- Das Fleisch darauflegen, mit dem Essig beträufeln, Lorbeerblatt und Nelken beifügen und mit Salz und nach Belieben mit Pfeffer würzen. Den Deckel aufsetzen.

• Die Pfanne langsam erhitzen. Dabei den Deckel so wenig wie möglich abheben, d.h. nur zum Wenden des Fleisches und um zu prüfen, dass nichts anbrennt. Bei niedriger Temperatur ca. 3 Stunden schmoren, oder bis sich das Fleisch beim Einstechen mit einer Messerspitze gar anfühlt.

• *Da bei diesem Braten keine andere Flüssigkeit vorhanden ist als der Saft, der aus dem Fleisch und der Zwiebel austritt, ist es sehr wichtig, dass der Deckel der Pfanne gut schliesst. Im Zweifelsfall empfiehlt es sich, ein doppeltes Stück Aluminiumfolie zwischen Deckel und Pfanne zu geben.*

# Rindsbraten mit Kohl – Brasato con cavolo

**Für 6 Personen**
*Arbeitsaufwand: 10 Minuten*
*Garzeit: ca. 3½ Stunden*

*Zutaten:*
*1 Scheibe Pancetta (ca. 100 g)*
*4 Esslöffel Öl*
*1 grosse Zwiebel*
*2 mittelgrosse Karotten*
*ca. 1,2 kg Rindfleisch zum Schmoren*
*1 Gewürznelke*
*1 Lorbeerblatt*
*Salz*
*1 kleiner Wirsing (ca. 500 g)*

*Geräte:*
*grosses und kleines Küchenmesser, Holzbrett, grosse Pfanne, Deckel*

• Die Schwarte vom Pancetta wegschneiden. Den Speck quer zu den Fett- und Fleischstreifen in ca. 10 Stücke schneiden.
• Zusammen mit dem Öl in die Pfanne geben. Während 5 Minuten bei sehr schwacher Hitze und unter häufigem Wenden anbraten.
• Inzwischen die Zwiebel schälen und die Karotten schälen und waschen. Die Zwiebel in Scheiben schneiden und die Karotten zuerst der Länge nach halbieren und dann jede Hälfte in 4 Stücke schneiden.
• Zum Pancetta in die Pfanne geben und 5 Minuten mitdünsten.
• Nun das Fleisch hineingeben und während ca. 15 Minuten auf allen Seiten anbraten. Es soll eine leichte Kruste entstehen.
• Mit 1½ dl Wasser ablöschen. Gewürznelke und Lorbeerblatt beifügen und leicht salzen.
• Alles zum Kochen bringen und den Deckel aufsetzen. Die Hitze reduzieren und das Fleisch bei niedriger Temperatur 1½ Stunden schmoren.
• Inzwischen die Blätter des Wirsings lösen. Harte oder welke Blätter entfernen. In reichlich kaltem Wasser waschen und gut abtropfen lassen.
• Wenn der Braten 1½ Stunden geschmort hat, wenden und den Wirsing beifügen. Nochmals leicht salzen und wieder zudecken. Unter gelegentlichem Wenden weitere 1½ Stunden schmoren, oder bis sich das Fleisch beim Einstechen mit einer Messerspitze gar anfühlt.

• *Konsistenz der Sauce am Ende der Garzeit, s. Anm. Seite 160.*

# Rindsbraten mit Sardellen – Brasato all'acciuga

**Für 6 Personen**
*Arbeitsaufwand: 4–5 Minuten*
*Garzeit: ca. 3 Stunden*

*Zutaten:*
*2 Esslöffel Öl*
*ca. 1,2 kg Rindfleisch zum Schmoren*
*40 g Speck*
*4 Sardellenfilets*
*1/2 Mokkalöffel geriebene Muskatnuss*
*1 1/2 dl trockener Weisswein*
*Salz*
*2 Esslöffel gehackte Petersilie*

*Geräte:*
*grosse Pfanne, Deckel,*
*Holzbrett und Wiegemesser,*
*Muskatnussreibe*

- Das Öl in der Pfanne erhitzen.
- Das Fleischstück hineingeben und bei mässiger Hitze 15 Minuten auf allen Seiten anbraten.
- Inzwischen den Speck fein hacken.
- Nach 15 Minuten Bratzeit den Speck und die Sardellenfilets beifügen und 2–3 Minuten weiterbraten. Den Bratensatz gelegentlich rühren.
- Muskatnuss, Wein und Salz (nur wenig, weil die Sardellen und der Speck gesalzen sind) beifügen. Alles aufkochen lassen.
- Zudecken, die Hitze reduzieren und bei niedriger Temperatur 2 3/4 Stunden schmoren, oder bis sich das Fleisch beim Einstechen mit einer Messerspitze gar anfühlt. Während der Garzeit das Fleisch einmal wenden und die Sauce öfter umrühren.
- Vom Herd wegziehen und den Braten herausheben. Die Petersilie mit der Sauce vermischen. Das Fleisch aufschneiden und mit der Sauce überziehen.

---

- *Wenn das Fleisch wirklich bei schwacher Hitze geschmort wird und der Deckel gut schliesst, ist es möglich, dass sich gegen Ende der Garzeit zuviel Flüssigkeit in der Pfanne befindet. In diesem Fall den Deckel abheben und die Sauce bei stärkerer Hitze etwas einkochen lassen. Wenn sie dagegen zu stark einkocht, die Hitze reduzieren und noch etwas Wasser oder Wein dazugiessen.*

# Rindsbraten an Orangensauce
## Brasato all'arancia

**Für 6 Personen**
*Marinierzeit: 24 Stunden*
*Arbeitsaufwand:*
*8–10 Minuten*
*Garzeit: ca. 3 Stunden*

*Zutaten:*
*1 Scheibe Speck von ca. 60 g*
*ca. 1,2 kg Rindfleisch zum Schmoren*
*Saft von 1 Zitrone*
*Saft von 1 Orange*
*3 Esslöffel Öl*
*1 grosse Zwiebel*
*1/2 Esslöffel Mehl*
*1 1/2 dl Rotwein*
*Salz*
*(Pfeffer)*

*Das Marinieren in Zitronen- und Orangensaft verleiht diesem Braten seinen feinen Geschmack*

*Geräte:*
*Küchenmesser, Holzbrett,*
*spitzes, kleines Messer,*
*(Spicknadel), Zitruspresse,*
*Gefäss zum Marinieren aus*
*unveränderbarem Material und*
*in der Grösse zum Fleischstück*
*passend, grosse Pfanne, Deckel*

● Den Speck in 4–5 cm lange und ½ cm breite Streifen schneiden.

● Mit dem spitzen Messer in der Faserrichtung des Fleisches von beiden Seiten her einige tiefe Schnitte anbringen, und zwar so viele, wie Speckstreifen vorhanden sind. Die Einschnitte damit füllen und mit einer Fingerspitze gut hineindrücken oder, falls vorhanden, eine Spicknadel verwenden.

● Das Fleischstück in das zum Marinieren vorgesehene Gefäss legen. Zitronen- und Orangensaft darübergiessen. Das Fleisch mehrmals wenden, damit es überall mit der Flüssigkeit in Berührung gekommen ist. Zudecken und 24 Stunden stehenlassen. Während dieser Zeit wenn möglich gelegentlich wenden.

● Das Öl in der Pfanne erhitzen.

● Das Fleischstück aus der Marinade nehmen, gut abtropfen lassen und in die Pfanne geben. Während ca. 10 Minuten auf allen Seiten anbraten.

● Inzwischen die Zwiebel schälen und in Würfelchen schneiden.

● Zum Fleisch geben und 5 Minuten mitdünsten. Dabei das Fleisch immer wieder wenden und die Zwiebeln umrühren, damit sie nicht verbrennen.

● Mit dem Mehl bestäuben. Das Fleisch wenden und den Bratensatz umrühren, damit das Mehl das Öl aufnimmt.

● Restliche Marinade, Wein, Salz und nach Belieben etwas Pfeffer beifügen. Zum Kochen bringen.

- Zudecken, die Hitze reduzieren und das Fleisch bei niedriger Temperatur 2¾ Stunden schmoren, oder bis es sich beim Einstechen mit einer Messerspitze gar anfühlt. Während der Garzeit nach ca. 1 Stunde einmal wenden und die Sauce mehrmals umrühren.

---

- *Konsistenz der Sauce am Ende der Garzeit, s. Anm. zum vorstehenden Rezept.* • *Nach Belieben den Braten mit bis auf das Fruchtfleisch geschälten Orangenschnitzen garnieren.*

# Rindsbraten mit Zwiebeln
## Brasato con cipolle

**Für 6 Personen**
*Arbeitsaufwand: 10 Minuten*
*Garzeit: ca. 3 Stunden*

*Zutaten:*
*500 g Zwiebeln*
*ca. 1,2 kg Rindfleisch zum Schmoren*
*1 Lorbeerblatt*
*2 Gewürznelken*
*3 Esslöffel Öl*
*Salz*

*Geräte:*
*kleines Küchenmesser,*
*Holzbrett, grosse Pfanne,*
*Deckel*

- Die Zwiebeln schälen, halbieren und in nicht zu dünne Scheiben (3–4 mm dick) schneiden.
- Zwiebeln, Fleisch, Lorbeerblatt, Gewürznelken und Öl in die Pfanne geben, mit Salz bestreuen und zudecken.
- Einige Minuten bei mittlerer Temperatur erhitzen.
- Die Hitze reduzieren. Das Fleisch nach 1 Stunde einmal wenden und die Zwiebeln ziemlich häufig umrühren. Bei niedriger Temperatur 2¾ Stunden schmoren, oder bis sich das Fleisch beim Einstechen mit einer Messerspitze gar anfühlt.
- Den Deckel abheben, die Temperatur etwas erhöhen und weitere 15 Minuten schmoren, oder bis die Kochflüssigkeit (die Zwiebeln haben inzwischen viel Wasser abgegeben) bis auf 3–4 Esslöffel eingekocht ist. Vor dem Servieren das Lorbeerblatt entfernen.

---

# Rindsbraten mit Pilzen – Brasato ai funghi

**Für 6 Personen**
*Arbeitsaufwand: 4–5 Minuten*
*Garzeit: ca. 3 Stunden*

*Zutaten:*
*2 Esslöffel Öl*
*ca. 1,2 kg Rindfleisch zum Schmoren*
*1 mittelgrosse Zwiebel*
*ca. 15 g getrocknete Pilze (Steinpilze)*
*1½ dl Rotwein*
*Salz*

*Geräte:*
*grosse Pfanne, Deckel, kleines*
*Küchenmesser, Holzbrett*

- Das Öl in der Pfanne erhitzen.
- Das Fleisch hineingeben und während 15 Minuten auf allen Seiten anbraten.

- Inzwischen die Zwiebel schälen, halbieren und in nicht zu dünne Scheiben (3–4 mm dick) schneiden.
- Nach 15 Minuten Zwiebel, Pilze, Wein und Salz zum Fleisch geben und aufkochen lassen.
- Zudecken, die Hitze reduzieren und das Fleisch bei niedriger Temperatur 2¾ Stunden schmoren, oder bis es sich beim Einstechen mit einer Messerspitze gar anfühlt. Während der Garzeit nach 1 Stunde einmal wenden und die Sauce mehrmals umrühren.

- *Konsistenz der Sauce am Ende der Garzeit, s. Anm. Seite 160.* • *Bei diesem Rezept ist es wegen der langen Garzeit nicht nötig, die Pilze vorher in Wasser einzulegen, wie man dies üblicherweise tun muss. Hingegen ist darauf zu achten, dass sie keine erdigen Stellen aufweisen.* • *Mit frisch gekochter oder in Scheiben geschnittener, gebratener Polenta schmeckt dieses Gericht besonders gut.*

# Rindsbraten an saurer Sauce
## Brasato all'agro

**Für 6 Personen**
*Arbeitsaufwand: 4–5 Minuten*
*Garzeit: ca. 3 Stunden*

*Zutaten:*
*3 Esslöffel Öl*
*ca. 1,2 kg Rindfleisch zum Schmoren*
*1 grosse Zwiebel*
*1 Esslöffel Mehl*
*2 Esslöffel Weinessig*
*1 dl Rahm*
*Salz*

*Geräte:*
*grosse Pfanne, Deckel,*
*kleines Küchenmesser,*
*Holzbrett, Tasse*

- Das Öl in der Pfanne erhitzen.
- Das Fleischstück hineingeben und während ca. 10 Minuten auf allen Seiten anbraten.
- Inzwischen die Zwiebel schälen, der Länge nach halbieren und in dünne Scheiben schneiden.
- Zum Fleisch geben und 5 Minuten mitdünsten. Dabei das Fleisch immer wieder wenden und die Zwiebeln umrühren, damit sie nicht verbrennen.
- In der Tasse das Mehl mit dem Essig verrühren. Dann mit dem Rahm vermischen.
- Zum Fleisch giessen, salzen und aufkochen lassen.
- Zudecken, die Hitze reduzieren und das Fleisch bei niedriger Temperatur 2¾ Stunden schmoren, oder bis es sich beim Einstechen mit einer Messerspitze gar anfühlt. Während der Garzeit nach ca. 1 Stunde einmal wenden und die Sauce mehrmals umrühren.

- *Wenn das Fleisch wirklich bei schwacher Hitze geschmort wird und der Deckel gut schliesst, ist es möglich, dass sich gegen Ende der Garzeit zuviel Flüssigkeit in der Pfanne befindet. In diesem Fall den Deckel abheben und die Sauce bei stärkerer Hitze etwas einkochen lassen. Wenn sie dagegen zu stark einkocht, die Temperatur reduzieren und noch etwas Milch oder Rahm beifügen.*

## Siedfleisch

Kenner wissen ein gutes Siedfleisch zu schätzen, und ein Siedfleischtopf mit verschiedenen Fleischarten ist ein besonderes Ereignis. Zugegeben, weder einfaches Siedfleisch noch ein Siedfleischtopf lassen sich für zwei oder drei Personen zubereiten. Reste von Siedfleisch, die man am besten in der Kochflüssigkeit erkalten lässt, können aber zu delikaten Gerichten weiterverwendet werden, so dass gewiegte Köche sogar bewusst ein zu grosses Stück zubereiten (s. dazu ausser den folgenden auch die Rezepte auf den Seiten 16 und 360 ff.). Brustkern, Hohrücken, Schulter oder Schenkel sind zum Sieden besonders gut geeignet. Die Frage, ob Siedfleisch kalt aufgesetzt oder erst in die kochende Flüssigkeit gegeben wird, ist einfach zu beantworten: Wer eine gehaltvolle Fleischbrühe wünscht, gibt das Fleisch in kaltes Wasser. Wenn kein besonderer Wert auf die Brühe, aber um so mehr auf ein saftiges Fleischstück gelegt wird, gibt man es in die kochende Flüssigkeit.

# Siedfleisch – Bollito di famiglia

**Für 6 Personen**
*Arbeitsaufwand: 5 Minuten*
*Kochzeit: ca. 2½ Stunden*

*Zutaten:*
*ca. 1,2 kg Rindfleisch zum Sieden*
*1 mittelgrosse Zwiebel*
*(2 Gewürznelken)*
*1 kleine Karotte*
*1 kleine Selleriestange*
*(2 kleine Tomaten)*
*2 Knoblauchzehen*
*(1 Lorbeerblatt)*
*Salz*
*(2–3 Pfefferkörner)*

*Geräte:*
*grosser Kochtopf, Deckel,*
*kleines Küchenmesser,*
*Schaumlöffel*

- Das Fleisch in den Kochtopf legen. Wasser dazugiessen, bis das Fleisch bedeckt ist. Zudecken und zum Kochen bringen.
- Inzwischen die Zwiebel schälen und, nach Belieben, mit den Nelken bestecken. Die Karotte putzen und waschen. Auch Sellerie und Tomaten waschen, falls man welche verwendet.
- Wenn das Wasser kocht, mehrmals den Schaum entfernen. Alle Zutaten beifügen. Die Knoblauchzehen ganz und ungeschält lassen.
- Wieder zudecken, die Temperatur reduzieren und das Fleisch ca. 2¼ Stunden ganz leicht ziehen lassen. Die genaue Dauer der Kochzeit hängt vom ausgewählten Fleischstück ab; es sollte sich, wenn man mit einem spitzen Messer hineinsticht, gar anfühlen.

---

- *Zum Entfetten der Fleischbrühe, s. Seite 482.* • *Das Siedfleisch wird mit Öl, Salz (evtl. grobem Meersalz) und nach Belieben mit Essiggemüse, Senffrüchten, Saucen (s. Seiten 435, 438) serviert.* • *Auch gekochtes Gemüse, das vor dem Servieren noch in Butter oder Öl geschwenkt wird, passt gut dazu. Es schmeckt besonders gut, wenn es in etwas Fleischbrühe, aber in einer separaten Pfanne gekocht wird, damit es nicht den Geschmack des Sudes beeinflusst (die Karotte schmeckt etwas zu süss, der Sellerie zu herb). Kartoffeln würden die Brühe trüben.* • *Die Fleischbrühe kann natürlich später oder bei der gleichen Mahlzeit serviert oder für ein anderes Gericht weiterverwendet werden. Das Fleisch wird aber in jedem Fall ganz oder teilweise in der heissen Brühe gehalten, bis es auf den Tisch kommt.*

# Gebratenes Siedfleisch
## Bollito rifatto in padella

**Für 4 Personen**
*Arbeitsaufwand: 6–7 Minuten*
*Kochzeit: ca. 20 Minuten*

*Zutaten:*
*2 mittelgrosse Zwiebeln*
*6 Esslöffel Öl*
*Salz*
*2 grosse gekochte Kartoffeln*
*ca. 300 g kaltes, gekochtes Rindfleisch*

*Geräte:*
*kleines Küchenmesser,*
*Holzbrett, grosse Bratpfanne,*
*grosses Küchenmesser*

● Die Zwiebeln schälen und in ca. ½ cm grosse Würfel schneiden.
● Mit der Hälfte des Öls in die Bratpfanne geben, salzen und bei schwacher Hitze ca. 15 Minuten dünsten. Dabei gelegentlich umrühren. Sie sollen keine Farbe annehmen.
● Unterdessen die Kartoffeln schälen. Vom Fleisch allfälliges Fett oder Hautstücke entfernen, Kartoffeln und Fleisch in ca. 1 cm grosse Würfel schneiden.
● Den Rest des Öls in die Pfanne geben und die Temperatur erhöhen.
● Kartoffeln und Fleisch beifügen, leicht salzen und bei mittlerer Hitze ca. 5 Minuten braten, oder bis die Kartoffeln leicht goldbraun sind. Dabei von Zeit zu Zeit sorgfältig wenden.

# Gekochtes Rindfleisch mit Erbsen
## Bollito rifatto con piselli

**Für 4 Personen**
*Arbeitsaufwand: 20 Minuten*
*Kochzeit: ca. 20 Minuten*

*Zutaten:*
*250 g geschälte Tomaten aus der Dose (Pelati), abgetropft*
*4 Esslöffel Öl*
*ca. 1,3 kg grüne Erbsen (mit Hülsen)*
*Salz*
*300–350 g kaltes, gekochtes Rindfleisch am Stück*

*Geräte:*
*mittelgrosse Pfanne, Deckel,*
*Dosenöffner, (grosses*
*Küchenmesser)*

● Die gut abgetropften Tomaten mit dem Öl in die Pfanne geben und gut mischen.
● Die Erbsen enthülsen, in die Pfanne geben und salzen.
● Das Fleisch von allfälligem Fett oder Hautstücken befreien und auf die Erbsen legen.
● Die Pfanne auf den Herd stellen. Alles zum Kochen bringen.
● Die Hitze reduzieren, die Pfanne zudecken und bei schwacher Temperatur ca. 20 Minuten weiterkochen lassen. Von Zeit zu Zeit umrühren und nach der halben Kochzeit das Fleischstück wenden. Gegen Ende der Kochzeit den Deckel abheben, die Hitze etwas erhöhen und die Flüssigkeit nach Bedarf etwas einkochen lassen.

● *Anstelle von frischen Erbsen können 300 g tiefgekühlte Erbsen verwendet werden.* ● *Statt Pelati eignen sich für dieses Rezept selbstverständlich auch geschälte, halbierte und ausgedrückte frische Tomaten.*

# Grosser Siedfleischtopf – Bollito misto

**Für 20 Personen**
Arbeitsaufwand: 15 Minuten
Kochzeit: ca. 2½ Stunden

*Zutaten:*
ca. 1,2 kg Rindfleisch zum Sieden
400 g Kalbskopf ohne Knochen
1 ganze Kalbshaxe
1 frischer Cotechino (Kochwurst aus Schweinefleisch)
Salz
6 Lauchstengel
6 Karotten
600 g Kalbsbrustspitz
1 küchenfertiges Poulet (ca. 900 g)

*Geräte:*
sehr grosser Kochtopf,
Deckel, ovale, nicht zu
grosse Pfanne mit Deckel,
kleines Küchenmesser,
(dicke Nadel), Schaumlöffel,
langes Fleischspiesschen,
grosse Servierschüssel
oder Platte mit hohem
Rand oder Suppenschüssel

● Das Rindfleisch, den Kalbskopf und die Kalbshaxe in einen grossen Kochtopf geben. Wasser zugiessen, bis alles Fleisch bedeckt ist. Den Deckel aufsetzen und zum Kochen bringen.
● Den Cotechino in eine separate Pfanne geben. Mit einem Küchenmesser oder einer Nadel an mehreren Stellen einstechen. Mit kaltem Wasser bedecken und langsam zum Kochen bringen. Die Pfanne zudecken, die Hitze reduzieren und den Cotechino leise ziehen lassen.
● Wenn das Wasser in der Pfanne mit dem Fleisch kocht, den Schaum entfernen. Mehrmals wiederholen und dann Salz beifü-

*Auch weniger ausgesprochene Liebhaber von Siedfleisch bekommen bei diesem Anblick Appetit*

gen. Den Kochtopf wieder zudecken, die Temperatur reduzieren und das Fleisch ca. 1¼ Stunden ganz leicht kochen lassen.

● Inzwischen den Lauch putzen, indem der grüne Teil, der Wurzelansatz und die äussersten 1–2 harten Blätter entfernt werden. Die Karotten schälen und beides waschen.

● Nach einer Kochzeit von 1¼ Stunden Lauch, Karotten, Poulet, Kalbsbrustspitz und den gut abgespülten Cotechino zum Fleisch geben.

● Ca. 45 Minuten immer noch ganz leicht weiterkochen. Von jetzt an mit einem spitzen Messer oder Spiesschen immer wieder den Gargrad der verschiedenen Zutaten durch Hineinstechen überprüfen. Die garen Stücke nach und nach herausheben, abtropfen lassen und in die Servierschüssel geben. Etwas heisse Brühe dazugiessen und bis zum Servieren in den warmen Backofen stellen.

---

● *Andere Methode der Zubereitung, s. Einleitung Seite 164.* ● *Man kann den Kalbsbrustspitz durch ein magereres Stück, z.B. den Schulterspitz, oder durch ganz mageres Fleisch, z.B. das falsche Filet (runder Mocken), ersetzen.* ● *Zu den Beilagen s. Anm. zum Rezept auf Seite 164.* ● *Um die Fleischbrühe gehaltvoller zu machen, kann man ihr, wie ebenfalls im Rezept auf Seite 164 beschrieben, Zwiebeln, Gewürznelken, Sellerie, Lorbeer, Tomaten, Pfeffer usw. beifügen, wobei die vierfache Menge erforderlich ist.*

---

# Gekochtes Rindfleisch mit Zwiebeln
## Bollito rifatto con cipolle

**Für 4 Personen**
*Arbeitsaufwand: ca. 7 Minuten*
*Kochzeit: ca. 35 Minuten*

*Zutaten:*
*400 g Zwiebeln*
*3 Esslöffel Öl*
*1 Esslöffel Tomatenpüree*
*½ Teelöffel Kümmelsamen*
*Salz*
*300–350 g kaltes, gekochtes Rindfleisch*
*5 Esslöffel trockener Weisswein*

*Geräte:*
*kleines Küchenmesser,*
*Holzbrett, mittelgrosse*
*Pfanne, Deckel, grosses*
*Küchenmesser*

● Die Zwiebeln schälen und in dünne Scheiben schneiden.
● Mit Öl, Tomatenpüree, Kümmelsamen, Salz und 3 Esslöffeln Wasser in eine Pfanne geben. Umrühren, damit sich das Tomatenpüree auflöst.
● Bei mittlerer Hitze zum Kochen bringen, zudecken und bei schwacher Hitze ca. 25 Minuten dünsten, oder bis die Zwiebeln gar sind.
● Inzwischen vom Fleisch allfälliges Fett oder Hautstücke entfernen. In knapp 1 cm dicke Scheiben oder 2 cm grosse Würfel schneiden.
● Den Wein in die Pfanne giessen, umrühren und bei starker Hitze einkochen, bis nur noch wenig Flüssigkeit vorhanden ist.
● Das Fleisch beifügen und zugedeckt bei schwacher Hitze 3–4 Minuten erhitzen. Dabei die Fleischscheiben einmal wenden oder die Fleischwürfel umrühren.

## Schnitzel, Rouladen, Spiesschen, Ragout

Es handelt sich hier um Gerichte, die nicht an ein bestimmtes Fleischstück gebunden sind, d.h., man kann sie aus verschiedenen Stücken zubereiten, teureren oder auch preisgünstigeren. Trotzdem gibt es Stücke, die für einen ganz bestimmten Verwendungszweck besonders geeignet sind. Für Schnitzel und Rouladen verwendet man meistens Eckstück, Unterspälte, Huft (alle aus dem Hinterviertel bzw. Stotzen), für Ragout dagegen die Schulter. Während bei den Rouladen die Füllung und bei den Spiesschen die Zusammensetzung der Zutaten ausschlaggebend ist, sind es beim Ragout und bei den Schnitzeln die Saucen, die dem Gericht eine spezielle Note verleihen. Die Garzeiten all dieser Gerichte sind eher lang. Sie können nicht im letzten Moment auf den Tisch gezaubert werden und erfordern etwas Geduld, doch der Aufwand lohnt sich!

# Rindfleischspiesschen an Senfsauce
## Spiedini alla senape

**Für 4–6 Personen**
*Arbeitsaufwand:*
*12–13 Minuten*
*Garzeit: ca. 30 Minuten*

*Zutaten:*
*20 sehr kleine, möglichst gleichmässige Perlzwiebelchen*
*Salz*
*1 Stück Entrecôte von 800 g*
*200 g sehr dünne Schweinebratwurst*
*1 Esslöffel Öl*
*½ Esslöffel scharfer Senf*
*1 Esslöffel Essig*

*Geräte:*
*kleine Pfanne, 10 kurze*
*oder 5 lange Spiesschen,*
*Holzbrett, Küchenmesser,*
*Sieb, grosse Bratpfanne*

Wenn möglich schon geschälte Zwiebelchen kaufen.

● Die geschälten Zwiebelchen waschen, in die Pfanne geben, mit Wasser bedecken und salzen.
● Bei starker Hitze zum Kochen bringen, dann die Temperatur reduzieren und 10 Minuten ganz leicht weiterkochen, oder bis sie sich beim Einstechen mit einem der Spiesschen (nicht mit einer Gabel, die sie verletzen würde) gar, aber nicht zu weich anfühlen.
● Das Fleisch unterdessen in 2–3 cm grosse Würfel und die Wurst in gleich viele Stücke wie das Fleisch schneiden.
● Die Zwiebelchen abtropfen lassen.
● Fleisch- und Wurststücke sowie Zwiebelchen abwechslungsweise auf die Spiesse stecken.
● Das Öl in die Bratpfanne geben und erhitzen. Durch Drehen und Anheben der Pfanne über den ganzen Boden verteilen.
● Die Spiesschen hineingeben und unter häufigem Wenden ca. 3 Minuten braten, oder bis das Fleisch auf allen Seiten eine schöne Farbe angenommen hat.
● Die Hitze reduzieren und noch ca. 15 Minuten weiterbraten. Dabei nur noch selten wenden.
● Aus der Pfanne nehmen und anrichten.
● 2–3 Esslöffel Wasser in die Pfanne geben und den Bratensatz damit lösen. Bei starker Hitze aufkochen.
● Vom Herd ziehen und Senf, Essig und Salz (nur wenig, weil die Würste bereits gesalzen sind) zufügen. Rühren, bis sich der Senf ganz aufgelöst hat. Über die Spiesschen giessen und servieren.

# Rindsschnitzel an pikanter Sauce
## Scaloppe in salsa piccante

**Für 4 Personen**
*Arbeitsaufwand:*
*8–10 Minuten*
*Garzeit: ca. 40 Minuten*

*Zutaten:*
*600 g Rindsschnitzel*
*3 Esslöffel Öl*
*400 g geschälte Tomaten aus der Dose (Pelati), abgetropft*
*Salz*
*1 Zweig Petersilie (gehackt 1 Esslöffel)*
*4 kleine, grüne Pfefferschoten (Essigkonserve)*
*4 kleine Cornichons*

*Geräte:*
*Holzbrett, (Fleischhammer und Küchenmesser), grosse Bratpfanne, Deckel, Dosenöffner, Wiegemesser*

● Die Schnitzel, wenn dies nicht schon der Metzger getan hat, auf eine Dicke von ca. ½ cm klopfen. Falls sie sehr gross und somit etwas unhandlich sind, in 2 oder 3 Stücke schneiden.
● In der Bratpfanne 1 Esslöffel Öl stark erhitzen.
● Die Schnitzel hineingeben und auf jeder Seite ganz kurz anbraten. Auf einen Teller geben.
● Das restliche Öl und die gut abgetropften Tomaten in die Pfanne geben. Salzen und aufkochen.
● Das Fleisch wieder in die Pfanne geben, zudecken und die Temperatur reduzieren.
● Die Petersilie waschen, gut abtropfen lassen und den Stiel entfernen. Von den Pfefferschoten den Stielansatz wegschneiden. Petersilie, Pfefferschoten und Cornichons zusammen hacken und über das Fleisch verteilen.
● Die Pfanne wieder zudecken und das Fleisch weitere 30 Minuten garen. Während dieser Zeit die Sauce gelegentlich umrühren und das Fleisch einmal wenden. Bei genügend niedriger Temperatur und wenn der Deckel gut verschliesst, ist die Sauce evtl. am Ende der Garzeit etwas zu dünnflüssig. In diesem Fall den Deckel abheben und die Temperatur etwas erhöhen, um die Sauce ein wenig einzukochen.

# Rindsschnitzel mit Pilzen – Scaloppe ai funghi

**Für 4 Personen**
*Einweichen der Pilze:*
*15 Minuten*
*Arbeitsaufwand: 5 Minuten*
*Garzeit: ca. 35 Minuten*

*Zutaten:*
*15 g getrocknete Pilze (Steinpilze)*
*40–50 g Butter*
*4 Rindsschnitzel (je 150 g)*
*1 kleine Zwiebel (40–50 g)*
*½ Esslöffel Mehl*
*1½ dl Rotwein*
*Salz*

*Geräte:*
*grosse Tasse, mittelgrosse Bratpfanne, Deckel, kleines Küchenmesser, Holzbrett*

● Die Pilze in die Tasse geben und mit lauwarmem Wasser begiessen. Ca. 15 Minuten stehenlassen.
● Die Butter in der Bratpfanne schmelzen. Wenn sie aufschäumt, die Schnitzel hineingeben und beidseitig einige Minuten bei mittlerer Hitze braten, ohne dass sie Farbe annehmen.

● Inzwischen die Zwiebel schälen, der Länge nach halbieren und in Scheiben schneiden (einige Millimeter dick).
● Die Schnitzel mit dem Mehl bestäuben: einige Male wenden, damit sich das Mehl gut verteilt und die Butter aufnimmt.
● Zwiebel, abgetropfte Pilze, Wein, 1½ dl Einlegeflüssigkeit der Pilze (den letzten Rest nicht verwenden, falls er Sandrückstände enthält) und Salz beifügen. Zum Kochen bringen.
● Die Temperatur reduzieren, die Pfanne zudecken und das Fleisch bei schwacher Hitze noch ca. 30 Minuten garen. Nach der halben Zeit einmal wenden und die Sauce mehrmals umrühren. Sollte sie zu stark einkochen, noch etwas Wasser oder Einlegeflüssigkeit der Pilze beifügen. Sollte hingegen am Ende der Garzeit zuviel Flüssigkeit vorhanden sein, den Deckel von der Pfanne entfernen und die Sauce etwas einkochen lassen.

# Rindfleischrouladen mit Sardellen
## Involtini all'acciuga

**Für 4 Personen**
*Marinierzeit: 12 Stunden*
*Arbeitsaufwand: 6–7 Minuten*
*Garzeit: 1 Stunde 10 Minuten*

*Zutaten:*
*600 g dünne Rindsschnitzel*
*ca. 40 g Speck am Stück*
*8 Sardellenfilets*
*3 dl Rotwein*
*1½ Esslöffel Butter*
*1 knapper Esslöffel Mehl*
*(Salz)*

*Geräte:*
*(Holzbrett und Fleisch-hammer), Küchenmesser, Zahnstocher, Rouladenspiesse oder Küchenfaden, mittel-grosser Schmortopf mit sehr gut schliessendem Deckel*

● Die Schnitzel auf eine Dicke von ca. ½ cm klopfen, wenn dies nicht schon der Metzger getan hat. Falls sie sehr gross sind, evtl. halbieren, damit wenn möglich 8 Stücke zur Verfügung stehen.
● Den Speck in gleich viele Stäbchen schneiden, wie Fleischstücke vorhanden sind.
● Auf jedes Fleischstück je 1 Sardellenfilet und 1 Speckstäbchen legen.
● Das Fleisch von einer Schmalseite her aufrollen und mit Zahnstochern, Rouladenspiessen oder Küchenfaden fixieren.
● Die Rouladen nebeneinander im Schmortopf anordnen. Bis auf dreiviertel Höhe der Rouladen Rotwein dazugiessen. Zudecken und ca. 12 Stunden stehenlassen. Das Fleisch während dieser Zeit einmal wenden.
● Den Backofen auf 180 °C vorheizen. Den zugedeckten Topf auf mittlerer Höhe hineinschieben (sollte der Deckel nicht sehr gut verschliessen, ein zusammengefaltetes Stück Aluminiumfolie zwischen Topf und Deckel legen). 1 Stunde schmoren lassen.
● In einem kleinen Teller mit einer Gabel die weiche Butter und das Mehl zusammen verkneten.
● Den Kochtopf aus dem Ofen nehmen und die Rouladen auf eine Platte legen. Den Topf auf den Herd stellen und das Mehl-Butter-Gemisch in der Flüssigkeit verrühren. Bei ziemlich starker Hitze und unter gelegentlichem Rühren 5–6 Minuten kochen, oder bis die Sauce die gewünschte Konsistenz aufweist. Wenn

nötig mit etwas Salz abschmecken (es ist möglich, dass dies wegen der Sardellen und dem Speck unnötig ist).

● Die Rouladen in die Sauce geben, zudecken und bei schwacher Temperatur noch 3–4 Minuten erwärmen und in der Sauce ziehen lassen. Dabei einmal wenden.

# Rindfleischrouladen mit Spinat
## Involtini con spinaci

**Für 4 Personen**

*Arbeitsaufwand:*
*10–12 Minuten*
*Garzeit: ca. 45 Minuten*

*Zutaten:*
*4 dünne Rindsschnitzel (je ca. 150 g)*
*1 Zweiglein Petersilie (gehackt 1 Esslöffel)*
*1 mittelgrosse Zwiebel*
*2–3 Scheiben gekochter Schinken*
*3 Sardellenfilets*
*3 Gabeln gekochter oder gedünsteter Spinat, gut ausgedrückt*
*2 Esslöffel Öl*
*1 mittelgrosse Karotte*
*1 Esslöffel Tomatenpüree*
*Salz*

*Die Italiener erfinden immer wieder neue Rouladen-Füllungen, z.B. aus Spinat, Schinken und Sardellen*

*Geräte:*
*Holzbrett, (Fleischhammer),*
*kleines Küchenmesser,*
*Wiegemesser, Zahnstocher,*
*Rouladenspiesse oder*
*Küchenfaden, mittelgrosse*
*Bratpfanne, Deckel*

- Die Schnitzel so dünn wie möglich klopfen, wenn dies nicht schon der Metzger getan hat.
- Die Petersilie waschen, gut abtropfen lassen und den Stiel entfernen. Die Zwiebel schälen.
- Petersilie, 1 kleines Stück Zwiebel, Schinken, Sardellenfilets und Spinat zusammen hacken.
- Je ¼ dieser Masse auf die Fleischscheiben legen. Diese von einer Schmalseite her aufrollen und mit Zahnstochern, Rouladenspiessen oder Küchenfaden fixieren.
- Das Öl in der Bratpfanne erhitzen. Die Rouladen hineinlegen und allseitig anbraten.
- Inzwischen den Rest der Zwiebel in Würfelchen schneiden und die Karotte putzen und waschen. Der Länge nach halbieren und dann in dünne Scheibchen schneiden.
- Zwiebel und Karotte zum Fleisch in die Pfanne geben und 3–4 Minuten mitdünsten.
- Mit 4–5 Esslöffeln Wasser ablöschen, das Tomatenpüree darin auflösen und vorsichtig salzen (Schinken und Sardellenfilets sind schon gesalzen).
- Zudecken und bei schwacher Hitze noch ca. 40 Minuten schmoren. Dabei die Rouladen einmal wenden und die Sauce von Zeit zu Zeit umrühren. Sollte sie zu stark einkochen, etwas Wasser beifügen. Falls die Rouladen mit Faden gebunden sind, diesen vor dem Servieren entfernen.

# Rindfleischrouladen in roter Sauce
## Involtini in salsa rossa

**Für 4 Personen**
*Arbeitsaufwand: 5–7 Minuten*
*Garzeit: ca. 45 Minuten*

*Zutaten:*
*600 g dünne Rindsschnitzel*
*¼ einer kleinen Zwiebel*
*1 Zweiglein Petersilie (gehackt 2 Esslöffel)*
*(1–2 Scheibchen Knoblauch)*
*70 g geräucherter Pancetta in dünnen Scheiben*
*4 Esslöffel Öl*
*300 g geschälte Tomaten aus der Dose (Pelati), abgetropft*
*Salz*

*Geräte:*
*Holzbrett, (Fleischhammer*
*und grosses Küchenmesser),*
*kleines Küchenmesser,*
*Wiegemesser, Zahnstocher,*
*Rouladenspiesse oder*
*Küchenfaden, mittelgrosse*
*Bratpfanne, Deckel,*
*Dosenöffner*

- Die Schnitzel auf eine Dicke von ca. ½ cm klopfen, wenn dies nicht schon der Metzger getan hat. Falls sie sehr gross sind, evtl. halbieren, damit wenn möglich 8 Stücke zur Verfügung stehen.
- Die Zwiebel schälen und fein hacken. Die Petersilie zusammen mit dem Knoblauch, falls solcher verwendet wird, ebenfalls fein hacken.
- Die Pancetta-Scheiben auf die Fleischscheiben legen. Zwiebel und Petersilie darüber verteilen.
- Das Fleisch von einer Schmalseite her aufrollen und mit Zahnstochern, Rouladenspiessen oder Küchenfaden fixieren.
- Das Öl in der Bratpfanne leicht erhitzen. Die Rouladen hineinlegen und bei schwacher Hitze unter Wenden ca. 5 Minuten anbraten, bis das Fleisch allseitig hellbraun ist.

- Die gut abgetropften Tomaten beifügen, salzen und zum Kochen bringen.
- Den Deckel aufsetzen, die Temperatur reduzieren und das Fleisch ca. 40 Minuten leise köcheln lassen. Bei halber Garzeit einmal wenden und die Sauce gelegentlich umrühren. Sollte sie zu stark einkochen, wenig Wasser beifügen.
- Falls die Rouladen mit Faden gebunden sind, diesen vor dem Servieren entfernen.

# Rindfleischragout an Rotweinsauce
## Spezzatino al vino rosso

**Für 4 Personen**
*Marinierzeit: 24 Stunden*
*Arbeitsaufwand: 6–7 Minuten*
*Garzeit:*
*ca. 1 Stunde 40 Minuten*

*Zutaten:*
*700–800 g Rindfleisch zum Schmoren*
*2 Lorbeerblätter*
*2 Gewürznelken*
*1 1/2 dl Rotwein*
*3 Esslöffel Essig*
*2 kleine Zwiebeln (je ca. 50 g)*
*1 Scheibe geräucherter Pancetta (ca. 100 g)*
*2 Esslöffel Öl*
*Salz*
*(Pfeffer)*

*Geräte:*
*grosses und kleines Küchenmesser, Holzbrett, Gefäss zum Marinieren, mittelgrosse Pfanne, Deckel*

- Das Fleisch in 3–4 cm grosse Würfel schneiden (oder vom Metzger schneiden lassen).
- Zusammen mit Lorbeerblättern, Gewürznelken, Rotwein und Essig in das Mariniergefäss geben. Mischen, bedecken und 24 Stunden stehenlassen. Wenn möglich während dieser Zeit ab und zu wenden.
- Die Zwiebeln schälen und in je 8 Schnitze schneiden.
- Die Schwarte vom Pancetta wegschneiden. Den Speck quer zu den Fett- und Fleischschichten in 1–2 cm breite Streifen schneiden.
- Öl, Zwiebeln und Pancetta in die Pfanne geben und während 5–7 Minuten unter häufigem Wenden dünsten. Sie dürfen leicht Farbe annehmen.
- Für einen Moment vom Herd wegziehen und etwas abkühlen lassen. Dann das Fleisch samt Marinade hineingeben.
- Die Pfanne wieder aufsetzen und das Gericht mit Salz und nach Belieben mit Pfeffer würzen und aufkochen.
- Den Deckel aufsetzen, die Temperatur reduzieren und unter gelegentlichem Rühren 1 1/2 Stunden schmoren lassen, oder bis das Fleisch sich beim Einstechen mit der Gabel gar anfühlt.

---

- *Wenn der Deckel gut schliesst, ist es möglich, dass sich bis zum Ende der Garzeit zuviel Flüssigkeit gebildet hat. In diesem Fall den Deckel abheben und die Sauce bei stärkerer Hitze etwas einkochen lassen. Wenn sie dagegen zu stark eingekocht ist, die Temperatur reduzieren und noch etwas Wasser oder Rotwein beifügen.* • *Nach Belieben während der letzten 10–15 Minuten 100 g schwarze Oliven mitkochen.*

## Hackfleisch

Ungezählt sind die Möglichkeiten, die hinter diesem Wort versteckt sind: vom feinsten Beefsteak Tatar über Hackfleischkugeln zum Hackbraten – alle entweder ganz einfach oder raffiniert zubereitet. Dazu kommt der grosse Vorteil, dass Hackfleisch in der Regel preisgünstig ist. Allerdings lohnt es sich, eine gute Qualität zu kaufen, die möglichst wenig Fett (sichtbares Weiss) aufweist, welches während des Garens austritt und somit die Fleischmenge reduziert. Mageres Fleisch ist leicht an seiner intensiv roten Farbe zu erkennen. Jedes gehackte Fleisch muss möglichst rasch konsumiert werden, da es schnell verdirbt. Ganz besonders trifft dies für Tatar-Fleisch zu, das ohnehin von besonders guter Qualität und absolut frisch sein muss, weil es roh genossen wird. Hackfleisch, für welchen Zweck auch immer man es verwendet, bedarf einiger Zeit für die Zubereitung und passt deshalb, mit ganz wenigen Ausnahmen, nicht auf den Speisezettel für Eilige.

# Hackfleischkugeln mit Pilzen
## Polpette con funghi

**Für 4 Personen**
*Einweichen der Pilze:*
*15 Minuten*
*Arbeitsaufwand:*
*12–13 Minuten*
*Garzeit: ca. 20 Minuten*

*Zutaten:*
*ca. 10 g getrocknete Pilze (Steinpilze)*
*3 Scheiben Kastenbrot*
*5 Esslöffel Milch*
*500–700 g gehacktes Rindfleisch*
*3–4 Esslöffel geriebener Parmesan*
*Salz*
*1 kleine Zwiebel (ca. 50 g)*
*3 Esslöffel Öl*
*1/2 Esslöffel Mehl*
*5 Esslöffel Rotwein*

*Geräte:*
*Tasse, Holzbrett, kleines Küchenmesser, Schüssel, Käseraffel, Wiegemesser oder grosses Küchenmesser, grosse Bratpfanne*

● Die Pilze in lauwarmes Wasser einlegen und 15 Minuten stehenlassen.
● Inzwischen die Fleischmasse zubereiten und zu Kugeln formen, wie im Rezept «Hackfleischkugeln auf einfache Art» (s. Seite 175) beschrieben.
● Die Zwiebel schälen und ziemlich fein hacken.
● Zusammen mit dem Öl in die Bratpfanne geben und ganz kurz dünsten.
● Die Zwiebeln gleichmässig über den Pfannenboden verteilen und dann die Fleischkugeln hineingeben. Bei mittlerer Temperatur ca. 8 Minuten braten. In dieser Zeit einmal wenden.
● Mit dem Mehl bestäuben und nochmals wenden.
● Die Pilze abtropfen lassen (die Einweichflüssigkeit nicht weggiessen) und hacken. Ebenfalls in die Pfanne geben.
● Den Wein und 4–5 Esslöffel der Einweichflüssigkeit dazugiessen (aufpassen, dass ein allfälliger sandhaltiger Rückstand auf dem Boden der Tasse nicht mitverwendet wird). Zum Kochen bringen.
● Die Hitze reduzieren und die Fleischkugeln weitere 10 Minuten garen. Dabei nochmals wenden und die Temperatur so regulieren, dass die Flüssigkeit am Ende der Kochzeit die richtige Konsistenz aufweist. Sollte sie zu stark einkochen, nochmals etwas Einweichflüssigkeit der Pilze oder Wasser beifügen.

# Hackfleischkugeln auf einfache Art
## Polpette semplici

**Für 4 Personen**
*Arbeitsaufwand: 10 Minuten*
*Garzeit: 15–20 Minuten*

*Zutaten:*
*3 Scheiben Kastenbrot*
*5 Esslöffel Milch*
*600–800 g gehacktes Rindfleisch*
*3–4 Esslöffel geriebener Parmesan*
*Salz*
*3 Esslöffel Öl*

*Geräte:*
*(kleines Küchenmesser),*
*Schüssel, Käseraffel,*
*grosse Bratpfanne*

● Nach Belieben mit dem Messer die Kruste der Brotscheiben wegschneiden. Das Brot in Stücke brechen, in die Schüssel geben und mit Milch befeuchten.
● Einen Moment stehenlassen, dann mit einer Gabel ganz fein zerdrücken.
● Fleisch, Parmesan und Salz beifügen und mit der Gabel zu einer gleichmässigen Masse verarbeiten. Wenn nötig nochmals etwas Milch beifügen. Nicht zusammenpressen, sondern eher versuchen, die Masse locker zu halten.
● Gehäufte Esslöffel von der Masse abstechen und zwischen den Handflächen, immer ohne zusammenzupressen, eigrosse Kugeln formen. Am Schluss auf ca. 2½ cm flachdrücken.
● Das Öl in die Bratpfanne geben und erhitzen.
● Die Fleischkugeln hineingeben und bei mittlerer Temperatur (es soll immer ein leichtes Zischen hörbar sein) 15–20 Minuten oder nach Belieben etwas mehr oder weniger lang braten. Während dieser Zeit ein- oder mehrmals wenden (aber erst, wenn sich eine leichte Kruste gebildet hat, da sonst die Kugeln auseinanderfallen könnten). Gegen Ende der Bratzeit die Temperatur etwas erhöhen, um die ausgetretene Flüssigkeit einzukochen und den Fleischkugeln etwas mehr Farbe zu geben.
● Die Kugeln mit einer Gabel aus der Pfanne heben und auf eine Platte anrichten.
● 2–3 Esslöffel Wasser in die Pfanne geben und den Bratensatz damit lösen. Einmal aufkochen lassen und über das angerichtete Fleisch verteilen.

● *Die Hackfleischmasse wenn möglich ca. 1 Stunde im Kühlschrank stehenlassen, damit sich die Zutaten besser verbinden und sich die Kugeln leichter formen lassen.* ● *Nach Belieben etwas frisch geriebene Muskatnuss oder 1–2 Esslöffel gehackte Petersilie oder andere Kräuter unter die Fleischmasse mischen, um ihr etwas mehr Geschmack zu verleihen (frischer oder getrockneter Thymian oder Majoran passen sehr gut dazu).* ● *Man kann auch auf das Brot verzichten und die Milch durch Rahm ersetzen sowie etwas mehr Parmesan beifügen.* ● *Damit das Brot die Milch rascher aufnimmt, kann man sie vorher leicht erwärmen.* ● *Zum Lösen des Bratensatzes eignen sich anstelle von Wasser Weisswein, Fleischbrühe oder Marsala.* ● *Oder man kann dem gelösten Bratensatz zum Schluss einige Esslöffel Rahm beimischen, der nur noch erhitzt wird, oder 20–30 g frische Butter, die erst neben dem Herd unter die Sauce gemischt wird.* ● *Diese Fleischmasse kann auch durch 1–2 Eier ergänzt und vor dem Braten in Paniermehl gewendet werden. In diesem Fall anstelle von Öl Butter verwenden.*

*Stets gut und beliebt sind Hackfleischkugeln, hier mit Oliven und Tomaten zubereitet*

# Hackfleischkugeln mit Oliven und Tomaten
## Polpette con olive e pomodoro

**Für 4 Personen**
*Arbeitsaufwand: 12 Minuten*
*Garzeit: 30 Minuten*

*Zutaten:*
*300 g geschälte Tomaten aus der Dose (Pelati), abgetropft*
*½ Esslöffel Tomatenpüree*
*2 Esslöffel Öl*
*Salz*
*12 schwarze Oliven*
*12 grüne Oliven*
*2 Scheiben gekochter Schinken*
*2 Scheiben Kastenbrot*
*5 Esslöffel Milch*
*500–700 g gehacktes Rindfleisch*

*Geräte:*
*grosse Bratpfanne, Dosen-*
*öffner, Olivenentkerner oder*
*kleines Küchenmesser, Holz-*
*brett und Wiegemesser,*
*Schüssel*

● Die sehr gut abgetropften Tomaten, Tomatenpüree, Öl und Salz in die Bratpfanne geben.
● Aufkochen, die Temperatur reduzieren und unter häufigem Rühren leise kochen lassen, während die Fleischmasse zubereitet wird.
● 3 schwarze und 3 grüne Oliven mit dem Olivenentkerner oder mit einem Küchenmesser vom Kern lösen und zusammen mit dem Schinken hacken.
● Aus Brot, Milch, Fleisch und etwas Salz die Fleischmasse zubereiten, wie im Rezept «Hackfleischkugeln auf einfache Art»

(s. Seite 175) beschrieben. Auch die gehackten Oliven mit dem Schinken beifügen.

- Gehäufte Esslöffel von der Masse abstechen und zwischen den Handflächen, ohne zusammenzupressen, eigrosse Kugeln formen. Am Schluss auf ca. 2½ cm flachdrücken.
- In die Tomatensauce geben und während ca. 20 Minuten unter gelegentlichem Wenden garen. Nach ca. 10 Minuten die restlichen Oliven beifügen.

# Hackfleischkugeln mit Zwiebeln
## Polpette alla cipolla

**Für 4 Personen**
*Arbeitsaufwand:*
*ca. 10 Minuten*
*Garzeit: ca. 35 Minuten*

*Zutaten:*
*250 g Zwiebeln*
*100 g Butter*
*Salz*
*600 g gehacktes Rindfleisch*
*2 Eier*
*Pfeffer*
*ca. 1 Mokkalöffel geriebene Muskatnuss*
*ca. 4 Esslöffel Mehl*

*Geräte:*
*kleines Küchenmesser,*
*Holzbrett, kleine Pfanne,*
*Schüssel, Muskatnussreibe,*
*grosse Bratpfanne*

- Die Zwiebeln schälen und in kleine Würfelchen schneiden.
- 40 g Butter in der Pfanne schmelzen. Die Zwiebeln mit wenig Salz beifügen und bei schwacher Hitze unter häufigem Rühren ca. 20 Minuten dünsten. Die Zwiebeln sollen weich sein, aber keine Farbe annehmen.
- Fleisch, Eier (zuerst einzeln in einen kleinen Teller aufschlagen, um die Qualität zu prüfen), Salz, Pfeffer, Muskatnuss und 4 Esslöffel der separat weichgekochten Zwiebeln in die Schüssel geben (die restlichen Zwiebeln im Pfännchen bei kleinster Hitze auf dem Herd lassen und gelegentlich umrühren).
- Alles mit einer Gabel gut vermischen, ohne die Zutaten zusammenzupressen, eher darauf achten, dass die Masse locker bleibt.
- Mit den Händen die Masse zu 8 gleich grossen, einige Zentimeter dicken Kugeln formen (dies ist nicht ganz einfach, weil die Masse sehr weich ist, aber sie wird durch das Braten fester). Allseitig mit Mehl bestäuben.
- Die restliche Butter in der Bratpfanne erhitzen und aufschäumen lassen.
- Sobald sie sich leicht haselnussbraun verfärbt, die Fleischkugeln hineingeben. Bei mittlerer Hitze auf jeder Seite einige Minuten anbraten, oder bis sich eine goldbraune Kruste gebildet hat.
- Die Temperatur reduzieren und das Fleisch 8–10 Minuten weiterbraten, oder bis der Fleischsaft in kleinen Tropfen an die Oberfläche tritt. Dies bedeutet, dass das Innere noch leicht rosa ist (soll das Fleisch mehr durchgebraten sein, noch einige Minuten in der Pfanne belassen).
- Die Fleischkugeln mit einer Gabel herausheben, gut abtropfen lassen und auf eine Platte anrichten. Mit den restlichen Zwiebeln bestreuen.

# Einfacher Hackbraten – Polpettone semplice

**Für 4 Personen**
*Arbeitsaufwand: 5 Minuten*
*Garzeit: 30–40 Minuten*

*Zutaten:*
*3 Scheiben Kastenbrot*
*5 Esslöffel Milch*
*600–800 g gehacktes Rindfleisch*
*3–4 Esslöffel geriebener Parmesan*
*Salz*
*2 Esslöffel Öl*

*Geräte:*
*(kleines Küchenmesser),*
*Schüssel, Käseraffel,*
*Bräter oder niedrige,*
*feuerfeste Form von*
*mindestens 25 cm Länge*
*(oder, falls Methode 2*
*angewendet wird, von*
*ca. 18 x 25 cm), grosse*
*Bratschaufel*

• Nach Belieben mit dem Messer die Kruste der Brotscheiben wegschneiden. Das Brot in Stücke brechen, in die Schüssel geben und mit Milch befeuchten.

• Einen Moment stehenlassen, dann mit einer Gabel ganz fein zerdrücken.

• Fleisch, Parmesan und Salz beifügen und mit der Gabel zu einer gleichmässigen Masse verarbeiten. Wenn nötig nochmals etwas Milch beifügen. Nicht zusammenpressen, sondern eher versuchen, die Masse locker zu halten.

• Den Backofen auf 200 °C vorheizen.

• Die Masse zwischen die Hände nehmen (oder, wenn dies einfacher ist, auf die Arbeitsfläche geben, die man evtl. zuvor mit einem Stück Aluminiumfolie bedeckt hat). Einen länglichen Laib mit abgerundeten Enden formen. Er soll ca. 6 cm hoch und in der Mitte 10–12 cm breit sein. Nur so stark zusammendrücken, wie nötig ist, um die Masse zusammenzuhalten.

• Den Boden des Bräters oder der Form mit Öl bestreichen und den Fleischkloss darauf legen.

• In die Mitte des heissen Ofens schieben und 30–40 Minuten braten, je nachdem, ob das Fleisch innen noch leicht rosa oder ganz durchgebraten sein soll. Der Bratensatz, der sich auf dem Boden der Form bildet, sollte bei der eingestellten Temperatur eine kräftige Farbe annehmen. Falls der Backofen heisser wird, besteht die Gefahr, dass Bratensatz und Unterseite des Bratens zu dunkel werden. In diesem Fall von Zeit zu Zeit einige Esslöffel Wasser auf den Boden des Bräters oder der Form giessen.

• Am Ende der Garzeit den Braten sorgfältig mit einer grossen Bratschaufel auf eine Platte heben.

• Den Bräter auf den Herd stellen, 2–3 Esslöffel Wasser dazugiessen, ganz wenig salzen und bei starker Hitze aufkochen. Dabei mit der Bratschaufel den Satz vom Boden lösen. Etwas einkochen lassen und dann über den Braten giessen.

• *Der Braten kann vor dem Auftragen (und bevor die Sauce darüber verteilt wird) oder erst am Tisch geschnitten werden. Wenn genügend Zeit vorhanden ist, das Fleisch vor dem Aufschneiden noch 10 Minuten im ausgeschalteten Backofen stehenlassen. Der Hackbraten wird sich dadurch etwas festigen und somit leichter schneiden lassen.* • *Um am Schluss den Bratensatz zu lösen, kann anstelle von Wasser Weisswein oder Marsala verwendet werden.* • *Nach Belieben einige Esslöffel Rahm zugeben, die bloss erhitzt werden, oder 20–30 g frische Butter darunterschwingen, bis sie geschmolzen ist.* • *Man kann die Fleischmasse auch in einer mit Öl bestrichenen feuerfesten Form gleichmässig verteilen und braten. Zum Servieren in grosse Stücke schneiden.*

# Hackbraten mit Gemüse – Polpettone con verdure

**Für 4 Personen**
*Arbeitsaufwand:*
*ca. 10 Minuten*
*Garzeit: 30–40 Minuten*

*Zutaten:*
*3 Scheiben Kastenbrot*
*5 Esslöffel Milch*
*600–800 g gehacktes Rindfleisch*
*3–4 Esslöffel geriebener Parmesan*
*Salz*
*5 Esslöffel Öl*
*500 g Kartoffeln*
*300 g Karotten*

*Geräte:*
*kleines Küchenmesser,*
*Schüssel, Käseraffel,*
*Bräter oder mindestens*
*25 cm lange, feuerfeste*
*Form, Küchentuch oder*
*-papier, grosse Bratschaufel*

- Eine Fleischmasse zubereiten, wie im Rezept «Einfacher Hackbraten» (s. Seite 178) beschrieben.
- Die Kartoffeln und Karotten schälen, waschen und trockentupfen.
- Die Kartoffeln in ca. 2 cm grosse Stücke, die Karotten in 1 cm dicke Stäbchen schneiden.
- Das Gemüse rund um den Hackbraten anordnen, mit wenig Salz bestreuen, mit 3 Esslöffeln Öl beträufeln und mischen.
- Alles zusammen braten, wie im erwähnten Rezept beschrieben, dabei das Gemüse einige Male umrühren.

# Bäuerlicher Hackbraten – Polpettone rustico

**Für 4 Personen**
*Arbeitsaufwand:*
*ca. 10 Minuten*
*Garzeit: 40–50 Minuten*

*Zutaten:*
*1 Scheibe magerer Pancetta (ca. 70 g)*
*1 kleine Zwiebel (ca. 70 g)*
*1 mittelgrosse Kartoffel (ca. 100 g)*
*4 Esslöffel Öl*
*3 Scheiben Kastenbrot*
*5 Esslöffel Milch*
*600–800 g gehacktes Rindfleisch*
*3–4 Esslöffel geriebener Parmesan*
*Salz*

*Geräte:*
*grosses und kleines Küchen-*
*messer, Holzbrett, kleine Brat-*
*pfanne, Schüssel, Käseraffel,*
*Bräter oder mindestens*
*25 cm lange, feuerfeste*
*Form, grosse Bratschaufel*

- Die Schwarte vom Pancetta wegschneiden. Die Zwiebel und die Kartoffel schälen.
- Pancetta und Zwiebel in kleine Würfel von knapp ½ cm, die Kartoffel in etwas grössere Würfel schneiden.
- Pancetta, Zwiebel und Kartoffel in die Bratpfanne geben und 2 Esslöffel Öl beifügen. Bei mittlerer Hitze unter häufigem Rühren ca. 10 Minuten dünsten, oder bis die Kartoffelwürfel gar sind.
- Inzwischen aus den übrigen Zutaten, wie im Rezept «Einfacher Hackbraten» beschrieben (s. Seite 178), die Fleischmasse zubereiten.
- Die gedünsteten Zutaten sorgfältig, damit die Kartoffeln nicht zerdrückt werden, daruntermischen.
- Für den Rest der Zubereitung wie im erwähnten Rezept vorgehen.

# Kleine Hackbraten mit Mozzarella
## Polpettoncini alla mozzarella

**Für 4 Personen**
*Arbeitsaufwand: 10 Minuten*
*Garzeit: ca. 35 Minuten*

*Zutaten:*
*3 Scheiben Kastenbrot*
*5 Esslöffel Milch*
*600 g gehacktes Rindfleisch*
*3–4 Esslöffel geriebener Parmesan*
*Salz*
*2 Esslöffel gehackte Petersilie*
*1 Mozzarella*
*4 Esslöffel Öl*
*400 g geschälte Tomaten aus der Dose (Pelati), abgetropft*

*Geräte:*
*kleines Küchenmesser,*
*Schüssel, Käseraffel, Holz-*
*brett und Wiegemesser,*
*grosse Bratpfanne, Dosen-*
*öffner, grosse Bratschaufel*

- Aus Brot, Milch, Fleisch, Parmesan und Salz eine Masse zubereiten wie im Rezept «Einfacher Hackbraten» (s. Seite 178), wobei noch die Petersilie beigefügt wird.
- In 4 gleich grosse Portionen teilen.
- Den Mozzarella in 8 Schnitze schneiden.
- Aus jeder Fleischportion einen länglichen Laib von ca. 6 cm Durchmesser formen. Dabei der Länge nach je 2 Mozzarella-schnitze in der Mitte einschliessen.
- Das Öl in der Bratpfanne erhitzen.
- Die Fleischklösse hineingeben und ca. 10 Minuten braten. Während dieser Zeit mehrmals sorgfältig wenden, damit sie auf allen Seiten Farbe annehmen können.
- Vorsichtig auf einen Teller herausheben.
- Die sehr gut abgetropften Tomaten in die Pfanne geben und salzen. 5 Minuten bei ziemlich starker Hitze kochen. Immer wieder umrühren. Die Tomaten sollen dabei zerfallen und die Flüssigkeit verdampfen.
- Die Fleischklösse in die Pfanne zurückgeben und unter gelegentlichem Wenden bei schwacher Hitze 20 Minuten garen.

# Beefsteak Tatar mit Orangensaft
## Tartara all'arancia

**Für 4 Personen**
*Arbeitsaufwand: 5 Minuten*

*Zutaten:*
*2 Esslöffel Kapern*
*500 g mageres, gehacktes Rindfleisch*
*Saft von 1 Orange*
*1 Esslöffel Brandy (Weinbrand)*
*1–2 Esslöffel Öl*
*Salz*

*Geräte:*
*(Sieb), Holzbrett und*
*Wiegemesser, mittelgrosse*
*Schüssel, (Zitruspresse)*

- Die Kapern mit einer Gabel aus dem Gläschen nehmen und etwas auspressen oder einen Moment in ein Sieb geben, um sie abtropfen zu lassen. Hacken.
- Alle Zutaten in die Schüssel geben und mischen, bis eine gleichmässige Masse entstanden ist.

*Ein Versuch, der sich lohnt: Tatarfleisch mit Orangensaft abgeschmeckt*

● Das Fleisch in 4 Portionen teilen und mit den Händen, ohne es zu stark zusammenzupressen, zu runden, ca. 3 cm dicken «Steaks» formen. Direkt auf die Teller anrichten.

# Einfaches Beefsteak Tatar
## Tartara classica

**Für 4 Personen**
*Arbeitsaufwand: 18 Minuten*

*Zutaten:*
*2 hartgekochte Eigelb*
*2½ dl Öl*
*½ Teelöffel Senf, wenn möglich Dijon-Senf*
*1 Esslöffel gehackter Schnittlauch*
*½ Esslöffel Zitronensaft*
*Salz*
*Pfeffer*
*500 g mageres, gehacktes Rindfleisch*

*Geräte:*
*Tasse, Kochlöffel*

● Eine Tatarsauce wie auf Seite 438 zubereiten.
● Das Fleisch in 4 Portionen teilen und mit den Händen, ohne es zu stark zusammenzupressen, zu runden, ca. 3 cm dicken «Steaks» formen. Direkt auf die Teller anrichten.
● Sauce, Salz und Pfeffer separat servieren. Die Gäste würzen das Fleisch nach Belieben.

# Kalbfleisch

In Italien wird bedeutend mehr Kalbfleisch gegessen als nördlich der Alpen. Es weicht in Geschmack und Aussehen auch vom hiesigen Kalbfleisch ab, denn es ist kräftiger in der Farbe und hat mehr Geschmack. Dies hängt mit der unterschiedlichen Tierhaltung zusammen. Wie beim Rind gibt es mehr oder weniger teure Stücke, und es versteht sich von selbst, dass zum Beispiel ein Braten aus Kalbsfilet etwas sehr Exklusives ist. Andere besondere Stücke wie etwa die «Nodini» sind wegen der in den einzelnen Ländern unterschiedlichen Fleischschnitte nicht ohne weiteres und nur auf Vorbestellung erhältlich. Grundsätzlich ist zu sagen, dass Kalbfleisch einen weniger grossen Nährwert besitzt als Rindfleisch. Es weist nur rund halb so viele Kalorien auf, enthält jedoch mehr Eiweiss, ein Fleisch also, das besonders für die leichte Küche geeignet ist und auch von Personen mit empfindlichem Magen gut vertragen wird.

## Kalbsfilet

In Italien wird Kalbsfilet oft als Braten, d. h. am Stück zubereitet, während es bei uns eher in Scheiben auf den Tisch kommt. In jedem Fall handelt es sich um eine wahre Delikatesse, die ihren Preis hat. Kalbsfilet ist eines der teuersten Fleischstücke und gleichzeitig dasjenige mit dem niedrigsten Kalorien- und dem höchsten Eiweissgehalt, weshalb es sehr geschätzt wird.

---

# Kalbsfilet mit Kapern – Filetto ai capperi

**Für 4 Personen**
*Arbeitsaufwand: 5 Minuten*
*Garzeit: ca. 45 Minuten*

*Zutaten:*
*ca. 700 g Kalbsfilet*
*1 Esslöffel Öl*
*Salz*
*2 knappe Esslöffel Kapern*
*Saft von ¼ Zitrone*
*20–30 g Butter*

*Geräte:*
*grosses Küchenmesser,*
*(Küchenschnur), mittelgrosse,*
*wenn möglich ovale Brat-*
*kasserolle mit Deckel,*
*Holzbrett und Wiegemesser*

● Das Filet von allfälligen Hautstücken, Nerven oder Fett befreien und nach Belieben mit einer Küchenschnur leicht binden, damit es während des Bratens die Form nicht verliert.
● Das Öl auf den Boden der Bratkasserolle giessen, das Fleisch darauflegen, salzen und den Deckel aufsetzen.
● Bei hoher Temperatur ganz kurz erhitzen, oder bis man es zischen hört.
● Die Hitze reduzieren und das Fleisch 30 Minuten weitergaren. Dabei nach der halben Bratzeit einmal wenden.
● Inzwischen die Kapern gut abtropfen lassen und hacken.

- Den Deckel von der Kasserolle entfernen, die Temperatur erhöhen und 10 Minuten weiterbraten, oder bis der Bratensaft eingedickt ist und eine schöne Farbe angenommen hat. Das Fleisch darin wenden, damit es auf allen Seiten gebräunt wird.
- 2–3 Esslöffel Wasser auf den Boden der Kasserolle giessen und bei sehr schwacher Hitze den Bratensatz lösen.
- Das Fleisch auf ein Holzbrett herausheben.
- Die Kasserolle vom Herd ziehen und Kapern, Zitronensaft und Butter hineingeben. Rühren, bis sich die Butter aufgelöst hat. Das Fleisch in Scheiben schneiden, mit der Sauce überziehen und servieren.

# Geschmortes Kalbsfilet – Grenadine brasate

**Für 4 Personen**

*Arbeitsaufwand:*
*7–10 Minuten*
*Garzeit: ca. 30 Minuten*

*Zutaten:*
*ca. 600 g Kalbsfilet (ein Stück von ca. 12 cm Länge)*
*3 Streifen Spickspeck (grüner Speck), 12 cm lang und ½ cm breit*
*40 g Butter*
*1 kleine Zwiebel*
*1 kleine Karotte*
*6 Esslöffel Madeira oder Marsala*
*Salz*

*Geräte:*
*Küchenmesser mit langer, dünner Klinge, (Spicknadel), Holzbrett, mittelgrosse Bratkasserolle mit sehr gut schliessendem Deckel, kleines Küchenmesser*

Das Fleischstück soll aus dem dicken Teil des Kalbsfilets geschnitten sein.

- Den Backofen auf 200 °C vorheizen.
- Allfällige Hautstücke, Nerven und überschüssiges Fett vom Filet wegschneiden.
- Mit dem langen Küchenmesser in gleichmässigen Abständen der ganzen Länge nach 3 Einschnitte anbringen. Mit den Fingern die 3 Speckstreifen hineinschieben (oder den Speck mit einer Spicknadel, ohne Einschnitte, hineinziehen). Dann das Fleisch in 4 Scheiben schneiden.
- Die Hälfte der Butter in der Bratkasserolle erhitzen.
- Das Fleisch hineingeben und bei mässiger Hitze auf jeder Seite ein paar Minuten anbraten.
- Inzwischen die Zwiebel schälen und die Karotte schälen und waschen. Die Zwiebel in 4 Schnitze und die Karotte der Länge nach in 4 Teile schneiden.
- Zwiebel, Karotte und Madeira oder Marsala zum Fleisch geben und salzen.
- Den Deckel aufsetzen und die Bratkasserolle in den Backofen schieben. 20 Minuten schmoren.
- Aus dem Ofen nehmen. Die Fleischscheiben warm stellen.
- Zwiebel und Karotte entfernen und den Bratensaft auf dem Herd bis auf ca. 6 Esslöffel einkochen.
- Vom Herd wegziehen und die restliche Butter hineingeben. Rühren, bis sie geschmolzen ist.
- Die Fleischstücke nochmals in die Bratkasserolle geben und mehrmals wenden, damit sie auf allen Seiten vom Bratensaft überzogen sind. Heiss servieren.

# Kalbsfiletragout mit Marsala
## Spezzatino lampo al marsala

**Für 4 Personen**
*Arbeitsaufwand: 4–5 Minuten*
*Garzeit: ca. 9 Minuten*

*Zutaten:*
*1 Kalbsfilet (ca. 700 g)*
*3 Esslöffel Butter*
*1 Teelöffel Mehl*
*6 Esslöffel trockener Marsala*
*Salz*

*Geräte:*
*Küchenmesser, Holzbrett,*
*mittelgrosse Bratpfanne*

- Das Filet von allfälligen Hautstücken, Nerven oder Fett befreien und in 1½ cm grosse Würfel schneiden.
- 2 Esslöffel Butter in der Bratpfanne erhitzen.
- Das Fleisch hineingeben und bei nicht allzu starker Hitze während ca. 3 Minuten anbraten, oder bis die Fleischwürfel auf allen Seiten etwas Farbe angenommen haben. Dabei häufig wenden.
- Inzwischen in einer Tasse das Mehl mit dem Marsala verrühren. 6 Esslöffel Wasser beifügen und sehr gut mischen.
- Wenn das Fleisch auf allen Seiten angebraten ist, diese Mischung dazugiessen, salzen und unter häufigem Rühren noch ca. 4 Minuten weiterkochen, oder bis die Sauce sämig geworden ist.
- Vom Herd wegziehen, die restliche Butter beifügen und schmelzen lassen. Umrühren und servieren.

- *Nach Belieben gleichzeitig mit dem Marsala etwas frischen oder getrockneten Thymian oder Majoran oder ganz wenig frischen, gehackten Salbei beifügen.*

## Kalbsbraten

Kalbsbraten lassen sich aus verschiedenen Stücken wie Schulter, Brust, Stotzen und selbstverständlich dem Nierstück zubereiten. Auch eine ganze Kalbshaxe kann gebraten werden. Entbeinte Brust kann sehr gut gefüllt oder gerollt werden und bietet dadurch viele Möglichkeiten für eigene Kreationen. Kalbsbraten können in der Regel sowohl warm als auch kalt aufgetragen werden. Bei einem eher fetten Stück empfiehlt es sich, es warm zu servieren.

# Kalbskarreebraten – Carré di vitello arrosto

**Für 6–8 Personen**
*Arbeitsaufwand: 5 Minuten*
*Garzeit: 1 Stunde 20 Minuten*
*Stehenlassen: 10–15 Minuten*

*Zutaten:*
*1,5 kg Kalbskarreebraten mit Knochen (Kotelettstück)*
*Salz*

*Geräte:*
*Bräter oder feuerfeste Form*

Den Metzger bitten, den Wirbelsäulenknochen auf der einen Seite des Karrees an ein paar Stellen einzuschneiden oder ihn ganz zu entfernen. Zum Tranchieren das Fleisch dann an diesen Stellen durchschneiden.

- Den Backofen auf 180 °C vorheizen.
- Das Fleisch mit der dünnen Fettschicht nach oben in den Bräter legen.
- Die Form in die Mitte des Backofens schieben und das Fleisch ca. 1 Stunde braten.
- Den Braten mit Salz bestreuen. Die Backofentemperatur auf 250 °C erhöhen und das Fleisch noch 20 Minuten weiterbraten.
- Die Backofentüre für 2–3 Minuten öffnen, um die grösste Hitze austreten zu lassen, dann das Fleisch vor dem Aufschneiden noch 10 Minuten im ausgeschalteten Ofen stehenlassen.
- Wenn das Fleisch geschnitten ist, nochmals mit wenig Salz bestreuen.

---

- *Wie alle anderen Braten kann auch dieser kalt serviert werden, aber da dieses Fleischstück ein wenig fett ist, schmeckt es warm besser.* • *Mit der angegebenen Bratzeit wird das Fleisch leicht rosa und sehr saftig bleiben. Wenn es stärker durchgebraten und trockener gewünscht wird, die Bratzeit um 10–15 Minuten verlängern.* • *Wenn mehr Sauce gewünscht wird, den Bräter am Schluss auf den Herd stellen, 2–3 Esslöffel Wasser beifügen und unter Rühren den Bratensatz lösen.* • *Dem Fleisch kann mehr Geschmack verliehen werden, wenn man das rohe Fleischstück vor dem Braten mit einer geschälten, angeschnittenen Knoblauchzehe bestreicht und mit 2 Lorbeerblättern und 1 Rosmarinzweig belegt.*

# Gerollter Kalbsbraten mit Pancetta und Salbei
## Rotolo ripieno con pancetta e salvia

**Für 4–6 Personen**
*Arbeitsaufwand: 15 Minuten*
*Garzeit: 1 Stunde 15 Minuten*
*Stehenlassen: 15 Minuten*

*Zutaten:*
*ca. 700 g Kalbfleisch für einen Rollbraten*
*100 g frischer Ziegenkäse*
*120–150 g geräucherter Pancetta, in feinen Scheiben*
*1–2 grosse, zarte Karotten*
*1 sehr kleine Zwiebel*
*10 zarte Salbeiblätter*
*2 Esslöffel Öl*
*5 Esslöffel Weisswein*

*Geräte:*
*(Holzbrett und Fleischhammer), grosses Küchenmesser oder Spatel, kleines Küchenmesser, Küchenschnur, grosse, ovale Bratkasserolle mit gut schliessendem Deckel, lange Küchennadel oder Metallspiess*

Dem Metzger erklären, dass das Fleischstück für die Zubereitung eines Rollbratens verwendet wird. Er wird ein passendes Stück auswählen (vermutlich Kalbsbrust ohne Knochen) und eine entsprechende Scheibe zuschneiden und klopfen.

- Das Fleisch soll an keiner Stelle mehr als 6–7 mm Dicke aufweisen. Wenn nötig noch etwas mehr klopfen.
- Auf der Arbeitsfläche ausbreiten und mit dem Käse bestreichen. Die Pancetta-Scheiben darüber verteilen.
- Die Karotten und die Zwiebel schälen. Die Salbeiblätter waschen und sehr gut abtropfen lassen.
- Die Karotten der Länge nach halbieren und die Zwiebel in dünne Scheiben schneiden. Gleichmässig über das Fleisch verteilen. Die Salbeiblätter darauflegen.
- Das Fleischstück aufrollen und mit der Küchenschnur mehrmals umwickeln (s. Seite 479).

*Pancetta und Salbei, mit dem Fleisch gerollt, machen aus diesem Braten eine Delikatesse*

● Das Öl in der Kasserolle erhitzen. Das Fleisch hineinlegen. Unter Wenden während ca. 10 Minuten allseitig anbraten. Den Wein dazugiessen und aufkochen.
● Den Deckel aufsetzen, die Hitze reduzieren und ca. 1 Stunde weitergaren, oder bis sich das Fleisch beim Einstechen mit der Küchennadel weich anfühlt. Nach der halben Garzeit wenden.
● Vom Herd wegziehen und vor dem Aufschneiden zugedeckt 15 Minuten stehenlassen. Der Braten schmeckt auch gut kalt.

---

● *Für die Zubereitung dieses Bratens wird kein Salz benötigt, da der Pancetta genügend Salz enthält.* ● *Anstatt Kalbfleisch eignet sich auch eine grosse Scheibe Truthahnbrust. Da es sich dabei um ein eher trockenes Fleisch handelt, kann, falls man nicht auf die Linie achten muss, auch eher fetter Pancetta verwendet werden.* ● *Der Weisswein kann durch trockenen Marsala, Sherry oder Portwein ersetzt werden.* ● *Dieses Rezept lässt sich auch abwandeln, indem anstelle von Pancetta gekochter Schinken und statt Salbeiblätter Selleriekraut verwendet wird.*

# Ganze Kalbshaxe im Ofen – Geretto in forno

**Für 4–6 Personen**
*Arbeitsaufwand: 5 Minuten*
*Garzeit: ca. 2 Stunden*

*Zutaten:*
*1 ganze Kalbshaxe (ca. 1,8 kg)*
*1 Esslöffel Öl*
*Salz*
*5 Esslöffel Weisswein*
*Saft von ½ Zitrone*

*Geräte:*
*lange, ovale Bratkasserolle*
*mit gut schliessendem*
*Deckel, kleines Küchenmesser*

● Den Backofen auf 180 °C vorheizen.
● Die Kalbshaxe in die Kasserolle legen und mit Öl beträufeln. Wenden, damit sich das Öl über die ganze Oberfläche verteilt. Salzen.
● In die Mitte des Backofens schieben und 30 Minuten braten.
● Weisswein und Zitronensaft beifügen, den Deckel aufsetzen und 1½ Stunden weiterschmoren, oder bis sich das Fleisch beim Einstechen mit der Messerspitze weich anfühlt und klarer Saft austritt.
● Zum Servieren das Fleisch vom Knochen lösen, indem man es der Länge nach halbiert, und in Scheiben schneiden. Mit dem Bratensaft beträufeln.

---

● *Es ist möglich, dass am Ende der Kochzeit zuviel Flüssigkeit vorhanden ist. In diesem Fall das Fleisch auf eine Platte oder ein Holzbrett herausheben und zum Warmhalten mit einer Schüssel zudecken. Inzwischen den Bratensaft bei kräftiger Hitze einkochen, bis er sämig ist.*

---

# Kalbsbraten gefüllt mit Wurstmasse
## Arrosto ripieno con salsiccia

**Für 4 Personen**
*Arbeitsaufwand: 15 Minuten*
*Garzeit: 1 Stunde*
*(Stehenlassen: 15 Minuten)*

*Zutaten:*
*170 g gehacktes Kalbfleisch*
*60 g rohe Schweinebratwurst*
*1 gehäufter Esslöffel gehackte Petersilie*
*1 gehäufter Esslöffel geriebener Parmesan*
*1 Eigelb*
*Salz*
*ca. 600 g Kalbsbrust*
*2 Esslöffel Öl*

*Geräte:*
*Schüssel, Holzbrett und*
*Wiegemesser, Käseraffel,*
*Küchennadel und Küchen-*
*schnur oder Spiess, feuer-*
*feste Form mit niedrigem Rand*

Vom Metzger die Kalbsbrust zum Füllen vorbereiten lassen.

● Den Backofen auf 180 °C vorheizen.
● In einer Schüssel das gehackte Fleisch mit der herausgedrückten Wurstmasse, Petersilie, Parmesan, Eigelb und Salz vermischen.
● Mit Hilfe eines Löffels die Kalbsbrust mit dieser Masse füllen. Die Öffnung zunähen oder die beiden Ränder etwas übereinanderlegen und mit einem Spiess zustecken.
● Den Boden der feuerfesten Form mit der Hälfte des Öls bestreichen. Die gefüllte Kalbsbrust hineinlegen, das restliche Öl darübergiessen und das Fleisch mit Salz bestreuen.
● In die Mitte des Backofens schieben und während 1 Stunde braten. Sollte der Bratensaft auf dem Boden der Form zu dunkel werden, nach und nach einige Esslöffel Wasser zugiessen.
● Wird der Braten warm serviert, vor dem Aufschneiden ca. 15 Minuten an der Wärme stehenlassen (z.B. im ausgeschalteten Backofen, nachdem für einen Moment die Türe geöffnet wurde, um die grösste Hitze austreten zu lassen). Auf diese Weise verfestigt sich die Füllung, und der Braten lässt sich leicht in schöne Scheiben schneiden. Er schmeckt auch kalt sehr gut.

# Gefüllter Kalbsbraten mit Zitrone
## Arrosto ripieno al limone

**Für 4 Personen**
*Arbeitsaufwand: 15 Minuten*
*Garzeit: 1 Stunde*
*(Stehenlassen: 15 Minuten)*

*Zutaten:*
*2 Scheiben Kastenbrot*
*8 Esslöffel Milch*
*2 gehäufte Esslöffel geriebener Parmesan*
*1 1/2 Esslöffel gehackte Petersilie*
*abgeriebene Schale von 1/2 Zitrone*
*220 g gehacktes Kalbfleisch*
*Salz*
*ca. 600 g Kalbsbrust*
*2 Esslöffel Öl*

*Geräte:*
*kleines Küchenmesser, kleine*
*Schüssel, Käseraffel, Holz-*
*brett und Wiegemesser,*
*Zitronenreibe, Küchennadel*
*und Küchenschnur oder*
*Spiess, feuerfeste Form mit*
*niedrigem Rand*

Vom Metzger die Kalbsbrust zum Füllen vorbereiten lassen.

● Den Backofen auf 180 °C vorheizen.
● Die Kruste des Brotes mit dem kleinen Küchenmesser weg-schneiden. Das Brot in kleine Stücke brechen, in ein Schüssel-chen geben, mit der Milch beträufeln und kurz stehenlassen.
● Mit einer Gabel ganz fein zerdrücken. Parmesan, Petersilie, abgeriebene oder fein gehackte Zitronenschale, gehacktes Kalb-fleisch und Salz beifügen und alles gut vermischen.
● Mit Hilfe eines Löffels die Kalbsbrust mit dieser Masse füllen. Die Öffnung mit Küchenfaden zunähen oder die beiden Ränder etwas übereinanderlegen und mit einem Spiess zustecken.
● Den Boden der feuerfesten Form mit der Hälfte des Öls be-streichen. Die gefüllte Kalbsbrust hineinlegen, das restliche Öl darübergiessen und das Fleisch mit Salz bestreuen.
● In die Mitte des Backofens schieben und während 1 Stunde braten. Sollte der Bratensaft auf dem Boden der Form zu dunkel werden, nach und nach einige Esslöffel Wasser zugiessen.
● Wird der Braten warm serviert, vor dem Aufschneiden ca. 15 Minuten an der Wärme stehenlassen. Auf diese Weise verfestigt sich die Füllung, und der Braten lässt sich leicht in schöne Schei-ben schneiden. Er schmeckt auch kalt sehr gut.

● *Nach dem Herausheben der gebratenen Kalbsbrust kann der Braten-satz mit 2–3 Esslöffeln Wasser gelöst und auf dem Herd zu einer klaren Sauce gekocht werden. Falls das Fleisch warm serviert wird, den Saft von 1/2 Zitrone und ein Stück Butter beifügen, falls man es kalt ser-vieren will, einige Esslöffel Öl dazugeben.*

# Kalbsbraten mit Milch – Vitello al latte

**Für 4 Personen**
*Arbeitsaufwand: 5 Minuten*
*Garzeit: 60–70 Minuten*

*Zutaten:*
*1 Esslöffel Öl*
*ca. 700 g Kalbsbraten (Schulterspitz)*
*Salz*
*6 Esslöffel Milch*

Geräte:
mittelgrosse, wenn möglich
ovale Bratkasserolle,
Deckel, Kochlöffel

- Das Öl in die Bratkasserolle giessen, das Fleisch darauflegen, salzen und den Deckel aufsetzen.
- Bei starker Hitze kurz anbraten, bis man es zischen hört.
- Die Temperatur reduzieren und das Fleisch 40 Minuten schmoren. Nach der halben Garzeit einmal wenden.
- Den Deckel abheben und die entstandene Flüssigkeit einkochen, bis eine sämige Sauce von schöner Farbe entstanden ist. Das Fleischstück mehrmals wenden, damit es auf allen Seiten von der Sauce überzogen wird.
- Die Hälfte der Milch auf den Boden der Kasserolle giessen und unter Rühren zum Kochen bringen. Dabei das Fleisch einmal wenden, um den Bratensatz lösen zu können.
- Die restliche Milch beifügen, die Kasserolle wieder zudecken und das Fleisch bei sehr schwacher Hitze weitere 10 Minuten ziehen lassen.
- Die Sauce, falls sie griessig werden sollte, vor dem Servieren durch ein Sieb passieren oder mit dem Stabmixer gut rühren.

# Kalbsbraten nach Art von Pavia
## Vitello alla pavese

**Für 4–5 Personen**
*Arbeitsaufwand: 10 Minuten*
*Garzeit: ca. 1¼ Stunden*

*Zutaten:*
*1 grosse, reife Tomate*
*1 mittelgrosse Zwiebel*
*2 mittelgrosse Karotten*
*1 Selleriestange*
*1 Lorbeerblatt*
*1 Rosmarinzweiglein*
*2 Esslöffel Öl*
*Salz*
*ca. 800 g Kalbsbraten*

Geräte:
kleines Küchenmesser, mittelgrosse, wenn möglich ovale
Bratkasserolle, Deckel,
Holzbrett, Küchenschnur

- Die Tomate schälen, halbieren, mit der Schnittfläche nach unten die Kerne herauspressen und in grosse Stücke schneiden oder mit der Hand zerdrücken. In die Kasserolle geben.
- Die Zwiebel schälen, die Karotten schälen und waschen, die Selleriestange waschen.
- Die Zwiebel zuerst halbieren, dann in feine Scheiben schneiden, ebenso die Selleriestange. Die Karotten in etwas dickere Rädchen schneiden, damit sie beim Garen nicht zerfallen.
- Alles in die Kasserolle geben. Das Lorbeerblatt und das mit etwas Küchenschnur umwickelte Rosmarinzweiglein, Öl und Salz beifügen und umrühren. Das Fleisch darauflegen.
- Den Deckel aufsetzen und bei ziemlich starker Temperatur anbraten, bis man es zischen hört.
- Bei schwacher Hitze ca. 70 Minuten garen. Das Fleischstück nach 30 Minuten einmal wenden und von Zeit zu Zeit das Gemüse etwas umrühren. Das Fleisch ist gar, wenn es sich beim Einstechen mit der Spitze des Küchenmessers weich anfühlt. Fleisch und Gemüse sollten während des Garens so viel Flüssigkeit abgeben, dass es keiner weiteren Zugabe bedarf (es ist im Gegen-

teil möglich, dass man am Ende der Garzeit den Deckel abheben und die Flüssigkeit bei stärkerer Hitze etwas einkochen muss). Sollte allerdings das Gericht zu trocken werden und sogar ansitzen, müsste etwas Wasser beigefügt werden. Dieser Braten kann nach Belieben warm, lauwarm oder kalt serviert werden.

# Kalbsbraten mit Pilzen – Vitello ai funghi   ①①①

**Für 4 Personen**
*Einweichen der Pilze:*
*15 Minuten*
*Arbeitsaufwand: 5 Minuten*
*Garzeit:*
*ca. 1 Stunde 25 Minuten*

*Zutaten:*
*1 Esslöffel Öl*
*ca. 700 g Kalbsbraten (falsches Filet bzw. runder Mocken)*
*Salz*
*10–15 g getrocknete Pilze (Steinpilze)*
*4 Esslöffel Portwein oder Marsala*
*1 Esslöffel Butter*
*1 knapper Esslöffel Mehl*

● Das Öl in die Bratkasserolle giessen, das Fleisch darauflegen, salzen und den Deckel aufsetzen.

*Pilze und Portwein verleihen diesem Schmorbraten seine charakteristische Note*

*Geräte:*
*mittelgrosse, wenn möglich ovale Bratkasserolle, Deckel, kleines Küchenmesser*

- Bei starker Hitze kurz anbraten, bis man es zischen hört, dann die Temperatur reduzieren und das Fleisch 45 Minuten schmoren. Nach der halben Garzeit einmal wenden.
- Inzwischen die Pilze (schöne, weisse Scheiben auswählen) in lauwarmem Wasser einlegen und 15 Minuten oder bis zur Weiterverwendung stehenlassen.
- Nach 45 Minuten die abgetropften Pilze und den Portwein oder Marsala zum Fleisch geben. Den Deckel wieder aufsetzen und weitere 30 Minuten schmoren.
- In der Zwischenzeit die Butter und das Mehl auf einem Teller mit einer Gabel gut verkneten.
- Zum Fleisch geben, umrühren, wieder zudecken und nochmals ca. 10 Minuten garen, oder bis sich das Fleisch beim Einstechen mit der Spitze des Küchenmessers gar anfühlt. Die Temperatur so reduzieren, dass eine sämige Sauce entsteht. Sollte sie am Ende der Garzeit zu dünnflüssig sein, bei stärkerer Hitze und ohne Deckel etwas einkochen lassen.
- Das Fleisch in Scheiben schneiden. Die Pilze samt der Sauce darüber verteilen.

## Kalbskoteletts und «Nodini»

Kalbskoteletts werden aus dem Rippenstück geschnitten, von welchem normalerweise das Filet entfernt wurde. Paniert und in reichlich Butter gebraten, werden daraus die berühmten «Mailänder Koteletts». Zur Zubereitung auf dem Grill s. Seite 353 und die Angaben auf Seite 355.

Auch die «Nodini», für die es keine deutsche Bezeichnung gibt (am ehesten würde Kalbs-T-Bone-Steak passen), werden aus dem Rippenstück geschnitten, von welchem jedoch – und das ist der Unterschied – das Filet nicht entfernt wurde. Sie können in einzelne Scheiben geschnitten oder am Stück zubereitet werden, was besonders effektvoll aussieht. Leider sind sie nördlich der Alpen nicht ohne weiteres erhältlich und müssen auf jeden Fall beim Metzger vorbestellt werden. Einzelne Rezepte für Koteletts lassen sich auch für «Nodini» verwenden.

# Kalbskoteletts mit Petersilie
## Costolette al prezzemolo

**Für 4 Personen**
*Arbeitsaufwand: 3–4 Minuten*
*Garzeit: ca. 18 Minuten*

*Zutaten:*
*1 1/2 Esslöffel gehackte Petersilie*
*5 Esslöffel Butter*
*1/2 Esslöffel Mehl*
*4 Kalbskoteletts ohne Knochen (je ca. 150 g)*
*Salz*

*Geräte:*
*Holzbrett und Wiegemesser, grosse Bratpfanne, Deckel*

- Die Petersilie, die Hälfte der Butter und das Mehl in einem Suppenteller mit einer Gabel verkneten.
- Die restliche Butter in der Bratpfanne erhitzen. Die Koteletts hineingeben und auf einer Seite während ca. 2 Minuten leicht anbraten.
- Wenden, die Temperatur reduzieren und die Petersilienmischung zwischen den Koteletts in der Pfanne verteilen. Salzen.

• Den Deckel aufsetzen und das Fleisch bei schwacher Hitze ca.
15 Minuten garen. Nach den ersten 10 Minuten wenden.

• *Wenn die Hitze schwach ist und der Deckel sehr gut schliesst, kann
etwas zuviel Flüssigkeit entstehen. In diesem Fall das Fleisch nach dem
Wenden nicht mehr zudecken und die Temperatur leicht erhöhen, damit
die Flüssigkeit etwas einkocht.* • *Statt Kalbskoteletts kann man für dieses
Rezept auch «Nodini» verwenden.*

# Mailänder Koteletts – Costolette alla milanese

**Für 4 Personen**
*Arbeitsaufwand: 5–6 Minuten*
*Garzeit: ca. 15 Minuten*

*Zutaten:*
*4 ca. 2 cm dicke Kalbskoteletts mit Knochen*
*1 Ei*
*6 Esslöffel Paniermehl*
*100 g Butter*
*2 Esslöffel Öl*
*Salz*
*1–2 Zitronen*

*Geräte:*
*(Küchenmesser), Holzbrett,*
*Fleischhammer, 2 mittelgrosse*
*Bratpfannen*

Den Metzger bitten, das Fett und etwas vom Knochen zu entfernen, damit die Koteletts in den Pfannen besser Platz haben.

• Die Koteletts an den Rändern an verschiedenen Stellen leicht
einschneiden, damit sie sich beim Braten nicht zusammenziehen.
Mit dem Fleischhammer auf 1½ cm Dicke klopfen.
• Das Ei mit einer Gabel in einem Suppenteller verquirlen, bis
sich Eiweiss und Eigelb gut miteinander verbunden haben und
leicht schaumig sind.
• Ein Kotelett nach dem anderen im Ei wenden. Darauf achten,
dass beide Seiten vollständig davon überzogen sind. Dann die
Koteletts in das Paniermehl legen. Mehrmals darin wenden und
das Paniermehl mit der Hand etwas andrücken.
• Butter und Öl gleichmässig in die beiden Bratpfannen vertei-
len und erhitzen, bis die Butter aufschäumt.
• Je 2 Koteletts in jede Pfanne geben. Ca. 6 Minuten, zuerst
bei starker, dann bei etwas schwächerer Hitze braten, bis eine
goldgelbe, aber nicht zu dunkle Kruste entstanden ist.
• Die Hitze wieder erhöhen und die Fleischstücke nach 2 Minuten wenden.
• Nach weiteren 2 Minuten die Hitze wieder etwas reduzieren
und die Koteletts fertigbraten. Die Bratzeit soll insgesamt 14–15
Minuten betragen.
• Die Koteletts mit Salz bestreuen, anrichten und mit Zitronenschnitzen garnieren. Sie schmecken warm und kalt vorzüglich.

• *Das verquirlte Ei soll nicht gesalzen werden, damit das Fleisch nicht
mit Salz in Berührung kommt. So wird verhindert, dass es Wasser zieht
und sich die Kruste löst.* • *Aus dem gleichen Grund ist es wichtig, dass
Öl und Butter sowohl am Anfang als auch beim Wenden der Fleischstücke richtig heiss sind. Die Koteletts nur einmal wenden.*

# Kalbskoteletts nach Jägerart
## Costolette alla cacciatora

**Für 4 Personen**
*Arbeitsaufwand: 3–4 Minuten*
*Garzeit: ca. 35 Minuten*

*Zutaten:*
*3 Esslöffel Öl*
*4 Kalbskoteletts (je ca. 200 g)*
*1 kleine Zwiebel (ca. 50–70 g)*
*1 Knoblauchzehe*
*250 g geschälte Tomaten aus der Dose (Pelati), abgetropft*
*Salz*
*(Pfeffer)*

*Geräte:*
*grosse Bratpfanne, kleines Küchenmesser, Holzbrett, Dosenöffner*

- 1 Esslöffel Öl in der Bratpfanne erhitzen und durch Anheben der Pfanne gleichmässig über den ganzen Boden verteilen.
- Die Koteletts hineingeben und bei ziemlich starker Hitze beidseitig je 2 Minuten anbraten, oder bis sie goldbraun sind.
- Die Temperatur reduzieren und das Fleisch unter gelegentlichem Wenden noch ca. 10 Minuten weiterbraten.
- Die Zwiebel schälen und in Würfelchen schneiden.
- Das Fleisch auf einen Teller herausheben.
- Das restliche Öl in die Pfanne geben, die Zwiebel und die geschälte, ganze Knoblauchzehe beifügen und bei schwacher Hitze unter häufigem Rühren 5–7 Minuten dünsten.
- Die gut abgetropften Pelati dazugeben und mit einer Gabel zerdrücken. Mit Salz und nach Belieben mit Pfeffer würzen und ca. 10 Minuten kochen. Dabei immer wieder rühren und die Temperatur so regulieren, dass am Ende eine eher dickflüssige Sauce entsteht.
- Die Koteletts samt dem inzwischen ausgetretenen Saft in die Pfanne geben. Bei schwacher Hitze 3–4 Minuten in der Sauce erhitzen. Während dieser Zeit einmal wenden.

- *Statt Kalbskoteletts kann man für dieses Rezept auch «Nodini» verwenden.*

---

# Nodino mit Peperone – Nodino al peperone

**Für 4 Personen**
*Arbeitsaufwand: 10 Minuten*
*Garzeit: ca. 55 Minuten*

*Zutaten:*
*3 Esslöffel Öl*
*1 Nodino (Kalbskotelettstück mit Filet) von 700–800 g*
*1 mittelgrosse Zwiebel*
*1 Knoblauchzehe*
*1 grosser, grüner Peperone (Paprikaschote)*
*350 g geschälte Tomaten aus der Dose (Pelati), mit Saft*
*1½ dl Weisswein*
*2 Esslöffel nicht allzu scharfer Essig (sonst 1 Esslöffel)*
*Salz*
*1 gehäufter Esslöffel gehackte Petersilie*

- Das Öl in der Bratkasserolle bei mittlerer Temperatur erhitzen.

*Geräte:*
*mittelgrosse Bratkasserolle,*
*kleines Küchenmesser,*
*Holzbrett, Dosenöffner,*
*Wiegemesser*

- Das Fleischstück hineingeben und auf allen Seiten anbraten, ohne dass es zuviel Farbe annimmt (8–9 Minuten).
- Inzwischen die Zwiebel schälen und in ziemlich feine Scheiben schneiden. Die Knoblauchzehe schälen. Den Peperone vierteln und Stielansatz, Kerne und weisse Rippen entfernen. Waschen und in ca. 3 cm grosse Vierecke schneiden.
- Das Fleisch auf einen Teller herausheben.
- Zwiebeln, Knoblauchzehe und Peperone in den Bratensatz geben. 5 Minuten bei schwacher Temperatur unter häufigem Wenden dünsten.
- Pelati, Wein, Essig und Salz beifügen und zum Kochen bringen.
- Das Fleischstück wieder in die Pfanne geben und bei mässiger Hitze ca. 40 Minuten schmoren, oder bis es sich beim Einstechen gar anfühlt. Dabei das Fleisch nach der halben Garzeit einmal wenden, das Gemüse häufig umrühren. Sollte gegen Ende der Garzeit noch zuviel Flüssigkeit vorhanden sein, die Temperatur erhöhen und die Sauce auf die gewünschte Konsistenz einkochen lassen.
- Zum Servieren das Fleisch vom Knochen lösen und in Scheiben schneiden. Die Scheiben wieder zusammenschieben und neben dem Knochen auf einer Platte anordnen. Einen Teil der Sauce darüber verteilen und mit Petersilie bestreuen.

---

- *Man kann mit dem Fleisch einen weissen Reis anrichten und beides auf einer Platte servieren.*

# Nodino mit Salbei – Nodino alla salvia

**Für 4 Personen**
*Arbeitsaufwand: 5 Minuten*
*Garzeit: ca. 50 Minuten*

*Zutaten:*
*40 g Butter*
*1 Nodino (Kalbskotelettstück mit Filet) von 700–800 g*
*½ Esslöffel Mehl*
*5–6 Esslöffel trockener Marsala*
*3–4 kleine Salbeiblätter*
*Salz*

*Geräte:*
*mittelgrosse Bratkasserolle,*
*Deckel*

- Zwei Drittel der Butter in der Bratkasserolle erhitzen.
- Das Fleisch hineingeben und auf allen Seiten Farbe annehmen lassen (8–10 Minuten). Die Hitze dabei so regulieren, dass die Butter nicht zu dunkel wird.
- Das Fleisch auf allen Seiten mit dem Mehl bestäuben, zwei- bis dreimal wenden, damit sich Mehl und Butter vermischen.
- Den Marsala und gleichviel Wasser, die Salbeiblätter und Salz beifügen. Den Deckel aufsetzen und das Fleisch ca. 40 Minuten garen, oder bis es sich beim Einstechen weich anfühlt. Nach den ersten 20 Minuten einmal wenden. Wenn die Flüssigkeit zu stark einkochen sollte, ein wenig Wasser beifügen.
- Das Fleisch auf eine Platte herausheben.
- Die Salbeiblätter entfernen. Die restliche Butter in die Sauce geben und rühren, bis sie geschmolzen ist.
- Anrichten, wie im vorstehenden Rezept beschrieben.

# Geschmorte Nodini – Arrostini annegati

**Für 4 Personen**
*Arbeitsaufwand: 5 Minuten*
*Garzeit: ca. 30 Minuten*

*Zutaten:*
*50 g Butter*
*4 Nodini (Kalbskoteletts mit Filet), je ca. 250 g*
*4 Rosmarinzweiglein*
*4–5 Salbeiblätter*
*Salz*
*ca. 2 dl Fleischbrühe*

*Geräte:*
*kleines Küchenmesser, grosse Bratpfanne, Küchenschnur*

● Die Butter in kleine Stücke schneiden und über den Boden und entlang den Wänden der Bratpfanne verteilen.
● Die Nodini nebeneinander in die Pfanne legen. Die Rosmarinzweiglein mit wenig Küchenschnur einzeln umwickeln, damit sie die Nadeln nicht verlieren, und mit den Salbeiblättern auf die Nodini verteilen.
● Bei schwacher Hitze 10 Minuten braten, dabei einmal wenden.
● Mit Salz bestreuen und mit ganz wenig Fleischbrühe beträufeln.
● 20 Minuten weitergaren. Von Zeit zu Zeit wenden und immer wieder mit etwas Fleischbrühe beträufeln. Darauf achten, dass sie immer fast vollständig einkocht. Jeweils so viel Brühe beifügen, dass der Pfannenboden ca. ½ cm hoch davon bedeckt ist. Die Kruste, die sich an den Rändern der Nodini gebildet hat, jeweils beim Wenden am Rand der Bratpfanne abstreifen. Wenn das Fleisch gar ist, wird sich eine sämige, schön braune Sauce gebildet haben.
● Das Fleisch servieren, wenn sich reichlich Sauce in der Pfanne befindet.

● *Klassische Beilage zu Nodini sind Kartoffelpüree oder Risotto nach Mailänder Art, aber auch ein weisser Reis passt sehr gut dazu.* ● *Anstelle von Fleischbrühe kann auch Wasser verwendet werden, in dem 1 Messerspitze Fleischextrakt aufgelöst wurde.*

## Kalbsschnitzel, Rouladen

In Italien ganz besonders beliebt und in grosser Vielfalt zubereitet sind die «Scaloppine», die kleinen Schnitzel. Sie werden z.B. aus dem Eckstück, der Nuss, der Unterspälte oder dem runden Mocken geschnitten. Eher luxuriös ist es, Filet oder Nierstück in Schnitzel zu schneiden. Ein Schnitzelgericht muss aber nicht teuer sein, denn die Fleischmenge kann eher niedrig gehalten werden. Die Tatsache, dass das Fleisch in dünne Scheiben geschnitten wird, täuscht das Auge! Auch können alle Gerichte statt mit Kalbsschnitzeln auch mit den preisgünstigeren Schnitzeln von Truthahnbrust zubereitet werden. Wenn die Schnitzel nicht alle auf einmal in der Bratpfanne Platz finden, sollten sie in zwei Portionen oder in zwei Pfannen gebraten werden. Im übrigen ist die Zubereitung einfach und birgt keine Risiken in sich. Vor allem aber sind Schnitzel stets ausgesprochene Schnellgerichte.

Aus dünn geklopften, gefüllten und aufgerollten Kalbsschnitzeln entstehen leckere Rouladen, die jedoch mehr Zeit – sowohl für die Zubereitung als auch für das Garen – in Anspruch nehmen. Auch die Rouladen können ohne weiteres mit dünnen Schnitzeln von Truthahnbrust zubereitet werden.

# Kalbsschnitzel mit Sardellenbutter
## Scaloppine all'acciuga

**Für 4 Personen**
*Arbeitsaufwand: ca. 5 Minuten*
*Garzeit: ca. 10 Minuten*

*Zutaten:*
*ca. 600 g kleine Kalbsschnitzel*
*½ Esslöffel Mehl*
*5 Esslöffel Butter*
*½ Teelöffel Sardellenpaste*
*1 gehäufter Esslöffel gehackte Petersilie*
*abgeriebene Schale von ½ Zitrone*
*Salz*

*Geräte:*
*(Holzbrett und Fleisch-hammer), grosse Bratpfanne, Wiegemesser, Zitronenreibe*

- Die Schnitzel, falls dies nicht schon der Metzger getan hat, auf eine Dicke von knapp ½ cm klopfen.
- Mit Mehl bestäuben. Überschüssiges Mehl durch Schütteln wieder entfernen.
- 3 Esslöffel Butter in der Bratpfanne erhitzen. Die Schnitzel hineinlegen und bei mittlerer Temperatur auf jeder Seite ca. 4 Minuten braten, bis sie eine goldgelbe Farbe angenommen haben.
- Inzwischen in einem Suppenteller die restliche Butter mit Sardellenpaste, Petersilie, Zitronenschale und wenig Salz (nicht viel, die Sardellenpaste ist bereits gesalzen) mit einer Gabel verkneten. Es ist nicht nötig, dass eine sehr gleichmässige Masse entsteht.
- Wenn das Fleisch fertig gebraten ist, aus der Pfanne nehmen und anrichten.
- Die Sardellenbutter hineingeben und mit dem Bratensatz mischen, bis sie vollständig geschmolzen ist. Über die Schnitzel giessen und servieren.

# Kalbsschnitzel an Marsala-Sauce
## Scaloppine al marsala

**Für 4 Personen**
*Arbeitsaufwand: 3–5 Minuten*
*Garzeit: ca. 10 Minuten*

*Zutaten:*
*ca. 600 g kleine Kalbsschnitzel*
*½ Esslöffel Mehl*
*70 g Butter*
*5 Esslöffel trockener Marsala*
*Salz*
*(Pfeffer)*

*Geräte:*
*(Holzbrett und Fleisch-hammer), grosse Bratpfanne*

- Die Schnitzel, falls dies nicht schon der Metzger getan hat, auf eine Dicke von knapp ½ cm klopfen.
- Mit Mehl bestäuben und durch Schütteln das überschüssige Mehl wieder entfernen.
- 50 g Butter in der Bratpfanne erhitzen.
- Die Schnitzel hineingeben und auf jeder Seite 3–4 Minuten braten, bis sie eine goldgelbe Farbe angenommen haben.

- Den Marsala und 2–3 Esslöffel Wasser dazugiessen. Das Fleisch salzen und nach Belieben mit Pfeffer bestäuben. Die Flüssigkeit etwas einkochen lassen. Das Fleisch während dieser Zeit einmal wenden.
- Die Schnitzel herausnehmen und warm stellen.
- Noch einige Esslöffel Wasser in die Pfanne geben, bis die Sauce die richtige Konsistenz aufweist. Gut rühren.
- Die Bratpfanne vom Herd wegziehen und die restliche Butter hineingeben. Gut rühren, bis sie geschmolzen ist, dann die Sauce über das Fleisch verteilen.

---

- *Nach Belieben gleichzeitig mit dem Fleisch einige Salbeiblätter in die Bratpfanne geben. Vor dem Servieren entfernen.*

---

# Kalbsschnitzel mit Pilzen
## Scaloppine ai funghi

**Für 4 Personen**
*Einweichen der Pilze:*
*15 Minuten*
*Arbeitsaufwand: 5 Minuten*
*Garzeit: ca. 25 Minuten*

*Zutaten:*
*10 g getrocknete Steinpilze*
*1 kleine Zwiebel (knapp 50 g)*
*ca. 600 g kleine Kalbsschnitzel*
*3 Esslöffel Butter*
*1/2 Teelöffel getrocknete Thymianblätter*
*1/2 Esslöffel Mehl*
*Salz*

*Geräte:*
*kleines Küchenmesser, Holzbrett, (Fleischhammer), grosse Bratpfanne (wenn möglich mit Antihaftbelag), Wiegemesser*

- Die Pilze in lauwarmem Wasser einlegen und 15 Minuten stehenlassen.
- Die Zwiebel schälen und nicht allzu fein hacken.
- Die Schnitzel, falls dies nicht schon der Metzger getan hat, auf eine Dicke von knapp 1/2 cm klopfen.
- Die Bratpfanne erhitzen. Wenn sie keinen Antihaftbelag aufweist, 1/3 der Butter darin schmelzen.
- Die Schnitzel hineinlegen und bei mittlerer Temperatur auf jeder Seite einige Minuten braten, bis sie eine goldgelbe Farbe angenommen haben.
- Das Fleisch aus der Pfanne heben und die Hitze reduzieren.
- Die restliche Butter und, sobald sie geschmolzen ist, die Zwiebel hineingeben. Anziehen lassen.
- Inzwischen die Pilze abtropfen lassen und ausdrücken. Die Einlegeflüssigkeit aufheben. Die Pilze nicht allzu fein hacken. Zu den Zwiebeln in die Pfanne geben und den Thymian beifügen.
- Bei schwacher Hitze unter gelegentlichem Rühren 4–5 Minuten dünsten.
- Mit dem Mehl bestäuben. Umrühren und die Einlegeflüssigkeit der Pilze dazugiessen. Darauf achten, dass ein allfälliger sandhaltiger Rückstand nicht mitverwendet wird.
- Salzen, nochmals umrühren und bei stärkerer Hitze zum Kochen bringen. Die Temperatur wieder etwas reduzieren und 10 Minuten weiterkochen. Wenn nötig etwas Wasser zugiessen.
- Die Schnitzel wieder in die Pfanne geben und noch 2–3 Minuten in der Sauce erwärmen. Dabei einmal wenden.

*«Saltimbocca alla romana» sind kleine, zarte Kalbsschnitzel mit Rohschinken und Salbei*

# Kalbsschnitzel mit Schinken und Salbei
## Saltimbocca alla romana

**Für 4 Personen**
*Arbeitsaufwand: 15 Minuten*
*Garzeit: ca. 30 Minuten*

*Zutaten:*
*500–600 g kleine Kalbsschnitzel*
*100 g in Scheiben geschnittener Rohschinken*
*8–10 eher kleine, zarte Salbeiblätter*
*30 g Butter*
*5 Esslöffel Weisswein*

*Geräte:*
*(Holzbrett, Fleisch-*
*hammer und grosses Küchen-*
*messer), Zahnstocher, mittel-*
*grosse Bratpfanne, Deckel*

● Die Kalbsschnitzel ganz dünn klopfen, falls dies nicht schon der Metzger getan hat. Wenn sie sehr gross sind, evtl. halbieren.
● Jedes Fleischstück mit einem Salbeiblatt und einer Schinkenscheibe belegen. Falls nicht genügend Schinkenscheiben vorhanden sind, kann man sie in kleinere Stücke schneiden. Sollten sie jedoch grösser als die Kalbsschnitzel sein, die Ränder etwas zurückbiegen. Mit einem Zahnstocher befestigen.
● Die Butter bei mässiger Hitze in der Bratpfanne schmelzen. Wenn sie genügend heiss ist, die Schnitzel hineingeben.
● Bei immer noch mässiger Hitze während 5–7 Minuten auf beiden Seiten leicht anbraten.
● Mit dem Wein ablöschen. Bei starker Hitze aufkochen, den Deckel aufsetzen und die Temperatur reduzieren. Bei schwacher Hitze noch ca. 20 Minuten garen. Dabei nach 10 Minuten die Schnitzel einmal wenden. Sollte die Flüssigkeit zu stark einkochen, nach und nach ganz wenig Wasser beifügen. Falls jedoch gegen Ende der Garzeit noch zuviel Flüssigkeit in der Pfanne vorhanden ist, den Deckel abheben und die Sauce bei stärkerer Hitze auf die gewünschte Konsistenz einkochen lassen.

# Kalbsschnitzel in Tomatensauce
## Scaloppine alla pizzaiola

**Für 4 Personen**
*Arbeitsaufwand: 2–3 Minuten*
*Garzeit: ca. 10 Minuten*

*Zutaten:*
*ca. 600 g kleine Kalbsschnitzel*
*3 Esslöffel Öl*
*300 g geschälte Tomaten aus der Dose (Pelati), abgetropft*
*Salz*
*1 Teelöffel Oregano*
*1 Knoblauchzehe*

*Geräte:*
*(Holzbrett und Fleisch-hammer), sehr grosse Brat-pfanne, kleines Küchenmesser*

- Die Schnitzel, falls dies nicht schon der Metzger getan hat, auf eine Dicke von 3–4 mm klopfen.
- Das Öl auf dem Boden der Bratpfanne verteilen und die Schnitzel hineinlegen. Falls sie leicht überlappen, spielt dies keine Rolle, weil sie sich beim Braten etwas zusammenziehen.
- Die gut abgetropften und mit einer Gabel zerdrückten Pelati darüber verteilen. Salzen, mit Oregano und dem geschälten und in feine Scheiben geschnittenen Knoblauch bestreuen.
- Bei ziemlich starker Hitze ca. 10 Minuten schmoren, oder bis sich eine sämige Sauce gebildet hat. Das Fleisch dabei häufig wenden.

- *Noch besser als mit Pelati schmeckt dieses Gericht natürlich mit frischen, birnenförmigen Saucentomaten, die gewaschen, der Länge nach in vier Teile geschnitten und auf das Fleisch gelegt werden.*

# Kalbfleischrouladen mit Petersilie
## Involtini al prezzemolo

**Für 4 Personen**
*Arbeitsaufwand:*
*8–10 Minuten*
*Garzeit: ca. 30 Minuten*

*Zutaten:*
*500–600 g dünne Kalbsschnitzel*
*2 Scheiben Kastenbrot*
*7–8 Esslöffel Milch*
*1 Esslöffel gehackte Petersilie*
*abgeriebene Schale von ½ Zitrone*
*1 Esslöffel geriebener Parmesan*
*Salz*
*2 Esslöffel Öl*

*Geräte:*
*(Holzbrett, Fleisch-hammer und grosses Küchen-messer), kleines Küchen-messer, kleine Schüssel, Wiegemesser, Zitronenreibe, Käseraffel, Zahnstocher, Rouladenspiesse oder Küchenschnur, mittel-grosse Bratpfanne*

- Die Schnitzel ganz dünn klopfen, falls dies nicht schon der Metzger getan hat. Wenn sie sehr gross sind, so zurechtschneiden, dass Stücke von ca. 7 x 10 cm entstehen.
- Die Kruste des Brotes mit dem kleinen Küchenmesser wegschneiden. Das Brot in kleine Stücke brechen, in ein Schüsselchen geben, mit der Milch beträufeln und kurz stehenlassen.
- Mit einer Gabel ganz fein zerdrücken. Petersilie, abgeriebene Zitronenschale, Parmesan und Salz beifügen und alles gut vermischen.
- Diese Masse auf die Fleischscheiben verteilen. Von einer

Schmalseite her aufrollen und die Rouladen mit Zahnstochern, Rouladenspiessen oder Küchenschnur fixieren.
- Das Öl auf dem Boden der Bratpfanne verteilen. Die Rouladen hineingeben, leicht salzen (Vorsicht: Die Füllung ist bereits gesalzen) und bei mässiger Hitze ca. 30 Minuten schmoren, ohne dass sie stark Farbe annehmen. Dabei von Zeit zu Zeit wenden. Falls die Fleisch-Rouladen mit Küchenschnur umwickelt waren, diese vor dem Servieren entfernen.

*• Die Rouladen nach Belieben mit Mehl bestäuben und in 40 g Butter goldgelb braten. In diesem Fall auf das Öl verzichten. • Man kann das Fleisch auch nach der halben Garzeit mit 5 Esslöffeln Weisswein begiessen. Die Hitze so regulieren, dass am Ende der Kochzeit eine sämige Sauce entstanden ist.*

# Kalbfleischrouladen in Milch
## Involtini al latte

**Für 4 Personen**
*Arbeitsaufwand:*
*8–10 Minuten*
*Garzeit: ca. 30 Minuten*

*Zutaten:*
*500–600 g dünne Kalbsschnitzel*
*100 g gehacktes Kalbfleisch*
*1 Eigelb*
*2 Esslöffel geriebener Parmesan*
*Salz*
*2 dl Milch*
*1 Zweiglein Rosmarin*
*(1 Messerspitze Fleischextrakt)*
*(1 Teelöffel Worcestershire-Sauce)*

*Geräte:*
*(Holzbrett, Fleischhammer und Küchenmesser), Käseraffel, Zahnstocher, Rouladenspiesse oder Küchenschnur, mittelgrosse Bratpfanne*

- Die Schnitzel ganz dünn klopfen, falls dies nicht schon der Metzger getan hat. Wenn sie sehr gross sind, so zurechtschneiden, dass Stücke von ca. 7 x 12–13 cm entstehen.
- Gehacktes Fleisch, Eigelb, Parmesan und wenig Salz in einem Suppenteller oder einer kleinen Schüssel gut vermischen.
- Diese Masse auf die Fleischscheiben streichen. Von einer Schmalseite her aufrollen und die Rouladen mit Zahnstochern, Rouladenspiessen oder Küchenschnur fixieren.
- Die Rouladen mit der Milch und dem mit Küchenschnur zusammengebundenen Rosmarinzweig (damit die Nadeln sich nicht lösen) in eine Bratpfanne geben und mit Salz bestreuen.
- Bei mittlerer Hitze zum Kochen bringen, dann die Temperatur reduzieren und die Rouladen bei kleiner Hitze ca. 30 Minuten garen. Die Hitze so regulieren, dass bis zum Ende der Garzeit eine sämige Sauce entstanden ist. Nach Belieben Fleischextrakt und Worcestershire-Sauce beifügen.

*• Dieses Gericht enthält, falls dafür mageres Fleisch verwendet wurde, wenig Fett. Wer nicht auf die Linie achten muss, kann die Sauce gegen Ende der Kochzeit mit Mehlbutter (mit einer Gabel knapp ½ Esslöffel Mehl mit 20–25 g Butter verkneten) binden. • Milchsaucen werden gerne griessig. Deshalb vor dem Servieren mit dem Stabmixer glattschlagen oder durch ein Sieb passieren.*

# Kalbfleischrouladen mit Pancetta
## Involtini alla pancetta

**Für 4 Personen**
*Arbeitsaufwand:*
*10–12 Minuten*
*Garzeit: ca. 30 Minuten*

*Zutaten:*
*500–600 g dünne Kalbsschnitzel*
*8–9 grüne Oliven*
*½ Esslöffel gut abgetropfte Kapern*
*80 g sehr magerer Pancetta*
*2 Esslöffel Öl*
*2 Esslöffel Essig*

*Geräte:*
*(Holzbrett, Fleisch-*
*hammer und grosses Küchen-*
*messer), kleines Küchen-*
*messer, Wiegemesser,*
*Zahnstocher, Rouladenspiesse*
*oder Küchenschnur, mittel-*
*grosse Bratpfanne, Deckel*

● Die Schnitzel ganz dünn klopfen, falls dies nicht schon der Metzger getan hat. Wenn sie sehr gross sind, so zurechtschneiden, dass Stücke von ca. 7 x 12–13 cm entstehen.
● Die Oliven entsteinen und mit den Kapern und dem Pancetta fein hacken.
● Auf die Fleischscheiben verteilen. Von einer Schmalseite her aufrollen und die Rouladen mit Zahnstochern, Rouladenspiessen oder Küchenschnur fixieren.
● Das Öl in der Bratpfanne erhitzen.
● Die Rouladen hineingeben und während 5–7 Minuten allseitig Farbe annehmen lassen.
● Mit dem Essig beträufeln, zudecken und bei schwacher Hitze ca. 30 Minuten schmoren. Nach der halben Garzeit wenden.

## Kalbsragout, Haxen

Für ein schmackhaftes Ragout eignen sich auch die weniger teuren Stücke des Kalbes, z.B. Brust, Schulter oder Hals. Wichtig ist, dass das Fleisch in gleichmässige Würfel geschnitten wird, damit sie alle zur gleichen Zeit gar sind.

Kalbshaxen – wer kennt nicht die berühmten «Ossibuchi alla milanese» – werden in Italien sowohl in Scheiben geschnitten als auch am Stück für vier bis sechs Personen zubereitet (s. Rezept Seite 186). Es sind richtige Schmorgerichte, die, einmal angebraten und gewürzt, von selbst garen und

Zeit lassen für den restlichen Teil des Menüs. Bevor man sich aber für die Zubereitung von Kalbshaxen in Scheiben für eine grössere Anzahl von Gästen entschliesst, ist es wichtig zu prüfen, ob ein genügend grosses Kochgeschirr zur Verfügung steht. Sie brauchen relativ viel Platz!

# Kalbsragout mit Auberginen
## Spezzatino con melanzane

**Für 4 Personen**
*Arbeitsaufwand:*
*8–10 Minuten*
*Garzeit:*
*ca. 1 Stunde 15 Minuten*

*Zutaten:*
*ca. 700 g Kalbfleisch für Ragout*
*3 Esslöffel Öl*
*1 grosse Zwiebel*
*200 g geschälte Tomaten aus der Dose (Pelati), abgetropft*
*500 g Auberginen (Eierfrüchte)*
*1 grüner Peperone (Paprikaschote)*
*Salz*

*Geräte:*
*grosses und kleines Küchen-*
*messer, Holzbrett, grosse*
*Pfanne, Deckel, Dosenöffner*

- Das Fleisch in 3–4 cm grosse Würfel schneiden.
- Das Öl in der Pfanne erhitzen.
- Das Fleisch hineingeben und bei mittlerer Hitze unter häufigem Wenden 7–8 Minuten anbraten.
- Inzwischen die Zwiebel schälen und in grosse Würfel schneiden.
- Zum Fleisch in die Pfanne geben und unter häufigem Wenden einige Minuten zusammen dünsten.
- Die gut abgetropften Pelati beifügen und mit einer Gabel zerdrücken. Wieder zum Kochen bringen.
- Den Deckel aufsetzen, die Hitze reduzieren und unter gelegentlichem Wenden ca. 30 Minuten garen.
- Von den Auberginen den Stielansatz und vom Peperone Stielansatz, Kerne und weisse Rippen entfernen. Beide Gemüse waschen. Den Peperone der Länge nach in 1 cm breite Streifen und die Auberginen in ca. 3 cm grosse Würfel schneiden.
- Zum Fleisch geben, salzen, den Deckel wieder aufsetzen und unter gelegentlichem Rühren noch ca. 30 Minuten weitergaren, oder bis sich die Auberginen beim Einstechen weich anfühlen. Möglicherweise entsteht gegen Ende der Kochzeit zuviel Flüssigkeit. In diesem Fall den Deckel abheben und die Temperatur etwas erhöhen.

# Kalbsragout im Ofen – Spezzatino in forno

**Für 4 Personen**
*Arbeitsaufwand: 6–7 Minuten*
*Garzeit:*
*ca. 1 Stunde 15 Minuten*

*Zutaten:*
*ca. 700 g Kalbfleisch für Ragout*
*5 Esslöffel Öl*
*6 mittelgrosse Kartoffeln (je ca. 100 g)*
*Salz*
*1 Rosmarinzweig*
*20 g Butter*
*1 Esslöffel Essig*

*Geräte:*
*grosses und kleines Küchen-*
*messer, Holzbrett, grosse,*
*niedrige, feuerfeste Form,*
*Wiegemesser, Schaumlöffel*

- Das Fleisch in 3–4 cm grosse Würfel schneiden (man kann dies auch vom Metzger machen lassen).
- In die feuerfeste Form geben, das Öl beifügen und beides vermischen.
- Den Backofen auf 180 °C einschalten und die Form in die Mitte des Ofens schieben.
- Die Kartoffeln schälen und waschen. Jede Kartoffel in 4 Stükke schneiden. Zum Fleisch geben, salzen und die Form wieder in den Ofen schieben.
- Das Fleisch und die Kartoffeln 1 Stunde und 15 Minuten, oder bis sie weich sind, schmoren. Dabei einige Male wenden (dies ist allerdings nicht unbedingt nötig).
- Inzwischen die Rosmarinnadeln fein hacken.
- Die Form aus dem Ofen nehmen, Fleisch und Kartoffeln mit einem Schaumlöffel herausheben und anrichten.
- In der zurückbleibenden Flüssigkeit die Butter zergehen lassen. Den Rosmarin und den Essig daruntermischen und die Sauce über das Fleisch giessen. Sofort servieren.

# Kalbsragout mit Sardellen
## Spezzatino all'acciuga

**Für 4 Personen**

*Arbeitsaufwand: 7–8 Minuten*
*Garzeit:*
*ca. 1 Stunde 15 Minuten*

*Zutaten:*
*ca. 700 g Kalbfleisch für Ragout*
*2 Esslöffel Öl*
*1 Rosmarinzweig*
*1 Esslöffel Weinessig*
*Salz*
*8 kleine Kartoffeln (je ca. 50 g)*
*1 Mokkalöffel Sardellenpaste*

*Geräte:*
*grosses und kleines Küchen-*
*messer, Holzbrett, grosse*
*Pfanne, Deckel, Küchen-*
*faden, Kochlöffel, lange*
*Küchennadel oder Spiess*

- Das Fleisch in 3–4 cm grosse Würfel schneiden (man kann dies auch vom Metzger machen lassen).
- Das Öl in der Pfanne erhitzen.
- Das Fleisch hineingeben und bei mittlerer Hitze unter häufigem Wenden 7–8 Minuten anbraten, oder bis es auf allen Seiten leicht Farbe angenommen hat.
- In der Zwischenzeit den Rosmarinzweig mit Küchenfaden umwickeln, damit er die Nadeln nicht verliert, und zum Fleisch geben.
- Den Essig und 5 Esslöffel Wasser darüberträufeln, salzen und umrühren.
- Zum Kochen bringen, den Deckel aufsetzen und bei schwacher Hitze 30 Minuten garen.
- Die Kartoffeln schälen und waschen.
- Die Sardellenpaste in der Flüssigkeit, die sich auf dem Pfannenboden gebildet hat, auflösen.
- Die Kartoffeln beifügen und leicht salzen (wenig, weil die Sardellenpaste bereits gesalzen ist).
- Den Deckel wieder aufsetzen und weitere 30 Minuten garen, oder bis sich die Kartoffeln beim Einstechen mit der Küchennadel oder einem Spiess gar anfühlen (keine Gabel verwenden, da sonst die Kartoffeln zerbrechen könnten). Während des Garens von Zeit zu Zeit mit dem Kochlöffel umrühren und die Kartoffeln sorgfältig wenden. Sollte die Flüssigkeit zu stark einkochen, nach und nach etwas Wasser beifügen.

# Kalbshaxen mit Erbsen – Ossibuchi con piselli

**Für 4 Personen**

*Einweichen der Pilze:*
*15 Minuten*
*Arbeitsaufwand: 6–7 Minuten*
*Garzeit: ca. 1 Stunde*

*Zutaten:*
*15 g getrocknete Pilze (Steinpilze)*
*300 g Erbsen (mit Hülsen)*
*1 kleine Zwiebel*
*40 g Butter*
*4 Kalbshaxen (ca. 2½ cm dick)*
*1 knapper Esslöffel Mehl*
*5 Esslöffel trockener Weisswein*
*Salz*

- Die Pilze in lauwarmem Wasser einlegen und 15 Minuten stehenlassen.
- Inzwischen die Erbsen enthülsen. Die Zwiebel schälen und in kleine Würfel schneiden.
- Die Butter in der Bratkasserolle erhitzen.
- Die Kalbshaxen hineingeben und auf jeder Seite einige Minuten anbraten, bis sie eine goldgelbe Farbe angenommen haben. Dabei die Temperatur so regulieren, dass die Butter nicht zu dunkel wird.
- Mit dem Mehl bestäuben und einige Male wenden, damit sich das Mehl mit der Butter vermischen kann.
- Die gut abgetropften Pilze (die Einlegeflüssigkeit nicht weggiessen), Erbsen, Zwiebel, Wein und Salz beifügen.
- Den Deckel aufsetzen und bei schwacher Hitze ca. 50 Minuten schmoren, oder bis sich das Fleisch beim Einstechen weich anfühlt. Nach der halben Garzeit die Haxen einmal wenden, die Sauce mehrmals umrühren. Sollte sie zu stark einkochen, von Zeit zu Zeit etwas Einlegeflüssigkeit der Pilze beifügen (darauf achten, dass ein allfälliger sandhaltiger Rückstand nicht mitverwendet wird). Falls sie hingegen am Ende der Kochzeit zu dünn sein sollte, den Deckel entfernen und die Hitze erhöhen.
- Wenn die Kalbshaxen weich sind, anrichten und die Sauce darübergiessen.

# Kalbshaxen nach Mailänder Art
## Ossibuchi alla milanese

**Für 4 Personen**
*Arbeitsaufwand: 6–7 Minuten*
*Garzeit: ca. 1 Stunde*

*Zutaten:*
*60–65 g Butter*
*4 Kalbshaxen (ca. 2½ cm dick)*
*1 kleine Zwiebel*
*1 kleine Karotte*
*½ Esslöffel Mehl*
*5 Esslöffel Weisswein*
*1 Esslöffel Tomatenpüree*
*Salz*
*1 gehäufter Esslöffel gehackte Petersilie*
*Schale von ½ Zitrone*

- 40 g Butter in der Bratkasserolle erhitzen.
- Die Kalbshaxen hineingeben und auf jeder Seite kurz anbraten, oder bis sie etwas Farbe angenommen haben. Dabei die Temperatur so regulieren, dass die Butter nicht zu dunkel wird.
- Inzwischen Zwiebel und Karotte schälen und waschen. In kleine Würfel schneiden oder nicht zu fein hacken.
- Zum Fleisch in die Bratkasserolle geben und bei schwächerer Hitze 3–4 Minuten dünsten. Einige Male umrühren.
- Mit dem Mehl bestäuben. Das Gemüse umrühren und die Kalbshaxen mehrmals wenden, damit sich das Mehl mit der Butter vermischen kann.
- Mit dem Wein begiessen, Tomatenpüree beifügen und salzen.

*Weltberühmt sind die «Ossibuchi alla milanese», die Kalbshaxen nach Mailänder Art*

● Den Deckel aufsetzen und bei schwacher Hitze ca. 50 Minuten schmoren, oder bis sich das Fleisch beim Einstechen weich anfühlt. Gegen Mitte der Garzeit die Haxen einmal wenden, die Sauce mehrmals umrühren. Sollte sie zu stark einkochen, von Zeit zu Zeit etwas Wasser beifügen. Falls sie hingegen am Ende der Garzeit zu dünn sein sollte, den Deckel entfernen und die Hitze erhöhen.

● Wenn die Kalbshaxen weich sind, auf eine Platte herausheben. Petersilie, die abgeriebene oder fein gehackte Zitronenschale und die restliche Butter zur Sauce geben. Rühren, bis die Butter geschmolzen ist, und über die Kalbshaxen verteilen.

---

● *Zu diesen Kalbshaxen gehört ein echter Mailänder Risotto (s. Seite 101). ● Nur den äusseren, gelben Teil der Zitronenschale abziehen, denn der weisse, innere ist bitter.*

## Verschiedene Kalbfleischgerichte

Es folgen noch einige Gerichte aus Kalbfleisch, die sich nicht in einen der vorstehenden Abschnitte einordnen lassen. Vor allem das «Vitello tonnato» ist ein sehr berühmtes italienisches Kalbfleischge-

richt, das sich als Vorspeise für eine grössere Tischrunde oder in der warmen Jahreszeit als Hauptgericht servieren lässt. Zu den Gerichten aus gehacktem Kalbfleisch ist zu sagen, dass kein bestimmtes Fleischstück des Kalbes besonders zum Hacken vorgesehen ist. Vielmehr werden dafür mei-

stens Abschnitte, zum Teil auch von teureren Stücken, verwendet. Beim gehackten Kalbfleisch gilt das gleiche wie beim Rindfleisch: Darauf achten, dass das Fleisch nicht zu fett ist, damit nicht ein verhältnismässig grosser Gewichtsanteil sich beim Garen in austretendes Fett auflöst.

# Kalbfleischspiesschen nach Mailänder Art
## Uccelli scappati alla milanese

**Für 4 Personen**
*Arbeitsaufwand:*
*7–10 Minuten*
*Garzeit: ca. 55 Minuten*

*Zutaten:*
*500 g Kalbfleisch für Ragout*
*1 Scheibe magerer Pancetta (ca. 100 g)*
*16 kleine Salbeiblätter*
*40 g Butter*
*5 Esslöffel Weisswein*

*Geräte:*
*grosses Küchenmesser, Holz-*
*brett, 8 kurze Holzspiesse,*
*grosse Bratpfanne, Deckel*

- Das Fleisch in 24 Stücke von 2–3 cm Seitenlänge schneiden.
- Vom Pancetta die Schwarte entfernen und das Fleisch quer zu den Fettschichten in 16 Stücke schneiden.
- Die Salbeiblätter waschen und gut abtropfen lassen.
- Abwechslungsweise jeweils 3 Fleisch-, 2 Pancetta-Stücke und 2 Salbeiblätter auf jedes Spiesschen stecken und dabei immer mit einem Fleischstück beginnen und aufhören.
- Die Butter in der Bratpfanne erhitzen.
- Die Spiesschen hineingeben und unter mehrmaligem Wenden ca. 5 Minuten anbraten, oder bis sie auf allen Seiten Farbe angenommen haben.
- Den Wein dazugiessen, zum Kochen bringen, die Bratpfanne zudecken und die Temperatur reduzieren.
- 45 Minuten schmoren, oder bis sich das Fleisch beim Einstechen mit einer Gabel weich anfühlt. Die Sauce soll am Ende der Garzeit sämig sein. Falls sie zu dünnflüssig ist, den Deckel abheben, die Temperatur erhöhen und etwas einkochen lassen. Wenn hingegen zuwenig Flüssigkeit vorhanden ist, von Zeit zu Zeit etwas Wasser zugiessen.

---

- *Man kann zu diesem Gericht weissen Reis (s. Seite 90) oder Polenta (s. Seite 104) servieren.* • *Grosse Salbeiblätter können vor der Verwendung in 2 oder 3 Stücke geteilt werden.* • *Anstelle der Salbeiblätter können die Spiesse auch mit in Stücke gebrochenen Lorbeerblättern zubereitet werden. In diesem Fall verwendet man statt der Butter zwei Esslöffel Öl zum Braten. Die Spiesschen heissen dann «nach Genueser Art».*

# Gehacktes Kalbfleisch im Ofen
## Schiacciatine in forno

**Für 4 Personen**
*Arbeitsaufwand: 5 Minuten*
*Garzeit: ca. 10 Minuten*

*Zutaten:*
*2 Scheiben Kastenbrot*
*8 Esslöffel Milch*
*600 g mageres, gehacktes Kalbfleisch*
*4 Esslöffel geriebener Parmesan*
*1 Prise geriebene Muskatnuss*
*oder 1 Messerspitze getrockneter Thymian*
*Salz*
*4 Esslöffel Öl*

*Geräte:*
*(kleines Küchenmesser),*
*Schüssel, Käseraffel,*
*Muskatnussreibe, Backofen*
*mit Grillschlange (Sala-*
*mander), 4 feuerfeste*
*Portionenförmchen von*
*15 cm Durchmesser*

● Von den Brotscheiben nach Belieben mit dem Küchenmesser die Kruste entfernen. Das Brot in Stücke brechen, in eine Schüssel geben und mit der Milch beträufeln.

● Einen Moment stehenlassen, dann das Brot mit einer Gabel ganz fein zerdrücken.

● Das gehackte Fleisch, geriebenen Parmesan, Muskatnuss oder Thymian und Salz beifügen und alles zu einer glatten Masse verkneten.

● Den Grill des Backofens einschalten.

● Den Boden der 4 Portionenförmchen mit Öl bestreichen. Die Fleischmasse darauf verteilen. Mit einem Gabelrücken etwas glattstreichen.

● Ca. 10 cm von der Grillschlange entfernt in den Backofen schieben und 10 Minuten überbacken, oder bis sich auf der Oberfläche eine leichte Kruste gebildet hat. Evtl. müssen die Förmchen nach einigen Minuten umplaziert werden, weil die Hitze nicht überall gleich stark ist.

---

● *Die angegebene Fleischmenge sollte nach Möglichkeit nicht erhöht werden, da das Fleisch in den Portionenformen sonst zu dick wird und nicht durchgebacken werden kann.*

---

# Kalbfleisch an Thunfischsauce
## Vitello tonnato

**Für 6 Personen**
*Arbeitsaufwand: 15 Minuten*
*Garzeit:*
*ca. 1 Stunde 40 Minuten*
*Kühl- und Ruhezeit:*
*ca. 6 Stunden*

*Zutaten:*
*ca. 1 kg Kalbsbraten (Nuss, Schulterfilet, falsches Filet bzw. runder Mocken)*
*1 mittelgrosse Zwiebel*
*1 mittelgrosse Karotte*
*1 Selleriestange*
*1 Lorbeerblatt*
*3 dl Weisswein*
*Salz*
*250 g Thunfisch aus dem Öl*
*6 Sardellenfilets*
*5 Esslöffel Olivenöl*
*3 Esslöffel Essig*
*Saft von 1/2 Zitrone*
*2 knappe Esslöffel Kapern*

*Geräte:*
*grosse, wenn möglich ovale*
*Bratkasserolle, Deckel,*
*kleines Küchenmesser,*
*Schaumlöffel, Holzbrett*
*und scharfes Küchenmesser,*
*Mixer*

● Das Fleisch in die Bratkasserolle legen.

● Die Zwiebel schälen, die Karotte schälen und waschen, auch die Selleriestange waschen.

● Zwiebel, Karotte und Sellerie in grobe Stücke schneiden und zum Fleisch geben. Lorbeerblatt, Wein, Salz und so viel Wasser beifügen, bis das Fleischstück davon gerade bedeckt ist.

● Aufkochen und abschäumen.

● Den Deckel aufsetzen, die Temperatur reduzieren und während ca. 1 1/2 Stunden ganz schwach kochen lassen. Das Fleisch ist gar, wenn es sich beim Einstechen mit der Spitze des Küchenmessers weich anfühlt.

*«Vitello tonnato» ist der Inbegriff eines festlichen Sommergerichtes*

- Den Herd ausschalten und das Fleisch in der Kochflüssigkeit erkalten lassen (es braucht dafür mehr als 1 Stunde).
- Das Fleisch herausnehmen, gut abtropfen lassen, in dünne Scheiben schneiden und dachziegelartig auf einer flachen Platte anordnen.
- Thunfisch, Sardellen, Öl, Essig, Zitronensaft und 2 Esslöffel Kochflüssigkeit des Fleisches in den Mixer geben. Pürieren, bis eine feine Sauce entstanden ist. Sollte sie zu dick sein (sie braucht zwar nicht dünnflüssig zu sein), nochmals etwas Kochsud beifügen.
- Über das Fleisch verteilen und im Kühlschrank 5 Stunden (oder auch länger) stehenlassen.
- Unmittelbar vor dem Servieren mit den Kapern garnieren.

---

*• Nach Belieben auch mit Zitronenscheiben und Cornichon-Fächern oder mit Scheiben von Essiggurken garnieren. • Für dieses Gericht darf keine Silberplatte verwendet werden, da der Essig sie angreifen und das Gericht einen schlechten Geschmack bekommen würde. • Falls kein passender Mixer zur Verfügung steht, können Thunfisch und Sardellen auch durch eine Gemüsepassiermaschine (Passevite) mit der feinsten Lochung getrieben oder im Mörser zerstampft werden. • Nach Belieben kann man ca. 100 g Mayonnaise unter die Sauce mischen. • Evtl. auch mit Tomatenschnitzen und Eischeiben garnieren.*

# Schweinefleisch

Schweinefleisch ist dank moderner Aufzuchtmethoden heutzutage nicht mehr so fett und schwer verdaulich wie früher. Einige Teile, zum Beispiel das Nierstück, sind so mager wie Kalbfleisch. Dabei ist zu erwähnen, dass ein relativ grosser Anteil der beim Schlachten anfallenden Fleischmenge nicht frisch verzehrt, sondern zu Schinken und Wurstwaren verarbeitet wird. Schweinefleisch nimmt denn auch in Italien einen relativ bescheidenen Platz auf der Menükarte ein. Attraktiv ist Schweinefleisch nebst seines guten Geschmackes vor allem seines Preises wegen, der im Durchschnitt ganz wesentlich unter demjenigen von Rind- und Kalbfleisch liegt. Wie überall gilt es auch hier, nicht einseitig zu sein und Schweinefleisch abwechslungsweise mit anderen Fleischsorten aufzutragen. (Rezepte für Schweinefleisch auf dem Grill finden sich auf den Seiten 352 und 355.)

## Schweinefilet

Schweinefilet ist ein geradezu ideales Fleischstück für die kleinere Gästeschar. Schnell zubereitet, relativ mager, geschmacklich ein Leckerbissen und preislich bedeutend günstiger als Filet vom Rind oder vom Kalb, passt es für viele Gelegenheiten und lässt sich auch auf die verschiedensten Arten zubereiten. Die hier folgenden Rezepte sind etwas aussergewöhnlich und deuten einige neue Möglichkeiten an, die dieses Fleischstück bietet.

# Schweinefiletspiesschen
## Spiedini con peperoni e salsiccia

**Für 4 Personen**
*Arbeitsaufwand: 15 Minuten*
*Garzeit: ca. 25 Minuten*

*Zutaten:*
*1 Schweinefilet von 300–350 g*
*250 g dünne, frische Schweinebratwürste*
*1 Scheibe Pancetta (ca. 80 g)*
*2 grüne oder gelbe Peperoni (insgesamt ca. 300 g)*
*30 g Butter*
*Salz*
*5 Esslöffel Weisswein*

*Geräte:*
*grosses und kleines Küchenmesser, Holzbrett, 8 kurze oder 4 lange Stäbchen oder Spiesschen, grosse Bratpfanne*

● Das Filet in Stücke von 2–3 cm Dicke schneiden. Die Würste und den Pancetta in je gleich viele Stücke schneiden, wie Fleischstücke vorhanden sind.
● Von den Peperoni Stielansatz, Samen und innere Rippen entfernen. Waschen und sehr gut abtropfen lassen. In gleich viele Quadrate schneiden, wie Fleischstücke vorhanden sind.
● Fleischstücke, Wurst, Pancetta und Peperoni abwechslungsweise auf die Stäbchen oder Spiesschen stecken.

- Die Butter in der Bratpfanne erhitzen.
- Die Spiesschen hineingeben und unter häufigem Wenden bei mittlerer Temperatur 20 Minuten braten.
- Vorsichtig salzen (Wurst und Pancetta sind bereits gesalzen), mit dem Wein begiessen und bei schwacher Hitze weitergaren, bis der Wein eingekocht ist.

# Marinierte Schweinefiletspiesschen
## Spiedini al cognac

**Für 4 Personen**
Marinierzeit: 2 Stunden
Arbeitsaufwand: 10 Minuten
Garzeit: ca. 25 Minuten

*Zutaten:*
600–700 g Schweinefilet
1 Zwiebel
1 Knoblauchzehe
2 Esslöffel Öl
2 Esslöffel Brandy (Weinbrand)
Salz
Pfeffer
5 Esslöffel Weisswein

*Geräte:*
grosses und kleines
Küchenmesser, Holzbrett,
Deckel, 8 kurze oder
4 lange Spiesschen, grosse
schwere Bratpfanne (wenn
möglich mit Antihaftbelag)

- Das Fleisch in 2–3 cm grosse Würfel schneiden.
- Zwiebel und Knoblauchzehe schälen und in dünne Scheiben schneiden.
- Fleisch, Zwiebel, Knoblauch, Öl, Brandy, Salz und Pfeffer in einen tiefen Teller oder eine Schüssel geben. Alles gut vermischen und mit einem Deckel oder Teller bedecken.
- Zwei Stunden stehenlassen. Dabei wenn möglich von Zeit zu Zeit umrühren.
- Die Fleischstücke auf Spiesschen stecken.
- Die Bratpfanne erhitzen und die Spiesschen hineinlegen. 20 Minuten unter mehrmaligem Wenden braten. Sollten sie auf dem Pfannenboden ansitzen, mehrmals ganz wenig Wasser beifügen.
- Mit dem Weisswein ablöschen und noch 5 Minuten weitergaren, oder bis der Wein fast vollständig eingekocht ist. Sofort servieren.

# Gefülltes Schweinefilet – Cotechino fasciato

**Für 6 Personen**
Arbeitsaufwand:
12–15 Minuten
Garzeit:
ca. 2 Stunden 20 Minuten
Stehenlassen: 15 Minuten

*Zutaten:*
1 Schweinefilet von 300–400 g
1 Cotechino (Kochwurst aus Schweinefleisch) von 500–600 g
1 Esslöffel Öl
1 mittelgrosse Zwiebel
1 mittelgrosse Karotte

Den Metzger bitten, das Schweinefilet so aufzuschneiden und zu klopfen, dass ein ca. 20 x 25 cm grosses Stück entsteht, gross genug, um den Cotechino möglichst vollständig darin einwickeln zu können. Man kann dies auch selbst tun.

*Geräte:*
*(Küchenmesser, Fleisch-*
*hammer), Holzbrett, kleines*
*Küchenmesser, Küchenschnur,*
*ovale Bratkasserolle, Deckel,*
*(Wiegemesser)*

- Den rohen Cotechino schälen und in das Schweinefilet einwickeln. Mit Küchenschnur umwinden.
- Das Öl in der Bratkasserolle erhitzen.
- Die Rolle hineinlegen und unter häufigem Wenden ca. 10 Minuten anbraten, oder bis sie überall Farbe angenommen hat.
- Inzwischen die Zwiebel schälen. Die Karotte schälen und waschen und beides in kleine Würfel schneiden oder mit dem Wiegemesser hacken. Zum Fleisch geben.
- 10 Minuten dünsten, den Deckel aufsetzen und die Temperatur reduzieren.
- Bei schwacher Hitze ca. 2 Stunden garen, dabei von Zeit zu Zeit wenden und auch das Gemüse auf dem Boden der Kasserolle umrühren. Wenn nötig wenig Wasser zugeben.
- Den Herd ausschalten und das Fleisch vor dem Aufschneiden noch 15 Minuten in der Kasserolle liegenlassen.

---

- *Der Sauce nach Belieben 5 Esslöffel Rot- oder Weisswein und 3–4 geschälte Tomaten aus der Dose (Pelati) beifügen.*

## Schweinebraten

Schweinebraten wird in Italien vorwiegend aus dem mageren Karreestück zubereitet, wobei die Knochen oft am Fleischstück belassen werden. Aromatische Saucen verleihen diesen Braten ihren besonderen Charakter. Und natürlich wird bei der Zubereitung nicht mit Kräutern und anderen Gewürzen gespart, so dass ein italienischer Schweinebraten immer gehaltvoll schmeckt.

---

# Schweinekarreebraten – Arrosto di carré

**Für 4–6 Personen**
*Arbeitsaufwand: 2 Minuten*
*Garzeit:*
*ca. 1 Stunde 45 Minuten*
*(Stehenlassen: 15 Minuten)*

*Geräte:*
*(scharfes Messer), Bräter*
*oder feuerfeste Form mit*
*niedrigem Rand, kleines*
*Küchenmesser, Holzbrett*

*Zutaten:*
*ca. 1,2 kg Schweinekoteletts am Stück*
*Salz*
*2 Lorbeerblätter*
*2 frische Thymianzweiglein*

Falls das Fleischstück sehr viel Fett aufweist, den Metzger bitten, den grössten Teil des Fettes wegzuschneiden und nur eine dünne Schicht zu belassen. Man kann dies mit einem geeigneten, scharfen Messer auch selbst tun.

- Den Backofen auf 180 °C vorheizen.
- Das Fleischstück mit der Fettschicht nach oben in den Bräter legen. Mit Salz bestreuen und die Lorbeerblätter und Thymianzweiglein darauflegen.
- In die Mitte des heissen Backofens schieben.
- 1¾ Stunden braten, oder bis sich das Fleisch beim Einstechen mit dem kleinen Küchenmesser bis zum Knochen weich anfühlt und aus der Einstichstelle eine klare Flüssigkeit austritt. Sollte der Bratensaft während dieser Zeit zu dunkel werden, gelegentlich ganz wenig Wasser beifügen.
- Wenn das Fleisch gar ist, auf ein Holzbrett herausheben.

• Sollte der Saft im Bräter zu fett sein, mit einem Löffel einen Teil des Fetts entfernen. Den Bräter auf den Herd stellen und mit wenig Wasser den Bratensaft vom Boden lösen.

• Dieser Braten kann warm oder kalt serviert werden. Wenn er warm aufgetragen wird, wenn möglich vor dem Zerschneiden 15 Minuten an der Wärme stehenlassen. Zum Entfernen des Knochens ein scharfes Messer so nah wie möglich dem Knochen entlangführen. Das Fleisch in Scheiben schneiden und mit der klaren Sauce servieren.

---

• *Soll das Fleisch mit dem Knochen auf den Tisch gebracht werden (es sieht effektvoller aus), den Metzger bitten, den Längsknochen in regelmässigen Abständen durchzutrennen oder ganz zu entfernen. Beim Tranchieren das Fleisch dann an diesen Stellen durchschneiden.*

# Umwickelter Schweinebraten
## Arrosto fasciato

**Für 4–6 Personen**

*Arbeitsaufwand:*
*10–15 Minuten*
*Garzeit:*
*ca. 1 Stunde 45 Minuten*
*(Stehenlassen: ca. 15 Minuten)*

*Zutaten:*
*ca. 1,2 kg Schweinekoteletts am Stück*
*1 Knoblauchzehe*
*¾ Esslöffel Fenchelsamen*
*120 g Pancetta in dünnen Scheiben*
*2 Rosmarinzweiglein*

Den Metzger bitten, das Fleischstück zum Braten vorzubereiten. Man kann dies mit einem starken Küchenmesser aber auch

*Mit Pancetta und Gewürzen ist dieses gebratene Kotelettstück ein ausgesprochenes Festessen*

*Geräte:*
*(starkes Küchenmesser),*
*kleines Küchenmesser,*
*Küchenschnur, Bräter oder*
*niedrige, feuerfeste Form*

selbst tun: Das Fleisch jeweils zwischen zwei Knochen einschneiden und mit dem Messerrücken nach unten klopfen, bis die Knochen 4–5 cm freigelegt sind. Das von den Knochen gelöste Fleisch kräftig an das grosse Fleischstück anpressen.

- Den Backofen auf 180 °C vorheizen.
- Das Bratenstück überall mit der angeschnittenen Knoblauchzehe einreiben.
- Das Fleisch auf allen Seiten mit den Fenchelsamen bestreuen und diese mit der Hand etwas anpressen.
- Das ganze Stück mit den Pancetta-Scheiben umwickeln und diese mit Küchenschnur befestigen. Dabei auch die Rosmarinzweiglein auf den Braten binden.
- Das Fleischstück in den Bräter legen und in die Mitte des Backofens schieben. 1¾ Stunden garen, oder bis sich das Fleisch beim Einstechen mit dem Küchenmesser bis zum Knochen weich anfühlt und aus der Einstichstelle ein klare Flüssigkeit austritt.
- Das Fleisch kann warm oder kalt serviert werden. Wenn es warm aufgetragen wird, wenn möglich vor dem Zerschneiden ca. 15 Minuten an der Wärme stehenlassen. Dann die Pancetta-Scheiben entfernen und das Fleisch vom Knochen lösen, indem man mit einem scharfen Messer möglichst nah dem Knochen entlangschneidet. Das Fleischstück in Scheiben schneiden und mit dem Bratensaft servieren.

---

- *Nach Belieben das Fleisch vor dem Umwickeln mit den Pancetta-Scheiben grosszügig mit schwarzem, frisch gemahlenem Pfeffer bestreuen.* • *Um etwas mehr Sauce zu bekommen, kann der Bratensatz auf dem Boden der Form mit ganz wenig Wasser gelöst und anschliessend in einem Pfännchen etwas eingekocht werden.*

# Schweinenierstück nach Bürgerart
## Arrosto di lonza alla borghese

**Für 4–5 Personen**
*Arbeitsaufwand: 5 Minuten*
*Garzeit:*
*ca. 1 Stunde 30 Minuten*
*Stehenlassen: 15 Minuten*

*Zutaten:*
*ca. 800 g Schweinenierstück*
*1 Esslöffel Öl*
*Salz*
*2 Lorbeerblätter*
*4–5 mittelgrosse Karotten*
*12–15 Perlzwiebeln, wenn möglich bereits geschält*

*Geräte:*
*(scharfes Küchenmesser),*
*Bräter oder niedrige, feuer-*
*feste Form, kleines Küchen-*
*messer*

Sollte sich auf dem Fleischstück eine sehr dicke Fettschicht befinden, diese vom Metzger fast vollständig wegschneiden lassen.

- Den Backofen auf 180 °C vorheizen.
- Den Boden des Bräters oder der Form mit wenig Öl bestreichen und das Fleischstück mit der Fettschicht nach oben darauflegen. Mit Salz bestreuen und mit den Lorbeerblättern belegen.
- In die Mitte des heissen Backofens schieben. Nach ca. 30 Minuten erstmals prüfen, ob die ausgetretene Flüssigkeit nicht zu

dunkel wird. Nötigenfalls von Zeit zu Zeit ganz wenig Wasser zugiessen.
- Wenn sich das Fleisch seit 40 Minuten im Ofen befindet, die Karotten schälen, waschen, in 4–5 cm lange Stücke und jedes der Länge nach in 4 Teile schneiden. Die Zwiebelchen waschen und gut abtropfen lassen.
- Karotten und Zwiebelchen rund um das Fleisch herum verteilen. Mit etwas Salz bestreuen und wenden, damit sie von der Sauce überzogen werden.
- Weiterbraten, bis die Garzeit insgesamt ca. 1½ Stunden beträgt oder bis sich das Fleisch beim Einstechen mit dem kleinen Küchenmesser bis zum Knochen weich anfühlt und an der Einstichstelle eine klare Flüssigkeit austritt. Das Gemüse während der Garzeit mehrmals wenden. Das Fleisch wenn möglich vor dem Servieren ca. 15 Minuten an der Wärme stehenlassen.

---

- *Falls keine bereits geschälten Perlzwiebeln erhältlich sind, erhöht sich die Zubereitungszeit um einige Minuten.* • *Sollte sich nur sehr wenig Flüssigkeit auf dem Boden des Bräters oder der Form befinden, wenn das Gemüse beigegeben wird, etwas Öl zugeben.*

# Schweinebraten an saurer Sauce
## Lombo all'agro

**Für 4–5 Personen**
*Arbeitsaufwand: 10 Minuten*
*Garzeit:*
*ca. 1 Stunde 30 Minuten*

*Zutaten:*
*2 Esslöffel Öl*
*ca. 800 g Schweinebraten aus dem Stotzen*
*1 kleine Zwiebel (ca. 50 g)*
*250 g geschälte Tomaten aus der Dose (Pelati), abgetropft*
*1 Lorbeerblatt*
*Salz*
*(1 Messerspitze Fleischextrakt)*
*Saft von 1 Zitrone*

*Geräte:*
*mittelgrosse Bratkasserolle,*
*Deckel, kleines Küchenmesser,*
*Holzbrett, Dosenöffner*

- Das Öl in der Bratkasserolle erhitzen.
- Das Fleisch hineingeben und 7–10 Minuten bei mittlerer Hitze auf allen Seiten leicht anbraten.
- Inzwischen die Zwiebel schälen und in Würfelchen schneiden.
- Die Zwiebel zum Fleisch geben. Pelati, Lorbeerblatt und Salz beifügen. Die Pelati mit einer Gabel zerdrücken.
- Bei mittlerer Hitze zum Kochen bringen, nach Belieben den Fleischextrakt zufügen und gut verrühren.
- Den Deckel aufsetzen, die Temperatur reduzieren und das Fleisch 1 Stunde 20 Minuten schmoren. Dabei nach der halben Garzeit einmal wenden und die Sauce gelegentlich umrühren. Wenn die Temperatur niedrig genug ist und der Deckel gut schliesst, ist keine weitere Flüssigkeitszugabe nötig. Wenn die Flüssigkeit aber zu stark einkocht, die Hitze noch etwas reduzieren und von Zeit zu Zeit ganz wenig Wasser zufügen.
- Am Ende der Garzeit das Fleischstück herausnehmen und den Zitronensaft zur Sauce geben und gut verrühren. Das Lorbeerblatt entfernen und das Fleisch servieren.

## Koteletts, Ragout, Schnitzel

Die folgenden Rezepte beschreiben eher Alltagsgerichte, zum Teil mit relativ kurzer, zum Teil mit ziemlich langer Garzeit. Immer sind sie interessant gewürzt und zusammengestellt. Für Ragout eignen sich Stücke aus dem Stotzen oder die eher fetten, aber sehr delikaten Brustspitzchen. Schweinekoteletts eignen sich auch zur Zubereitung auf dem Grill (s. Seite 352 und 355). Ganze gebratene Kotelettstücke s. Seite 211 f.

# Schweinekoteletts an Senfsauce
## Costolette alla senape

**Für 4 Personen**
*Arbeitsaufwand: 10 Minuten*
*Garzeit: 20–25 Minuten*

*Zutaten:*
*4 Schweinekoteletts (je 180–200 g)*
*3 Esslöffel Brandy (Weinbrand)*
*1 Esslöffel scharfer Senf*
*einige Spritzer Worcestershire-Sauce*
*Salz*
*20–30 g Butter*

*Geräte:*
*grosse Bratpfanne*

- Die Koteletts nebeneinander in die Bratpfanne legen und so viel Wasser dazugiessen, bis sie davon bedeckt sind.
- Bei starker Hitze zum Kochen bringen.
- Die Temperatur reduzieren und kochen, bis das Wasser verdampft ist (nach ca. 15 Minuten). Dabei nach 5–7 Minuten das Fleisch einmal wenden.

*Die Senfsauce macht dieses Alltagsgericht besonders verlockend*

• Bei wiederum starker Hitze den auf dem Boden und an den Wänden der Pfanne verbliebenen Rückstand intensiv bräunen lassen, ohne dass er jedoch verbrennt.
• Mit 3 Esslöffeln Wasser durch Umrühren lösen und die Koteletts auf beiden Seiten einige Male etwas darin bewegen, damit sie ebenfalls Farbe annehmen.
• Den Brandy beifügen und einen Moment erwärmen lassen, dann vorsichtig mit einem Streichholz anzünden.
• Die Flammen verlöschen lassen und die Koteletts auf eine Platte anrichten.
• Sofort nochmals 3–4 Esslöffel Wasser in die Pfanne giessen. Senf, Worcestershire-Sauce und Salz beifügen und bei schwacher Hitze unter Rühren leise kochen, bis eine glatte, sämige Sauce entstanden ist.
• Die Pfanne vom Herd wegziehen, die Butter hineingeben und rühren, bis sie vollständig geschmolzen ist. Diese Sauce über das Fleisch geben und servieren.

---

• *Die Sauce lässt sich auch mit grobkörnigem Senf zubereiten und mit etwas Rahm verfeinern.*

# Schweinekoteletts mit Oliven
## Costolette con olive

**Für 4 Personen**
*Arbeitsaufwand: 10 Minuten*
*Garzeit: ca. 20 Minuten*

*Zutaten:*
*½ kleine Zwiebel*
*4 Schweinekoteletts (je 180–200 g)*
*ca. 1 Esslöffel Mehl*
*4 Esslöffel Öl*
*200 g geschälte Tomaten aus der Dose (Pelati), abgetropft*
*1 Knoblauchzehe*
*Salz*
*4–5 Esslöffel Weisswein*
*50 g schwarze Oliven*

*Geräte:*
*kleines Küchenmesser,*
*Holzbrett, (Wiegemesser),*
*grosse Bratpfanne, Deckel,*
*Dosenöffner*

• Die Zwiebel schälen und in kleine Würfel schneiden oder hacken.
• Die Koteletts mit Mehl bestäuben und das überschüssige Mehl abschütteln.
• Das Öl in der Bratpfanne erhitzen.
• Die Koteletts hineingeben und auf jeder Seite einige Minuten anbraten, bis sie Farbe angenommen haben.
• Auf einen Teller herausheben.
• Pelati, Zwiebel, geschälte und halbierte Knoblauchzehe und etwas Salz in die Pfanne geben. Die Pelati mit einer Gabel zerdrücken. Zum Kochen bringen, dann die Temperatur reduzieren und unter gelegentlichem Rühren ca. 5 Minuten kochen. Die Hitze so regulieren, dass am Schluss eine sämige Sauce vorhanden ist.
• Den Wein beifügen und bei stärkerer Hitze leicht einkochen lassen.
• Die Koteletts wieder in die Pfanne geben und die Oliven beifü-

gen. Den Deckel aufsetzen, die Temperatur reduzieren und ca. 10 Minuten schmoren. Dabei das Fleisch einmal wenden. Gegen Ende der Kochzeit den Deckel abheben und die Hitze erhöhen, um die Sauce auf die gewünschte Konsistenz einkochen zu lassen.

# Brustspitzchen an Rotweinsauce
## Puntine al vino rosso

**Für 4 Personen**
*Arbeitsaufwand: 5 Minuten*
*Garzeit: ca. 1 Stunde*

*Zutaten:*
*ca. 1,2 kg Brustspitzchen*
*40 g Butter*
*4 Salbeiblätter*
*Salz*
*(Pfeffer)*
*1 Mokkalöffel Fenchelsamen*
*1½ dl Rotwein*

*Geräte:*
*(starkes Küchenmesser),*
*grosse Bratpfanne*

Den Metzger bitten, die Brustspitzchen voneinanderzuschneiden. Man kann dies mit einem starken Küchenmesser auch selbst tun.

● In der Bratpfanne die Butter erhitzen und von Anfang an die Salbeiblätter zugeben.
● Die Brustspitzchen hineingeben und bei mittlerer Hitze 20 Minuten anbraten, dabei einmal wenden (die Temperatur so regulieren, dass sie wohl Farbe annehmen, aber nicht zu dunkel werden).
● Mit Salz und, nach Belieben, mit Pfeffer bestreuen. Die Fenchelsamen darüber verteilen und bei eher schwacher Hitze ca. 40 Minuten weiterschmoren. Dabei die Fleischstückchen häufig wenden und nach und nach mit etwas Wein begiessen. Sehr heiss servieren.

# Schweineragout – Spezzatino di lombo

**Für 4 Personen**
*Arbeitsaufwand:*
*12–15 Minuten*
*Garzeit:*
*ca. 1 Stunde 45 Minuten*

*Zutaten:*
*1 mittelgrosse Zwiebel*
*1 mittelgrosse Karotte*
*1 Selleriestange*
*50 g Butter*
*ca. 700 g Schweineragout vom Stotzen*
*300 g geschälte Tomaten aus der Dose (Pelati), abgetropft*
*Salz*
*500 g Kartoffeln*

● Die Zwiebel schälen, die Karotte schälen und waschen und die Selleriestange waschen.
● Zwiebel, Karotte und Selleriestange in kleine Würfel schneiden oder grob hacken.

*Geräte:*
*grosses und kleines*
*Küchenmesser, Holzbrett,*
*(Wiegemesser) grosse*
*Bratkasserolle, Deckel,*
*Dosenöffner*

- Mit der Butter in die Kasserolle geben und unter häufigem Rühren bei schwacher Hitze ca. 5 Minuten dünsten.
- Inzwischen das Fleisch in ca. 3 cm grosse Würfel schneiden.
- In die Kasserolle geben. Pelati, Salz und 1½ dl Wasser beifügen. Die Pelati zerdrücken und alles gut vermischen.
- Bei mittlerer Hitze zum Kochen bringen.
- Die Temperatur reduzieren, den Deckel aufsetzen und noch 1 Stunde schmoren. Dabei einige Male wenden.
- Die Kartoffeln schälen, waschen und in ca. 3 cm grosse Stücke schneiden.
- Sollte die Flüssigkeit zu stark eingekocht sein, etwas Wasser dazugiessen. Die Kartoffeln beifügen, leicht salzen, den Deckel wieder aufsetzen und noch 30 Minuten weitergaren, bis die Kartoffeln weich sind. Dabei einige Male wenden.

# Schweineschnitzel mit Mozzarella
## Scaloppine alla mozzarella

**Für 4 Personen**
*Arbeitsaufwand:*
*10–12 Minuten*
*Garzeit: ca. 25 Minuten*

*Zutaten:*
*8 Schweineschnitzel vom Hals (je 80 g)*
*ca. 3 Esslöffel Mehl*
*50 g Butter*
*Salz*
*2 kleine Mozzarelle (Mozzarelline)*
*2 geschälte Tomaten aus der Dose (Pelati), abgetropft*
*8 Sardellenfilets*
*8 Basilikumblätter*
*5 Esslöffel Fleischbrühe*

*Der Geschmack des Mozzarellas verbindet sich köstlich mit den Aromen der übrigen Zutaten*

*Geräte:*
*grosse Bratpfanne,*
*kleines Küchenmesser,*
*Dosenöffner*

- Die Schnitzel mit Mehl bestäuben und das überschüssige Mehl abschütteln.
- In der Bratpfanne die Butter erhitzen.
- Die Schnitzel hineingeben und beidseitig rasch anbraten (2–3 Minuten). Salzen, die Temperatur reduzieren und bei sehr schwacher Hitze 10 Minuten garen.
- Inzwischen die kleinen Mozzarelle und die Pelati in je 4 Scheiben schneiden.
- Auf jede Fleischscheibe 1 Scheibchen Mozzarella, 1 Scheibchen Pelati, 1 Sardellenfilet und 1 Basilikumblatt legen.
- Sofort die Fleischbrühe dazugiessen und nochmals bei leicht höherer Temperatur 10 Minuten garen, wobei am Schluss eine Sauce in richtiger Konsistenz vorhanden sein soll.

---

- *Wenn keine Fleischbrühe vorhanden ist, Wasser dazugiessen und sobald es aufkocht, 1 Messerspitze Fleischextrakt darin auflösen.*

## Schinken

Schinken ist ein beliebtes Fleischstück in Italien, denken wir an den berühmten Rohschinken aus Parma! Ein ganzer Schinken eignet sich ausgezeichnet für ein Familienessen und gibt nicht viel Arbeit. Allerdings muss die Garzeit genau berechnet und auch eingehalten werden. Zu wenig lang gekochter Schinken schmeckt nicht gut, und zu langes Garen nimmt er übel, indem er sich schlecht schneiden lässt. Sollte vom Schinken etwas übrigbleiben, lassen sich aus dem Rest, in Scheiben geschnitten, köstliche Schnellgerichte zubereiten.

# Schinken an Madeira-Sauce
## Prosciutto al madera

**Für 8–10 Personen**
*Wässern: 10–12 Stunden*
*Arbeitsaufwand:*
*12–15 Minuten*
*Garzeit:*
*3–4 Stunden 15 Minuten*

*Zutaten:*
*1 Beinschinken, gepökelt (aus dem Salz), ungeräuchert,*
*von 3–4 kg*
*3 dl Madeira*
*ca. 2 Esslöffel Puderzucker*
*30 g Butter*

*Geräte:*
*genügend grosser Kochtopf,*
*um den Schinken ganz*
*aufzunehmen, sehr gut*
*schliessender Deckel,*
*(Aluminiumfolie), scharfes*
*Küchenmesser, grosse,*
*niedrige, feuerfeste Form,*
*feines Sieb*

- Vorgehen wie im Rezept «Gekochter Schinken» (s. folgende Seite), jedoch nach ¾ Stunden Kochzeit pro Kilogramm den Schinken aus dem Kochtopf nehmen.
- Den Backofen auf 180 °C vorheizen.
- Den Schinken abtropfen lassen und den Kochtopf gut ausspülen. Den Schinken wieder in die Pfanne geben und den Madeira beifügen.
- Den Deckel aufsetzen (falls er nicht sehr dicht schliesst, zwischen Pfanne und Deckel ein grosses Stück Aluminiumfolie legen). In den Backofen schieben, und zwar pro Kilogramm Schinken ¼ Stunde.
- Den Schinken aus dem Ofen nehmen und die Temperatur auf die höchste Stufe einstellen.
- Den Schinken in die feuerfeste Form legen und mit einem

scharfen Messer die Schwarte und einen Teil des Fetts weg-
schneiden.
• Die Oberfläche des Schinkens mit Puderzucker bestreuen
(dies geschieht am besten mit einem feinen Sieb; wenn der
Zucker Knöllchen enthält, diese mit einem Löffel zerdrücken).
• Den Schinken nochmals ganz kurze Zeit in den Ofen schieben,
bis sich der Zucker in eine dünne Karamelschicht verwandelt hat.
• Inzwischen den Kochtopf mit dem Madeira wieder auf den
Herd stellen. Falls die Kochflüssigkeit zu dünn sein sollte, auf die
gewünschte Konsistenz einkochen lassen. Im anderen Fall mit etwas Wasser verlängern. Wenn die Sauce die richtige Konsistenz
aufweist, vom Herd wegziehen, die Butter beifügen und rühren,
bis sie sich vollständig aufgelöst hat. Den Schinken auf einem
Holzbrett oder einer grossen Platte servieren und am Tisch aufschneiden (parallel zum Knochen). Die Sauce wenn möglich in
einer vorgewärmten Sauciere servieren.

---

• *Schinken aus dem Salz (gepökelten, ungeräucherten Schinken) muss
man beim Metzger vorbestellen.*

---

# Gekochter Schinken – Prosciutto cotto in casa

**Für 8–10 Personen**
*Wässern: 10–12 Stunden
Arbeitsaufwand: 10 Minuten
Garzeit: 3–4 Stunden*

*Geräte:
genügend grosser Kochtopf,
um den Schinken ganz
aufzunehmen oder höchstens
den Knochen herausstehen
zu lassen*

*Zutaten:*
*1 Beinschinken, nach Belieben geräuchert, von 3–4 kg*

• Den Schinken in den Kochtopf legen und 10–12 Stunden unter fliessendem Wasser wässern oder das Wasser häufig wechseln: Dies ist nötig, um ihm Salz zu entziehen.
• Abtropfen lassen, waschen und wieder in die Pfanne zurückgeben. Mit kaltem Wasser bedecken.
• Bei mittlerer Hitze bis knapp vors Kochen bringen: Ideal wäre
eine konstante Wassertemperatur von 80–85 °C, oder mit anderen Worten: Das Wasser darf nicht kochen und auch nicht zu
nahe an den Siedepunkt gelangen.
• Die Temperatur noch etwas reduzieren und den Schinken nur
noch ziehen lassen, und zwar pro Kilogramm Schinken
1 Stunde. Immer darauf achten, dass die Wassertemperatur
richtig ist. Wenn nötig verdunstetes Wasser von Zeit zu Zeit
durch etwas heisses Wasser ersetzen.
• Zum Servieren den Schinken abtropfen lassen und mit einem
scharfen Messer die Schwarte und einen Teil des Fetts wegschneiden. Auf ein Holzbrett oder eine grosse Platte legen. Am
Tisch aufschneiden, und zwar parallel zum Knochen.

---

• *Es macht nichts, wenn der Knochen über den Pfannenrand hinaus-
ragt, weil er ja nicht kochen muss. Auf keinen Fall aber sollte man den
Schinken der vorhandenen Pfannengrösse anpassen, indem man ihn
ausbeinen lässt, denn dadurch ginge ein grosser Teil des Effekts verloren.* • *Dem Kochwasser nach Belieben Gewürze wie Thymian, Lorbeer,
Gewürznelken, Pfefferkörner, Wacholderbeeren usw. beifügen.*

# Schinken an Marsala-Sauce
## Prosciutto al marsala

**Für 4 Personen**
*Arbeitsaufwand: 5 Minuten*
*Garzeit: 13–15 Minuten*

*Zutaten:*
*4 Scheiben gekochter Schinken, ca. 1 cm dick (je 100 g)*
*40 g Butter*
*½ Esslöffel Mehl*
*5 Esslöffel Marsala*
*6 Esslöffel Rahm*
*Salz*

*Geräte:*
*kleines Küchenmesser,*
*grosse Bratpfanne*

- Fast alles Fett vom Schinken wegschneiden.
- Die Butter in der Bratpfanne schmelzen lassen. Die Schinkenscheiben hineingeben und bei mittlerer Hitze beidseitig leicht Farbe annehmen lassen.
- Vorsichtig auf einen Teller legen.
- Das Mehl über die in der Pfanne verbliebene Butter streuen und einige Minuten bei kleinster Hitze unter ständigem Rühren dünsten.
- Den Marsala und 5–6 Esslöffel Wasser beifügen und bei mittlerer Hitze 3–4 Minuten kochen, oder bis eine sämige Sauce entstanden ist. Dabei ständig rühren.
- Den Rahm beifügen, gut mit der Sauce vermischen und ganz wenig salzen.
- Die Schinkenscheiben nochmals in die Pfanne geben und bei schwächster Hitze 2–3 Minuten erwärmen, oder bis die Sauce die gewünschte Konsistenz erreicht hat. Die Schinkenscheiben dabei einmal wenden.

*Scheiben von gekochtem Schinken eignen sich vorzüglich für die Zubereitung an Marsala-Sauce*

# Lammfleisch

Lammfleisch schmeckt köstlich, seit die Tiere im Vergleich zu früher viel jünger geschlachtet werden. Sogenanntes Milchlamm wird, wie der Name sagt, nur mit Milch aufgezogen. Es schmeckt ganz besonders delikat. Das Fleisch von jungen Tieren, die schon Gras gefressen haben, ist zart, aber aromatischer und etwas dunkler. Das Fleisch von Tieren, die über ein Jahr alt wurden, gelangt als Schaffleisch in den Verkauf. Es ist jedoch nicht sehr gefragt und somit oft nur auf Bestellung erhältlich. Die folgenden Rezepte werden deshalb alle mit Lammfleisch zubereitet. Für Ragout verwendet man meist Hals, Schulter oder Brust. Lammfleisch eignet sich auch zur Zubereitung auf dem Grill (s. Rezept «Grillierte Rindfleischspiesse» Seite 350).

## Geschmortes Lammfleisch
## Stufatino d'agnello

**Für 4 Personen**
*Arbeitsaufwand: 10 Minuten*
*Garzeit: ca. 1 Stunde*

*Zutaten:*
*600–700 g mageres Lammfleisch ohne Knochen*
*80 g Butter*
*1 Mokkalöffel Kümmelsamen*
*2 dl Weisswein*
*1 Esslöffel Tomatenpüree*
*Salz*
*Pfeffer*
*2 grosse Karotten*
*1 grosse Zwiebel*

*Geräte:*
*(Holzbrett, Küchenmesser),*
*mittelgrosse Bratkasserolle,*
*Deckel, kleines Küchenmesser,*
*mittelgrosse Bratpfanne*

- Das Fleisch in 2–3 cm grosse Würfel schneiden (vielleicht besorgt dies der Metzger).
- 30 g Butter in der Kasserolle schmelzen lassen.
- Die Fleischstücke hineingeben und bei mittlerer Hitze unter häufigem Wenden 5–7 Minuten auf allen Seiten anbraten.
- Kümmelsamen, Wein, Tomatenpüree, Salz und Pfeffer beifügen und gut umrühren.
- Zum Kochen bringen. Den Deckel aufsetzen, die Temperatur reduzieren und das Fleisch bei schwacher Hitze ca. 30 Minuten garen.
- Inzwischen die Karotten schälen, waschen und in ½ cm dicke Scheiben schneiden. Die Zwiebel schälen, halbieren und in dünne Scheibchen schneiden.
- In der Bratpfanne die restliche Butter erhitzen.
- Zwiebel und Karotte darin bei mittlerer Hitze dünsten und etwas Farbe annehmen lassen.
- Zum Fleisch geben, wenn dieses ca. 30 Minuten gegart hat.

Den Deckel aufsetzen und Fleisch und Gemüse unter gelegentlichem Umrühren noch weitere 30 Minuten schmoren, oder bis alles weich ist. Am Ende der Garzeit wenn nötig den Deckel abheben, um die ausgetretene Flüssigkeit etwas einkochen zu lassen.

# Lammfleisch an Kräutersauce
## Agnello in salsa

**Für 4–6 Personen**
*Arbeitsaufwand: 10 Minuten*
*Garzeit:*
*ca. 1 Stunde 10 Minuten*

*Zutaten:*
*2 Esslöffel Öl*
*1 Knoblauchzehe*
*ca. 1 kg Lammfleisch mit Knochen*
*1 Thymianzweiglein (gehackt ½ Esslöffel)*
*1 Rosmarinzweiglein (gehackt ½ Esslöffel)*
*1 Esslöffel Tomatenpüree*
*Salz*

*Geräte:*
*mittelgrosse Bratkasserolle,*
*Deckel, kleines Küchenmesser,*
*Holzbrett und Wiegemesser*

Das Fleisch vom Metzger in Stücke von ca. 60 g schneiden lassen.

- Das Öl in die Bratkasserolle geben und bei mittlerer Hitze die geschälte, ganze Knoblauchzehe darin anziehen lassen.
- Wenn sie etwas Farbe angenommen hat, herausnehmen. Die Fleischstücke in die Kasserolle geben und unter häufigem Wenden 5–7 Minuten anbraten, oder bis sie auf allen Seiten Farbe angenommen haben.
- Die Thymianblätter und Rosmarinnadeln zusammen hacken und zum Fleisch geben. 1½ dl Wasser, Tomatenpüree und Salz beifügen. Gut umrühren und zum Kochen bringen.
- Den Deckel aufsetzen, die Temperatur reduzieren und bei schwacher Hitze ca. 1 Stunde garen, oder bis sich das Fleisch beim Einstechen weich anfühlt. Falls während der Garzeit die Flüssigkeit zu stark einkocht, etwas Wasser beifügen. Sollte sie dagegen am Ende der Garzeit noch zu dünn sein, den Deckel abheben und bei etwas stärkerer Hitze ein wenig einkochen lassen.

# Gebratene Lammkeule
## Cosciotto d'agnello arrostito

**Für 4–6 Personen**
*Arbeitsaufwand: 5 Minuten*
*Garzeit: ca. 50 Minuten*
*Stehenlassen: 10 Minuten*

*Zutaten:*
*ca. 1 kg Lammkeule*
*Salz*

*Geräte:*
*Grillblech, (Grillrost)*

- Den Backofen auf 250 °C vorheizen.
- Die Keule wenn möglich im Grillblech auf einen Rost legen, sonst direkt auf das Blech.
- Sobald der Backofen die gewünschte Temperatur erreicht hat,

das Blech in der Mitte einschieben und das Fleisch 50 Minuten braten, ohne sich weiter darum zu kümmern.
● Den ausgeschalteten Backofen kurz öffnen, um die grösste Hitze austreten zu lassen, dann die Keule noch ca. 10 Minuten im Ofen ruhenlassen.
● Zum Servieren der Länge nach aufschneiden (nach Belieben am Tisch) und die Fleischscheiben mit etwas Salz bestreuen. Die Lammkeule schmeckt warm und kalt gleich gut.

---

● *Bei dieser Bratzeit wird das Fleisch nur noch knapp rosa sein. Wer es mehr «saignant» vorzieht, reduziert die Bratzeit um ca. 10 Minuten.*

# Lamm mit weissen Bohnen
## Agnello con fagioli

**Für 4–6 Personen**
*Arbeitsaufwand:*
*ca. 10 Minuten*
*Garzeit:*
*ca. 1 Stunde 20 Minuten*

*Zutaten:*
*1 Scheibe geräucherter Pancetta (ca. 100 g)*
*ca. 20 möglichst gleich grosse und bereits geschälte Perlzwiebeln*
*3 Esslöffel Öl*
*ca. 1 kg Lammfleisch mit Knochen*
*1½ Esslöffel Mehl*
*1 Knoblauchzehe*
*1 Lorbeerblatt*
*Salz*
*ca. 150 g gekochte weisse Bohnen (roh gewogen)*

*Geräte:*
*grosses und kleines Küchenmesser, Holzbrett, mittelgrosse Bratkasserolle, Deckel, Schaumlöffel oder Bratschaufel, kleines Stäbchen oder Spiesschen*

Das Fleisch vom Metzger in Stücke von ca. 60 g schneiden lassen.

● Die Schwarte vom Pancetta wegschneiden und den Pancetta quer zu den Fettschichten in ca. 1 cm breite Stücke schneiden.
● Die Perlzwiebeln waschen und sehr gut abtropfen lassen.
● Pancetta, Zwiebeln und Öl in die Kasserolle geben und bei mittlerer Hitze 5–7 Minuten anziehen lassen.
● Mit dem Schaumlöffel oder der Bratschaufel herausheben, gut abtropfen lassen und beiseitestellen.
● Die Lammfleischstücke in dem in der Pfanne verbliebenen Fett 5–7 Minuten unter häufigem Wenden anziehen lassen, oder bis sie auf allen Seiten etwas Farbe angenommen haben.
● Mit dem Mehl bestäuben, gut umrühren, damit sich das Mehl mit Fett vollsaugen kann.
● Die geschälte, ganze Knoblauchzehe, das Lorbeerblatt, wenig Salz (der Pancetta ist bereits gesalzen) und 3 dl Wasser dazugeben. Zum Kochen bringen.
● Den Deckel aufsetzen, die Temperatur reduzieren und 40 Minuten ganz leicht kochen lassen.
● Den Pancetta und die Zwiebeln wieder in die Pfanne geben und noch 15–20 Minuten mitgaren, oder bis die Zwiebelchen gar oder, nach Belieben, nicht allzu weich sind (am besten mit einem Stäbchen oder Spiesschen hineinstechen).
● Die Bohnen zugeben und bei schwacher Hitze 5–7 Minuten heiss werden lassen. Dabei gelegentlich vorsichtig umrühren.

# Innereien

Die beim Schlachten anfallenden Innereien sind entweder sehr zart und dadurch in kürzester Zeit zubereitet, oder sie schmekken nur gut, wenn sie stundenlang gekocht werden. Je nachdem, von welchem Tier sie stammen, sind sie relativ teuer oder ausgesprochen preisgünstig. Und wie kein anderes Fleisch mag man sie oder man mag sie nicht; es gibt nur «entweder/oder», aber nichts dazwischen. Weitere Rezepte mit Innereien finden sich auf den Seiten 32 («Leberpâté mit Madeira und Trüffel») und 34 («Geflügelleber-Parfait») sowie bei den Grillgerichten (s. Seite 354 und 356).

## Leber, Nieren

Leber und Nieren haben, egal von welchem Tier sie stammen, eine ganz kurze Garzeit. Wenn sie zu lange gebraten werden, wird das Fleisch zäh. «Fegato alla veneziana» zählt zu den berühmtesten italienischen Gerichten, aber Leber lässt sich auch in Kombination mit Speck, Marsala, Zitrone usw. zu herrlichen Gerichten zubereiten. Und Nieren gelten bei vielen als Delikatesse.

---

# Geflügelleber an Marsala-Sauce
## Fegatini di pollo al marsala

**Für 4 Personen**
*Arbeitsaufwand: 5 Minuten*
*Garzeit: 15–17 Minuten*

*Zutaten:*
*600 g Geflügelleber*
*70 g Butter*
*1 Salbeizweiglein*
*½ Esslöffel Mehl*
*5 Esslöffel trockener Marsala*
*Salz*

*Geräte:*
*Küchenmesser,*
*mittelgrosse Bratpfanne,*
*kleine Tasse*

- Die Leber putzen (falls dies nicht bereits der Metzger getan hat) und von Fett und allfälligen grünlichen Teilen befreien.
- 50 g Butter erhitzen und die Salbeiblätter beifügen.
- Die Leber hineingeben und unter fast ständigem Rühren 4–5 Minuten anbraten. Aus der Pfanne nehmen und warm stellen.
- Inzwischen das Mehl in der Tasse mit 4–5 Esslöffeln Wasser verrühren und mit dem Marsala mischen.
- Die Mischung in die Pfanne geben, salzen und aufkochen. Die Temperatur reduzieren und 10 Minuten weiterkochen. Dabei häufig rühren und die Hitze so regulieren, dass am Ende der Kochzeit eine sämige Sauce vorhanden ist.
- Die Leber nochmals ganz kurz in der Sauce erwärmen.
- Die restliche Butter beifügen und rühren, bis sie vollständig geschmolzen ist. Sofort servieren.

# Kalbsleber mit Pancetta
## Fegato di vitello con pancetta

**Für 4 Personen**
*Arbeitsaufwand: 3 Minuten*
*Garzeit: ca. 7 Minuten*

*Zutaten:*
*600 g Kalbsleber in dünnen Scheiben*
*3–4 Esslöffel Mehl*
*80 g Butter*
*4 Scheiben geräucherter Pancetta*
*4–5 Salbeiblätter*
*2 Esslöffel Essig*

*Geräte:*
*grosse Bratpfanne*

- Die Leberscheiben mit Mehl bestäuben.
- Die Butter in der Bratpfanne erhitzen.
- Die Leber hineingeben (vermutlich haben nicht alle Leberscheiben auf einmal Platz, und es muss portionenweise vorgegangen werden), die Pancetta-Scheiben und Salbeiblätter beifügen.
- Bei ziemlich kräftiger Hitze beidseitig ca. 5 Minuten braten.
- Auf eine Platte herausnehmen und warm stellen.
- Den Essig in die Pfanne geben und den Bratensatz damit lösen. Über die Leber verteilen. Es sollte nicht nötig sein, das Fleisch zu salzen, da der Pancetta bereits gesalzen ist.

# Kalbsleber nach venezianischer Art
## Fegato di vitello alla veneziana

**Für 4 Personen**
*Arbeitsaufwand:*
*ca. 10 Minuten*
*Garzeit: ca. 40 Minuten*

*Zutaten:*
*1 kg Zwiebeln*
*6–8 Esslöffel Öl*
*Salz*
*600 g geschnetzelte Kalbsleber*

*Geräte:*
*kleines Küchenmesser,*
*Holzbrett, grosse*
*Bratpfanne, Deckel*

- Die Zwiebeln schälen, halbieren und in nicht zu dünne Scheiben (ca. 3 mm dick) schneiden.
- Mit 6 Esslöffeln Öl in die Bratpfanne geben, salzen und bei schwacher Hitze zugedeckt und unter gelegentlichem Wenden ca. 30 Minuten schmoren.
- Den Deckel abheben und die Temperatur erhöhen, damit die Zwiebeln leicht Farbe annehmen. Dabei überwachen und häufig wenden, damit sie nicht zu dunkel werden.
- Die Zwiebeln an den Pfannenrand schieben. Sollte sich zu wenig Öl zum Braten der Leber auf dem Pfannenboden befinden, noch 2 Esslöffel beifügen und erhitzen.
- Die Leber hineingeben (wahrscheinlich muss dies in zwei Portionen geschehen) und bei kräftiger Hitze ganz kurz unter häufigem Wenden braten, bis sie überall hellbraun geworden ist.
- Salzen und servieren.

- *Zum mühelosen Zwiebelschälen s. Seite 498. • Nach Belieben einige Salbeiblätter mitbraten.*

*Kalbsleber nach venezianischer Art ist weit über Italien hinaus ein Begriff*

# Schweineleber im Netz – Fegatelli

**Für 4 Personen**
*Einweichen des Netzes:*
*10 Minuten*
*Arbeitsaufwand: 10 Minuten*
*Garzeit: ca. 20 Minuten*

*Zutaten:*
*150 g Schweinenetz*
*600 g Schweineleber (am Stück)*
*80 g Schweinefett*
*4 Lorbeerblätter*
*Salz*
*Pfeffer*
*3 Esslöffel Weisswein*

*Geräte:*
*Küchenmesser,*
*grosse Bratpfanne*

● Das Schweinenetz zusammenfalten, in ein Gefäss legen, mit lauwarmem Wasser bedecken und 10 Minuten stehenlassen.
● Inzwischen die Leber in Stücke von ca. 60 g schneiden.
● Das Schweinenetz abtropfen lassen, trockentupfen, ausbreiten und in gleich viele Stücke schneiden, wie Leberstücke vorhanden sind. Jedes Leberstück in ein Stück Netz einwickeln.
● Das Schweinefett in der Bratpfanne erhitzen.
● Die eingewickelten Leberstücke, Lorbeerblätter, Salz und Pfeffer hineingeben und bei kräftiger Hitze unter beinahe ständigem Wenden ca. 18 Minuten braten.
● Die Leberstücke mit dem Wein beträufeln, diesen kurz verdampfen lassen und servieren.

# Kalbsnieren mit Petersilie
## Rognone di vitello trifolato

**Für 2 Personen**
*Arbeitsaufwand: ca. 7 Minuten*
*Garzeit: 5–6 Minuten*

*Zutaten:*
*1 Zweig Petersilie (gehackt ½ Esslöffel)*
*(1 hauchdünne Knoblauchscheibe)*
*1 Kalbsniere*
*1½ Esslöffel Öl*
*50 g Butter*
*½ Esslöffel Mehl*
*3 Esslöffel trockener Marsala oder Portwein*
*Salz*

*Geräte:*
*Holzbrett, Wiegemesser,*
*Küchenmesser, (Küchenschere),*
*2 grosse Bratpfannen,*
*Schaumlöffel oder Brat-*
*schaufel, Glas oder Tasse*

Das Entscheidende bei diesem Rezept ist die Geschwindigkeit, mit der es zubereitet wird. Brät man die Niere zu lang, wird sie wie Gummi. Es ist deshalb sehr wichtig, alle erforderlichen Zutaten vor Kochbeginn bereitgestellt und abgemessen zu haben.

- Die Petersilie waschen und, falls Knoblauch verwendet wird, mit diesem zusammen hacken.
- Die Niere der Länge nach halbieren und mit der Spitze des Küchenmessers oder der Küchenschere den mittleren, schwammigen Teil entfernen. Die beiden Hälften in ½ cm dicke Scheiben schneiden.
- In einer der Bratpfannen das Öl erhitzen. Wenn es zu rauchen beginnt, die Nierenscheiben hineingeben.
- Während 2 Minuten gründlich und unter ununterbrochenem Wenden anbraten.
- Inzwischen in der anderen Bratpfanne die Butter erhitzen.
- Nachdem die Nierenscheiben 2 Minuten im Öl gebraten wurden, mit dem Schaumlöffel oder der Bratschaufel herausheben, abtropfen lassen und in die Butter geben, die inzwischen eine hellbraune Farbe angenommen hat.
- Wenden, mit dem Mehl bestäuben und erneut wenden.
- Mit dem Marsala oder Portwein beträufeln und mit Salz bestreuen. Nochmals wenden.
- Vom Herd wegziehen, die Petersilie darüberstreuen und noch einmal wenden. Anrichten und sofort servieren.

# Schweinenieren mit Zitrone
## Rognone di maiale al limone

**Für 4 Personen**
*Arbeitsaufwand: 6–7 Minuten*
*Garzeit: 4–5 Minuten*
*Stehenlassen: 30 Minuten*

*Zutaten:*
*2 Schweinenieren*
*Salz*
*Pfeffer*
*3 Esslöffel Öl*
*2 Knoblauchzehen*
*50 g Butter*
*Saft von 1 Zitrone*

*Geräte:*
*(Küchenschere), grosses und kleines Küchenmesser, Holzbrett, 2 grosse Bratpfannen, Sieb*

- Mit dem Messer oder der Küchenschere den schwammigen, weissen Teil in der Mitte der Nieren entfernen. Jede Niere der Länge nach in 4 Scheiben schneiden.
- Auf einen Teller legen, mit Salz und Pfeffer bestreuen und 30 Minuten stehenlassen.
- In einer der Bratpfannen das Öl erhitzen.
- Die Nierenstücke sowie die geschälten, aber ganzen Knoblauchzehen hineingeben und einige Minuten anbraten, bis die Nieren rot werden und Flüssigkeit auszutreten beginnt.
- Herausnehmen, abtropfen lassen und mit heissem oder lauwarmem Wasser abspülen und trockentupfen.
- In der andern Bratpfanne die Butter erhitzen. Sobald sie sich hellbraun verfärbt, die Nierenscheiben hineingeben und bei starker Hitze unter mehrmaligem Wenden 1–2 Minuten braten.
- Die Nierenscheiben mit dem Zitronensaft beträufeln und sofort servieren.

## Kutteln

Kutteln sind ausgesprochene Spargerichte, die in Italien je nach Region anders zubereitet werden. Allerdings benötigen sie eine mehrstündige Kochzeit, was jedoch in der Regel der Metzger besorgt, indem er sie vorkocht. Aber auch dann erfordern Kutteln noch einigen Aufwand an Zeit und Zutaten, was sich aber durchaus lohnt und von Liebhabern entsprechend geschätzt wird.

# Kutteln nach Art von Parma
## Trippa alla parmigiana

**Für 4 Personen**
*Arbeitsaufwand: 5 Minuten*
*Garzeit:*
*ca. 2 Stunden 20 Minuten*

*Geräte:*
*grosser Kochtopf, Deckel, Sieb, grosse, feuerfeste Form, Käseraffel*

*Zutaten:*
*ca. 1,2 kg Kutteln (Kaldaunen)*
*Salz*
*150 g Butter*
*70–80 g geriebener Parmesan*

Den Metzger bitten, die Kutteln in Streifen zu schneiden (er hat dafür eine Maschine). Es empfiehlt sich auch, ihn zu fragen, wie lange die Kutteln noch gekocht werden müssen.

- Die Kutteln in dem zum Kochen vorgesehenen Topf mit reichlich Wasser waschen, welches mehrmals erneuert wird. Abtropfen lassen.
- Den Kochtopf ausspülen, die Kutteln wieder hineingeben, mit kaltem Wasser bedecken und salzen.
- Bei mittlerer Hitze zum Kochen bringen.
- Den Deckel aufsetzen, die Temperatur reduzieren und die Kutteln bei schwacher Hitze ca. 2 Stunden ziehen lassen. Am Ende der Garzeit müssen die Kutteln sich beim Einstechen mit einer Gabel weich anfühlen, aber immer noch «al dente» sein.
- Die Kutteln abtropfen lassen.
- Die Butter in der feuerfesten Form bei niedriger Temperatur schmelzen.

- Die Kutteln hineingeben und unter häufigem Wenden bei schwacher Hitze 10–15 Minuten dünsten.
- Mit dem Parmesan bestreuen. Leicht schmelzen lassen. Servieren.

---

- *Für Kutteln nach Art von Lucca gleich vorgehen wie oben, jedoch am Ende vor dem Parmesan mit 1 Teelöffel Zimtpulver bestreuen und mischen.*

# Kutteln nach toskanischer Art
## Trippa alla toscana

**Für 4 Personen**
*Arbeitsaufwand: 6–8 Minuten*
*Garzeit:*
*ca. 2 Stunden 20 Minuten*

*Zutaten:*
*ca. 1,2 kg Kutteln (Kaldaunen)*
*Salz*
*1 kleine Zwiebel (ca. 50 g)*
*30 g Schinkenfett*
*2 Esslöffel Öl*
*500 g geschälte Tomaten aus der Dose (Pelati), abgetropft*
*1 Sträusschen Majoran*
*70–80 g geriebener Parmesan*

Den Metzger bitten, die Kutteln in Streifen zu schneiden (er hat dafür eine Maschine). Es empfiehlt sich auch, ihn zu fragen, wie lange die Kutteln noch gekocht werden müssen.

- Vorgehen wie bei «Kutteln nach Art von Parma», Seite 229.

*Kutteln mit viel Tomaten und Majoran, wie sie in der Toscana zubereitet werden*

*Geräte:*
*grosser Kochtopf, Deckel,*
*Sieb, kleines Küchenmesser,*
*Holzbrett und Wiegemesser,*
*grosse, feuerfeste Form,*
*Dosenöffner, Käseraffel*

- Gegen Ende der Kochzeit die Zwiebel schälen und zusammen mit dem Schinkenfett fein hacken.
- In der feuerfesten Form Zwiebel und Schinkenfett im Öl bei schwacher Hitze und unter ständigem Rühren dünsten, bis sie glasig sind und sich leicht zu verfärben beginnen.
- Die gut abgetropften Pelati und wenig Salz beifügen. Die Pelati mit einer Gabel gut zerdrücken. Bei schwacher Hitze ca. 15 Minuten dünsten.
- Die Kutteln abtropfen lassen, zu den Tomaten geben und 10–15 Minuten unter gelegentlichem Rühren schmoren.
- Den Majoran fein hacken und die Kutteln damit bestreuen. Den Käse darüber verteilen und servieren. Nach Belieben noch mehr Parmesan separat servieren.

---

- *Statt Schinkenfett kann fetter Pancetta verwendet werden.*


## Verschiedene Innereien

Zu den hier zusammengefassten verschiedenen Innereien gehören nebst Hirn, Milken und Herz auch Rindszunge und Ochsenschwanz. Eines haben sie alle gemeinsam, so verschieden sie auch sein mögen: Ihre Zubereitung erfordert etwas Zeit, sei es, weil sie gewässert und gehäutet werden müssen, sei es, weil sie eine mehrstündige Kochzeit benötigen. Dafür sind diese Gerichte, mit Ausnahme von Kalbshirn und Kalbsmilken, ausgesprochen preisgünstig.

---

# Kalbshirn mit Mayonnaise
## Cervello di vitello con maionese

**Für 4–6 Personen**
*Säubern und Auskühlen:*
*3 Stunden*
*Arbeitsaufwand: 4–5 Minuten*
*Garzeit: ca. 20 Minuten*

*Zutaten:*
*2 kleine Kalbshirne (ca. 700 g)*
*Saft von 1/2 Zitrone*
*2 Esslöffel Öl*
*1 Esslöffel Essig*
*4–5 dl Weisswein*
*Salz*
*2 Esslöffel Kapern*
*ca. 2 dl Mayonnaise*

**Geräte:**
*mittelgrosse Pfanne,*
*Deckel, Schaumlöffel,*
*Holzbrett und Wiegemesser,*
*Küchenmesser*

- Die Kalbshirne in eine Schüssel legen, mit kaltem Wasser bedecken und 1 Stunde stehenlassen.
- Herausnehmen, abtropfen lassen und von Häuten und Blutgefässen befreien. Wieder 1 Stunde in kaltes Wasser legen, das mit dem Zitronensaft angesäuert wurde.
- Herausnehmen, abtropfen lassen und in die Pfanne geben. Öl, Essig und Weisswein zufügen, bis die Hirne zur Hälfte in der Flüssigkeit liegen. Salz beifügen.
- Bei sehr schwacher Hitze zum Kochen bringen, den Deckel aufsetzen und 15 Minuten ziehen lassen. Die Hirne nach den ersten 5 Minuten wenden.
- Mit dem Schaumlöffel herausheben, abtropfen lassen und auf einen Teller legen. Ca. 1 Stunde auskühlen lassen.

- Die Kapern fein hacken und unter die Mayonnaise mischen.
- Zum Servieren die Hirne in Scheiben schneiden und mit Kapernmayonnaise garnieren.

---

- *Anstelle von Kapern oder zusätzlich kann die Mayonnaise mit 1 Esslöffel gehackter Petersilie vermischt werden.* • *Die Mayonnaise kann nach Belieben auch mit etwas Zitronensaft abgeschmeckt werden.*

# Kalbsmilken in Butter – Animella al burro

**Für 2 Personen**
*Wässern: 5–6 Stunden*
*Arbeitsaufwand: 5 Minuten*
*Garzeit: ca. 30 Minuten*

*Geräte:*
*2 kleine Pfannen, Deckel,*
*kleines Küchenmesser*

*Zutaten:*
*300 g Kalbsmilken (Bries)*
*30 g Butter*
*Salz*
*Pfeffer*
*1 Zitrone*

- Die Milken 5–6 Stunden unter fliessendem kaltem Wasser oder in mehrmals gewechseltem Wasser wässern.
- Gut abtropfen lassen, in eine Pfanne geben und mit kaltem Wasser bedecken.
- Bei mittlerer Hitze auf den Siedepunkt bringen und 6 Minuten ganz leicht kochen lassen.
- Abtropfen lassen, mit kaltem Wasser abspülen, häuten und allfällig vorhandene Blutgefässe entfernen.
- Die Butter in einer Pfanne schmelzen, die Milken hineingeben und mit wenig Salz und Pfeffer bestreuen. Wenden und auf der anderen Seite ebenfalls würzen.
- Zudecken und bei schwacher Hitze 20 Minuten dünsten. Zum Servieren mit Zitronenschnitzen garnieren.

---

- *Sehr gut schmeckt es, wenn die gekochten Milken in Scheiben geschnitten, kurz in Butter gebraten und mit separat gedünsteten Champignons serviert werden.*

# Ochsenschwanz mit Sardellen
## Coda di manzo all'acciuga

**Für 4 Personen**
*Arbeitsaufwand: 4–5 Minuten*
*Garzeit: ca. 3 Stunden*

*Zutaten:*
*1,6 kg Ochsenschwanz*
*1 mittelgrosse Zwiebel*
*(2 Gewürznelken)*
*2 Knoblauchzehen*
*1 Lorbeerblatt*
*1 Mokkalöffel schwarze Pfefferkörner*
*Salz*
*6 Esslöffel Öl*
*5–6 grosse Sardellenfilets*
*2 Esslöffel sehr feine Kapern*

*Geräte:*
*grosser Kochtopf, Deckel,*
*kleines Küchenmesser,*
*Schaumlöffel, kleines*
*Pfännchen*

Den Ochsenschwanz vom Metzger in ca. 5 cm dicke Scheiben schneiden und die grössten der Länge nach halbieren lassen.

● Die Fleischstücke in einen grossen Kochtopf geben und mit Wasser bedecken.
● Bei schwacher Hitze aufsetzen. Inzwischen die Zwiebel schälen und nach Belieben mit den Gewürznelken bestecken.
● Wenn das Wasser kocht, mehrmals mit dem Schaumlöffel abschäumen. Zwiebel, ganze, ungeschälte Knoblauchzehen, Lorbeerblatt, Pfefferkörner und Salz beifügen.
● Den Deckel aufsetzen, die Hitze reduzieren und das Fleisch bei niedrigster Temperatur 3 Stunden ziehen lassen, oder bis es sich leicht von den Knochen löst.
● Im kleinen Pfännchen das Öl und die Sardellenfilets bei niedriger Temperatur unter ständigem Rühren erhitzen, bis die Sardellenfilets zerfallen sind. Die Kapern beifügen und das Pfännchen vom Herd wegziehen.
● Die Fleischstücke gut abtropfen lassen und anrichten. Die Sardellensauce separat dazu servieren.

# Gekochte Rindszunge – Lingua di manzo bollita

**Für 10–12 Personen**
*Wässern: 5–6 Stunden*
*Arbeitsaufwand:*
*ca. 10 Minuten*
*Garzeit: ca. 3 Stunden*

*Zutaten:*
*1 Rindszunge von ca. 2 kg*
*1 mittelgrosse Zwiebel*
*3–4 Petersilienzweige*
*1 kleines Lorbeerblatt*
*1 Thymianzweiglein*
*Salz*

*Geräte:*
*grosser Kochtopf, Deckel,*
*Küchenschnur, Sieb,*
*Küchenmesser*

● Die Zunge in den Kochtopf geben, mit kaltem Wasser bedecken und 5–6 Stunden stehenlassen. Während dieser Zeit das Wasser zwei- bis dreimal wechseln oder den Topf unter leicht fliessendem Wasser stehenlassen.
● Die Zunge herausnehmen, abtropfen lassen und abspülen. Den Kochtopf ausspülen.
● Die Zunge wieder in den Kochtopf geben und mit kaltem Wasser bedecken. Die Zwiebel schälen und die Petersilie waschen. Die Petersilie mit dem Lorbeerblatt und dem Thymian zusammenbinden und alles zur Zunge geben. Salzen.
● Bei mittlerer Hitze zum Kochen bringen.
● Den Deckel aufsetzen, die Temperatur reduzieren und die Zunge ca. 3 Stunden leise ziehen lassen, oder bis sie sich beim Einstechen mit der Spitze des Küchenmessers weich anfühlt.
● Herausnehmen, abtropfen lassen, kurz in kaltes Wasser tauchen und wieder abtropfen lassen.
● Schälen, indem die Haut auf der Innenseite aufgeschnitten und von der Zungenspitze her stückweise abgezogen wird. Auf der gegenüberliegenden Seite Knorpel, Nerven und Fett entfernen.
● Warm oder kalt und nach Belieben mit Essigfrüchten, Gemüse und einer Sauce zu gekochtem Fleisch (s. Seite 438) servieren.

# Geflügel, Kaninchen und Wild

Auch in Italien hat sich das Poulet vom Sonntags- zum Alltagsgericht gewandelt. Man schätzt diese echte Alternative zum übrigen Fleisch, sowohl was den Preis als auch den Nährwert anbelangt. Zudem ist Geflügelfleisch leicht verdaulich und enthält wenig Kalorien. Es lässt sich auf vielfältigste Art zubereiten, wobei der Arbeitsaufwand in der Regel bescheiden ist. In Italien versteht man es ganz besonders gut, Poulet in attraktive Gerichte zu verwandeln. Denken wir etwa an das «Pollo al mattone», eine toskanische Spezialität, bei der das Poulet während des Garens mit einem besonders schweren Deckel flachgedrückt wird, oder an das mit frischen Steinpilzen geschmorte, delikate «Pollo alla cacciatora». Neben Poulet kommen aber auch Ente, Perlhuhn, Tauben, Wachteln usw. auf den Tisch.

Auch der Truthahn wird in Italien immer mehr geschätzt. Man verwendet von diesem grossen Tier für den Alltag vor allem die Brust, deren zartes, mageres Fleisch in den Rezepten gerne durch Pancetta angereichert wird.

Kaninchen ist aus der italienischen Küche nicht wegzudenken. Wer einmal ein wirklich gut zubereitetes Kaninchenragout mit Polenta gegessen hat, wird es nicht so schnell vergessen.

In vielen Gegenden Italiens wird gerne gejagt, eine Tatsache, die bei uns wenig bekannt ist. Die Rezepte für Wild haben in diesem Land allerdings regionalen Charakter. Dort wo es Fasane und Rebhühner gibt, weiss man vor allem mit Federwild umzugehen. Wildhasen gibt es besonders im Süden und Wildschweine in der Toscana, vor allem in der Maremma. Die beiden letzten Wildsorten werden gerne in gehaltvollen Saucen serviert und zuvor meistens mariniert. Auf ein Rezept für Wildschwein wurde allerdings in diesem Buch verzichtet, weil diese Wildart bei uns nicht so populär ist.

*Der Name des «Pollo al mattone» (Seite 237) stammt aus früherer Zeit, als das aufgeschnittene Poulet tatsächlich mit einem Ziegelstein beschwert wurde. Heute gibt es dafür ein spezielles Geschirr mit schwerem, flachem Deckel*

# Geflügel

Die Tatsache, dass Geflügel heute zu den preisgünstigen Fleischarten zählt, ist auf die modernen Aufzuchtmethoden zurückzuführen, bei denen die Tiere mit Futter, das mit den verschiedensten Zusätzen angereichert ist, aufgezogen werden. Es überrascht daher nicht, dass der Feinschmecker Unterschiede feststellen kann. Die heutige Tierhaltung ermöglicht es aber auch, dass zum Beispiel Truthahn, Ente, Wachtel usw. preisgünstiger und damit populärer geworden sind. Der Kapaun (kastrierter, gemästeter Hahn), der in Italien bei festlichen Essen sehr beliebt ist, kann bei uns allerdings nur auf Bestellung und vor allem auf die Festtage hin gekauft werden. Deshalb wurde in diesem Buch auf Rezepte für Kapaun verzichtet. Wer dennoch einmal in der Lage ist, dieses aromatische, fleischige Geflügel zu kaufen, kann ihn nach den üblichen Rezepten für ganze Poulets zubereiten. Er wird 2–2½ kg schwer und reicht für 6–8 Personen.
Einen besonderen Hinweis verdienen die Küken, die nur fünf Wochen alt und 350–500 g schwer sind. Sie werden meist unzerschnitten zubereitet, und ihr Fleisch ist ganz besonders zart.
Fast alle Geflügelarten werden heute, wenn der Kunde dies nicht ausdrücklich anders verlangt, küchenfertig angeboten. Aus diesem Grund wurde im vorliegenden Buch auf die Anleitung zum Ausnehmen, Rupfen und Flämmen verzichtet. (Weitere Gerichte mit Geflügelfleisch finden sich auf Seite 17 f., 41, 355, 366.)

## Ganzes Poulet

Poulet kann am Tisch entweder ganz präsentiert und erst vor den Gästen zerschnitten oder bereits zerteilt aufgetragen werden. Wenn es erst am Tisch tranchiert werden soll, empfiehlt es sich, es vor dem Braten zu binden (s. Seite 477 f.). Zum Servieren wird es je nach Grösse nur halbiert, in vier Teile oder in mehrere kleine Stücke geschnitten. Auf jeden Fall ist das Fleisch eines Poulets, das unzerteilt gebraten wurde, in der Regel saftiger als gebratene Pouletteile. Mengenmässig rechnet man für 4 Personen ein Poulet von ca. 850 g, bei Küken hingegen pro Person ein Küken. Zum Tranchieren siehe Einleitung «Pouletstücke» (Seite 242).

# Gebratenes Poulet mit Zitrone
## Pollo arrosto al limone

**Für 4 Personen**
*Arbeitsaufwand: 5 Minuten*
*Garzeit: ca. 1 Stunde*

*Zutaten:*
*1 Poulet (küchenfertig) von ca. 850 g*
*2 kleine Zitronen*
*1 kleiner Fleischbrühewürfel*
*2 Esslöffel Öl*
*Salz*

*Geräte:*
*kleines Küchenmesser,*
*niedrige, feuerfeste Form*

- Den Backofen auf 180 °C vorheizen.
- Die Zitronen waschen, abtrocknen und mit einer Gabel dicht einstechen. Den Fleischbrühewürfel entzweischneiden.
- In den Bauch des Poulets abwechslungsweise ½ Fleischbrühewürfel, eine Zitrone, ½ Fleischbrühewürfel, eine Zitrone schieben (das Innere nicht salzen).
- Braten wie «Gebratenes Poulet», s. unten.

# Gebratenes Poulet – Pollo arrosto

**Für 4 Personen**
*Arbeitsaufwand: 5 Minuten*
*Garzeit: ca. 1 Stunde*

*Zutaten:*
*1 Poulet (küchenfertig) von ca. 850 g*
*Salz*
*2 Esslöffel Öl*

*Geräte:*
*niedrige, feuerfeste Form,*
*kleines Küchenmesser*

- Den Backofen auf 180 °C vorheizen.
- Das Poulet innen mit etwas Salz bestreuen.
- 1 Esslöffel Öl auf den Boden der Form geben und durch Schräghalten so gut wie möglich verteilen (es wird nicht für den ganzen Boden reichen, aber es genügt, wenn die Mitte von Öl überzogen ist). Das Poulet mit der Brust nach oben hineinlegen. Mit Salz bestreuen und das restliche Öl darüber verteilen.
- In den Backofen schieben und ¾ Stunden braten.
- Dann die Backofentemperatur auf 250 °C erhöhen und 15 Minuten weiterbraten, damit das Poulet, das in diesem Zeitpunkt zwar beinahe durchgebraten, aber noch blass ist, eine goldgelbe Farbe bekommt. Einen Schenkel an der dicksten Stelle mit der Spitze des Küchenmessers einstechen und prüfen, ob das Fleisch sich weich anfühlt und ob nur wenig farbloser Saft austritt. Falls es noch zu wenig weich ist oder sehr viel Flüssigkeit austritt, das Poulet noch einige Minuten im Ofen lassen.

- *Nach Belieben die Brust des Poulets während der Bratzeit bei 180 °C mit 2 Scheiben Pancetta bedecken. Sie erhält dadurch mehr Geschmack und wird zarter. Den Pancetta entfernen, wenn die Temperatur erhöht wird.* • *Damit das ganze Poulet aromatischer wird, ein Rosmarin- oder Salbeizweiglein oder 1 Lorbeerblatt ins Innere geben.* • *Man kann auch 1 Scheibe Pancetta oder 1 Stück Butter in den Bauch des Poulets geben.* • *Während der zweiten Hälfte der Bratzeit das Poulet von Zeit zu Zeit mit dem ausgetretenen Bratensaft beträufeln.*

# Gebratenes Poulet «al mattone»
## Pollo al mattone (o pollo alla diavola)

**Für 4 Personen**
*Arbeitsaufwand: 10 Minuten*
*Garzeit: ca. 45 Minuten*

*Zutaten:*
*1 Poulet (küchenfertig) von ca. 850 g*
*1 Esslöffel Öl oder 2 Esslöffel Butter*
*Salz*
*schwarzer Pfeffer*
*Saft von 1 Zitrone*

*Geräte:*
*(Holzbrett, starkes*
*Küchenmesser, Fleisch-*
*hammer), grosse Bratpfanne,*
*Gewicht zum Beschweren*
*des Poulets (Deckel und*
*sehr schwerer Fleisch-*
*hammer oder schwerer*
*oder mit Wasser gefüllter*
*Kochtopf)*

Den Geflügelhändler bitten, das Poulet auf dem Rücken oder auf dem Bauch aufzuschneiden, ohne es aber in zwei Hälften zu zerteilen. Falls er es auf der Rückenseite aufschneidet, auch gleich den Rückenknochen entfernen lassen. Dann flachschlagen. Man kann dies alles mit einem starken Messer auch selber tun und allenfalls, wenn man nicht genügend Kraft hat, mit Schlägen des Fleischhammers auf den Messerrücken nachhelfen.

• Das Öl oder die in Stückchen geschnittene Butter auf dem Boden der Bratpfanne verteilen.
• Das Poulet mit der Hautseite nach unten hineinlegen. Mit einem Deckel und einem Gewicht beschweren, damit es flach auf dem Boden aufliegt.
• Auf den Herd stellen und bei mittlerer Hitze das Poulet braten. Dabei nach wenigen Minuten immer wieder wenden und jedesmal wieder mit dem Gewicht beschweren. Auf jeder Seite zweimal mit Salz und Pfeffer (reichlich) bestreuen und nach jedem Wenden mit etwas Zitronensaft beträufeln. Sollte während der Bratzeit sehr viel Fett austreten, das Poulet mit einer Gabel (oder Bratschaufel) etwas heben, die Pfanne schräg halten und das überschüssige Fett in irgendein Gefäss oder in den Spültrog giessen. Das Poulet ist nach ca. 45 Minuten gar, oder wenn beim Anheben eines Schenkels das Fleisch auch zwischen Schenkel und Bauch nicht mehr rosa gefärbt ist.

---

• *Auf diese Art zubereitet, nennt man das Poulet «al mattone» (mit dem Ziegelstein), weil es früher mit einem massiven (nicht hohlen) Ziegelstein beschwert wurde. Ein solcher eignet sich (in Aluminiumfolie eingewickelt) auch heute noch.* • *In Italien gibt es für dieses Gericht auch ein spezielles Bratgeschirr (s. Bild Seite 235).*

# Delikates Poulet aus dem Ofen
## Pollo in forno delicato

**Für 4 Personen**
*Arbeitsaufwand: 10 Minuten*
*Garzeit:*
*ca. 1 Stunde 10 Minuten*

*Zutaten:*
*1 Poulet (küchenfertig) von ca. 850 g*
*2 Esslöffel Öl*
*Salz*
*1½ Esslöffel gehackte Petersilie*
*50 g Butter*
*Saft von ½ Zitrone*

*Geräte:*
*(Holzbrett, starkes*
*Küchenmesser, Fleisch-*
*hammer), Küchenpinsel,*
*niedrige, feuerfeste Form,*
*Wiegemesser, kleines*
*Küchenmesser*

Das Poulet vorbereiten wie im vorstehenden Rezept.

• Den Backofen auf 160 °C vorheizen.
• Den Boden der feuerfesten Form mit der Hälfte des Öls bepinseln. Das Poulet mit der aufgeschnittenen Seite nach unten hineinlegen. Die Oberfläche mit dem restlichen Öl bestreichen und mit Salz bestreuen.
• In den Ofen schieben und 40 Minuten braten.
• Inzwischen auf einem Teller die Petersilie mit der Butter und einer Prise Salz mit Hilfe einer Gabel verkneten.

• Das Poulet wenden und die nun nach oben gerichtete Seite mit der Butter-Petersilien-Mischung bestreichen. Wieder in den Backofen schieben und weitere 30 Minuten braten, oder bis sich das Fleisch beim Einstechen mit der Spitze des Küchenmessers an der dicksten Stelle eines Schenkels weich anfühlt und nur noch wenig klare Flüssigkeit austritt. Mit dem Zitronensaft beträufeln und servieren.

# Küken mit Schinken – Amburghesi al prosciutto

**Für 4 Personen**
*Arbeitsaufwand: 10 Minuten*
*Garzeit: 18 Minuten*

*Zutaten:*
*4 Küken (Poussins) von ca. 250–300 g (küchenfertig)*
*1 kleiner Rosmarinzweig (gehackt ½ Esslöffel)*
*100 g gekochter Schinken*
*2 Esslöffel Butter*

*Geräte:*
*Holzbrett und Wiegemesser*
*oder Küchenmesser,*
*4 Zahnstocher, niedrige,*
*feuerfeste Form*

• Den Backofen auf 240 °C vorheizen.
• Die Rosmarinnadeln fein hacken und den Schinken etwas gröber schneiden. Beides auf dem Holzbrett mischen.
• Das Rosmarin-Schinken-Gemisch in die Bäuche der Küken verteilen. Die Ränder der Bauchöffnung leicht übereinanderlegen und mit einem Zahnstocher verschliessen.
• Den Boden der feuerfesten Form leicht mit Butter bestreichen. Die Küken mit der Brust nach oben hineinlegen und jedes mit einigen Flöckchen der restlichen Butter belegen.
• In die Mitte des Backofens schieben und 18 Minuten braten.

• *Anstatt den Rosmarin zu hacken, kann er auch mit einer Küchenschere kleingeschnitten werden. Die Nadeln dabei mit den Fingern gebüschelt zusammenhalten.*

# Gefülltes gebratenes Poulet
## Pollo arrosto ripieno

**Für 4 Personen**
*Arbeitsaufwand: 20 Minuten*
*Garzeit:*
*ca. 1 Stunde 10 Minuten*

*Zutaten:*
*1 Poulet (küchenfertig) von ca. 850 g*
*4 Scheiben Kastenbrot*
*ca. 10 Esslöffel Milch*
*1 Geflügelleber*
*20 g Butter*
*3 Esslöffel Marsala*
*1 Lorbeerblatt*
*Salz*
*1 Ei*
*2 gehäufte Esslöffel geriebener Parmesan*
*2 Esslöffel Öl*

• Den Backofen auf 180 °C vorheizen, während die Pouletfüllung vorbereitet wird.

*Geräte:*
*kleines Küchenmesser,*
*kleine Schüssel, kleines*
*Bratpfännchen, Käseraffel,*
*Küchennadel und -schnur*
*oder 2 kurze Spiesschen,*
*niedrige, feuerfeste Form*

- Die Kruste von den Brotscheiben wegschneiden. Das Brot in kleine Stücke brechen, in die Schüssel geben und mit so viel Milch beträufeln, dass es überall befeuchtet ist.
- Von der Leber allfälliges Fett und grünliche Teile entfernen.
- Im Bratpfännchen die Butter erhitzen, die Leber hineingeben und auf beiden Seiten anbraten.
- Marsala, Lorbeerblatt und Salz beifügen und die Leber unter mehrmaligem Wenden bei mittlerer Hitze ca. 6 Minuten braten.
- Samt der ausgetretenen Flüssigkeit auf einen Teller geben und mit einer Gabel zerdrücken.
- Auch das Brot mit der Gabel zerdrücken. Leber, Ei, Parmesan und wenig Salz beifügen und mischen, bis eine glatte Masse entstanden ist.
- Mit einem Löffel in den Bauch des Poulets geben.
- Die beiden Öffnungen des Poulets mit einer Küchennadel und mit Küchenschnur zunähen oder etwas Haut über die Öffnungen ziehen und mit einem Spiesschen fixieren.
- Braten wie «Gebratenes Poulet» Seite 237.
- Beim Tranchieren des Poulets die Füllung separat in Scheiben schneiden und zusammen mit dem Fleisch servieren.

# Poulet mit Petersiliensauce
## Pollo con salsa al prezzemolo

**Für 4 Personen**
*Arbeitsaufwand: 12 Minuten*
*Garzeit: ca. 50 Minuten*

*Zutaten:*
*1 Poulet (küchenfertig) von ca. 850 g*
*1 kleine Zwiebel (ca. 50 g)*
*1 mittelgrosse Karotte*
*1 Selleriestange*
*(1 Knoblauchzehe)*
*Salz*
*4 Esslöffel Butter*
*1 Esslöffel Mehl*
*(1/2 Mokkalöffel Fleischextrakt)*
*1 gehäufter Esslöffel gehackte Petersilie*
*Saft von 1/2 Zitrone*

*Geräte:*
*grosser Kochtopf, Deckel,*
*kleines Küchenmesser,*
*Schaumlöffel, kleine Pfanne,*
*Kochlöffel, Geflügelschere*
*oder Küchenmesser,*
*Holzbrett und Wiegemesser*

- Das Poulet zusammen mit dem Gemüse kochen, wie im Rezept auf Seite 242 («Gekochtes Poulet») beschrieben.
- Eine Viertelstunde vor Ende der Kochzeit in der kleinen Pfanne 2 Esslöffel Butter schmelzen.
- Das Mehl beifügen und unter Rühren einige Minuten dünsten.
- Bei reduzierter Temperatur und unter ständigem Rühren nach und nach 1/4 l Kochflüssigkeit des Poulets beifügen oder soviel es braucht, damit eine sämige Sauce entsteht. Nach Belieben 1/2 Mokkalöffel Fleischextrakt zugeben und wenn nötig noch mit etwas Salz abschmecken.
- Die Sauce bis zur Weiterverwendung bei niedrigster Temperatur warmhalten. Dabei gelegentlich rühren und, falls sie zu dickflüssig werden sollte, noch etwas Brühe zugeben.
- Wenn das Poulet gar ist, herausnehmen, in Stücke schneiden und anrichten.

● Die Sauce vom Herd ziehen, Petersilie, Zitronensaft und restliche Butter hineingeben und rühren, bis sich die Butter aufgelöst hat. Die Sauce über das Poulet verteilen und sofort servieren.

# Poulet im Salz – Pollo al sale

**Für 4 Personen**
*Arbeitsaufwand: 6–7 Minuten*
*Garzeit: ca. 50 Minuten*

*Geräte:*
*Bratkasserolle in der*
*Grösse des Poulets,*
*(Fleischhammer), Küchenpinsel*

*Zutaten:*
*1 Poulet (küchenfertig) von ca. 850 g*
*ca. 2 kg grobes Meersalz*

● Den Backofen auf 250 °C vorheizen.
● Eine gut 1 cm dicke Schicht Salz auf den Boden der Kasserolle geben. Das Poulet drauflegen. Oben und auf der Seite vollständig mit reichlich Salz umgeben (die genaue Salzmenge hängt von der Grösse des Poulets ab).
● In den Backofen schieben und 50 Minuten garen.
● Die Kasserolle aus dem Ofen nehmen und das Poulet aus seinem Salzmantel heben (wenn dieser zu hart geworden ist, mit einem Fleischhammer aufbrechen). Mit dem Küchenpinsel noch am Fleisch haftendes Salz entfernen.

● *Um das Poulet aus dem Salz zu nehmen, empfiehlt es sich, die Kasserolle in den Spültrog zu stellen, da dieser nachher mit Wasser leicht zu reinigen ist.* ● *Das Salz kann nicht nochmals verwendet werden.*

*Beim Garen im Salz ist der Überraschungseffekt gleichsam vorprogrammiert*

# Gekochtes Poulet – Pollo bollito

**Für 4 Personen**
*Arbeitsaufwand: 10 Minuten*
*Garzeit: ca. 50 Minuten*

*Zutaten:*
*1 Poulet (küchenfertig) von ca. 850 g*
*1 kleine Zwiebel (ca. 50 g)*
*1 mittelgrosse Karotte*
*1 Selleriestange*
*(1 Knoblauchzehe)*
*Salz*

*Geräte:*
*grosser Kochtopf, Deckel,*
*kleines Küchenmesser,*
*Schaumlöffel*

• Das Poulet in den Kochtopf legen. So viel kaltes Wasser beifügen, dass es davon gerade bedeckt ist. Bei ganz schwacher Hitze langsam zum Kochen bringen.
• Inzwischen die Zwiebel schälen und die Karotte putzen und waschen. Auch die Selleriestange waschen.
• Wenn sich auf der Oberfläche der Kochflüssigkeit des Poulets ein grauer Schaum bildet, diesen sorgfältig entfernen.
• Zwiebel, Karotte, Sellerie und, nach Belieben, Knoblauch (ganz und ungeschält) sowie Salz beifügen.
• Den Deckel aufsetzen, die Hitze reduzieren und das Poulet insgesamt ca. 50 Minuten ganz leicht ziehen lassen, oder bis sich das Fleisch beim Einstechen mit der Spitze des Küchenmessers an der dicksten Stelle eines Schenkels weich anfühlt.

## Pouletstücke

Zum Zerschneiden eines rohen oder gekochten Poulets eignet sich ein grosses, starkes Küchenmesser fast besser als eine sogenannte Geflügelschere. Kleine Poulets schneidet man nur in zwei Hälften, indem sie auf den Rücken gelegt und auf der Brustseite aufgeschnitten werden. Dann dem Rückenknochen entlangschneiden. Um ein Poulet zu vierteln, mit einem Messer anschliessend die Schenkel sauber von der Brust trennen. Das Messer dabei etwas gegen den Bürzel neigen. Werden mehrere kleinere Stücke gewünscht, wird anders vorgegangen: Zuerst mit sauberen, scharfen Schnitten durch das Gelenk die Schenkel vom Körper des Poulets trennen. Damit dies leichter geht, die Schenkel dazu etwas anheben. Ober- und Unterschenkel im Gelenk durchschneiden. Auch die Flügel leicht anheben und im Gelenk vom Poulet wegschneiden. Die Brust über dem Mittelknochen aufschneiden und mit der Messerspitze die beiden Filets vom Knochen lösen. Die Filets ganz lassen oder quer in 2 oder 3 Stücke schneiden. Die verbleibende Karkasse, falls man sie mitverwendet, ebenfalls quer in 2 bis 3 Stücke schneiden.

# Poulet geschmort in Bier – Pollo alla birra

**Für 4 Personen**
*Arbeitsaufwand: 7–8 Minuten*
*Garzeit: ca. 35 Minuten*

*Zutaten:*
*1 Poulet (küchenfertig) von ca. 850 g*
*8 kleine Perlzwiebeln, wenn möglich bereits geschält*
*½ l Bier*
*Salz*
*(Pfeffer)*

**Geräte:**
*kleines Küchenmesser,*
*grosse Bratpfanne mit*
*Deckel oder Bräter*

Den Geflügelhändler bitten, das Poulet zu zerschneiden. Wenn man es selber macht, die Anleitung auf Seite 242 befolgen.

- Wenn nötig die Zwiebeln schälen. Sonst nur waschen.
- Pouletstücke, Zwiebeln, Bier, Salz und nach Belieben Pfeffer in die Bratpfanne oder den Bräter geben. Den Deckel aufsetzen und bei schwacher Hitze, ohne umzurühren, ca. 35 Minuten garen, oder bis sich ein Schenkel beim Einstechen mit der Spitze des kleinen Küchenmessers an der dicksten Stelle gar anfühlt. Die Zwiebeln sollen fast verkocht und das Bier verdampft sein. Sollte sich noch viel Flüssigkeit in der Pfanne befinden, den Deckel entfernen, die Temperatur erhöhen und die Flüssigkeit einkochen lassen. Falls dagegen keine Flüssigkeit mehr vorhanden ist, noch ganz wenig Wasser (kein Bier mehr, da das Gericht sonst bitter werden könnte) beifügen und aufkochen lassen.

# Poulet geschmort in Wein – Pollo al vino

**Für 4–6 Personen**
*Arbeitsaufwand: 12 Minuten*
*Garzeit: ca. 35 Minuten*

*Zutaten:*
*1 Poulet (küchenfertig) von ca. 1,2 kg*
*12 geschälte Perlzwiebeln von gleicher Grösse*
*12 kleine, möglichst gleichmässige Champignons*
*1 Scheibe Pancetta von ca. 100 g*
*40 g Butter*
*2 Esslöffel Öl*
*1 Esslöffel Mehl*
*4 Esslöffel Brandy (Weinbrand)*
*¼ l sehr guter Rotwein*
*1 Teelöffel Zucker*
*Salz*
*(Pfeffer)*
*2 Lorbeerblätter*
*1 Zweiglein frischer Thymian*
*1 Rosmarinzweiglein*
*2 Esslöffel gehackte Petersilie*

**Geräte:**
*kleines und grosses*
*Küchenmesser, grosse*
*Bratkasserolle,*
*Schöpflöffel oder kleines*
*Pfännchen, Küchenschnur,*
*Wiegemesser*

Den Geflügelhändler bitten, das Poulet zu zerschneiden. Wenn man es selber macht, die Anleitung auf Seite 242 befolgen.

- Wenn nötig die Zwiebeln schälen, sonst nur waschen.
- Die Champignons putzen, rasch unter fliessendem Wasser waschen und sofort trockentupfen.
- Allfällige Schnurreste vom Pancetta entfernen. Quer zu den Fettschichten in 1 cm breite Stücke schneiden.
- Butter, Öl und Pancetta in die Bratkasserolle geben und bei mittlerer Temperatur unter häufigem Rühren ca. 5 Minuten dünsten.
- Inzwischen die Pouletstücke leicht mit Mehl bestäuben.
- Wenn der Pancetta leicht Farbe anzunehmen beginnt, die Pouletstücke beifügen. Wiederum häufig wenden und bei etwas stärkerer Hitze 7–8 Minuten auf allen Seiten goldgelb anbraten.
- Die Temperatur etwas zurückstellen und Zwiebeln und Cham-

pignons zugeben und weitere 7–8 Minuten unter häufigem Wenden dünsten.

- Den Brandy in einem Schöpflöffel oder kleinen Pfännchen erwärmen. Mit einem Streichholz vorsichtig anzünden und brennend über den Inhalt der Kasserolle verteilen.
- Rotwein, Zucker, Salz und, nach Belieben, Pfeffer beifügen.
- Lorbeerblätter, Thymian und Rosmarin mit Küchenschnur etwas zusammenbinden und in die Kasserolle geben.
- Aufkochen, die Hitze reduzieren und unter gelegentlichem Umrühren weitere 10 Minuten schmoren, oder bis sich das Fleisch beim Einstechen mit der Spitze des kleinen Küchenmessers an der dicksten Stelle eines Schenkels weich anfühlt.
- Falls die Kochflüssigkeit noch zu dünn ist, bei stärkerer Hitze etwas einkochen. Inzwischen die Pouletstücke gut abtropfen lassen, anrichten und mit den Zwiebeln und Champignons garnieren.
- Sobald die Sauce die gewünschte Konsistenz aufweist, vom Herd wegziehen. Wenn nötig etwas entfetten, indem die Kasserolle leicht schräg gehalten und mit einem Löffel das überschüssige Fett entfernt wird. Die Petersilie darunterziehen und die Sauce über Pouletstücke, Zwiebeln und Champignons verteilen und servieren.

# Poulet nach Jägerart mit frischen Pilzen
## Pollo alla cacciatora con funghi freschi

**Für 4 Personen**
*Arbeitsaufwand: 15 Minuten*
*Garzeit: ca. 30 Minuten*

*Zutaten:*
*1 Poulet (küchenfertig) von ca. 850 g*
*250–300 g frische Steinpilze*
*5 Esslöffel Öl*
*1 mittelgrosse Zwiebel (ca. 100 g)*
*200 g geschälte Tomaten aus der Dose (Pelati), abgetropft*
*5 Esslöffel Weisswein*
*Salz*
*(Pfeffer)*
*1 gehäufter Esslöffel gehackte Petersilie*

*Geräte:*
*kleines Küchenmesser,*
*kleines Bürstchen zum*
*Putzen der Pilze,*
*Holzbrett, grosse*
*Bratkasserolle, Deckel,*
*Kochlöffel, Schaumlöffel,*
*Dosenöffner, Wiegemesser*

Den Geflügelhändler bitten, das Poulet zu zerschneiden. Wenn man es selber macht, die Anleitung auf Seite 242 befolgen.

- Die Pilze putzen. Dabei alle erdigen Stellen von den Stielen wegschneiden und die Hüte abtrennen, es sei denn, die Pilze wären sehr klein. Rasch, aber sorgfältig unter fliessendem Wasser waschen und noch vorhandene Erdreste mit einer ungebrauchten Hand- oder Zahnbürste entfernen. Sofort trockentupfen.
- Die Pilze der Länge nach in einige Millimeter dicke Scheiben schneiden.
- In der Kasserolle 4 Esslöffel Öl erhitzen. Die Pilze hineingeben und unter fast ständigem Rühren mit dem Kochlöffel ca. 3 Minuten dünsten.
- Mit dem Schaumlöffel herausheben, auf einen Teller geben und beiseite stellen.

- Die Hitze reduzieren. Das restliche Öl und die Pouletstücke in die Kasserolle geben und 3–4 Minuten unter häufigem Wenden anbraten.
- Inzwischen die Zwiebel schälen und in Würfelchen schneiden.
- Zum Fleisch geben und unter Rühren weitere 3 Minuten dünsten. Darauf achten, dass die Zwiebel nicht anbrennt.
- Die gut abgetropften und ausgepressten Pelati, Weisswein, Salz und, nach Belieben, Pfeffer beifügen, umrühren und zum Kochen bringen.
- Den Deckel aufsetzen, die Hitze reduzieren und unter gelegentlichem Rühren weitere 20 Minuten schmoren, oder bis sich das Fleisch beim Einstechen mit der Spitze des Küchenmessers an der dicksten Stelle eines Schenkels weich anfühlt. Darauf achten, dass die Kochflüssigkeit nicht zu stark einkocht (sonst noch etwas Wasser beifügen). 10 Minuten vor Ende der Garzeit die Pilze wieder in die Pfanne geben und die Petersilie darüber verteilen.

## Pouletbrüste

Pouletbrüste eignen sich für die «schnelle Küche». Sie sind nicht allzu teuer und können deshalb ohne weiteres als Alltagsgerichte aufgetragen werden. Pouletbrüste lassen sich aber auch auf raffinierte Weise zubereiten und passen durchaus zu einem festlichen Essen. Es gibt sie mit oder ohne Flügelansatz sowie mit oder ohne Haut und Knochen zu kaufen. Wenn man Pouletbrüste mit Flügelansatz eingekauft hat, kann man diesen wegschneiden, 10–15 Minuten in ein wenig Salzwasser kochen, das Fleisch vom Knochen lösen und es in kleine Stücke geschnitten einem Salat beimischen. Ganz allgemein sollen Pouletbrüste nicht zu lange gekocht werden, weil das Fleisch sonst leicht hart oder zäh wird. Die Garzeit liegt normalerweise zwischen 10 und 15 Minuten.

Die Pouletbrüste können auch dünn geklopft, gefüllt und zu Rouladen aufgerollt werden. Kalte, gekochte Pouletbrust lässt sich für einen delikaten Geflügelcocktail verwenden (s. Rezept Seite 41).

# Pouletbrüste mit kleinen Erbsen
## Petti di pollo con pisellini

**Für 4 Personen**
*Arbeitsaufwand: 10 Minuten*
*Garzeit: ca. 15 Minuten*

*Zutaten:*
*4 Pouletbrüste*
*4 Scheiben Pancetta, nach Belieben geräuchert*
*2 Esslöffel Öl*
*3 Esslöffel trockener Sherry*
*6 Esslöffel Rahm*
*Salz*
*200 g Erbsen aus der Dose (abgetropft)*

*Geräte:*
*Holzbrett, Fleischhammer, Küchenmesser, grosse Bratpfanne, Dosenöffner*

- Die Pouletbrüste mit dem Fleischhammer klopfen, bis sie noch ca. 1½ cm dick sind.
- Die Pancetta-Scheiben quer zu den Fettschichten in je 4 Streifen schneiden.
- Das Öl in der Bratpfanne erhitzen.
- Den Pancetta zugeben und kurz bei kräftiger Hitze dünsten.

*Pancetta, Sherry, Rahm und Erbsen verbinden sich bei diesem Rezept zu einer köstlichen Sauce*

- Die Pouletbrüste ebenfalls in die Pfanne geben und bei starker Temperatur unter mehrmaligem Wenden 5 Minuten anbraten.
- Mit dem Sherry ablöschen. Einkochen lassen.
- Die Hälfte des Rahms dazugiessen und unter Rühren ebenfalls fast vollständig einkochen lassen.
- Den restlichen Rahm und wenig Salz (der Pancetta ist schon gesalzen!) zugeben. Gut umrühren, damit sich der Bratensatz vom Pfannenboden löst, und leicht einkochen lassen.
- Die abgetropften Erbsen in die Sauce geben und bei schwacher Hitze 2–3 Minuten heiss werden lassen. Dabei einige Male sorgfältig umrühren.

- *Anstelle von trockenem Sherry eignet sich auch Weisswein.* • *Natürlich kann man auch frische, vorgekochte Erbsen verwenden.*

# Pouletbrüste an Tomatensauce
## Petti di pollo al pomodoro

**Für 4 Personen**
*Arbeitsaufwand: 5 Minuten*
*Garzeit: ca. 12 Minuten*

*Zutaten:*
*4 Pouletbrüste ohne Flügelansatz und Haut*
*2 Esslöffel Öl*
*150 g geschälte Tomaten aus der Dose (Pelati), abgetropft*
*4 Esslöffel Wein*
*Salz*
*1/2 Esslöffel Tomatenpüree*
*abgeriebene Schale von 1/2 Zitrone*
*1 Esslöffel gehackte Petersilie*
*2 Esslöffel Butter*

*Geräte:*
*Holzbrett, Fleischhammer,*
*grosse Bratpfanne, Deckel,*
*Zitronenreibe, Wiegemesser*

- Die Pouletbrüste mit dem Fleischhammer klopfen, bis sie noch ca. 1 cm dick sind.
- Das Öl in der Bratpfanne erhitzen und die Pouletbrüste darin bei starker Hitze beidseitig ganz kurz anbraten.
- Pelati, Wein und Salz beifügen und die Pelati zerdrücken.
- Aufkochen und das Tomatenpüree zugeben. Umrühren, den Deckel aufsetzen und bei mittlerer Hitze 5–6 Minuten garen.
- Den Deckel abheben, das Fleisch wenden und bei ziemlich starker Hitze nochmals 3 Minuten kochen, oder bis die Sauce die gewünschte Konsistenz aufweist.
- Die Pouletbrüste anrichten.
- Neben dem Herd Zitronenschale, Petersilie und Butter zur Sauce geben. Rühren, bis die Butter geschmolzen ist. Die Sauce über das Fleisch verteilen und servieren.

# Grillierte Pouletbrüste – Petti di pollo grigliati

**Für 4 Personen**
*Arbeitsaufwand: 5 Minuten*
*Garzeit: ca. 10 Minuten*

*Zutaten:*
*4 Pouletbrüste ohne Flügelansatz und Haut*
*40 g Butter oder 2 Esslöffel Öl*
*Salz*
*(Pfeffer)*
*Saft von ½ Zitrone*
*1 gehäufter Esslöffel gehackte Petersilie*

*Geräte:*
*Holzbrett, Fleischhammer,*
*Backofen mit Grill,*
*Grillblech, Wiegemesser*

- Die Pouletbrüste mit dem Fleischhammer klopfen, bis sie noch ca. 1½ cm dick sind.
- Den Grill des Backofens auf 250 °C vorheizen.
- Die Pouletbrüste auf das Grillblech legen und so nah wie möglich unter den Grill schieben.
- Grillieren, bis sie stark zischen und zu versengen beginnen. In diesem Moment wenden und auf der anderen Seite auf die gleiche Art grillieren (dies dauert insgesamt 4–5 Minuten).
- Das Grillblech weiter unten erneut in den Backofen schieben und das Fleisch noch 5–6 Minuten garen.
- Anrichten und mit der in Flocken geschnittenen Butter belegen oder mit dem Öl beträufeln. Mit Salz, nach Belieben Pfeffer und mit Petersilie bestreuen, mit dem Zitronensaft beträufeln.

# Pouletspiesse mit Champignons
Spiedini di pollo con champignon

**Für 4 Personen**
*Arbeitsaufwand: 10 Minuten*
*Garzeit: ca. 18 Minuten*

*Zutaten:*
*4 Pouletbrüste ohne Flügelansatz und Haut*
*16–20 kleine Champignons*
*50 g Butter*
*4 Esslöffel Portwein*
*3 Esslöffel Rahm*
*Salz*

*Geräte:*
*grosses und kleines*
*Küchenmesser, Holzbrett,*
*4 lange oder 8 kurze Spiesse*
*oder Stäbchen, grosse*
*Bratpfanne, Deckel*

- Die Pouletbrüste der Breite nach in je 5 Stücke schneiden.
- Die Stiele der Champignons wegschneiden. Die Hüte rasch unter fliessendem Wasser waschen und sofort trockentupfen, damit sie kein Wasser aufnehmen.
- Abwechslungsweise Pouletstücke und Champignonhüte auf die Spiesse stecken (Vorsicht bei den Champignons: Sie brechen leicht auseinander).
- Die Butter in der Bratpfanne erhitzen.
- Die Spiesse hineingeben und bei kräftiger Hitze unter häufigem Wenden 4–5 Minuten braten, oder bis das Fleisch auf allen Seiten etwas Farbe angenommen hat.
- Portwein, Rahm und Salz beifügen, den Deckel aufsetzen und bei schwacher Hitze ca. 12 Minuten garen, oder bis das Pouletfleisch weich ist. Während der letzten Minuten wenn nötig den Deckel abheben und die Hitze leicht erhöhen, um die Sauce etwas einzudicken.

---

- *Der Portwein kann durch trockenen Sherry, Madeira oder notfalls durch trockenen Marsala ersetzt werden.* • *Die Champignonstiele können z.B. in Scheiben geschnitten einem Salat beigemischt werden.*

# Pouletbrustrouladen mit Zitrone
## Involtini al limone

**Für 4 Personen**
*Marinierzeit: ca. 1 Stunde*
*Arbeitsaufwand: 10 Minuten*
*Garzeit: ca. 17 Minuten*

*Zutaten:*
*1½ Esslöffel gehackte Petersilie*
*4 Esslöffel Zitronensaft*
*4 Esslöffel Olivenöl*
*Salz*
*4 Pouletbrüste ohne Flügelansatz und Haut*
*40 g Butter*

*Geräte:*
*Holzbrett und Wiegemesser,*
*Fleischhammer, 4 kurze*
*Spiesse, Zahnstocher oder*
*Küchenschnur, mittelgrosse*
*Bratpfanne, kleines*
*Küchenmesser*

- In einem Suppenteller Petersilie, Zitronensaft, Öl und Salz gut vermischen.
- Die Pouletbrüste mit dem Fleischhammer klopfen, bis sie noch ca. 1 cm dick sind.
- Beidseitig in der Marinade wenden, aufeinanderschichten und zugedeckt ca. 1 Stunde stehenlassen.
- Von der schmalen Seite her aufrollen und mit einem Spiesschen, einem Zahnstocher oder mit Küchenschnur fixieren.
- Die Bratpfanne erhitzen.
- Die Rouladen hineinlegen und bei mittlerer Temperatur während ca. 15 Minuten braten. Dabei häufig wenden und wenn nötig wenig Wasser beifügen, damit sie nicht kleben oder verbrennen. Die Rouladen sind gar, wenn sich das Fleisch beim Durchstechen mit der Spitze des Küchenmessers weich anfühlt.
- Anrichten und, falls sie mit Küchenschnur umwickelt wurden, diese entfernen.
- Neben dem Herd die Butter in die Bratpfanne geben und rühren, bis sie geschmolzen ist. Die noch vorhandene Zitronenmarinade dazugiessen und nochmals rühren. Diese Sauce über die Rouladen geben und servieren.

*Auch Pouletfleisch lässt sich aufrollen und mit pikanten Zutaten füllen, hier Pouletbrustrouladen mit Zitrone*

# Pouletbrustrouladen mit Sardellen
## Involtini all'acciuga

**Für 4 Personen**
Arbeitsaufwand: 10 Minuten
Garzeit: 20–25 Minuten

*Zutaten:*
*4 Pouletbrüste ohne Flügelansatz und Haut*
*100 g geräucherter Pancetta in dünnen Scheiben*
*4 grosse Sardellenfilets*
*50 g Cornichons*
*20 g Butter*
*Salz*

*Geräte:*
*Holzbrett, Fleischhammer,*
*kleines Küchenmesser, 4 kurze*
*Spiesse, Zahnstocher oder*
*Küchenschnur, mittelgrosse*
*Bratpfanne, Deckel*

● Die Pouletbrüste mit dem Fleischhammer klopfen, bis sie noch ca. 1 cm dick sind.
● Mit den Pancetta-Scheiben belegen. Je 1 Sardellenfilet und die der Länge nach geviertelten Cornichons daraufgeben.
● Aufrollen und mit einem Spiesschen, einem Zahnstocher oder mit Küchenschnur fixieren.
● Die Butter in der Bratpfanne schmelzen. Die Rouladen hineingeben und bei mittlerer Hitze während ca. 5 Minuten allseitig leicht Farbe annehmen lassen.
● Den Deckel aufsetzen, die Temperatur reduzieren und während 15 Minuten garen, oder bis sich das Fleisch beim Durchstechen mit der Spitze des Küchenmessers weich anfühlt. Falls nötig, den Deckel entfernen und den entstandenen Saft bei stärkerer Hitze auf die gewünschte Konsistenz einkochen lassen.

● *Für dieses Rezept eignen sich auch Scheiben von Truthahnbrust.*

# Marinierte und panierte Pouletbrüste
## Petti di pollo marinati e fritti

**Für 4 Personen**
*Marinierzeit:*
*mind. 2 Stunden*
*Arbeitsaufwand: 10 Minuten*
*Garzeit: ca. 20 Minuten*

*Zutaten:*
*6 Esslöffel Öl*
*Saft von 1 kleinen Zitrone*
*1½ Esslöffel gehackte Petersilie*
*(Pfeffer)*
*4 Pouletbrüste ohne Flügelansatz und Haut*
*1 Ei*
*ca. 3 Esslöffel Mehl*
*ca. 3 Esslöffel Paniermehl*
*4 Esslöffel Butter*
*Salz*

*Geräte:*
*Holzbrett und Wiegemesser,*
*grosse Bratpfanne,*
*kleines Küchenmesser*

- In einem Suppenteller 4 Esslöffel Öl, Zitronensaft, Petersilie und nach Belieben Pfeffer gut vermischen.
- Die Pouletbrüste darin beidseitig wenden. Im Teller aufeinanderschichten und zugedeckt 2 Stunden (oder länger) stehenlassen.
- 20 Minuten vor dem Servieren das Ei in einem anderen Suppenteller mit einer Gabel verquirlen. Mehl und Paniermehl je auf ein Stück Papier oder einen Teller geben und etwas verteilen.
- Die Pouletbrüste auf beiden Seiten zuerst im Mehl, dann im Ei und zuletzt im Paniermehl wenden. Das Paniermehl mit der Handfläche etwas andrücken.

*Zur Abwechslung können Pouletbrüste auch wie Schnitzel paniert und gebraten werden*

- Das restliche Öl und die Butter in der Bratpfanne erhitzen.
- Die Pouletbrüste hineinlegen und bei ziemlich starker Hitze auf jeder Seite einige Minuten anbraten, bis sich eine goldgelbe Kruste gebildet hat.
- Die Temperatur reduzieren und bei schwacher Hitze noch ca. 15 Minuten weiterbraten, oder bis sich das Fleisch beim Einstechen mit der Spitze des Küchenmessers an der dicksten Stelle weich anfühlt. Anrichten und salzen.

---

*• Nach Belieben das Fleisch vor dem Servieren beidseitig einen kurzen Moment auf gefaltetes Küchenpapier legen, um etwas Fett herauszuziehen.*

## Huhn

Beim Huhn handelt es sich um ein weibliches Tier, welches nicht mehr ganz jung ist. Sein Fleisch ist nicht mehr so zart, dafür aber sehr schmackhaft. Das Huhn wird meistens ganz gekocht und erst vor dem Anrichten zerschnitten. Man geht dabei wie beim Poulet vor (s. Seite 242).

---

# Gekochtes Huhn – Gallina bollita

**Für 6 Personen**
*Arbeitsaufwand: 10 Minuten*
*Garzeit:*
*ca. 2–2½ Stunden*

*Zutaten:*
*1 Huhn (küchenfertig) von ca. 1½ kg*
*1 kleine Zwiebel (ca. 50 g)*
*1 mittelgrosse Karotte*
*1 Selleriestange*
*(1 Knoblauchzehe)*
*Salz*

*Geräte:*
*grosser Kochtopf, Deckel,*
*kleines Küchenmesser,*
*Schaumlöffel*

- Zubereitung wie «Gekochtes Poulet» Seite 242, jedoch die Kochzeit auf ca. 2–2½ Stunden verlängern.

---

*• Nach Belieben ca. 10 Minuten vor Ende der Kochzeit 200 g Teigwaren (Nudeln) beifügen. Alles zusammen ergibt eine vollständige leichte Mahlzeit.*

---

# Geschmortes Huhn – Gallina brasata

**Für 6 Personen**
*Arbeitsaufwand: 10 Minuten*
*Garzeit: 2½ Stunden*

*Zutaten:*
*1 Huhn (küchenfertig) von ca. 1½ kg*
*Salz*
*1 Scheibe Pancetta von ca. 30 g*
*1 mittelgrosse Zwiebel*
*1 mittelgrosse Karotte*
*2 Esslöffel Butter*
*5 Esslöffel Weisswein*
*3 Esslöffel Brandy (Weinbrand)*

*Geräte:*
*grosses und kleines*
*Küchenmesser, Holzbrett,*
*(Wiegemesser), mittelgrosse,*
*wenn möglich ovale*
*Bratkasserolle*

- Das Huhn im Inneren salzen.
- Vom Pancetta allfällige Schnurstücke entfernen. Die Zwiebel schälen und die Karotte putzen und unter fliessendem Wasser waschen.
- Pancetta, Zwiebel und Karotte in sehr kleine Würfel schneiden oder hacken.
- Mit der Butter und dem Huhn in die Kasserolle geben und bei eher schwacher Temperatur 7–10 Minuten anbraten, oder bis das Huhn auf allen Seiten leicht Farbe angenommen hat.
- Wein, Brandy und wenig Salz beifügen. Den Deckel aufsetzen und bei schwacher Hitze insgesamt ca. 2½ Stunden schmoren, oder bis sich das Fleisch beim Einstechen mit der Spitze des kleinen Küchenmessers an der dicksten Stelle eines Schenkels weich anfühlt. Das Huhn während dieser Zeit einige Male wenden. Sollte die Flüssigkeit zu stark einkochen, noch etwas Wasser beifügen.

## Truthahn

Beim Truthahn verhält es sich ähnlich wie beim Poulet: Einst nur für Festessen zubereitet, gehört das Truthahnfleisch heute zu den eher preisgünstigen Fleischarten. Dazu kommt, dass es ausserordentlich mager und somit kalorienarm ist. Da ein Truthahn bis zu 15 kg schwer werden kann

(weibliche Tiere werden nur ca. 5 kg schwer), wird selten ein ganzes Tier gekauft. Truthahn ist deshalb meist als Brust oder Schenkel und auch in kleinen Mengen erhältlich. Die Brust ist das begehrteste Stück. Sie ist ausserordentlich mager und deswegen manchmal eher trocken. Sie lässt sich gut als Braten, Schnitzel oder Rouladen zubereiten.

Für Truthahn anwendbar sind auch die Rezepte für «Gerollten Kalbsbraten» (s. Seite 185) sowie für Kalbsschnitzel und Kalbfleischrouladen (s. Seite 196–201), ferner das Rezept «Pouletbrustrouladen mit Sardellen» (s. Seite 249). Gebratenes, kaltes Truthahnfleisch kann für sehr schmackhafte Salate verwendet werden (s. Seite 18).

# Truthahnbrust mit Milch und Pancetta
## Petto di tacchino con latte e pancetta

**Für 4 Personen**
*Arbeitsaufwand: 5 Minuten*
*Garzeit:*
*ca. 1 Stunde 10 Minuten*

*Zutaten:*
*ca. 800 g Truthahnbrust*
*50 g magerer Pancetta, nach Belieben geräuchert, in dünnen Scheiben*
*3 Esslöffel Butter*
*ca. 1 dl Milch*
*1 Teelöffel Mehl*
*(Salz)*

*Geräte:*
*(Küchenschnur), Küchen-*
*messer, Holzbrett, mittel-*
*grosse, wenn möglich ovale*
*Bratkasserolle mit Deckel*

Den Metzger bitten, das Bruststück zu binden, damit es während des Bratens die Form nicht verliert und zum Servieren besser geschnitten werden kann. Andernfalls das Fleisch selber einige Male mit Küchenschnur umwickeln.

- Die Pancetta-Scheiben aufeinanderlegen und in 2–3 cm grosse Stücke schneiden.

- Die Hälfte der Butter in der Kasserolle schmelzen. Das Fleischstück hineinlegen, den Pancetta beifügen und 7–10 Minuten bei mittlerer Hitze braten, oder bis die Truthahnbrust auf allen Seiten Farbe angenommen hat. Dabei den Pancetta immer wieder umrühren und das Fleisch einige Male wenden.
- Die Milch dazugiessen und zum Kochen bringen.
- Den Deckel aufsetzen und das Fleisch bei schwacher Temperatur 1 Stunde schmoren. Nach den ersten 25 Minuten den Braten einmal wenden. Die Sauce von Zeit zu Zeit umrühren. Sollte sie während der Garzeit zu stark einkochen, nochmals wenig Milch dazugiessen. Am Schluss sollen noch 6–7 Esslöffel Sauce vorhanden sein.
- Auf einem Teller die restliche Butter mit dem Mehl verkneten.
- Das Fleisch auf ein Holzbrett herausheben. Die Mehlbutter in die Pfanne geben und bei ziemlich starker Hitze so lange rühren, bis sie sich mit dem Bratensaft verbunden und ihn auf die gewünschte Konsistenz eingedickt hat. Wenn nötig noch mit etwas Salz abschmecken (möglicherweise genügt der Pancetta).
- Sollte die Sauce griessig werden, mit dem Stabmixer gut durchrühren oder durch ein feines Sieb passieren, bevor sie mit Mehlbutter gebunden wird.

# Truthahnbrust im Ofen
## Petto di tacchino arrostito in forno

**Für 4 Personen**
*Arbeitsaufwand: 5 Minuten*
*Garzeit: ca. 50 Minuten*

*Zutaten:*
*ca. 800 g Truthahnbrust*
*3 Esslöffel Öl*
*Salz*

*Geräte:*
*(Küchenschnur), niedrige, feuerfeste Form*

Den Metzger bitten, das Bruststück zu binden, damit es während des Bratens die Form nicht verliert und zum Servieren besser geschnitten werden kann. Andernfalls das Fleisch selber einige Male mit Küchenschnur umwickeln.

- Den Backofen auf 180 °C vorheizen.
- Mit 1 Esslöffel Öl den Boden der Form bestreichen. Das Fleisch hineinlegen, mit dem restlichen Öl beträufeln und mit Salz bestreuen.
- Wenn der Backofen die gewünschte Hitze erreicht hat, hineinschieben und 35 Minuten braten.
- Die Temperatur auf 250 °C erhöhen und 10–15 Minuten weiterbraten, bis das Fleisch eine schöne goldgelbe Farbe angenommen hat.

- *Man kann dieses Fleisch auch kalt servieren, aber dann ist es etwas trocken.* • *Nach Belieben unter die Küchenschnur 2 Rosmarinzweiglein schieben.* • *Falls etwas Sauce gewünscht wird, die Form auf den Herd stellen, 2–3 Esslöffel Wasser beifügen und bei kräftiger Hitze unter Rühren aufkochen lassen, bis sich der Bratensatz gelöst hat. Vom Herd wegziehen und nach Belieben ein Stück Butter beifügen und rühren, bis sie geschmolzen ist.*

# Gebratener Truthahnschenkel
## Coscia di tacchino arrosto

**Für 4 Personen**
*Arbeitsaufwand: 3–4 Minuten*
*Garzeit: ca. 1½ Stunden*

*Geräte:*
*niedrige, feuerfeste Form,*
*kleines Küchenmesser*

*Zutaten:*
*1 Truthahnschenkel von ca. 1 kg*
*Salz*

- Den Backofen auf 190 °C vorheizen.
- Das Fleischstück mit der Hautseite nach oben in die feuerfeste Form legen und mit Salz bestreuen. Nicht mit Öl oder Butter bestreichen, da die Haut mehr als genug Fett enthält.
- Wenn der Backofen heiss ist, den Schenkel hineinschieben und 1½ Stunden braten, oder bis sich das Fleisch beim Einstechen mit der Spitze des kleinen Küchenmessers in der Nähe des Gelenkes weich anfühlt und aus dem kleinen Einschnitt nur noch wenig klare Flüssigkeit austritt. Das Fleischstück während der Bratzeit nicht berühren. Jedoch aufpassen, dass der Bratensaft, der sich auf dem Boden der Form gebildet hat, nicht zu dunkel wird. Wenn nötig ganz wenig kaltes Wasser beifügen. Das Fleisch kann warm oder kalt serviert werden. Da es jedoch ein wenig fett ist, schmeckt es warm besser.

- *Am Ende der Kochzeit kann ein wenig Sauce zubereitet werden: Den Schenkel aus der Form nehmen, das überschüssige Fett weggiessen, die Form auf den Herd stellen und den Bratensatz mit 2–3 Esslöffeln Wasser lösen und unter ständigem Rühren bei kräftiger Hitze aufkochen.* • *Nach Belieben kann dieser Sauce etwas Zitronensaft beigefügt werden.*

# Truthahnschnitzel mit Lorbeer
## Scaloppine all'alloro

**Für 4 Personen**
*Arbeitsaufwand: 5 Minuten*
*Garzeit: ca. 10 Minuten*

*Geräte:*
*(Holzbrett, Fleischhammer),*
*grosse Bratpfanne, Tasse*

*Zutaten:*
*ca. 600 g Truthahnbrust in dünnen Scheiben*
*1 Esslöffel Öl*
*1 knapper Esslöffel Mehl*
*5 Esslöffel Marsala*
*1 Esslöffel Essig*
*Salz*
*1 Lorbeerblatt*
*25 g Butter*

- Die Schnitzel klopfen, bis sie nur noch ca. ½ cm dick sind (falls dies nicht bereits der Metzger getan hat).
- Das Öl in die Bratpfanne geben und erhitzen.
- Die Schnitzel darin beidseitig ganz kurz anbraten. Sie sollen nur leicht Farbe annehmen.
- Inzwischen Mehl, 5 Esslöffel Wasser, Marsala und Essig in der Tasse gut verrühren.
- Diese Mischung in die Bratpfanne giessen, salzen und das in

3–4 Stücke gebrochene Lorbeerblatt über dem Fleisch verteilen.
- Zum Kochen bringen.
- Die Hitze reduzieren und das Fleisch noch 6–7 Minuten garen. Einmal wenden und die Temperatur so regulieren, dass die Flüssigkeit am Ende etwas eingekocht ist.
- Das Fleisch anrichten.
- Die Butter zur Sauce geben und rühren, bis sie vollständig geschmolzen ist. Die Lorbeerstücke entfernen und die Sauce über das Fleisch verteilen.

---

- *Anstelle von Marsala kann auch Weisswein, Fleischbrühe oder Wasser, in welchem 1 Messerspitze Fleischextrakt aufgelöst wurde, verwendet werden.*

---

# Truthahnrouladen mit Pancetta
## Involtini alla pancetta

**Für 4 Personen**
*Arbeitsaufwand: 10 Minuten*
*Garzeit: ca. 30 Minuten*

*Zutaten:*
*ca. 600 g Truthahnbrust in Scheiben*
*50 g geräucherter Pancetta in feinen Scheiben*
*2 knappe Esslöffel Öl*
*3 Esslöffel Weisswein*
*1 1/2 dl Rahm*
*Salz*
*Saft von 1/2 Zitrone*

*Geräte:*
*(Holzbrett, Fleischhammer),*
*Küchenmesser, Zahnstocher,*
*kurze Spiesschen oder*
*Küchenschnur, mittelgrosse*
*Bratpfanne, Deckel*

- Die Truthahnschnitzel klopfen, bis sie nur noch knapp 1/2 cm dick sind (falls dies nicht bereits der Metzger getan hat).
- Den Pancetta in so viele Stücke schneiden, wie Schnitzel vorhanden sind.
- Jedes Schnitzel mit einem Pancetta-Stück belegen. Die Schnitzel von einer Schmalseite her aufrollen und mit einem Zahnstocher, einem kurzen Spiesschen oder mit Küchenschnur fixieren.
- Das Öl in der Bratpfanne erhitzen und gleichmässig über den ganzen Boden verteilen.
- Die Rouladen hineingeben und einige Minuten unter Wenden anbraten, bis sie auf allen Seiten Farbe angenommen haben.
- Mit dem Weisswein ablöschen und kurz dünsten. Dabei die Rouladen einmal wenden.
- Den Deckel aufsetzen, die Temperatur reduzieren und 20 Minuten garen.
- Den Deckel abheben, 1/3 des Rahms dazugiessen und bei ziemlich starker Hitze etwas einkochen und Farbe annehmen lassen. Dabei die Rouladen einmal wenden.
- Den restlichen Rahm und wenig Salz (der Pancetta ist bereits gesalzen) beifügen. Unter Rühren, damit sich der Bratensatz gut löst, die Sauce auf ungefähr die Hälfte einkochen lassen. Dabei die Rouladen nochmals wenden.
- Mit dem Zitronensaft beträufeln, gut umrühren und servieren. Falls für das Fixieren der Rouladen Küchenschnur verwendet wurde, diese vorher entfernen.

## Verschiedene Geflügel

Enten, Perlhuhn, Tauben und Wachteln bringen viel Abwechslung auf den Tisch. Eine Ente etwa, die verhältnismässig schwere Knochen und nicht sehr viel Fleisch aufweist, ergibt ein sehr elegantes Gericht mit speziellem Geschmack. Zum Aufschneiden zuerst mit einem Messer die Schenkel und Flügel an den Gelenken vom Körper abtrennen. Anschliessend die Brust in der Mitte aufschneiden, die beiden Hälften von den Knochen lösen und in Scheiben schneiden.

Ein Perlhuhn wiederum ist gleich zu behandeln wie ein Poulet, mit dem Unterschied, dass es mehr Geschmack aufweist und wesentlich teurer und exklusiver ist.

Tauben sind, da sie gezüchtet werden, das ganze Jahr erhältlich, aber nur in Spezialgeschäften, während Wachteln bedeutend weniger kosten und relativ leicht erhältlich sind. Beide werden küchenfertig angeboten.

# Gebratenes Perlhuhn – Faraona arrosto

**Für 4 Personen**
*Arbeitsaufwand: 5 Minuten*
*Garzeit: ca. 1 Stunde*

*Zutaten:*
*1 Perlhuhn (küchenfertig) von ca. 850 g*
*Salz*
*2 Esslöffel Öl*

*Geräte:*
*niedrige, feuerfeste Form,*
*kleines Küchenmesser*

- Zubereitung wie «Gebratenes Poulet» Seite 237.

- *Aus dem Bratensatz lässt sich mit 20 g getrockneten Steinpilzen und etwas Rahm eine delikate Begleitsauce zubereiten.*

*Ob gewöhnliches Poulet oder exklusives Perlhuhn, an der Zubereitungsart ändert sich nichts*

# Perlhuhn mit Zitrone – Faraona al limone

**Für 4 Personen**
*Arbeitsaufwand: 7–8 Minuten*
*Garzeit: ca. 1 Stunde*

*Zutaten:*
*1 Perlhuhn (küchenfertig) von ca. 850 g*
*1 kleine Zwiebel (50–70 g)*
*1/2 Zitrone*
*3–4 Wacholderbeeren*
*Salz*
*2 Esslöffel Öl*

*Geräte:*
*kleines Küchenmesser,*
*Fleischhammer, niedrige,*
*feuerfeste Form*

- Den Backofen auf 180 °C vorheizen.
- Die Zwiebel schälen und halbieren. Die halbe Zitrone in zwei Hälften schneiden. Die Wacholderbeeren mit dem Fleischhammer leicht zerdrücken, nicht vollständig zerquetschen.
- Zwiebel, Zitrone und Wacholderbeeren in das Innere des Perlhuhnes geben.
- Weiterfahren wie im Rezept «Gebratenes Poulet» Seite 237.

# Perlhuhn mit Linsen – Faraona con lenticchie

**Für 4 Personen**
*Arbeitsaufwand: 10 Minuten*
*Garzeit:*
*ca. 1 Stunde 10 Minuten*

*Zutaten:*
*1 Perlhuhn (küchenfertig) von ca. 850 g*
*Salz*
*1 Esslöffel Öl*
*1 mittelgrosse Zwiebel*
*1 Scheibe geräucherter Pancetta von 50 g*
*2 Esslöffel Butter*
*1 Esslöffel Tomatenpüree*
*200 g gekochte Linsen (Rohgewicht)*

*Geräte:*
*mittelgrosse, wenn möglich*
*ovale Bratkasserolle mit*
*Deckel, grosses und kleines*
*Küchenmesser, Holzbrett*

- Das Perlhuhn im Inneren salzen.
- Mit dem Öl in die Kasserolle geben und bei mittlerer Hitze und unter häufigem Wenden 7–8 Minuten anziehen lassen, oder bis es überall angebraten ist.
- Inzwischen die Zwiebel schälen. Den Pancetta von allfälligen Schnurstücken befreien. Beides in Würfel schneiden.
- Das Öl, in welchem das Perlhuhn angebraten wurde, weggiessen. Butter, Zwiebel und Pancetta in die Kasserolle geben und bei mittlerer Temperatur unter häufigem Rühren 5–7 Minuten dünsten, oder bis Zwiebel und Pancetta glasig sind.
- Das Tomatenpüree und 1 dl Wasser beifügen, salzen und zum Kochen bringen.
- Den Deckel aufsetzen, die Temperatur reduzieren und noch knapp 1 Stunde kochen lassen, oder bis sich das Fleisch beim Einstechen mit der Spitze des Küchenmessers an der dicksten Stelle eines Schenkels weich anfühlt. Während dieser Zeit das Perlhuhn mehrmals wenden. Falls die Flüssigkeit zu stark einkocht, etwas Wasser beifügen.
- 7–10 Minuten vor Ende der Kochzeit die Linsen beifügen und heiss werden lassen. Gelegentlich vorsichtig umrühren.

# Gebratene Ente – Anatra arrosto

**Für 3 Personen**
*Arbeitsaufwand: 10 Minuten*
*Garzeit: 30–35 Minuten*

*Zutaten:*
*1 Ente (küchenfertig) von ca. 1 kg*
*Salz*
*(Pfeffer)*

*Geräte:*
*(Küchennadel), niedrige,*
*feuerfeste Form, Holzbrett*

- Den Backofen auf 240 °C vorheizen.
- Die Haut der Ente dicht mit einer Gabel oder Küchennadel einstechen, damit das Fett während der Garzeit austreten kann.
- Das Innere mit Salz und, nach Belieben, Pfeffer würzen. Die Ente mit der Brust nach oben in die feuerfeste Form legen und mit etwas Salz bestreuen.
- In die Mitte des Backofens schieben und 30–35 Minuten braten.
- Die Ente auf ein Holzbrett legen. Nach Belieben mit einer umgestülpten Schüssel bedecken, um sie während der Fertigstellung der Sauce warm zu halten.
- Die Form schräg halten und mit einem Löffel das überschüssige Fett entfernen.
- Die Form auf den Herd stellen und den Bratensatz mit 2–3 Esslöffeln Wasser lösen. Unter Rühren bei starker Hitze aufkochen.
- Die Ente aufschneiden (s. Seite 256) und die Teile anrichten. Mit der Sauce überziehen und servieren.

---

- *Die Ente, mit den angegebenen Temperaturen und Garzeiten zubereitet, wird «saignant» sein. So schmeckt sie vielen Leuten, weil sie saftig und zart ist. Wer sie lieber «à point» hätte, reduziert die Temperatur auf 210 °C und brät sie 40–45 Minuten. Soll sie durchgebraten sein, bei 190 °C während 60 Minuten braten.* • *Um festzustellen, wie stark die Ente gebraten ist, mit der Spitze eines kleinen Küchenmessers im Gelenk zwischen Oberschenkel und Körper einstechen. Wenn aus der Öffnung fast rotes Blut austritt, ist sie «saignant». Wenn die Flüssigkeit rosa aussieht, ist die Ente «à point». Ist die austretende Flüssigkeit klar, ist die Ente durchgebraten.*

# Ente an Orangensauce – Anatra all'arancia

**Für 3 Personen**
*Arbeitsaufwand: 15 Minuten*
*Garzeit:*
*ca. 1 Stunde 5 Minuten*

*Zutaten:*
*1 Ente (küchenfertig) von ca. 1 kg*
*1 Zitrone*
*2 Orangen*
*2 Esslöffel Johannisbeer-Gelee*
*1½ dl Weisswein*
*1 Teelöffel schwarze Pfefferkörner*
*Salz*
*(1 Messerspitze Fleischextrakt)*

Für dieses klassische Gericht gibt es, wie für viele andere, verschiedene Rezepte. Nachstehend eines der einfachsten. Es

*Geräte:*
*kleines, scharfes Küchen-*
*messer, Holzbrett, Zitrus-*
*presse, grosse, wenn möglich*
*ovale Kasserolle mit Deckel*

stammt von Nino Bergese, einem grossartigen, leider verstorbenen italienischen Koch.

- Von der Zitrone und einer Orange den äussersten, farbigen Teil der Schale (keine weisse Schale, sie ist bitter) abschneiden. Die Schalenstücke auf dem Brett in ganz feine Streifchen schneiden.
- Die beiden Früchte auspressen.
- Schalenstreifchen, Zitronen- und Orangensaft, Johannisbeer-Gelee, Wein, Ente, Pfeffer und Salz in die Kasserolle geben.
- Bei mittlerer Temperatur erhitzen; nach Belieben den Fleischextrakt darin auflösen.
- Den Deckel aufsetzen. Die Temperatur etwas reduzieren und die Ente während ca. 1 Stunde schmoren, oder bis sie sich beim Einstechen mit einer Gabel weich anfühlt. Nach den ersten 30 Minuten wenden.
- Inzwischen mit einem scharfen Messer die andere Orange so schälen, dass auch die innere, weisse Haut entfernt wird. Der Länge nach halbieren und dann quer in feine Scheiben schneiden. Dabei allfällige Kerne entfernen.
- Die Ente auf das Holzbrett legen und mit einer umgestülpten Schüssel bedecken, um sie warm zu halten.
- Die Kasserolle schräg halten und mit einem Löffel das überschüssige Fett entfernen, das sich auf der Oberfläche des Bratensaftes befindet. Falls der Bratensaft zu dünnflüssig ist, bei starker Hitze etwas einkochen lassen.
- Die Ente aufschneiden (s. Seite 256) und die Teile anrichten. Mit der Sauce überziehen und mit Orangenscheiben garnieren.

# Tauben im Ofen – Piccioni grigliati in forno

**Für 4 Personen**
*Arbeitsaufwand: 10 Minuten*
*Garzeit: ca. 15 Minuten*

*Zutaten:*
*2 Tauben (küchenfertig)*
*2 Esslöffel Öl*
*Salz*

*Geräte:*
*(schweres Messer, Fleisch-*
*hammer), Backofen mit Grill,*
*Küchenpinsel, niedrige,*
*feuerfeste Form*

Den Geflügelhändler bitten, die Tauben entlang dem Rückenknochen aufzuschneiden, ohne sie aber in zwei Teile zu trennen, und sie leicht flachzuschlagen.

- Den Grill des Backofens vorheizen.
- Die Tauben auf allen Seiten mit Öl bepinseln und salzen.
- In die feuerfeste Form legen und im Abstand von ca. 20 cm vom Grill in den Backofen schieben. Unter gelegentlichem Wenden ca. 15 Minuten grillieren, oder bis sie auf beiden Seiten eine goldgelbe Farbe angenommen haben. Zum Servieren die beiden Hälften auseinanderschneiden.

---

- *Anstelle von Öl kann man zum Bestreichen der Tauben auch 20 g eingesottene Butter verwenden.* • *Nach dem Bepinseln und vor dem Grillieren können die Tauben beidseitig in Paniermehl gewendet werden. Man braucht dafür ca. 3 Esslöffel.*

# Wachteln in Weisswein – Quaglie al vino bianco

**Für 4 Personen**
*Arbeitsaufwand: 10 Minuten*
*Garzeit: 15–20 Minuten*

*Zutaten:*
*8 Wachteln (küchenfertig)*
*Salz*
*8 Scheiben Pancetta*
*50 g Butter*
*1½ dl Weisswein*

*Geräte:*
*8 lange Stäbchen oder*
*Spiesschen, grosse*
*Bratkasserolle (alle*
*Wachteln müssen neben-*
*einander Platz haben) oder*
*grosse Bratpfanne mit*
*eher hohem Rand, Deckel*

• Die Wachteln im Inneren vorsichtig salzen (der Pancetta ist bereits gesalzen).
• Jede Wachtel so in eine Pancetta-Scheibe einwickeln, dass die Brust und die Schenkel davon bedeckt sind. Den Pancetta befestigen, indem ein Stäbchen oder Spiesschen durch jede Wachtel hindurchgestossen wird.
• In der Kasserolle 20 g Butter schmelzen. Die Wachteln hineingeben und bei mittlerer Hitze unter fast ununterbrochenem Wenden allseitig leicht anbraten.
• Wenn sie etwas Farbe angenommen haben, mit einem Teil des Weines ablöschen, den Deckel aufsetzen und weiterschmoren. Sobald der Bratensaft dunkel wird, wieder etwas Wein zugiessen. Falls die Wachteln noch leicht rosa gewünscht werden, sie nach 12 Minuten, oder falls sie durchgebraten sein sollen, nach 17–18 Minuten herausnehmen und anrichten. Dabei die Stäbchen entfernen.
• 4 Esslöffel Wein in die Kasserolle giessen. Bei kräftiger Hitze und unter ständigem Rühren, damit sich der Bratensatz löst, den Wein auf die Hälfte einkochen lassen.
• Vom Herd wegziehen und die restliche Butter beifügen. Rühren, bis sie geschmolzen ist, und die Sauce über die Wachteln verteilen und servieren.

# Wachteln gefüllt mit Leberpâté
## Quaglie farcite con pâté

**Für 4 Personen**
*Arbeitsaufwand: 10 Minuten*
*Garzeit: 15–20 Minuten*

*Zutaten:*
*8 Wachteln (küchenfertig)*
*Salz*
*ca. 80 g Leberpâté*
*8 Scheiben Pancetta*
*50 g Butter*
*1½ dl Weisswein*

*Geräte:*
*8 lange Stäbchen oder*
*Spiesschen, grosse*
*Bratkasserolle (alle*
*Wachteln müssen*
*nebeneinander Platz haben),*
*Deckel*

• Zubereitung wie im vorstehenden Rezept, mit dem einzigen Unterschied, dass, bevor die Wachteln mit Pancetta umwickelt werden, die in 8 Teile geschnittene Leberpâté in ihre Bauchöffnungen geschoben wird.

---

• *Der Weisswein kann durch 5 Esslöffel Madeira oder Portwein und gleichviel Wasser ersetzt werden.*

# Kaninchen

Kaninchenfleisch wird vielfach als Ragout, also bereits in Stücke geschnitten, angeboten. Dies hat den Vorteil, dass es auch für kleinere Familien zubereitet werden kann. Begeisterte Köche lassen es sich jedoch nicht nehmen, ein Kaninchen (und das gleiche gilt für den Wildhasen) selber zu zerschneiden, in der Absicht, die Knochen weniger zu zersplittern. Kaninchen und Wildhase sind typische Schmorgerichte und in Italien sehr beliebt. Entsprechend vielfältig sind denn auch die Rezepte, die meist eine südliche Handschrift aufweisen durch Verwendung von Oliven, Sardellen, Tomaten usw.

Und so wird ein Kaninchen zerschnitten: Zuerst mit einem starken Messer dem Rückenknochen entlang entzweischneiden. Dann die Hinterläufe oben am Schenkel und die Vorderläufe beim Schultergelenk abtrennen. Die beiden Rumpfhälften quer halbieren oder in mehrere Stücke schneiden.

## Kaninchen mit Zwiebeln – Coniglio con cipolle

**Für 6 Personen**
*Arbeitsaufwand: 15 Minuten*
*Garzeit: ca. 50 Minuten*

*Zutaten:*
*1,4 kg junges Kaninchen (küchenfertig)*
*2 Esslöffel Öl*
*600 g Zwiebeln*
*40 g Butter*
*1 Esslöffel Mehl*
*1 1/2 Esslöffel Essig*
*1 Lorbeerblatt*
*1 Teelöffel getrocknete Thymianblätter*
*Salz*

*Geräte:*
*Bratkasserolle, Deckel,*
*kleines Küchenmesser,*
*Holzbrett*

Das Kaninchen vom Metzger in Stücke schneiden lassen.

● Das Öl in der Bratkasserolle erhitzen.
● Die Fleischstücke hineingeben und bei mittlerer Hitze und unter mehrmaligem Wenden 8–10 Minuten anbraten.
● Inzwischen die Zwiebeln schälen und in nicht zu dünne Scheiben schneiden.
● Die Butter zum Fleisch geben und schmelzen lassen.
● Die Zwiebeln beifügen und unter häufigem Wenden dünsten, bis sie ebenfalls etwas Farbe angenommen haben.
● Mit dem Mehl bestäuben und gut umrühren.
● Essig, Lorbeerblatt, Thymian, Salz und 5 Esslöffel Wasser beifügen und zum Kochen bringen.
● Den Deckel aufsetzen, die Temperatur reduzieren und das Fleisch unter gelegentlichem Wenden noch ca. 30 Minuten

schmoren, oder bis es sich beim Einstechen mit einer Gabel weich anfühlt. Sollte sich am Ende der Garzeit zuviel Flüssigkeit in der Pfanne befinden (die Zwiebeln geben Wasser ab), den Deckel abheben und den Bratensaft bei etwas stärkerer Hitze einkochen lassen.

---

- *Zum mühelosen Zwiebelschälen s. Seite 498.*

---

# Kaninchen mit Sardellen – Coniglio all'acciuga

**Für 6 Personen**
*Arbeitsaufwand: 10 Minuten*
*Garzeit: ca. 50 Minuten*

*Zutaten:*
*1,4 kg junges Kaninchen (küchenfertig)*
*5 Esslöffel Öl*
*6 kleine Sardellenfilets*
*1/2 Esslöffel Mehl*
*5 Esslöffel Essig*
*Salz*

*Geräte:*
*grosse Bratkasserolle,*
*Deckel, Bratschaufel,*
*Tasse*

Das Kaninchen vom Metzger in Stücke schneiden lassen.

- In der Bratkasserolle 3 Esslöffel Öl erhitzen.
- Die Fleischstücke hineingeben und bei kräftiger Hitze und unter häufigem Wenden 5 Minuten anbraten.
- Die Kasserolle schräg halten und das überschüssige Fett abgiessen. Die Fleischstücke dabei mit der Bratschaufel festhalten.
- Das restliche Öl, die gut abgetropften Sardellenfilets (sie werden während des Garens zerfallen), das in der Tasse in wenig Wasser aufgelöste Mehl, Essig und Salz (nur wenig wegen der Sardellen) beifügen und zum Kochen bringen.
- Den Deckel aufsetzen, die Temperatur reduzieren und unter gelegentlichem Wenden bei schwacher Hitze noch ca. 40 Minuten schmoren, oder bis sich das Fleisch beim Einstechen mit einer Gabel weich anfühlt. Wenn der Deckel gut schliesst, wird keine weitere Flüssigkeit benötigt. Es ist im Gegenteil möglich, dass sich am Ende der Garzeit zuviel Bratensaft in der Pfanne befindet. In diesem Fall den Deckel abheben und die Flüssigkeit bei etwas stärkerer Hitze einkochen lassen.

---

# Kaninchen mit Oliven – Coniglio con olive

**Für 6 Personen**
*Arbeitsaufwand: 6–8 Minuten*
*Garzeit: ca. 50 Minuten*

*Zutaten:*
*1,4 kg junges Kaninchen (küchenfertig)*
*4 Esslöffel Öl*
*1 Salbeizweiglein*
*1 Knoblauchzehe*
*Salz*
*1 1/2 dl Weisswein*
*1 Esslöffel Tomatenpüree*
*150 g schwarze Oliven*

*Geräte:*
*Bratkasserolle, Deckel,*
*kleines Küchenmesser*

Das Kaninchen vom Metzger in Stücke schneiden lassen.

● Das Öl in der Bratkasserolle erhitzen.
● Fleischstücke, Salbei und die geschälte, aber ganze Knoblauchzehe hineingeben und bei mittlerer Hitze unter gelegentlichem Wenden ca. 5 Minuten anbraten.
● Salzen und mit der Hälfte des Weines ablöschen. Fast vollständig einkochen lassen.
● Den restlichen Wein dazugiessen und das Tomatenpüree darin auflösen.
● Den Deckel aufsetzen, die Temperatur reduzieren und das Fleisch bei schwacher Hitze unter gelegentlichem Wenden noch ca. 35 Minuten schmoren, oder bis es sich beim Einstechen mit einer Gabel weich anfühlt. Ca. 10 Minuten vor Ende der Garzeit die Oliven beifügen. Falls nötig, während der Garzeit gelegentlich etwas Wasser beifügen.

● *Nach Belieben 1–2 Tomaten oder Peperonistreifen mitschmoren lassen.* ● *Statt Salbei kann man auch Thymian verwenden, und den Knoblauch kann man durch ½ gehackte Zwiebel ersetzen.*

*Die Italiener verstehen es besonders gut, aus Kaninchenfleisch ein Festessen zuzubereiten*

# Wild

Die Rezepte dieses Kapitels beschränken sich auf diejenigen Wildarten, die während der Jagdsaison in Italien relativ leicht erhältlich sind, vom Federwild also Fasan und Rebhuhn, vom Haarwild der Wildhase.

Fasane werden zuerst gezüchtet und dann ausgesetzt. In guten Geschäften sind sie während mehrerer Monate im Jahr in bester Qualität und küchenfertig präpariert erhältlich. Man rechnet einen Fasan für 4 Personen. Zum Servieren wird er wie ein Poulet zerschnitten (s. Seite 242). Rebhühner gibt es praktisch nur während der Jagdsaison zu kaufen. Sie sind sehr klein, und ein Rebhuhn reicht nur für zwei Personen.

Wildhasen sind in Italien sehr geschätzt. Es handelt sich dabei um kräftige Burschen, die, küchenfertig präpariert, ca. 2½ kg wiegen. Sie eignen sich also für eine Gästeschar von ca. zehn Personen. Falls man einen Hasen selber zerschneiden will, geht man gleich vor wie beim Kaninchen (s. Seite 261), mit dem Unterschied, dass der Hase in viel mehr Stücke zerschnitten wird.

## Marinierter Hase – Lepre in salmí

**Für 10 Personen**
*Marinierzeit: 2 Tage*
*Arbeitsaufwand: 20 Minuten*
*Garzeit:*
*ca. 1 Stunde 40 Minuten*

*Zutaten:*
*1 Wildhase (küchenfertig) von ca. 2½ kg*
*1 mittelgrosse Karotte*
*1 mittelgrosse Zwiebel*
*2 Mokkalöffel schwarze Pfefferkörner*
*1 Lorbeerblatt*
*2 frische Thymianzweiglein*
*oder 1 Messerspitze getrocknete Thymianblätter*
*¾ l Rotwein*
*Salz*
*3–4 Esslöffel Öl*
*1 Esslöffel Mehl*
*4 Esslöffel Brandy (Weinbrand)*

*Geräte:*
*Gefäss zum Marinieren,*
*Deckel (Teller oder*
*Aluminiumfolie), kleines*
*Küchenmesser, grosse*
*Bratpfanne, Bratkasserolle,*
*Deckel, kleine Tasse,*
*feines Sieb*

Den Hasen vom Metzger in eher kleine Stücke schneiden lassen.

● Die Fleischstücke in das Mariniergefäss legen.
● Die Karotte schälen, waschen und in Scheiben schneiden. Die Zwiebel schälen und in Schnitze schneiden und beides zum Hasenfleisch geben.
● Pfeffer, Lorbeerblatt, Thymian, Wein und Salz beifügen und alles mischen.
● Zudecken und zwei Tage stehenlassen. Dabei von Zeit zu Zeit wenden.

- Die Fleischstücke herausnehmen, gut abtropfen lassen und mit Küchenpapier trockentupfen.
- Das Öl in der Bratpfanne erhitzen.
- Portionenweise (alle Fleischstücke müssen auf den Pfannenboden zu liegen kommen) das Hasenfleisch bei starker Hitze und unter mehrmaligem Wenden auf allen Seiten anbraten. Die Fleischstücke anschliessend in die Kasserolle legen.
- In der Tasse das Mehl mit etwas Marinierflüssigkeit sorgfältig anrühren. Es sollen keine Klümpchen entstehen.
- Die Marinierflüssigkeit durch ein feines Sieb zum Fleisch giessen. Das angerührte Mehl und den Brandy beifügen, mischen.
- Bei nicht allzu starker Hitze zum Kochen bringen.
- Den Deckel aufsetzen, die Temperatur reduzieren und das Fleisch bei schwacher Hitze unter gelegentlichem Wenden 1½ Stunden schmoren, oder bis es sich beim Einstechen mit einer Gabel weich anfühlt. Wahrscheinlich wird es gegen Ende der Garzeit nötig sein, den Deckel abzuheben und die Flüssigkeit etwas einzukochen. Am Schluss sollen ca. 2 dl Sauce vorhanden sein. Nach Belieben mit Polenta servieren.

---

- *Nach Belieben und falls vorhanden, einen kleinen Pfefferminzzweig in die Marinade geben.* • *Man kann gegen Ende der Garzeit und wenn die Sauce die gewünschte Konsistenz erreicht hat, 2 Teelöffel bitteres Schokoladenpulver, angerührt in 6 Esslöffeln Rahm, vorsichtig daruntermischen. Nur nach und nach beifügen, heiss werden lassen, aber nicht mehr kochen.* • *Nach Belieben am Schluss der Kochzeit, neben dem Herd, 2 Esslöffel sehr guten Branntwein zufügen.*

# Hase nach sardischer Art – Lepre alla sarda

**Für 10 Personen**
*Marinierzeit: 1 Tag*
*Arbeitsaufwand: 15 Minuten*
*Garzeit:*
*ca. 1 Stunde 40 Minuten*

*Zutaten:*
*1 Wildhase (küchenfertig) von ca. 2½ kg*
*½ l Weisswein*
*3 Esslöffel gehackte Petersilie*
*3 Knoblauchzehen*
*Salz*
*3–4 Esslöffel Öl*
*450 g geschälte Tomaten aus der Dose (Pelati), abgetropft*

*Geräte:*
*Gefäss zum Marinieren,*
*Deckel (Teller oder*
*Aluminiumfolie), Wiegemesser*
*und Holzbrett, kleines*
*Küchenmesser, grosse*
*Bratpfanne, grosse Brat-*
*kasserolle, Deckel,*
*Dosenöffner*

Den Hasen vom Metzger in eher kleine Stücke schneiden lassen.

- Die Fleischstücke in das Mariniergefäss legen. Wein, Petersilie, geschälte und in Scheiben geschnittene Knoblauchzehen und Salz beifügen.
- Zudecken und einen Tag stehenlassen.
- Die Fleischstücke herausnehmen, gut abtropfen lassen und mit Küchenpapier trockentupfen.
- Das Öl in der Bratpfanne erhitzen.
- Portionenweise (alle Fleischstücke müssen auf den Pfannenboden zu liegen kommen) das Hasenfleisch bei starker Hitze und unter mehrmaligem Wenden auf allen Seiten anbraten. Die Fleischstücke anschliessend in die Kasserolle legen.

- Die Marinade dazugiessen.
- Bei mittlerer Hitze langsam zum Kochen bringen und unter gelegentlichem Rühren leise kochen, bis die Marinade auf ca. die Hälfte eingekocht ist.
- Die gut abgetropften Pelati mit einer Gabel zerdrücken und beifügen. Den Deckel aufsetzen, die Temperatur reduzieren und das Fleisch ca. 1½ Stunden leise kochen lassen, oder bis es sich beim Einstechen mit einer Gabel weich anfühlt. Wahrscheinlich wird es während der letzten 30 Minuten nötig sein, den Deckel abzuheben und die Flüssigkeit bei etwas grösserer Hitze einzukochen, bis eine sämige Sauce entstanden ist.

# Geschmorter Fasan – Fagiano in casseruola

**Für 4 Personen**
*Arbeitsaufwand: 10 Minuten*
*Garzeit: ca. 1 Stunde*

*Zutaten:*
*1 Fasan (küchenfertig) von 800–900 g*
*1 breite, dünne Scheibe Spickspeck*
*25 g Butter*
*3 grosse Schalotten (zusammen ca. 25 g)*
*4 Esslöffel Brandy (Weinbrand)*
*30 g Meerrettich (frisch oder aus der Tube)*
*4 Esslöffel Essig*
*1 dl Rahm*
*Salz*
*(Pfeffer)*

*Geräte:*
*Küchenschnur, mittelgrosse, wenn möglich ovale Pfanne mit Deckel, kleines Küchenmesser, Holzbrett, Schöpflöffel oder kleines Pfännchen, Raffel*

- Die Speckscheibe um die Brust des Fasans wickeln.
- Die Butter in der Pfanne erhitzen.
- Den Fasan hineingeben und bei mittlerer Hitze unter mehrmaligem Wenden auf allen Seiten leicht Farbe annehmen lassen (ca. 7–10 Minuten).
- Inzwischen die Schalotten schälen und in sehr kleine Würfelchen schneiden. Zum Fasan geben und kurz mitdünsten.
- Den Brandy in einem Schöpflöffel oder kleinen Pfännchen erwärmen. Mit einem Streichholz vorsichtig anzünden und brennend über den Fasan giessen.
- Sobald die Flammen verlöscht sind, den Deckel auf die Pfanne setzen und den Fasan bei schwacher Hitze 20 Minuten garen. Nach 10 Minuten einmal wenden.
- Den frischen Meerrettich mit dem kleinen Küchenmesser schaben und auf einer Raffel (z.B. Käseraffel) reiben.
- Die Speckscheibe von der Brust des Fasans entfernen. Meerrettich, Essig und Rahm in die Pfanne geben. Mit Salz und nach Belieben mit Pfeffer würzen und alles zum Kochen bringen.
- Die Pfanne wieder zudecken und die Temperatur reduzieren. Den Fasan bei schwacher Hitze und unter zwei- bis dreimaligem Wenden nochmals ca. 30 Minuten schmoren, oder bis das Fleisch gar ist (durch Einstechen mit der Spitze des Küchenmessers an der dicksten Stelle eines Schenkels prüfen). Sollte die Sauce in der Pfanne gegen Ende der Kochzeit zu dünnflüssig sein, den Deckel abheben und bei etwas höherer Temperatur auf die gewünschte Konsistenz einkochen lassen.

# Gebratener Fasan – Fagiano arrosto

**Für 4 Personen**
*Arbeitsaufwand: 10 Minuten*
*Garzeit: 25–40 Minuten*
*Stehenlassen: 5–10 Minuten*

*Geräte:*
*Küchenschnur,*
*feuerfeste Form*

*Zutaten:*
*1 Fasan (küchenfertig) von 800–900 g*
*Salz*
*(Pfeffer)*
*1 breite, dünne Scheibe Spickspeck*

● Den Backofen auf 250 °C vorheizen.
● Den Fasan mit Salz und, nach Belieben, Pfeffer innen und aussen würzen. Mit der Speckscheibe umwickeln.
● Mit der Brust nach oben in die feuerfeste Form legen und in die Mitte des Backofens schieben.
● Wenn das Fleisch noch leicht rosa sein soll, wie es von Feinschmeckern bevorzugt wird, 25–30 Minuten im Ofen garen, oder 5–10 Minuten länger, wenn es durchgebraten sein soll. Während dieser Zeit wiederholt mit einigen Löffeln des Bratensaftes übergiessen, der sich auf dem Boden der Form gebildet hat. Ca. 10 Minuten vor Ende der Bratzeit die Speckscheibe entfernen, damit auch die Brust gebräunt wird. Wenn möglich vor dem Servieren 5–10 Minuten an der Wärme stehenlassen.

● *Mit der Leber des Fasans lässt sich ein herrlicher Aufstrich für getoastete Brotscheiben zubereiten: 30 g Butter in einer Bratpfanne erhitzen und die in 3–4 Stücke geschnittene Leber darin kurz anziehen lassen. Mit Salz und Pfeffer würzen, 1 Esslöffel Brandy (Weinbrand) beifügen und verdampfen lassen. Die Leber mit einer Gabel fein zerdrücken. Kleine, getoastete Brotscheiben mit dieser Masse bestreichen. Unmittelbar vor dem Servieren des Fasans kurz im Backofen erhitzen.*

# Gebratenes Rebhuhn – Pernice arrosto

**Für 1–2 Personen**
*Arbeitsaufwand: 5 Minuten*
*Garzeit: 15 Minuten*
*Stehenlassen: 5 Minuten*

*Geräte:*
*Küchenschnur,*
*feuerfeste Form*

*Zutaten:*
*1 junges Rebhuhn (küchenfertig)*
*Salz*
*(Pfeffer)*
*1 dünne Scheibe Spickspeck*

● Gleich vorgehen wie im obenstehenden Rezept.
● 15 Minuten garen. Dabei immer wieder mit etwas Bratensaft, der sich auf dem Boden der Form gebildet hat, beträufeln. 5 Minuten vor Ende der Kochzeit die Speckscheibe von der Brust des Rebhuhns entfernen, damit auch diese gebräunt wird. Vor dem Servieren 5 Minuten an der Wärme stehenlassen.

● *Die Leber des Rebhuhns wie im vorstehenden Rezept zubereiten, aber mit einer Geflügelleber ergänzen. Je nachdem, ob das Rebhuhn für 1 oder 2 Personen zubereitet wurde, auf eine oder zwei getoastete, 7x10–11 cm grosse Brotscheiben streichen. Das ganze oder der Länge nach halbierte Rebhuhn darauf anrichten.*

# Gemüse

Die geographische Lage Italiens ermöglicht es, dass man hier praktisch während des ganzen Jahres frisches Gemüse zubereiten kann. Und wer hat nicht schon in den Ferien einen italienischen Markt besucht und war beeindruckt von der grossen Palette und Buntheit der Gemüse! Wichtigste Regel ist, dass Gemüse vom Markt möglichst direkt in den Kochtopf kommt, weil es so am besten schmeckt. Es wird nur kurz gekocht, bleibt also noch leicht knackig. Einzig hartes Gemüse, das nicht nur gedünstet werden kann, kommt in kochendes Wasser. Vielfach wird Gemüse in Olivenöl zubereitet, und zwar bei mittlerer Hitze, damit der Saft nicht austritt. Dadurch werden die Vitamine und Mineralsalze weitgehend erhalten, und der Geschmack des gekochten Gemüses wird erhöht.
Gemüse ist nicht unbedingt nur Beilage zum Hauptgang, sondern wird, je nach Zubereitung, als selbständiges Gericht innerhalb eines Menüs serviert. Dies beginnt bereits bei den Vorspeisen: Gekochtes Gemüse wird dafür mariniert, oder Tomaten werden mit vielfältigen Zutaten gefüllt und können den «Primo piatto», also Teigwaren und Reis, oder die «Minestra» ersetzen. Gemüse wird auch gerne roh oder gekocht als Salat serviert (s. Seite 10–14). Ein berühmtes italienisches Gericht mit rohem Gemüse ist die «Bagna cauda», das Piemonteser Gemüsefondue. Einen besonderen Stellenwert besitzen die Kartoffeln. Als Püree, vermischt mit Petersilie oder Mangold, werden sie zu herrlichen Schmor- oder anderen Braten serviert. Zum Braten werden sie mit südlichen Zutaten angereichert, etwa mit Oliven oder Kräutern.
Im Herbst spielen die Pilze eine wichtige Rolle. Vom September an gibt es kaum ein Restaurant, das nicht die berühmten «Funghi porcini» (Steinpilze) auf der Karte hat. Auch im Privathaushalt schätzt man sie, ersetzt sie aber aus Kostengründen und ausserhalb der Saison durch frische Champignons oder im Sommer durch Eierschwämme (Pfifferlinge).

*Das reiche Angebot an Gemüse verlockt zu besonders köstlichen Gerichten: Tomaten nach Art des Südtirols (Seite 289), gefüllte Artischocken (Seite 270) und Zucchinipüree mit Oliven (Seite 292)*

## Artischocken und Spargel

Frische Artischocken erkennt man daran, dass die Blätter fest und zu einer Knospe geschlossen sind. Sie sollen sich unmittelbar über dem «Boden», d.h. beim Blattansatz, möglichst hart anfühlen. Die Anzahl, die pro Person benötigt wird, richtet sich nach der Grösse bzw. Sorte.

Spargel ist ein typisches Frühlingsgemüse, das bei uns meistens in zwei verschiedenen Arten auf den Markt kommt: als weisser Spargel, der aus dicken Stangen besteht, und als grüner Spargel, der besonders in Italien verbreitet ist. Grüner Spargel ist sehr dünn und muss kaum geschält werden. Die folgenden Rezepte eignen sich für beide Arten. Beim Einkauf darauf achten, dass die Schnittstellen des Spargels nicht ausgetrocknet, die Stangen unverletzt und die Spitzen geschlossen sind.

# Gefüllte Artischocken – Carciofi ripieni

**Für 4 Personen**
*Arbeitsaufwand: 25 Minuten*
*Kochzeit: ca. 45 Minuten*

*Zutaten:*
*4 grosse Artischocken*
*Salz*
*ca. 40 g Butter*
*30 g Mehl*
*1/4 l Milch*
*70 g Leberpâté*
*1 Esslöffel geriebener Parmesan*

*Geräte:*
*kleines Küchenmesser,*
*Holzbrett, Kochtopf,*
*Spiesschen, mittelgrosse*
*Pfanne, Schwingbesen,*
*feuerfeste Form, Käseraffel*

• Die Stiele der Artischocken am Ansatz wegbrechen. Die äussersten, harten Blätter entfernen, evtl. mit Hilfe des Küchenmessers. Den obersten Teil der Blätter wegschneiden, so dass die Artischocken noch ca. 5–6 cm hoch sind. Fertig geputzte Artischocken sofort in ein Gefäss mit kaltem Wasser legen, damit sie sich nicht verfärben.

• In ca. 1½ l Salzwasser bei mittlerer Hitze zum Kochen bringen. Nach 30 Minuten mit einem Spiesschen in den Artischockenboden einstechen und prüfen, ob die Artischocken gar sind.

• Etwa nach der halben Garzeit aus 25 g Butter, Mehl und soviel Milch wie nötig eine Béchamelsauce zubereiten (s. Seite 434). Sie soll eher dickflüssig sein.

• Den Backofen auf 240 °C vorheizen.

• Die weichgekochten Artischocken aus der Pfanne heben, gut abtropfen lassen. Mit einem kleinen Löffel das Heu in der Mitte herauskratzen. Zum Abtropfen mit der Öffnung nach unten auf einen Teller legen.

• Die Pâté in einem Teller mit der Gabel zerdrücken und unter die Béchamelsauce mischen. Sehr gut verrühren.

• Den Boden der feuerfesten Form mit der restlichen Butter bestreichen. Die Artischocken aufrecht hineinstellen.

• Die Sauce in die Artischocken verteilen. Mit dem Parmesan bestreuen und jede Artischocke mit einer Butterflocke belegen.

• Für 7–10 Minuten in den heissen Backofen schieben, oder bis sich auf der Oberfläche eine leichte Kruste gebildet hat.

---

• *Das Resultat dieses Rezeptes hängt sehr wesentlich von der Qualität der zur Verfügung stehenden Pâté ab. Sie bildet bei dieser Zubereitungsart einen wichtigen Bestandteil.*

# Gemüsetopf mit Spargel
## Stufatino misto con asparagi

**Für 4 Personen**
*Arbeitsaufwand: 15 Minuten*
*Kochzeit: ca. 25 Minuten*

*Zutaten:*
*500 g grüner Spargel*
*2 mittelgrosse Kartoffeln*
*200 g enthülste Erbsen (evtl. tiefgekühlt)*
*3–4 Esslöffel Öl*
*Salz*

*Geräte:*
*kleines und grosses*
*Küchenmesser, mittelgrosse*
*Pfanne, Deckel, Holzbrett*

- Den Spargel von der Spitze her in ca. 2 cm lange Stücke schneiden, bis zur Stelle, wo er hart zu werden beginnt.
- In kaltem Wasser gründlich waschen, dabei jeweils einige Spargelstücke zwischen den Handflächen gegeneinander reiben. Gut abspülen und abtropfen lassen.
- Die Kartoffeln schälen, waschen und in ca. 1½ cm grosse Stücke schneiden.
- Spargel- und Kartoffelstücke, Erbsen, Öl und Salz in die Pfanne geben.
- Den Deckel aufsetzen und bei starker Hitze kurz dünsten, bis man es in der Pfanne zischen hört.
- Die Temperatur reduzieren und unter gelegentlichem Rühren bei schwacher Hitze noch ca. 20 Minuten garen, oder bis sich die Kartoffeln beim Einstechen mit einer Gabel weich anfühlen.

# Überbackener Spargel – Asparagi gratinati

**Für 4 Personen**
*Arbeitsaufwand:*
*ca. 15 Minuten*
*Kochzeit: 25–35 Minuten*

*Zutaten:*
*1½ kg Spargel*
*Salz*
*80 g geriebener Parmesan*
*80 g Butter*

*Geräte:*
*kleines und grosses*
*Küchenmesser, grosser*
*Kochtopf, Küchenschnur,*
*Käseraffel, kleines*
*Schmelz- oder Bratpfännchen*

- Den Spargel mit einem scharfen Messer von der Spitze her grosszügig schälen. Eine Anzahl vorbereiteter Spargelstangen aufeinanderlegen. Mit dem grossen Küchenmesser die Enden abschneiden. So ist aller Spargel gleich lang.
- Im Spültrog oder einem grossen Gefäss mit viel Wasser gründlich waschen (wenn nötig einzeln unter fliessendem Wasser).
- In einem hohen Kochtopf so viel Salzwasser zum Kochen bringen, dass von den hineingestellten Spargelstangen die Köpfe über dem Wasser bleiben und diese somit nur im Dampf garen. Den Spargel zum Kochen mit Küchenschnur in Bündel binden.
- Den Spargel bei mittlerer Hitze und nur leicht kochendem Wasser je nach Grösse und Qualität 10–22 Minuten garen, bis sich die Spitzen beim Einstechen mit einer Gabel gar oder nach Wunsch noch leicht knackig anfühlen.
- Inzwischen den Backofen auf 250 °C vorheizen.
- Den gekochten Spargel sehr gut abtropfen lassen und, mit den Spitzen gegen die Mitte, auf eine flache Platte anrichten.

*Nicht nur Spargel lässt sich auf diese der Mailänder Küche zugeschriebene Art präsentieren*

- Die Spitzen mit dem Parmesan bestreuen.
- Im Schmelz- oder Bratpfännchen die Butter erhitzen, bis sie leicht hellbraun ist, und über die Spargelspitzen verteilen.
- Für ca. 10 Minuten in den heissen Backofen schieben.

---

- *Butter und Käse können auch durch einige Esslöffel Mornay-Sauce (s. Seite 435) ersetzt werden.*

## Blumenkohl, Rotkohl, Brokkoli

Dass Blumenkohl und Rotkohl nahe Verwandte sind, geht schon aus ihrem Namen hervor. Brokkoli wird oft auch Spargelkohl genannt und gehört in die gleiche Familie. Alle drei Kohlarten haben ihre Hauptsaison in der kühleren Jahreszeit, sind aber praktisch während des ganzen Jahres erhältlich. Beim Kauf achte man auf feste Köpfe und beim Brokkoli auf eine möglichst grosse «Blume» und einen kleinen Stielanteil.

---

# Brokkolipüree mit Sardellen
## Purè di broccoletti all'acciuga

**Für 4 Personen**
*Arbeitsaufwand: 10 Minuten*
*Kochzeit: 15–20 Minuten*

*Zutaten:*
*1½ kg Brokkoli*
*Salz*
*1 Esslöffel Sardellenpaste*
*Saft von ½ grossen Zitrone*
*50 g Butter*

*Geräte:*
*kleines Küchenmesser,*
*Kochtopf, Deckel, Mixer*
*(wenn möglich Stabmixer)*
*oder Passevite (Gemüse-*
*passiermaschine)*

- Von den Brokkoli die Blätter und harten Teile des Stiels entfernen. Die Blüte je nach Grösse halbieren oder vierteln. Zarte Stiele schälen. Waschen.
- Im Kochtopf ca. 2 cm hoch Wasser zum Kochen bringen. Den geputzten Brokkoli hineingeben und salzen.
- Den Deckel aufsetzen, die Temperatur reduzieren und bei schwacher Hitze 10–15 Minuten kochen, oder bis sich die grössten Stiele beim Einstechen mit einer Gabel weich anfühlen.
- Gut abtropfen lassen und mit dem Mixer pürieren oder durch das Passevite treiben.
- Vor dem Servieren nochmals in der Pfanne, die zum Kochen benutzt wurde, erhitzen. Dabei Sardellenpaste, Zitronensaft und die in Stücke geschnittene Butter daruntermischen. Rühren, bis die Butter geschmolzen und das Püree wieder heiss ist.

---

- *Gekochter Brokkoli kann auch gleich zubereitet werden wie überbackener Spargel (s. Seite 271).*

# Geschmorter Rotkohl – Cavolo rosso stufato

**Für 6 Personen**
*Arbeitsaufwand: 10 Minuten*
*Kochzeit: ca. 50 Minuten*

*Zutaten:*
*1 Rotkohl von ca. 1 kg*
*1 mittelgrosse Zwiebel*
*Öl*
*2 grosse oder 3 kleine Äpfel*
*5–6 Wacholderbeeren*
*(1 Esslöffel Zucker)*
*(1 Stück Orangenschale)*
*Salz*

*Geräte:*
*Küchenmesser, Holzbrett,*
*grosses Sieb, kleines*
*Küchenmesser, grosse Pfanne,*
*Deckel*

- Vom Kohlkopf die äussersten, zähen und welken Blätter entfernen. Halbieren und vom Strunk so viel wie möglich wegschneiden. Den Kohl in hauchdünne Streifen schneiden (am besten mit einem Gemüsehobel).
- Die Zwiebel schälen, halbieren und in nicht allzu dünne Scheiben schneiden.
- Zwiebel und Öl in die Pfanne geben und bei mittlerer Hitze unter häufigem Wenden 5–7 Minuten dünsten.
- Inzwischen die Äpfel schälen, vierteln und vom Kerngehäuse befreien.
- Kohl, Äpfel, Wacholderbeeren sowie nach Belieben Zucker und dünn abgeschnittene Orangenschale in die Pfanne geben. Zwei Schöpflöffel Wasser beifügen, salzen und alles mischen.
- Bei starker Hitze zum Kochen bringen.
- Den Deckel aufsetzen, die Temperatur reduzieren und bei schwacher Hitze unter gelegentlichem Wenden 40 Minuten dünsten. Möglicherweise muss gegen Ende der Kochzeit der Deckel abgehoben und die Temperatur erhöht werden, damit die Flüssigkeit etwas einkochen kann.

---

- *Als Beilage zu einem Fleischgericht, vor allem zu Braten und insbesondere zu Schweinebraten servieren.*

# Blumenkohl mit Tomaten – Cavolfiore al pomodoro

**Für 4 Personen**
*Arbeitsaufwand: 10 Minuten*
*Kochzeit: ca. 30 Minuten*

*Zutaten:*
*1 Blumenkohl von ca. 1 kg*
*Salz*
*1 sehr kleine Zwiebel*
*300 g geschälte Tomaten aus der Dose (Pelati), abgetropft*
*1 Knoblauchzehe*
*1 Stück Zitronenschale*
*2–3 Esslöffel Öl*

*Geräte:*
*kleines Küchenmesser,*
*mittelgrosse Pfanne, kleinere*
*Pfanne, Holzbrett, Dosenöffner,*
*Sieb*

- Den Blumenkohl von den Blättern befreien und in Röschen zerteilen. Dabei den Strunk und lange Stiele wegschneiden. In reichlich Wasser, nach Belieben mit etwas Essig, waschen und gut abtropfen lassen.
- In der grösseren Pfanne Salzwasser zum Kochen bringen und die Röschen hineingeben. Den Deckel aufsetzen, die Hitze reduzieren und 12–15 Minuten kochen lassen.
- Inzwischen die Zwiebel schälen und in sehr kleine Würfel schneiden. Mit den gut abgetropften und mit einer Gabel zerdrückten Tomaten, der geschälten, ganzen Knoblauchzehe und der Zitronenschale in die kleinere Pfanne geben und bei mittlerer Hitze kochen (evtl. gegen Ende der Kochzeit die Temperatur reduzieren, damit die Tomaten nicht zu stark einkochen).
- Nach 12 Minuten durch Einstechen mit einer Gabel in einen Stiel prüfen, ob der Blumenkohl gar ist.
- Die Röschen herausnehmen, abtropfen lassen und in die Tomatensauce geben. 5–10 Minuten ziehen lassen.
- Vom Herd wegziehen, das Öl darübergeben, vorsichtig mischen und anrichten.

# Blumenkohl mit Weisswein
## Cavolfiore al vino bianco

**Für 4 Personen**
*Arbeitsaufwand: 3–5 Minuten*
*Kochzeit: ca. 25 Minuten*

*Zutaten:*
*1 mittelgrosser Blumenkohl (ca. 800 g)*
*1½ dl Weisswein*
*3 Esslöffel Öl*
*Saft von ¼ Zitrone*
*1 Lorbeerblatt*
*1 frisches Thymianzweiglein*
*oder 1 Messerspitze getrockneter Thymian*
*2 geschälte Tomaten aus der Dose (Pelati)*
*Salz*
*Pfeffer*

*Geräte:*
*kleines Küchenmesser,*
*mittelgrosse Pfanne,*
*Deckel, Schaumlöffel*

- Den Blumenkohl von den Blättern befreien und in Röschen zerteilen. Dabei den Strunk in der Mitte entfernen. In reichlich Wasser, nach Belieben mit etwas Essig, waschen und gut abtropfen lassen.

- Mit allen übrigen Zutaten in die Pfanne geben und zum Kochen bringen.
- Den Deckel aufsetzen, die Temperatur reduzieren und den Blumenkohl bei schwacher Hitze ca. 20 Minuten dünsten, oder bis sich die Röschen beim Einstechen mit einer Gabel gar, aber nicht allzu weich anfühlen.
- Herausheben, abtropfen lassen und in eine Schüssel anrichten.
- Die Kochflüssigkeit bei starker Hitze auf 2–3 Esslöffel einkochen und über den Blumenkohl verteilen.

---

- *Nach diesem Rezept zubereiteter Blumenkohl kann sowohl warm als auch kalt als Beilage zu einem Fleischgericht serviert werden. Kalt wird er gerne als Vorspeise serviert.*

## Fenchel und Karotten

Fenchel ist eher ein Wintergemüse und deshalb ein beliebter Vitaminlieferant. Man rechnet pro Person eine mittelgrosse Knolle. Karotten sind während des ganzen Jahres erhältlich. Ihre Grösse sagt nichts über die Zartheit aus, denn es gibt die verschiedensten Sorten. Zarte, junge Karotten braucht man nicht unbedingt zu schälen. Es genügt, sie unter fliessendem Wasser gut zu waschen und evtl. zu bürsten. Man kann sie allenfalls mit einem Messer leicht schaben.

# Fenchel mit Kräutern – Finocchi alle erbe

**Für 4 Personen**
*Arbeitsaufwand: 6–8 Minuten*
*Kochzeit: 15–20 Minuten*

*Zutaten:*
*4 mittelgrosse Fenchelknollen*
*Salz*
*1 Petersilienzweig (gehackt 1 Esslöffel)*
*einige Basilikumblätter (gehackt 1 Esslöffel)*
*50 g Butter*

*Geräte:*
*kleines Küchenmesser,*
*mittelgrosse Pfanne, Deckel,*
*Holzbrett und Wiegemesser*

- Die Fenchelknollen putzen, dabei die Blätter oberhalb der Knolle wegschneiden. Die äussersten 1–2 Blätter entfernen, falls sie welk sind oder zäh aussehen, evtl. nur schälen, da die Oberfläche oft faserig ist. Auch den Wurzelansatz wegschneiden. Unter fliessendem Wasser waschen, in 6–8 Stücke schneiden und dabei die Blätter beim Spülen etwas auseinanderhalten.
- Mit Salz und 1½ dl Wasser in die Pfanne geben und zum Kochen bringen.
- Den Deckel aufsetzen, die Temperatur reduzieren und bei schwacher Hitze 15–20 Minuten kochen, oder bis sich der Fenchel beim Einstechen mit einer Gabel weich anfühlt. Gegen Ende der Garzeit den Deckel abheben, die Temperatur leicht erhöhen und die Flüssigkeit einkochen lassen (Vorsicht, damit der Fenchel nicht anbrennt).
- Inzwischen Petersilie und Basilikum zusammen hacken.
- Den Fenchel vom Herd wegziehen, Butter und Kräuter beifügen und alles sorgfältig mischen, bis die Butter geschmolzen ist. Sofort servieren.

# Fenchel mit Oregano – Finocchi all'origano

**Für 4 Personen**
*Arbeitsaufwand: 7–8 Minuten*
*Kochzeit: 25–30 Minuten*

*Zutaten:*
*4 mittelgrosse Fenchelknollen*
*5 Esslöffel Weisswein*
*Salz*
*1 Mokkalöffel Oregano*
*2–3 Esslöffel Öl*

*Geräte:*
*kleines Küchenmesser,*
*mittelgrosse Pfanne,*
*Deckel*

- Die Fenchelknollen wie im vorstehenden Rezept zum Kochen vorbereiten. Ebenfalls in 6–8 Stücke schneiden.
- Mit Wein, Salz, Oregano und 5 Esslöffeln Wasser in die Pfanne geben.
- Bei kräftiger Hitze zum Kochen bringen.
- Den Deckel aufsetzen, die Temperatur reduzieren und bei schwacher Hitze 25–30 Minuten kochen (mit Wein dauert es länger als mit Wasser), oder bis sich der Fenchel beim Einstechen mit einer Gabel weich anfühlt. Gegen Ende der Garzeit den Deckel abheben, die Temperatur leicht erhöhen und die Flüssigkeit bis auf 2 knappe Esslöffel einkochen lassen.
- Vom Herd wegziehen und mit dem Öl beträufeln. Nach Belieben warm oder kalt servieren.

# Karotten mit Marsala – Carote al marsala

**Für 4 Personen**
*Arbeitsaufwand: 10 Minuten*
*Kochzeit: ca. 25 Minuten*

*Zutaten:*
*600 g Karotten*
*60 g Butter*
*Salz*
*5 Esslöffel trockener Marsala*

*Geräte:*
*kleines Küchenmesser,*
*Holzbrett, mittelgrosse*
*Pfanne, Deckel, Kochlöffel*

- Die Karotten schälen und waschen.
- In Scheibchen oder in ca. 3 cm lange Stücke und diese in ca. 1/2 cm dicke Stäbchen schneiden.
- Mit 40 g Butter, Salz und Marsala in die Pfanne geben und zum Kochen bringen.
- Den Deckel aufsetzen und die Karotten bei schwacher Hitze noch ca. 20 Minuten garen. Während dieser Zeit mehrmals wenden (mit Sorgfalt, sobald die Karotten weich zu werden beginnen). Gegen Ende der Kochzeit den Deckel abheben und die Temperatur etwas erhöhen, damit die Flüssigkeit in der Pfanne bis auf ca. 1 Esslöffel einkochen kann.
- Vom Herd wegziehen, die restliche Butter beifügen und sehr sorgfältig umrühren, bis die Butter geschmolzen ist (oder noch besser, nur die Pfanne schütteln). Sofort servieren.

*• Nach Belieben mit Olivenscheiben mischen. • Mit geriebenem Käse bestreuen und im Ofen kurz überbacken. • Für glasierte Karotten zu Beginn die ganze Butter mit 1 Teelöffel Zucker und Salz in die Pfanne geben, den Marsala durch Wasser ersetzen.*

*Karotten mit Marsala können auch mit Oliven und geriebenem Parmesan überbacken werden*

# Karotten mit Zitronensaft – Carote al limone

**Für 4 Personen**
*Arbeitsaufwand: 10 Minuten*
*Kochzeit: ca. 25 Minuten*

*Zutaten:*
*600 g Karotten von möglichst gleicher Grösse*
*60 g Butter*
*Salz*
*Saft von ½ Zitrone*

*Geräte:*
*kleines Küchenmesser,*
*mittelgrosse Pfanne, Deckel,*
*Kochlöffel, Spiesschen*

- Die Karotten schälen, waschen und in Scheibchen schneiden.
- Mit Butter und Salz in die Pfanne geben und 5–6 Esslöffel Wasser beifügen.
- Zum Kochen bringen, den Deckel aufsetzen und die Karotten bei schwacher Hitze noch ca. 20 Minuten garen, oder bis sie sich beim Einstechen mit dem Spiesschen weich anfühlen. Dabei gelegentlich vorsichtig rühren.
- Vom Herd wegziehen und mit dem Zitronensaft beträufeln.

## Erbsen, Bohnen, Linsen

Sie gehören alle zu den Hülsenfrüchten und sind in Italien nicht nur frisch, sondern auch getrocknet sehr beliebt und in vielen Sorten, Farben und Formen erhältlich. Es sind Gemüse von sehr hohem Nährwert. Dicke, grüne Bohnen sind bei uns kaum frisch erhältlich, ihre Kerne gehören aber (eingeweicht und vorgekocht) in die berühmte italienische «Minestrone», egal ob sie aus der Genueser oder Mailänder Küche stammt (s. Seite 63 ff.). Trockenbohnen und Linsen sollte man zuerst verlesen, um allfällige Steinchen oder andere Verunreinigungen zu entfernen. Sodann müssen sie 12 Stunden eingeweicht werden. Weitere Rezepte mit Trockenbohnen finden sich auf Seite 57 ff. («Bohnensuppen») und 224, solche mit Linsen auf Seite 67 und Seite 257.

# Erbsen mit Schinken – Piselli al prosciutto

**Für 4 Personen**
*Arbeitsaufwand:*
*ca. 20 Minuten*
*Kochzeit: ca. 30 Minuten*

*Geräte:*
*mittelgrosse Pfanne,*
*Deckel*

*Zutaten:*
*1,3 kg zarte, frische Erbsen (mit Hülsen)*
*50 g Butter*
*100 g Rohschinken in dünnen Scheiben*
*(Salz)*

- Die Erbsen enthülsen.
- 40 g Butter in der Pfanne schmelzen.
- Den Schinken in Scheiben schneiden und in der Butter 4–5 Minuten unter häufigem Rühren leicht anziehen lassen.
- Die Erbsen dazugeben und einige Minuten mitdünsten.
- Mit 3–4 Esslöffeln wenn möglich lauwarmem Wasser ablöschen und den Deckel aufsetzen.
- Nach einigen Minuten die Hitze reduzieren und ca. 20 Minuten weitergaren, oder bis die Erbsen weich sind. Wenn der Deckel gut schliesst, ist keine weitere Flüssigkeitszugabe erforderlich. Wenn das Gemüse hingegen zu trocken wird, von Zeit zu Zeit ganz wenig heisses Wasser zugeben. Am Ende der Garzeit soll sich jedoch keine Flüssigkeit mehr in der Pfanne befinden. Prüfen, ob das Gemüse genügend gesalzen ist.
- Vom Herd wegziehen und die restliche Butter beifügen. Sorgfältig rühren, bis sie geschmolzen ist. Sofort servieren.

- *Evtl. bevor der Schinken in die Butter gegeben wird, 1 kleine, gehackte Zwiebel 5 Minuten darin dünsten, ohne Farbe annehmen zu lassen.* • *Der Rohschinken kann durch 60–70 g mageren und in dünne Scheiben geschnittenen Pancetta ersetzt werden.*

# Erbsen gedünstet mit Karotten und Lattich
## Piselli stufati con carote e lattuga

**Für 4 Personen**
*Arbeitsaufwand:*
*ca. 15 Minuten*
*Kochzeit: ca. 30 Minuten*

*Geräte:*
*kleines Küchenmesser, Sieb,*
*mittelgrosse Pfanne, Deckel*

*Zutaten:*
*1 kleiner Lattich*
*2 mittelgrosse Karotten*
*60 g Butter*
*1 kg zarte, frische Erbsen (mit Hülsen)*
*Salz*

- Vom Lattich zerdrückte oder welke Blatteile entfernen. Die Blätter lösen und die grösseren in Stücke brechen. Fast die ganzen Blattrippen wegschneiden, mit Ausnahme der ganz feinen. In reichlich kaltem Wasser mehrmals waschen. Sehr gut abtropfen lassen.
- Die Karotten schälen und waschen. In 3 cm lange Stücke und diese in ca. ½ cm dicke Stäbchen schneiden.
- 40 g Butter in der Pfanne schmelzen. Karotten und Lattich beifügen, zudecken und ca. 10 Minuten bei schwacher Hitze dünsten.

- Inzwischen die Erbsen enthülsen.
- In die Pfanne geben, wenn Karotten und Lattich seit 10 Minuten garen. Salz beifügen, wieder zudecken und 20 Minuten weiterdünsten, oder bis die Erbsen gar sind. Dabei zwei- bis dreimal umrühren. Gegen Ende der Garzeit den Deckel abheben und wenn nötig die Temperatur erhöhen, damit die ausgetretene Flüssigkeit einkochen kann.
- Vom Herd wegziehen und die restliche Butter beifügen. Sorgfältig rühren, bis sie geschmolzen ist. Sofort servieren.

---

- *Das Gericht kann auch mit tiefgekühlten Erbsen (300 g) zubereitet werden, ohne dass am Rezept etwas zu ändern ist.*

---

# Erbsen gedünstet in Butter – Piselli al burro

**Für 4 Personen**
*Arbeitsaufwand:*
*ca. 20 Minuten*
*Kochzeit: ca. 20 Minuten*

*Geräte:*
*mittelgrosse Pfanne,*
*Deckel*

*Zutaten:*
*1,3 kg frische Erbsen (mit Hülsen)*
*50 g Butter*
*Salz*
*(½ Teelöffel Zucker)*

- Die Erbsen enthülsen.
- Mit der Hälfte der Butter in die Pfanne geben. Salz, nach Belieben Zucker und 3 Esslöffel Wasser beifügen.
- Den Deckel aufsetzen und kurz erhitzen.
- Die Temperatur reduzieren und ca. 20 Minuten unter mehrmaligem Rühren dünsten, oder bis die Erbsen gar sind. Wenn der Deckel gut schliesst, ist keine weitere Flüssigkeitszugabe erforderlich. Wenn das Gemüse hingegen zu trocken wird, von Zeit zu Zeit ganz wenig heisses Wasser zugeben. Am Ende der Garzeit soll sich jedoch keine Flüssigkeit mehr in der Pfanne befinden.
- Vom Herd wegziehen und die restliche Butter beifügen. Sorgfältig rühren, bis sie geschmolzen ist. Sofort servieren.

---

- *Nach Belieben vor dem Anrichten 1 Esslöffel gehackte Petersilie oder ½ Esslöffel gehackte Pfefferminzblätter daruntermischen.*

---

# Gratinierte Kefen – Piselli mangiatutto gratinati

**Für 4 Personen**
*Arbeitsaufwand: 10 Minuten*
*Kochzeit: 20–25 Minuten*

*Zutaten:*
*Salz*
*600 g Kefen (Zuckerschoten)*
*4–5 Esslöffel geriebener Parmesan*
*30–40 g Butter*

- Zum Putzen der Kefen die beiden Enden von Hand oder mit dem Messer abknicken, aber nicht ganz durchbrechen, so dass man die damit verbundenen Fäden gleichzeitig abziehen kann. Waschen und sehr gut abtropfen lassen.

*Geräte:*
*grosse Pfanne, (kleines*
*Küchenmesser), Sieb,*
*niedrige, feuerfeste Form,*
*Käseraffel*

- In ca. 2 l Salzwasser 5–7 Minuten bei mittlerer Hitze kochen, oder bis sich die Kefen beim Einstechen mit einer Gabel gar, aber nach Wunsch nicht allzu weich anfühlen.
- Inzwischen den Backofen auf 240 °C vorheizen.
- Die gekochten Kefen abtropfen lassen und gleichmässig in die feuerfeste Form verteilen. Mit dem Parmesan bestreuen und, vor allem auch dem Rand entlang, mit der in Flocken geschnittenen Butter belegen.
- Für 5–10 Minuten in den Ofen schieben und überbacken, bis sich auf der Oberfläche eine leichte Kruste gebildet hat.

# Grüne Bohnen mit Sardellen
## Fagiolini verdi all'acciuga

**Für 4 Personen**
*Arbeitsaufwand: 10 Minuten*
*Kochzeit: 17–20 Minuten*

*Zutaten:*
*Salz*
*700 g grüne Bohnen*
*2 Esslöffel Essig*
*4 Esslöffel Öl*
*4–6 Sardellenfilets*

*Geräte:*
*grosse Pfanne, (kleines*
*Küchenmesser), Sieb, Schüssel,*
*etwas zum Zudecken,*
*kleine Bratpfanne*

- Ca. 3 l Salzwasser zum Kochen bringen.
- Die Bohnen putzen. Dabei beide Enden und allfällige damit verbundene Fäden mit dem Küchenmesser oder mit den Fingern entfernen. In reichlich kaltem Wasser waschen, dabei jeweils einige Bohnen zwischen den Händen gegeneinander reiben.
- Wenn das Wasser siedet, die Bohnen hineingeben, nochmals aufkochen und dann die Hitze reduzieren. 7–8 Minuten weiterkochen. Nach dieser Zeit immer wieder mit einer Gabel kontrollieren, ob die Bohnen weich, aber immer noch knackig sind.
- Wenn sie den gewünschten Garpunkt erreicht haben, das Wasser abgiessen und die Bohnen gut abtropfen lassen.
- In eine Schüssel geben, mit dem Essig beträufeln, zudecken und warm stellen.
- Öl und Sardellenfilets in die Bratpfanne geben und bei mittlerer Hitze heiss werden lassen. Die Sardellenfilets dabei mit einer Gabel zerdrücken und umrühren, bis sie zerfallen sind.
- Über die Bohnen verteilen und sofort servieren.

# Grüne Bohnen mit Peperone und Tomaten
## Fagiolini verdi con peperone

**Für 4 Personen**
*Arbeitsaufwand: 10 Minuten*
*Kochzeit: ca. 30 Minuten*

*Zutaten:*
*1 kleine Zwiebel (ca. 50 g)*
*1/2 mittelgrosser Peperone (Paprikaschote)*
*3–4 Esslöffel Öl*
*500 g grüne Bohnen*
*300 g geschälte Tomaten aus der Dose (Pelati), abgetropft*
*Salz*

*Geräte:*
*kleines Küchenmesser,*
*Holzbrett, mittelgrosse*
*Pfanne, Deckel, Sieb,*
*Dosenöffner*

- Die Zwiebel schälen. Den halben Peperone von Stielansatz, weissen Rippen und Samen befreien und waschen.
- Die Zwiebel halbieren und in feine Scheiben schneiden. Den halben Peperone der Länge nach nochmals halbieren und anschliessend in ca. ½ cm breite Streifen schneiden.
- Zwiebel, Peperone und Öl in die Pfanne geben und unter häufigem Rühren 5–7 Minuten bei mittlerer Hitze dünsten, oder bis das Gemüse schlaff geworden ist.
- Inzwischen die Bohnen putzen. Dabei beide Enden und allfällige damit verbundene Fäden mit dem Küchenmesser oder mit den Fingern entfernen. In ca. 3–4 cm lange Stücke schneiden, waschen, indem einige Stücke zwischen den Handflächen gegeneinander gerieben werden, und abtropfen lassen.
- In die Pfanne geben und die gut abgetropften und mit einer Gabel zerdrückten Pelati beifügen. Salzen und zum Kochen bringen.
- Den Deckel aufsetzen, die Temperatur reduzieren und bei schwacher Hitze unter gelegentlichem Rühren ca. 20 Minuten dünsten, oder bis sich die Bohnen beim Einstechen mit einer Gabel weich anfühlen. Wenn der Deckel gut verschliesst, ist es möglich, dass er gegen Ende der Garzeit abgehoben und die Temperatur leicht erhöht werden muss, um die Kochflüssigkeit etwas einzukochen. Sollte jedoch das Gericht während des Garens zu trocken werden, von Zeit zu Zeit ganz wenig Wasser beifügen.

---

- *Mit Basilikum würzen.*

*Typisch südländisch ist die Kombination von Bohnen, Peperoni und Tomaten*

# Grüne Bohnen mit Tomaten
## Fagiolini verdi al pomodoro

**Für 4 Personen**
*Arbeitsaufwand: 10 Minuten*
*Kochzeit: 20–25 Minuten*

*Zutaten:*
*600 g grüne Bohnen*
*1 kleine Zwiebel (50–70 g)*
*300 g geschälte Tomaten aus der Dose (Pelati), abgetropft*
*3 Esslöffel Öl*
*Salz*

*Geräte:*
*kleines Küchenmesser, Sieb, Holzbrett, mittelgrosse Pfanne, Deckel, Dosenöffner*

● Die Bohnen putzen und waschen, wie in den vorangehenden Rezepten beschrieben.
● Die Zwiebel schälen und in dünne Scheiben oder kleine Würfel schneiden.
● Die gut abgetropften und mit einer Gabel zerdrückten Pelati, Zwiebel, Bohnen, Öl, Salz und 4 Esslöffel Wasser in die Pfanne geben.
● Bei kräftiger Hitze zum Kochen bringen.
● Den Deckel aufsetzen, die Temperatur reduzieren und bei schwacher Hitze unter gelegentlichem Rühren ca. 20 Minuten dünsten, oder bis sich die Bohnen beim Einstechen mit einer Gabel weich anfühlen. Wenn der Deckel gut verschliesst, ist es möglich, dass er gegen Ende der Kochzeit abgehoben und die Temperatur leicht erhöht werden muss, um die Kochflüssigkeit etwas einzukochen. Sollte jedoch das Gericht während des Garens zu trocken werden, von Zeit zu Zeit ganz wenig Wasser beifügen.

● *Anstatt das Öl von Anfang an in die Pfanne zu geben, kann man es auch erst vor dem Anrichten über die Bohnen träufeln.*

# Bohnen mit Petersilie – Fagioli al prezzemolo

**Für 4 Personen**
*Einweichen der Bohnen:*
*12 Stunden*
*Arbeitsaufwand: 6–7 Minuten*
*Kochzeit: ca. 2½ Stunden*

*Zutaten:*
*ca. 300 g getrocknete Borlotti-Bohnen*
*Salz*
*70–80 g Butter*
*2 gehäufte Esslöffel gehackte Petersilie*
*2 Esslöffel Zitronensaft*

*Geräte:*
*mittelgrosse Pfanne, Deckel, Sieb, (Kochlöffel), Holzbrett und Wiegemesser*

● Die Bohnen in reichlich kaltem oder lauwarmem Wasser mit 1 Prise Salz 12 Stunden einlegen. In ein Sieb giessen und gut abtropfen lassen. Mit so viel kaltem Wasser aufsetzen, dass sie 3–4 cm hoch davon bedeckt sind. Nach dem ersten Aufkochen die Temperatur reduzieren, den Deckel aufsetzen und die Bohnen bei schwacher Hitze 2–3 Stunden ganz leicht kochen lassen. Erst am Ende der Garzeit salzen.
● Die Flüssigkeit abgiessen und die Bohnen mit der Butter erneut aufsetzen. Mit dem Kochlöffel oder, noch besser, durch Schütteln der Pfanne rühren, bis die Butter geschmolzen ist und alle Bohnen mit ihr in Berührung gekommen sind.

• Mit der Petersilie bestreuen und mit dem Zitronensaft beträufeln. Umrühren oder die Pfanne schütteln, um alles gut zu verteilen. Anrichten und servieren.

---

• *Nach Belieben 2–3 Esslöffel feingehackte Zwiebel und schwarzen Pfeffer aus der Mühle beifügen.* • *Man kann auch andere Bohnensorten verwenden.*

---

# Weisse Bohnen nach toskanischer Art
## Fagioli al pomodoro

**Für 4 Personen**
*Einweichen: 12 Stunden*
*Arbeitsaufwand: 15 Minuten*
*Kochzeit: ca. 2½ Stunden*

*Zutaten:*
*400 g getrocknete weisse Bohnen*
*4 Esslöffel Öl*
*1 Knoblauchzehe*
*1 Rosmarinzweiglein*
*1 Esslöffel Tomatenpüree*
*1 dl Fleischbrühe*
*Salz*

• Die Bohnen am Vorabend in warmes Wasser einlegen und über die Nacht stehenlassen.

*Eine köstliche Beilage zu gebratenem Fleisch sind die Bohnen nach toskanischer Art*

*Geräte:*
*Schüssel, mittelgrosse Pfanne,*
*Deckel, kleines Küchenmesser,*
*Küchenschnur*

● Am nächsten Tag abgiessen und mit frischem Wasser in einer Pfanne zum Kochen bringen. Zugedeckt 2–2½ Stunden ganz leicht kochen lassen, oder bis die Bohnen fast gar sind. Abgiessen und abtropfen lassen.
● Öl, die geschälte, ganze Knoblauchzehe und das mit Küchenschnur umwickelte Rosmarinzweiglein (damit die Nadeln nicht abfallen) in die Pfanne geben.
● Bei mittlerer Hitze 3–4 Minuten dünsten, oder bis der Knoblauch eine goldgelbe Farbe angenommen hat.
● Den Knoblauch herausnehmen, die Pfanne vom Herd wegziehen und etwas abkühlen lassen.
● Die abgetropften Bohnen und das mit der Fleischbrühe vermischte Tomatenpüree beifügen und salzen. Langsam erhitzen und dabei einige Male vorsichtig umrühren. Zum Servieren das Rosmarinzweiglein entfernen.

---

● *Dieses Gericht lässt sich auch aus weissen Bohnen aus der Dose (ohne Tomatensauce!) zubereiten.* ● *Nach Belieben mit frisch gemahlenem Pfeffer würzen.* ● *Der Rosmarin kann durch Salbeiblätter ersetzt werden.*

# Rote Bohnen mit Kartoffeln und Zwiebeln
## Fagioli con patate e cipolle

**Für 4 Personen**
*Arbeitsaufwand: 10 Minuten*
*Kochzeit: ca. 30 Minuten*

*Zutaten:*
*300 g frische rote Bohnen, enthülst (Borlotti)*
*2 kleine Zwiebeln (je 50–70 g)*
*2 mittelgrosse Kartoffeln (je 100–120 g)*
*Salz*
*2–3 Esslöffel Rotweinessig*
*ca. 6 Esslöffel Öl*
*(Pfeffer)*

*Geräte:*
*kleines Küchenmesser,*
*mittelgrosse Pfanne,*
*Spiesschen, Schaumlöffel,*
*Schüssel*

● Die Kartoffeln schälen und waschen, die Zwiebeln schälen.
● Zusammen mit den Bohnen in die Pfanne geben und knapp mit kaltem Wasser bedecken. Salz beifügen.
● Bei mittlerer Hitze zum Kochen bringen.
● Die Temperatur reduzieren und bei schwacher Hitze ca. 30 Minuten kochen, oder bis die Bohnen und die Kartoffeln beim Einstechen mit einer Gabel bzw. einem Spiesschen sich weich anfühlen (die Zwiebeln sind genug gekocht, auch wenn sie noch ein wenig «al dente» sind).
● Das Gemüse mit dem Schaumlöffel herausheben und in die Schüssel geben. Die Kartoffeln in Würfel und die Zwiebeln in Scheiben schneiden.
● Mit 2–3 Esslöffeln Kochflüssigkeit, Essig, Öl und nach Belieben mit Pfeffer mischen. Warm, lauwarm oder kalt servieren.

---

● *Statt frische Borlotti-Bohnen kann man auch getrocknete rote oder weisse Bohnen verwenden. Ca. 2½ Stunden vorkochen wie im obenstehenden Rezept. Die Kartoffeln und Zwiebeln mit wenig gesalzenem Wasser in einer separaten Pfanne ca. 30 Minuten garen.*

# Linsen mit Zwiebeln – Lenticchie alla cipolla

**Für 4 Personen**
*Einweichen der Linsen:*
*12 Stunden*
*Arbeitsaufwand: 5–6 Minuten*
*Kochzeit: ca. 2 Stunden*

*Geräte:*
*2 mittelgrosse Pfannen,*
*Deckel, kleines Küchenmesser,*
*Holzbrett, Kochlöffel, Sieb*

*Zutaten:*
*200–250 g Linsen*
*Salz*
*1 mittelgrosse Zwiebel*
*3 Esslöffel Öl*

- Die Linsen in reichlich kaltem oder lauwarmem Wasser mit 1 Prise Salz 12 Stunden einlegen. In ein Sieb giessen und gut abtropfen lassen. Mit so viel kaltem Wasser aufsetzen, dass sie 3–4 cm hoch davon bedeckt sind. Nach dem ersten Aufkochen die Temperatur reduzieren, den Deckel aufsetzen und die Linsen bei schwacher Hitze 1½–2 Stunden leise kochen lassen. Erst am Ende der Garzeit salzen.
- Ca. 30 Minuten vor Ende der Kochzeit die Zwiebel schälen und in kleine Würfel schneiden.
- Mit dem Öl in eine separate Pfanne geben und 5 Minuten unter häufigem Rühren dünsten, bis sie glasig sind.
- Inzwischen die Linsen abtropfen lassen.
- Zur Zwiebel geben. Ca. 2 dl heisses Wasser beifügen und bei schwacher Hitze unter mehrmaligem, sehr sorgfältigem Rühren 20–25 Minuten leise kochen lassen, oder bis die Linsen gar sind.

---

- *Nach Belieben mit der Zwiebel zwei in 4–5 cm lange Stäbchen geschnittene Karotten dünsten.* • *Einige Salbeiblätter beifügen.*

# Linsen mit Tomaten – Lenticchie al pomodoro

**Für 4 Personen**
*Einweichen der Linsen:*
*12 Stunden*
*Arbeitsaufwand: 5–6 Minuten*
*Kochzeit: ca. 2 Stunden*

*Geräte:*
*2 mittelgrosse Pfannen,*
*Deckel, kleines Küchenmesser,*
*Holzbrett, Dosenöffner,*
*Kochlöffel, Sieb*

*Zutaten:*
*200–250 g Linsen*
*Salz*
*1 mittelgrosse Zwiebel*
*450 g geschälte Tomaten aus der Dose (Pelati), abgetropft*
*1 Salbeizweiglein*
*3 Esslöffel Öl*

- Die Linsen wie im vorstehenden Rezept einlegen und weichkochen.
- Ca. 20 Minuten vor Ende der Garzeit die Zwiebel schälen und in kleine Würfel schneiden.
- Die gut abgetropften Tomaten mit einer Gabel zerdrücken und mit Zwiebel, Salbeiblättern und Öl in die zweite Pfanne geben. Leicht salzen und zum Kochen bringen.
- Die Temperatur reduzieren und ca. 10 Minuten dünsten. Mehrmals umrühren und ca. auf die Hälfte einkochen lassen.
- Die Linsen gut abtropfen lassen und in die Pfanne mit den Tomaten geben.
- Bei schwacher Hitze unter gelegentlichem, sehr sorgfältigem Rühren noch ca. 10 Minuten weiterkochen.

## Auberginen, Tomaten, Peperoni, Zucchini, Kürbis, Gurken

Auberginen (Eierfrüchte) sind meist violett in verschiedenen Formen und Grössen erhältlich, aber es gibt auch weisse Züchtungen. Ebenfalls in den verschiedensten Sorten kommen die Tomaten auf den Markt, wobei die länglichen, birnenförmigen Früchte besonders auffallen. Sie werden vor allem für die Zubereitung von Saucen verwendet. Typisch italienisch sind die Peperoni (Paprikaschoten), bei denen die grünen Früchte vor der Reife gepflückt werden, während die roten und gelben an der Staude reifen konnten. Grüne Peperoni sind penetrant und herb, rote und gelbe dagegen milder im Geschmack. Mit der Farbe lässt sich aber auch ein besonderer Effekt erzielen.

Zucchini, Kürbis und Gurken sind eng miteinander verwandt. Bei allen drei Gemüsen ist beim Einkauf darauf zu achten, dass sie sich fest anfühlen. Kürbisse werden auch in Stücke oder Schnitze geschnitten angeboten.
Weitere Rezepte für die hier erwähnten Gemüse finden sich bei den Vorspeisen (s. Seite 35–37 und 39 f.), den Suppen (s. Seite 54, 56 und 68) und den Grillgerichten (s. Seite 357).

# Auberginenauflauf – Parmigiana di melanzane

**Für 4 Personen**
*Arbeitsaufwand: 15 Minuten*
*Kochzeit: ca. 30 Minuten*

*Zutaten:*
*800 g Auberginen (Eierfrüchte)*
*5 Esslöffel Öl*
*Salz*
*ca. 300 g Mozzarella*
*ca. 4 dl fertige Tomatensauce*
*3–4 Esslöffel geriebener Parmesan*

*Dieser berühmte Auberginenauflauf kann sowohl Vorspeise als auch Hauptgericht sein*

*Geräte:*
*kleines und grosses*
*Küchenmesser, Holzbrett,*
*grosse Bratpfanne, ein*
*Brotstücklein, niedrige,*
*feuerfeste Form, Käseraffel*

Am besten gelingt das Gericht mit einer selbstgemachten Tomatensauce (s. Seite 443). Um 4 dl Sauce herzustellen, benötigt man ca. 800 g Tomaten.

- Von den Auberginen den Stielansatz entfernen. Waschen, abtrocknen und der Länge nach in ca. 3–4 mm dicke Scheiben schneiden. Dabei die erste und die letzte Scheibe nicht verwenden, da sie vorwiegend aus Schale bestehen.
- Das Öl in der Bratpfanne bei ziemlich hoher Temperatur erhitzen. Wenn es heiss genug ist (ein Brotstücklein hineingeben: Das Öl muss zischen und das Brot rasch eine goldgelbe Farbe annehmen), so viele Auberginenscheiben hineingeben, wie auf dem Pfannenboden Platz finden. Beidseitig je ca. 3 Minuten braten, oder bis sie etwas Farbe angenommen haben.
- Mit einer Gabel herausheben und auf Küchenpapier legen, damit das überschüssige Öl aufgesaugt wird.
- Alle Auberginen auf diese Weise vorbereiten. Wenn nötig mehr Küchenpapier verwenden, indem eine neue Schicht auf die bereits herausgenommenen Auberginen gelegt wird.
- Den Backofen auf 240–250 °C vorheizen.
- Wenn alle Auberginen gebraten sind, eine erste Schicht auf den Boden der feuerfesten Form legen (es ist nicht nötig, sie mit Öl zu bestreichen). Leicht salzen und mit dünnen Mozzarella-Scheiben belegen. Einen Teil der Tomatensauce darübergeben. Mit weiteren Schichten Auberginen, Mozzarella und Tomatensauce in der gleichen Weise verfahren. Zum Schluss mit dem Parmesan bestreuen.
- In die Mitte des Ofens schieben und ca. 10 Minuten überbacken, oder bis der Parmesan auf der Oberfläche geschmolzen ist und die Flüssigkeit in der Form leise köchelt.

---

- *Die Tomatensauce nach Belieben mit Knoblauch würzen.* • *Den geschmolzenen Mozzarella mit Basilikum bestreuen.*

---

# Saure Auberginen – Melanzane all'agro

**Für 4 Personen**
*Arbeitsaufwand:*
*12–15 Minuten*
*Kochzeit: ca. 30 Minuten*

*Zutaten:*
*6 Auberginen (Eierfrüchte), je ca. 150 g*
*4–6 Esslöffel Öl*
*1–2 Esslöffel Essig*
*Salz*
*(Pfeffer)*

*Geräte:*
*kleines Küchenmesser,*
*grosser Kochtopf, Deckel,*
*Spiesschen, Schaumlöffel*

- Die Auberginen waschen und den Stielansatz entfernen.
- In den Kochtopf geben und ca. 1 cm hoch Wasser dazugiessen. Zum Kochen bringen.
- Den Deckel aufsetzen, die Temperatur reduzieren und bei schwacher Hitze ca. 30 Minuten kochen, oder bis sich die Auberginen beim Einstechen mit dem Spiesschen gar, aber nicht allzu weich anfühlen.
- Herausheben, abtropfen und etwas abkühlen lassen, bis man sie mit den Händen anfassen kann.

- Die Auberginen mit dem kleinen Küchenmesser schälen.
- In runde Scheiben schneiden und auf eine flache Platte anordnen. Mit Öl und Essig beträufeln und mit Salz und nach Belieben mit Pfeffer bestreuen.

---

*• Nach Belieben warm oder lauwarm servieren und mit gehackter Petersilie und/oder Basilikum bestreuen. Evtl. mit den Kräutern auch ein hauchdünnes Scheibchen einer Knoblauchzehe hacken. • Es können auch grössere oder kleinere Auberginen verwendet werden. Dabei die Kochzeit entsprechend anpassen.*

---

# Geschmorte Zucchini und Auberginen
## Stufato di zucchine e melanzane

**Für 4 Personen**
*Arbeitsaufwand: 6–8 Minuten*
*Kochzeit: 30–35 Minuten*

*Zutaten:*
*1 mittelgrosse Zwiebel*
*4 Esslöffel Öl*
*1 mittelgrosse Aubergine (Eierfrucht) von 200–250 g*
*6 kleine Zucchini*
*250 g geschälte Tomaten aus der Dose (Pelati), abgetropft*
*½ Teelöffel Oregano*
*Salz*

*Geräte:*
*kleines Küchenmesser,*
*Holzbrett, mittelgrosse Pfanne,*
*Deckel, Dosenöffner*

- Die Zwiebel schälen und in nicht zu dünne Scheiben schneiden.
- Mit dem Öl in die Pfanne geben und bei schwacher Hitze unter häufigem Rühren 3–4 Minuten dünsten.
- Inzwischen von der Aubergine den Stielansatz und von den Zucchini die beiden Enden wegschneiden. Beide Gemüse waschen. Die Aubergine in ca. 2 cm grosse Würfel und die Zucchini in gut ½ cm dicke Scheiben schneiden.
- Aubergine und Zucchini zu den Zwiebeln geben und unter Rühren kurz anziehen lassen.
- Die gut abgetropften und mit einer Gabel zerdrückten Pelati, Oregano und Salz beifügen. Den Deckel aufsetzen und 25–30 Minuten garen. Gegen Ende der Kochzeit, falls aus dem Gemüse viel Flüssigkeit ausgetreten ist, den Deckel abheben und die Temperatur leicht erhöhen, damit der Saft etwas einkocht. Nach Belieben warm, lauwarm oder kalt servieren.

---

# Auberginen mit Tomaten
## Melanzane al pomodoro

**Für 4 Personen**
*Arbeitsaufwand: 10 Minuten*
*Kochzeit: ca. 40 Minuten*

*Zutaten:*
*1 mittelgrosse Zwiebel*
*4 Esslöffel Öl*
*600 g mittelgrosse Auberginen (Eierfrüchte)*
*8 birnenförmige Tomaten*
*Salz*

*Geräte:*
*kleines Küchenmesser,*
*Holzbrett, (Wiegemesser),*
*mittelgrosse Pfanne, Deckel,*
*Kochlöffel*

- Die Zwiebel schälen und in sehr kleine Würfel schneiden oder hacken.
- Mit dem Öl in die Pfanne geben und bei schwacher Hitze unter gelegentlichem Rühren 5 Minuten dünsten.
- Inzwischen von den Auberginen den Stielansatz entfernen. Waschen, abtrocknen und der Länge nach vierteln. Dann in ca. 1 cm dicke Scheiben schneiden.
- Zu den Zwiebeln geben und unter gelegentlichem Rühren 5–7 Minuten mitdünsten.
- Die Tomaten waschen und in je 4 Stücke schneiden.
- Ebenfalls in die Pfanne geben und umrühren.
- Den Deckel aufsetzen und das Gemüse unter mehrmaligem, sorgfältigem Rühren ca. 25–30 Minuten garen, oder bis die Auberginen weich sind.

---

- *Nach Belieben mit ca. 3 Esslöffeln geriebenem Parmesan bestreuen.*
- *Die Tomaten evtl. schälen (s. Seite 495).*

# Tomaten nach Art des Südtirols
## Pomodori alla tirolese

**Für 4 Personen**
*Arbeitsaufwand: 10 Minuten*
*Kochzeit: 30 Minuten*

*Zutaten:*
*400 g Zwiebeln*
*40 g Butter*
*Salz*
*5–6 mittelgrosse, feste Tomaten*
*2 Esslöffel Öl*
*1 gehäufter Esslöffel gehackte Petersilie*

*Geräte:*
*kleines Küchenmesser,*
*Holzbrett, kleine Pfanne,*
*Deckel, grosse Bratpfanne,*
*Wiegemesser*

- Die Zwiebeln schälen, halbieren und in nicht zu dünne Scheiben (ca. 3–4 mm dick) schneiden.
- In der kleinen Pfanne die Butter erhitzen. Die Zwiebeln beifügen und salzen. Den Deckel aufsetzen und bei schwacher Hitze unter häufigem Rühren 30 Minuten dünsten. Die Zwiebeln sollen keine Farbe annehmen.
- Ca. 10 Minuten vor Ende der Kochzeit, also wenn die Zwiebeln seit 20 Minuten garen, die Tomaten waschen, abtrocknen und den Stielansatz mit einem scharfen Messer nicht zu tief herausschneiden. Der Breite nach halbieren und nach Belieben die Kerne herausdrücken.
- In der Bratpfanne das Öl erhitzen. Die Tomaten hineingeben und bei kräftiger Hitze zuerst 5 Minuten mit der Hautseite nach unten und dann 3 Minuten mit der Schnittfläche nach unten dünsten. (Die Tomaten müssen nicht durchgekocht, sondern nur heiss werden.)
- Die Tomaten mit der Schnittfläche nach oben anrichten, mit wenig Salz bestreuen und die Zwiebeln darüber verteilen. Mit der Petersilie bestreuen.

---

- *Diese Tomaten passen sehr gut zu einem ohne weitere Zutaten gebratenen Rindskotelett (s. Seite 154). Das Kotelett braten, bevor die Tomaten gedünstet werden, und zugedeckt an die Wärme stellen.*

# Gebratene Tomaten – Pomodori saltati

**Für 2 Personen**
*Arbeitsaufwand: 5–6 Minuten*
*Kochzeit: ca. 15 Minuten*

*Zutaten:*
*2 grosse, reife, aber feste Tomaten*
*4 Esslöffel Öl*
*Salz*
*2 knappe Esslöffel gehackte Petersilie*
*1 Esslöffel Paniermehl*

*Geräte:*
*kleines Küchenmesser,*
*grosse Bratpfanne, Holzbrett*
*und Wiegemesser*

- Die Tomaten waschen und abtrocknen. Den Stielansatz mit einem spitzen Messer nicht zu tief herausschneiden. Die Tomaten der Breite nach halbieren. Nach Belieben die Kerne herausdrücken.
- Die Hälfte des Öls in der Bratpfanne erhitzen und durch Schräghalten der Pfanne über den ganzen Boden verteilen.
- Die Tomaten hineingeben und bei kräftiger Hitze zuerst 5 Minuten mit der Schnittfläche nach unten und dann weitere 8 Minuten mit der Hautseite nach unten braten.
- Mit der Schnittfläche nach oben anrichten, salzen und mit der Petersilie bestreuen.
- Das restliche Öl in der Pfanne erhitzen. Das Paniermehl hineingeben und unter ständigem Rühren ganz kurz rösten.
- Gleichmässig über die Tomaten verteilen und sofort servieren.

# Peperoni-Topf – Peperonata

**Für 4 Personen**
*Arbeitsaufwand: 6–7 Minuten*
*Kochzeit: ca. 30 Minuten*

*Zutaten:*
*2 grosse, fleischige Peperoni (Paprikaschoten)*
*1 grosse Zwiebel*
*6 Esslöffel Öl*
*Salz*

*Geräte:*
*kleines Küchenmesser,*
*Holzbrett, grosse Bratpfanne,*
*Deckel*

- Die Peperoni putzen, indem Stielansatz, Samen und weisse Rippen entfernt werden. Der Länge nach in Streifen schneiden und waschen.
- Die Zwiebel schälen, halbieren und in ca. 3 mm dicke Scheiben schneiden. Die Peperoni in 3–4 cm grosse, rechteckige oder quadratische Stücke schneiden.
- Das Öl in der Bratpfanne bei mittlerer Temperatur erhitzen.
- Zwiebel und Peperoni beifügen und unter häufigem Rühren 5–7 Minuten dünsten, oder bis die Zwiebel Farbe anzunehmen beginnt.
- Die Temperatur reduzieren. Salz beifügen und umrühren. Den Deckel aufsetzen und bei schwacher Hitze ca. 25 Minuten dünsten, oder bis das Gemüse gar ist.

- *Nach Belieben eine geschälte, ganze oder in Scheiben geschnittene Knoblauchzehe mitdünsten. ● Man kann das Gericht auch mit 1–2 Lorbeerblättern würzen und 4–5 in grosse Stücke geteilte geschälte Tomaten (Pelati) mitkochen.*

# Zucchini in grüner Sauce
## Zucchine in salsa verde

**Für 4 Personen**
*Arbeitsaufwand: 10 Minuten*
*Kochzeit: 13–15 Minuten*
*Erkalten: ca. 15 Minuten*

*Zutaten:*
*Salz*
*600 g möglichst dünne Zucchini*
*1 Petersilienzweiglein*
*5–6 Basilikumblätter*
*3 Sardellenfilets*
*1 Esslöffel Kapern*
*(2 hauchdünne Zwiebelscheiben)*
*4 Esslöffel Öl*
*1 1/2 Esslöffel Essig*

*Geräte:*
*mittelgrosse Pfanne,*
*kleines Küchenmesser,*
*Holzbrett und Wiegemesser,*
*Tasse, Schaumlöffel oder Sieb*

- Reichlich Wasser in der Pfanne aufsetzen und salzen.
- Die Zucchini putzen, indem die beiden Enden weggeschnitten werden. Waschen.
- In das siedende Wasser geben und ca. 10 Minuten kochen. Sie sollen immer noch knackig sein.
- Inzwischen Petersilie und Basilikumblätter waschen und gut abtropfen lassen. Zusammen mit den Sardellenfilets, Kapern und nach Belieben den Zwiebelscheiben hacken. In eine Tasse geben. Öl und Essig sowie nach Bedarf etwas Salz beifügen. Alles gut vermischen.
- Die Zucchini aus dem Wasser heben und noch heiss in ca. 1/2 cm dicke Scheiben schneiden. In eine tiefe Servierschüssel geben und mit der grünen Sauce begiessen. Gut damit vermischen und vor dem Servieren auskühlen lassen.

- *Dieses Gericht eignet sich sowohl als Beilage als auch als Vorspeise.*

# Zucchini in Tomatensauce
## Zucchine in salsa

**Für 4 Personen**
*Arbeitsaufwand: 7–8 Minuten*
*Kochzeit: ca. 25 Minuten*

*Zutaten:*
*600–700 g möglichst dünne Zucchini*
*3 Esslöffel Öl*
*Salz*
*3 Esslöffel hausgemachte, konzentrierte Tomatensauce*
*einige Basilikumblätter*

*Geräte:*
*kleines Küchenmesser,*
*mittelgrosse Pfanne,*
*Deckel, Kochlöffel,*
*(Küchenschere)*

- Die Zucchini putzen, indem die beiden Enden weggeschnitten werden. Waschen.
- In ca. 3 1/2 cm lange Stücke und diese der Länge nach in 4 Teile schneiden.
- Mit dem Öl in die Pfanne geben und bei mittlerer Hitze ca. 5 Minuten dünsten, oder bis sie leicht Farbe angenommen haben. Dabei gelegentlich umrühren.
- Salz, Tomatensauce und 2 Esslöffel Wasser beifügen und mit dem Gemüse mischen.

- Den Deckel aufsetzen, die Temperatur reduzieren und unter mehrmaligem Rühren ca. 20 Minuten garen, oder bis die Zucchini weich, aber noch leicht «al dente» sind. Wenn nötig gegen Ende der Kochzeit den Deckel abheben und die Temperatur etwas erhöhen, um die Flüssigkeit einzukochen.
- Inzwischen das Basilikum waschen und gut abtropfen lassen. Erst ganz zum Schluss beifügen, indem es von Hand in kleine Stücke gerissen oder mit der Küchenschere in Streifen geschnitten wird.

# Zucchinipüree mit Oliven
## Purè di zucchine con olive

**Für 4 Personen**
*Arbeitsaufwand: 5–6 Minuten*
*Kochzeit: ca. 15 Minuten*
*Erkalten: ca. 30 Minuten*

*Zutaten:*
*800 g Zucchini*
*Salz*
*3 Esslöffel Öl*
*Saft von 1 Zitrone*
*100 g Oliven (grüne und schwarze gemischt)*

*Geräte:*
*kleines Küchenmesser,*
*mittelgrosse Pfanne, Sieb,*
*(Zitruspresse)*

- Die Zucchini putzen, indem die beiden Enden weggeschnitten werden. Waschen. In grosse Stücke schneiden.
- In die Pfanne geben und bis auf halbe Höhe des Gemüses Wasser zugiessen. Salzen.
- Bei mittlerer Hitze unter gelegentlichem Rühren ca. 15 Minuten kochen, oder bis die Zucchini gar sind. Die Temperatur so regulieren, dass zu diesem Zeitpunkt die Flüssigkeit vollständig eingekocht ist.
- Die Zucchini mit einer Gabel zerdrücken, so dass ein grobes Püree entsteht (es sollen jedoch noch einige grössere Stücke verbleiben). Zum Abtropfen und Auskühlen in ein Sieb geben.
- In eine Servierschüssel geben und Öl und Zitronensaft darüber verteilen. Die Oliven mit dem kleinen Küchenmesser von den Steinen schneiden und zerkleinern. Unter das Püree mischen.

- *In der heissen Jahreszeit kann man, wenn genügend Zeit vorhanden ist, das Püree vor dem Servieren in den Kühlschrank stellen.*

# Kürbis im Ofen – Zucca in forno

**Für 4 Personen**
*Arbeitsaufwand: 10 Minuten*
*Kochzeit: ca. 20 Minuten*

*Zutaten:*
*600–700 g gelber Kürbis*
*ca. 50 g Butter*
*Salz*

- Den Backofen auf 190 °C vorheizen.
- Die Schale des Kürbisstückes wegschneiden. Kerne und Fäden entfernen. In ½ cm dicke Scheiben schneiden.

*Geräte:*
*kleines und grosses Küchen-*
*messer, grosse, niedrige,*
*feuerfeste Form, (Bratschaufel),*
*Spiesschen*

● Den Boden der Form mit wenig Butter bestreichen. Die Scheiben nebeneinander darauf anordnen. Mit Salz bestreuen und mit der restlichen, in Flocken geschnittenen Butter belegen.
● In die Mitte des Ofens schieben und 20 Minuten backen, oder bis sich das Kürbisfleisch beim Einstechen (besser mit einem Spiesschen als mit einer Gabel, da diese Spuren hinterlässt) weich anfühlt. Nach 10 Minuten mit einer Gabel oder Bratschaufel die Scheiben wenden.

# Gurken an Rahmsauce – Cetrioli alla panna

**Für 4 Personen**
*Arbeitsaufwand: 5 Minuten*
*Kochzeit: 5–6 Minuten*

*Zutaten:*
*2 dl Rahm*
*400 g frische, feste, möglichst dünne Gurken*
*Salz*
*Saft von ½ Zitrone*

*Geräte:*
*mittelgrosse Pfanne,*
*kleines Küchenmesser*

● Den Rahm in die Pfanne geben und zum Kochen bringen. 2 Minuten sieden. Wenn nötig die Hitze reduzieren, damit er nicht überkocht. Er soll dabei leicht eindicken.
● Inzwischen die Gurken waschen und schälen und in 2–3 mm dicke Scheiben schneiden.
● In den schon etwas eingekochten Rahm geben, salzen und unter gelegentlichem Rühren noch 3–4 Minuten kochen, oder bis der Rahm zu einer sämigen Sauce geworden ist.
● Vom Herd wegziehen und mit Zitronensaft nach Belieben abschmecken. Servieren.

## Lattich, Endivie, Spinat und Mangold

Diese vier Gemüse werden ihrer Blätter wegen gekauft. Einzig beim Mangold gilt es zu unterscheiden zwischen Blattmangold (d.h. Schnittmangold) und Stielmangold (Krautstiel). In diesem Buch ist meistens von Blattmangold die Rede, der dem Spinat sehr ähnlich ist und auch durch diesen ersetzt werden kann. Endivie wird in Italien auch warm serviert, während Lattich, der bei uns meist als Gemüse zubereitet wird, südlich der Alpen, jedenfalls wenn er noch zart ist, auch als Salat auf den Tisch kommen kann.

# Lattich mit kleinen Zwiebeln
## Lattughe con cipolline

**Für 4 Personen**
*Arbeitsaufwand: 6–7 Minuten*
*Kochzeit: ca. 1 Stunde*

*Zutaten:*
*4 kleine Lattichköpfe*
*12 geschälte Perlzwiebeln*
*5–6 Petersilienzweige*
*Salz*
*(½ Teelöffel Zucker)*
*2–3 Esslöffel Öl*

*Geräte:*
*Küchenmesser, grosse Pfanne,*
*Deckel, Küchenschnur,*
*grosse Bratschaufel*

- Den Lattich putzen, zerdrückte oder welke Blätter entfernen, der Länge nach halbieren. Unter fliessendem Wasser gründlich waschen.
- In die Pfanne legen.
- Die Zwiebeln waschen. Die Petersilie waschen, gut abtropfen lassen und zu einem Sträusschen zusammenbinden. Zwiebeln und Petersilie zum Lattich geben.
- Mit wenig Salz und, nach Belieben, Zucker bestreuen. Den Deckel aufsetzen.
- Einige Minuten bei mittlerer Temperatur erhitzen.
- Die Temperatur reduzieren und das Gemüse ca. 1 Stunde garen. 10–15 Minuten vor Ende der Kochzeit den Deckel abheben und die Temperatur etwas erhöhen, um die ausgetretene Flüssigkeit einzukochen.
- Vom Herd wegziehen und die Petersilie entfernen. Mit der Bratschaufel Lattich und Zwiebeln herausheben. Mit dem Öl beträufeln und servieren.

# Lattichbündel – Fagottini nella lattuga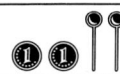

**Für 4 Personen**
*Arbeitsaufwand:*
*15–20 Minuten*
*Garzeit: 25 Minuten*
*Stehenlassen: 10 Minuten*

*Zutaten:*
*Salz*
*12 sehr grosse Lattichblätter*
*300 g mageres, gehacktes Kalbfleisch*
*100 g rohe Schweinebratwurst*
*1 Ei*
*1 Eigelb*
*70 g geriebener Parmesan*
*1 Messerspitze getrockneter Thymian*
*2 Esslöffel Öl*
*5 Esslöffel Rahm*

*Geräte:*
*grosse Pfanne oder Kochtopf,*
*Küchentücher, Schüssel,*
*mittelgrosse, feuerfeste*
*Form*

- Reichlich Salzwasser in der Pfanne oder im Kochtopf zum Sieden bringen. Inzwischen die Lattichblätter waschen.
- Wenn das Wasser kocht, vom Herd wegziehen. Die Lattichblätter hineingeben. Nach 10 Minuten eines nach dem anderen mit den Fingerspitzen vorsichtig herausziehen (mit Gummihandschuhen verbrennt man sich nicht) und nebeneinander auf die ausgebreiteten Küchentücher legen, um sie zu trocknen.
- Den Backofen auf 200 °C vorheizen.
- Kalbfleisch, herausgedrückte Wurstmasse, Ei, Eigelb, 50 g Parmesan, Thymian und wenig Salz (die Wurstmasse ist bereits gesalzen) in eine Schüssel geben und mit einer Gabel gut verkneten, bis eine gleichmässige Masse entstanden ist. Dabei die Zutaten nicht zusammendrücken, sondern eher versuchen, sie locker zu halten.
- Mit einem Löffel 12 gleich grosse Klösschen abstechen und in die Mitte je eines Lattichblattes legen. Die Ränder von allen Seiten darüberlegen.
- Den Boden der feuerfesten Form mit dem Öl bestreichen. Die Rouladen nebeneinander so hineinlegen, dass die überschlagenen Ränder auf der Unterseite liegen.

*Lattich ist, wie dieses Rezept zeigt, sehr vielseitig verwendbar*

● Mit dem restlichen Parmesan bestreuen und mit dem Rahm beträufeln.
● In die Mitte des Backofens schieben und 25 Minuten garen. Nach Belieben kalt oder warm servieren.

---

● *Um über 12 grosse Lattichblätter verfügen zu können, benötigt man zwei Köpfe. Die verbleibenden, kleineren Blätter für Salat verwenden.*

---

# Überbackener Lattich – Lattughe gratinate

**Für 4 Personen**
*Arbeitsaufwand: 10 Minuten*
*Kochzeit: ca. 50 Minuten*
*Erkalten: 10–15 Minuten*

*Zutaten:*
*3 mittelgrosse Lattichköpfe*
*Salz*
*(1 Teelöffel Zucker)*
*50 g geriebener Parmesan*
*50 g Butter*

*Geräte:*
*kleines und grosses Küchenmesser, grosse Pfanne, Deckel, Sieb, niedrige, feuerfeste Form, Käseraffel*

● Den Lattich putzen, zerdrückte oder welke Blätter entfernen, der Länge nach vierteln. Unter fliessendem Wasser gründlich waschen.
● In die Pfanne geben.
● Mit wenig Salz und, nach Belieben, mit Zucker bestreuen. Den Deckel aufsetzen.
● Einige Minuten bei mittlerer Temperatur erhitzen.

- Die Temperatur reduzieren und den Lattich 40 Minuten garen.
- Herausheben, abtropfen und etwas abkühlen lassen.
- Den Backofen auf 240 °C vorheizen.
- Den Lattich zwischen den Händen sanft, aber gründlich auspressen. Gleichzeitig ovale, flache Bündel daraus formen. Nebeneinander in die feuerfeste Form legen.
- Mit dem Parmesan bestreuen. Die in Flocken geschnittene Butter gleichmässig darüber und dem Rand der Form entlang verteilen.
- In die Mitte des Ofens schieben und ca. 10 Minuten überbacken, oder bis sich eine goldgelbe Kruste gebildet hat.

---

- *Der Lattich kann auch unter dem Grill überbacken werden.* • *Man kann den Lattich auch erst am nächsten Tag überbacken.*

---

# Gedünsteter Mangold – Bietole stufate

**Für 4 Personen**
*Arbeitsaufwand: 10 Minuten*
*Kochzeit: 20–25 Minuten*

*Geräte:*
*kleines Küchenmesser,*
*grosser Kochtopf, Deckel*

*Zutaten:*
*1,2–1,3 kg Blattmangold (Schnittmangold)*
*Salz*

- Den Mangold verlesen und waschen. Dabei gelbe oder welke Blätter oder Blatteile sowie dunkle Stielenden entfernen. Etwas abtropfen lassen.
- In den Kochtopf geben und salzen. Es ist nicht notwendig umzurühren, da sich das Salz während des Dünstens verteilen wird. Es wird auch keine weitere Flüssigkeitszugabe benötigt. Das Wasser, das an den Blättern hängenbleibt, genügt.
- Den Deckel aufsetzen und den Mangold einige Minuten bei starker Hitze dünsten.
- Die Temperatur reduzieren und bei starker Hitze noch 10–15 Minuten (je nach Grösse und Qualität) unter mehrmaligem Wenden weitergaren. (Mit einer Gabel in einen Stiel einstechen und prüfen, ob der Mangold gar ist.)
- Abtropfen lassen und überschüssiges Wasser herauspressen. Warm, lauwarm oder kalt servieren.

---

# Mangold mit Sardellen – Bietole all'acciuga

**Für 4 Personen**
*Arbeitsaufwand: 10 Minuten*
*Kochzeit: 20–25 Minuten*

*Zutaten:*
*1,2–1,3 kg Blattmangold (Schnittmangold)*
*Salz*
*4 Esslöffel Öl*
*3–4 Sardellenfilets*
*2 Esslöffel feine Kapern*
*Saft von ½ Zitrone*

- Den Mangold verlesen und waschen. Dabei gelbe oder welke Blätter oder Blatteile sowie dunkle Stielenden entfernen.

*Geräte:*
*kleines Küchenmesser,*
*grosser Kochtopf, Deckel,*
*grosse Bratpfanne*

- Ohne Zugabe von Flüssigkeit, aber tropfnass den Mangold in den Kochtopf geben und zugedeckt unter mehrmaligem Wenden dünsten, bis er zusammengefallen ist (10–15 Minuten je nach Qualität).
- Ca. 10 Minuten vor dem Auftragen Öl und Sardellenfilets in der Bratpfanne erhitzen. Bei schwacher Hitze die Sardellenfilets mit einer Gabel zerdrücken, bis sie zerfallen sind.
- Den gut ausgedrückten Mangold beifügen. Bei mittlerer Hitze und unter öfterem Wenden heiss werden lassen und salzen.
- Die Kapern darüber verteilen und mit dem Zitronensaft beträufeln. Gut mischen und sofort servieren.

# Gedünsteter Spinat – Spinaci stufati

**Für 4 Personen**
*Arbeitsaufwand: 20 Minuten*
*Kochzeit: 10–15 Minuten*

*Geräte:*
*kleines Küchenmesser,*
*Sieb, grosse Pfanne,*
*Deckel*

*Zutaten:*
*1,5 kg Spinat*
*Salz*

- Den Spinat verlesen und mit dem kleinen Küchenmesser oder von Hand allfällige Wurzeln, allzu dicke Stiele sowie gelbe oder welke Blätter oder Blatteile entfernen. In reichlich kaltem Wasser drei- oder wenn möglich vier- bis fünfmal waschen. Nicht allzu stark abtropfen lassen.
- In die Pfanne geben, salzen (nur wenig, weil der Spinat stark zusammenfällt) und den Deckel aufsetzen.
- Bei mässiger Hitze einige Minuten kochen, damit sich Pfanne und Inhalt erwärmen können.
- Die Temperatur reduzieren und den Spinat bei schwacher Hitze unter gelegentlichem Rühren noch 8–12 Minuten garen (die genaue Kochzeit hängt von der Zartheit des Spinats ab). Er sollte gar, aber nicht allzu weich sein. Um dies festzustellen, kann man ein Blatt abtropfen lassen und zwischen den Fingern zerdrücken.
- Gut abtropfen lassen und möglichst alle noch vorhandene Flüssigkeit herauspressen.

# Spinat in Butter – Spinaci al burro

**Für 4 Personen**
*Arbeitsaufwand:*
*18–20 Minuten*
*Kochzeit: 13–20 Minuten*

*Geräte:*
*kleines Küchenmesser, Sieb,*
*grosse Pfanne, (Deckel),*
*grosse Bratpfanne*

*Zutaten:*
*1,5 kg Spinat*
*Salz*
*50–60 g Butter*

- Den Spinat putzen und waschen, wie im vorstehenden Rezept beschrieben. Etwas abtropfen lassen und ohne weitere Flüssigkeitszugabe in die Pfanne geben. Je nach Grösse der Blätter 8–15 Minuten zugedeckt dünsten (junger Frühlingsspinat ist nach 8 Minuten gar). Aus der Pfanne nehmen und sorgfältig ausdrücken.

• Die Butter in der Bratpfanne schmelzen. Den Spinat hineingeben und unter ständigem Rühren bei mittlerer Hitze ca. 5 Minuten ziehen lassen.

---

*• Nach Belieben mit geriebenem Parmesan bestreuen. • Anstelle der Butter können 3–4 Esslöffel Öl verwendet werden. • Dem Öl nach Belieben 2 geschälte, ganze Knoblauchzehen beifügen. Herausnehmen, sobald sie sich leicht verfärbt haben, und erst dann den Spinat in die Bratpfanne geben. • Auch eine Handvoll zuvor 30 Minuten in lauwarmem Wasser eingelegte und gut ausgedrückte Rosinen oder Sultaninen passen zu diesem Spinat. • Anstatt den gekochten Spinat in Butter zu wenden, 1/8 l Rahm erhitzen und leicht salzen. Den Spinat hineingeben, gut damit vermischen und nochmals heiss werden lassen.*

# Endivie mit Sardellen
## Scarola stufata all'acciuga

**Für 4 Personen**
*Arbeitsaufwand: 10 Minuten*
*Kochzeit: ca. 30 Minuten*

*Zutaten:*
*2 mittelgrosse Endivienköpfe (Eskariol)*
*5 Esslöffel Öl*
*3 Esslöffel Sultaninen*
*Salz*
*6 Sardellenfilets*
*12 grosse schwarze Oliven*

*Geräte:*
*kleines und grosses Küchenmesser, Holzbrett, Sieb, mittelgrosse Pfanne, Deckel*

• Die Endivienköpfe von harten oder welken Blättern befreien. Ohne die Blätter zu lösen, in 1/2 cm breite Streifen schneiden.
• In reichlich Wasser mehrmals waschen und abtropfen lassen.
• Mit Öl, Sultaninen und Salz in die Pfanne geben und den Deckel aufsetzen.
• Bei kräftiger Hitze ganz kurz dünsten, oder bis man es in der Pfanne zischen hört.
• Die Temperatur reduzieren und bei schwacher Hitze noch knapp 30 Minuten garen. Dabei einige Male umrühren und gegen Ende der Kochzeit, falls zuviel Flüssigkeit in der Pfanne sein sollte, den Deckel abheben, die Temperatur etwas erhöhen und den entstandenen Saft einkochen lassen.
• Inzwischen Sardellen und Oliven in kleine Stücke schneiden.
• Wenn das Gemüse gar ist, daruntermischen und anrichten.

# Endivie mit Tomaten
## Scarola stufata al pomodoro

**Für 4 Personen**
*Arbeitsaufwand: 10 Minuten*
*Kochzeit: ca. 30 Minuten*

*Zutaten:*
*1 mittelgrosse Zwiebel*
*4 Esslöffel Öl*
*2 mittelgrosse Endivienköpfe (Eskariol)*
*6 Esslöffel geschälte Tomaten aus der Dose (Pelati), abgetropft*
*Salz*

**Geräte:**
*kleines und grosses Küchenmesser, Holzbrett, mittelgrosse Pfanne, Deckel, Sieb, Dosenöffner*

- Die Zwiebel schälen und in feine Scheiben schneiden.
- Mit dem Öl in die Pfanne geben und bei schwacher Hitze unter mehrmaligem Rühren einige Minuten dünsten, ohne Farbe annehmen zu lassen.
- Inzwischen die Endivienköpfe von harten oder welken Blättern befreien. Die restlichen Blätter, ohne sie zu lösen, in 3–4 cm breite Streifen schneiden. Den untersten Teil der Köpfe wegwerfen.
- In reichlich Wasser zwei- bis dreimal waschen und gut abtropfen lassen.
- Zusammen mit den gut abgetropften und mit einer Gabel zerdrückten Pelati zu den Zwiebeln in die Pfanne geben und salzen.
- Den Deckel aufsetzen und bei schwacher Hitze unter mehrmaligem Rühren noch ca. 20–25 Minuten dünsten. Gegen Ende der Garzeit den Deckel abheben und die Temperatur etwas erhöhen, damit die in der Pfanne vorhandene Flüssigkeit fast vollständig einkochen kann.

## Stangensellerie, Zwiebeln

In Italien ist der Stangen- oder Bleichsellerie viel populärer als der Knollensellerie, der eher selten anzutreffen ist. Die Selleriestangen sollen sich fest anfühlen, keine Flecken aufweisen, und die wenigen Blätter sollen frisch sein. Zwiebeln sind in den verschiedensten Sorten und Grössen (je nach Jahreszeit) erhältlich. Eine Besonderheit sind die Frühlingszwiebeln, bei denen auch ein Teil der grünen Blätter gegessen wird. Dazu kommen noch die Perlzwiebeln, die in Italien auch geschält verkauft werden.

# Stangensellerie mit Essig – Sedano all'aceto

**Für 4 Personen**
*Arbeitsaufwand: 7–8 Minuten*
*Kochzeit: ca. 20 Minuten*
*Erkalten: ca. 30 Minuten*

**Zutaten:**
*2 Stauden Stangensellerie*
*3 Esslöffel Essig*
*2 Lorbeerblätter*
*Salz*
*2–3 Esslöffel Öl*
*2–4 Sardellenfilets*
*1–2 Stücke roter Peperone (Paprikaschote) aus dem Essig*

**Geräte:**
*kleines Küchenmesser, mittelgrosse Pfanne, Deckel, Spiesschen, Schaumlöffel*

- Den Sellerie putzen und dabei die Stauden auf eine Länge von ca. 15 cm kürzen.
- Der Länge nach halbieren. Nach Belieben die äusseren Stangen leicht schälen, um die harten Fasern zu entfernen.
- Die halbierten Stauden sorgfältig waschen. Dabei die Stangen vorsichtig zurückbiegen, ohne sie jedoch abzubrechen.
- In die Pfanne geben und Essig, Lorbeerblätter, Salz und 5 Esslöffel Wasser beifügen.
- Bei kräftiger Hitze zum Kochen bringen.
- Den Deckel aufsetzen, die Temperatur reduzieren und noch knapp 20 Minuten garen, oder bis sich die Stangen beim Einstechen mit einem Spiesschen gar, aber nicht zu weich anfühlen.

*Leider ist Stangensellerie bei uns noch nicht so bekannt, aber ein Versuch lohnt sich*

- Mit dem Schaumlöffel herausheben, abtropfen lassen und mit der Schnittfläche nach unten auf eine Platte anrichten. Mit wenig Öl beträufeln und erkalten lassen.
- Zum Servieren jede Staudenhälfte mit je 2 der Länge nach halbierten Sardellenfilets und roten Peperone-Streifchen hübsch garnieren.

---

- *Dieser Sellerie kann als Beilage zu einem kalten Gericht oder als Vorspeise serviert werden.*

# Geschmorter Stangensellerie – Sedano brasato

**Für 4 Personen**
Arbeitsaufwand: 5–6 Minuten
Kochzeit: ca. 20 Minuten

*Geräte:*
kleines Küchenmesser,
mittelgrosse Pfanne, Deckel,
Spiesschen, Schaumlöffel

*Zutaten:*
4 nicht zu grosse Stauden Stangensellerie
40 g Butter
1½ dl Fleischbrühe

- Den Sellerie putzen und dabei die Stauden auf eine Länge von ca. 15 cm kürzen. Nach Belieben die äusseren Stangen leicht schälen, um die harten Fasern zu entfernen.
- Die Stauden sorgfältig waschen. Dabei die Stangen leicht zurückbiegen, ohne sie jedoch abzubrechen.
- In die Pfanne geben und die Hälfte der Butter sowie die Fleischbrühe beifügen.

- Bei mittlerer Hitze zum Kochen bringen.
- Die Temperatur reduzieren, den Deckel aufsetzen und bei schwacher Hitze noch knapp 20 Minuten garen, oder bis sich der Sellerie beim Einstechen mit einem Spiesschen gar, aber nicht zu weich anfühlt. Gegen Ende der Kochzeit den Deckel abheben und die Temperatur etwas erhöhen, um die ausgetretene Flüssigkeit auf 3–4 Esslöffel einzukochen.
- Vom Herd wegziehen, die Selleriestauden mit dem Schaumlöffel herausheben, abtropfen lassen und anrichten.
- Die restliche Butter zu der in der Pfanne verbliebenen Flüssigkeit geben und rühren, bis sie geschmolzen ist. Über den Sellerie verteilen und servieren.

---

- *Wenn keine Fleischbrühe zur Verfügung steht, kann auch etwas Fleischextrakt und Salz (in Wasser aufgelöst) verwendet werden.*

---

# Fritierte Zwiebelringe – Cipolle fritte

**Für 4 Personen**
*Arbeitsaufwand: ca. 8 Minuten*
*Fritierzeit: ca. 5–6 Minuten*

*Zutaten:*
*2 grosse Zwiebeln (je ca. 200 g)*
*1½ dl Milch*
*4 Esslöffel Mehl*
*Salz*
*Öl für die Fritüre*

*Geräte:*
*kleines und grosses Küchenmesser, Holzbrett, Friteuse oder geeignete Pfanne zum Fritieren, Sieb, starke Papiertüte, (Fritierkorb), einige Brotstücklein, (Schaumlöffel)*

- Die Zwiebel schälen und der Breite nach in ca. 3 mm dicke Scheiben schneiden. Mit den Fingern in Ringe teilen.
- Das Öl in einem passenden Kochgeschirr erhitzen.
- Inzwischen die Milch in einen Teller giessen und die Zwiebelringe darin so lange wenden, bis sie überall befeuchtet sind.
- Im Sieb gut abtropfen lassen.
- In die Papiertüte geben, das Mehl beifügen und die Tüte oben mit den Fingern verschliessen. Einige Male kräftig schütteln (dies ist die rationellste Methode, kleine Zutaten zu bemehlen).
- Den Inhalt der Tüte in den Fritierkorb oder in ein Sieb geben und durch Schütteln über dem Spültrog das überschüssige Mehl entfernen.
- Das Öl weist die richtige Temperatur auf, wenn ein hineingegebenes Brotstücklein innerhalb von 45–50 Sekunden braun wird. In diesem Moment die Zwiebelringe hineingeben.
- Bei kräftiger Hitze (jedoch etwas reduzieren, falls die Zwiebeln zu rasch bräunen) ca. 3 Minuten fritieren, oder bis die Zwiebeln knusprig und goldbraun sind. Während des Fritierens ein- bis zweimal wenden, indem der Fritierkorb geschüttelt wird. Falls in einer Bratpfanne fritiert wird, zum Wenden eine Gabel benützen.
- Die Zwiebeln herausheben (mit dem Fritierkorb oder mit einem Schaumlöffel), gut abtropfen lassen und einen Moment auf Küchenpapier legen, damit überschüssiges Öl aufgesogen wird.
- Anrichten, mit etwas Salz bestreuen und servieren.

---

- *Dieses Gericht schmeckt hervorragend zu grillierten Steaks.*

# Perlzwiebeln in Rahmsauce
## Cipolline alla panna

**Für 4 Personen**
*Arbeitsaufwand: 5 Minuten*
*Kochzeit: 35–40 Minuten*

*Zutaten:*
*400 g geschälte Perlzwiebeln*
*Salz*
*1 dl Rahm*
*wenig geriebene Muskatnuss*

*Geräte:*
*mittelgrosse Pfanne, Deckel,*
*Spiesschen, Sieb,*
*Muskatnussreibe*

- Die Zwiebeln waschen.
- Mit ca. 1 cm hoch Wasser in der Pfanne aufsetzen.
- Zum Kochen bringen, den Deckel aufsetzen und bei schwacher Hitze 25–30 Minuten garen, oder bis sich die Zwiebeln beim Einstechen mit dem Spiesschen oder mit einer Gabel weich anfühlen. Sie sollen aber nicht zerfallen.
- Die Zwiebeln in das Sieb geben.
- In der gleichen Pfanne den Rahm erhitzen und auf ca. die Hälfte einkochen.
- Mit Muskatnuss und wenig Salz abschmecken. Die Zwiebeln hineingeben und bei schwächster Hitze einige Minuten ziehen lassen. Dabei einmal wenden. Anrichten und servieren.

- *Man kann selbstverständlich für die Zubereitung dieses Gerichtes auch ungeschälte Zwiebeln kaufen.*

## Kartoffeln

Erstaunlicherweise sind Kartoffeln in der italienischen Küche recht beliebt. Man begnügt sich nicht mit Teigwaren und Risotto als Lieferanten von Kohlehydraten. Nebst einfachen Ofenkartoffeln finden sich im folgenden verschiedene Gerichte mit eher südländischem Charakter durch Verwendung von Rosmarin, Oliven, Petersilie. Das Kartoffelpüree wird gerne mit Gemüse etwas abgewandelt. Aus Kartoffeln werden auch Gnocchi zubereitet (s. Seite 88).

# Kartoffeln mit Oliven – Patate con olive

**Für 4 Personen**
*Arbeitsaufwand: 6–7 Minuten*
*Kochzeit: ca. 25 Minuten*

*Zutaten:*
*700 g Kartoffeln*
*1 kleine Zwiebel*
*4–5 Esslöffel Öl*
*300 g geschälte Tomaten aus der Dose (Pelati), abgetropft*
*Salz*
*70 g schwarze Oliven*

*Geräte:*
*kleines Küchenmesser,*
*Holzbrett, mittelgrosse*
*Pfanne, Deckel,*
*Dosenöffner*

- Die Kartoffeln schälen und waschen, die Zwiebel schälen.
- Die Kartoffeln in ca. 2 cm grosse, die Zwiebel in 1/2 cm grosse Würfel schneiden.
- Kartoffeln und Zwiebel mit dem Öl in die Pfanne geben und bei mittlerer Hitze unter Rühren einige Minuten anziehen lassen.

- Die gut abgetropften und mit einer Gabel zerdrückten Tomaten und Salz beifügen. Zum Kochen bringen.
- Den Deckel aufsetzen, die Temperatur reduzieren und noch ca. 18–20 Minuten unter mehrmaligem Rühren garen, oder bis sich die Kartoffeln beim Einstechen weich anfühlen. 5 Minuten vor Ende der Kochzeit die Oliven zugeben.

# Kartoffeln mit Zwiebeln und Rosmarin
## Patate e cipolle al rosmarino

**Für 4 Personen**
*Arbeitsaufwand:*
*8–10 Minuten*
*Kochzeit: ca. 18 Minuten*

*Zutaten:*
*600 g Kartoffeln*
*200 g Zwiebeln*
*50 g Butter*
*1 Rosmarinzweiglein*
*Salz*

*Geräte:*
*kleines Küchenmesser,*
*Gemüseraffel, weite,*
*niedrige Pfanne oder grosse*
*Bratpfanne, Deckel*

- Die Kartoffeln schälen und waschen, die Zwiebeln schälen. Beides auf der Gemüseraffel mit der gröbsten Lochung raffeln.
- Die Butter in der Pfanne erhitzen und das Rosmarinzweiglein beifügen.
- Zwiebeln und Kartoffeln zugeben, salzen und unter häufigem Rühren bei kräftiger Hitze 4–5 Minuten dünsten, oder bis die Kartoffeln Farbe angenommen haben.
- ½ dl Wasser beifügen und erhitzen.
- Den Deckel aufsetzen, die Temperatur reduzieren und unter gelegentlichem Rühren noch ca. 10 Minuten garen. Von Zeit zu Zeit etwas Wasser beifügen. Wenn die Kartoffeln gar sind (die Zwiebeln sollen hingegen leicht knackig bleiben), sollte keine Flüssigkeit mehr in der Pfanne vorhanden sein.
- Vor dem Servieren den Rosmarin entfernen.

# Ofenkartoffeln in der Schale
## Patate in forno «in camicia»

**Für 4 Personen**
*Arbeitsaufwand: 6–7 Minuten*
*Garzeit: 25–60 Minuten,*
*je nach Grösse*

*Zutaten:*
*ca. 800 g möglichst gleichmässige Kartoffeln*
*verschiedene Beilagen (siehe letzten Abschnitt des Rezeptes)*

*Geräte:*
*kleine Bürste zum Waschen*
*der Kartoffeln, (Kuchenblech*
*oder niedrige, feuerfeste*
*Form), Spiesschen*

- Den Backofen auf 200–210 °C vorheizen.
- Die Kartoffeln waschen und mit der Bürste gut reinigen.
- Ohne abzutrocknen auf den Rost im Backofen oder auf ein Blech oder sonst eine Form legen und in den Ofen schieben.
- Garen, bis sie sich beim Einstechen mit einem Spiesschen weich anfühlen. Dies wird bei ca. 100 g schweren Kartoffeln nach ca. 30 Minuten der Fall sein. Mittelgrosse Kartoffeln von ca. 170 g werden ca. 40 Minuten und grosse von 200–220 g ca. 1 Stunde benötigen. (Wenn die Kartoffeln zu lange gegart wer-

den, geschieht nichts, ausser dass sie vielleicht beim Einstechen platzen.)
- In der Schale servieren, mit Salz, Butter oder Öl, oder mit Petersilien-Knoblauch-Butter (s. Seite 450), aber in doppelter Menge, oder mit Sauerrahmsauce (s. Seite 439). Die Schale der Kartoffel wird erst auf dem Teller mit Hilfe eines Messers geöffnet, und jeder bedient sich nach seinem Geschmack mit den vorhandenen Zutaten. Die Kartoffel wird mit einer Gabel oder einem Löffel aus der Schale gegessen, die Schale selbst kann ebenfalls gegessen werden.

# Kartoffelpüree mit Petersilie
## Purè di patate al prezzemolo

**Für 4 Personen**
*Arbeitsaufwand: 7–8 Minuten*
*Kochzeit: ca. 17 Minuten*

*Zutaten:*
*800 g Kartoffeln*
*Salz*
*1 1/2 Esslöffel gehackte Petersilie*
*40 g Butter*

*Geräte:*
*kleines Küchenmesser,*
*mittelgrosse Pfanne, Deckel,*
*Kochlöffel, Holzbrett*
*und Wiegemesser*

- Die Kartoffeln schälen und waschen. In Scheiben schneiden: je dünner die Scheiben, um so kürzer die Kochzeit.
- In die Pfanne geben und so viel Wasser zugiessen, dass die Kartoffeln gerade davon bedeckt sind. Salzen.
- Bei starker Hitze zum Kochen bringen.
- Den Deckel leicht schräg aufsetzen, damit durch einen Schlitz der Dampf abziehen kann. Die Temperatur reduzieren und unter gelegentlichem Rühren ca. 10 Minuten leise weiterkochen, oder bis die Kartoffeln so weich sind, dass sie zu zerfallen beginnen.
- Die Temperatur stark erhöhen und ohne Deckel und unter ständigem Rühren 2–3 Minuten kochen, oder bis die Kartoffeln vollständig zerfallen sind und die Kochflüssigkeit verdampft ist. Es soll ein grobkörniges Püree entstehen.
- Den Herd ausschalten und Petersilie und Butter beifügen. Rühren, bis die Butter geschmolzen ist.

# Kartoffelpüree mit Mangold
## Purè di patate con bietole

**Für 4 Personen**
*Arbeitsaufwand: 10 Minuten*
*Kochzeit: 12–15 Minuten*

*Zutaten:*
*300 g Blattmangold (Schnittmangold)*
*700 g Kartoffeln*
*Salz*
*5 Esslöffel Öl*

*Geräte:*
*kleines Küchenmesser, Sieb,*
*mittelgrosse Pfanne,*
*Kochlöffel*

- Den Mangold waschen und welke Blätter oder Blatteile sowie die Stiele (sie können aufgehoben und in einer Gemüsesuppe verwendet werden) entfernen. Zwei- bis dreimal in reichlich Wasser waschen. In einem Sieb abtropfen lassen.

- Die Kartoffeln schälen und waschen. In ca. ½ cm dicke Scheiben schneiden und direkt in die Pfanne geben.
- Soviel Wasser beifügen, dass die Kartoffeln gerade davon bedeckt sind. Die in Stücke geschnittenen Mangoldblätter sowie Salz beifügen.
- Bei starker Hitze zum Kochen bringen und unter mehrmaligem Wenden dünsten, bis der Mangold zusammengefallen ist.
- Die Temperatur reduzieren und bei mittlerer Hitze unter gelegentlichem Rühren ca. 8 Minuten weiterkochen, oder bis die Kartoffeln gar sind. Gegen Ende der Kochzeit die Temperatur erhöhen, damit die Flüssigkeit fast vollständig verdunsten kann.
- Vom Herd wegziehen und die Kartoffeln mit einer Gabel grob zerdrücken.
- Erneut bei hoher Temperatur aufsetzen und so lange kräftig rühren, bis keine Flüssigkeit mehr vorhanden ist.
- Vom Herd wegziehen, das Öl beifügen und kräftig unter das Gemüse rühren.

# Gefüllte Kartoffeln – Patate ripiene

**Für 4 Personen**
Arbeitsaufwand: 12 Minuten
Kochzeit: ca. 20 Minuten

*Zutaten:*
*8 kleine Kartoffeln (je ca. 100 g)*
*ca. 100 g Schweinsbratwurst*
*Salz*
*50 g Butter*
*1 Esslöffel gehackte Petersilie*

*Eine Überraschung für Gäste sind diese mit Wurst gefüllten Kartoffeln*

*Geräte:*
*kleines Küchenmesser,*
*Ausstecher, weite Pfanne*
*(die Kartoffeln müssen*
*nebeneinander auf dem Boden*
*Platz finden), Deckel,*
*Kochlöffel, Spiesschen,*
*Holzbrett und Wiegemesser*

- Die Kartoffeln schälen, waschen und abtrocknen.
- Jede Kartoffel der Länge nach durchbohren.
- Diese Öffnung mit der Bratwurstmasse füllen. Dabei von beiden Seiten her die Masse mit den Fingern zusammendrücken.
- Die Kartoffeln nebeneinander in der Pfanne anordnen, mit Salz bestreuen und mit der in Flocken geschnittenen Butter belegen. Den Deckel aufsetzen.
- Bei schwacher Hitze (es soll aber ein Zischen zu hören sein) ca. 20 Minuten garen, oder bis die Kartoffeln weich sind. Um dies festzustellen, mit einem Spiesschen einstechen (nicht mit der Gabel, die Kartoffeln würden zerbrechen). Während der Kochzeit die Kartoffeln von Zeit zu Zeit sehr sorgfältig mit dem Kochlöffel wenden. Anrichten und mit der Petersilie bestreuen.

## Pilze und verschiedene Gemüsegerichte

Bei den Pilzen spielen in Italien nicht nur die gezüchteten Champignons eine Rolle, sondern es werden noch ansehnliche Mengen von Eierschwämmen (Pfifferlingen) und Steinpilzen gesammelt. Bei letzteren möglichst kleine Pilze auswählen, da die grösseren oft von Würmern bewohnt oder ihre Röhren so stark ausgebildet sind, dass man sie wegwerfen muss. Pilze sollen nur rasch unter fliessendem kaltem Wasser gewaschen werden. Steinpilze eignen sich auch zur Zubereitung auf dem Grill (s. Seite 356).

In diesem Kapitel zu finden sind auch Kastanien, die in der italienischen Küche sowohl pikant wie auch süss als Dessert zubereitet werden (s. Seite 388, 413 f., 418 und 430). Ferner das berühmte Piemonteser Gemüsefondue, für welches das Gemüse zu jeder Jahreszeit anders zusammengestellt werden kann.

# Eierschwämme im Ofen
## Funghi galletti in forno

**Für 4 Personen**
*Arbeitsaufwand: 10 Minuten*
*Garzeit: 50–55 Minuten*

*Zutaten:*
*500 g Eierschwämme (Pfifferlinge)*
*1½ dl Weisswein*
*1 mittelgrosse Kartoffel*
*1 reife, feste, birnenförmige Tomate*
*1 kleines Sellerieherz (innerster, zarter Teil von Stangensellerie)*
*3 Esslöffel Öl*
*Salz*
*1 Prise getrocknete, zerkleinerte Pfefferschote*
*1 Prise Fenchelsamen*
*einige Tropfen Rum*
*einige Tropfen Balsam-Essig oder Worcestershire-Sauce*
*3 Esslöffel Rahm*

*Geräte:*
*kleines Küchenmesser,*
*Schüssel, niedrige, feuerfeste*
*Form*

- Den Backofen auf 190 °C vorheizen.
- Die Pilze putzen, indem der erdige Teil des Stiels weggeschnitten wird. Sorgfältig unter fliessendem kaltem Wasser waschen und sofort trockentupfen.
- Halbieren oder vierteln. Mit dem Wein in die Schüssel geben und etwas stehenlassen.

- Inzwischen die Kartoffel schälen und waschen. Tomate und Sellerieherz waschen.
- Mit der Hälfte des Öls die feuerfeste Form bestreichen.
- Die Kartoffel in dünne Scheiben schneiden und in die Form legen. Die in Scheiben geschnittene Tomate und das Sellerieherz sowie die abgetropften Pfifferlinge darüber verteilen.
- Den Wein, in welchem die Eierschwämme mariniert wurden, sowie das restliche Öl darübergeben. Mit Salz, Pfefferschote und Fenchelsamen bestreuen.
- In die Mitte des Ofens schieben und 45 Minuten garen.
- Auf den Herd stellen und Rum, Essig oder Worcestershire-Sauce sowie Rahm darüberträufeln, vorsichtig etwas wenden, ohne die Zutaten zu fest zu vermischen. Bei schwacher Hitze die Flüssigkeit etwas einkochen. In der Form auf den Tisch bringen.

# Champignons und Kartoffeln im Ofen
## Champignon e patate in forno

**Für 4 Personen**
*Arbeitsaufwand: 10 Minuten*
*Garzeit: 40 Minuten*

*Zutaten:*
*400 g Kartoffeln*
*400 g Champignons*
*Salz*
*1 Zweiglein frischer Thymian*
*oder 1 Messerspitze getrocknete Blätter*
*6 Esslöffel Öl*

*Geräte:*
*kleines Küchenmesser,*
*Holzbrett, feuerfeste Form*
*oder 4 entsprechende*
*Portionenförmchen,*
*Aluminiumfolie*

- Den Backofen auf 200 °C vorheizen.
- Die Kartoffeln schälen, waschen und trockentupfen.
- Die Champignons putzen, unter fliessendem kaltem Wasser waschen und sofort trockentupfen.
- Die Kartoffeln in ca. 1 mm dicke und die Champignons in doppelt so dicke Scheiben schneiden.
- Schichtweise in die Form bzw. die Förmchen füllen und Salz, Thymian und Öl darüber verteilen. Mit Aluminiumfolie bedecken, dabei die Ränder sorgfältig umlegen.
- In den Ofen schieben und 40 Minuten garen. In der Form auf den Tisch bringen.

# Champignons an Brandy-Sauce
## Champignon al cognac

**Für 4 Personen**
*Arbeitsaufwand:*
*8–10 Minuten*
*Kochzeit: ca. 7 Minuten*

*Zutaten:*
*500–600 g Champignons*
*60 g Butter*
*Salz*
*4 Esslöffel Brandy (Weinbrand)*
*6 Esslöffel Rahm*

*Geräte:*
*kleines Küchenmesser,*
*Holzbrett, grosse Bratpfanne*

- Die Champignons putzen, unter fliessendem kaltem Wasser waschen und sofort trockentupfen.
- Der Länge nach in 3 mm dicke Scheiben schneiden.
- Die Butter in der Bratpfanne erhitzen.
- Die Champignons hineingeben, salzen und unter häufigem Wenden ca. 3 Minuten dünsten, oder bis sie sich leicht goldgelb verfärbt haben.
- Den Brandy beifügen, kurz warm werden lassen und mit einem Streichholz vorsichtig anzünden.
- Warten, bis die Flammen von selbst verlöschen, dann den Rahm zugeben, einige Male umrühren und etwa auf die Hälfte einkochen lassen.

---

- *Ausser als Beilage zu Fleisch können diese Champignons auch zu Risotto oder Rührei oder als Füllung für Cannelloni, Pfannkuchen oder Blätterteig-Pastetchen verwendet werden. Für 4 Pastetchen von 7 cm Durchmesser genügen 180 g Champignons sowie die Hälfte der übrigen Zutaten.*

# Steinpilze mit Petersilie
## Funghi porcini al prezzemolo

**Für 4 Personen**
*Arbeitsaufwand: 7–8 Minuten*
*Kochzeit: 10–11 Minuten*

*Zutaten:*
*500–600 g Steinpilze*
*3–4 Esslöffel Öl*
*Salz*
*Saft von ½ kleinen Zitrone*
*1 gehäufter Esslöffel gehackte Petersilie*

*Steinpilze sollen auf möglichst einfache Art zubereitet werden, damit sich ihr Aroma entfalten kann*

*Geräte:*
*kleines Küchenmesser,*
*weiches Bürstchen, grosse*
*Bratpfanne, Kochlöffel,*
*Holzbrett und Wiegemesser*

- Die Pilze vorbereiten und 4–5 Minuten dünsten wie im nachstehenden Rezept, aber ohne Oregano beizufügen.
- Die Hitze reduzieren und ebenfalls noch 5 Minuten weiterdünsten.
- Vom Herd wegziehen, mit Salz und Zitronensaft abschmecken und mischen.
- Anrichten und vor dem Servieren mit der Petersilie bestreuen.

# Geschmorte Steinpilze mit Oregano
## Funghi porcini al funghetto

**Für 4 Personen**
*Arbeitsaufwand: 7–8 Minuten*
*Kochzeit: 10–11 Minuten*

*Zutaten:*
*500–600 g Steinpilze*
*3–4 Esslöffel Öl*
*1 Mokkalöffel Oregano*
*Salz*

*Geräte:*
*kleines Küchenmesser,*
*weiches Bürstchen, grosse*
*Bratpfanne, Kochlöffel*

- Die Pilze putzen, indem der erdige Teil des Stiels mit dem Messer so knapp wie möglich weggeschnitten wird. Sorgfältig mit Hilfe eines weichen Bürstchens unter fliessendem kaltem Wasser waschen und sofort trockentupfen.
- Der Länge nach in nicht zu dünne Scheiben (2–3 mm dick) schneiden.
- Das Öl in der Bratpfanne erhitzen.
- Die Pilze hineingeben und bei kräftiger Hitze unter häufigem Rühren 4–5 Minuten dünsten.
- Mit dem Oregano bestreuen, die Temperatur reduzieren und 5 Minuten weiterdünsten.
- Vom Herd wegziehen, salzen und umrühren. Anrichten und servieren.

---

- *Das Geheimnis, feste, nicht schlüpfrige Pilze zu bekommen, besteht darin, den Kochprozess mit ziemlich starker Hitze zu beginnen und so kurz wie möglich zu halten. Wenn die Pilze zu lange in der Pfanne sind, werden sie weich und wie Gummi.* • *Das Öl kann ganz oder teilweise durch Butter ersetzt werden.* • *Bevor man die Pilze in das Öl oder die Butter gibt, kann man 1–2 Knoblauchzehen darin dünsten und entfernen, sobald sie Farbe angenommen haben.*

# Kastanien mit Milch – Castagne al latte

**Für 4 Personen**
*Einweichen der Kastanien:*
*3 Stunden*
*Arbeitsaufwand: 10–15 Minuten*
*Kochzeit: ca. 3 Stunden*

*Zutaten:*
*250–300 g getrocknete Kastanien*
*Salz*
*ca. ½ l Milch*
*ca. 3 dl Rahm*

- Die Kastanien in eine Schüssel geben. Verdorbene oder gefleckte Kastanien wegwerfen. Mit kaltem Wasser bedecken.

*Geräte:*
*Gefäss zum Einweichen der*
*Kastanien, Sieb, mittelgrosse*
*Pfanne, Deckel*

- 3 Stunden stehenlassen.
- Mit den Fingern so gut wie möglich die restlichen, aufgeweichten Hautstückchen entfernen. Abspülen und abtropfen lassen.
- Mit wenig Salz in eine Pfanne geben und so viel Wasser dazugiessen, dass die Kastanien ca. 4 cm hoch davon bedeckt sind. Bei mittlerer Hitze zum Kochen bringen.
- Zudecken, die Temperatur reduzieren und unter gelegentlichem Umrühren ca. 3 Stunden leise kochen, oder bis die Kastanien so weich sind, dass sie auseinanderzufallen beginnen. Während des Kochens wenn nötig nochmals etwas heisses Wasser zugiessen, aber nur so viel, dass am Ende der Garzeit noch wenige Esslöffel konzentrierter Sud vorhanden sind.
- Kastanien, Milch und Rahm separat servieren. Jeder Gast giesst selber Milch und Rahm über die in Suppenteller geschöpften, heissen Kastanien.

# Piemonteser Gemüsefondue – Bagna cauda

**Für 4 Personen**
*Arbeitsaufwand: 5 Minuten*
*Kochzeit: ca. 30 Minuten*

*Zutaten:*
*5 Knoblauchzehen*
*80 g Sardellenfilets*
*2 dl Öl*
*40 g Butter*
*500–600 g gemischtes rohes Gemüse*

*Geräte:*
*kleines Küchenmesser,*
*mittelgrosses, feuerfestes*
*Tongeschirr oder, falls nicht*
*verfügbar, entsprechende*
*Pfanne, Kerzen-Rechaud*
*(Stövchen)*

- Das Gemüse putzen: Peperoni (Paprikaschoten) in 2 cm breite Streifen schneiden (weisse Rippen entfernen), Blumenkohl in Röschen zerteilen, zarte Wirsingblätter vom Strunk lösen, Karotten, Zucchini und Kohlrabi in Stengelchen schneiden, Fenchelherzen vierteln. Waschen, trockentupfen und dekorativ auf eine Platte anordnen.
- Die Knoblauchzehen schälen und in dünne Scheibchen schneiden.
- Die Sardellenfilets mit den Fingern oder dem kleinen Küchenmesser der Länge nach halbieren und dabei noch vorhandene Gräten entfernen. Gut abtropfen lassen.
- Knoblauch, Sardellen und Öl in das Tongeschirr geben und bei niedriger Temperatur (das Öl soll nur ganz schwach kochen) 30 Minuten ziehen lassen. Immer wieder rühren, bis die Sardellenfilets auf dem Boden des Geschirrs zerfallen sind.
- Im letzten Moment die Butter beifügen. Sobald sie geschmolzen ist, auf einem Kerzen-Rechaud servieren, damit die Sauce warm bleibt.
- Das vorbereitete Gemüse am Tisch wie bei einem Fondue in die Sauce tauchen.

---

- *Die Gemüse können auch ganz serviert und von den Gästen selber in Stücke geschnitten werden.* • *Die Gemüseauswahl lässt sich beliebig und je nach Jahreszeit variieren. Sehr gut passen z.B. Radicchio rosso, in Viertel geschnitten, oder Topinambur (ausnahmsweise vorgekocht). In Italien reicht man gerne Kardenstengel zu dieser Sauce.* • *Nach Belieben einige Trüffelscheiben in die Sauce geben.*

*Je nach Saison beliebig veränderbar ist die «Bagna cauda», ein Gericht ganz besonderer Art*

# Saures Gemüse – Misto di verdure all'aceto

**Für 4 Personen**
*Arbeitsaufwand:*
*10–12 Minuten*
*Kochzeit: 22–23 Minuten*

*Zutaten:*
*2 grosse Zwiebeln*
*¾ Teelöffel Zucker*
*Salz*
*5 Esslöffel Essig*
*3 kleine Karotten*
*4 Esslöffel Öl*
*3 mittelgrosse Cornichons*

*Geräte:*
*kleines Küchenmesser,*
*Holzbrett, mittelgrosse Pfanne,*
*Deckel, Schaumlöffel,*
*Gemüseraffel*

● Die Zwiebeln schälen, halbieren und in 3–4 mm dicke Scheiben schneiden.
● Mit Zucker, Salz und so viel Essig in die Pfanne geben, dass sie bis auf halbe Höhe davon bedeckt sind. Zum Kochen bringen.
● Den Deckel aufsetzen, die Temperatur reduzieren und ca. 20 Minuten ganz leicht kochen lassen. Von Zeit zu Zeit rühren.
● Die Zwiebeln mit dem Schaumlöffel herausheben, abtropfen lassen und auf einen Teller geben. 2–3 Esslöffel der Kochflüssigkeit darüber verteilen.
● Die Karotten schälen und waschen. Auf der Gemüseraffel mit mittlerer Lochung raffeln. Zu den Zwiebeln geben, das Öl beifügen und sofort mischen.
● Die in Scheiben geschnittenen Cornichons zugeben, wenn nötig leicht salzen und nochmals mischen. Sofort servieren oder zuerst abkühlen lassen.

---

● *Dieses Gericht eignet sich sehr gut als Beilage zu Siedfleisch.*

# Eierspeisen

Eier sind im Vergleich mit allen anderen Nahrungs-mitteln sehr preisgünstig, besonders wenn man be-denkt, dass zwei Eier dem Nährwert von ungefähr 100 g Fleisch entsprechen. Sie enthalten ausserdem 13 Prozent Eiweiss, viele Mineralsalze (vor allem Phosphor, Schwefel und Eisen) und Vitamine.

Diese Angaben gelten natürlich nur für wirklich fri-sche Eier. Nachdem aber die Toleranzgrenzen in Be-zug auf die Eierqualität ziemlich weit gesteckt sind, möchte man gelegentlich selber feststellen, ob ein Ei frisch ist. Es gibt dafür einige ganz einfache Hausmit-tel:

Beim Aufschlagen von rohen Eiern kann anhand der Dotterform beurteilt werden, ob es sich um ein fri-sches oder gelagertes Ei handelt. Der Dotter eines frischen Eis ist stark gewölbt und das Eiweiss zusam-menhängend. Beim weniger frischen Ei ist das Eigelb flach oder verläuft sogar, und das Eiweiss ist dünn wie Wasser.

Eier, die in der Schale gekocht werden, kann man in kaltes Wasser legen. Ein frisches Ei liegt waagrecht auf dem Boden des Gefässes. Ein bereits mehr als acht Tage altes Ei richtet sich im Wasser durch die mittlerweile in der Schale entstandene Luftblase auf. Ein mehr als ein Monat altes Ei schwimmt!

Auch Durchleuchten mit einer starken Lampe sagt et-was über die Qualität des Eis aus: Bei einem frischen Ei ist das Eigelb durch die Schale nicht erkennbar und die sichtbare Luftblase sehr klein. Bei einem weniger frischen Ei ist das Eigelb als dunkle Stelle zu erken-nen, und die Luftblase ist bedeutend grösser.

Noch ein Wort zur Farbe der Schale. Es gibt Hühner-rassen, die mehr oder weniger braune Eier legen. Sie sind jedoch weder besser (was vielfach geglaubt wird), noch ist ihr Dotter dunkler als bei weissen Eiern.

*Leicht zuzubereiten sind die Spiegeleier im Brotrand (Seite 321), die Eier im Förmchen (Seite 321) und der Eierkuchen mit Mangold (Seite 325)*

## Harte und wachsweich gekochte Eier

Hartgekochte Eier werden in der Regel als kalte Vorspeise oder in Kombination mit Salaten aufgetragen. In diesem Falle reichen in den folgenden Rezepten 4–6 Eier mit den entsprechend angepassten übrigen Zutaten. Mit einer passenden Sauce (s. Seite 436–438) ergeben sie ein einfaches Hauptgericht. Sie sind allerdings nicht ganz leicht verdaulich. Anders die wachsweichen Eier: Sie werden zwar ebenfalls in der Schale gekocht, aber weniger lang und sind deshalb leichter verdaulich. Sie müssen mit grosser Sorgfalt geschält und behandelt werden. Wachsweiche Eier können mit einer Sauce (s. Seite 435–438) oder nach denselben Rezepten wie pochierte Eier (s. Seite 318 ff.) zubereitet werden und eignen sich als Vorspeise oder als einfaches Hauptgericht.

# Hartgekochte Eier mit Vinaigrette
## Uova sode con vinaigrette

**Für 4 Personen**
*Arbeitsaufwand: 6–8 Minuten*
*Kochzeit: ca. 10 Minuten*
*Stehenlassen: ca. 2 Stunden*

*Geräte:*
*Pfanne zum Kochen der*
*Eier, Löffel oder*
*Schaumlöffel, kleines*
*Küchenmesser oder*
*Eierschneider*

*Zutaten:*
*8 Eier*
*½–2 Esslöffel Essig*
*Salz*
*4–6 Esslöffel Öl*

- Die Eier 10 Minuten kochen.
- Inzwischen aus Essig, Salz und Öl eine einfache Vinaigrette zubereiten (s. Seite 437).
- Die hartgekochten Eier mit kaltem Wasser abschrecken und schälen. In Scheiben schneiden und dachziegelartig auf einer flachen Platte anordnen.
- Mit der Vinaigrette beträufeln und vor dem Servieren einige Stunden stehenlassen.

- *Die Vinaigrette kann durch die verschiedensten Zutaten bereichert werden (ausgenommen Gorgonzola), s. Seite 437.*

# Harte Eier mit Tomaten und Thunfischsauce
## Uova sode e pomodori al tonno

**Für 4 Personen**
*Arbeitsaufwand: 6–8 Minuten*
*Kochzeit: ca. 10 Minuten*

*Geräte:*
*Pfanne zum Kochen der*
*Eier, Löffel oder*
*Schaumlöffel, Mixer, kleines*
*Küchenmesser, (Eierschneider)*

*Zutaten:*
*6–8 Eier*
*70 g Thunfisch aus dem Öl*
*6 Esslöffel Öl*
*Saft von 1 kleinen Zitrone*
*Salz*
*4 Tomaten*

- Die Eier 10 Minuten kochen.
- Thunfisch, Öl und Zitronensaft im Mixer pürieren, bis eine glatte Masse entstanden ist. Mit Salz abschmecken.
- Die Tomaten waschen und abtrocknen. Mit einem spitzen Messer den Stielansatz entfernen.

• Die hartgekochten Eier mit kaltem Wasser abschrecken und schälen.
• Eier und Tomaten in gleichmässige Scheiben schneiden, abwechslungsweise auf einen flachen Teller anordnen und mit der Thunfischsauce bedecken.

---

• *Dieses Gericht lässt sich auch im voraus zubereiten. Aber Eier und Tomaten erst im letzten Moment schneiden: Die harten Eier trocknen sonst aus und die in Scheiben geschnittenen Tomaten werden schlaff.*
• *Der Thunfischsauce nach Belieben die abgeriebene Schale von ¼ Zitrone beifügen.*

---

# Gefüllte Eier mit schwarzen Oliven
## Uova sode ripiene alle olive nere

**Für 4 Personen**
*Arbeitsaufwand:*
*10–12 Minuten*
*Kochzeit: ca. 10 Minuten*

*Zutaten:*
*8 Eier*
*6–8 schwarze Oliven*
*(½ Esslöffel Senf)*
*4 Esslöffel Mayonnaise*
*(Salz)*

*Geräte:*
*Pfanne zum Kochen der Eier, Löffel oder Schaumlöffel, kleines Küchenmesser, (Olivenentkerner), Holzbrett und Wiegemesser, Schüssel*

• Die Eier 10 Minuten kochen.
• Mit kaltem Wasser abschrecken und schälen. Der Länge nach halbieren und das Eigelb in eine kleine Schüssel geben.
• Die Oliven entkernen (wenn kein Olivenentkerner zur Verfügung steht, das Fleisch mit einem Messer von den Steinen schneiden) und fein hacken. Zum Eigelb geben.
• Nach Belieben den Senf dazugeben und alles mit einer Gabel gut vermischen. Die Mayonnaise beifügen und mit den übrigen Zutaten verarbeiten, bis eine glatte Masse entstanden ist. Wenn nötig mit etwas Salz abschmecken.
• Die Eiweisshälften mit dieser Masse füllen.

---

# Gefüllte Eier mit Schinken
## Uova sode ripiene al prosciutto

**Für 4 Personen**
*Arbeitsaufwand:*
*8–10 Minuten*
*Kochzeit: ca. 10 Minuten*

*Zutaten:*
*8 Eier*
*120 g gekochter Schinken, ziemlich dick geschnitten*
*50–60 g Cornichons*
*Salz*
*3 Esslöffel Rahm*

*Geräte:*
*Pfanne, Löffel oder Schaumlöffel, Holzbrett und Wiegemesser, kleines Küchenmesser, Schüssel*

• Die Eier 10 Minuten kochen.
• Inzwischen Schinken und Cornichons nicht allzu fein hacken.
• Die hartgekochten Eier mit kaltem Wasser abschrecken und schälen. Der Länge nach halbieren und das Eigelb in eine Schüssel geben.

*Mit schwarzen Oliven, mit Petersilie und Sardellen oder mit Kräutern gefüllte Eier schmecken immer gut*

● Wenig Salz und den Rahm beifügen und mit einer Gabel zerdrücken.
● Die Schinken-Cornichon-Mischung beifügen und gut damit verarbeiten.
● Die Eiweisshälften mit dieser Masse füllen.

---

*● Der Mischung nach Belieben etwas Mayonnaise beifügen oder den Rahm durch Mayonnaise ersetzen. ● Anstelle von gehacktem Schinken kann auch fein zerpflückter Thunfisch aus dem Öl, nach Belieben mit etwas Senf, verwendet werden.*

---

# Gefüllte Eier mit Petersilie und Sardellen
## Uova sode ripiene con prezzemolo e acciuga

**Für 4 Personen**
*Arbeitsaufwand:*
*10–12 Minuten*
*Kochzeit: ca. 10 Minuten*

*Zutaten:*
*8 Eier*
*1 Scheibe Kastenbrot ohne Kruste*
*3 Esslöffel Milch*
*1 Esslöffel gehackte Petersilie*
*1 hauchdünne Knoblauchscheibe*
*½ Esslöffel Sardellenpaste*
*1 gehäufter Esslöffel Mayonnaise*
*Salz*

*Geräte:*
*Pfanne zum Kochen der*
*Eier, Löffel oder*
*Schaumlöffel, kleines*
*Küchenmesser, Holzbrett*
*und Wiegemesser*

- Die Eier 10 Minuten kochen.
- Inzwischen die Brotscheibe in einem Teller mit der Milch beträufeln und mehrmals darin wenden, damit sie sich vollsaugen kann.
- Petersilie und Knoblauch zusammen hacken und zum eingeweichten Brot geben. Auch die Sardellenpaste beifügen.
- Die hartgekochten Eier mit kaltem Wasser abschrecken und schälen. Der Länge nach halbieren und das Eigelb ebenfalls zum Brot geben.
- Mit einer Gabel mit den übrigen Zutaten verarbeiten, bis eine glatte Masse entstanden ist.
- Die Mayonnaise und etwas Salz dazugeben und nochmals alles sehr gut vermischen.
- Mit Hilfe eines Löffels die Eiweisshälften mit dieser Masse füllen.

# Gefüllte Eier mit Kräutern
## Uova sode ripiene alle erbe

**Für 4 Personen**
*Arbeitsaufwand:*
*15–20 Minuten*
*Kochzeit: ca. 10 Minuten*
*Stehenlassen: mind. 2 Stunden*

*Zutaten:*
*8 Eier*
*1 Büschel Petersilie (gehackt 2 Esslöffel)*
*4–6 Basilikumblätter (gehackt 2 Esslöffel)*
*80 g Butter*
*abgeriebene Schale von ½ Zitrone*
*2 Esslöffel Zitronensaft*
*Salz*
*2 mittelgrosse, rote, aber feste Tomaten*
*3–4 Esslöffel Öl*

*Geräte:*
*Pfanne zum Kochen der*
*Eier, Löffel oder*
*Schaumlöffel, Holzbrett*
*und Wiegemesser, Schüssel,*
*kleines Küchenmesser*

- Die Eier 10 Minuten kochen.
- Inzwischen Petersilie und Basilikum zusammen hacken. In eine Schüssel geben und die in Stücke geschnittene Butter, die Zitronenschale, Zitronensaft und Salz beifügen.
- Die hartgekochten Eier mit kaltem Wasser abschrecken und schälen. Der Länge nach halbieren und das Eigelb ebenfalls in die Schüssel geben.
- Mit einer Gabel mit den übrigen Zutaten verarbeiten, bis eine glatte Masse entstanden ist.
- Mit Hilfe eines Löffels die Eiweisshälften mit dieser Masse füllen. Leicht zusammendrücken. (Was übrigbleibt, kann auf einigen Crackers serviert werden.)
- Während mindestens 2 Stunden oder bis umittelbar vor dem Servieren in den Kühlschrank stellen.
- Kurz vor dem Servieren die Tomaten waschen, abtrocknen, in dünne Scheiben schneiden und salzen. Die gefüllten Eier sorgfältig in Scheiben schneiden. Abwechslungsweise mit den Tomaten dachziegelartig auf eine flache Platte anrichten und mit Öl beträufeln.

• *Nach Belieben Mayonnaise dazu servieren.* • *Selbstverständlich kann man die gefüllten Eier auch unzerschnitten servieren.*

# Einfache wachsweiche Eier
## Uova bazzotte semplici

**Für 4 Personen**
*Arbeitsaufwand: 2–3 Minuten*
*Kochzeit: ca. 6 Minuten*

*Zutaten:*
*4–8 Eier*

*Geräte:*
*Pfanne zum Kochen der*
*Eier, Löffel oder Schaumlöffel*

- Die Eier ca. 6 Minuten kochen.
- Das Wasser aus der Pfanne abgiessen und die Eier mit kaltem Wasser abschrecken: nur so lange, bis man sie gut anfassen kann, wenn sie heiss serviert werden sollen.
- Sehr sorgfältig schälen, da sowohl Eigelb als auch Eiweiss noch teilweise flüssig sind. Zuvor die Schale rundherum mit einem Löffelrücken klopfen, damit sie Risse bekommt. Mit einem Daumennagel die Schale an einer Stelle aufbrechen und einen möglichst langen Streifen rund um das Ei herum lösen, zum Schluss die beiden verbliebenen Schalenstücke wegheben. Falls die Eier nicht gleich serviert werden sollen, nach dem Knacken der Schale 1 Stunde liegenlassen. Die Eier lassen sich nachher viel leichter schälen, ohne dass das Eiweiss beschädigt wird.

## Pochierte Eier, Spiegeleier, Eier im Förmchen

Pochierte Eier sind etwas heikel in der Zubereitung. Die Eier müssen sehr frisch sein; ferner ist wichtig, dass eine möglichst weite Pfanne verwendet wird, damit sich die Eier während des Kochens nicht berühren. Werden mehr als vier Eier benötigt, müssen sie entweder in zwei verschiedenen Pfannen oder in mehreren Portionen pochiert werden. Sie können sowohl kalt als auch warm serviert werden, und begleitet von passenden Saucen (s. Seite 435–438) eignen sie sich entweder als Vorspeise oder als leichtes Hauptgericht.

Spiegeleier sind jedermann bekannt und bedürfen wohl keines Kommentars. Wenn sie im speziellen Eierpfännchen mit Deckel zubereitet werden, sind sie delikater und leichter verdaulich. Die Spiegeleier im Pfännchen eignen sich als leichtes Hauptgericht, zum Frühstück oder als Vorspeise (wobei ein Ei pro Person genügt).

Die Eier im Förmchen werden im Wasserbad gegart. Man verwendet dazu Portionenförmchen aus feuerfestem Glas oder Porzellan. Diese Eier, die besonders leicht verdaulich sind, können ebenfalls als Vorspeise, als leichtes Hauptgericht oder zum Frühstück serviert werden, wobei man sie auch stürzen kann.

# Pochierte Eier nach Genueser Art
## Uova in camicia alla genovese

**Für 2–4 Personen**
*Arbeitsaufwand: 4–5 Minuten*
*Kochzeit: ca. 6 Minuten*

*Zutaten:*
*4 sehr frische Eier*
*1 Esslöffel Essig*
*Salz*
*ca. 3 Esslöffel geriebener Parmesan*
*ganz wenig Zimtpulver*
*50 g Butter*

*Geräte:*
grosse Pfanne (ca. 25 cm
Durchmesser), Schaumlöffel,
Küchentuch, kleines Tüchlein,
kleines Küchenmesser oder
Küchenschere, Käseraffel,
kleines Pfännchen

- Die Eier zubereiten wie «Einfache pochierte Eier», Seite 320.
- Sorgfältig anrichten, solange sie noch heiss sind. Mit Salz, geriebenem Parmesan und ganz wenig Zimt bestäuben.
- Im kleinen Pfännchen die Butter schmelzen und aufschäumen lassen. Über die Eier verteilen und sofort servieren.

---

- *Dieses Gericht, in dieser Menge zubereitet, kann für 2–4 Personen als Vorspeise oder für 2 Personen als Hauptgericht serviert werden.*

---

# Pochierte Eier an grüner Sauce
## Uova in camicia in salsa verde

**Für 2–4 Personen**
*Arbeitsaufwand: 5–6 Minuten*
*Kochzeit: ca. 6 Minuten*
*Erkalten: ca. 30 Minuten*

*Zutaten:*
4 sehr frische Eier
2 Esslöffel Essig
2 Esslöffel gehackte Petersilie
4 Esslöffel Öl
Salz

*Geräte:*
grosse Pfanne (ca. 25 cm
Durchmesser), Schaumlöffel,
Küchentuch, kleines Tüchlein,
Küchenmesser oder
Küchenschere, Tasse,
Holzbrett und Wiegemesser

- Die Eier zubereiten wie «Einfache pochierte Eier», Seite 320.
- Erkalten lassen.
- In einer Tasse Petersilie, Öl, restlichen Essig und Salz vermischen.
- Zum Servieren die Eier sorgfältig anrichten und die in der Tasse zubereitete Sauce darüber verteilen.

---

- *Dieses Gericht kann für 2–4 Personen als Vorspeise oder für 2 Personen als Hauptgericht serviert werden.*

---

*Kalte, in Essigwasser pochierte Eier bilden zusammen mit einer grünen Sauce eine leichte Vorspeise*

# Einfache pochierte Eier
## Uova in camicia semplici

**Für 2–4 Personen**
*Arbeitsaufwand: 2–3 Minuten*
*Kochzeit: ca. 6 Minuten*

*Geräte:*
*grosse Pfanne (ca. 25 cm*
*Durchmesser), Schaumlöffel,*
*Küchentuch, kleines Tüchlein,*
*kleines Küchenmesser oder*
*Küchenschere*

*Zutaten:*
*4 sehr frische Eier*
*1 Esslöffel Essig*

- 4–5 cm hoch Wasser in die Pfanne giessen (es verhindert das Ansitzen der Eier auf dem Pfannenboden). Den Essig beifügen, der das Eiweiss leichter zum Gerinnen bringt.
- Während das Wasser heiss wird, die Eier in 4 kleine Tassen aufschlagen, um ihre Qualität zu prüfen und sie zum Kochen bereit zu haben.
- Wenn das Wasser kocht, die Eier schnell, aber trotzdem sehr sorgfältig an verschiedenen Stellen und möglichst weit voneinander entfernt hineingleiten lassen und sofort die Temperatur reduzieren. Das Wasser soll nicht mehr kochen, sondern nur noch leicht ziehen, d.h. sich an der Oberfläche nur ganz wenig bewegen. Wenn man den Eiern ein besonders schönes Aussehen geben will, das Eiweiss, sobald es fest zu werden beginnt, mit zwei Löffeln zur Eimitte hin bewegen oder den Eiern mit dem Schaumlöffel einige Drehungen um sich selbst zufügen.
- 3–4 Minuten ziehen lassen, oder bis das Eiweiss fest geworden ist (das Eigelb wird noch flüssig sein).
- Die Eier mit dem Schaumlöffel einzeln und sehr sorgfältig herausheben und auf das auf der Arbeitsfläche ausgebreitete Küchentuch legen, um sie abtropfen zu lassen. Mit einem Tüchlein die Oberfläche ganz leicht trockentupfen.
- Mit dem kleinen Küchenmesser oder der Schere die Ränder etwas zurechtschneiden.

- *Eier, die sofort serviert werden, kurz in ein Gefäss mit Wasser tauchen, um den Essiggeschmack abzuspülen.*

# Einfache Spiegeleier – Uova fritte semplici

**Für 1 Person**
*Arbeitsaufwand: 1 Minute*
*Bratzeit: ca. 3 Minuten*

*Geräte:*
*sehr kleines Bratpfännchen*
*(10–12 cm Durchmesser)*

*Zutaten:*
*20–30 g Butter oder 2 knappe Esslöffel Öl*
*1–2 Eier*
*Salz*

- Butter oder Öl in der kleinen Bratpfanne bei kräftiger Hitze heiss werden lassen.
- Inzwischen das Ei oder die Eier in einen oder zwei kleine Teller aufschlagen, um die Qualität zu prüfen und um sie bereitzustellen.
- Wenn Butter oder Öl genügend heiss sind, das Ei oder die Eier hineingleiten lassen.
- Die Eier salzen und 2–3 Minuten braten, oder bis das Eiweiss an den Rändern eine goldgelbe Farbe angenommen hat.

# Spiegelei im Brotrand
## Uovo fritto nel crostone

**Für 1 Person**
*Arbeitsaufwand: 2 Minuten*
*Bratzeit: ca. 3 Minuten*

*Zutaten:*
*1 Scheibe Kastenbrot*
*20 g Butter*
*1 Ei*
*Salz*
*3–4 Esslöffel Rahm*

*Geräte:*
*kleines Küchenmesser, Toaster,*
*kleines Bratpfännchen,*
*kleines Pfännchen*

● Mit der Spitze des kleinen Küchenmessers in der Mitte der Brotscheibe ein Loch von ca. 6 cm Durchmesser ausschneiden. Die Brotscheibe toasten.
● Inzwischen das Ei braten wie im vorstehenden Rezept. Im kleinen Pfännchen bei schwächster Hitze den Rahm erhitzen. 1 Prise Salz beifügen.
● Die Brotscheibe auf einen Teller legen, das Ei in die Mitte geben und Brot und Ei mit Rahm beträufeln.

● *Man kann die Brotscheibe vor dem Rösten mit Butter bestreichen.*

# Eier im Förmchen – Uova nelle tazzine

**Für 4 Personen**
*Arbeitsaufwand: 2 Minuten*
*Kochzeit: ca. 10–15 Minuten*

*Zutaten:*
*40 g Butter*
*4 Eier*
*Salz*
*(4 Esslöffel Rahm)*

*Geräte:*
*4 feuerfeste Glas- oder*
*Porzellanförmchen, grosse*
*Pfanne, Deckel*

● Die Förmchen mit Butter ausstreichen.
● Die Eier einzeln in einen kleinen Teller aufschlagen, um die Qualität zu prüfen, und in je ein Förmchen gleiten lassen. Mit Salz bestreuen.
● Jedes Ei mit 2–3 Butterflocken belegen oder je nach Wunsch mit 1 Esslöffel Rahm beträufeln.
● Die Förmchen nebeneinander in die Pfanne stellen und so viel heisses Wasser dazugiessen, dass sie drei Viertel hoch davon umgeben sind. Den Deckel auf die Pfanne setzen. Bei schwacher Hitze das Wasser knapp unter dem Siedepunkt halten und die Eier auf diese Weise ca. 10 Minuten garen, oder bis das Eiweiss knapp fest geworden ist. Das Eigelb soll noch flüssig sein.

● *Die angegebenen Mengen reichen für eine Vorspeise. Sollen die Eier als Hauptgericht (allerdings nicht bei einem festlichen Essen) serviert werden, alle Mengen verdoppeln.* ● *Bevor man die Eier in die Förmchen gibt, je ein in Stücke geschnittenes Sardellenfilet und einige gut abgetropfte, aber nicht abgespülte Kapern auf dem Boden verteilen.* ● *Man kann auch 50 g Schinken kleinschneiden, in Butter dünsten, bis er etwas Farbe angenommen hat, und 2½ Esslöffel Rahm sowie 1 Esslöffel Senf dazurühren. Bei starker Hitze etwas einkochen lassen und diese Mischung vor den Eiern in die Förmchen geben.*

# Spiegeleier im Pfännchen – Uova al tegamino

**Für 1 Person**
*Arbeitsaufwand: 2 Minuten*
*Bratzeit: ca. 5 Minuten*

*Zutaten:*
*20–25 g Butter*
*2 Eier*
*Salz*

*Geräte:*
*kleines Eierpfännchen,*
*Deckel*

Diese Art von Spiegeleiern ist delikater und leichter verdaulich als die in der Bratpfanne zubereiteten. Sie können auch als Vorspeise oder zum Frühstück serviert werden, wobei 1 Ei pro Person genügt.

● Die Butter bei niedriger Temperatur im Pfännchen erhitzen.
● Die Eier einzeln in einen kleinen Teller aufschlagen, um die Qualität zu prüfen, und in das Pfännchen gleiten lassen. Salzen.
● Den Deckel aufsetzen und bei schwacher Hitze 5–6 Minuten braten, oder bis das Eiweiss beinahe fest, aber nach Belieben in der Nähe des Eigelbs noch leicht flüssig ist. Wenn sie länger auf dem Herd bleiben, wird das Eigelb zu hart, da die Eier von der Eigenwärme noch weiterbraten, während sie auf den Tisch gebracht werden.
● Das Eierpfännchen auf einen Teller stellen und servieren.

*● Wenn man die Eier in diesem Moment vom Herd nimmt, wird das Eigelb noch leicht flüssig sein. Wer es fester haben möchte, verlängert die Kochzeit um 2–3 Minuten oder je nach Geschmack. ● Anstelle von Butter kann auch Öl (ca. 1½ Esslöffel) verwendet werden. ● Nach Belieben etwas Butter mit Sardellenpaste verkneten und vor dem Auftragen in Flocken über die Eier verteilen. ● Auch feingehackte Oliven, mit Butter, Sardellenpaste und ganz wenig scharfem Paprika verknetet, machen aus den Spiegeleiern etwas Besonderes. ● Etwas Schnittlauch, mit der Schere direkt über die Eier geschnitten, schmeckt ebenfalls sehr gut.*

# Milcheier – Uova al latte

**Für 1 Person**
*Arbeitsaufwand: 1 Minute*
*Kochzeit: ca. 15 Minuten*

*Zutaten:*
*Milch*
*2 Eier*
*Salz*
*10 g Butter*

*Geräte:*
*kleines, feuerfestes*
*Eierpfännchen*

● Den Backofen auf 180 °C vorheizen.
● So viel Milch in das Eierpfännchen giessen, dass der Boden ca. 1 cm hoch davon bedeckt ist.
● Die Eier einzeln in einen kleinen Teller aufschlagen, um die Qualität zu prüfen. In die Milch gleiten lassen und leicht salzen. Die Butter in 2–3 Stückchen beifügen.
● In die Mitte des heissen Ofens schieben und backen, bis das Eiweiss fest geworden, das Eigelb aber noch schön weich ist (ca. 15 Minuten).

*Milcheier können wie die Spiegeleier im Pfännchen mit sehr wenig Butter zubereitet werden*

## Rühreier

Rühreier, die bei uns eher zart schmecken, werden in Italien in Kombination mit Sardellen, Knoblauch und Oliven recht pikant zubereitet. Sie sind dann allerdings nicht ganz so leicht verdaulich. Sie können als Vorspeise, als leichtes Hauptgericht oder zum Frühstück serviert werden.

## Rührei mit Sardellen
## Uova strapazzate all'acciuga

**Für 4 Personen**
*Arbeitsaufwand:*
*15–20 Minuten*
*Kochzeit: 5–6 Minuten*

*Geräte:*
*Toaster, Küchenmesser*
*oder Spatel, Schüssel,*
*mittelgrosse Bratpfanne*

*Zutaten:*
*110–120 g Butter*
*1 Esslöffel Sardellenpaste*
*8 Scheiben Kastenbrot*
*8 Eier*
*Salz*

● In einem Suppenteller 50 g Butter mit der Sardellenpaste verkneten, bis eine glatte Masse entstanden ist.
● Die Brotscheiben toasten. Mit der Sardellenbutter bestreichen.
● Die Eier einzeln in einen kleinen Teller aufschlagen, um die Qualität zu prüfen, und in die Schüssel geben.
● Salzen und mit einer Gabel nur so stark verquirlen, bis sich Eiweiss und Eigelb vermischt haben.

- Die restliche Butter in der Bratpfanne bei nicht zu hoher Temperatur erhitzen. Die Eier hineingiessen und unter ständigem Rühren fest werden lassen. Die Oberfläche soll noch feucht bleiben.
- Auf die Brotscheiben verteilen und servieren.

---

- *Einfacher ist es, die Eier auf unbestrichene, nur getoastete Brotscheiben anzurichten und mit je einem Sardellenfilet zu garnieren.*

---

# Rührei mit Knoblauchbrotwürfeln
## Uova strapazzate con crostoncini all'aglio

**Für 4 Personen**
*Arbeitsaufwand:*
*15–20 Minuten*
*Kochzeit: 10–12 Minuten*

*Zutaten:*
*1 Knoblauchzehe*
*4 Scheiben altbackenes, möglichst dick geschnittenes Kastenbrot*
*60 g Butter*
*8 Eier*
*Salz*
*4 Esslöffel Öl*

*Geräte:*
*kleines (und grosses) Küchenmesser, Holzbrett, 2 mittelgrosse Bratpfannen, Schüssel*

- Die Knoblauchzehe halbieren und die Brote damit auf einer oder beiden Seiten bestreichen, je nachdem wie stark der Knoblauchgeschmack sein soll.
- Die Brote in ca. 1 cm grosse Würfel schneiden. Dabei die Kruste entfernen.
- In der einen Bratpfanne die Butter erhitzen.
- Die Brotwürfel hineingeben und bei kräftiger Hitze und unter häufigem Wenden goldbraun rösten.
- Auf einen Teller herausheben.
- In der anderen Bratpfanne die Rühreier zubereiten wie im vorstehenden Rezept. Dabei nach der halben Bratzeit die Brotwürfel über die Eier verteilen. Die Eier sollen nicht zu feucht sein, damit sich das Brot nicht mit Ei vollsaugen kann, aber auch nicht zu trocken, damit sich Brot und Ei noch vermischen können.

---

# Rührei mit Oliven – Uova strapazzate con olive

**Für 4 Personen**
*Arbeitsaufwand:*
*15–20 Minuten*
*Kochzeit: 5–6 Minuten*

*Zutaten:*
*80–100 g schwarze Oliven*
*8 Eier*
*Salz*
*70 g Butter oder 4 Esslöffel Öl*

*Geräte:*
*kleines Küchenmesser, Schüssel, mittelgrosse Bratpfanne*

- Die Oliven von den Steinen schneiden und hacken.
- Die Eier einzeln in einen kleinen Teller aufschlagen, um die Qualität zu prüfen, und in die Schüssel geben.
- Salzen und mit einer Gabel so lange verquirlen, bis sich Eigelb und Eiweiss vermischt haben. Die Oliven dazurühren.
- Die Butter oder das Öl in der Bratpfanne bei nicht zu hoher

Temperatur erhitzen. Die Eiermischung hineingiessen und unter ständigem Rühren fest werden lassen. Die Oberfläche soll dabei noch feucht bleiben.

---

● *Nach Belieben etwas Oregano beifügen.* ● *Man kann auch anstelle der Oliven nur Oregano beifügen und das fertige Rührei mit geriebenem Parmesan bestreuen.* ● *Man kann auch 4 Esslöffel fertige Tomatensauce unter die Eier mischen.*

## Eierkuchen

Eierkuchen sind eine Kombination von gegartem Gemüse mit Eiern. Diese Zubereitungsart ist bei uns nicht so bekannt und weist typisch südländischen Charakter auf. Wichtig ist, dass ein Eierkuchen im richtigen Moment vom Herd genommen wird, damit die Eier nicht zu trocken werden. Die nachstehenden Rezepte eignen sich besonders gut als fleischlose Hauptgerichte oder als Vorspeise. Man kann den Eierkuchen ganz oder in Scheiben geschnitten servieren. Kalt und als Vorspeise schneidet man ihn in grosse Würfel.

---

# Eierkuchen mit Mangold – Frittata di bietole

**Für 4 Personen**
*Arbeitsaufwand: 15 Minuten*
*Kochzeit: 50–55 Minuten*

*Zutaten:*
*500 g Blattmangold (Schnittmangold)*
*Salz*
*2 grosse Lauchstengel*
*5 Esslöffel Öl*
*3–4 kleine Salbeiblätter*
*6 Eier*
*3 Esslöffel geriebener Parmesan*
*3 Esslöffel Milch*

*Geräte:*
*kleines Küchenmesser, grosser Kochtopf, Deckel, Sieb, Holzbrett und Wiegemesser, grosse Bratpfanne (wenn möglich mit Antihaftbelag), Deckel, Küchenschere, Schüssel, Käseraffel, Bratschaufel*

● Den Mangold putzen, indem gelbe oder welke Blätter oder Blatteile entfernt werden. In reichlich Wasser waschen. Das Wasser drei- bis viermal wechseln. Die Blätter gut abtropfen lassen und in den Kochtopf geben. Keine weitere Flüssigkeit beifügen: Das an den Blättern haftende Wasser genügt.
● Salzen (nur wenig, da der Mangold stark zusammenfällt) und den Deckel aufsetzen.
● Einige Minuten bei starker Hitze dünsten. Die Temperatur reduzieren und den Mangold 15–20 Minuten garen. Er soll aber nicht allzu weich werden (mit einer Gabel prüfen).
● Herausheben, abtropfen und auskühlen lassen.
● In der Zwischenzeit den Lauch putzen. Dabei die Wurzeln samt Ansatz sowie die äussersten 1–2 harten Blätter wegschneiden. Der Länge nach bis ca. 5 cm vor den Wurzelansatz aufschneiden. Unter fliessendem kaltem Wasser gründlich waschen. Dabei die Blätter etwas auseinanderziehen, um allfällige Erdrückstände herauszuspülen.
● In dünne Scheibchen schneiden. Mit dem Öl und wenig Salz in die Bratpfanne geben.
● Die Salbeiblätter waschen, gut abtropfen lassen und mit der Schere in Streifen schneiden. Zum Lauch geben.

- Bei schwacher Hitze und unter gelegentlichem Rühren ca. 10 Minuten dünsten.
- Inzwischen den Mangold auspressen und grob hacken.
- Ebenfalls zum Lauch geben und noch 10 Minuten weiterdünsten.
- Inzwischen die Eier einzeln in einen kleinen Teller aufschlagen, um die Qualität zu prüfen, und dann in die Schüssel geben. Parmesan, Milch und wenig Salz beifügen und verquirlen, bis sich Eiweiss und Eigelb vermischt haben.
- Die Eiermischung zum Gemüse giessen und mit der Bratschaufel einmal umrühren, damit sich alles gut vermischt.
- Bei schwacher Hitze 5–7 Minuten braten, oder bis die Masse am Rand fest zu werden beginnt.
- Den Deckel aufsetzen und den Eierkuchen 5 Minuten weiterbraten, oder bis die Eimasse fest oder nach Wunsch in der Mitte noch leicht flüssig ist.
- Vom Pfannenboden lösen, indem die Pfanne rasch hin und her bewegt wird. Wenn nötig mit einer Gabel oder Bratschaufel nachhelfen. Herausgleiten lassen oder auf eine Platte stürzen. Nach Belieben warm, lauwarm oder kalt servieren.

---

- *Der Mangold kann durch Spinat ersetzt werden. Tiefgekühlter Blattspinat eignet sich sehr gut für dieses Gericht.* • *Man kann auch auf den Lauch verzichten.*

# Eierkuchen mit Zucchini und Ricotta
## Frittata di zucchine e ricotta

**Für 4 Personen**
*Arbeitsaufwand: 6–8 Minuten*
*Kochzeit: ca. 30 Minuten*

*Zutaten:*
*600 g Zucchini*
*5 Esslöffel Öl*
*Salz*
*200 g Ricotta*
*5–6 Esslöffel Milch*
*6 Eier*
*3 Esslöffel geriebener Parmesan*

*Geräte:*
*kleines Küchenmesser,*
*grosse Bratpfanne (wenn*
*möglich mit Antihaftbelag),*
*Deckel, Schüssel,*
*Käseraffel, Bratschaufel*

- Von den Zucchini die beiden Enden wegschneiden. Waschen und in ca. 3 mm dicke Scheiben schneiden.
- Das Öl in der Bratpfanne erhitzen.
- Die Zucchini hineingeben, salzen und bei mittlerer Hitze unter gelegentlichem Rühren ca. 20 Minuten dünsten, oder bis die Zucchini gar, nach Belieben aber nicht allzu weich sind.
- Inzwischen Ricotta in die Schüssel geben, die Milch beifügen und beides mit einer Gabel verkneten. Die Eier einzeln in einen kleinen Teller aufschlagen, um die Qualität zu prüfen, und dann zum Ricotta geben. Den Parmesan und wenig Salz beifügen und alles verquirlen, bis sich Eiweiss und Eigelb vermischt haben.
- Zu den Zucchini giessen und mit der Bratschaufel einmal umrühren, damit sich alles gut vermischt.
- Den Eierkuchen fertigstellen, wie oben im Rezept «Eierkuchen mit Mangold» beschrieben.

# Eierkuchen mit Peperoni – Frittata di peperoni

**Für 4 Personen**
*Arbeitsaufwand: 6–8 Minuten*
*Kochzeit: ca. 30 Minuten*

*Zutaten:*
*1 grosse Zwiebel (ca. 100–120 g)*
*2 grosse, fleischige Peperoni (Paprikaschoten)*
*5 Esslöffel Öl*
*Salz*
*8 Eier*
*3 Esslöffel Milch*

*Geräte:*
*kleines Küchenmesser,*
*Holzbrett, grosse Bratpfanne*
*(wenn möglich mit*
*Antihaftbelag), Deckel,*
*Schüssel, Bratschaufel*

● Die Zwiebel schälen. Die Peperoni putzen. Dabei der Länge nach in zwei oder mehr Teile schneiden und Stielansatz, weisse Rippen sowie Samen entfernen. Waschen.

● Die Zwiebel halbieren und in dünne Scheiben schneiden. Die Peperoni in quadratische oder rechteckige, ca. 3–4 cm grosse Stücke schneiden.

● Das Öl in der Bratpfanne erhitzen.

● Zwiebel und Peperoni hineingeben, salzen und bei mittlerer Hitze unter gelegentlichem Rühren ca. 15–20 Minuten dünsten, oder bis das Gemüse gar, aber nicht allzu weich ist.

● Inzwischen die Eier einzeln in einen kleinen Teller aufschlagen, um die Qualität zu prüfen, und dann in die Schüssel geben. Milch und wenig Salz beifügen und verquirlen, bis sich Eiweiss und Eigelb vermischt haben.

*Ein typisch südländisches Sommernachtessen: Eierkuchen mit Peperoni*

- Zum Gemüse giessen und mit der Bratschaufel einmal umrühren, damit sich alles gut vermischt.
- Den Eierkuchen fertigstellen, wie im Rezept «Eierkuchen mit Mangold» beschrieben (s. Seite 325 f.).

---

- *Nach Belieben, um dem Gericht mehr Farbe zu verleihen, einige Tomatenscheiben auf die Eimasse legen und mit der Bratschaufel etwas hineindrücken. Ganz leicht salzen.* • *Man kann dem Gemüse auch einige Zucchinistäbchen beifügen.*

---

## Pfannkuchen

Pfannkuchen sind sehr wandlungsfähig. Sie schmecken sowohl ungefüllt, zusammen mit Salat oder Kompott, können aber wahre Leckerbissen sein, wenn sie gefüllt und im Ofen überbacken werden, wobei der darübergestreute Käse sich in eine feine Kruste verwandelt. Gefüllte, pikante Pfannkuchen können entweder als leichtes Hauptgericht oder als Vorspeise serviert werden. Auf Seite 329 einige zusätzliche Anregungen für Füllungen.

---

# Pfannkuchen (Grundrezept)
## Crêpe salate (ricetta base)

**Für 4 Personen**
*Arbeitsaufwand:*
*20–22 Minuten*
*Kochzeit: 18–20 Minuten*
*Stehenlassen: 1 Stunde*

*Zutaten:*
*120 g Mehl*
*Salz*
*2 Eier*
*ca. 3 dl Milch*
*1½ Esslöffel Öl oder 20 g Butter*
*15–30 g Butter*

*Geräte:*
*Schüssel, (kleines Pfännchen),*
*Kochlöffel, schwere*
*Bratpfanne, wenn möglich*
*mit Antihaftbelag oder aus*
*schwarzem Eisen*
*(Bodendurchmesser ca. 15 cm),*
*Küchenpinsel, Bratschaufel*
*oder Messer mit runder Klinge*

- Mehl und Salz in die Schüssel geben.
- Die Eier einzeln in einen kleinen Teller aufschlagen, um die Qualität zu prüfen, in ein Gefäss geben und gut verrühren.
- Mit 2 dl Milch zum Mehl geben. Kräftig rühren, bis eine dickflüssige Masse entstanden ist. Nach Bedarf etwas Milch nachgiessen.
- Den Teig 1 Stunde ruhen lassen.
- Falls Butter verwendet wird, diese schmelzen, und Butter oder Öl zum Teig geben. Mit einem Kochlöffel kräftig rühren.
- In der Bratpfanne ca. 15 g Butter erhitzen und mit dem Pinsel gleichmässig über den Pfannenboden verteilen.
- Etwas Pfannkuchenteig hineingiessen und durch Schräghalten der Pfanne gleichmässig verteilen.
- Wenn die Masse fest zu werden beginnt, den Pfannkuchen durch rasches Hin- und Herbewegen der Pfanne vom Boden lösen. Wenn nötig mit der Bratschaufel oder einem Messer mit runder Klinge nachhelfen.
- Mit Hilfe der Bratschaufel oder des Messers wenden oder, falls man sehr geschickt ist, die Pfannkuchen zum Wenden in die Luft werfen. Man kann sie aber auch mit zwei Fingern am Rand anfassen und so wenden.

- Noch ca. 20 Sekunden auf der zweiten Seite backen, dann auf eine flache Platte gleiten lassen.
- Mit dem restlichen Teig auf die gleiche Weise verfahren und die Pfannkuchen in der Platte aufeinanderschichten. Wenn nötig auf einer Pfanne mit 2–3 cm leicht kochendem Wasser oder zugedeckt im Backofen bei ca. 80 °C warm stellen. Wenn die Pfannkuchen schön dünn gebacken werden, ergeben sich aus den angegebenen Zutaten 12–14 Stück. Bei Verwendung einer wirklich guten und geeigneten Bratpfanne ist es möglich, dass nicht für jeden neuen Pfannkuchen Butter zugegeben werden muss.

---

- *Es ist sehr praktisch, den Pfannkuchenteig in einem Krug zuzubereiten, weil er dann direkt in die Pfanne gegossen werden kann. Andernfalls einen Schöpflöffel verwenden.* • *Sollten sich im Teig noch Mehlklümpchen befinden, nötigenfalls einen Stabmixer verwenden oder den Teig kurz in den Mixer geben.* • *Der Teig kann auch direkt im Mixer zubereitet werden.* • *Der Teig kann zugedeckt im Kühlschrank 1–2 Tage aufbewahrt werden.* • *Es bedarf einer gewissen Erfahrung, um festzustellen, ob der Teig die richtige Konsistenz aufweist. Wegen der verschiedenen Mehlqualitäten und unterschiedlichen Eiergrössen ist es auch unmöglich, die genaue Milchmenge anzugeben. Es wird sich aber auf jeden Fall beim ersten Pfannkuchen zeigen, ob der Teig richtig ist: Ist er zu dickflüssig, verteilt er sich nicht richtig auf dem Pfannenboden, ist er zu dünnflüssig, wird er beim Backen nicht richtig fest und zerbricht beim Wenden. In diesen Fällen entweder etwas mehr Milch oder mehr Mehl beifügen.* • *Während die Pfannkuchen gebacken werden, den Teig immer wieder umrühren und gegen den Schluss evtl. nochmals etwas Milch beifügen.*

---

### Pikante Pfannkuchenfüllungen

- Reste von gebratenem Poulet oder Kalbsbraten, gehackt und unter eine Béchamelsauce gemischt. Die Béchamelsauce nach Belieben mit Fleischextrakt und geriebenem Parmesan würzen.
- Champignons an Brandy-Sauce (s. Rezept Seite 307).
- In Butter gedünstete feine Artischockenschnitze.

- In Scheiben geschnittene Zwiebeln, bei schwacher Hitze mit Butter und Salz gedünstet.
Die Pfannkuchen füllen und überbacken, wie im Rezept «Pfannkuchen mit Spinat» (s. Seite 330) beschrieben. Statt die Pfannkuchen einzeln zu füllen, kann man sie auch einfach in der feuerfesten Form flach aufeinanderlegen und die Füllung zwischen die einzelnen Lagen verteilen.

Im Ofen bei 180 °C 10–15 Minuten überbacken und zum Servieren wie einen Kuchen in Stücke schneiden.
Bevor man die gefüllten Pfannkuchen in den Ofen gibt, kann man sie mit geriebenem Parmesan bestreuen oder eine nicht zu dickflüssige Béchamel- oder Mornay-Sauce (s. Seite 434 bzw. 435), eine Tomatensauce oder auch nur 1–2 dl Rahm darüber verteilen.

---

# Pfannkuchen mit Käse und Schinken
## Crêpe con formaggio e prosciutto

**Für 4 Personen**
*Arbeitsaufwand:*
*20–25 Minuten*
*Kochzeit: 25–30 Minuten*

*Zutaten:*
*wie für Grundrezept Pfannkuchen*
*150 g Käse*
*150 g gekochter Schinken in 3–4 mm dicken Scheiben*

*Geräte:*
*wie für Grundrezept*
*Pfannkuchen, Küchenmesser,*
*Holzbrett, feuerfeste Form*

- Die Pfannkuchen zubereiten wie im vorstehenden Rezept.
- Käse und Schinken in ca. 5 cm lange und 3–4 mm dicke Stäbchen schneiden.
- Die gebackenen Pfannkuchen, einen nach dem anderen, in der Mitte mit Käse und Schinken belegen (so einteilen, dass es für alle Pfannkuchen reicht) und die Pfannkuchen von beiden Seiten her einschlagen. Die gefüllten Pfannkuchen in einer oder mehreren Schichten in die feuerfeste Form legen.
- Ca. 20 Minuten vor dem Servieren den Backofen auf 240 °C vorheizen.
- Die Pfannkuchen für 10 Minuten in den Backofen schieben, oder bis sie eine leichte Kruste bekommen haben.

---

- *Man kann auch eine dicke Béchamelsauce zubereiten (s. Seite 434) und mit ziemlich fein gehacktem Schinken mischen. Die Pfannkuchen damit bestreichen und aufrollen.* • *Evtl. auch nur jeden Pfannkuchen mit einer gekochten Schinkenscheibe belegen und aufrollen.*

# Pfannkuchen mit Spinat – Crêpe con spinaci

**Für 4 Personen**
*Arbeitsaufwand:*
*20–25 Minuten*
*Kochzeit: ca. 25–30 Minuten*

*Zutaten:*
*wie für Grundrezept Pfannkuchen*
*60 g Butter*
*ca. 400 g gedünsteter, gut ausgedrückter Blattspinat*
*6–7 Esslöffel geriebener Parmesan*

*Geräte:*
*wie für Grundrezept*
*Pfannkuchen, grosse*
*Bratpfanne, Käseraffel,*
*grosse, feuerfeste Form*

- Die Pfannkuchen zubereiten wie auf Seite 328.
- Während die Pfannkuchen gebacken werden oder wenn sie fertig sind, in der zweiten Bratpfanne 40 g Butter schmelzen. Den Spinat hineingeben und bei mittlerer Temperatur unter ziemlich häufigem Wenden ca. 5 Minuten erhitzen.
- Vom Herd wegziehen, mit 3 Esslöffeln Parmesan bestreuen und durchmischen.
- Sobald die Pfannkuchen fertig sind (sie können sehr gut auch lange im voraus zubereitet werden), in die Mitte eines jeden eine gehäufte Gabel Spinat verteilen. Von beiden Seiten her einschlagen. In einer oder mehreren Schichten in die feuerfeste Form legen.
- Den restlichen Parmesan darüberstreuen und die Butter in Flocken darüber verteilen.
- Ca. 20 Minuten vor dem Auftragen den Backofen auf 240 °C vorheizen.
- Ca. 10 Minuten vor dem Servieren die Pfannkuchen in den Ofen schieben und überbacken. Der Käse soll dabei schmelzen und eine feine, goldgelbe Kruste bilden.

---

- *Wenn nicht vorgekochter Spinat (z.B. tiefgekühlt und aufgetaut) verwendet wird, benötigt man 1,2 kg frischen Spinat.* • *Anstatt die gefüllten Pfannkuchen mit geriebenem Parmesan zu bestreuen, kann man eine nicht zu dickflüssige Béchamel- oder Mornay-Sauce (s. Seite 434 oder 435) darüber verteilen.* • *Nach Belieben dem Spinat während des Dünstens 4 Esslöffel Rahm beifügen.*

**Gemüseauflauf
mit Eiern**

Im Gegensatz zum Eierku-
chen, der in einer grossen
Bratpfanne zubereitet wird,
gart ein Gemüseauflauf mit

Eiern im Backofen. Wie der
Eierkuchen kann er als fleisch-
loses Hauptgericht oder als
Vorspeise serviert werden.

# Gemüseauflauf mit Eiern
## Torta d'uova con verdure

**Für 4–6 Personen**
*Arbeitsaufwand: 15 Minuten*
*Backzeit: ca. 1 Stunde*

*Zutaten:*
*1 grosse oder 2 kleine Auberginen (Eierfrüchte)*
*zusammen ca. 300 g*
*300 g Zucchini*
*150 g Zwiebeln*
*4 Esslöffel Öl*
*Salz*
*1 Messerspitze getrockneter Thymian*
*7–8 Eier*
*4 Esslöffel geriebener Parmesan*
*(3–4 Esslöffel Milch oder Rahm)*
*1 kleine, reife Tomate*

*Geräte:*
*kleines und grosses
Küchenmesser, Holzbrett,
feuerfeste, viereckige
(ca. 25 x 20 cm) oder runde
Form (ca. 25 cm Durchmesser),
wenn möglich mit
Antihaftbelag, Aluminiumfolie,
Schüssel, Käseraffel*

● Den Backofen auf 190 °C vorheizen.
● Bei den Auberginen den Stielansatz und bei den Zucchini die beiden Enden wegschneiden. Waschen und gut abtropfen lassen. Die Zwiebeln schälen.
● Auberginen und Zucchini in ca. ½ cm dicke Scheiben, die Zwiebeln etwas dünner schneiden (falls eine sehr grosse Auber-gine verwendet wird, kann man sie vorher der Länge nach hal-bieren oder vierteln).
● Die Gemüsescheiben in einer gleichmässig dicken Schicht in die Form legen. Öl, Salz und Thymian darüber verteilen.
● Mit Aluminiumfolie bedecken und die Ränder umschlagen.
● In die Mitte des Ofens schieben und 40 Minuten garen. Nach 30 Minuten die Temperatur auf 180 °C reduzieren.
● Inzwischen die Eier einzeln in einen kleinen Teller aufschla-gen, um die Qualität zu prüfen, und in die Schüssel geben. Salz, Parmesan und nach Belieben Milch oder Rahm beifügen und verquirlen, bis sich Eigelb und Eiweiss gut vermischt haben.
● Die Form aus dem Ofen nehmen, die Eier darüber verteilen und einmal umrühren. Das Gemüse soll an die Oberfläche kom-men.
● Die Tomate waschen, abtrocknen und in nicht zu dünne Schei-ben schneiden. Auf der Oberfläche des Gerichtes verteilen und mit ganz wenig Salz bestreuen.
● Die Form wieder in den Ofen schieben und noch ca. 20 Minu-ten backen, oder bis die Eier fest geworden oder nach Wunsch in der Mitte noch ein wenig weich sind. Nach Belieben warm, kalt oder lauwarm servieren.

---

● *Werden Tomaten und Peperoni auf diese Weise zubereitet, entsteht ein berühmtes französisches Gericht, die «Piperade».*

# Pizzas und belegte Brote

Was wäre ein italienisches Kochbuch ohne Pizzas? Man begegnet ihnen heutzutage überall in der Welt, in Europa, Amerika und bis nach Hongkong. Das Wort «Pizzeria» ist ein Begriff geworden für preisgünstiges italienisches Essen. Auch zuhause bäckt man gerne ab und zu eine Pizza. Sie kann alles sein: Vorspeise, Zwischengericht, nahrhaftes Hauptgericht. Hat man viele Gäste am Tisch, bäckt man am besten verschiedene Varianten. Es gibt die klassischen Pizzas wie zum Beispiel die «Pizza quattro stagioni» (mit vier verschiedenen Belägen) oder die einfache Pizza, wie man sie in Neapel gerne zubereitet, und daneben all jene, bei denen man seine Phantasie walten lassen kann. Je nachdem, was sich im Kühlschrank befindet, kann eine Pizza variiert werden. Meistens aber gehören Tomaten, Mozzarella (s. Seite 476) und Oregano dazu, denn diese Zutaten, oft noch zusammen mit Sardellen, geben ihr die typische Note.

Sehr wichtig ist natürlich der Teig. Weil es ein einfacher Brotteig ist, gehört die Pizza eigentlich zu den Broten. Deshalb wurden diesem Kapitel auch noch belegte Brote angefügt. Die italienischen Varianten bringen etwas Abwechslung in unser Repertoire, denn sie werden unkonventionell belegt mit südländischen Zutaten wie Oliven, Mortadella, italienischen Käsen, Sardellen, Sardinen oder Thunfisch. Daneben gibt es in Italien auch heisse belegte Brote, südliche Variationen unserer Toasts, die man gerne als kleines Nachtessen serviert. Auch süss werden in Italien die Brote belegt, mit Datteln, Kastanienpüree, Honig und Ricotta oder gar mit Eis.

Dieses Kapitel ist eine Fundgrube für Zwischenmahlzeiten, Snacks vor dem Fernseher oder eine kleine, unkomplizierte Einladung.

*Pizzas sind sehr beliebt und vielseitig variierbar. Im Vordergrund eine Pizza quattro stagioni (Seite 335), im Hintergrund die klassische Pizza Margherita aus Neapel (Seite 336)*

# Pizzas

Bei Pizzas ist nicht nur der Belag wichtig. Wenn der Teig nicht gut ist, ist jeder noch so raffinierte Belag verlorene Liebesmüh. Nachstehend das Rezept für einen richtigen Pizza-Teig. Wem es zu aufwendig ist, ihn selber herzustellen, der kann vielleicht bei seinem Bäcker Weissbrotteig kaufen (vorbestellen!) oder ein Fertigprodukt, frisch oder tiefgekühlt, verwenden. Pizzas werden alle, mit Ausnahme der «Käse-Pizza», auf dieselbe Weise zubereitet und gebacken, einzig der Belag variiert. Ungebackene, aber fertig vorbereitete Pizzas lassen sich problemlos einfrieren. Wenn sie gefroren in den Backofen gegeben werden, muss man die Backzeit entsprechend verlängern. In den Pizzerien stehen meist mit Holzkohle beheizte Backöfen zur Verfügung, aus denen die Pizzas besonders gut schmecken.

## Pizza-Teig – Pasta per pizza

**Für 4 Personen**
Arbeitsaufwand:
10–15 Minuten
Stehenlassen: ca. 2 Stunden

Geräte:
kleines Pfännchen,
mittelgrosse Tasse,
Teigschüssel, Kochlöffel,
Küchentuch

Zutaten:
25 g Hefe
350 g Mehl
1 Mokkalöffel Salz

● Im Pfännchen 1½ dl Wasser leicht erwärmen.
● In die Tasse giessen. Die Hefe mit den Fingerspitzen zerbröckeln oder sie in das lauwarme Wasser geben und mit einer Gabel zerdrücken. Rühren, bis sie sich vollständig aufgelöst hat.
● 330 g Mehl mit dem Salz mischen und in die Teigschüssel geben. In der Mitte eine Vertiefung anbringen. Das Wasser mit der aufgelösten Hefe hineingiessen.
● Mit dem Kochlöffel rühren, bis das Mehl das Wasser vollständig aufgenommen hat. Dann den Teig, immer noch in der Schüssel, von Hand kneten, indem er mit dem Handballen gegen die Wand der Teigschüssel gepresst wird. Dabei bei Bedarf noch ein wenig Wasser zufügen, bis ein ziemlich fester Teig entstanden ist.
● Auf den Tisch geben und weiter bearbeiten, indem man ihn mit der einen Hand festhält und mit der anderen die eine Teighälfte auf die andere zurückbiegt und mit dem Handballen daraufpresst.
● Sobald der Teig elastisch und geschmeidig ist, daraus eine Kugel formen.
● Die Teigschüssel gründlich waschen und abtrocknen und mit einem Löffel Mehl bestäuben. Den Teig hineinlegen. Mit einem weiteren Löffel Mehl bestäuben und die Schüssel mit einem Tuch bedecken.

- An einem warmen Ort ca. 2 Stunden stehenlassen, oder bis sich das Teigvolumen fast verdoppelt hat.

---

- *Aus dieser Teigmenge lassen sich 4 Portionen-Pizzas von ca. 20 cm Durchmesser oder zwei grosse, runde Pizzas von ca. 30 cm Durchmesser oder eine rechteckige Pizza herstellen.*

---

# Pizza quattro stagioni

**Für 1 Person**
*Arbeitsaufwand:*
*10–12 Minuten*
*Backzeit: 10–15 Minuten*

*Zutaten:*
*ca. 120 g geschälte Tomaten aus der Dose (Pelati), gut abgetropft*
*1 Scheibe gekochter Schinken*
*ca. 40 g Mozzarella*
*3–4 Sardellenfilets aus dem Öl*
*2–3 Artischockenböden aus dem Öl*
*ca. 120 g Pizza-Teig (s. Seite 334)*
*2 Esslöffel Öl*
*Salz*

*Geräte:*
*Dosenöffner, Sieb, kleines und grosses Küchenmesser, Wallholz (Nudelholz), rundes Kuchenblech von ca. 20 cm Durchmesser*

- Den Backofen auf die höchste Stufe einschalten.
- Die Pelati in ein Sieb geben und mit dem kleinen Küchenmesser in kleine Stücke (ca. 1 cm) schneiden. Gut abtropfen lassen.
- Inzwischen die Schinkenscheibe der Länge nach halbieren und dann in ca. 1 cm breite Streifen, den Mozzarella in dünne Scheibchen, die Sardellenfilets evtl. in kleine Stücke und die Artischockenböden je nach Grösse in 4–6 Schnitzchen schneiden. Dabei die Zutaten alle getrennt halten.
- Von Hand oder mit dem Wallholz den Teig zu einer Scheibe von ca. 20 cm Durchmesser formen.
- Den Boden des Kuchenbleches mit wenig Öl bestreichen und den Teig darauflegen.
- Die Pelati darüber verteilen. Dabei einen Rand von 1–2 cm frei lassen. Mit wenig Salz bestreuen. Die übrigen Zutaten auf je einem Viertel der Pizza anordnen. Mit dem restlichen Öl beträufeln.
- In die Mitte des Ofens schieben und 10–15 Minuten backen, oder bis der Käse geschmolzen ist und sich der Teigrand goldbraun verfärbt hat.

---

- *Die Pizza nach Belieben vor dem Backen mit etwas Oregano bestreuen.* • *Die «Pizza quattro stagioni» kann auch mit anderen Zutaten garniert werden, wobei es immer 4 sein müssen; also z.B. den Schinken durch 6 grüne, entkernte und in Scheibchen geschnittene Oliven ersetzen oder die Sardellen durch Champignons oder die Artischockenböden durch Pilze aus dem Öl.* • *Eine klassische Garnitur, die auf Tomaten verzichtet, wird mit Artischocken aus dem Öl, 6 schwarzen, entkernten und in Scheibchen geschnittenen Oliven, gemischt mit einigen kleingeschnittenen Sardellenfilets aus dem Öl, einer Handvoll Vongole (kleinen Muscheln) und Miesmuscheln ohne Schalen zubereitet. Damit die Vongole aus der Schale genommen werden können, sie waschen, in eine Pfanne geben, zudecken und 5 Minuten bei starker Hitze kochen. Von den Miesmuscheln werden 6–8 Stück benötigt: gut waschen und wie die Vongole kochen, bis sich die Schalen geöffnet haben.*

# Pizza Margherita

**Für 1 Person**
*Arbeitsaufwand: 6–7 Minuten*
*Backzeit: 10–15 Minuten*

*Zutaten:*
*70–80 g geschälte Tomaten aus der Dose (Pelati), gut abgetropft*
*50 g Mozzarella*
*ca. 120 g Pizza-Teig (s. Seite 334)*
*2 Esslöffel Öl*
*3–4 fein gehackte Basilikumblätter*
*1/2 Esslöffel geriebener Parmesan oder Pecorino*
*Salz*

*Geräte:*
*Dosenöffner, Sieb, kleines und grosses Küchenmesser, Wallholz (Nudelholz), rundes Kuchenblech von ca. 20 cm Durchmesser, Holzbrett und Wiegemesser, Käseraffel*

Diese Pizza ist so benannt nach der Königin Margherita von Savoyen, zu deren Ehren sie 1889 kreiert wurde.

- Den Backofen auf die höchste Stufe einschalten.
- Die Pelati in ein Sieb geben und mit dem kleinen Küchenmesser in mittelgrosse Stücke (ca. 1–2 cm) schneiden. Gut abtropfen lassen.
- Inzwischen den Mozzarella in dünne Scheibchen oder nach Belieben in kleine Stücke schneiden.
- Von Hand oder mit dem Wallholz den Teig zu einer Scheibe von ca. 20 cm Durchmesser formen.
- Den Boden des Kuchenbleches mit wenig Öl bestreichen und den Teig darauflegen.
- Die Pelati und den Mozzarella darauf verteilen. Dabei einen Rand von 1–2 cm frei lassen. Mit Basilikum, Käse und Salz bestreuen und mit dem restlichen Öl beträufeln.
- In die Mitte des Ofens schieben und 10–15 Minuten backen, oder bis der Käse geschmolzen ist und sich der Teigrand goldbraun verfärbt hat.

- *Durch Weglassen der Pelati entsteht eine weisse Pizza Margherita. In diesem Fall etwas mehr Mozzarella verwenden.*

# Pizza napoletana

**Für 1 Person**
*Arbeitsaufwand: 6–7 Minuten*
*Backzeit: 10–15 Minuten*

*Zutaten:*
*ca. 100 g geschälte Tomaten aus der Dose (Pelati), gut abgetropft*
*ca. 120 g Pizza-Teig (s. Seite 334)*
*2 Esslöffel Öl*
*1/2 Knoblauchzehe*
*1/2 Mokkalöffel Oregano*
*Salz*

*Geräte:*
*Dosenöffner, Sieb, kleines Küchenmesser, Wallholz (Nudelholz), rundes Kuchenblech von ca. 20 cm Durchmesser*

- Den Backofen auf die höchste Stufe einschalten.
- Die Pelati in ein Sieb geben und mit dem kleinen Küchenmesser in mittelgrosse Stücke (ca. 1–2 cm) schneiden. Gut abtropfen lassen.
- Inzwischen von Hand oder mit dem Wallholz den Teig zu einer Scheibe von ca. 20 cm Durchmesser formen.

- Den Boden des Kuchenbleches mit wenig Öl bestreichen und den Teig darauflegen.
- Die Pelati und die geschälte, in Scheibchen geschnittene Knoblauchzehe darauf verteilen. Dabei einen Rand von ca. 1–2 cm frei lassen. Mit dem Oregano und wenig Salz bestreuen und mit dem restlichen Öl beträufeln.
- In die Mitte des Ofens schieben und 10–15 Minuten backen, oder bis sich der Teigrand goldbraun verfärbt hat.

---

- *Wenn anstelle des Oreganos ½ Mokkalöffel Petersilie und Basilikum (zusammen gehackt) verwendet wird, entsteht eine Tomaten-Pizza. Wenn man sie aus dem Ofen nimmt, nach Belieben nochmals mit ein wenig Öl beträufeln.* • *Nicht ganz traditionell, aber ebenfalls sehr schmackhaft ist es, wenn man die Pizza mit einigen kleingeschnittenen Sardellenfilets aus dem Öl, 3–4 entkernten und in Scheibchen geschnittenen Oliven und 10–12 abgetropften Kapern garniert.*

---

# Pizza alla romana

**Für 1 Person**
*Arbeitsaufwand: 6–7 Minuten*
*Backzeit: 10–15 Minuten*

*Geräte:*
*wie für Pizza Margherita*

*Zutaten:*
*wie für Pizza Margherita (s. Seite 336)*
*4 kleine Sardellenfilets aus dem Öl*

- Gleiche Zubereitung wie Pizza Margherita, aber vor dem Backen die Sardellenfilets über die Oberfläche verteilen.

---

# Pizza mit Zwiebeln – Pizza con cipolle

**Für 1 Person**
*Arbeitsaufwand: 5–7 Minuten*
*Backzeit: 20–30 Minuten*

*Geräte:*
*kleines Küchenmesser,*
*Holzbrett, kleines Pfännchen,*
*Wallholz (Nudelholz),*
*rundes Kuchenblech von*
*ca. 20 cm Durchmesser*

*Zutaten:*
*1 grosse Zwiebel*
*3½ Esslöffel Öl*
*Salz*
*ca. 120 g Pizza-Teig (s. Seite 334)*

- Die Zwiebel schälen, halbieren und in nicht zu dünne Scheiben schneiden.
- Mit 3 Esslöffeln Öl und wenig Salz in das Pfännchen geben und bei schwacher Hitze unter mehrmaligem Rühren 10–15 Minuten garen, oder bis sie weich und leicht goldgelb verfärbt sind.
- Inzwischen den Backofen auf die höchste Stufe einschalten.
- Von Hand oder mit dem Wallholz den Teig zu einer Scheibe von ca. 20 cm Durchmesser formen.
- Den Boden des Kuchenbleches mit dem restlichen Öl bestreichen und den Teig darauflegen.
- Die Zwiebeln samt dem Öl darauf verteilen, dabei einen Rand von 1–2 cm frei lassen.
- In die Mitte des Ofens schieben und 10–15 Minuten backen, oder bis der Teigrand eine goldbraune Farbe angenommen hat.

*Eine Pizza mit Tomaten, Champignons und Mozzarella schmeckt sehr delikat*

# **Pizza mit Pilzen** – Pizza ai funghi

**Für 1 Person**
Arbeitsaufwand:
ca. 10 Minuten
Backzeit: 10–15 Minuten

*Zutaten:*
ca. 80 g geschälte Tomaten aus der Dose (Pelati), gut abgetropft
50–60 g Champignons
ca. 40 g Mozzarella
ca. 120 g Pizza-Teig (s. Seite 334)
3 Esslöffel Öl
Salz

*Geräte:*
Dosenöffner, Sieb, kleines
Küchenmesser, Wallholz
(Nudelholz), rundes
Kuchenblech von ca. 20 cm
Durchmesser

• Den Backofen auf die höchste Stufe einschalten.
• Die Pelati in ein Sieb geben und mit dem Küchenmesser in kleine Stücke (ca. 1 cm) schneiden. Gut abtropfen lassen.
• Inzwischen die Champignons putzen und rasch unter fliessendem Wasser waschen. Sofort trockentupfen und der Länge nach in Scheiben schneiden.
• Den Mozzarella in kleine Stücke (ca. 1 cm) schneiden.
• Von Hand oder mit dem Wallholz den Teig zu einer Scheibe von ca. 20 cm Durchmesser formen.
• Den Boden des Kuchenbleches mit wenig Öl bestreichen und den Teig darauflegen.
• Die ganze Oberfläche mit den Pelati bedecken. Dabei einen Rand von 1–2 cm frei lassen. Champignons und Mozzarella darüber verteilen. Mit wenig Salz bestreuen und mit dem restlichen Öl beträufeln.

• In die Mitte des Ofens schieben und 10–15 Minuten backen, oder bis der Käse geschmolzen ist und sich der Teigrand goldbraun verfärbt hat.

---

# Pizza mit Tomatensauce und Käse
## Pizza con salsa e formaggio

**Für 1 Person**
*Arbeitsaufwand: 5–6 Minuten*
*Backzeit: 10–15 Minuten*

*Zutaten:*
*ca. 120 g Pizza-Teig (s. Seite 334)*
*2 Esslöffel Öl*
*2–3 Esslöffel hausgemachte Tomatensauce*
*1 gehäufter Esslöffel reifer, geriebener Pecorino*

*Geräte:*
*Wallholz (Nudelholz),*
*rundes Kuchenblech von*
*ca. 20 cm Durchmesser,*
*grosse Tasse, Käseraffel*

• Den Backofen auf die höchste Stufe einschalten.
• Von Hand oder mit dem Wallholz den Teig zu einer Scheibe von ca. 20 cm Durchmesser formen.
• Den Boden des Kuchenbleches mit wenig Öl bestreichen und den Teig darauflegen.
• Die Tomatensauce und den Pecorino in die Tasse geben und gut vermischen. Über den Teig verteilen und dabei einen Rand von 1–2 cm frei lassen. Mit dem restlichen Öl beträufeln.
• In die Mitte des Ofens schieben und 10–15 Minuten backen, oder bis sich der Teigrand goldbraun verfärbt hat.

---

• *Nach Belieben 10–12 abgespülte und gut abgetropfte Kapern über die Pizza verteilen.*

---

# Käse-Pizza – Pizza al formaggio

**Für 1 Person**
*Arbeitsaufwand:*
*8–10 Minuten*
*Backzeit: 10–15 Minuten*

*Zutaten:*
*ca. 120 g Pizza-Teig (s. Seite 334)*
*½ Esslöffel Öl*
*100 g italienischer Weichkäse (z.B. Stracchino, Bel Paese, Taleggio)*

*Geräte:*
*Wallholz (Nudelholz), rundes*
*Kuchenblech von ca. 20 cm*
*Durchmesser, kleines*
*Küchenmesser*

• Den Backofen auf die höchste Stufe einschalten.
• Den Teig halbieren und mit dem Wallholz zwei Scheiben von ca. 21 cm Durchmesser ausrollen.
• Den Boden des Kuchenbleches mit dem Öl bestreichen und die eine Teigscheibe darauflegen.
• Den in kleine Stücke oder Scheiben geschnittenen Käse darauf verteilen.
• Mit der zweiten Teigscheibe bedecken. Die Teigränder zusammen aufrollen und festdrücken, um sie zu verschliessen.
• Für 10–15 Minuten in die Mitte des Backofens schieben, oder bis die Teigoberfläche eine schöne, goldbraune Farbe angenommen hat. Wenn die Anweisungen des Rezeptes richtig ausgeführt wurden, sollte die Oberfläche an mehreren Stellen reissen und geschmolzener Käse austreten.

# Belegte Brote

### Kalte, pikante belegte Brote

Voraussetzung für gute belegte Brote ist schmackhaftes, frisches und knuspriges Brot. Falls es mit Butter bestrichen wird, darf diese nicht hart sein. Sie soll deshalb rechtzeitig aus dem Kühlschrank genommen werden. Grundsätzlich sollen belegte Brote erst im letzten Moment zubereitet werden. Falls dies nicht möglich ist, sind sie, eingewickelt in Aluminium- oder Klarsichtfolie, bis zum Servieren in den Kühlschrank zu stellen. Weitere Rezepte für belegte Brote finden sich auf den Seiten 26–28 (Kanapees).

---

## Belegtes Brot mit Braten – Pane e arrosto

**Für 1 Person**
*Arbeitsaufwand: 4 Minuten*
*Stehenlassen: mind. 1 Stunde*

*Zutaten:*
*½ kleine Zwiebel (wenn möglich eine rote)*
*Salz*
*2 Esslöffel Essig*
*2 Scheiben Weissbrot*
*oder 1 in der Mitte halbiertes Brötchen*
*2–3 sehr dünne Scheiben kalter Kalbsbraten*

*Geräte:*
*kleines Küchenmesser,*
*Holzbrett*

- Die Zwiebel schälen und in hauchdünne Scheiben schneiden.
- In einen tiefen Teller geben, mit Salz bestreuen und mit Essig beträufeln. Mindestens 1 Stunde oder nach Belieben auch länger stehenlassen.
- Mit der Gabel herausheben und gut abtropfen lassen. Auf die eine der beiden Brotscheiben oder auf die untere Hälfte des Brötchens verteilen.
- Die Bratenscheiben darüberlegen. Mit der zweiten Brotscheibe oder Brötchenhälfte zudecken.

- *Das Brot nach Belieben mit etwas Butter oder Mayonnaise bestreichen.* • *Kalbsbraten kann auch durch Schweinebraten ersetzt werden.*

---

## Brot mit Rohschinken
## Pane con prosciutto crudo

**Für 1 Person**
*Arbeitsaufwand: 5 Minuten*
*Kochzeit: 5–6 Minuten*
*Auskühlen: 8–10 Minuten*

*Zutaten:*
*2 Scheiben Rohschinken, etwas dicker geschnitten als üblich*
*1 Esslöffel Sonnenblumen- oder Erdnussöl*
*3 Esslöffel Rahm*
*einige Tropfen Worcestershire-Sauce*
*2 Esslöffel Mayonnaise*
*1 grosse Scheibe weiches Weissbrot*

*Geräte:*
*Holzbrett, grosses*
*Küchenmesser, kleines*
*Bratpfännchen, Tischmesser*
*oder Spatel*

- Den Rohschinken in sehr kleine Würfelchen schneiden oder grob hacken.
- Das Öl im Bratpfännchen erhitzen und den Rohschinken darin bei kräftiger Hitze 2–3 Minuten unter ständigem Rühren anbraten, oder bis er knusprig ist.
- Den Rahm und die Worcestershire-Sauce beifügen. Bei starker Hitze die Flüssigkeit auf gut 1 Esslöffel einkochen. Erkalten lassen.
- Die Mayonnaise beifügen und alles gut vermischen. Das Brot mit der Masse bestreichen.

---

# Mortadella-Brot mit Oliven
## Pane e mortadella con olive

**Für 1 Person**
*Arbeitsaufwand: 3 Minuten*

*Zutaten:*
*2 grosse schwarze Oliven*
*ca. 30 g Frisch- oder Rahmkäse*
*ca. 1 Esslöffel Rahm oder Milch*
*2 Scheiben weiches Weissbrot*
*1–2 dünne Scheiben Mortadella*

*Geräte:*
*kleines Küchenmesser,*
*Spatel*

- Die Oliven mit dem Küchenmesser in ganz kleinen Stücken vom Stein schneiden und in einen tiefen Teller geben.
- Den Käse beifügen und mit Hilfe einer Gabel mit den Oliven verkneten. So viel Rahm oder Milch beifügen, bis eine geschmeidige Masse entstanden ist.
- Die Brotscheiben damit bestreichen.
- Auf das eine der beiden Brote die Mortadella legen. Mit der zweiten Brotscheibe bedecken.

---

# Sardellenbrot mit Pfefferminze
## Pane e acciuga con menta

**Für 1 Person**
*Arbeitsaufwand: 3 Minuten*

*Zutaten:*
*5–6 Pfefferminzblättchen*
*1/2 Esslöffel Kapern*
*3–4 Esslöffel Mayonnaise*
*1 grosse Brotscheibe (dunkel oder weiss)*
*4–6 Sardellenfilets*

*Geräte:*
*Holzbrett und Wiegemesser,*
*Tischmesser oder Spatel*

- Die Pfefferminzblättchen mit den Kapern zusammen ziemlich fein hacken.
- Mit der Mayonnaise vermischen.
- Die Brotscheibe damit bestreichen.
- Die Sardellenfilets nach Belieben darauf anordnen.

---

- *Hübsch sieht es aus, wenn die Sardellenfilets der Länge nach halbiert und kreuzweise auf das Brot gelegt werden.* • *Nach Belieben mit einigen kleinen, ganzen Kapern garnieren.*

# Sardellenbrot mit Ei
## Pane e acciuga con uovo

**Für 1 Person**
*Arbeitsaufwand: 3 Minuten*

*Zutaten:*
*2 grosse Brotscheiben*
*ca. 20 g Butter*
*2 Mokkalöffel Senf*
*1 hartgekochtes Ei*
*2–4 Sardellenfilets*
*2 Salatblätter*

*Geräte:*
*Tischmesser oder Spatel,*
*Holzbrett, Wiege- oder*
*grosses Küchenmesser*

- Die Brotscheiben zuerst mit Butter, dann mit Senf bestreichen.
- Das Ei schälen und mit den Sardellenfilets grob hacken.
- Auf die Brotscheiben verteilen.
- Die gewaschenen und trockengetupften Salatblätter darüberlegen. Mit der zweiten Brotscheibe bedecken.

---

- *Nach Belieben Weissbrot, Roggen- oder Vollkornbrot verwenden.*
- *Anstatt zwei Brotscheiben ein in der Mitte durchgeschnittenes Brötchen bestreichen und belegen.* • *Evtl. die Salatblätter mit wenig Salz, Essig und Öl vorher würzen.*

---

# Brot mit Mozzarella – Pane e mozzarella

**Für 1 Person**
*Arbeitsaufwand: 2 Minuten*

*Zutaten:*
*2 Scheiben Vollkornbrot*
*10–15 g Butter*
*1 Scheibe von einem grossen Mozzarella, ca. ½ cm dick*
*½ Mokkalöffel Oregano*
*2–4 Sardellenfilets*

*Geräte:*
*Tischmesser oder Spatel*

- Die beiden Brotscheiben ziemlich dick mit Butter bestreichen.
- Die Mozzarella-Scheibe auf eine der Brotscheiben legen. Mit dem Oregano bestreuen und mit den Sardellenfilets belegen. Mit der zweiten Brotscheibe bedecken.

---

- *Anstatt zwei Brotscheiben ein halbiertes Brötchen verwenden.*

---

# Brot mit Ölsardine
## Pane con sardina sott'olio

**Für 1 Person**
*Arbeitsaufwand: 4 Minuten*

*Zutaten:*
*1 Ölsardine*
*1 Brötchen*
*Saft von ¼ Zitrone*
*ca. 15 g Butter*
*2 Artischockenböden aus dem Öl*

*Auch bei den belegten Broten südländische Zutaten: Sardellen, Mortadella, Oliven und Käse*

*Geräte:*
*kleines Küchenmesser,*
*Tischmesser oder Spatel*

● Die Sardine auf einen Teller legen. Mit dem kleinen Küchenmesser die Schuppen, falls noch vorhanden, entfernen. Die Sardine öffnen und die Hauptgräte entfernen.
● Das Brötchen aufschneiden. Die Schnittflächen mit etwas Zitronensaft beträufeln und mit der Butter bestreichen.
● Die Artischockenböden in kleine Stücke schneiden und auf die untere Brötchenhälfte verteilen. Die Sardinenfilets darauflegen. Mit der zweiten Brötchenhälfte zudecken.

# Brot mit Thunfisch – Pane e tonno

**Für 1 Person**
*Arbeitsaufwand: 3 Minuten*
*Toasten: 2–3 Minuten*

*Zutaten:*
*1 grosse Weissbrotscheibe*
*Schale von ¼ Zitrone*
*50 g Thunfisch aus dem Öl*
*2 kleine Sardellenfilets*
*1 Mokkalöffel Kapern*
*10–15 g Butter*

*Geräte:*
*Toaster, Holzbrett und*
*Wiegemesser, Tischmesser*
*oder Spatel*

● Die Brotscheibe toasten.
● Mit der Zitronenschale bestreichen und erkalten lassen.
● Inzwischen Thunfisch, Sardellen und Kapern zusammen fein hacken.
● Das Brot zuerst mit der Butter bestreichen, dann die Thunfischmischung darüber verteilen.

# Käsebrot mit Salat
## Pane e formaggio con insalata

**Für 1 Person**
*Arbeitsaufwand: 4 Minuten*

*Zutaten:*
*1 Knoblauchzehe*
*2 grosse Scheiben Vollkornbrot*
*ca. 15 g Butter*
*10–15 g reifer Gorgonzola*
*1 Teelöffel Senf*
*2–3 Esslöffel in Streifen geschnittene Endivie*
*oder 2 Blätter Cicorino rosso*
*Salz*
*einige Tropfen Essig*
*1/2 Esslöffel Öl*
*ca. 30 g Hartkäse in dünnen Scheiben*

*Geräte:*
*kleines Küchenmesser,*
*Tischmesser oder Spatel,*
*kleine Schüssel*

- Von der Knoblauchzehe eine Scheibe abschneiden und mit der Schnittfläche die eine Seite der Brotscheiben bestreichen.
- Dann mit Butter, Gorgonzola und Senf bestreichen.
- In einem tiefen Teller oder einer kleinen Schüssel den Salat mit wenig Salz, Essig und Öl würzen. Auf eines der Brote verteilen.
- Mit den Käsescheiben und der zweiten Brotscheibe bedecken.

## Heisse, pikante belegte Brote

Die Italiener sind sehr phantasievoll in der Zusammenstellung von heissen belegten Broten, die sie in der Regel recht pikant zubereiten. Sie eignen sich gut als Zwischenverpflegung, nach dem Kino oder Theater oder ganz einfach an einem Abend mit Freunden zu einem Glas Wein. Einige dieser Brote lassen sich gut im Kontaktgrill zubereiten.

# Heisses Schinken-Käse-Brot
## Croste al prosciutto

**Für 1 Person**
*Arbeitsaufwand: 4–6 Minuten*
*Backzeit: 5–7 Minuten*

*Zutaten:*
*2 Scheiben gekochter Schinken*
*2 Scheiben von einer kleinen Zwiebel*
*1 1/2 Esslöffel geriebener Parmesan*
*2 Scheiben Kastenbrot*
*ca. 10 g Butter*
*1 Teelöffel Senf*

*Geräte:*
*Holzbrett und Wiegemesser,*
*kleine Schüssel, Käseraffel,*
*Toaster, Tischmesser oder*
*Spatel, Backofen mit Grill*

- Den Schinken grob und die Zwiebelscheiben fein hacken.
- In die kleine Schüssel geben, den Parmesan beifügen und alles mit einem Teelöffel vermischen.
- Die Brotscheiben nur auf einer Seite toasten.
- Die andere Seite mit Butter und Senf bestreichen. Die Schinken-Käse-Mischung darüber verteilen.

- Mit ca. 10 cm Abstand unter den heissen Grill des Backofens schieben und 5–7 Minuten überbacken, oder bis die Schinkenmasse Farbe angenommen hat und die Brotscheiben knusprig sind.

# Toast mit Pancetta – Toast alla pancetta

**Für 1 Person**
*Arbeitsaufwand: 3–4 Minuten*
*Backzeit: 12–14 Minuten*
*Toasten: 2–3 Minuten*

*Zutaten:*
*3–4 dünne Scheiben geräucherter Pancetta*
*2 Scheiben Kastenbrot*
*2 dünne Scheiben Fontina-Käse (gleich gross wie die Brotscheiben)*
*3–4 Tomatenscheiben*
*Salz*
*einige Tropfen Öl*

*Geräte:*
*mittelgrosse Bratpfanne,*
*Toaster, kleines Küchenmesser*

- Den Backofen auf 250 °C vorheizen.
- Die Pancetta-Scheiben nebeneinander in die Bratpfanne geben. Falls sie zu gross sind, etwas zurückfalten, und zwar schräg, um nicht die ganze restliche Scheibe damit zu bedecken. Bei ganz schwacher Hitze und ohne sie anzurühren ca. 7 Minuten braten, oder bis die Fettstreifen durchsichtig und der Rest knusprig geworden ist.
- Inzwischen die Brotscheiben toasten.
- Jede Scheibe mit zwei zusammengefalteten Pancetta-Scheiben belegen und mit den Fontina-Scheiben bedecken.
- Für 5–7 Minuten in den Ofen schieben, bis der Käse teilweise geschmolzen ist.
- Inzwischen in einem kleinen Teller die Tomatenscheiben mit ganz wenig Salz und einigen Tropfen Öl würzen.
- Die eine der Brotscheiben mit den Tomatenscheiben belegen und mit der anderen Brotscheibe, Käseseite nach innen, bedecken.

# Gorgonzola-Brötchen – Pane e gorgonzola

**Für 1 Person**
*Arbeitsaufwand: 3 Minuten*
*Backzeit: ca. 10 Minuten*

*Zutaten:*
*1 rundes, weiches Brötchen von ca. 10 cm Durchmesser*
*oder 1 ovales*
*ca. 2 Esslöffel Rahm*
*1 Teelöffel scharfer Senf*
*25–30 g reifer Gorgonzola*

*Geräte:*
*grosses und kleines*
*Küchenmesser, grosse Tasse*

- Den Backofen auf 220 °C vorheizen.
- Vom Brötchen einen nicht zu kleinen Deckel abschneiden. Mit den Fingern oder mit Hilfe eines Teelöffels das Brötchen aushöhlen.
- Die Brotstücke in die Tasse geben und mit so viel Rahm beträufeln, bis sie überall befeuchtet sind. Den Senf beifügen und mit einer Gabel alles gut vermischen.

Brote mit Sardinen, Gorgonzola, Schinken und Käse oder mit Datteln, Kastanienpüree, Honig und Ricotta

● Den Gorgonzola in Würfel schneiden und ebenfalls unter die Masse mischen.
● Mit der Gabel oder dem Teelöffel das Brötchen mit der Masse füllen.
● Für 10 Minuten in die Mitte des Backofens schieben, oder bis das Brötchen knusprig und die Oberfläche schön goldbraun geworden ist.

## Süsse belegte Brote

Bei diesen Rezepten denkt man wohl in erster Linie an Kinder. Aber bekanntlich gibt es auch manche Erwachsene, die gelegentlich ein süsses Brot einem pikanten vorziehen.

# Brot mit Honig und Ricotta
## Pane, miele e ricotta

**Für 1 Person**
*Arbeitsaufwand: 2 Minuten*

Zutaten:
50–60 g Ricotta (Quark)
1 Esslöffel Honig
Saft von ¼ Zitrone
2 Brotscheiben

*Geräte:*
*tiefer Teller oder kleine*
*Schüssel, Tischmesser oder*
*Spatel*

- Ricotta, Honig und Zitronensaft in einem tiefen Teller oder einer kleinen Schüssel mit einer Gabel vermischen.
- Die Brotscheiben mit dieser Masse bestreichen.

---

- *Ricotta kann durch Mascarpone oder einen beliebigen anderen cremigen und ungesalzenen Käse ersetzt werden.* • *Nach Belieben weisses oder dunkles Brot oder auch Zwieback verwenden.*

---

# Brot mit Kastanienpüree – Pane e marronata

**Für 1 Person**
*Arbeitsaufwand: 2 Minuten*

*Zutaten:*
*1 grosse oder 2 kleine Scheiben weiches Weissbrot*
*15–20 g Butter*
*ca. 1 Esslöffel Honig*
*2 Esslöffel Kastanienpüree*

*Geräte:*
*Tischmesser oder Spatel*

- Das Brot zuerst grosszügig mit Butter, dann mit ganz wenig Honig und zum Schluss mit einer nicht zu dünnen Schicht Kastanienpüree bestreichen.

---

# Dattelbrot – Pane e datteri

**Für 1 Person**
*Arbeitsaufwand: 3 Minuten*

*Zutaten:*
*2 Esslöffel Mascarpone oder anderer cremiger, ungesalzener Käse*
*2 Teelöffel Zucker*
*Zimtpulver*
*1 grosse Scheibe Brot, nach Belieben Roggenbrot*
*5–6 Datteln*

*Geräte:*
*tiefer Teller oder kleine*
*Schüssel, (Spatel), kleines*
*Küchenmesser*

- Den Mascarpone oder anderen Käse mit dem Zucker in den Teller oder die Schüssel geben, mit einer Gabel vermischen und verkneten. Beliebig viel Zimtpulver beifügen.
- Die Brote mit dieser Mischung bestreichen.
- Die Datteln der Länge nach halbieren, die Steine entfernen und das Brot damit belegen.

---

# Brot mit Eis – Pane e gelato

**Für 1 Person**
*Arbeitsaufwand: 1 Minute*

*Zutaten:*
*1–2 Scheiben Weissbrot oder 1 halbiertes Brötchen*
*1–2 Esslöffel Konfitüre*
*4–6 Esslöffel Eis beliebigen Geschmacks*

*Geräte:*
*(grosses Küchenmesser),*
*Tischmesser oder Spatel*

- Das Brot zuerst mit einer dünnen Schicht Konfitüre und dann mit einer dicken Schicht Eis bestreichen. Muss sofort gegessen werden.

# Grillgerichte

Weil man in Italien die natürliche Küche liebt, ist das Grillieren, eine der ältesten Zubereitungsarten überhaupt, sehr verbreitet. Das beständige, warme Wetter verlockt eher als bei uns zu Picknicks mit der Familie und mit Freunden. An die Ausstattung werden nicht allzu grosse Anforderungen gestellt, und der Grill wird oft nur improvisiert. Trotzdem versteht man es, das ganze Menü, also nicht nur das Fleisch, sondern auch die Gemüsebeilage, auf dem Grill zuzubereiten. Dieses Kapitel enthält deshalb nicht nur Rezepte für Fleischgerichte, sondern gibt auch Anregungen für die Zubereitung von Gemüse und Pilzen. Mit ganz besonderer Sorgfalt werden in Italien die Fische grilliert. Darauf wird aus Gründen der Übersicht jedoch im Kapitel «Fische und Meeresfrüchte» näher eingegangen (s. Seite 140–143).

Das Fleisch wird meistens in der Küche durch Marinieren oder Würzen vorbereitet, da im Freien selten alle gewünschten Zutaten zur Hand sind. Rezepte für Marinaden finden sich auf den Seiten 452–453.

Sehr praktisch beim Grillieren ist ein Pinsel mit langem Stiel zum Bestreichen des Grillgutes während des Bratens. Man kann sich aber auch mit einem an einen kleinen Zweig gebundenen Petersilienbüschel oder einem auf eine Gabel gesteckten Zitronenschnitz behelfen. Auch eine spezielle Bratschaufel, ebenfalls mit langem Stiel, wäre praktisch, doch zur Not tut es auch eine gewöhnliche Bratschaufel. Wichtig ist es, sich in diesem Zusammenhang daran zu erinnern, dass die meisten Lebensmittel, vor allem aber Fleisch, während der Garzeit nicht angestochen werden sollen. Oft verhält es sich so, dass der Spass um so grösser ist, je mehr improvisiert werden muss.

*Grillieren macht Spass beim Kochen wie beim Essen: grillierte Rindfleischspiesse mit Mais (Seite 351), Florentiner Steak (Seite 150) und grillierte Auberginen (Seite 357)*

## Grilliertes Fleisch

Das Grillieren von Fleisch ist zwar sehr unkompliziert, verlangt aber einiges an Fingerspitzengefühl und Routine, damit das Fleisch aussen knusprig braun und innen auf die gewünschte Art durchgebraten ist. Grilladen schmecken deshalb so unvergleichlich, weil ihnen die Glut einen speziellen Rauchgeschmack verleiht, der mit keinem Gewürz nachzuahmen ist. Überdies kann die Glut selbst durch das Beifügen von Kräutern oder bestimmten Hölzern (z.B. getrocknete Abschnitte von Reben) zusätzlich aromatisiert werden.
Je nach Grösse der Feuerstelle verwendet man als Brennmaterial Holz oder Holzkohle. Darauf achten, dass kein harzhaltiges Holz verbrannt wird!
Man beginnt mit dem Grillieren erst, wenn sich eine starke Glut gebildet hat, d. h., wenn keine Flammen mehr vorhanden sind und die Glut mit einer dünnen, weissen Ascheschicht bedeckt ist. Bis eine richtige Glut zustandegekommen ist, dauert es ca. 40–45 Minuten. Das Feuer also rechtzeitig vor Bratbeginn anzünden! Bevor man das Fleisch auf den Grillrost legt, diesen mit etwas Öl bestreichen und ca. 15 Minuten über der Glut erhitzen.
Für das Regulieren der Hitze während des Grillvorganges bestehen zwei Möglichkeiten:
• Wenn der Grill in der Höhe verstellbar ist, das Grillgut näher oder weiter weg zur Glut plazieren.
• Bei einem nicht verstellbaren Grill die Glut mit einer Schaufel gegen den Rand hin verteilen, wenn weniger Hitze gewünscht wird, und direkt unter das Grillgut schieben, wenn mehr Hitze nötig ist.
Auf dem Grill können generell alle zum Kurzbraten geeigneten Fleischstücke sowie Braten, Poulet und Fisch zubereitet werden (für Fisch auf dem Grill s. Seite 112). Zu gemischten Fleischgrilladen schmecken auch knusprig gebratene Pancetta-Scheiben sehr gut. Ein typisch italienisches Grillgericht ist das «Florentiner Steak» (s. Rezept Seite 150). Auf Seite 355 sind einige einfache Rezepte für grilliertes Fleisch zu finden.

## Grillierte Rindfleischspiesse
### Spiedini di manzo alla griglia

**Für 4 Personen**
*Herstellen der Glut:*
*ca. 45 Minuten*
*Arbeitsaufwand: 15 Minuten*
*Garzeit: 15–17 Minuten*

*Zutaten:*
*ca. 5 Esslöffel Öl*
*400–500 g Rindsfilet*
*8 sehr kleine Zwiebeln*
*1 mittelgrosser Peperone (Paprikaschote)*
*8 sehr kleine Tomaten (Cherry-Tomaten)*
*Salz*

*Geräte:*
*Grill, Brennmaterial,*
*Küchenpinsel oder ähnliches*
*zum Bestreichen des Grills,*
*Küchenpinsel zum Bestreichen*
*des Grillgutes, grosses und*
*kleines Küchenmesser,*
*Holzbrett, kleine Pfanne,*
*Schaumlöffel oder Sieb,*
*4 lange Spiesse, grosse*
*Bratschaufel (wenn möglich*
*mit langem Stiel)*

• Ca. 45 Minuten bevor mit dem Grillieren begonnen wird, das Feuer anzünden. Ca. 15 Minuten vor Bratbeginn den Grillrost mit einem Teil des Öls bestreichen und in die der Glut am nächsten liegende Position bringen.
• Das Fleisch in ca. 2½ cm grosse Würfel schneiden.
• In der Pfanne knapp ½ l Wasser aufsetzen. Inzwischen die kleinen Zwiebeln schälen. Vom Peperone den Stielansatz, die inneren weissen Rippen und die Samen entfernen. Der Länge nach in Schnitze schneiden, waschen und in ca. 12 rechteckige oder quadratische Stücke schneiden. Die Tomaten waschen.
• Die Zwiebeln in das kochende Wasser geben und nach ca. 3 Minuten die Peperonestücke beifügen. Nach weiteren 2 Minuten das Wasser abgiessen.
• Abwechslungsweise Fleischstücke, Tomaten, Peperonestücke und Zwiebeln auf die Spiesse stecken.

• Mit Öl bestreichen und auf den Grill legen. Unter häufigem Wenden und wiederholtem Bestreichen mit Öl 6–8 Minuten bei starker Hitze grillieren. Erst salzen, nachdem sie vom Feuer weggenommen wurden.

---

• *Mit der angegebenen Garzeit wird das Fleisch «saignant» sein. Wenn es mehr durchgebraten gewünscht wird, die Grillierzeit um 2–3 Minuten verlängern.* • *Anstelle von Cherry-Tomaten können auch grössere, in Schnitze geschnittene Tomaten verwendet werden.* • *Nach Belieben kleine Steinpilzhüte oder Champignons zwischen die Fleischstücke stecken.* • *Die gleichen Spiesse lassen sich anstatt mit Rindfleisch auch mit Lammfleisch zubereiten.*

---

# Grillierte Rindfleischspiesse mit Mais
## Spiedini di manzo con granturco alla griglia

**Für 6–8 Personen**
*Herstellen der Glut und Marinieren: ca. 4 Stunden Arbeitsaufwand: ca. 15 Minuten Garzeit: 20–25 Minuten*

*Zutaten:*
*ca. 700 g Rindfleisch vom Nierstück*
*8 kleine Zwiebeln*
*2 mittelgrosse grüne Peperoni (Paprikaschoten)*
*6 Esslöffel Öl*
*3 Esslöffel Essig*
*3 Esslöffel Senf*
*1 Knoblauchzehe*
*Salz*
*3 frische, zarte Maiskolben (evtl. tiefgekühlt)*
*12 kleine Steinpilze oder mittelgrosse Champignons*

*Geräte:*
*kleines und grosses Küchenmesser, Holzbrett, Gefäss aus geeignetem Material zum Marinieren, kleines Pfännchen, Grill, Brennmaterial, Küchenpinsel oder ähnliches zum Bestreichen des Grills, 8 lange Spiesse, kleines Spiesschen, Küchenpinsel zum Bestreichen des Grillgutes, Bratschaufel (wenn möglich mit langem Stiel)*

• Das Fleisch in ca. 3 cm grosse Würfel schneiden.
• Die Zwiebeln schälen und der Breite nach halbieren.
• Die Peperoni von Stielansatz, inneren Rippen und Samen befreien, waschen und gut abtropfen lassen. Jede in 8–12 Stücke schneiden.
• Fleisch, Zwiebeln und Peperoni in ein passendes Gefäss zum Marinieren geben.
• Im kleinen Pfännchen 4 Esslöffel Öl, Essig, Senf, die geschälte und in 2–3 Stücke geschnittene Knoblauchzehe sowie Salz vermischen.
• Aufkochen und über Fleisch, Zwiebeln und Peperoni giessen. Alles vermischen, das Gefäss zudecken und das Ganze 4 oder nach Belieben mehr Stunden stehenlassen.
• Ca. 45 Minuten bevor mit dem Grillieren begonnen wird, das Feuer anzünden. Ca. 15 Minuten vor Bratbeginn den Grillrost mit dem restlichen Öl bestreichen und in die der Glut am nächsten liegende Position bringen.
• Die Maiskolben in je 4–5 Stücke schneiden.
• Unmittelbar vor dem Bratbeginn die Pilze putzen. Wenn nötig mit dem kleinen Küchenmesser erdige Stellen vom Stiel wegschneiden. Rasch unter fliessendem kaltem Wasser waschen und sofort mit Küchenpapier trockentupfen.
• Abwechslungsweise Fleischstücke, Zwiebelhälften, Peperoni- und Maiskolbenstücke sowie die Pilze auf die Spiesse stecken.

● Auf den Grill legen und zuerst bei starker Hitze 5–6 Minuten, dann bei schwächerer Hitze weitere 15–20 Minuten grillieren, oder bis sich die Zutaten beim Einstechen mit dem kleinen Spiesschen gar anfühlen. Während der Bratzeit häufig wenden und mit der restlichen Marinade bepinseln.

● *Zum Regulieren der Hitze s. Seite 350.*

# Marinierte Schweinekoteletts vom Grill
## Costolette di maiale marinate alla griglia

**Für 4 Personen**
*Herstellen der Glut und
Marinieren: ca. 2 Stunden
Arbeitsaufwand: 5 Minuten
Garzeit: ca. 20 Minuten*

*Zutaten:*
*ca. 5 Esslöffel Öl
1 Esslöffel Essig
1 kleines Lorbeerblatt
½ Mokkalöffel getrockneter Thymian
½ Mokkalöffel Fenchelsamen oder Kümmel
Salz
(Pfeffer)
4 Schweinekoteletts (je 180–200 g)*

*Geräte:*
*Grill, Brennmaterial,
Küchenpinsel oder ähnliches
zum Bestreichen des Grills,
Küchenpinsel zum
Bestreichen des Grillgutes,
grosse Bratschaufel (wenn
möglich mit langem Stiel)*

● 3 Esslöffel Öl, Essig, das mit den Fingern zerkrümelte Lorbeerblatt, Thymian, Fenchel oder Kümmel, Salz und nach Belieben Pfeffer in einen tiefen Teller geben und vermischen.
● Die Koteletts beidseitig darin wenden und im gleichen Teller aufeinanderschichten. Mit Aluminiumfolie, einem zweiten Teller oder einem anderen Geschirr zudecken und einige Stunden stehenlassen.
● Ca. 45 Minuten bevor mit dem Grillieren begonnen wird, das Feuer anzünden.
● Ca. 15 Minuten vor Bratbeginn den Grillrost mit dem restlichen Öl bestreichen und in die der Glut am nächsten liegende Position bringen.
● Die Koteletts abtropfen lassen und 20 Minuten bei mittlerer Hitze unter mehrmaligem Wenden grillieren. Vor jedem Wenden die Oberfläche mit etwas im Teller zurückgebliebener Marinade bestreichen.

# Grillierte Bratwürste – Salsicce alla griglia

**Für 4 Personen**
*Herstellen der Glut:
ca. 45 Minuten
Arbeitsaufwand: ca. 2 Minuten
Garzeit: ca. 15 Minuten*

*Zutaten:*
*ca. 3 Esslöffel Öl
4–8 ca. 3 cm dicke Schweinebratwürste*

● Den Grill vorbereiten wie im Rezept «Kalbskoteletts in der Folie» (s. gegenüberliegende Seite).
● Die Bratwürste mit der Spitze des kleinen Küchenmessers

*Geräte:*
*Grill, Brennmaterial,*
*Küchenpinsel oder ähnliches*
*zum Bestreichen des Grills,*
*kleines Küchenmesser oder*
*Küchennadel, Bratschaufel*
*(wenn möglich mit*
*langem Stiel)*

oder mit einer Küchennadel dicht einstechen, um zu verhindern, dass sie während des Grillierens platzen.
● Auf den Grill legen und unter häufigem Wenden ca. 15 Minuten grillieren, zuerst bei starker Hitze, dann allmählich, wenn sie sich braun zu verfärben beginnen, bei niedrigerer Temperatur.

---

● *Zum Regulieren der Hitze s. Seite 350.* ● *Wenn möglich während des Grillierens einige Lorbeerblätter auf die Glut werfen.* ● *Bratwürste eignen sich auch sehr gut für gemischte Fleischgrilladen.*

# Kalbskoteletts in der Folie
## Costolette di vitello in cartoccio

**Für 4 Personen**
*Herstellen der Glut:*
*ca. 45 Minuten*
*Arbeitsaufwand: 5 Minuten*
*Garzeit: ca. 15 Minuten*

*Zutaten:*
*ca. 5 Esslöffel Öl*
*4 Kalbskoteletts von ca. 2½ cm Dicke*
*40 g Butter*
*Salz*
*(Pfeffer)*
*1½ Esslöffel gehackte Petersilie*
*Saft von ½ Zitrone*

● Ca. 45 Minuten bevor mit dem Grillieren begonnen wird, das Feuer anzünden.

*In der Folie werden Kalbskoteletts besonders schonend zubereitet und schmecken köstlich*

*Geräte:*
*Grill, Brennmaterial,*
*Küchenpinsel oder ähnliches*
*zum Bestreichen des Grills,*
*Bratschaufel (wenn möglich*
*mit langem Stiel),*
*Aluminiumfolie, Holzbrett*
*und Wiegemesser*

- Ca. 15 Minuten vor Bratbeginn den Grillrost mit einem Teil des Öls bestreichen und in die der Glut am nächsten liegende Position bringen.
- Die Koteletts bei kräftiger Hitze auf jeder Seite 2–3 Minuten anbraten, oder bis sie etwas Farbe angenommen haben. Inzwischen 4 grosse Stücke Aluminiumfolie bereitlegen.
- Jedes Kotelett in die Mitte eines Folienstückes legen. Die in Flocken geschnittene Butter darübergeben, mit Salz und nach Belieben mit Pfeffer und Petersilie bestreuen sowie mit dem Zitronensaft beträufeln.
- Die Folien durch Einrollen der Ränder sehr gut verschliessen.
- Die Pakete auf den Grill legen und weitere 10 Minuten garen. In der Folie servieren, die von den Gästen selber auf dem Teller geöffnet wird.

---

- *Anstatt Petersilie oder zusätzlich zur Petersilie können auch andere Küchenkräuter verwendet werden.*

---

# Grillierte Schweinenieren
## Rognoni di maiale alla griglia

**Für 4 Personen**
*Herstellen der Glut:*
*ca. 45 Minuten*
*Arbeitsaufwand:*
*ca. 10 Minuten*
*Garzeit: ca. 20 Minuten*

*Zutaten:*
*6 Esslöffel Öl*
*200 g Schweinenetz*
*4 grosse Schweinenieren*
*8 kleine Lorbeerblätter*
*30 g Kapern*
*1 kleine Knoblauchzehe*
*1 Esslöffel Mehl*
*3 Esslöffel Weisswein*
*Salz*
*(Pfeffer)*

*Geräte:*
*Grill, Brennmaterial,*
*Küchenpinsel oder ähnliches*
*zum Bestreichen des Grills,*
*grosses Küchenmesser,*
*Holzbrett, grosse Bratpfanne,*
*Sieb, grosse Bratschaufel*
*(wenn möglich mit langem*
*Stiel), Wiegemesser, kleines*
*Pfännchen, Tasse*

- Den Grill vorbereiten wie oben im Rezept «Kalbskoteletts in der Folie».
- Die Schweinenetze in einem mittelgrossen Gefäss in lauwarmes Wasser einlegen.
- Die Nieren von allem Fett befreien, der Länge nach halbieren und den schwammigen, weissen Teil in der Mitte entfernen.
- In der Bratpfanne 4 Esslöffel Öl erhitzen.
- Die halbierten Nieren hineingeben und bei kräftiger Hitze auf allen Seiten kurz anbraten, oder bis sie sich zu bräunen beginnen und Flüssigkeit abgeben.
- In das Sieb geben, mit warmem oder lauwarmem Wasser abspülen und trockentupfen.
- Jedes Nierenstück zusammen mit einem Lorbeerblatt in ein Stück Schweinenetz einwickeln.
- Auf den Grill legen und unter mehrmaligem Wenden ca. 20 Minuten braten, zuerst bei starker Hitze, dann, falls sie zu braun werden, bei etwas schwächerer Hitze.
- Inzwischen die gut abgetropften Kapern zusammen mit dem Knoblauch fein hacken.

● Ca. 10 Minuten bevor die Nieren gar sind, im kleinen Pfännchen das restliche Öl erhitzen und die Kapern mit dem Knoblauch hineingeben. Bei schwacher Hitze 2–3 Minuten dünsten.

● Das Mehl mit dem Weisswein in einer Tasse anrühren und in das Pfännchen geben. Bei mässiger Hitze unter Rühren zu einer sämigen Sauce kochen. Die Hitze reduzieren, mit Salz und nach Belieben Pfeffer würzen und bei schwacher Hitze auf dem Herd belassen, bis die Nieren serviert werden können.

● Die Nieren vom Grill nehmen, anrichten, mit der Sauce überziehen und servieren.

● *Zum Regulieren der Hitze s. Seite 350.*

## Einfache Rezepte für grilliertes Fleisch

Fleisch wird zum Grillieren oft mariniert. Es bekommt dadurch mehr Geschmack und bereitet zum Grillieren kaum mehr Arbeit, sondern muss nur noch auf den heissen Rost gelegt werden. Marinadenrezepte für verschiedene Arten von Fleisch finden sich weiter hinten auf den Seiten 452–453.

Bei grilliertem Fleisch entsteht keine Sauce, darum sind Buttermischungen (s. Seite 449–451) eine willkommene Ergänzung. Auch sie werden in der Küche vorbereitet.

Jedes Grillgut soll zuerst beidseitig ziemlich nahe an der Glut kurz angebraten werden, damit sich die Poren schliessen. Dann den Rost etwas weiter von der Glut entfernen und das Grillgut fertig garen.

## Filetsteaks, Rindskoteletts, Kalbskoteletts und «Nodini», Schweinekoteletts

Die Fleischstücke, bevor sie auf den heissen Grill gelegt werden, mit flüssiger Butter oder Öl bestreichen. Beidseitig zuerst ziemlich nahe der Glut anbraten, dann etwas weiter entfernt fertig garen. Das Fleisch immer erst nachher salzen.

Genaue Grillzeiten können hier nicht angegeben werden, da sie stark von der Glut abhängig sind. Immerhin ist zu sagen, dass z.B. eine «Fiorentina» von 4 cm Dicke nach dem Anbraten noch ca. 15 Minuten Garzeit benötigt, damit sie «saignant» ist. Ein dünner geschnittenes Rindskotelett oder ein Filetsteak benötigen entsprechend weniger. Auch Kalbfleisch wird in der Regel dünner geschnitten und erfordert, bis es durchgebraten ist, eine kürzere Garzeit als Schweinekoteletts, die ca. 20 Minuten benötigen.

Bei grilliertem Fleisch, das in grösseren Stücken gebraten und vor dem Servieren aufgeschnitten werden muss, empfiehlt es sich, es vorher an der Wärme, d.h. in der Nähe, aber nicht unmittelbar über der Glut, ca. 10 Minuten abstehen zu lassen, damit sich die Hitze gleichmässig im ganzen Fleischstück verteilen kann.

## Schweinebrustspitzchen

Brustspitzchen sind zum Grillieren besonders gut geeignet. Sie werden in der Regel vorher mariniert. Den Metzger bitten, sie zwischen den Knochen einzeln durchzuschneiden. Da sie einen grossen Knochenanteil enthalten, rechnet man pro Person ca. 300 g. Nach dem Grillieren salzen.

## Poulet

Poulets werden zum Grillieren entweder halbiert oder auf einer Seite aufgeschnitten und flachgeschlagen, wie auf Seite 238 («Poulet al mattone») beschrieben. Vor dem Grillieren mit Öl oder flüssiger Butter bestreichen. Bei mässiger Hitze, d.h. nicht allzu nahe an der Glut, zwischen 20 und 40 Minuten (je nach Grösse) grillieren. Dabei mehrmals wenden und mit Öl oder flüssiger Butter bestreichen. Wenn beim Einstechen mit der Spitze eines Messers in einen Schenkel nur noch wenig klare Flüssigkeit austritt, ist das Fleisch gar. Erst nach dem Grillieren salzen.

# Kalbsleber vom Grill
## Fegato di vitello alla griglia

**Für 4 Personen**
*Herstellen der Glut:*
*ca. 45 Minuten*
*Arbeitsaufwand: 2 Minuten*
*Garzeit: ca. 3 Minuten*

*Geräte:*
*Grill, Brennmaterial,*
*Küchenpinsel oder ähnliches*
*zum Bestreichen des Grills,*
*Küchenpinsel zum Bestreichen*
*des Grillgutes, grosse*
*Bratschaufel (wenn möglich*
*mit langem Stiel)*

*Zutaten:*
*ca. 6 Esslöffel Öl*
*ca. 600 g Kalbsleber in dünnen Scheiben*
*Salz*

● Den Grill vorbereiten wie im Rezept «Kalbskoteletts in der Folie» (s. Seite 353 f.).
● Die Leberscheiben beidseitig mit dem restlichen Öl bestreichen und auf den Grill legen.
● Bei starker Hitze ca. 3 Minuten grillieren. Während dieser Zeit einmal wenden. Erst salzen, nachdem sie vom Feuer genommen wurden.

● *Vor dem Grillieren die Leber nach Belieben in einer Rotweinmarinade einlegen (s. Seite 453). ● Zum Regulieren der Hitze s. Seite 350.*

## Grilliertes Gemüse

Verschiedene Gemüsesorten lassen sich gut grillieren. Sie bilden eine hervorragende Ergänzung zu grilliertem Fleisch, bereiten praktisch keine Arbeit und lassen sich problemlos ins Freie mitnehmen. Geeignet sind Auberginen, Pilze mit grossen Hüten, Zucchini, Tomaten und Zwiebeln.

# Pilze vom Grill
## Cappelle di funghi alla griglia

**Für 4 Personen**
*Herstellen der Glut:*
*ca. 45 Minuten*
*Arbeitsaufwand: 6 Minuten*
*Garzeit: ca. 10 Minuten*

*Geräte:*
*Grill, Brennmaterial,*
*Küchenpinsel oder ähnliches*
*zum Bestreichen des Grills,*
*kleines Küchenmesser,*
*(weiches Bürstchen),*
*Küchenpinsel zum*
*Bestreichen des Grillgutes,*
*grosse Bratschaufel (wenn*
*möglich mit langem Stiel),*
*Holzbrett und Wiegemesser*

*Zutaten:*
*4–6 Esslöffel Öl*
*4–8 mittelgrosse Steinpilzhüte*
*Salz*
*Pfeffer*
*1–2 Esslöffel gehackte Petersilie*
*(1–2 Knoblauchscheibchen)*

● Ca. 45 Minuten bevor mit dem Grillieren begonnen wird, das Feuer anzünden. Ca. 15 Minuten vor Bratbeginn den Grillrost mit einem Teil des Öls bestreichen und in die der Glut am nächsten liegende Position bringen.
● Sollten die Ränder der Steinpilzhüte beschädigt sein, mit dem kleinen Küchenmesser verdorbene Stellen wegschneiden.
● Die Pilze rasch unter fliessendem kaltem Wasser waschen. Falls sie stellenweise stark beschmutzt sein sollten, mit einem weichen Bürstchen sehr sorgfältig abreiben. Sofort mit Küchenpapier trockentupfen.
● Die Pilze mit Öl bestreichen und auf den Grill legen.

- Bei mittlerer Hitze ca. 10 Minuten grillieren. Von Zeit zu Zeit wenden.
- Erst nach dem Grillieren die Pilze mit Salz und Pfeffer würzen und mit der Petersilie, die nach Belieben zusammen mit wenig Knoblauch gehackt wurde, bestreuen.

---

- *Die Pilze nach dem Grillieren evtl. nochmals mit wenig Öl beträufeln.*
- *Die Stiele der Pilze können für ein anderes Gericht verwendet werden (s. Seite 308 f.).* • *Zum Regulieren der Hitze s. Seite 350.*

---

# Grillierte Auberginen – Melanzane alla griglia

**Für 4 Personen**
*Herstellen der Glut und Stehenlassen: mind. 1 Stunde
Arbeitsaufwand: 5 Minuten
Garzeit: ca. 6 Minuten*

*Geräte:
kleines Küchenmesser,
Holzbrett, Sieb, Grill,
Brennmaterial, Küchenpinsel
oder ähnliches zum
Bestreichen des Grills,
Küchenpinsel zum
Bestreichen des
Grillgutes, grosse
Bratschaufel (wenn
möglich mit langem Stiel)*

*Zutaten:
500 g Auberginen (Eierfrüchte)
Salz
ca. 8 Esslöffel Öl*

- Die Auberginen waschen und den Stielansatz entfernen. Nach Belieben der Länge nach oder quer in ca. 1/2 cm dicke Scheiben schneiden.
- Schichtweise in ein Sieb geben, dabei jede Schicht mit so viel Salz bestreuen, wie zum Würzen der Auberginen nötig ist.
- Ca. 1 Stunde oder nach Belieben länger ziehen lassen.
- Ca. 45 Minuten bevor mit dem Grillieren begonnen wird, das Feuer anzünden. Ca. 15 Minuten vor Bratbeginn den Grillrost mit einem Teil des Öls bestreichen und in die der Glut am nächsten liegende Position bringen.
- Die Auberginenscheiben sorgfältig trockentupfen und beidseitig mit Öl bestreichen.
- Auf den Grill legen und bei starker Hitze ca. 6 Minuten braten. Dabei einmal wenden. Falls sie zu dunkel werden sollten, die Hitze etwas reduzieren.

---

- *Die Auberginen können nach dem Grillieren mit gehackter Petersilie bestreut werden. Nach Belieben 1–2 dünne Knoblauchscheibchen mithacken.* • *Zum Regulieren der Hitze s. Seite 350.*

---

## Beliebte grillierte Gemüsebeilagen

Zucchini und Peperoni (Paprikaschoten) zum Grillieren der Länge nach halbieren und bei den Peperoni weisse Rippen und Kerne entfernen. Alle Gemüse erst nach dem Grillieren salzen.

## Grillierte Zwiebeln

Man verwendet dazu möglichst grosse Gemüsezwiebeln, die man zuerst schält und dann in ca. 1/2 – 1 cm dicke Scheiben schneidet. Bei mässiger Hitze ca. 20 Minuten grillieren, dabei von Zeit zu Zeit mit Öl bestreichen und wenden.

## Grillierte Tomaten

Die Tomaten, die möglichst fest sein sollen, quer halbieren. Mit Öl bestreichen und bei starker Hitze zuerst ca. 8 Minuten mit der Schnittfläche nach unten, dann ca. 5 Minuten auf der anderen Seite grillieren. Evtl. mit Kräutern bestreuen.

# Restengerichte

Reste kommen in jedem Haushalt einmal vor: Vielleicht ist jemand überraschend zum Essen ausgeblieben, oder vielleicht schmeckt ein bestimmtes Fleischgericht besser, wenn ein grösseres Stück gekocht wird. Es kommt aber auch vor, dass absichtlich eine zu grosse Menge zubereitet wurde, weil Restengerichte wenig zu tun geben und ausgezeichnet schmecken.

Aus kaltem Fleisch lassen sich nicht nur köstliche Salate zubereiten, sondern – und da sind die Italiener Spezialisten – auch warme Fleischgerichte, die ohne weiteres als Hauptgang aufgetragen werden dürfen. Reste von gekochtem oder in Butter oder Öl gedünstetem Gemüse wiederum können gratiniert, einem weissen Reis oder einem Tomatenreis beigemischt oder für einen Salat (s. Seite 10–13) verwendet werden. Selbstverständlich wissen die Italiener auch mit zu viel gekochten Teigwaren, Reis oder Mais umzugehen. Kurz: In der italienischen Küche wird nichts weggeworfen, und Reste werden mit ebensoviel Liebe zubereitet wie frische Zutaten. Sie werden nicht nur aufgewärmt, sondern bekommen ein völlig neues Gesicht.

Nebst den auf den folgenden Seiten beschriebenen Restengerichten findet man auch in anderen Kapiteln Rezepte, für deren Zubereitung ohne weiteres Reste verwendet werden können:

Fleisch-, Geflügel- und Fischsalate (s. Seite 15–21)
Kalbspâté nach Mailänder Art (s. Seite 33)
Geflügelcocktail mit Spargel (s. Seite 41)
Gebratener Reis (s. Seite 97)
Maisbrei mit Eiern (s. Seite 105)
Gratinierter Mais mit Fleischsauce (s. Seite 107)
Reste von Fisch (s. Seite 129)
Gekochtes Rindfleisch mit Zwiebeln oder Erbsen
(s. Seite 165 und 167)
Gebratenes Siedfleisch (s. Seite 165)

*Dank der feinen Mornay-Sauce mit Rahm und geriebenem Parmesan denkt bei diesem überbackenen Kalbfleisch (Seite 364) niemand an ein Gericht aus Resten*

## Fleischreste

Damit Fleischreste nicht «aufgewärmt» schmecken, lassen sich die Italiener einiges einfallen. Aus gekochten Fleischresten beliebiger Sorte entstehen neue, schmackhafte Gerichte, wie die nachstehenden Rezepte zeigen. Auch Fleischsalate (s. Seite 15–18) sind beliebte Restengerichte. Besonders vielseitig verwendbar sind Reste von Siedfleisch (s. Rezepte Seite 165–167). Reste von Braten oder gekochtem Fleisch können auch, kleingehackt, der Masse für Hackfleischkugeln und Hackbraten (s. Seite 174–180) beigefügt werden, während andererseits kleinere Reste von Hackfleischkugeln und Hackbraten jederzeit in Saucen zu Teigwaren oder Polenta (s. Seiten 440–448) Verwendung finden. Nachstehend noch andere Möglichkeiten zur Weiterverwendung von Fleischresten für Gerichte mit neuartigem Charakter.

---

## Einfache Rezepte für Fleischreste

### Überbackene Hackfleischkugeln

Mehrere übriggebliebene Hackfleischkugeln kann man in einer feuerfesten Form anordnen und mit je einer dünnen Scheibe Fontina, Stracchino oder Gorgonzola bedeckt im heissen Ofen bei 240 °C 10–15 Minuten überbacken, oder bis der Käse geschmolzen ist und die Fleischkugeln auch im Inneren heiss sind.

### Fleischkroketten

Reste von Kalbfleisch oder Poulet fein hacken, nach Belieben zusammen mit gekochtem Schinken, und mit einer dickflüssigen Béchamelsauce, einigen Eigelb und geriebenem Käse vermischen. Zu Kroketten formen, nach Belieben im Paniermehl wenden und schwimmend in heissem Öl oder in der Pfanne mit Butter ausbacken.
(Reste von Kalbfleisch oder Poulet können auch, mit einer Béchamelsauce vermischt, als Füllung für Pfannkuchen dienen, s. Seite 329.)

---

# Fleisch mit Zitrone und Rosmarin
## Carne al limone e rosmarino

**Für 4 Personen**
*Arbeitsaufwand: 5 Minuten*
*Kochzeit: 14–17 Minuten*

*Zutaten:*
*30 g Butter*
*1 Esslöffel Mehl*
*300–350 g gekochte Fleischreste,*
*am besten Kalb- oder Geflügelfleisch*
*Schale von ¼ Zitrone*
*1 kleiner Rosmarinzweig (gehackt ½ Esslöffel)*
*1 Messerspitze Fleischextrakt*
*Salz*

*Geräte:*
*mittelgrosse Pfanne,*
*Kochlöffel oder Schwingbesen,*
*kleines und grosses*
*Küchenmesser, Wiegemesser*
*oder Küchenschere*

● Aus Butter, Mehl und 1½ dl Wasser eine eher dünne Sauce zubereiten, und zwar wie eine Béchamelsauce (s. Seite 434). Ca. 10 Minuten bei schwacher Hitze und unter gelegentlichem Rühren (sonst bildet sich auf der Oberfläche eine Haut, die beim Aufschwingen Klümpchen bewirkt) ganz leicht kochen lassen. Von Zeit zu Zeit wenn nötig noch wenig Wasser beifügen.
● Inzwischen das Fleisch von allfälligem Fett befreien, weil es aufgewärmt einen schlechten Geschmack bekommt. Das Fleisch nach Belieben am Stück lassen oder in Würfel schneiden.

- Die Zitronenschale sehr dünn abziehen (nur den gelben Teil, da der weisse innere bitter schmeckt), die Rosmarinnadeln vom Stiel trennen und beides hacken oder mit der Küchenschere in kleinste Stückchen schneiden.
- In die Sauce geben. Fleischextrakt und Salz beifügen und alles gut vermischen.
- Wenn die Sauce 10 Minuten gekocht hat, das Fleisch beifügen und bei schwacher Hitze 4–7 Minuten darin erwärmen.
- Falls das Fleisch an einem Stück belassen wurde, zum Anrichten in Scheiben schneiden. Mit der Sauce überziehen.

# Fleisch an Marsala-Sauce – Carne al marsala

**Für 4 Personen**
*Arbeitsaufwand: 2–3 Minuten*
*Kochzeit: 15–20 Minuten*

*Zutaten:*
*30 g Butter*
*1 Salbeizweiglein*
*1 Esslöffel Mehl*
*5 Esslöffel trockener Marsala*
*Salz*
*300–350 g gekochte Fleischreste beliebiger Sorte*

*Geräte:*
*mittelgrosse Pfanne,*
*(Küchenmesser, Holzbrett)*

- Die Butter mit dem Salbei in der Pfanne erhitzen.
- Vom Herd wegziehen und einen Augenblick abkühlen lassen.
- Das Mehl beigeben und gut mit der Butter vermischen, damit sich keine Klümpchen bilden. Einige Minuten bei ganz schwacher Hitze dünsten.
- Die Temperatur etwas erhöhen und den Marsala mit gleichviel Wasser beifügen. Salzen und einige Minuten ziehen lassen.
- Bei wieder schwächerer Hitze 7–8 Minuten leise kochen lassen. Inzwischen das Fleisch von allfällig vorhandenem Fett, Knorpel oder Haut befreien.
- Am Stück oder nach Belieben in Scheiben geschnitten, in die Sauce geben und erhitzen (dies dauert zwischen 4 und 7 Minuten und hängt davon ab, ob es sich um Scheiben oder um ein ganzes Fleischstück handelt). Während dieser Zeit einmal wenden und die Temperatur so regulieren, dass sich am Schluss eine sämige Sauce in der Pfanne befindet.
- Vor dem Servieren den Salbei entfernen.

# Fleisch an Pilz-Sauce – Carne in salsa ai funghi

**Für 4 Personen**
*Einweichen der Pilze:*
*15 Minuten*
*Arbeitsaufwand: 10 Minuten*
*Kochzeit: ca. 10–12 Minuten*

*Zutaten:*
*1 Scheibe Pancetta von 60–70 g, nach Belieben geräuchert*
*300–350 g gekochte Fleischreste*
*(Rind-, Kalb- oder Schweinefleisch)*
*20 g Butter*
*4 Esslöffel Weisswein*
*3 Esslöffel getrocknete Steinpilze*
*(Salz)*

*Geräte:*
*Tasse, Küchenmesser,*
*Holzbrett und Wiegemesser,*
*mittelgrosse Bratpfanne*

- Die getrockneten Steinpilze vor Kochbeginn in lauwarmem Wasser 15 Minuten einweichen.
- Den Pancetta von der Schwarte befreien und quer zu den Fett- und Fleischstreifen in ½ cm breite Streifen schneiden.
- In die Bratpfanne geben und ca. 3 Minuten bei mittlerer Hitze unter häufigem Rühren anziehen lassen. Inzwischen das Fleisch in beliebig grosse Stücke schneiden.
- Die Butter ebenfalls in die Pfanne geben und schmelzen lassen.
- Das Fleisch beifügen und alles bei mittlerer Hitze 2–3 Minuten dünsten.
- Die abgetropften und ausgedrückten Pilze hacken, beigeben und 1–2 Minuten mitdünsten.
- Den Wein und gleich viel Wasser beifügen und auf die Hälfte einkochen lassen (dies dauert wenige Minuten).
- Auf dem Herd lassen, bis die Sauce die gewünschte Konsistenz aufweist. Wenn nötig noch etwas Salz beifügen. Servieren.

# Fleisch mit Gemüse – Carne con verdure

**Für 4 Personen**
*Arbeitsaufwand:*
*8–10 Minuten*
*Kochzeit: 35–40 Minuten*

*Zutaten:*
*1 kleine Zwiebel (ca. 50 g)*
*300 g Karotten*
*Salz*
*½ Teelöffel Fleischextrakt*
*500 g Kartoffeln*
*1 Stück gekochte Fleischreste (300–350 g),*
*wenn möglich vom Rind oder Kalb*
*4 Esslöffel Öl*

*Geräte:*
*kleines Küchenmesser,*
*Holzbrett, grosse Pfanne,*
*Deckel*

- Die Zwiebel schälen. Die Karotten schälen und waschen.
- Die Zwiebel in kleine Würfel, die Karotten in 3–4 cm lange Stücke und diese in 6–8 Stäbchen schneiden.
- Zwiebel und Karottenstäbchen in die Pfanne geben, salzen und so viel Wasser dazugiessen, dass das Gemüse knapp davon bedeckt ist.
- Zum Kochen bringen und den Fleischextrakt beifügen.
- Den Deckel aufsetzen, die Temperatur reduzieren und das Gemüse bei schwacher Hitze 15 Minuten garen.
- Inzwischen die Kartoffeln schälen und waschen. In ca. 1 cm dicke Stäbchen schneiden.
- Wenn Zwiebel und Karotten 15 Minuten gekocht haben, die Kartoffeln beifügen. Die Pfanne wieder zudecken und 10–15 Minuten weitergaren, oder bis die Kartoffeln beinahe weich sind. Falls sich gegen Ende der Kochzeit noch zuviel Flüssigkeit in der Pfanne befindet, den Deckel abheben, die Temperatur erhöhen und den Saft bis auf 3–4 Esslöffel einkochen.
- Das Fleisch beifügen und zugedeckt bei schwacher Hitze 5–6 Minuten erwärmen.
- Das Fleisch aus der Pfanne nehmen. Das Gemüse mit dem Öl beträufeln. Das Fleisch in Scheiben schneiden, anrichten und mit dem Gemüse garnieren.

*Die Tomatensauce verleiht den Fleischresten ein neues Gesicht*

# Fleisch nach Art des Pizza-Bäckers
## Carne alla pizzaiola

**Für 4 Personen**
*Arbeitsaufwand: 2–3 Minuten*
*Kochzeit: ca. 12–15 Minuten*

*Zutaten:*
*3 Esslöffel Öl*
*1 Knoblauchzehe*
*250 g geschälte Tomaten aus der Dose (Pelati), abgetropft*
*Salz*
*1 Teelöffel Oregano*
*300–350 g gekochte Fleischreste beliebiger Sorte*

*Geräte:*
*mittelgrosse Bratpfanne,*
*kleines und grosses*
*Küchenmesser, Dosenöffner,*
*Holzbrett*

● Das Öl und die geschälte, der Länge nach halbierte Knoblauchzehe in die Pfanne geben und bei niedriger Temperatur während 2–3 Minuten erhitzen, oder bis sich die Knoblauchzehe leicht verfärbt hat.

● Den Knoblauch herausnehmen und die Bratpfanne kurz vom Herd wegziehen, um das Öl etwas abkühlen zu lassen.

- Die gut abgetropften Pelati in die Bratpfanne geben und mit einer Gabel gut zerdrücken. Salz und Oregano beifügen und bei mässiger Hitze 7–8 Minuten kochen und dabei die Flüssigkeit verdampfen lassen.
- Inzwischen das Fleisch von allfälligem Fett, Knorpel oder Haut befreien und in ca. 1/2 cm dicke Scheiben schneiden.
- In die Sauce legen und bei mässiger Hitze 3–4 Minuten erwärmen. Dabei einmal wenden.

---

- *Nach Belieben 1 Messerspitze Fleischextrakt in der Sauce verrühren.* • *Statt Pelati kann man auch das in Italien häufig gebrauchte Tomatenmark verwenden.*

# Überbackenes Kalbfleisch – Vitello gratinato

**Für 4 Personen**
*Arbeitsaufwand: 10 Minuten*
*Kochzeit: 20–25 Minuten*

*Zutaten:*
*65–70 g Butter*
*30 g Mehl*
*ca. 1/8 l Milch*
*1/8 l Rahm*
*Salz*
*(weisser Pfeffer)*
*3 Esslöffel geriebener Parmesan*
*(1–2 Eigelb)*
*1/2 Mokkalöffel geriebene Muskatnuss*
*300 g gekochtes Kalbfleisch*

*Geräte:*
*mittelgrosse Pfanne,*
*Kochlöffel oder*
*Schwingbesen, Käseraffel,*
*Muskatnussreibe, Holzbrett,*
*grosses Küchenmesser,*
*niedrige, feuerfeste Form*

- Mit 50 g Butter und allen übrigen Zutaten mit Ausnahme des Kalbfleisches eine Mornay-Sauce zubereiten (s. Seite 435).
- Inzwischen den Backofen auf 240 °C vorheizen.
- Das Kalbfleisch von allfälligem Fett und Nerven befreien und in Scheibchen oder kleine Stücke schneiden.
- Die feuerfeste Form mit Butter bestreichen. Das Fleisch darin verteilen und die Sauce darübergiessen.
- In die Mitte des Ofens schieben und 5–10 Minuten überbacken, oder bis sich eine goldbraune Kruste gebildet hat.
- Wenn möglich in der Form servieren.

# Hackbraten mit Pilzen – Polpettone ai funghi

**Für 4 Personen**
*Arbeitsaufwand: 15 Minuten*
*Garzeit: ca. 20 Minuten*

*Zutaten:*
*35 g Butter*
*1 gehäufter Esslöffel Mehl*
*ca. 1 1/2 dl Milch*
*50 g Champignons*
*1 Scheibe gekochter Schinken*
*ca. 350 g Reste von einem Hackbraten*
*Salz*
*1 Esslöffel geriebener Parmesan*

*Geräte:*
*mittelgrosse Pfanne,*
*Kochlöffel oder*
*Schwingbesen, kleines und*
*grosses Küchenmesser,*
*Holzbrett und Wiegemesser,*
*niedrige, feuerfeste Form,*
*Käseraffel*

● Mit 25 g Butter, Mehl und Milch eine nicht zu dünne Béchamelsauce zubereiten (s. Seite 434). Während ca. 10 Minuten bei schwacher Hitze kochen lassen. Häufig rühren und wenn nötig von Zeit zu Zeit nochmals etwas Milch beifügen.
● Inzwischen die Champignons putzen, unter fliessendem kaltem Wasser waschen und sofort mit einem Küchentuch trockentupfen.
● Zusammen mit dem Schinken fein hacken.
● Den Backofen auf 220 °C vorheizen.
● Mit der restlichen Butter die feuerfeste Form bestreichen.
● Den Hackbraten in gut ½ cm dicke Scheiben schneiden und dachziegelartig darin anordnen.
● Die Sauce vom Herd wegziehen. Salz, gehackte Pilze und Schinken sowie Parmesan hineingeben und gut damit vermischen.
● Über den Hackbraten verteilen.
● Für 10 Minuten in die Mitte des Backofens schieben, oder bis sich eine goldbraune Kruste gebildet hat.

---

● *Falls der Hackbraten zum Servieren in ein anderes Geschirr angerichtet werden muss, eine grosse Bratschaufel verwenden, damit die Scheiben nicht zerfallen.*

---

# Hackbraten mit Gorgonzola
## Polpettone al gorgonzola

**Für 4 Personen**
*Arbeitsaufwand: 10 Minuten*
*Garzeit: ca. 25 Minuten*

*Zutaten:*
*40 g Butter*
*2 Esslöffel Mehl*
*ca. 2½ dl Milch*
*40 g reifer Gorgonzola*
*ca. 350 g Reste von einem Hackbraten*
*Salz*

*Geräte:*
*mittelgrosse Pfanne,*
*Kochlöffel oder Schwingbesen,*
*niedrige, feuerfeste Form,*
*Holzbrett, grosses Küchenmesser*

● Den Backofen auf 240 °C vorheizen.
● Mit 30 g Butter, Mehl und Milch eine nicht zu dickflüssige Béchamelsauce zubereiten (s. Seite 434).
● Den Gorgonzola beifügen und bei schwächster Hitze ca. 10 Minuten kochen lassen. Dabei immer wieder rühren, bis der Gorgonzola geschmolzen ist.
● Inzwischen die feuerfeste Form mit der restlichen Butter bestreichen.
● Den Hackbraten in gut ½ cm dicke Scheiben schneiden und dachziegelartig darin anordnen.
● Die Sauce wenn nötig noch etwas salzen und über den Braten verteilen.
● Für 10 Minuten in die Mitte des Backofens schieben, oder bis sich eine goldbraune Kruste gebildet hat.

---

● *Falls der Hackbraten zum Servieren in ein anderes Geschirr angerichtet werden muss, eine grosse Bratschaufel verwenden, damit die Scheiben nicht zerfallen.*

# Truthahnbraten mit Champignons
## Tacchino con champignon

**Für 4 Personen**
*Arbeitsaufwand:*
*ca. 10 Minuten*
*Garzeit: ca. 8–10 Minuten*

*Zutaten:*
*ca. 300 g gebratenes Truthahnfleisch (am besten von der Brust)*
*200 g Champignons*
*50 g Butter*
*Salz*
*4 Esslöffel Brandy (Weinbrand)*
*4 Esslöffel Rahm*

*Geräte:*
*Holzbrett, kleines und grosses Küchenmesser, grosse Bratpfanne*

- Das Truthahnfleisch in ca. ½ cm dicke Streifen schneiden.
- Die Champignons putzen. Rasch unter fliessendem kaltem Wasser waschen und sofort mit einem Küchentuch trockentupfen. In einige Millimeter dicke Scheiben schneiden.
- Die Butter in der Bratpfanne erhitzen.
- Die Champignons hineingeben und unter fast ständigem Rühren einige Minuten dünsten.
- Das Fleisch beifügen und noch einige Minuten mitdünsten. Immer wieder wenden. Mit wenig Salz bestreuen.
- Den Brandy beifügen. Einige Sekunden erwärmen lassen und dann vorsichtig mit einem brennenden Streichholz anzünden.
- Wenn die Flamme verlöscht ist, den Rahm beifügen und bei starker Hitze etwas einkochen lassen.

# Poulet mit Petersilie
## Pollo al prezzemolo

**Für 2 Personen**
*Arbeitsaufwand: 4 Minuten*
*Kochzeit: 21–23 Minuten*

*Zutaten:*
*½ kleine Zwiebel (ca. 25–30 g)*
*2 Esslöffel Öl*
*1 dl Weisswein*
*1 gehäufter Esslöffel Paniermehl*
*1 Messerspitze Fleischextrakt*
*½–1 Esslöffel gehackte Petersilie*
*Salz*
*½ gekochtes oder gebratenes Poulet*
*Saft von ½ Zitrone*

*Geräte:*
*kleines Küchenmesser, Holzbrett, mittelgrosse Pfanne, Deckel, Wiegemesser*

- Die Zwiebel schälen und in feine Scheiben schneiden.
- Mit dem Öl in die Pfanne geben. Kurz erhitzen, bis es zischt. Die Temperatur auf das Minimum reduzieren, den Deckel aufsetzen und die Zwiebeln unter Wenden 5 Minuten garen.
- Wein, Paniermehl, Fleischextrakt, Petersilie und Salz beifügen. 4 Esslöffel Wasser zugiessen und zum Kochen bringen.
- Die Sauce 7–8 Minuten leicht kochen, bis sie sämig ist.
- Das halbe Poulet, nach Belieben in Stücke geschnitten, hineingeben. Den Deckel wieder aufsetzen und das Poulet 7–8 Minuten heiss werden lassen. Während dieser Zeit einmal wenden.
- Den Zitronensaft darüberträufeln, mischen und anrichten.

## Reste von Teigwaren, Reis und Mais

Für Reste von Teigwaren und Reis gibt es, wenn man sie nicht einfach in ein wenig Butter aufwärmen bzw. braten will (s. Seite 97), die verschiedensten Möglichkeiten zur Wiederverwendung, die überdies fast keine Arbeit geben.

Es lohnt sich deshalb durchaus, eine etwas grössere Menge zuzubereiten und die Reste nach 1–2 Tagen in veränderter Form wieder aufzutragen. Gekochter Reis z.B. kann im Ofen überbacken werden (s. nachstehendes Rezept). Zusammen mit Fleischresten oder Miesmuscheln ergibt er aber auch einen ausgezeichneten Salat (s. Seite 16, 18 und 21). Mit kleineren Mengen Teigwaren oder Reis kann man eine Creme- oder Gemüsesuppe anreichern. Tortellini oder Cappelleti können mit Rahm zubereitet werden (s. Seite 82). Für die Wiederverwendung von Teigwaren- und Polentaresten hier einige weitere Anregungen.

---

## Einfache Rezepte für Teigwaren- und Polentareste

### Teigwarensalate

Reste von Pastasciutta, d. h. im Salzwasser gekochten Teigwaren ohne Sauce, lassen sich zu einem köstlichen, sättigenden Salat weiterverwenden, wenn man sie mit einigen der folgenden Zutaten in beliebiger Kombination und einer verdünnten Mayonnaise vermischt: Tomatenwürfel, kleingeschnittenes Fleisch, Schinken oder Wurst, hartgekochte Eier, Kapern oder Oliven, in Essig eingelegtes Gemüse, Kräuter, Thunfisch aus dem Öl, Käsewürfel.

### Überbackene Teigwaren

Bereits mit einer Sauce vermischte Teigwaren (auch gefüllte) in eine mit Butter bestrichene, feuerfeste Form verteilen, mit geriebenem Parmesan bestreuen und mit Butterflocken belegen oder etwas Rahm darübergiessen. Im heissen Ofen oder unter dem Grill überbacken, bis sich auf der Oberfläche eine leichte Kruste gebildet hat.

### Gebratene Polentascheiben

Es drängt sich geradezu auf, von Polenta eine grössere Menge zuzubereiten und beim Anrichten einen Teil davon in eine Cakeform zu giessen und darin erkalten zu lassen. Sie lässt sich bei einer nächsten Mahlzeit spielend in gleichmässige Scheiben schneiden.

Die Polentascheiben in verquirltem Ei, nach Belieben mit geriebenem Käse vermischt, wenden und in heisser Butter beidseitig braten. Man kann Polentascheiben aber auch ohne Ei direkt in Butter braten. Auch auf diese Art schmecken sie köstlich und können entweder als Beilage oder als «Primo piatto» (erster Gang) aufgetragen werden. Sie schmecken sehr gut zu Spiegeleiern, Fleisch und Wild.

---

# Überbackener Risotto – Risotto gratinato

**Für 1 Person**
*Arbeitsaufwand: 2–3 Minuten*
*Backzeit: 10 Minuten*

*Geräte:*
*feuerfestes Portionenförmchen, Käseraffel, kleines Küchenmesser*

*Zutaten:*
*20 g Butter*
*ca. 1 Tasse Risotto (Rest)*
*1½ Esslöffel geriebener Parmesan*

- Den Backofen auf 240 °C vorheizen.
- Den Boden des Förmchens mit wenig Butter bestreichen.
- Den Risotto hineingeben und gleichmässig verteilen.
- Mit dem Käse bestreuen und mit der restlichen, in Flocken geschnittenen Butter belegen.
- In die Mitte des Ofens schieben und 10 Minuten überbacken.

# Kuchen, Torten und Gebäck

Fasziniert bleibt man in Italien vor den Konfiserien stehen und staunt über die Vielfalt des angebotenen Feingebäcks und die phantasievollen Dekorationen, unter denen sich oft eine einfache Biskuittorte versteckt. Im Restaurant hat man dann die Qual der Wahl und kann den süssen Versuchungen kaum widerstehen. Italienische Kuchen und Torten sind besonders gut, aber auch besonders süss. Es ist kein Zufall, dass sie gemeinsam mit den Desserts zu den «Dolci» (Süsses) zusammengefasst werden. In jeder Provinz gibt es andere Spezialitäten, aber der Gesamteindruck ist überall der gleiche, nämlich der einer ausgesprochen verlockenden Präsentation.

Solche Köstlichkeiten können Sie aber auch zuhause backen. Rezepte dafür finden sich nebst zahlreichen wissenswerten Hinweisen in diesem Kapitel. Zuerst wird die Zubereitung der wichtigsten in Italien üblichen Teige beschrieben. Es gibt natürlich viel mehr Rezepte für Kuchenteig, aber mit den folgenden lässt sich schon eine beachtliche Zahl von einfacheren und komplizierteren Kuchen backen. Auf die Erklärung der aufwendigen Zubereitung von Blätterteig wurde verzichtet, da er überall in sehr guter Qualität fertig erhältlich ist. Dann folgen Früchtekuchen, die nach Belieben abgewandelt werden können. Raffiniert, aber trotzdem einfach in der Zubereitung sind Zitronen- und Schokoladentorte, eher ungewohnt ist die gestürzte Biskuittorte. Daneben gibt es, wie bei uns auch, «Fasnachtsküchlein».

Oft trinkt man in Italien zum Gebäck einen süssen Wein, zum Beispiel den «Vin santo» oder einen süssen «Spumante». Man taucht auch gerne altbackene Biskuits oder Mandelgebäck hinein, die den Wein aufsaugen und dadurch doppelt so gut schmecken.

*Gitterkuchen (Seite 375) und Schokoladentorte (Seite 378) sind nicht nur attraktiv zum Anschauen, sondern auch einfach in der Zubereitung und köstlich im Geschmack*

# Kuchen und Torten

## Kuchenteig

Für ihre Früchtekuchen genügt den Italienern ein einfacher geriebener Kuchenteig, wie wir ihn verwenden, nicht. Sie haben deshalb ihre «Pasta frolla» erfunden. Dieser besondere Mürbeteig ist nördlich der Alpen nicht gebräuchlich, aus der italienischen Kuchenbäckerei jedoch nicht wegzudenken. Dieses Buch enthält deshalb zwei verschiedene Rezepte für diesen Teig. Im Zusammenhang mit Kuchenteig sei noch erwähnt, dass er sich gut tiefkühlen lässt. Es lohnt sich deshalb, gelegentlich die doppelte Menge zuzubereiten, einen Teil davon einzufrieren und vor dem Gebrauch ganz einfach nur auftauen zu lassen.

# Einfacher Kuchenteig – Pasta brisée

**Für 6–8 Personen**
*Arbeitsaufwand: 10 Minuten*
*(Stehenlassen: 30 Minuten)*

*Geräte:*
*Teigschüssel, grosses*
*Küchenmesser, Kochlöffel,*
*(Klarsichtfolie)*

*Zutaten:*
*200 g Mehl, plus 3–4 Esslöffel*
*100 g Butter*
*½ Mokkalöffel Salz*
*(1–2 Esslöffel Zucker)*

Dieser Teig eignet sich für alle Arten von Kuchen. Seine Zubereitung ist problemlos, vorausgesetzt, dass rasch gearbeitet und der Teig nicht geknetet wird. Die angegebenen Mengen reichen für einen Kuchenboden von 22–25 cm Durchmesser, d.h. für 6–8 Personen.

● 200 g Mehl in die Teigschüssel sieben. Die Butter daraufgeben. Mit der Spitze des Messers in ganz kleine Stücke schneiden.
● In der Mitte eine Vertiefung anbringen. Salz und, falls solcher verwendet wird, Zucker hineingeben und dann unter Rühren mit dem Kochlöffel 4–5 Esslöffel Wasser dazumischen, oder soviel es braucht, um einen geschmeidigen Teig herzustellen (dies hängt von der Qualität des verwendeten Mehls ab). Die Butter soll *nicht* vollständig mit dem Mehl vermischt, sondern in kleinen Klümpchen noch sichtbar sein.
● Den Teig mit den Händen zu einer Kugel formen, mit wenig Mehl bestäuben und wenn möglich 30 Minuten in der Schüssel (mit einem Stück Klarsichtfolie bedeckt) ruhen lassen. Falls der Teig sehr weich ist, die Schüssel in den Kühlschrank stellen.
● Die Arbeitsfläche leicht mit Mehl bestäuben. Die Teigkugel darauflegen und mit den Handflächen zu einer runden Scheibe von ½–1 cm Dicke formen.
● Übers Kreuz zusammenfalten. Der Teig ist bereit für die Weiterverwendung.

● *Den Teig mit Hilfe eines Wallholzes (Nudelholzes) auf einem mit Mehl bestäubten Tisch auf die notwendige Grösse ausrollen.*

# Feiner Mürbeteig – Pasta frolla fine

**Für 6–8 Personen**
*Arbeitsaufwand: 10 Minuten*
*Stehenlassen:*
*mind. 40 Minuten*

*Zutaten:*
*125 g Butter*
*250 g Mehl*
*1–2 Esslöffel Zucker*
*¼ Mokkalöffel Salz*
*3 Eigelb*
*(abgeriebene Schale von ¼ Zitrone)*

*Geräte:*
*Teigschüssel, (Zitrusreibe),*
*grosses Küchenmesser oder*
*starke Gabel*

Mit den angegebenen Mengen kann ein Kuchen von 22–25 cm Durchmesser bzw. für 6–8 Personen zubereitet werden.

• Die Butter mindestens 30 Minuten vor der Verwendung aus dem Kühlschrank nehmen; je weicher sie ist, um so besser lässt sich der Teig zubereiten.
• Mehl, Zucker und Salz in die Teigschüssel geben. In der Mitte eine Vertiefung anbringen. Butter und Eigelb hineingeben. Die Zitronenschale darüberreiben.
• Die Butter mit dem Messer oder (was fast einfacher ist) mit der Gabel in kleine Stücke teilen und dabei mit den übrigen Zutaten vermischen, bis das Mehl vollständig von der Butter und dem Eigelb aufgesogen ist.
• Von Hand weiterverarbeiten, jedoch so wenig wie möglich kneten (dies ist sehr wichtig für das gute Gelingen des Teiges) und sofort aufhören, wenn eine glatte Masse entstanden ist. Zu einer Kugel formen.
• In dieser Form belassen oder direkt den Boden eines Kuchenblechs damit auslegen. Auf jeden Fall vor dem Backen mindestens 40 Minuten oder nach Belieben bis zum folgenden Tag stehenlassen (in diesem Fall empfiehlt es sich, den Teig bis zur Verwendung in den Kühlschrank zu stellen).

• *Den Teig entweder von Hand direkt im Kuchenblech (von der Mitte aus) oder auf einem Tisch mit Hilfe eines Wallholzes (Nudelholzes) auf die notwendige Grösse ausziehen bzw. ausrollen. Dabei Arbeitsfläche und Wallholz leicht mit Mehl bestäuben, damit der Teig nicht haften bleibt. Um den Teig auf das Kuchenblech zu bringen, empfiehlt es sich, ihn dafür sorgfältig auf das Wallholz aufzurollen. Man kann ihn aber auch einfach übers Kreuz zusammenfalten.*

# Einfacher Mürbeteig – Pasta frolla ordinaria

**Für 6–8 Personen**
*Arbeitsaufwand: 10 Minuten*
*Stehenlassen:*
*mind. 40 Minuten*

*Zutaten:*
*75 g Butter*
*250 g Mehl*
*125 g Zucker*
*½ Mokkalöffel Salz*
*1 Ei*
*einige Esslöffel Milch*

*Geräte:*
*Teigschüssel, grosses*
*Küchenmesser oder starke*
*Gabel*

● Gleiche Zubereitung wie «Feiner Mürbeteig» (s. vorstehendes Rezept), jedoch beim Verarbeiten der Butter mit dem Mehl Milch beifügen, und zwar so viel, wie nötig ist, um auch das Mehl, das nicht von Butter und Ei aufgesogen wurde, zu befeuchten. Die genaue Menge hängt von der Mehlqualität und der Grösse des verwendeten Eis ab, aber es handelt sich auf jeden Fall nur um wenige Esslöffel. Der Teig soll ziemlich fest sein.

## Früchtekuchen

Italienische Früchtekuchen werden meist mit Mürbeteig zubereitet. Sie sind auch vom Aussehen her attraktiver als unsere «Wähen» und werden eher als Dessert oder zum Tee oder Kaffee serviert und seltener als Hauptgericht.
Einige Tricks:
● Kuchenformen mit Antihaftbelag oder Springformen erleichtern das Herausnehmen des gebackenen Kuchens. Bei anderen Formen kann man zu diesem Zweck mindestens den Boden mit Aluminium- oder Backfolie belegen. Zudem wird dadurch das Reinigen der Form erleichtert.
● Das Bestreichen des Teigbodens mit Aprikosenkonfitüre verhindert, dass der austretende Saft der Früchte den Kuchenboden zu rasch aufweicht. Wenn man Früchtekuchen zudem vor dem Auftragen mit passierter und erwärmter Aprikosenkonfitüre bestreicht, erhalten sie einen attraktiven Glanz.
● Beim Anrichten darauf achten, dass die Kuchenplatte vollständig flach und genügend gross ist. Der Kuchen soll keinesfalls über den Rand hinausragen.

# Früchtekuchen – Crostata con frutta mista

**Für 6–8 Personen**
*Arbeitsaufwand: 30 Minuten*
*Backzeit: ca. 45 Minuten*
*Stehenlassen und Auskühlen:*
*ca. 2 Stunden*

*Zutaten:*
*wie für Mürbeteig (s. Seite 371)*
*ca. 10 g Butter*
*10–12 sehr grosse Erdbeeren*
*3–4 Aprikosen*
*1 Dutzend Kirschen oder Traubenbeeren*
*5 Esslöffel Aprikosenkonfitüre*

*Geräte:*
*wie für Mürbeteig (s. Seite 371),*
*Springform von 22–25 cm*
*Durchmesser, Aluminiumfolie,*
*ca. 200 g getrocknete Bohnen*
*zum Beschweren, Sieb,*
*kleines Küchenmesser,*
*kleines Pfännchen, Teesieb*

● Einen Mürbeteigboden backen, wie im Rezept «Erdbeerkuchen» beschrieben (s. Seite 376), aber evtl. mit Rand.
● Inzwischen die Erdbeeren in einem Gefäss mit kaltem Wasser waschen, abgiessen und abtropfen lassen. Den Stielansatz entfernen. Die übrigen Früchte waschen und bei den Kirschen die Stiele entfernen. Die Früchte trockentupfen.
● Die Aprikosenkonfitüre in einem Pfännchen erwärmen, bis sie leicht flüssig ist, und durch ein Teesieb streichen.
● Wenn der Teigboden ausgekühlt ist, vom Blech lösen und auf eine Tortenplatte legen. Mit 2 Esslöffeln Aprikosenkonfitüre bestreichen. Dabei dem Rand entlang einen Streifen von 1½ cm frei lassen.
● In die Mitte des Bodens eine Erdbeere geben. Darum herum zuerst einen Kreis Aprikosenschnitze, dann einen Kreis Kirschen oder Traubenbeeren, wieder einen Kreis Aprikosenschnitze und zum Schluss einen Kreis halbierter Erdbeeren mit der Schnittfläche nach unten anordnen.

*Anstatt im Kreis können die verschiedenen Früchte auch in Segmenten auf dem Teig angeordnet werden*

● Die restliche Konfitüre ins Pfännchen zurückgeben und bei ziemlich starker Hitze unter ständigem Rühren flüssig werden lassen. Über die Früchte verstreichen.

● *Dieser Kuchen muss innerhalb von ca. 12 Stunden gegessen werden, da der austretende Saft der Früchte den Boden aufweicht.* ● *Es können nach Belieben andere Früchte verwendet werden, z.B. in Scheiben geschnittene Bananen, dünne, in Stücke geschnittene Ananasscheiben, Himbeeren, Brombeeren, Äpfel, Birnen, Zwetschgen, Kirschen, Mirabellen usw.* ● *Bei tiefgekühlten Früchten den Boden vor dem Belegen mit geriebenen Nüssen oder Paniermehl bestreuen.*

# Heidelbeerkuchen – Crostata con mirtilli

**Für 6–8 Personen**
*Arbeitsaufwand: 25–30 Minuten*
*Backzeit: ca. 45 Minuten*
*Stehenlassen und Auskühlen:*
*ca. 2 Stunden*

*Zutaten:*
*wie für Mürbeteig (s. Seite 371)*
*ca. 10 g Butter*
*250 g Heidelbeeren*
*8 Esslöffel Aprikosenkonfitüre*

● Einen Mürbeteigboden backen, wie im Rezept «Erdbeerkuchen» beschrieben (s. Seite 376).
● Inzwischen die Heidelbeeren in kaltem Wasser waschen und

*Geräte:*
*wie für Mürbeteig (s. Seite 371),*
*Springform von 22–25 cm*
*Durchmesser, Aluminiumfolie,*
*ca. 200 g getrocknete Bohnen,*
*Sieb, kleines Pfännchen,*
*Teesieb*

dabei allfällige Fremdkörper (Blätter, kleine Zweiglein) entfernen. Von Hand herausheben und in das Sieb geben. Gut abtropfen lassen und mit etwas Küchenpapier sorgfältig trockentupfen.
• Die Aprikosenkonfitüre in einem Pfännchen erwärmen, bis sie leicht flüssig ist, und mit einem Löffel durch ein Teesieb streichen.
• Wenn der Teigboden ausgekühlt ist, vom Blech lösen und auf eine Tortenplatte legen. Mit 2 Esslöffeln Aprikosenkonfitüre bestreichen. Dabei dem Rand entlang einen Streifen von 1½ cm frei lassen.
• Die Heidelbeeren gleichmässig oder gegen die Mitte zu etwas dicker darauf verteilen, jedoch ohne den Rand zu bedecken.
• Die restliche Konfitüre ins Pfännchen zurückgeben und bei ziemlich starker Hitze und unter ständigem Rühren flüssig werden lassen. Über die Heidelbeeren verstreichen.

*• Dieser Kuchen muss innerhalb von ca. 12 Stunden gegessen werden, da der austretende Saft der Heidelbeeren den Boden aufweicht.*

# Apfelkuchen – Crostata con mele

**Für 6–8 Personen**
*Arbeitsaufwand: 15 Minuten*
*Backzeit: ca. 1 Stunde*
*Stehenlassen und Auskühlen:*
*50 Minuten*

*Geräte:*
*wie für einfachen Kuchenteig*
*(s. Seite 370), Wallholz*
*(Nudelholz), Springform*
*von 22–25 cm Durchmesser,*
*kleines Pfännchen, kleines*
*Küchenmesser*

*Zutaten:*
*wie für einfachen Kuchenteig (s. Seite 370)*
*30 g Butter*
*500 g Äpfel (nicht verkochende Sorte)*
*4 Esslöffel Zucker*

• Den Teig nach dem Rezept auf Seite 370 zubereiten und 30 Minuten ruhen lassen.
• Vor der Weiterverarbeitung des Teiges den Backofen auf 220 °C vorheizen.
• Den Teig zu einer runden, gleichmässigen Scheibe ausrollen, die ca. 3 cm grösser als die Springform ist.
• Den Boden der Form damit belegen und den Rand wie einen Saum zurückbiegen. Glattstreichen oder in regelmässigen Abständen mit den Fingerspitzen zusammenkneifen oder mit den Zinken einer Gabel eindrücken.
• Den Boden mit der Gabel ziemlich dicht einstechen, damit sich während des Backens keine Blasen bilden.
• Die Butter im Pfännchen bei sehr schwacher Hitze schmelzen lassen.
• Inzwischen die Äpfel schälen und in je 8 Schnitze schneiden, dabei das Kerngehäuse entfernen. Die Schnitze noch zwei- bis dreimal quer durchschneiden, so dass nussgrosse Stücke entstehen. Auf dem Teigboden verteilen.
• Mit dem Zucker bestreuen und die Butter gleichmässig darüberträufeln.
• In die Mitte des Backofens schieben und ca. 1 Stunde backen.

*• Dieser Kuchen soll möglichst bald serviert werden, da er frisch am besten schmeckt. • Englische Creme oder Konditorencreme (s. Seite 388 f.) passen sehr gut dazu.*

# Gitterkuchen – Crostata con marmellata

**Für 6–8 Personen**
*Arbeitsaufwand:*
*25–30 Minuten*
*Backzeit: ca. 45 Minuten*
*Stehenlassen: ca. 2 Stunden*

*Geräte:*
*wie für Mürbeteig (s. Seite 371),*
*Springform von 22–25 cm*
*Durchmesser, Wallholz*
*(Nudelholz), kleines*
*Küchenmesser*

*Zutaten:*
*wie für Mürbeteig (s. Seite 371)*
*ca. 10 g Butter*
*350 g Konfitüre*
*etwas Mehl*

- Den Mürbeteig nach einem der beiden Rezepte auf Seite 371 zubereiten und ruhen lassen.
- Den Boden und den unteren Teil des Randes einer Springform mit der Butter bestreichen.
- Den Backofen auf 200 °C vorheizen.
- Den Teig in zwei Stücke teilen, das eine ungefähr doppelt so gross wie das andere. Mit dem grösseren Teil den Boden der Form gleichmässig auslegen, ohne einen Rand zu formen. Mit der Gabel ziemlich dicht einstechen, damit sich während des Backens keine Blasen bilden.
- Die Konfitüre darüber verteilen und glattstreichen. Dabei dem Rand entlang einen Streifen von 1½ cm frei lassen.
- Die Arbeitsfläche mit etwas Mehl bestäuben. Den restlichen Teig darauflegen und dessen Oberfläche sowie das Wallholz ebenfalls mit Mehl bestäuben. Zu einem möglichst gleichmässigen Rechteck von ca. 24×12 cm ausrollen.
- Mit dem Küchenmesser der Länge nach 8 ca. 1½ cm breite Streifen schneiden. Die Teigabschnitte beiseite legen.
- Die Teigstreifen vorsichtig von der Arbeitsfläche lösen und in regelmässigen Abständen, je 4 in einer Richtung, über die Konfitüre legen. Den überschüssigen Teig wegschneiden und zu den anderen Teigstücken geben.
- Diese Abschnitte zusammenkneten und auf der bemehlten Arbeitsfläche mit den Handflächen zu einer Rolle drehen, deren Länge dem Umfang der Springform entspricht.
- Dem Rand entlang auf den Teigboden setzen und leicht andrücken. Die Oberfläche glattstreichen oder mit den Zinken einer Gabel leicht eindrücken.
- In die Mitte des Backofens schieben und 45 Minuten backen, oder bis die Oberfläche des Teiges sich goldbraun verfärbt hat.

- *Nach Belieben den Teigrand und die Teigstreifen vor dem Backen mit einem verquirlten Ei bestreichen, was ihnen mehr Farbe und Glanz verleiht.*

# Erdbeerkuchen – Crostata con fragoloni

**Für 6–8 Personen**
*Arbeitsaufwand: 30 Minuten*
*Backzeit: ca. 45 Minuten*
*Stehenlassen und Auskühlen:*
*ca. 2 Stunden*

*Zutaten:*
*wie für Mürbeteig (s. Seite 371)*
*ca. 10 g Butter*
*300 g grosse Erdbeeren*
*5 Esslöffel Aprikosenkonfitüre*

*Geräte:*
*wie für Mürbeteig (s. Seite 371),*
*Springform von 22–25 cm*
*Durchmesser, Aluminiumfolie,*
*ca. 200 g getrocknete Bohnen*
*zum Beschweren, Sieb,*
*kleines Küchenmesser,*
*kleines Pfännchen, Teesieb*

- Den Mürbeteig nach einem der beiden Rezepte auf Seite 371 zubereiten und ruhen lassen.
- Den Boden und den unteren Teil des Randes einer Springform mit der Butter bestreichen.
- Vor oder nach dem erforderlichen Stehenlassen des Teiges den Boden der Form gleichmässig mit dem Teig auslegen, ohne einen Rand zu formen.
- 10 Minuten vor dem Backen den Ofen auf 200 °C vorheizen.
- Den Teig mit einer Gabel dicht einstechen. Mit einem Stück Aluminiumfolie bedecken und die getrockneten Bohnen darauf ausbreiten (dadurch wird verhindert, dass der Teig Blasen wirft).
- In die Mitte des Backofens schieben und 45 Minuten backen. 5 Minuten vor Ende der Backzeit die Aluminiumfolie mit den Bohnen entfernen, damit der Teigboden noch leicht bräunen kann.
- Aus dem Ofen nehmen und auskühlen lassen.
- Inzwischen die Erdbeeren in einem Gefäss mit kaltem Wasser waschen, abgiessen und abtropfen lassen. Den Stielansatz entfernen und die Beeren der Länge nach in ca. 2 mm dicke Scheiben schneiden.
- Die Aprikosenkonfitüre in einem Pfännchen erwärmen, bis sie leicht flüssig ist, und mit einem Löffel durch ein Teesieb streichen.
- Wenn der Teigboden ausgekühlt ist, vom Blech lösen und auf eine Tortenplatte legen. Mit 2 Esslöffeln Aprikosenkonfitüre be-

*Ein zarter Erdbeerkuchen in italienischem Stil*

streichen. Dabei dem Rand entlang einen Streifen von 1½ cm frei lassen.

● Die bestrichene Fläche (den Rand wiederum frei lassen) mit den Erdbeeren belegen, und zwar indem für den äussersten Kreis die Scheiben der grössten Beeren verwendet werden, für den nächsten Kreis etwas kleinere Beeren usw. bis zur Mitte, wobei jeder Kreis dachziegelartig leicht über den jeweils grösseren Kreis zu liegen kommt.

● Die restliche Konfitüre ins Pfännchen zurückgeben und bei ziemlich starker Hitze unter ständigem Rühren flüssig werden lassen.

● Sorgfältig über die Erdbeeren verstreichen.

---

● *Dieser Kuchen muss innerhalb von ca. 12 Stunden gegessen werden, da der austretende Saft der Erdbeeren den Boden aufweicht.* ● *Die getrockneten Bohnen, die zum Beschweren des Teigbodens verwendet wurden, in einem Glas mit Schraubverschluss für einen späteren ebensolchen Zweck aufheben.*

## Torten

Torten sind in Italien ein beliebtes Dessert. Sie werden meist mit Rührteig zubereitet und können gefüllt und glasiert werden (häufig wird beides gemacht). In den nachstehenden Rezepten wird auf die Erklärung aufwendiger Garnituren verzichtet. Wer Wert darauf legt, findet in Lebensmittelgeschäften eine grosse Auswahl an Halbfertigprodukten für diesen Zweck. Bei den gestürzten Fruchttorten allerdings erübrigt sich jegliche Dekoration, wenn die Früchte (z.B. Äpfel oder Ananas) vor dem Backen hübsch auf dem Blech angeordnet wurden.

# Paradiestorte – Torta paradiso

**Für 6–8 Personen**
*Arbeitsaufwand: 15 Minuten*
*Backzeit: ca. 1 Stunde*
*Stehenlassen und Auskühlen:*
*ca. 1½ Stunden*

*Zutaten:*
*170 g Butter*
*150 g Zucker*
*½ Mokkalöffel Vanillezucker*
*4 Eier*
*80 g Mehl*
*80 g Kartoffelmehl*
*1 Teelöffel Backpulver*
*2 Esslöffel Puderzucker*

*Geräte:*
*Teigschüssel, Kochlöffel,*
*Krug, Sieb, Rädchen oder*
*elektrisches Rührwerk,*
*Springform von ca. 24 cm*
*Durchmesser, Holzspiesschen,*
*(Teesieb)*

● Die Butter ca. 30 Minuten vor Arbeitsbeginn aus dem Kühlschrank nehmen, damit sie weich wird.

● Den Backofen auf 170 °C vorheizen.

● 150 g Butter, Zucker und Vanillezucker in die Teigschüssel geben. Mit dem Kochlöffel rühren, bis eine luftige Masse entstanden ist.

● Eigelb und Eiweiss trennen (3 Eiweiss in den Krug geben, das vierte wird nicht benötigt) und ein Eigelb nach dem anderen in die Schüssel geben. Dazwischen immer so lange rühren, bis sich alle Zutaten gut vermischt haben.

- Mehl, Kartoffelmehl und Backpulver zusammen auf ein Papier sieben. Allfällige Klümpchen mit einem Löffel durch das Sieb drücken.
- Die 3 Eiweiss zu festem Schnee schlagen.
- Das gesiebte Mehl nach und nach zur Masse geben und dann in 3–4 Malen den Eischnee unter den Teig heben.
- Die Springform mit der restlichen Butter bestreichen und den Teig hineingeben. Durch Schräghalten der Form gleichmässig verteilen.
- In die Mitte des Backofens schieben und ca. 1 Stunde backen, oder bis beim Einstechen mit dem Holzspiesschen kein Teig mehr daran hängenbleibt.
- Die Torte auf eine flache Platte gleiten lassen. Nach dem vollständigen Erkalten mit dem Puderzucker bestäuben.

---

- *Anstelle von Vanillezucker kann der Teig auch mit der abgeriebenen Schale von ½ Zitrone aromatisiert werden.* • *Zum Bestäuben mit Puderzucker s. Seite 491.*

# Schokoladentorte – Torta al cioccolato

**Für 6–8 Personen**
*Arbeitsaufwand:*
*ca. 20 Minuten*
*Backzeit: ca. 45 Minuten*
*Auskühlen: ca. 2 Stunden*

*Zutaten:*
*100 g dunkle Schokolade*
*120 g Butter*
*100 g Mehl, plus 1 Esslöffel*
*4 Eier*
*100 g Zucker*
*ca. 2 Esslöffel Puderzucker*

*Geräte:*
*mittelgrosse Pfanne,*
*Kochlöffel, Springform von*
*20–25 cm Durchmesser,*
*Teigschüssel, Krug, Rädchen*
*oder elektrisches Rührwerk,*
*Holzspiesschen, (Teesieb)*

- Die Schokolade in Stücke brechen und zusammen mit 100 g Butter in der Pfanne bei sehr schwacher Hitze und unter ständigem Rühren langsam schmelzen lassen. Sie darf nicht kochen! Wenn sie geschmolzen ist, vom Herd wegziehen und etwas auskühlen lassen.
- Inzwischen den Backofen auf 190 °C vorheizen. Boden und Rand der Springform mit der restlichen Butter bestreichen und mit 1 Esslöffel Mehl bestäuben.
- Das Eigelb mit dem Zucker in die Teigschüssel und das Eiweiss in den Krug geben. Eigelb und Zucker mit dem Rädchen oder elektrischen Rührwerk schlagen, bis eine helle, feste Creme entstanden ist.
- Nach und nach unter kräftigem Rühren mit dem Kochlöffel die geschmolzene Schokoladenmasse und dann das Mehl beifügen.
- Das Rädchen oder das elektrische Rührwerk waschen und das Eiweiss damit zu festem Schnee schlagen.
- Sorgfältig mit dem Kochlöffel unter den Teig heben (durch Rühren von unten nach oben, damit der Schnee weniger zusammenfällt).
- Die Masse in die Springform füllen.
- In die Mitte des Ofens schieben und 45 Minuten backen, oder bis beim Einstechen mit dem Holzspiesschen kein Teig mehr daran hängenbleibt.

- Aus dem Ofen nehmen und auskühlen lassen, bevor die Torte auf eine entsprechende Platte gelegt wird.
- Zum Servieren die Oberfläche mit Puderzucker bestäuben. Dies geschieht am einfachsten mit einem Teesieb und einem Löffel, mit dessen Rücken auch Klümpchen durch das Sieb gedrückt werden können.

---

- *Um ganz sicher zu sein, dass die Schokolade nicht zu stark erhitzt wird, kann man sie auch im Wasserbad schmelzen.*

---

# Gefüllte Schokoladentorte
## Torta al cioccolato ripiena

**Für 6–8 Personen**
*Arbeitsaufwand:*
*ca. 30 Minuten*
*Backzeit: ca. 45 Minuten*
*Auskühlen: ca. 2 Stunden*

*Zutaten:*
*wie für Schokoladentorte (s. vorstehendes Rezept)*
*4 Esslöffel Aprikosen-, Himbeer- oder Johannisbeerkonfitüre*
*100 g dunkle Schokolade*
*30 g Butter*
*2 Esslöffel Rahm*

*Geräte:*
*wie für Schokoladentorte*
*(s. vorstehendes Rezept),*
*langes, wenn möglich*
*gezahntes Messer, Spatel*
*oder Messer mit glatter*
*Klinge*

- Eine Schokoladentorte zubereiten, wie im vorstehenden Rezept beschrieben.
- Wenn sie ausgekühlt ist, quer durchschneiden. Die untere Hälfte mit der Konfitüre bestreichen und die obere Hälfte wieder aufsetzen.
- In der bereits verwendeten Pfanne die restliche, in Stücke gebrochene Schokolade, Butter und Rahm unter ständigem Rühren bei schwacher Hitze erwärmen, bis die Schokolade geschmolzen ist. Vorsicht: Sie darf nicht zu heiss werden (evtl. im Wasserbad schmelzen).
- Nach und nach über die Torte giessen und mit dem Spatel oder Messer verstreichen, zuerst auf der Oberfläche und dann auf der Seite.
- Vor dem Servieren die Glasur vollständig fest werden lassen.

---

- *Damit die Oberfläche für die Glasur vollkommen glatt ist, empfiehlt es sich, die Torte mit der Unterseite nach oben auf die Platte zu legen und diese Seite zu glasieren. Evtl. die Oberfläche der Torte vor dem Glasieren ebenfalls dünn mit passierter Konfitüre bestreichen.*

---

# Quarktorte – Torta di ricotta

**Für 4–6 Personen**
*Arbeitsaufwand: 20 Minuten*
*Gefrierzeit: ca. 3 Stunden*

*Zutaten:*
*100 g Butter*
*200 g trockene Biskuits (Kekse)*
*2 Esslöffel Zucker*
*300 g Ricotta oder Quark*
*120 g Joghurt*
*2 Esslöffel flüssiger Honig*

*Geräte:*
*Mixer, Cutter oder*
*Küchentuch und Wallholz*
*(Nudelholz), 2 Schüsseln,*
*starke Gabel, Springform*
*von ca. 22 cm Durchmesser,*
*Aluminiumfolie*

• Die Butter ca. 1 Stunde vor Arbeitsbeginn aus dem Kühlschrank nehmen, damit sie weich wird.
• Die Biskuits sehr fein zerkrümeln, wenn möglich im Mixer (dies ist die schnellste Methode und ergibt das beste Resultat) oder in einem gefalteten Küchentuch mit dem Wallholz.
• Die Brösel in eine Schüssel geben. Butter und Zucker beifügen und alles mit der Gabel gut mischen, bis eine glatte Masse entstanden ist. Mit den Händen zu einer Kugel formen (darauf achten, dass der Teig nicht zu fest ist, da er sich noch verfestigen wird).
• Die Springform mit einem grossen Stück Aluminiumfolie auskleiden. Die Masse hineingeben und auf dem Boden und an den Wänden mit den Fingerspitzen gleichmässig verteilen.
• Den Ricotta oder Quark mit dem Joghurt und dem Honig in die andere Schüssel geben und mit der Gabel zerdrücken und vermischen, bis eine glatte, cremige Masse entstanden ist.
• Auf den Teig giessen und gleichmässig verteilen. Für 3 Stunden in das Tiefkühlgerät geben.
• Zum Servieren auf eine flache Tortenplatte legen und die Folie entfernen.

---

• *Selbstverständlich kann die Torte auch viel länger im Tiefkühlgerät belassen werden. Sollte sie zu hart geworden sein, etwa 15 Minuten vor dem Servieren herausnehmen (je nach Raumtemperatur).*

# Gestürzte Biskuittorte – Torta rovesciata

**Für 6–8 Personen**
*Arbeitsaufwand:*
*ca. 20 Minuten*
*Backzeit: ca. 45 Minuten*
*Stehenlassen und Auskühlen:*
*ca. 2 Stunden*

*Zutaten:*
*150 g Butter*
*190 g Zucker*
*2 Eier*
*180 g Mehl*
*1 Mokkalöffel Backpulver*
*1 Prise Salz*

*Geräte:*
*Teigschüssel, Kochlöffel,*
*feines Sieb, Springform*
*von ca. 25cm Durchmesser,*
*Holzspiesschen*

• Die Butter mindestens 30 Minuten vor Arbeitsbeginn aus dem Kühlschrank nehmen, damit sie weich wird.
• 110 g Butter in die Teigschüssel geben und 140 g Zucker beifügen. Zusammen vermischen und rühren, bis eine luftige Masse entstanden ist.
• Die Eier einzeln in einen kleinen Teller aufschlagen und dann zur Masse geben. Kräftig rühren, bis sich beide Eier gut damit vermischt haben.
• Mehl, Backpulver und Salz auf ein grosses Stück Papier sieben.
• Nach und nach unter kräftigem Rühren zur Masse geben.
• Den Backofen auf 190 °C vorheizen.
• Die restliche Butter bei schwacher Hitze direkt in der Springform schmelzen. Durch Drehen und Schräghalten der Form gleichmässig auf dem Boden und an den Wänden verteilen.
• Mit einem Teil des restlichen Zuckers die Wände der Form überziehen, den Rest auf dem Boden verteilen.

- Den Teig in die Form giessen und sehr sorgfältig, damit der Zucker möglichst nicht verschoben wird, gleichmässig darin verteilen.
- In die Mitte des Ofens schieben und 45 Minuten backen, oder bis beim Einstechen mit dem Holzspiesschen kein Teig mehr daran hängenbleibt.
- Aus dem Ofen nehmen und etwas auskühlen oder ganz erkalten lassen, bevor die Torte auf eine entsprechende Platte gestürzt wird.

---

*• Zum Stürzen s. Seite 494. • Die Torte kann auch halbiert und mit einer Konditorencreme (s. Seite 389) und/oder mit Konfitüre gefüllt werden.*

# Gestürzte Apfeltorte
## Torta rovesciata alla mela

**Für 6–8 Personen**
*Arbeitsaufwand: 25 Minuten*
*Backzeit: ca. 45 Minuten*
*Stehenlassen: ca. 2 Stunden*

*Geräte:*
*wie für «Gestürzte Biskuittorte» (s. vorstehendes Rezept), kleines Küchenmesser, Ausstecher*

*Zutaten:*
*wie für «Gestürzte Biskuittorte» (s. vorstehendes Rezept)*
*1 kleiner Apfel (nicht verkochende Sorte)*

- Gleiche Zubereitung wie «Gestürzte Biskuittorte», jedoch nach dem Auszuckern der Form und vor dem Hineingeben des Teiges einen geschälten Apfel mit ausgestochenem Kerngehäuse, der Breite nach in 5–6 Scheiben geschnitten, auf dem Boden der Form anordnen.

---

*• Anstatt Apfelscheiben kann man 5–6 Ananasscheiben verwenden (gut abgetropft aus der Büchse oder von einer frischen Ananas, wobei die Schale mit den «Augen» und das harte Kernstück entfernt werden). Die Scheiben so nah wie möglich aneinanderlegen. Nach Belieben in die Mitte der Ananasscheiben eine kandierte rote Kirsche legen.*

# Zitronentorte – Torta al limone

**Für 6–8 Personen**
*Arbeitsaufwand: 25 Minuten*
*Backzeit: ca. 40 Minuten*
*Stehenlassen und Auskühlen:*
*ca. 2 Stunden*

*Zutaten:*
*wie für einfachen Kuchenteig (s. Seite 370)*
*120 g Butter*
*4 Eier*
*2 Zitronen*
*200 g Zucker*

- Den Teig zubereiten, wie auf Seite 370 beschrieben. Während der Teig ruht, die Füllung zubereiten.
- Im kleinen Pfännchen bei schwacher Hitze 100 g Butter schmelzen.
- Die Eier einzeln in einen kleinen Teller aufschlagen, um die Qualität zu prüfen, und in die Schüssel geben.

*Und warum nicht einmal etwas Besonderes, eine Zitronentorte?*

<u>Geräte:</u>
wie für einfachen Kuchenteig
(s. Seite 370), kleines
Pfännchen, Zitrusreibe,
Teigschüssel, kleines
Küchenmesser, Rädchen
oder elektrisches Rührwerk,
Zitronenpresse, Springform
von 25–26 cm Durchmesser

● Die abgeriebene Schale der einen Zitrone und den Zucker bei-
fügen.
● Diese Zutaten während längerer Zeit mit dem Rädchen oder
elektrischen Rührwerk schlagen, bis sie sehr schaumig sind.
● Ohne mit Rühren aufzuhören, die flüssige Butter, die nur noch
lauwarm sein soll, und den Saft der 2 Zitronen beifügen.
● Den Backofen auf 180 °C vorheizen.
● Mit der restlichen Butter den Boden und den unteren Teil des
Randes einer Springform bestreichen. Mit dem Teig auslegen.
Dabei einen Rand von 2 cm hochziehen.
● Die Zitronenmasse umrühren und auf den Teig giessen.
● In die Mitte des Ofens schieben und ca. 40 Minuten backen,
oder bis sich die Füllung, wenn man mit dem Finger vorsichtig
darauf drückt, fest anfühlt.
● Aus dem Ofen nehmen und vor dem Servieren vollständig
auskühlen lassen.

---

● *Den Rand nach Belieben mit den Zinken einer Gabel leicht eindrücken.*

# Gebäck

## Ungebackene Biskuits – Biscottini a crudo

**Für 4–6 Personen**
*Arbeitsaufwand:*
*ca. 10 Minuten*

*Zutaten:*
*100 g geschälte Mandeln*
*100 g Zucker*
*50 g Kakaopulver*

*Geräte:*
*Mixer, Cutter oder*
*elektrische Mühle, Schüssel,*
*Wallholz (Nudelholz),*
*Teigausstecher*

- Die Mandeln reiben, bis sie feinkörnig, aber noch nicht zu Pulver gemahlen sind.
- Zusammen mit dem Zucker und dem Kakaopulver in die Schüssel geben.
- 2½ Esslöffel Wasser beifügen und vermischen. Es soll eine feste Masse entstehen, die sich ausrollen und schneiden lässt. Wenn nötig nochmals einige Tropfen Wasser beifügen.
- Den Teig zu einer Kugel formen und auf den Tisch legen. Mit dem Wallholz ca. 4 mm dick ausrollen.
- Mit einem oder mehreren Ausstechern ca. 2 x 4 cm grosse Formen ausstechen (ca. 18–20 Stück) und trocknen lassen.

*• Man kann einen Teil des Wassers (ca. die Hälfte) durch Grappa ersetzen. • Wenn der Teig viel zu weich sein sollte, feine Biskuitbrösel darunterkneten. • Falls keine Teigausstecher zur Verfügung stehen, den Teig mit einem Messer in einfache Formen schneiden, z.B. Rauten (verschobene Vierecke).*

## Knusper-Biskuits – Biscotti croccanti

**Für 4–6 Personen**
*Arbeitsaufwand:*
*ca. 15 Minuten*
*Backzeit: 12–14 Minuten*
*Stehenlassen und Auskühlen:*
*1 Stunde 15 Minuten*

*Zutaten:*
*140 g Butter*
*90 g Zucker*
*80 g Mehl*
*¼ Teelöffel Natriumbikarbonat*
*½ Teelöffel Backpulver*
*½ Teelöffel Vanillezucker*
*5 gehäufte Esslöffel Popcorn*

*Geräte:*
*Teigschüssel, Kochlöffel,*
*2 grosse Kuchenbleche,*
*Messer mit abgerundeter*
*Spitze oder Spatel*

- Die Butter ca. 30 Minuten vor Arbeitsbeginn aus dem Kühlschrank nehmen, damit sie weich wird.
- 120 g Butter in die Teigschüssel geben und den Zucker beifügen. Mit dem Kochlöffel schaumig rühren.
- Mehl, Natriumbikarbonat, Vanillezucker und Backpulver beifügen und weiter mit dem Kochlöffel rühren und kneten, bis eine glatte Masse entstanden ist.

- Das Popcorn beifügen und sorgfältig darunterheben.
- Den Teig während ca. 30 Minuten in den Kühlschrank stellen, oder bis er fest geworden ist.
- Inzwischen den Backofen auf 180 °C vorheizen. Die beiden Bleche mit der restlichen Butter bestreichen.
- Mit einem Löffel nussgrosse Häufchen abstechen und mit einigem Abstand auf die Bleche anordnen, da der Teig beim Backen etwas zerläuft.
- Ein Blech in die Mitte des Ofens schieben und 12–14 Minuten backen, oder bis die Biskuits sich leicht goldgelb verfärbt haben. Nachher das zweite Blech hineinschieben und auf die gleiche Weise backen.
- Die Biskuits erkalten lassen, da sie mit dem Auskühlen härter werden, und vorsichtig mit der Klinge eines runden Messers oder mit einem Spatel vom Blech abheben.

---

- *Aus den angegebenen Mengen lassen sich ca. 12 grössere Biskuits backen.*

# Fasnachtsküchlein – Tortelli di carnevale

**Für 4 Personen**
*Arbeitsaufwand:*
*ca. 15 Minuten*
*Fritierzeit: ca. 20 Minuten*

*Zutaten:*
*60 g Butter*
*1 Prise Salz*
*120 g Mehl*
*3 Eier*
*2 Esslöffel Zucker*
*Öl zum Fritieren*
*ca. 2 Esslöffel Puderzucker*

*Geräte:*
*mittelgrosse Pfanne,*
*Kochlöffel, Fritierpfanne*
*oder Friteuse, kleine*
*Brotstücke, Schaumlöffel,*
*(Teesieb)*

Der Ölverbrauch und die Zeit zum Ausbacken der Küchlein sind abhängig von der Grösse der Fritierpfanne. Bei Verwendung einer kleineren Pfanne wird weniger Öl benötigt. Weil aber darin nur 3–4 Küchlein auf einmal ausgebacken werden können, braucht man mehr Zeit als mit einer grösseren Pfanne.

- ¼ l Wasser mit der in Stücke geschnittenen Butter und dem Salz in die Pfanne geben und bei ziemlich starker Hitze kochen lassen, bis die Butter geschmolzen ist.
- Vom Herd wegziehen und alles Mehl auf einmal in die Pfanne geben. Kräftig rühren, damit sich keine Klümpchen bilden.
- Wieder aufsetzen und bei starker Hitze so lange rühren, bis sich der Teig in einem Kloss vollständig von Boden und Wänden der Pfanne löst.
- Erneut vom Herd wegziehen. Ein Ei in einen kleinen Teller aufschlagen, um die Qualität zu prüfen, und zum Teig geben. Sehr schnell (damit das Ei durch die Wärme des Teiges und der Pfanne nicht fest wird) und kräftig unter die Masse arbeiten, bis es sich vollständig damit verbunden hat. Mit den übrigen Eiern gleich verfahren. Zuletzt den Zucker beifügen und ebenfalls kräftig unter den Teig rühren.
- Das Öl zum Fritieren bei mässiger Temperatur erhitzen (wenn

*Die Fasnachtsküchlein sehen in Italien etwas anders aus als bei uns*

man ein kleines Brotstück hineingibt, sollte es allseitig von lebhaften Blasen umgeben sein). Das Öl soll aber nicht allzu stark zischen. Eine Portion Teig mit einem Teelöffel abstechen und mit Hilfe eines weiteren Teelöffels in das Öl fallen lassen. Dabei berücksichtigen, dass der Teig ziemlich stark aufgeht, deshalb nicht zu viele Stücke auf einmal in die Fritüre geben.

• Ausbacken und dabei die Temperatur des Öls so regulieren, dass das Gebäck 3–4 Minuten braucht, um aufzugehen und eine goldgelbe Farbe anzunehmen. Wenn mit genügend Öl in der Fritierpfanne gearbeitet wird, drehen sich die Tortelli beim Aufgehen von selbst im Öl.

• Die fertig gebackenen Tortelli mit dem Schaumlöffel herausheben, gut abtropfen lassen und nach Belieben auf Küchenpapier legen, damit überschüssiges Öl aufgesaugt wird. Sofort eine weitere Portion Teigklösschen in das Öl geben. Weiterfahren, bis kein Teig mehr vorhanden ist.

• Die Tortelli auf eine Platte anrichten, mit Puderzucker bestäuben (am besten mit Hilfe eines Teesiebs) und servieren. Warm schmecken sie am besten.

---

• *Nach Belieben die abgeriebene Schale von ½ Zitrone oder 1 Teelöffel Vanillezucker oder beides beifügen.* • *Der Teig kann vor dem Ausbacken zugedeckt mehrere Stunden aufbewahrt werden.*

# Desserts und Eisspezialitäten

In Italien gehören alle Arten von Desserts samt Torten und Kuchen zu den «Dolci» und bilden die Krönung einer guten Mahlzeit. Sie sind vielseitig und oft ziemlich süss, aber abgerundet im Geschmack. Natürlich müssen sie auf die vorangehenden Gerichte abgestimmt werden. Ist das Essen bereits sehr umfangreich, passt am besten ein erfrischendes Früchtedessert, von denen das Buch eine grosse Auswahl enthält. Ist es eher leicht, kann man sich ein gehaltvolles «Dolce» leisten.

Andere Desserts wiederum sind regionale Spezialitäten mit ganz besonderem Charakter, so der Piemonteser Pudding, der mit den bekannten Amaretti zubereitet wird, die sizilianische Cassata, die mit unserer gefrorenen Cassata nichts gemeinsam hat, der «süsse Käse» mit kandierten Früchten und der «Monte Bianco» aus Kastanien, der vor allem im Herbst auf den Tisch kommt.

Häufig wird ein Dessert mit einer Frucht- oder anderen süssen Sauce vervollständigt. Mit ihrer Hilfe können ganz einfache Süssspeisen wie Puddings oder Rahmeis zu köstlichen Gerichten aufgewertet werden, oder neutrale «Dolci» bekommen eine saisonale Note.

Ganz besonders gut verstehen sich die Italiener auf die Zubereitung von Eisspezialitäten. Sie haben sozusagen die «Gelati» erfunden. Dieses Kapitel enthält eine ganze Anzahl Rezepte, die noch mit zusätzlichen Varianten versehen sind. Hausgemachte Eisdesserts schmecken besonders gut und kommen nicht teuer zu stehen. Die Zubereitung ist einfach, auch wenn man nicht über ein spezielles Gefriergerät verfügt.

Ebenfalls hier zu erwähnen sind die ausgezeichneten italienischen Käse (s. Seite 475), die vor oder anstelle von einem Dessert aufgetragen werden können.

*Kein festliches Essen ohne «Dolce»! Die Italiener verstehen sich besonders gut auf das Zubereiten von Desserts: Früchtegelee (Seite 393), «Zabaione» und Quarkcreme mit Mandarinenlikör (Seite 390)*

# Desserts

## Cremen

In Italien werden für die Zubereitung von Cremen typische Zutaten wie Mascarpone, Kastanienpüree, Amaretti, sehr süsse Liköre, Ricotta usw. verwendet. Obwohl die nachstehenden Rezepte ohne weiteres in ein festliches Menü passen, sind sie rasch zubereitet. Auch in diesem Kapitel ist ein weltberühmtes Rezept zu finden, nämlich der «Zabaione», der ursprünglich mit Marsala geschlagen wurde. Heute verwendet man dafür auch andere Weine und sogar Fruchtsäfte und aromatisiert evtl. mit Vanillezucker oder abgeriebener Zitronenschale.

---

# Kastaniencreme – Crema alla marronata

**Für 4 Personen**
*Arbeitsaufwand: 10 Minuten*
*Kühlzeit: 1 Stunde*

*Zutaten:*
*300 g gesüsstes Kastanienpüree (tiefgekühlt*
*oder aus der Dose)*
*2 Esslöffel Grand Marnier oder nach Belieben anderer Likör*
*1 Esslöffel ungesüsstes Kakaopulver*
*1 Esslöffel Honig*
*2 dl Rahm*

*Geräte:*
*Schüssel, (Teesieb),*
*Rädchen oder elektrisches*
*Rührwerk, Krug*

● Kastanienpüree, Likör, Kakao und Honig in die Schüssel geben (wenn der Kakao Klümpchen aufweist, mit einem kleinen Löffel durch ein Teesieb drücken). Mit einer Gabel zerdrücken und gut vermischen. Rühren, bis die Masse vollständig glatt und schaumig ist.
● Den Rahm steif schlagen.
● In 3 Malen unter die Kastanienmasse heben. Dabei mit einem Löffel sorgfältig, aber bis auf den Boden der Schüssel rühren.
● Für 1 Stunde in den Kühlschrank stellen. In einer Schüssel oder in 4 Portionenschalen servieren.

---

● *Nach Belieben mit kleinen Biskuits garnieren oder die Biskuits separat dazu reichen.* ● *Daran denken, dass der Rahm zum Schlagen sehr kalt sein muss. Deshalb erst im letzten Moment vor der Verwendung aus dem Kühlschrank nehmen.*

---

# Englische Creme – Crema inglese

**Für 2–4 Personen**
*Arbeitsaufwand: 10 Minuten*
*Kochzeit: ca. 8 Minuten*
*Stehenlassen und Auskühlen:*
*45–55 Minuten*

*Zutaten:*
*¼ l Milch*
*1 Vanilleschote*
*3 Eigelb*
*80 g Zucker*

Geräte:
2 mittelgrosse Pfannen,
Deckel, Kochlöffel oder
Schwingbesen

● In einer Pfanne die Milch bis knapp vor den Siedepunkt bringen.
● Vom Herd wegziehen, die Vanilleschote hineingeben, den Deckel aufsetzen und ca. 15 Minuten stehenlassen.
● Das Eigelb und den Zucker in die andere Pfanne geben. Kräftig miteinander verrühren, bis eine weissliche Creme entstanden ist (sie muss jedoch nicht besonders fest werden, da das Eigelb durch das Erhitzen noch aufgehen wird).
● Nach und nach die durch die Vanilleschote aromatisierte Milch beifügen.
● Bei schwacher Hitze aufsetzen. Ständig rühren und darauf achten, dass die Masse immer überall vom Pfannenboden und den Wänden gelöst wird. Sobald die Creme den Kochlöffel oder Schwingbesen überzieht, wenn man ihn hochhält, sofort vom Herd wegziehen. (Auch wenn die Creme zu kochen beginnen sollte, d. h., wenn sich entlang den Pfannenwänden kleine Blasen bilden, sofort vom Herd wegziehen.)
● Sofort in ein kaltes Gefäss giessen, damit die Creme nicht nachträglich durch die Eigenwärme oder diejenige der Pfanne noch gerinnt. 30–40 Minuten erkalten lassen.

---

● *Die Englische Creme wird meistens als Grundlage oder Garnitur für andere Süssspeisen verwendet. Sie kann aber auch ohne weitere Zutaten in Gläsern oder Schalen serviert werden.* ● *Es können nach Belieben bis zu 5 Eigelb pro ¼ l Milch verwendet werden.* ● *Anstatt mit Vanille kann die Creme auch mit Kaffee, Zitrone oder Orange aromatisiert werden. In diesem Fall anstelle der Vanilleschoten ca. 20 g Kaffeebohnen oder einige Stücke Zitronen- oder Orangenschale (ganz dünn abgeschält) oder einen entsprechenden flüssigen Aromastoff in die Milch geben.* ● *Die Creme kann auch mit einem Likör parfümiert werden (nach dem Erhitzen ein kleines Gläschen davon beifügen).*

---

# Konditorencreme – Crema pasticciera

**Für 2–4 Personen**
Arbeitsaufwand: ca. 8 Minuten
Kochzeit: ca. 10 Minuten
Stehenlassen und Auskühlen:
ca. 1 Stunde

Zutaten:
¼ l Milch
1 Vanilleschote
3 Eigelb
125 g Zucker
25 g Mehl

Geräte:
2 mittelgrosse Pfannen,
Deckel, Kochlöffel

● In einer der Pfannen die Milch bis knapp vor den Siedepunkt bringen.
● Vom Herd wegziehen, die Vanilleschote beifügen, den Deckel aufsetzen und 15 Minuten stehenlassen.
● Eigelb, Zucker und Mehl in die andere Pfanne geben. Rühren, bis eine glatte Masse entstanden ist.
● Nach und nach die durch die Vanilleschote aromatisierte Milch beifügen.
● Bei schwacher Hitze aufsetzen. Ständig rühren und darauf achten, dass die Masse immer überall vom Pfannenboden und den Wänden gelöst wird. Bis vors Kochen bringen.

- Die Temperatur reduzieren und bei schwacher Hitze noch 5 Minuten ziehen lassen. Dabei immer wieder rühren.
- Ca. 40 Minuten auskühlen lassen.

---

- *Die Konditorencreme wird meist als Grundlage oder Garnitur für andere Süssspeisen verwendet. Sie kann aber auch ohne weitere Zutaten in Gläsern oder Schalen serviert werden. • Die Konditorencreme kann genau wie die Englische Creme mit Kaffee, Zitrone, Orange oder mit einem Likör aromatisiert werden (s. Anm. vorstehendes Rezept).*

---

# Weinschaumcreme – Zabaione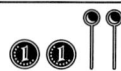

**Für 4 Personen**
*Arbeitsaufwand: ca. 8 Minuten*
*Kochzeit: 7–8 Minuten*

*Geräte:*
*mittelgrosse Pfanne,*
*Kochlöffel oder Schwingbesen*

*Zutaten:*
*6 Eigelb*
*12 Esslöffel Zucker*
*12 Esslöffel Marsala*

- Das Eigelb und den Zucker in die Pfanne geben. Kräftig miteinander verrühren, bis eine lockere Masse entstanden ist (es ist nicht nötig, sie stark schaumig zu schlagen, da das Eigelb durch die Wärme aufgehen wird).
- Nach und nach den Marsala beifügen.
- Bei schwacher Temperatur unter ständigem Rühren langsam erhitzen. Darauf achten, dass die Masse immer überall vom Pfannenboden und von den Wänden gelöst wird. So lange erwärmen und schwingen, bis die Creme in einem dicken, regelmässigen Faden vom Kochlöffel oder Schwingbesen fliesst. In diesem Moment sofort vom Herd wegziehen. (Auch wenn die Creme zu kochen beginnen sollte, d.h., wenn sich entlang dem Pfannenrand kleine Bläschen bilden, sofort vom Herd wegziehen.)
- Sofort in ein kaltes Gefäss giessen, damit die Creme nicht nachträglich durch die Eigenwärme oder diejenige der Pfanne noch gerinnt. Nach Belieben warm oder kalt servieren.

---

- *«Zabaione» wird oft auch zu Eis, gekochten Früchten oder Torten serviert. • Anstatt mit Marsala lässt sich diese Schaumcreme auch mit Champagner, Portwein, süssem Sherry oder einem anderen Likör zubereiten (evtl. einen Teil des Likörs durch Wasser ersetzen).*

---

# Quarkcreme mit Mandarinenlikör
## Crema di ricotta al mandarino

**Für 6 Personen**
*Arbeitsaufwand: 10 Minuten*
*Kühlzeit: 1 Stunde*

*Zutaten:*
*300 g Ricotta oder Quark*
*150 g Zucker*
*1½ dl Rahm*
*3 Esslöffel Mandarinenlikör*
*2 Eier*
*100 g kandierte Früchte oder Cakefrüchte*

_Geräte:_
_Schüssel, Krug, Stabmixer,_
_elektrisches Rührwerk_
_oder Rädchen, kleines_
_Küchenmesser_

- Quark, Zucker, Rahm, Likör und die 2 Eigelb in die Schüssel geben (das Eiweiss in den Krug geben).
- Mit dem Stabmixer, elektrischen Rührwerk oder Rädchen alle Zutaten vermischen und rühren, bis eine glatte, cremige Masse entstanden ist.
- Das Eiweiss zu steifem Schnee schlagen.
- Sehr sorgfältig mit einem Löffel in 3 Malen unter die Creme heben.
- Die kandierten Früchte kleinhacken und unter die Masse mischen.
- Für 1 Stunde in den Kühlschrank stellen.

# Mascarpone-Creme – Crema di mascarpone

**Für 4 Personen**
_Arbeitsaufwand: 6 Minuten_
_Kühlzeit: mind. 30 Minuten_

_Zutaten:_
_2 Eigelb_
_1 Ei_
_6 Esslöffel Zucker_
_200 g Mascarpone_
_2 Esslöffel Rum, Kirsch oder Cognac_

_Geräte:_
_2 Schüsseln, Rädchen oder_
_elektrisches Rührwerk_

- Alle 3 Eigelb (auch dasjenige des ganzen Eis) mit dem Zucker in die eine Schüssel, das Eiweiss in die andere geben. Mit dem Rädchen oder dem Rührwerk zuerst das Eiweiss zu festem Schnee, dann das Eigelb mit dem Zucker zu einer luftigen Creme schlagen.
- Durch kräftiges Rühren mit einem Löffel Mascarpone und Likör unter die Eiercreme mischen.
- Ebenfalls mit dem Löffel sehr sorgfältig den Eischnee darunterheben.
- Für 30 Minuten oder bis zum Gebrauch in den Kühlschrank stellen.

- _Zum Servieren nach Belieben in Portionenschalen über ein Stück Biskuit-(Sand-)Kuchen oder über 2–3 mit dem gleichen Likör befeuchtete Löffelbiskuits verteilen. Oder nur feine Biskuits (Kekse) separat dazu reichen._ • _Nach Belieben mit kandierten Früchten garnieren._

# Mascarpone-Creme mit Portwein
## Crema di mascarpone al porto

**Für 4 Personen**
_Arbeitsaufwand: 10 Minuten_

_Zutaten:_
_300 g Mascarpone_
_6 gehäufte Esslöffel Zucker_
_2 Eigelb_
_6 Esslöffel Portwein_

_Geräte:_
_Schüssel_

- Mascarpone, Zucker und Eigelb in eine Schüssel geben. Einige Minuten kräftig rühren.

- In 2 Malen den Portwein beifügen. Immer wieder rühren, bis eine glatte Creme entstanden ist. Mit feinen Biskuits servieren.

- *Der Portwein kann durch süssen Sherry ersetzt werden.*

# Mascarpone-Creme mit Amaretti
## Crema di mascarpone all'amaretto

**Für 4 Personen**
*Arbeitsaufwand: 10 Minuten*
*Kühlzeit: ca. 2 Stunden*

*Zutaten:*
*50 g trockene Amaretti (Bittermandelgebäck)*
*1 Eiweiss*
*2 dl Rahm*
*100 g Mascarpone*
*70 g Puderzucker*
*1 Teelöffel Mandelessenz*
*1½ dl Milch*

*Geräte:*
*solide Papiertüte oder*
*hohes Gefäss, Fleischhammer*
*oder Glas, 2 Krüge,*
*Rädchen oder elektrisches*
*Rührwerk, Schüssel*

- Die Amaretti in die Tüte oder das hohe Gefäss geben und mit dem Fleischhammer oder mit dem flachen Boden eines Glases in kleine Brösel zerstossen.
- Eiweiss und Rahm in je einen Krug geben und steif schlagen.
- Mascarpone, Zucker, Mandelessenz, Milch und zerstossene Amaretti in die Schüssel geben und mit einer Gabel vermischen und rühren, bis eine cremige Masse entstanden ist.

*Eine ausgesprochen typische Creme: Mascarpone-Creme mit Amaretti*

- Mit einem Löffel sorgfältig den Rahm und noch sorgfältiger den Eischnee darunterheben.
- Für 2 Stunden in den Kühlschrank stellen. In einer Schüssel oder in Portionenschalen servieren.

---

- *Diese Süssspeise kann 2 Stunden, aber nicht viel länger im Kühlschrank aufbewahrt werden, da sie sonst an Qualität verliert.*

## Früchtedesserts

Häufig werden für das Dessert Früchte verwendet, die fast während des ganzen Jahres in grosser Auswahl zur Verfügung stehen. Und wenn dies ausnahmsweise nicht der Fall ist, gibt es bestimmt irgendwo einige Dörrfrüchte oder Konserven. Auch mit ein paar Äpfeln lässt sich etwas Leckeres zubereiten. Die folgenden Rezepte sind, mit Ausnahme des Früchtegelees vielleicht, schnell und einfach hergestellt. Früchtedesserts sind erfrischend und leicht und passen auch sehr gut zu einem festlichen Essen. («Melone mit Portwein», s. Seite 43, kann sowohl als Vorspeise wie auch als Dessert serviert werden.)

---

# Früchtegelee – Aspic di frutta

**Für 4–6 Personen**
*Einweichen der Gelatine:*
*10–15 Minuten*
*Arbeitsaufwand:*
*10–15 Minuten*
*Kühlzeit: 7–8 Stunden*

*Geräte:*
*Tasse, Zitronenpresse, Massbecher, mittelgrosse Pfanne, Puddingform mit Loch in der Mitte und ca. 1½ l Inhalt, kleines Küchenmesser*

*Zutaten:*
*6 Blatt Gelatine*
*¼ l Orangensaft (von 4–6 Orangen)*
*6 Esslöffel Zucker*
*500 g gemischte Früchte (geputzt)*

Die Früchte für dieses Gericht können beliebig gewählt werden. Man beachte dabei aber die Farben: zu Birnen, Pfirsichen und Bananen auch einige buntere Früchte wählen, wie z.B. Aprikosen, Erdbeeren, Himbeeren oder Kirschen (letztere entsteint). Äpfel hingegen eignen sich weniger gut, weil sie zu hart sind und für diesen Verwendungszweck zu wenig Saft abgeben.

- Die Gelatine in einer Tasse in kaltes Wasser einlegen (evtl. in Stücke brechen oder mit einer Schere zerschneiden). 10–15 Minuten stehenlassen, oder bis sie weich ist.
- Inzwischen die Orangen auspressen, ¼ l Saft abmessen und mit ¼ l Wasser zusammen in die Pfanne giessen.
- Die weiche Gelatine auspressen und zum Orangensaft geben.
- Bei sehr niedriger Temperatur erwärmen und rühren, bis sich die Gelatine aufgelöst hat (dies geschieht sehr rasch, bevor der Saft zu kochen beginnt).
- Vom Herd wegziehen, den Zucker beifügen und weiterrühren, bis auch er sich aufgelöst hat.
- Wenig Flüssigkeit in die Puddingform giessen und etwas abkühlen lassen.
- Die Früchte schälen oder waschen und die grösseren in nicht zu kleine Stücke schneiden. Steine, Kerne und Kerngehäuse entfernen.

- Die Früchte dekorativ auf dem Gelee anordnen.
- Den Rest der Flüssigkeit darübergiessen.
- Bei Zimmertemperatur vollständig erkalten lassen und dann in den Kühlschrank stellen, damit der Gelee fest werden kann (die dafür erforderliche Zeit hängt von der Kühlschranktemperatur sowie von der Puddingform ab, aber zur Sicherheit mit 6–7 Stunden rechnen).
- Zum Servieren die Form auf eine runde Platte stürzen. Ein Küchentuch in warmes Wasser tauchen, auswringen und die Form damit bedecken. Falls sich der Gelee nicht sofort löst, den Vorgang wiederholen.

---

- *Falls der Gelee aus irgendeinem Grund nicht sofort aufgetragen werden kann, nochmals in den Kühlschrank stellen.*

---

# Birnensalat – Insalata dolce di pere

**Für 4 Personen**
*Arbeitsaufwand: 10 Minuten*
*Stehenlassen: ca. 1 Stunde*

*Zutaten:*
*1 grosse Orange*
*½ Zitrone*
*2 Esslöffel Honig*
*4 grosse, reife, saftige Birnen*
*etwas Zimtpulver*

*Geräte:*
*Zitronenpresse, mittelgrosse Schüssel, kleines Küchenmesser*

- Orange und Zitrone auspressen. Den Saft in die Schüssel giessen.
- Den Honig beifügen und verrühren, bis er sich wenigstens teilweise aufgelöst hat.
- Die Birnen schälen. Direkt über der Schüssel in möglichst regelmässige, dünne Schnitze oder in nicht zu kleine Stücke schneiden. Dabei das Kerngehäuse entfernen.
- Sorgfältig, aber bis auf den Boden der Schüssel umrühren. 1 Stunde stehenlassen, wenn möglich im Kühlschrank.
- Vor dem Servieren mit reichlich Zimtpulver bestreuen.

---

- *Nach Belieben die abgeriebene Schale von je ¼ Orange und Zitrone beifügen.*

---

# Fruchtsalat aus Pfirsichen und Feigen
## Macedonia di pesche e fichi

**Für 4 Personen**
*Arbeitsaufwand: 10 Minuten*

*Zutaten:*
*6 Feigen*
*3 steinlösliche Pfirsiche*
*3 Esslöffel Zucker (nach Belieben Rohzucker)*
*Saft von 1 Zitrone*

- Die Feigen schälen, indem mit dem kleinen Küchenmesser der Stielansatz herausgeschnitten und gleichzeitig die Haut sorg-

*Geräte:*
*kleines Küchenmesser,*
*(Zitronenpresse)*

fältig nach unten gezogen wird. Jede Feige in vier Schnitze schneiden.
- Die Pfirsiche schälen. Jeden Pfirsich in acht Schnitze schneiden und dabei den Stein entfernen.
- Die Feigen- und Pfirsichschnitze auf einer Platte schön in Reihen oder im Kreis anordnen.
- Mit Zucker bestreuen und mit dem Zitronensaft beträufeln.

---

- *Falls verfügbar, mit Pfefferminzblättchen garnieren.* • *Der Obstsalat kann auch ohne weiteres 1–2 Stunden im voraus zubereitet und im Kühlschrank aufbewahrt werden.*

# Walderdbeeren mit Maraschino
## Fragoline al maraschino

**Für 4 Personen**
*Arbeitsaufwand: 5 Minuten*
*Stehenlassen im Kühlschrank:*
*ca. 1 Stunde*

*Zutaten:*
*400–500 g Walderdbeeren oder gewöhnliche Erdbeeren*
*4 Esslöffel Zucker*
*4 Esslöffel Maraschino*
*abgeriebene Schale von 1/2 Orange*
*1,5 dl Rahm*

*Geräte:*
*Sieb, Glas- oder*
*Kristallschüssel, Zitrusreibe,*
*Krug oder tiefe Schüssel,*
*Rädchen oder elektrisches*
*Rührwerk*

- Die Erdbeeren verlesen und verdorbene Beeren entfernen.
- In eine Schüssel mit kaltem Wasser geben und sofort diejenigen herausnehmen, die an die Oberfläche steigen (Beeren, die auf den Boden sinken, sind verdorben). Abtropfen lassen.
- In eine Glas- oder Kristallschüssel oder in ein anderes Gefäss mit hohem Rand, in welchem sie serviert werden können, geben. Mit dem Zucker bestreuen und mit dem Maraschino beträufeln. Die Orangenschale darüberreiben und alles vorsichtig vermischen. Für 1 Stunde in den Kühlschrank stellen.
- Unmittelbar vor dem Servieren den Rahm steif schlagen und über die Erdbeeren geben oder separat servieren.

---

- *Bei Verwendung von gewöhnlichen Erdbeeren diese halbieren oder vierteln.*

# Bananen- und Erdbeersalat
## Insalata dolce di banane e fragoloni

**Für 4 Personen**
*Arbeitsaufwand: 5 Minuten*

*Zutaten:*
*200–250 g Erdbeeren*
*3 mittelgrosse oder 2 grosse, reife Bananen*
*2 Esslöffel Zucker (nach Belieben Rohzucker)*
*Saft von 1/2 Orange*
*Saft von 1/2 Zitrone*

- Die Erdbeeren in eine Schüssel geben, mit kaltem Wasser bedecken, einmal umrühren und das Wasser sofort abgiessen.

*Geräte:*
*Sieb, kleines Küchenmesser,*
*(Zitronenpresse)*

● Die Bananen schälen und die Fäden entfernen. In 3–4 mm dicken Scheiben direkt in die zum Servieren vorgesehene Schüssel schneiden.
● Die Erdbeeren vom Stielansatz befreien (erst nach dem Waschen, damit durch das kleine, beim Entfernen des Stieles entstehende Loch kein Wasser eindringen kann). Halbieren oder in Stücke oder Scheiben schneiden (je nach Grösse) und direkt auf die Bananen geben.
● Mit dem Zucker bestreuen und mit dem Orangen- und Zitronensaft beträufeln.

---

● *Der Salat kann bis zu einer Stunde im voraus zubereitet werden, jedoch nicht länger, da sich die Bananen sonst verfärben.* ● *Man kann auch nur Orangensaft oder nur Zitronensaft verwenden oder beides weglassen und durch einen süssen, nach Belieben mit etwas Likör parfümierten Wein ersetzen.* ● *Auch Walderdbeeren, Himbeeren oder Brombeeren lassen sich so zubereiten.*

# Ananas «Surprise» – Ananas in sorpresa

**Für 6 Personen**
*Arbeitsaufwand: 15 Minuten*

*Zutaten:*
*1 Ananas von ca. 1½ kg*
*⅛ l Rahm*
*5 Esslöffel Zucker*
*3 Esslöffel weisser Rum*
*3 Bananen*
*(50 g dunkle Schokolade)*

*Geräte:*
*gezahntes, kräftiges*
*Küchenmesser, Messer mit*
*dünner Klinge (wenn möglich*
*gezahnt), kleines*
*Küchenmesser, Holzbrett,*
*Schüssel*

Eine sehr schöne Ananas mit grossen, frischen Blättern auswählen.

● Die Ananas waschen und abtrocknen. Mit dem grossen Messer den Blätterbusch einige Zentimeter tief wie einen Deckel wegschneiden, die Blätter am Schalenstück belassen. Falls nötig auch den Stielansatz am entgegengesetzten Ende wegschneiden, damit die Ananas gut stehen kann.
● Mit dem schmalen Messer in 1 cm Abstand von der Schale das Fleisch von oben bis unten herausschneiden. Herausheben (es wird am unteren Ende etwas Widerstand leisten, mit einem Löffel oder einem Grapefruit-Messer mit gebogener Klinge nachhelfen).
● Das Ananasfleisch in ca. 1½ cm grosse Würfel schneiden und in die Schüssel geben.
● Rahm, Zucker, Rum und die geschälten und in ca. ½ cm dicke Scheiben geschnittenen Bananen beifügen. Alles sofort vermischen, damit sich die Bananen nicht verfärben.
● Zusammen mit der leeren Schale und dem Deckel bis unmittelbar vor dem Servieren in den Kühlschrank stellen.
● Nach Belieben kurz vor dem Servieren die Schokolade mit dem kleinen Küchenmesser in Stückchen schneiden und ebenfalls in die Schüssel geben.
● Nochmals gut durchmischen und die Masse in die leere Ana-

*Die Ananas verbirgt in ihrem Inneren Bananen, vermischt mit Rahm, Rum und Ananasstücklein*

nasschale füllen. Mit dem Blätterbusch bedecken und auf eine runde Platte stellen.

---

• *Nach Belieben den Rand der Platte mit grünen Blättern bedecken und diese mit gelben oder weissen Blüten dekorieren.*

# Honigtrauben – Uva al miele

**Für 4 Personen**
*Arbeitsaufwand: 5 Minuten*
*Kochzeit: ca. 20 Minuten*
*Auskühlen: ca. 30 Minuten*

*Geräte:*
*kleine Pfanne, Deckel*

*Zutaten:*
*ca. 500 g Trauben mit festen Beeren*
*2 Esslöffel Honig*
*1 Becher Joghurt*

• Die Trauben waschen und die Beeren von den Stielen zupfen. In die Pfanne geben.
• Den Honig und 2 Esslöffel Wasser beifügen. Zum Kochen bringen.
• Den Deckel aufsetzen, die Temperatur reduzieren und die Trauben bei schwacher Hitze ca. 20 Minuten ganz leicht kochen lassen, oder bis die Schalen weich sind (kleine Traubenbeeren brauchen weniger lange). Inzwischen hat sich in der Pfanne reichlich Sirup gebildet.
• Vom Herd wegziehen und erkalten lassen.
• Den Joghurt glattrühren und separat dazu servieren.

# Kirschen in Rotwein – Ciliegie al vino rosso

**Für 4 Personen**
*Arbeitsaufwand: 7–8 Minuten*
*Kochzeit: 15 Minuten*
*Auskühlen: ca. 30 Minuten*

*Zutaten:*
*600–700 g grosse, schwarze, nicht zu weiche Kirschen*
*2½ dl Rotwein*
*100 g Zucker*
*2 Gewürznelken*
*½ Teelöffel Zimtpulver*

*Geräte:*
*Sieb, mittelgrosse Pfanne,*
*(Spiesschen)*

● Die Kirschen entstielen und in reichlich kaltem Wasser waschen. Jeweils mit den Händen eine Anzahl herausheben, in sauberem Wasser spülen und abtropfen lassen.
● Wein, Zucker, Gewürznelken und Zimt in die Pfanne geben und aufkochen.
● Den Wein einige Minuten kochen lassen, dann die Kirschen beifügen.
● Wieder zum Kochen bringen, dann die Temperatur reduzieren und die Kirschen ca. 8 Minuten ganz schwach kochen lassen, oder bis sie gar, nach Wunsch aber nicht allzu weich sind (evtl. eine Kirsche probieren oder mit einem Spiesschen hineinstechen).
● Samt der Kochflüssigkeit in eine Schüssel geben. Die Gewürznelken entfernen. Die Kirschen nach Belieben lauwarm oder kalt servieren.

● *Falls ein dickflüssiger Sirup gewünscht wird, die Kirschen mit einem Schaumlöffel aus der Pfanne heben und die Flüssigkeit bei starker Hitze einkochen lassen.* ● *Nach Belieben ein Stück dünn abgeschälte Orangenschale mitkochen. Evtl. Gewürznelken und Zimt weglassen.*

# Aprikosenkompott – Composta di albicocche

**Für 4 Personen**
*Arbeitsaufwand: 5 Minuten*
*Kochzeit: ca. 10 Minuten*
*Auskühlen: ca. 30 Minuten*

*Zutaten:*
*80 g Zucker*
*600–700 g reife, aber feste Aprikosen*

*Geräte:*
*mittelgrosse Pfanne, kleines*
*Küchenmesser, Kochlöffel,*
*Spiesschen, Gabel oder*
*Schaumlöffel, mittelgrosse*
*und kleine Schüssel*

● Den Zucker mit 1½ dl Wasser zum Kochen bringen.
● Inzwischen die Aprikosen waschen, halbieren und den Kern entfernen.
● Wenn der Zuckersirup 1 Minute gekocht hat, die Aprikosen hineingeben.
● Wieder aufkochen, dann die Temperatur reduzieren und die Aprikosen unter gelegentlichem Rühren 3–4 Minuten ganz leise kochen lassen, oder bis sie gar, aber noch nicht zerfallen sind (mit einem Spiesschen prüfen).
● Mit der Gabel oder dem Schaumlöffel herausheben, abtropfen lassen und in die mittelgrosse Schüssel geben.
● Die zurückbleibende Flüssigkeit bei starker Hitze einkochen, bis sie in grossen Blasen aufschäumt. Die in der Zwischenzeit

von den Aprikosen noch ausgetretene Flüssigkeit ebenfalls in die Pfanne geben.

● Den Sirup in die kleine Schüssel giessen und Früchte und Sirup getrennt erkalten lassen.

● Zum Servieren den Sirup über die Früchte giessen.

---

*● Das Wasser kann durch Weisswein ersetzt werden. ● Anstelle von Kristallzucker Rohzucker verwenden. ● Nach dem gleichen Rezept lassen sich auch andere Früchte zubereiten, z.B. Äpfel, Birnen, Pfirsiche (alle geschält und in Schnitze geschnitten), Kirschen (ohne Stiele und nach Belieben entsteint), Feigen (ganze, geschält oder ungeschält), geschälte und in Scheiben geschnittene Bananen.*

# Zwetschgenkompott mit Orangen
## Prugne cotte all'arancia

**Für 4 Personen**
*Arbeitsaufwand: 5 Minuten*
*Kochzeit: ca. 25 Minuten*
*Stehenlassen und Auskühlen:*
*50 Minuten*

*Geräte:*
*mittelgrosse Pfanne,*
*kleines Küchenmesser,*
*Schüssel, gezahntes*
*Küchenmesser*

*Zutaten:*
*300 g Dörrzwetschgen*
*4 Esslöffel Zucker*
*2 Orangen*

● Die Zwetschgen in die Pfanne geben und mit kaltem Wasser bedecken. 30 Minuten stehenlassen, und während dieser Zeit wenn möglich ein- bis zweimal wenden.

● Den Zucker und 2 Stücklein dünn abgezogene Orangenschale beifügen. Bei mittlerer Hitze zum Kochen bringen.

● 20 Minuten kochen. Dabei die Temperatur so regulieren, dass die Flüssigkeit auf 2–3 Esslöffel dickflüssigen Sirup einkocht.

● Vom Herd wegziehen. In eine Schüssel mit hohem Rand geben und auskühlen lassen.

● Kurz vor dem Servieren die Orangen schälen, der Länge nach halbieren und in dünne Scheiben schneiden. Dabei die Kerne entfernen. Die Orangenscheiben über die Zwetschgen verteilen.

---

*● Falls die Zwetschgen sehr trocken sind, die Einlegezeit um 30 Minuten verlängern. ● Die Orangen nach Belieben mit einem scharfen Messer bis auf das Fruchtfleisch schälen (s. Seite 497).*

# Äpfel auf alte Art – Mele cotte all'antica

**Für 4 Personen**
*Arbeitsaufwand: ca. 5 Minuten*
*Kochzeit: ca. 30 Minuten*

*Zutaten:*
*4 Äpfel (nicht verkochende Sorte)*
*80 g Butter*
*4 Esslöffel Aprikosenkonfitüre*
*ca. 2 dl Rahm*

● Die Äpfel schälen, vierteln, das Kerngehäuse entfernen und jeden Schnitz quer in 3 Stücke schneiden.

*Geräte:*
*kleines Küchenmesser,*
*mittelgrosse Pfanne, Deckel*

- Die Butter in der Pfanne bei schwacher Hitze schmelzen.
- Die Apfelstücke hineingeben und bei mittlerer Temperatur einige Minuten dünsten. Gelegentlich wenden und die Apfelstücke etwas Farbe annehmen lassen.
- Die Temperatur reduzieren, den Deckel aufsetzen und noch ca. 20 Minuten weitergaren, oder bis die Äpfel etwas zerfallen, aber doch noch ein wenig Form haben. Während dieser Zeit gelegentlich umrühren.
- Die Konfitüre beifügen und nochmals umrühren.
- Nach Belieben warm oder lauwarm servieren. Den Rahm direkt aus dem Kühlschrank separat auf den Tisch bringen.

# Äpfel in der Folie
## Mele in cartoccio all'arancia

**Für 4 Personen**
*Arbeitsaufwand: 10 Minuten*
*Garzeit: 30 Minuten*

*Zutaten:*
*60 g Butter*
*abgeriebene Schale von 1 Orange*
*4 Esslöffel Zucker*
*4 grosse Äpfel (nicht verkochende Sorte)*

*Geräte:*
*kleine Schüssel, Zitrusreibe,*
*starke Gabel, Ausstecher,*
*4 grosse Stücke Aluminium-*
*folie*

- Den Backofen auf 190 °C vorheizen.
- Butter, abgeriebene Orangenschale und Zucker in der Schüssel mit der Gabel gut vermischen.
- Die Äpfel waschen, mit einem Ausstecher das Kerngehäuse entfernen und die Öffnung auf einige Zentimeter vergrössern.
- Jeden Apfel in die Mitte eines Stückes Aluminiumfolie stellen. Mit einem Teelöffel die Orangenbutter in die Öffnungen verteilen.
- Die Äpfel in die Folien einpacken, indem die Ränder nach oben gezogen und zusammengerollt werden. Die Folie soll hermetisch verschlossen sein.
- In den Ofen schieben und 30 Minuten garen.
- Nach Belieben warm, lauwarm oder kalt servieren.

# Äpfel mit Rosinen – Mele cotte con uva passa

**Für 4 Personen**
*Einweichen der Rosinen:*
*ca. 30 Minuten*
*Arbeitsaufwand: 7 Minuten*
*Garzeit: 35–40 Minuten*

*Zutaten:*
*4 Esslöffel Rosinen oder Sultaninen*
*2 Esslöffel flüssiger Honig*
*1/2 Teelöffel Zimtpulver*
*4 grosse Äpfel (nicht verkochende Sorte)*
*20–25 g Butter*

*Geräte:*
*kleines Pfännchen,*
*Ausstecher, niedrige,*
*feuerfeste Form, kleines*
*Küchenmesser, Spiesschen*

- Die Rosinen oder Sultaninen mit 1 Schöpflöffel warmem Wasser in das Pfännchen geben und ca. 1/2 Stunde stehenlassen.
- Gut abtropfen lassen und in einem tiefen Teller mit dem Honig und dem Zimtpulver vermischen.
- Den Backofen auf 190 °C vorheizen.

● Die Äpfel waschen, aber nicht schälen. Mit dem Ausstecher das Kerngehäuse entfernen und die Öffnung auf einige Zentimeter vergrössern.

● Die Äpfel auf den Boden der Form stellen. Die vorbereitete Mischung in die Öffnungen verteilen und mit je 1 Butterflocke bedecken. Den Boden der Form 1 cm hoch mit Wasser bedecken.

● In die Mitte des Ofens schieben und 35–40 Minuten schmoren, oder bis sich die Äpfel beim Einstechen mit dem Spiesschen gar anfühlen. Nach Belieben warm, lauwarm oder kalt servieren.

# Äpfel mit Datteln – Mele cotte con datteri

**Für 4 Personen**
*Arbeitsaufwand: 10 Minuten*
*Garzeit: 35–40 Minuten*

*Zutaten:*
*4 grosse Äpfel (Renetten)*
*8–10 Datteln*
*40 g dunkle Schokolade*
*4 Teelöffel flüssiger Honig*
*20 g Butter*

*Geräte:*
*Ausstecher, niedrige,*
*feuerfeste Form, kleines*
*Küchenmesser, Spiesschen*

● Den Backofen auf 190 °C vorheizen.

● Die Äpfel waschen, aber nicht schälen. Mit dem Ausstecher das Kerngehäuse entfernen und die Öffnung auf einige Zentimeter vergrössern.

● Die Äpfel auf den Boden der Form stellen.

*Äpfel lassen sich auf vielfältigste Weise zubereiten, hier mit Datteln, Schokolade und Honig*

- Die Datteln und die Schokolade in kleine Stücke schneiden, dabei die Dattelkerne entfernen. Beides in einen tiefen Teller geben und vermischen.
- Mit Hilfe eines Teelöffels die ausgehöhlten Äpfel damit füllen.
- In jeden Apfel 1 Teelöffel Honig giessen und die Füllungen mit 1 Butterflocke belegen. Den Boden der Form 1 cm hoch mit Wasser bedecken.
- In die Mitte des Ofens schieben und 35–40 Minuten schmoren, oder bis sich die Äpfel beim Einstechen mit dem Spiesschen gar anfühlen. Nach Belieben warm, lauwarm oder kalt servieren.

---

- *Die Füllung kann mit 2 gut abgetropften und in kleine Stücke geschnittenen Ananasscheiben aus der Dose bereichert werden.* • *Wichtig ist, dass man eine Apfelsorte verwendet, die beim Kochen nicht zerfällt.*

---

# Birnen im Ofen mit Marsala
## Pere in forno al marsala

**Für 4 Personen**
*Arbeitsaufwand: 5 Minuten*
*Garzeit: 45 Minuten*

*Zutaten:*
*8–10 kleine Birnen*
*3 Esslöffel wenn möglich flüssiger Honig*
*ca. 1 Teelöffel Zimtpulver*
*ca. 1 dl Marsala oder anderer Süsswein*
*2 Stücklein Zitronenschale*
*2 Stücklein Orangenschale*

*Geräte:*
*grosse, niedrige, feuerfeste Form, (Küchenschere), Aluminiumfolie*

- Den Backofen auf 190 °C vorheizen.
- Die Birnen waschen und nebeneinander aufrecht in die feuerfeste Form stellen. Allzu lange Stiele etwas kürzen.
- Honig und Zimtpulver über die Birnen verteilen. Den Marsala 1 cm hoch auf den Boden der Form giessen. Zitronen- und Orangenschale beifügen.
- Mit einem Stück Aluminiumfolie bedecken und die Folie gut über den Rand der Form zurückbiegen.
- In die Mitte des Ofens schieben und 45 Minuten garen. Nach Belieben warm, lauwarm oder kalt und wenn möglich in der gleichen Form servieren. Andernfalls auf eine Platte anrichten und den Saft darüber verteilen.

---

# Birnen im Ofen (einfache Art)
## Pere in forno semplici

**Für 4 Personen**
*Arbeitsaufwand: 7 Minuten*
*Garzeit: 15–20 Minuten*

*Zutaten:*
*4 mittelgrosse, reife, aber nicht zu weiche Birnen*
*Saft von 1 Orange*
*Saft von ½ Zitrone*
*2 Esslöffel Zucker*
*30 g Butter*
*½ Teelöffel ungesüsstes Kakaopulver*

*Geräte:*
*kleines Küchenmesser,*
*(Ausstecher), grosse,*
*niedrige, feuerfeste Form,*
*(Zitronenpresse), Spiesschen,*
*Teesieb*

- Den Backofen auf 190 °C vorheizen.
- Die Birnen schälen, der Länge nach halbieren und den Stiel entfernen. Mit der Spitze des Küchenmessers oder mit einem Ausstecher das Kerngehäuse entfernen.
- Die Birnenhälften mit der Schnittfläche nach unten nebeneinander in die feuerfeste Form legen.
- Mit Orangen- und Zitronensaft beträufeln und mit dem Zucker bestreuen. Die Butter in Flocken schneiden und darüber verteilen.
- In die Mitte des Ofens schieben und 15–20 Minuten schmoren, oder bis sich die Birnen beim Einstechen mit dem Spiesschen weich anfühlen.
- Wenn möglich in der Form servieren. Andernfalls auf eine Platte anrichten und den Saft darüber verteilen. Unmittelbar vor dem Servieren mit dem Kakaopulver bestreuen (dies geschieht am besten mit einem Teesieb und einem Löffel).

# Bananen im Ofen
## Banane in forno all'arancia

**Für 4 Personen**
*Arbeitsaufwand: 3–5 Minuten*
*Backzeit: 20 Minuten*

*Zutaten:*
*6 nicht zu reife Bananen*
*Saft von 1 Orange*
*Saft von 1/2 Zitrone*
*4 Esslöffel Zucker (wenn möglich Rohzucker)*
*20 g Butter*

*Geräte:*
*kleines Küchenmesser,*
*niedrige, feuerfeste Form,*
*(Zitronenpresse)*

- Den Backofen auf 220 °C vorheizen.
- Die Bananen schälen und auch die Fäden entfernen.
- Der Länge nach halbieren und nebeneinander in die feuerfeste Form legen.
- Mit Orangen- und Zitronensaft beträufeln und mit dem Zucker bestreuen. Die Butter in Flocken darüber verteilen.
- In die Mitte des Ofens schieben und 20 Minuten backen. Heiss servieren.

# Pfirsiche mit Champagner-Gelee
## Pesche con gelatina di champagne

**Für 4 Personen**
*Arbeitsaufwand: 8 Minuten*
*Kochzeit: ca. 12 Minuten*
*Kühlzeit: ca. 5–6 Stunden*

*Zutaten:*
*6 Blatt Gelatine*
*4 grosse, gelbe, feste, steinlösliche Pfirsiche*
*100 g Zucker*
*Saft von 1/2 kleinen Zitrone*
*1/8 l Champagner*

- Die Gelatine in einer Tasse in kaltes Wasser einlegen und 10 Minuten stehenlassen.
- Die Pfirsiche schälen und in je 8 Schnitze schneiden.

*Geräte:*
*Tasse, kleines Küchenmesser,*
*2 kleine Pfännchen,*
*Schaumlöffel, Schüssel,*
*grosse Schale oder*
*4 Portionenschalen*

- ¼ l Wasser und die Hälfte des Zuckers in ein Pfännchen geben und zum Kochen bringen.
- Die Hälfte der Pfirsichschnitze hineingeben. Wieder aufkochen und bei schwacher Hitze einige Minuten ganz leicht kochen, oder bis die Pfirsichschnitze gar, aber nicht zu weich sind.
- Mit dem Schaumlöffel herausnehmen und in die Schüssel geben.
- Die restlichen Pfirsichschnitze ins Zuckerwasser geben und ebenso kochen.
- ⅛ l Wasser, den restlichen Zucker und die gut ausgedrückte Gelatine in das andere Pfännchen geben. Bei niedriger Temperatur unter ständigem Rühren einige Minuten erwärmen, oder bis Zucker und Gelatine sich vollständig aufgelöst haben. Nicht kochen lassen.
- Vom Herd wegziehen und Zitronensaft sowie Champagner beifügen und gut damit vermischen. Bei Zimmertemperatur abkühlen lassen. 5 Stunden in den Kühlschrank stellen, damit der Gelee fest wird.
- Zum Servieren die Pfirsichhälften in Portionenschalen oder in eine grosse Schale anrichten und den fest gewordenen, mit einem Messer in kleine Würfel geschnittenen Gelee darüberstreuen.

- *Die Kochflüssigkeit der Pfirsiche wird nicht weiterverwendet: Sie kann weggegossen oder getrunken werden. • Die Pfirsiche nicht in den Kühlschrank stellen; sie sollen nicht zu kalt sein.*

# Pfirsichcreme – Bavarese di pesche

**Für 6 Personen**
*Einweichen der Gelatine:*
*10–15 Minuten*
*Arbeitsaufwand:*
*12–15 Minuten*
*Kühlzeit: 4–5 Stunden*

*Zutaten:*
*2 Blatt Gelatine*
*150 g Zucker*
*ca. 400 g reife Pfirsiche*
*Saft von 2 grossen Orangen*
*Saft von 1 grossen Zitrone*
*3 dl Rahm*

*Geräte:*
*Tasse, kleine Pfanne, kleines*
*Küchenmesser, Waage, Mixer,*
*Zitronenpresse, Krug oder*
*tiefe Schüssel, Rädchen*
*oder elektrisches Rührwerk,*
*Massbecher, schöne Glas-*
*oder Kristallschüssel*

- Die Gelatine in einer Tasse in kaltes Wasser einlegen (evtl. in Stücke brechen oder mit einer Schere zerschneiden). 10–15 Minuten stehenlassen, oder bis sie weich ist.
- Ausdrücken und mit 2 dl Wasser und dem Zucker in die kleine Pfanne geben.
- Bei sehr niedriger Temperatur erwärmen und rühren, bis sich Zucker und Gelatine aufgelöst haben (dies geschieht in wenigen Minuten, die Masse soll nicht zu kochen beginnen).
- Vom Herd wegziehen und abkühlen lassen. Inzwischen die Pfirsiche schälen und entsteinen. 250 g Pfirsichfleisch abwiegen.
- Zusammen mit Orangen- und Zitronensaft sowie der Flüssigkeit aus dem Pfännchen in den Mixer geben und pürieren, bis eine sehr feine Masse entstanden ist.
- Den Rahm steif schlagen. ½ l sorgfältig unter die Pfirsichmasse heben.

• In die Glas- oder Kristallschüssel giessen und während 4–5 Stunden in den Kühlschrank stellen. Beim Servieren soll die Creme fest sein.

---

• *Anstatt mit Pfirsichen kann man diese Creme auch mit anderen Früchten zubereiten (z.B. mit Aprikosen oder Erdbeeren oder auch mit Früchten aus der Dose).*

---

# Pfirsiche mit Honig – Pesche al miele

**Für 4 Personen**
*Arbeitsaufwand: 2 Minuten*
*Kochzeit: ca. 40 Minuten*
*Auskühlen: mind. 30 Minuten*

*Geräte:*
*Pfanne, in der die Pfirsiche*
*nebeneinander Platz finden,*
*Deckel, (Zitronenpresse),*
*Kochlöffel, kleines*
*Küchenmesser, Spiesschen*

*Zutaten:*
*2 gehäufte Esslöffel Honig*
*Saft von 1 Zitrone*
*4 reife, aber feste Pfirsiche*

• Honig und Zitronensaft in die Pfanne geben und vermischen.
• Die Pfirsiche waschen. An einer beliebigen Stelle die Haut einschneiden, damit sie während des Kochens nicht platzt. In die Pfanne geben.
• Den Deckel aufsetzen. Bei sehr niedriger Temperatur erwärmen. Die Pfirsiche nach 20 Minuten sehr sorgfältig mit dem Kochlöffel wenden. Nochmals 20 Minuten garen, oder bis sich die Pfirsiche beim Einstechen mit dem Spiesschen weich anfühlen. Während des Kochens darauf achten, dass die Flüssigkeit nicht zu stark einkocht. Sollte sie zu dunkel werden, die Temperatur etwas reduzieren und wenig Wasser beifügen. Lauwarm oder kalt servieren.

---

• *Die Pfirsiche für dieses Gericht nicht schälen, da sie sonst zerfallen würden.* • *Auch nicht in Schnitze schneiden, sondern ganz lassen. Der Pfirsichstein verleiht dem Gericht einen leichten Mandelgeschmack.*

---

# Pfirsiche mit Amaretti – Pesche all'amaretto

**Für 4 Personen**
*Arbeitsaufwand: 12 Minuten*
*Garzeit: ca. 20 Minuten*
*Auskühlen: mind. 20 Minuten*

*Geräte:*
*kleines Küchenmesser,*
*starke Papiertüte oder*
*Küchentuch, grosse,*
*niedrige, feuerfeste Form,*
*Spiesschen*

*Zutaten:*
*5 steinlösliche Pfirsiche (1 sehr reif, die anderen 4 eher fest)*
*8 Amaretti di Saronno (Bittermandelgebäck)*
*2 Esslöffel Honig*

• Den Backofen auf 190 °C vorheizen.
• Den sehr reifen Pfirsich schälen und in Stücke schneiden. In einen tiefen Teller geben und mit einer Gabel zerdrücken.
• Die Amaretti in eine Papiertüte oder zwischen ein gefaltetes Küchentuch legen und mit der Hand etwas zerdrücken. Zum Pfirsich geben.
• Den Honig ebenfalls beifügen und alles gut vermischen.
• Die restlichen 4 Pfirsiche waschen, halbieren und die Steine entfernen. Die entstandenen Vertiefungen mit einem Teelöffel etwas vergrössern.

*Zerstossene und mit Honig vermischte Amaretti bilden die Füllung dieser Pfirsiche*

● Die Pfirsichhälften mit den Vertiefungen nach oben in die Form legen. Mit einem Teelöffel die Füllung auf die Pfirsiche verteilen.
● In die Mitte des Ofens schieben und 20 Minuten schmoren, oder bis sich die Pfirsiche beim Einstechen mit dem Spiesschen weich anfühlen. Aus dem Ofen nehmen und abkühlen lassen.

● *Beim Überbacken etwas Marsala zugiessen.*

# Früchtespiesschen – Spiedini di frutta

**Für 4 Personen**

*Arbeitsaufwand: 10 Minuten*
*Garzeit: 10 Minuten*
*Stehenlassen:*
*ca. 1 Stunde 10 Minuten*

*Geräte:*
*Dosenöffner, flache Schüssel,*
*kleines Küchenmesser,*
*(Zitronenpresse), 4 lange*
*Spiesschen oder Stäbchen,*
*4 grosse Stücke Aluminium-*
*folie*

*Zutaten:*
*1 Dose Aprikosenhälften (ca. 400 g)*
*3 Bananen*
*2 Esslöffel Honig*
*Saft von 1 kleinen Orange*
*Saft von 1/2 Zitrone*

● Die Aprikosen gut abtropfen lassen und in die Schüssel legen.
● Die Bananen schälen und auch die Fäden entfernen. In je 4 Stücke schneiden und zu den Aprikosen geben.
● Honig sowie Orangen- und Zitronensaft beifügen und alles gut vermischen (die Bananenstücke dürfen sich nicht verfärben).
● Ca. 1 Stunde stehenlassen.
● Den Backofen auf 230–240 °C vorheizen.

- Aprikosenhälften und Bananenstücke abwechselnd auf die Spiesschen oder Stäbchen stecken.
- Jedes Spiesschen auf ein genügend grosses Stück Aluminiumfolie legen. Je 2 Löffel der Marinierflüssigkeit darüber verteilen. Die Folie gut verschliessen.
- In die Mitte des Ofens schieben und 10 Minuten erhitzen.
- Den Backofen ausschalten und die Spiesschen noch 10 Minuten darin belassen. Warm, aber nicht heiss in der Folie servieren.

# Äpfel mit Eierguss – Tortino di mele e uova

**Für 4–6 Personen**
*Arbeitsaufwand: 7 Minuten*
*Backzeit: ca. 35 Minuten*

*Zutaten:*
*3 kleine Äpfel von ca. 150 g (nicht verkochende Sorte)*
*50 g Butter*
*80 g Zucker*
*4 Eier*
*2 dl Milch*
*1 Prise Salz*

*Geräte:*
*kleines Küchenmesser,*
*niedrige, feuerfeste Form*
*von 23–24 cm Durchmesser,*
*Schüssel*

- Den Backofen auf 180 °C vorheizen.
- Die Äpfel schälen, in Viertel schneiden und das Kerngehäuse entfernen. Jedes Viertel der Breite nach halbieren.
- In der Form die Butter schmelzen lassen. Die Apfelstücke hineingeben und bei mittlerer Temperatur unter mehrmaligem Wenden ca. 3–4 Minuten anziehen lassen, oder bis sie leicht Farbe angenommen haben.
- 3 Esslöffel Zucker darüberstreuen und noch einen Moment weitergaren. Vom Herd wegziehen.
- Die Eier einzeln in einen kleinen Teller aufschlagen, um die Qualität zu prüfen, und in die Schüssel geben. Den restlichen Zucker, Milch und Salz beifügen und alles gut verquirlen.
- Gleichmässig über die Äpfel verteilen.
- In die Mitte des Ofens schieben und 30 Minuten backen, oder bis der Guss fest, aber nicht hart geworden ist (er soll sich wie ein Pudding anfühlen). Nach Belieben warm, lauwarm oder kalt servieren.

# Heidelbeergratin – Dolce di mirtilli

**Für 4 Personen**
*Arbeitsaufwand: 10 Minuten*
*Kochzeit: 45 Minuten*

*Zutaten:*
*200 g Heidelbeeren*
*120 g Mehl*
*150 g Zucker, plus 2 Esslöffel*
*1/2 Teelöffel Backpulver*
*ca. 1 dl Milch*
*100 g Butter*

- Den Backofen auf 190 °C vorheizen.
- Die Heidelbeeren in einer Schüssel mit kaltem Wasser wa-

Geräte:
Abtropf- und Haarsieb,
Schüssel, niedrige, feuerfeste
Form von ca. 25 cm Durch-
messer, kleine Pfanne

schen. Alle Blättchen und Stielteile, die dabei an die Oberfläche gelangen, entfernen. Das Wasser abgiessen und die Heidelbeeren im Sieb abtropfen lassen.

● Mehl und Backpulver in die Schüssel sieben und 150 g Zucker beifügen. Unter Rühren (damit sich keine Klümpchen bilden) nach und nach die Milch zugiessen.

● Die Butter in der feuerfesten Form bei schwacher Hitze schmelzen lassen.

● Den Teig hineingiessen. Nicht glattstreichen (er wird sich von selbst verteilen).

● Die Heidelbeeren mit 2 Esslöffeln Zucker in die Pfanne geben. Bei mittlerer Temperatur 3–5 Minuten erhitzen, oder bis der Zucker sich aufgelöst hat und die Heidelbeeren Saft abgeben.

● Auf die Masse in der feuerfesten Form giessen. Nicht umrühren oder verteilen.

● In die Mitte des Ofens schieben und 40 Minuten backen. Warm oder lauwarm in der Form servieren.

● *Nach Belieben mit kühlem, flüssigem Rahm servieren.*

## Verschiedene Desserts

Hier folgen einige zum Teil typisch italienische Desserts, die jedoch keine ausgefallenen Zutaten benötigen. Hingegen sind sie gelegentlich etwas arbeitsaufwendig, lassen sich aber ausnahmslos lange im voraus zubereiten.

# Piemonteser Pudding mit Amaretti
## Budino piemontese all'amaretto

**Für 4–6 Personen**
Arbeitsaufwand:
8–10 Minuten
Garzeit: 2 Stunden
Auskühlen: ca. 1 Stunde

Zutaten:
60 g trockene Amaretti (Bittermandelgebäck)
1 Esslöffel ungesüsstes Kakaopulver
2 Eier
4 Eigelb
130 g Zucker
1/2 l Milch
ca. 15 g Butter

Geräte:
Krug oder hohe Schüssel,
Fleischhammer, (Teesieb),
Puddingform von ca. 1 l
Inhalt (wenn möglich
mit Loch in der Mitte),
feuerfeste, etwas grössere
Form mit Deckel

● Die Amaretti in einen Krug oder eine hohe Schüssel geben und mit dem Fleischhammer grob zerstossen.

● Das Kakaopulver beifügen (falls es Klümpchen aufweist, mit einem Löffel durch ein Teesieb streichen). Die beiden Eier einzeln in einen kleinen Teller aufschlagen, um die Qualität zu prüfen, und zu den Amaretti geben. Die 4 Eigelb und den Zucker beifügen und kurz, aber kräftig rühren, bis alles gut vermischt ist.

● Nach und nach die Milch beifügen.

● Boden und Wände der Puddingform mit Butter bestreichen und die Masse hineingeben. In die feuerfeste Form ca. 2 cm hoch Wasser einfüllen und so stark erhitzen, bis sich kleine Blasen zu bilden beginnen (das Wasser darf aber nicht kochen).

● Die Puddingform hineinstellen und beides in den auf 180 °C vorgeheizten Ofen schieben. 2 Stunden garen, oder bis sich der Pudding beim Schütteln der Form nur noch schwach bewegt oder sich beim Berühren mit einer Fingerspitze fest anfühlt. Man kann auch mit der Spitze eines kleinen Küchenmessers hineinstechen, sie soll beim Herausziehen feucht, aber sauber sein. Aus dem Ofen nehmen und die Puddingform aus dem Wasser heben. Darauf achten, dass während der Garzeit das Wasser in der äusseren Form nie kocht. Bei einer Backofentemperatur von 180 °C sollte dies nicht der Fall sein, aber die Backofen-Thermostate funktionieren nicht immer ganz genau, und es lohnt sich deshalb, den Vorgang zu beobachten. Sollte das Wasser zu kochen beginnen, sofort etwas kaltes Wasser beifügen und die Backofentemperatur etwas reduzieren.
● Auskühlen lassen und erst unmittelbar vor dem Servieren auf eine Platte stürzen.

---

● *Die Masse nach Belieben mit 1 Esslöffel Rum parfümieren.*

---

# Schichtpudding – Budino a strati

**Für 6–8 Personen**
*Arbeitsaufwand: 10 Minuten*
*Stehenlassen im Kühlschrank:*
*6 Stunden*

*Zutaten:*
*120 g Butter*
*150 g Puderzucker*
*40 g ungesüsstes Kakaopulver*
*3 Esslöffel Rum*
*1 dl Kaffee*
*ca. 30 Löffelbiskuits*
*1½ dl Rahm*

*Geräte:*
*Schüssel, starke Gabel,*
*runde Schüssel von 18–20 cm*
*Durchmesser und ca. 5 cm*
*Höhe, Aluminiumfolie, Krug,*
*Rädchen oder elektrisches*
*Rührwerk*

● Die Butter 30 Minuten vor Arbeitsbeginn aus dem Kühlschrank nehmen, damit sie weich wird.
● Butter, 120 g Puderzucker, Kakaopulver und Rum in die eine Schüssel geben und mit der Gabel verkneten, bis eine glatte Masse entstanden ist. Kräftig weiterrühren, bis sie cremig und weich ist.
● Die zweite Schüssel mit einem Stück Aluminiumfolie auskleiden.
● Den Kaffee in einen Suppenteller giessen. Rasch einige Löffelbiskuits beidseitig hineintauchen und den Boden der Schüssel damit auslegen. Die Löffelbiskuits sollen feucht, aber nicht durchtränkt sein (der Kaffee soll für alle Biskuits reichen).
● Ca. die Hälfte der vorbereiteten Masse über die Löffelbiskuits verteilen. Mit dem Rücken eines in kaltes oder lauwarmes Wasser getauchten Löffels glattstreichen.
● Eine weitere Schicht mit Kaffee befeuchteter Löffelbiskuits darüberlegen, mit der restlichen Kakaomasse bedecken und glattstreichen.
● Mit einer letzten Schicht befeuchteter Löffelbiskuits zudecken.
● Die Oberfläche mit einem Stück Aluminiumfolie bedecken, die Masse leicht zusammendrücken und für 6 Stunden in den Kühlschrank stellen.

• Zum Servieren die Aluminiumfolie von der Oberfläche abziehen und den Pudding auf eine runde Platte stürzen. Vorsichtig die restliche Folie abziehen. Den Rahm steif schlagen, sorgfältig den restlichen Puderzucker darunterheben und den Pudding mit dem Rahm garnieren.

---

• *Falls Kakaopulver oder Puderzucker Klümpchen aufweisen, sie mit einem Löffel durch ein Teesieb streichen.* • *Zum Stürzen s. Seite 494.* • *Dieser Pudding kann im Kühlschrank einige Tage aufbewahrt werden.* • *Anstatt mit Schlagrahm kann das Dessert auch mit Englischer Creme (s. Seite 388) garniert werden.*

---

# Süsser «Käse» mit kandierten Früchten
## Formaggio dolce con croccante di canditi

**Für 4–6 Personen**
*Arbeitsaufwand: ca. 20 Minuten*
*Kochzeit: ca. 20 Minuten*
*Stehenlassen:*
*1 Stunde 10 Minuten*

*Zutaten:*
4 Eier
5 dl Rahm
1 l Milch
2 Esslöffel Orangenblütenwasser
1 Prise Salz
ca. 200 g Zucker, plus 6–10 Esslöffel
2 Zitronen
ca. 3 Esslöffel Mandelöl
200 g gemischte kandierte Früchte (Orangeat, Zitronat, Kirschen)

*Geräte:*
*grosse Tasse, Krug oder*
*hohe Schüssel, Rädchen*
*oder elektrisches Rührwerk,*
*mittelgrosse Pfanne,*
*kleines Küchenmesser,*
*Zitronenpresse, kleiner*
*Krug, Sieb, dicht-*
*gewobenes Tuch, Schaum-*
*löffel, flacher Teller,*
*kleines Pfännchen,*
*Kochlöffel, runde Form mit*
*hohem Rand mit knapp*
*grösserem Durchmesser als*
*der Teller, runde Platte*
*zum Servieren, grosses*
*Küchenmesser oder Spatel*

• Eigelb und Eiweiss trennen. Das Eigelb in die Tasse und das Eiweiss in den Krug oder eine hohe Schüssel geben.
• Das Eiweiss halb steif schlagen und in die Pfanne geben.
• Unter sorgfältigem, aber gründlichem Rühren das Eigelb sowie nach und nach den Rahm und die Milch, das Orangenblütenwasser, Salz und 200 g Zucker beifügen.
• Bei mittlerer Hitze aufsetzen. Während sich die Masse erwärmt, die Zitronen auspressen. Den Saft mit 1½ dl Wasser verdünnen.
• Das Sieb mit dem Tuch auslegen.
• Wenn der Inhalt der Pfanne zu kochen beginnt, den verdünnten Zitronensaft beifügen. Bei mittlerer Hitze stehenlassen, bis sich eine feste Masse zu bilden beginnt.
• In kleinen Mengen mit dem Schaumlöffel herausheben, in das Sieb geben und stehenlassen.
• Einen flachen Teller grosszügig mit Mandelöl bestreichen. Orangeat und Zitronat in Scheibchen oder Stäbchen schneiden, die Kirschen halbieren und in einem schönen Muster so dicht wie möglich darauf anordnen.
• 6 Esslöffel Zucker und 1 Esslöffel Wasser in das kleine Pfännchen geben und unter fast ständigem Rühren mit dem Kochlöffel bei mittlerer Temperatur erhitzen, bis der Zucker zuerst schmilzt und sich dann langsam dunkel verfärbt.
• Zwischen die kandierten Früchte giessen. Gut verteilen, so dass keine Zwischenräume mehr vorhanden sind. Trotzdem mit dem Zucker sparsam umgehen (falls er nicht reichen sollte, wei-

tere 4 Esslöffel schmelzen, aber der «Deckel» sollte nicht zu dick werden, da er sonst schwer zu zerschneiden ist).
● Wenn sich die feste Masse, d.h. der ·«Käse», seit ca. 1 Stunde im Sieb befindet, in die Form geben, leicht zusammendrücken und nochmals 10 Minuten stehenlassen.
● Auf die runde Servierplatte stürzen.
● Mit der Spitze eines Messers oder mit einem Spatel den «Deckel» sorgfältig dem Rand entlang vom Teller lösen und auf den «Käse» stürzen (die Unterseite ist glatter und glänzender). Nach Belieben sofort oder auch erst am folgenden Tag servieren.

---

● *Anstelle von Orangenblütenwasser können 2 Stückchen feingehackte Zitronenschale unter die Masse gemischt werden.* ● *Falls kein Mandelöl zur Verfügung steht, kann der Teller auch mit geschmacksneutralem Pflanzenöl bestrichen werden.*

---

# Sizilianische Cassata – Cassata siciliana

**Für 6–8 Personen**
*Arbeitsaufwand: 20 Minuten*
*Stehenlassen im Kühlschrank:*
*mind. 5 Stunden*

*Zutaten:*
*1 runder Biskuitboden von ca. 20 cm Durchmesser und 2 cm Höhe*
*50–60 g dunkle Schokolade*
*50–60 g gemischte kandierte Früchte*
*450 g Ricotta*
*220 g Puderzucker*
*5 Esslöffel Rum oder süsser Likör nach Belieben*

*Die sizilianische Cassata besteht nicht aus Eis, sondern aus Biskuit, Ricotta und kandierten Früchten*

*Geräte:*
*halbkugelförmige Form*
*oder Schüssel von ca. 15 cm*
*Durchmesser und 8 cm Höhe,*
*mit Deckel, Aluminiumfolie,*
*langes Messer mit gezahnter*
*Klinge, kleines Küchenmesser,*
*Schüssel, Kochlöffel*

- Die Form mit einem grossen Stück Aluminiumfolie auskleiden. Gut gegen den Boden und die Wände drücken, um die Falten zu glätten.
- Den Biskuitboden horizontal in zwei Hälften teilen.
- Die umgestülpte Form auf die eine Hälfte legen. Mit der Spitze des Küchenmessers dem Rand entlangfahren und auf diese Weise einen Deckel ausschneiden, der später zum Abschluss des Desserts verwendet wird.
- Aus der Mitte der zweiten Hälfte eine runde Scheibe ausschneiden, die auf den Boden der Form passt. In die Form legen.
- Den verbliebenen Rand in 4–5 cm grosse Stücke schneiden und damit die Wände der Form auskleiden.
- Die Schokolade in kleine Splitter und die kandierten Früchte in kleine Stücke schneiden.
- Ricotta, Puderzucker und Likör in die Schüssel geben und mit dem Kochlöffel vermischen, bis eine glatte, cremige Masse entstanden ist.
- Die Schokoladensplitter und kandierten Früchte beifügen und mit der Masse vermischen.
- Die Masse in die ausgekleidete Form giessen und die Oberfläche glattstreichen. Mit der vorbereiteten Biskuitscheibe zudecken und den Deckel der Form aufsetzen.
- Für 5 Stunden (oder 1–2 Tage) in den Kühlschrank stellen.
- Zum Servieren den Deckel der Form abheben und die Cassata auf eine runde Platte stürzen. Sorgfältig die Aluminiumfolie abziehen.

---

- *Die Cassata kann nach dem Stürzen mit einer Glasur versehen werden. Zu diesem Zweck 250 g Puderzucker mit 3–4 Esslöffeln lauwarmem Wasser anrühren oder mit so viel, wie für eine nicht allzu dünne, aber doch genügend weiche Mischung benötigt wird. Die Glasur über die Cassata giessen und mit einem Messerrücken verteilen und glattstreichen.* • *Evtl. mit kandierten Früchten garnieren.*

---

# Schokoladenwurst – Salame di cioccolata

**Für 6–8 Personen**
*Arbeitsaufwand: 10 Minuten*
*Stehenlassen im Kühlschrank:*
*ca. 2 Stunden*

*Zutaten:*
*200 g Butter*
*250 g trockene Biskuits (Kekse)*
*200 g Zucker*
*100 g ungesüsstes Kakaopulver*
*2 Esslöffel Likör nach Belieben*
*2 Eier*

*Geräte:*
*kleines Pfännchen, Schüssel,*
*Aluminiumfolie oder*
*Pergamentpapier*

- Im Pfännchen die Butter bei sehr schwacher Hitze schmelzen.
- Unterdessen die Biskuits von Hand in unregelmässige Stücke brechen. Die grösseren sollen ungefähr der Grösse eines Daumennagels entsprechen. In die Schüssel geben.
- Die geschmolzene Butter, Zucker, Kakaopulver, Likör und Eier ebenfalls hineingeben. Mit einem Löffel rühren, bis eine glatte Masse entstanden ist.
- Auf ein zusammengefaltetes Stück Aluminiumfolie oder Per-

gamentpapier giessen und mit den Handflächen zu einer Wurst mit einem Durchmesser von ca. 6–8 cm formen. In die Aluminiumfolie oder das Pergamentpapier einwickeln.
● Für ca. 2 Stunden, oder bis die Masse fest geworden ist, in den Kühlschrank legen. Erst unmittelbar vor dem Servieren herausnehmen und in Scheiben schneiden.

---

*● Die Schokoladenwurst lässt sich im Kühlschrank einige Tage aufbewahren. ● Der Likör kann auch weggelassen werden. ● Nach Belieben kann man auch grob gehackte Mandeln oder Haselnüsse unter die Masse mischen.*

---

# Kastanienpüree mit Schlagrahm
## Monte Bianco

**Für 4–6 Personen**
*Arbeitsaufwand:*
*ca. 30 Minuten*
*Kochzeit: ca. 2 Stunden*
*Auskühlen: 30–40 Minuten*

*Geräte:*
*kleines und grosses*
*Küchenmesser, mittelgrosse*
*Pfanne, Stabmixer, Passevite*
*(Gemüsepassiermaschine),*
*runde Platte, Krug oder*
*hohe Schüssel, Rädchen oder*
*elektrisches Rührwerk*

*Zutaten:*
*500 g Kastanien*
*½ l Milch*
*150 g Zucker*
*1 Vanilleschote*
*1,8 dl Rahm*

● Mit dem kleinen Küchenmesser jede Kastanie über der Wölbung einschneiden (dadurch wird das Aufspringen während des Kochens vermieden).
● Die Kastanien in die Pfanne geben und mit kaltem Wasser bedecken. Bei mittlerer Hitze zum Kochen bringen und dann bei niedrigerer Temperatur 20–25 Minuten weiterkochen.
● Die Kastanien abgiessen und, solange sie noch heiss sind, mit Hilfe des Küchenmessers von der äusseren Schale und der inneren Haut befreien.
● Die Pfanne ausspülen und die Kastanien wieder hineingeben. Milch, Zucker und Vanilleschote beifügen.
● Bei schwacher Hitze zum Kochen bringen und 1½ Stunden garen, oder bis die Kastanien weich sind. Die Hitze so regulieren, dass die Milch nicht vollständig einkocht, sondern am Ende noch 5–6 Esslöffel übrigbleiben.
● Die Kastanien entweder in der Pfanne mit dem Stabmixer pürieren oder durch das Passevite mit der feinsten Scheibe treiben.
● Das Kastanienpüree wieder in der gleichen Pfanne aufsetzen und bei mässiger Hitze rühren, bis die Masse vollständig trocken ist und sich von Boden und Wänden der Pfanne löst.
● Vom Herd wegziehen und abkühlen lassen (dies dauert 20–30 Minuten).
● Das Püree durch das Passevite mit der mittelgross gelochten Scheibe treiben und direkt auf die runde Platte fallen lassen. Dabei eine Kegelform zu bilden versuchen.
● Vollständig auskühlen lassen, ohne in den Kühlschrank zu stellen.
● Nicht eher als 1 Stunde vor dem Servieren den Rahm steif schlagen. Über die Kastanien verteilen und mit einem Messer glattstreichen.

# Kastanienpüree mit Schlagrahm (einfache Art)
## Monte Bianco facile

**Für 4–6 Personen**
*Arbeitsaufwand: 10 Minuten*

*Zutaten:*
*ca. 500 g gesüsstes Kastanienpüree (tiefgekühlt oder aus der Dose)*
*2 Esslöffel ungesüsstes Kakaopulver*
*2 Esslöffel Rum*
*1,8 dl Rahm*

*Geräte:*
*Schüssel, Teesieb, starke Gabel, Krug oder tiefe Schüssel, Rädchen oder elektrisches Rührwerk, runde Platte*

● Kastanienpüree, Kakaopulver (mit dem Löffel durch das Teesieb gestrichen) und Rum in die Schüssel geben.
● Alle Zutaten mit der Gabel gut vermischen und schaumig rühren.
● Den Rahm steif schlagen.
● Unter sorgfältigem Rühren 3 Esslöffel Rahm einzeln unter die Masse ziehen. Sie wird dadurch leichter.
● Kegelförmig auf eine flache Platte anrichten.
● Wenn genügend Zeit zur Verfügung steht, bis zur Verwendung in den Kühlschrank stellen.
● Unmittelbar vor dem Servieren den restlichen Rahm von der Mitte aus über das Kastanienpüree verteilen.

● *Nach Belieben einige Esslöffel Puderzucker unter den Rahm ziehen.*

## Saucen für Desserts

Mit einer süssen Sauce, oft und gerne aus Früchten zubereitet, lässt sich z.B. einfaches Eis (gekauft oder selbst hergestellt) mit wenig Aufwand in ein köstliches Dessert verwandeln. Alle Früchtesaucen können im allgemeinen sehr gut zu kalten oder warmen gekochten Früchten serviert werden. Eine Schokolade- oder Mokkasauce giesst man gerne, kalt oder warm, über Puddings, Torten sowie gekochte Birnen oder Äpfel. Und an dieser Stelle sei nochmals auf den «Zabaione» (s. Seite 390) hingewiesen, der Eis, gekochten Früchten oder Torten italienische Eleganz verleiht. Wie die süssen Saucen wird auch die «Englische Creme» verwendet (s. Seite 388), die zu sehr vielen Desserts passt.

# Erdbeersauce mit Grand Marnier
## Salsa di fragole all'arancia

*Zu Eis und gekochten Früchten*

**Für 4 Personen**
*Arbeitsaufwand: 5 Minuten*

*Zutaten:*
*200–250 g Erdbeeren*
*2 Esslöffel Zucker*
*2 Esslöffel Grand Marnier*
*1/2 Teelöffel abgeriebene Orangenschale*

*Geräte:*
*Sieb, Mixer oder Stabmixer, (Krug), Zitrusreibe*

● Gleiche Zubereitung wie die einfache Erdbeersauce (siehe gegenüberstehendes Rezept). Am Schluss den Likör und die Orangenschale beifügen.

*Mit einer süssen Sauce, häufig aus Früchten, werden einfache Desserts zu Leckerbissen*

# Himbeersauce – Salsa di lamponi

**Für 4 Personen**
*Arbeitsaufwand: 5 Minuten*

*Geräte:*
*Sieb, Schüssel*

*Zutaten:*
*200–250 g Himbeeren*
*2 Esslöffel Zucker*

● Die Himbeeren in kaltem Wasser waschen, sofort herausheben und im Sieb abtropfen lassen.
● Das Sieb auf eine Schüssel stellen und die Himbeeren mit einem Löffel durchstreichen (was sehr schnell geht, weil die Himbeeren weich sind).
● Den Zucker unter das Püree mischen. Wenn es nicht sofort verwendet wird, in den Kühlschrank stellen.

# Erdbeersauce – Salsa di fragole

**Für 4 Personen**
*Arbeitsaufwand: 5 Minuten*

*Geräte:*
*Sieb, Mixer oder*
*Stabmixer, (Krug)*

*Zutaten:*
*200–250 g Erdbeeren*
*2 Esslöffel Zucker*

● Die Erdbeeren in kaltem Wasser waschen, mit den Händen herausheben und im Sieb abtropfen lassen.
● Putzen, indem der Stielansatz und allfällige Druckstellen entfernt werden.
● Zusammen mit dem Zucker einige Minuten mit dem Mixer pürieren, bis eine glatte Sauce entstanden ist.

# Aprikosensauce – Salsa di albicocche

*Zu Eis, Pudding und gekochten Früchten*

**Für 4 Personen**
*Arbeitsaufwand: 4–5 Minuten*
*Kochzeit: 8 Minuten*
*Auskühlen: ca. 30 Minuten*

*Geräte:*
*mittelgrosse Pfanne,*
*Mixer (wenn möglich*
*Stabmixer) oder*
*Passevite (Gemüse-*
*passiermaschine)*

*Zutaten:*
*350 g reife Aprikosen (Bruttogewicht)*
*4 Esslöffel Zucker (wenn möglich brauner Rohzucker)*

- Die Aprikosen waschen. Halbieren und den Stein entfernen.
- Mit dem Zucker und 2 dl Wasser in die Pfanne geben.
- Zum Kochen bringen und bei mittlerer Hitze unter gelegentlichem Rühren 5–6 Minuten weiterkochen, oder bis die Aprikosen sehr weich sind.
- Mit dem Stabmixer pürieren oder durch das Passevite treiben. Erkalten lassen.

---

# Schokoladensauce – Salsa di cioccolato

*Zu Eis und verschiedenen Süssspeisen*

**Für 4 Personen**
*Arbeitsaufwand: 10 Minuten*

*Geräte:*
*kleines Pfännchen,*
*Kochlöffel*

*Zutaten:*
*120 g dunkle Schokolade*
*4 Esslöffel Rahm*

- Die in Stücke gebrochene Schokolade mit 2 Esslöffeln Wasser in das Pfännchen geben.
- Bei sehr schwacher Hitze und unter ständigem Rühren erwärmen, bis die Schokolade geschmolzen ist.
- Unter Rühren nach und nach den Rahm daruntermischen.

---

- *Man kann diese Sauce kalt oder warm verwenden.* • *Wenn sie warm verwendet wird, mit 20–30 g Butter etwas geschmeidiger machen.*

---

# Mokkasauce – Salsa moka

*Zu Eis und verschiedenen Süssspeisen*

**Für 4 Personen**
*Arbeitsaufwand: 10 Minuten*

*Geräte:*
*kleines Pfännchen,*
*Kochlöffel*

*Zutaten:*
*120 g dunkle Schokolade*
*6 Esslöffel starker Kaffee*

- Die Schokolade in Stücke brechen und mit 2 Esslöffeln Kaffee in das Pfännchen geben.
- Bei schwacher Hitze unter ständigem Rühren schmelzen.
- Unter ständigem Rühren und immer noch bei schwacher Hitze den restlichen Kaffee nach und nach daruntermischen.

---

- *Nach Belieben einige Esslöffel Rahm und, falls die Sauce warm verwendet wird, 20–30 g Butter daruntermischen.*

# Eisspezialitäten

Die Italiener, besonders diejenigen im Süden, beherrschen die Eiszubereitung bis zur Perfektion. Es ist deshalb nicht verwunderlich, dass sie es waren, die im 17. Jahrhundert das Geheimnis der Eisherstellung nach Paris brachten. Heute sind die «Gelati» aus der italienischen Gastronomie nicht mehr wegzudenken. In Sizilien erfrischt man sich im Hochsommer schon zum Frühstück mit Granita und einem noch warmen Brötchen. Ständig werden neue Ideen ausgeheckt, wie man Eis selbst unter erschwerten Umständen geniessen kann. So kam man auch auf das «Pane e gelato» (s. Seite 347), ein mit Konfitüre und Eis bestrichenes Brötchen. Die Hausfrau aber, die auf sich hält, wird selber zubereitetes Eis auftragen. Auf Seite 420 sind die vier gebräuchlichsten Methoden zur Eisherstellung beschrieben.

## Eis mit Rahm oder Eiern

Die Masse für alle diese Eisspezialitäten wird, mit Ausnahme des Honigeises, zuerst erhitzt, dann abgekühlt und erst dann gefroren. Die Prise Salz, die in allen Rezepten vorkommt, erhöht den Eigengeschmack der verwendeten Zutaten. Rahm wird immer mit anderer Flüssigkeit (meistens Milch) vermischt, da der Fettgehalt sonst zu hoch ist. Man kann aber sehr gut Halbrahm verwenden und die Rahmmenge entsprechend erhöhen.

## Amaretto-Eis – Gelato all'amaretto

**Für 4–6 Personen**
*Arbeitsaufwand: ca. 10 Minuten*
*Auskühlen: ca. 30 Minuten*
*Gefrierzeit: 20 Minuten bis*
*3½ Stunden*

*Geräte:*
*mittelgrosse Pfanne,*
*Geräte für die*
*Eiszubereitung (s. Seite 420)*

*Zutaten:*
*2½ dl Milch*
*2½ dl Rahm*
*1 Prise Salz*
*50 g Amaretti di Saronno (Bittermandelgebäck)*
*100 Zucker*
*(1 Mokkalöffel Bittermandelessenz)*

● Milch, Rahm und Salz in die Pfanne geben.
● Bei niedriger Temperatur unter gelegentlichem Rühren erhitzen. Sobald sich am Rand der Pfanne kleine Blasen bilden, noch ½ Minute auf dem Herd lassen und dabei weiterrühren. Darauf achten, dass die Flüssigkeit nicht zu kochen beginnt.
● Vom Herd wegziehen und Amaretti, Zucker und nach Belieben Mandelessenz beifügen. Unter gelegentlichem Rühren auskühlen lassen. Es ist nicht nötig, die Biskuits zu zerbrechen. Sie werden in der warmen Flüssigkeit weich und lösen sich beim Gefrieren auf.
● Nach einer der Methoden auf Seite 420 gefrieren.

# Mokkaeis – Gelato al caffè

**Für 4–6 Personen**
*Arbeitsaufwand: ca. 10 Minuten*
*Auskühlen: ca. 30 Minuten*
*Gefrierzeit: 20 Minuten bis*
*3½ Stunden*

*Geräte:*
*mittelgrosse Pfanne,*
*Geräte für die*
*Eiszubereitung (s. Seite 420)*

*Zutaten:*
*2½ dl starker Kaffee*
*2½ dl Rahm*
*1 Prise Salz*
*150 g Zucker*

- Kaffee, Rahm und Salz in die Pfanne geben.
- Bei niedriger Temperatur unter gelegentlichem Rühren erhitzen. Sobald sich am Rand der Pfanne kleine Blasen bilden, noch ½ Minute auf dem Herd lassen und dabei weiterrühren. Darauf achten, dass die Flüssigkeit nicht zu kochen beginnt.
- Vom Herd wegziehen, den Zucker beifügen und unter gelegentlichem Rühren auskühlen lassen.
- Nach einer der Methoden auf Seite 420 gefrieren.

---

- *Eine andere Methode für die Zubereitung von Mokkaeis besteht darin, 130 g Zucker mit 1 Prise Salz und 3 Esslöffeln Wasser unter häufigem Rühren aufzukochen und 80 g dunkle, in Stücke gebrochene Schokolade bei sehr schwacher Hitze darin zu schmelzen. Nach und nach je 2½ dl Rahm und starken Kaffee beifügen und unter gelegentlichem Rühren erhitzen, bis sich am Rand der Pfanne kleine Blasen bilden. Weiterfahren wie oben beschrieben.*

# Kastanieneis – Gelato alla marronata

**Für 4–6 Personen**
*Arbeitsaufwand: ca. 10 Minuten*
*Auskühlen: ca. 30 Minuten*
*Gefrierzeit: 20 Minuten bis*
*3½ Stunden*

*Geräte:*
*mittelgrosse Pfanne,*
*Schüssel, Geräte für die*
*Eiszubereitung (s. Seite 420)*

*Zutaten:*
*2½ dl Milch*
*2½ dl Rahm*
*1 Prise Salz*
*4 gehäufte Esslöffel gesüsstes Kastanienpüree*
*(tiefgekühlt oder aus der Dose)*
*100 g Zucker*

- Milch, Rahm und Salz in die Pfanne geben.
- Bei niedriger Temperatur unter gelegentlichem Rühren erhitzen. Sobald sich am Rand der Pfanne kleine Blasen bilden, noch ½ Minute auf dem Herd lassen und dabei weiterrühren. Darauf achten, dass die Flüssigkeit nicht zu kochen beginnt.
- Kastanienpüree und Zucker in der Schüssel verrühren und nach und nach die heisse Flüssigkeit daruntermischen.
- Unter gelegentlichem Rühren auskühlen lassen.
- Nach einer der Methoden auf Seite 420 gefrieren.

---

- *Vor dem Servieren mit Schlagrahm und Marrons glacés (kandierten Kastanien) garnieren.* • *Eine andere Herstellungsart für Kastanieneis besteht darin, ein Vanilleeis (s. Seite 420) zuzubereiten und vor dem Gefrieren 100 g Marrons glacés, teils sehr fein, teils grob zerkrümelt, unter die Masse zu mischen.*

*Kastanieneis lässt sich besonders schön anrichten, wenn es in Portionenförmchen gefroren wurde*

# Milcheis – Gelato di crema

**Für 4–6 Personen**
*Arbeitsaufwand: ca. 15 Minuten*
*Auskühlen: ca. 45 Minuten*
*Gefrierzeit: 20 Minuten bis*
*3½ Stunden*

*Geräte:*
*kleines Pfännchen, Deckel,*
*kleines Küchenmesser,*
*mittelgrosse Pfanne, (Rädchen*
*oder elektrisches Rührwerk),*
*Kochlöffel, Schüssel, Geräte*
*für die Eiszubereitung*
*(s. Seite 420)*

*Zutaten:*
*½ l Milch*
*1 Prise Salz*
*2 Stückchen Zitronenschale*
*4 Eigelb*
*100 g Zucker*

- Milch, Salz und Zitronenschale in die kleinere Pfanne geben.
- Bis vor den Siedepunkt bringen, aber nicht kochen lassen.
- Vom Herd wegziehen, den Deckel aufsetzen und 15 Minuten stehenlassen.
- Das Eigelb und den Zucker in die andere Pfanne geben und mit dem Rädchen oder elektrischen Rührwerk oder mit dem Kochlöffel zu einer hellen, glatten Creme schlagen.
- Unter Rühren nach und nach die Milch dazugiessen.
- Bei niedriger Temperatur unter ständigem Rühren erhitzen, bis eine sämige Creme entstanden ist. Dabei darauf achten, dass die Masse immer überall vom Pfannenboden und den Wänden gelöst wird. Nicht kochen lassen: Sobald sich Bläschen zu bilden beginnen, sofort vom Herd wegziehen und in eine Schüssel giessen.
- Unter gelegentlichem Rühren erkalten lassen.
- Nach einer der Methoden auf Seite 420 gefrieren.

## Methoden der Eiszubereitung

Vorauszuschicken ist, dass Eis am besten schmeckt, wenn es frisch zubereitet ist. Muss es aufbewahrt werden, dafür ein Gefäss mit Deckel verwenden. Um das Hartwerden zu vermeiden, kann bei Eis auf der Basis von Eiern der Masse etwas Süsswein beigefügt werden.

Um Eis herzustellen, gibt es verschiedene Methoden:

### 1. Mit einer Eismaschine

In Spezialgeschäften sind verschiedene, elektrisch betriebene Geräte erhältlich. Bei den teuersten Modellen genügt es, die vorbereitete Masse hineinzugeben und den Schalter zu kippen. Nach ca. 20 Minuten kann das Eis dem Behälter entnommen werden (warme Massen zuerst abkühlen lassen!).

Es gibt auch die mit Eis arbeitenden Maschinen. Im Unterschied zu den oben erwähnten Modellen wird hier der Behälter mit der vorbereiteten Masse mit Eiswürfeln umgeben (darauf achten, dass genügend im Vorrat sind!), die mit Kochsalz im Verhältnis 6:1 bestreut werden müssen. Der Gefriervorgang muss beobachtet werden, da die Gefahr besteht, dass geschmolzenes Salzwasser in den Behälter mit dem Eis eindringt. Die Gefrierzeit ist ungefähr die gleiche wie bei den vollautomatischen Maschinen.

### 2. Im Tiefkühlgerät und mit einem starken Mixer

Die nach Rezept zubereitete Masse kann zum Gefrieren auch ins Tiefkühlgerät gestellt werden. Wenn sie gefroren ist, herausnehmen und aus der Form lösen, in Stücke brechen und im Mixer pürieren. Anschliessend nochmals ca. 20 Minuten gefrieren lassen. Je nach Menge, Art der Zubereitung und Leistung des Tiefkühlgeräts dauert der Gefriervorgang ca. 2–3 Stunden. Je niedriger das mit der Masse gefüllte Geschirr ist, um so schneller ist diese gefroren. Einzig Eis, das nur aus Fruchtsaft oder -mark besteht, eignet sich nicht ohne weiteres für diese Herstellungsart. Man kann die im Mixer pürierte Masse jedoch mit sehr steif geschlagenem Eiweiss mischen und noch-mals gefrieren. Auf diese Weise erhält man ebenfalls ein sehr delikates Eis.

### 3. Mit einer im Tiefkühlgerät betriebenen Eismaschine

Recht einfach sind auch die kleinen, elektrisch betriebenen Eismaschinen, die in das Tiefkühlgerät gestellt werden (das Kabel lässt sich problemlos durch die weiche Abdichtung der Türe oder des Deckels führen). Sie rühren die vorbereitete Masse während des Gefriervorganges. Die Gefrierzeit hängt von der Leistung des Tiefkühlgeräts ab.

### 4. Im Tiefkühler ohne Hilfsgerät

Diese Methode eignet sich nicht für Eis, das aus Fruchtsäften oder -mark hergestellt wird, da es zu hart gefriert. Alle anderen Mischungen können jedoch auf diese einfache Art im Tiefkühlgerät gefroren werden. Man gibt die Masse in ein niedriges Metallgefäss, aber bevor sie allzu fest geworden ist, nimmt man sie heraus, um sie mit einer starken Gabel zu zerdrücken und dann kräftig zu rühren.

# Vanilleeis nach italienischer Art
## Gelato alla vaniglia all'italiana

**Für 4–6 Personen**
*Arbeitsaufwand: ca. 15 Minuten*
*Auskühlen: ca. 45 Minuten*
*Gefrierzeit: 20 Minuten bis*
*3½ Stunden*

*Zutaten:*
*½ l Milch*
*1 Prise Salz*
*1 Vanilleschote*
*4 Eigelb*
*100 g Zucker*

*Geräte:*
*wie für Milcheis*
*(s. vorstehendes Rezept)*

- Gleiche Zubereitung wie im vorstehenden Rezept, wobei hier die Zitronenschale durch die Vanilleschote ersetzt wird.

---

- *Diesem Eis nach der halben Gefrierzeit nach Belieben ca. 40 g dunkle, mit einem Küchenmesser gehackte Schokolade beifügen. In diesem Falle nennt man es im Italienischen «Stracciatella».*

---

# Honigeis – Gelato al miele

**Für 4–6 Personen**
*Arbeitsaufwand: 4–5 Minuten*
*Gefrierzeit: 20 Minuten bis*
*3½ Stunden*

*Zutaten:*
*2 Eier*
*50 g Zucker*
*150 g Honig, wenn möglich dickflüssig*
*1 Prise Salz*
*2 dl Rahm*
*3 dl Milch*

*Geräte:*
*tiefe Schüssel oder Krug,*
*starke Gabel, Geräte für*
*die Eiszubereitung*
*(s. Seite 420)*

- Die Eier einzeln in einen kleinen Teller aufschlagen, um die Qualität zu prüfen, und in die Schüssel oder den Krug geben.
- Zucker, Honig und Salz beifügen und alles mit der Gabel kräftig vermischen und rühren, bis eine vollständig glatte Masse entstanden ist. Es ist nicht nötig, sie zu schlagen. Das Eigelb muss sich nur mit dem Honig vermischt haben.
- Immer noch unter Rühren nach und nach Rahm und Milch dazugiessen. Darauf achten, dass die Masse überall vom Boden und den Wänden der Schüssel oder des Kruges gelöst wird.
- Nach einer der auf Seite 420 beschriebenen Methoden gefrieren.

---

# Schokoladeneis – Gelato di cioccolato

**Für 4–6 Personen**
*Arbeitsaufwand: ca. 20 Minuten*
*Auskühlen: ca. 30 Minuten*
*Gefrierzeit: 20 Minuten bis*
*3½ Stunden*

*Zutaten:*
*80 g dunkle Schokolade*
*½ l Milch*
*1 Prise Salz*
*4 Eigelb*
*100 g Zucker*

*Geräte:*
*2 mittelgrosse Pfannen,*
*Kochlöffel, (Rädchen oder*
*elektrisches Rührwerk),*
*Schüssel, Geräte für die*
*Eiszubereitung (s. Seite 420)*

- Die Schokolade in Stücke brechen und mit 2–3 Esslöffeln Wasser in eine der Pfannen geben.
- Bei schwacher Hitze unter ständigem Rühren erwärmen (aber keinesfalls kochen lassen), bis die Schokolade geschmolzen und zu einer sämigen Creme geworden ist.
- Immer noch unter Rühren nach und nach die Milch beifügen und bei etwas stärkerer Hitze bis knapp vor den Siedepunkt bringen. Vom Herd wegziehen und das Salz beifügen.
- In der anderen Pfanne das Eigelb und den Zucker mit dem Rädchen, mit dem elektrischen Rührwerk oder mit dem Kochlöffel verrühren, bis eine helle, glatte Masse entstanden ist.

*Schokoladeneis ist jederzeit bei gross und klein willkommen*

● Nach und nach die Milch mit der Schokolade dazugeben.

● Bei niedriger Temperatur unter ständigem, kräftigem Rühren erhitzen, bis eine sämige Creme entstanden ist. Dabei darauf achten, dass die Masse immer überall vom Pfannenboden und von den Wänden gelöst wird. Nicht kochen lassen: Sobald die ersten Bläschen aufsteigen, die Creme sofort vom Herd wegziehen und in die Schüssel giessen.

● Unter gelegentlichem Rühren auskühlen lassen.

● Nach einer der Methoden auf Seite 420 gefrieren.

*● Vor dem Servieren mit Schokoladenspänen garnieren. ● Einfacher ist die Herstellung von Schokoladeneis, indem 100 g Zucker mit 1 Prise Salz und 3 Esslöffeln Wasser unter häufigem Rühren aufgekocht und die in Stücke gebrochene Schokolade darin geschmolzen wird, ohne dass sie aber zum Kochen kommt. Nach und nach je 2½ dl Milch und Rahm beifügen und unter gelegentlichem Rühren erhitzen, bis sich am Rand der Pfanne kleine Blasen bilden. Weiterfahren, wie im Rezept für Mokkaeis beschrieben wird (s. Seite 418). ● Anstelle von 80 g dunkler Schokolade kann bei dieser Variante auch 120 g Gianduja-Schokolade verwendet werden. In diesem Fall nur 80 g Zucker nehmen.*

## Fruchteis oder Sorbets, Granita

Alle Fruchteis oder Sorbets bestehen aus Zuckersirup und Fruchtsaft oder -mark. Der Zuckersirup benötigt etwas Zeit für die Zubereitung, sei es, weil der Zucker sich im kalten Wasser nicht so schnell auflöst oder weil er, wenn heisses Wasser verwendet wird, zuerst wieder abgekühlt werden muss. Wenn es eilt und eine Eismaschine zur Verfügung steht, kann man aber auch einfach kaltes Wasser, Zucker und Fruchtsaft oder -mark vermischen und sofort in die Eismaschine geben. Durch die ständige Bewegung löst sich der Zucker während des Gefrierens auf.

Granita, eine sommerliche Erfrischung, wird mit Fruchtsaft und Wasser oder anderer Flüssigkeit (sehr beliebt ist z.B. Kaffee) zubereitet und ist nicht so süss wie anderes Eis. Zur Herstellung gibt man das Gefriergefäss mit der Flüssigkeit ins Tiefkühlgerät. Man kann sie während des Gefrierens immer wieder umrühren oder sie ganz gefrieren lassen und dann entweder mit einem Mixer pürieren oder einfach mit einer starken Gabel zerstossen, bis sie körnig ist. Man serviert diese durststillende Granita in Stielgläsern oder Cremeschalen.

# Aprikoseneis – Gelato di albicocca

**Für 4–6 Personen**
*Arbeitsaufwand: 5 Minuten*
*Stehenlassen: ca. 30 Minuten*
*Gefrierzeit: 20 Minuten bis*
*3½ Stunden*

*Geräte:*
*Krug für den Sirup,*
*(kleines Küchenmesser),*
*Waage, Mixer, Geräte für*
*die Eiszubereitung*
*(s. Seite 420)*

*Zutaten:*
*200 g Zucker*
*200 g entsteinte, reife Aprikosen (brutto ca. 250–300 g)*

- Den Zucker mit 2 dl Wasser in einem Krug vermischen und ca. 30 Minuten stehenlassen, oder bis sich der Zucker vollständig aufgelöst hat. Dabei einige Male umrühren.
- Die Aprikosen waschen, halbieren und die Steine entfernen. Genau 200 g Aprikosen abwiegen.
- Mit dem Zuckersirup zusammen im Mixer pürieren.
- Nach einer der auf Seite 420 beschriebenen Methoden (ausgenommen der letzten) gefrieren.

---

- *Nach dem gleichen Rezept lässt sich Pfirsich-, Erdbeer- oder Bananeneis zubereiten, wobei immer 200 g Zucker mit 2 dl Wasser zu Sirup gemischt und, nachdem sich der Zucker vollständig aufgelöst hat, mit 200 g Früchten püriert und dann gefroren werden.* • *Nach Belieben den Saft von ½ Zitrone und/oder ½ Teelöffel flüssige Vanille-Essenz beifügen.*

# Orangen-Granita – Granita di arancia

**Für 4 Personen**
*Arbeitsaufwand: 5 Minuten*
*Gefrierzeit: ca. 2 Stunden*

*Geräte:*
*kleines Küchenmesser,*
*Zitronenpresse, Teesieb,*
*niedriges Gefäss zum*
*Gefrieren, Mixer*

*Zutaten:*
*2 Orangen*
*1 Zitrone*
*70–80 g Zucker*

- Orangen und Zitrone auspressen. Den Saft durch ein Sieb in ein beliebiges, genügend grosses Gefäss giessen.
- Den Zucker und ¼ l Wasser beifügen. Rühren, bis sich der Zucker aufgelöst hat.
- In das flache Gefriergefäss giessen. In das Tiefkühlgerät geben und wie einleitend beschrieben gefrieren lassen.

---

- *Zitronen-Granita wird genau gleich, aber mit dem Saft von 2 Zitronen und 80 g Zucker zubereitet.*

# Mokka-Granita – Granita di caffè

**Für 4 Personen**
*Arbeitsaufwand: 2 Minuten*
*Auskühlen: ca. 20 Minuten*
*Gefrierzeit: ca. 2 Stunden*

*Geräte:*
*niedriges Gefäss zum*
*Gefrieren, Mixer*

*Zutaten:*
*¼ l heisser Kaffee*
*50 g Zucker*

- In einem beliebigen Gefäss den Zucker mit dem Kaffee mischen.
- Unter gelegentlichem Rühren erkalten lassen.
- In das flache Gefriergefäss giessen. In das Tiefkühlgerät geben und wie einleitend auf Seite 423 beschrieben gefrieren lassen.

- *Zu dieser Granita schmeckt Schlagrahm sehr gut.*

# Kakao-Granita – Granita di cacao

**Für 4 Personen**
*Arbeitsaufwand: 5 Minuten*
*Auskühlen: ca. 20 Minuten*
*Gefrierzeit: ca. 2 Stunden*

*Geräte:*
*kleines Pfännchen,*
*(Massbecher), niedriges*
*Gefäss zum Gefrieren,*
*Mixer*

*Zutaten:*
*25 g ungesüsstes Kakaopulver*
*30 g Zucker*

- Kakaopulver und Zucker in das Pfännchen geben.
- ¼ l Wasser abmessen.
- Unter kräftigem Rühren soviel Wasser zum Kakao giessen, bis sich beides vollständig aufgelöst hat.
- Das Pfännchen aufsetzen und unter Rühren bei mittlerer Hitze zum Kochen bringen.
- Wieder vom Herd wegziehen und unter Rühren das restliche Wasser beifügen.
- In das flache Gefriergefäss giessen und erkalten lassen.
- In das Tiefkühlgerät geben und wie einleitend auf Seite 423 beschrieben gefrieren lassen.

- *Zu dieser Granita schmeckt Schlagrahm sehr gut.*

# Orangeneis – Gelato di arancia

**Für 4–6 Personen**
*Arbeitsaufwand: 6 Minuten*
*Stehenlassen: ca. 30 Minuten*
*Gefrierzeit: 20 Minuten bis*
*3½ Stunden*

*Zutaten:*
*200 g Zucker*
*abgeriebene Schale von 2 Orangen*
*Saft von 1 Zitrone*
*2 dl Orangensaft (ca. 4–5 Orangen)*

- Den Zucker mit 2 dl Wasser und der Orangenschale in einem Krug vermischen und ca. 30 Minuten stehenlassen, bis sich der Zucker vollständig aufgelöst hat. Dabei einige Male umrühren.

*Geräte:*
*Krug für den Sirup,*
*Zitrusreibe, Zitronenpresse,*
*Geräte für die*
*Eiszubereitung (s. Seite 420)*

● Zitrone und Orangen auspressen. Mit dem Zuckersirup mischen.
● Nach einer der auf Seite 420 beschriebenen Methoden (ausgenommen der letzten) gefrieren.

---

● *Nach Belieben ein verquirltes (nicht zu Schnee geschlagenes) Eiweiss unter die Masse mischen.* ● *Evtl. in Orangenschalen servieren.*
● *Nach dem gleichen Rezept lässt sich aus 250 g Zucker, dem Saft von 3 Zitronen und der abgeriebenen Schale von 1 Zitrone Zitroneneis zubereiten.* ● *Auch Mandarineneis aus 200 g Zucker und 2 dl Mandarinensaft gelingt nach diesem Rezept sehr gut.*

## Parfaits, Eissoufflés

Beiden gemeinsam ist der Rahm, der vor dem Gefrieren steifgeschlagen unter die Masse gehoben wird. Beim Soufflé kommt zusätzlich noch Eischnee dazu, der noch mehr Luft hineinbringt. Während das Parfait in der Regel in einer rechteckigen Form (Cakeform) gefroren und zum Servieren gestürzt und in Scheiben geschnitten wird, serviert man ein Soufflé meist entweder in einer grossen, runden Form oder in kleinen, runden Portionenförmchen. Den Rand der Form erhöht man zum Einfüllen der Masse mit einem darum herum geklebten Streifen Pergamentpapier oder Aluminiumfolie. Er wird vor dem Servieren wieder entfernt. Mit diesem kleinen Trick ist es möglich, das Dessert so zu servieren, dass man glaubt, die Masse sei aufgegangen wie ein echtes, im Ofen gebackenes Soufflé. Parfait und Eissoufflé gelten als sogenanntes «Halbgefrorenes», da sie wegen des steifgeschlagenen Rahms beim Gefrieren nie so hart werden wie anderes Eis.

# Mokka-Parfait – Perfetto al caffè

**Für 4–6 Personen**
*Arbeitsaufwand: 10 Minuten*
*Gefrierzeit: ca. 3 Stunden*

*Zutaten:*
*3 dl Rahm*
*4 Eigelb*
*100 g Puderzucker*
*2 Esslöffel kalter, sehr starker Kaffee*

*Geräte:*
*2 Krüge oder tiefe*
*Schüsseln, Rädchen oder*
*elektrisches Rührwerk,*
*Cakeform von ca. 20 x 10 cm,*
*grosses Messer*

● In einem der Krüge oder in einer Schüssel den Rahm steif schlagen.
● Eigelb und Zucker in das andere Gefäss geben und mit dem Rädchen oder elektrischen Rührwerk so lange schlagen, bis eine helle, luftige Masse entstanden ist.
● Zuerst mit einem Löffel den Kaffee daruntermischen, dann in 3 Malen sehr sorgfältig den Schlagrahm darunterheben.
● In die Cakeform giessen und die Oberfläche glattstreichen.
● Für ca. 3 Stunden in das Tiefkühlgerät stellen (die genaue Gefrierzeit hängt von der Leistung des Gerätes ab), oder bis die Masse fest geworden ist.
● Zum Servieren zuerst mit einem langen Messer das Parfait von den Wänden der Form lösen. Dann den Boden der Form einen kurzen Moment in warmes Wasser tauchen und das Parfait sofort auf eine lange Platte stürzen. Es empfiehlt sich, dies erst unmittelbar vor dem Servieren zu tun. Muss mit dem Servieren

längere Zeit zugewartet werden, das Parfait unbedingt wieder in das Tiefkühlgerät stellen. Am Tisch mit einem grossen Messer, dessen Klinge immer wieder in warmes Wasser getaucht wird, in Scheiben schneiden.

---

● *Nach dem gleichen Rezept lässt sich auch ein Likör-Parfait zuberei-ten. In diesem Fall anstelle des Kaffees 3–4 Esslöffel eines beliebigen Likörs unter die Masse mischen.* ● *Auch ein Vanille-Parfait wird gleich hergestellt. Anstelle von Kaffee oder Likör wird der Masse 1 Teelöffel Vanille-Essenz beigefügt. Es schmeckt sehr gut mit einer Früchte- oder Schokoladensauce (s. Seite 414–416).*

---

# Erdbeer-Parfait – Perfetto alla fragola

**Für 4–6 Personen**
*Arbeitsaufwand: 12 Minuten*
*Gefrierzeit: ca. 3 Stunden*

*Zutaten:*
*150 g Erdbeeren*
*3 dl Rahm*
*4 Eigelb*
*100 g Puderzucker*

*Geräte:*
*wie für «Mokka-Parfait»*
*(s. Seite 425), grobes Haarsieb*

● Die Erdbeeren waschen, indem sie kurz in ein Gefäss mit kal-tem Wasser gegeben werden. Die Beeren, die an die Oberfläche schwimmen, herausheben, gut abtropfen lassen und die Stiel-ansätze entfernen (die Beeren auf dem Boden sind verdorben).

*Gut vorzubereiten und bei Gästen stets beliebt ist ein Erdbeerparfait*

- Mit einem Löffelrücken durch das Sieb streichen, was sehr leicht und schnell geht.
- Weiterfahren wie im vorstehenden Rezept, wobei nun anstelle des Kaffees das Erdbeermark unter die Masse aus Eigelb und Zucker gemischt wird.

# Eissoufflé mit Grand Marnier
## Soufflé gelato all'arancia

**Für 4–6 Personen**
*Arbeitsaufwand: 15 Minuten*
*Gefrierzeit: 5–6 Stunden*

*Zutaten:*
*3 Eier*
*3½ dl Rahm*
*100 g Zucker*
*abgeriebene Schale von 1 Orange*
*4 Esslöffel Grand Marnier*

*Geräte:*
*3 tiefe Schüsseln oder*
*1 grosser und 2 kleinere*
*Krüge, Rädchen oder*
*elektrisches Rührwerk,*
*Zitrusreibe, Soufflé-*
*Form von ca. ¾ l Inhalt*
*(runde Schüssel mit*
*geraden Wänden),*
*Aluminiumfolie oder*
*Pergamentpapier,*
*Gummiband oder Küchen-*
*schnur*

- Eiweiss und Eigelb trennen. Das Eigelb in die eine der drei Schüsseln oder in den grösseren Krug, das Eiweiss in eines der beiden anderen Gefässe geben.
- Den Rahm in das dritte Gefäss giessen.
- Den Zucker zum Eigelb geben.
- Mit dem Rädchen oder Rührwerk als erstes das Eiweiss steif schlagen (das Rührgerät muss absolut sauber sein, da das Eiweiss sonst nicht steif wird). Dann den Rahm steif schlagen und das Eigelb mit dem Zucker zu einer luftigen Creme rühren.
- Die abgeriebene Orangenschale sowie den Grand Marnier unter die Eiercreme mischen.
- Sehr sorgfältig zuerst den steifgeschlagenen Rahm in 3 Malen unter die Eiercreme heben und dann, ebenfalls in 3 Malen, den Eischnee. Immer von unten nach oben arbeiten, damit die Masse mit dem Löffel hochgehoben wird. Auf diese Weise fallen Rahm und Eischnee weniger zusammen.
- Einen Streifen Aluminiumfolie oder Pergamentpapier vorbereiten. Er muss etwas länger sein als der Umfang der Soufflé-Form, und er soll, wenn er der Länge nach zusammengefaltet wird, 4–5 cm höher sein als die Form. Diesen Streifen um die Form herum anbringen und mit dem Gummiband oder der Küchenschnur befestigen. Dank diesem «Kragen» kann die Masse etwas höher als nur bis zum oberen Rand der Form eingefüllt werden. Wenn das Halbgefrorene fest geworden und der Aluminiumstreifen entfernt ist, erweckt es so den Eindruck eines klassischen «Soufflés»: des heissen, im Ofen gebackenen, luftigen Eiergerichtes.
- Die Masse in die vorbereitete Form giessen und für 5–6 Stunden oder bis zum Servieren in das Tiefkühlgerät stellen.
- Zum Auftragen das Halbgefrorene aus dem Kühlgerät nehmen und den «Kragen» sorgfältig entfernen.

- *Man kann auch die braune Kruste des klassischen Soufflés nachahmen, indem man die Oberfläche mit etwas Zimtpulver oder Kakao bestreut.*

# Eissoufflé mit Mokka – Soufflé gelato moka

**Für 4–6 Personen**
*Arbeitsaufwand: 20 Minuten*
*Gefrierzeit: 5–6 Stunden*

*Zutaten:*
*80 g dunkle Schokolade*
*8 Esslöffel Kaffee*
*3 Eier*
*3½ dl Rahm*
*100 g Zucker*
*(2 Teelöffel sehr fein gemahlener Kaffee)*

*Geräte:*
*kleines Pfännchen, 3 tiefe*
*Schüsseln oder 1 grosser und*
*2 kleinere Krüge, Rädchen*
*oder elektrisches Rührwerk,*
*Soufflé-Form von ca. ¾ l Inhalt*
*(runde Schüssel mit geraden*
*Wänden), Aluminiumfolie*
*oder Pergamentpapier,*
*Gummiband oder Küchen-*
*schnur*

● Die in Stücke gebrochene Schokolade mit 2 Esslöffeln Kaffee in das Pfännchen geben.
● Bei niedriger Temperatur und unter fast ständigem Rühren erwärmen, bis die Schokolade geschmolzen ist.
● Immer noch unter Rühren nach und nach den restlichen Kaffee beifügen. Vom Herd wegziehen.
● Weiterfahren wie im vorstehenden Rezept, jedoch anstatt abgeriebene Orangenschale und Grand Marnier die geschmolzene Schokolade beifügen, die mittlerweile etwas abgekühlt ist.
● Vor dem Servieren nach Belieben mit dem sehr fein gemahlenen Kaffee bestreuen.

● *Nach Belieben in Portionenförmchen gefrieren.*

*Kleine Eissoufflés mit Mokka-Aroma, hübsch garniert mit Amarenen*

## Eisbecher

Es handelt sich oft um kühne Kombinationen verschiedener Zutaten. Sehr häufig bietet Vanilleeis die Grundlage, da es sich seines eher neutralen Geschmackes wegen dazu am besten eignet. Da meist noch Früchte, Spirituosen, Saucen usw. dazukommen, darf man ruhig gekauftes Eis dafür verwenden. Man kann zwar alle dafür vorgesehenen Zutaten vorbereiten, das Dessert selbst richtet man aber erst im letzten Moment an und serviert es sofort.

# Aprikosenbecher – Coppa all'albicocca

**Für 4 Personen**
*Arbeitsaufwand: 5 Minuten*

*Zutaten:*
*½ Dose Aprikosenhälften*
*2 Esslöffel weisser Rum oder Likör nach Belieben*
*½ l Vanilleeis*

*Geräte:*
*Dosenöffner, Mixer (wenn möglich Stabmixer), 4 Glasschalen, Eisportionierer*

● Die Aprikosenhälften gut abtropfen lassen und 4 Stück beiseitelegen. Die übrigen zusammen mit dem Rum oder Likör im Mixer pürieren.
● Zum Servieren je 1 Kugel Vanilleeis in eine Glasschale legen, die pürierten Aprikosen darüber verteilen und je eine Aprikosenhälfte daraufsetzen.

● *Nach Belieben die Aprikosenhälften mit je 1 knappen Teelöffel Rohzucker bestreuen und die Becher mit je 2 Biskuits dekorieren.*

# Pfirsichbecher mit Erdbeersauce
## Pesche con gelato e con salsa di fragole

**Für 4 Personen**
*Arbeitsaufwand: ca. 20 Minuten*
*Kühlzeit:*
*ca. 1 Stunde 30 Minuten*

*Zutaten:*
*150 g Zucker*
*1 Vanilleschote*
*4 reife, steinlösliche Pfirsiche*
*250 g Erdbeeren*
*4 Kugeln Vanilleeis*

*Geräte:*
*mittelgrosse Pfanne, Deckel, kleines Küchenmesser, Schüssel, Sieb, Mixer (wenn möglich Stabmixer) und Krug oder Haarsieb und Löffel, 4 Glasschalen, Eisportionierer*

● 100 g Zucker, Vanilleschote und 4 dl Wasser in die Pfanne geben und knapp vor den Siedepunkt bringen.
● Vom Herd wegziehen, den Deckel aufsetzen und 15 Minuten stehenlassen.
● Inzwischen die Pfirsiche schälen und, je nach Grösse, in 6–8 Schnitze schneiden. In die Schüssel geben.
● Die Vanilleschote mit einer Gabel aus der Pfanne holen. Den Zuckersirup nochmals knapp bis vor den Siedepunkt bringen und über die Pfirsiche giessen.
● Bei Zimmertemperatur abkühlen lassen und dann für mindestens 1 Stunde oder bis kurz vor dem Servieren in den Kühlschrank stellen.
● Die Erdbeeren putzen, in einer Schüssel mit kaltem Wasser

waschen und abtropfen lassen. Mit dem restlichen Zucker im Mixer oder in einem Krug mit dem Stabmixer pürieren, oder mit einem Löffel durch ein Haarsieb streichen und dann mit dem Zucker vermischen. Ebenfalls in den Kühlschrank stellen.
• Zum Servieren die Pfirsichschnitze aus dem Sirup nehmen und abtropfen lassen. Gleichmässig in 4 Glasschalen verteilen. Mit je einer Kugel Vanilleis belegen. Die Erdbeersauce nochmals kräftig umrühren und über das Eis verteilen.

---

• *Die Marinierflüssigkeit der Pfirsiche wird nicht weiterverwendet: Sie kann weggegossen oder getrunken werden.* • *Je nach Jahreszeit oder wenn es eilt, können ohne weiteres auch Pfirsiche aus der Dose verwendet werden.*

---

# Kastanienbecher – Coppa alle castagne

**Für 4 Personen**
*Arbeitsaufwand: 10 Minuten*

*Zutaten:*
*4 Esslöffel gesüsstes Kastanienpüree*
*(tiefgekühlt oder aus der Dose)*
*2 Esslöffel Rum*
*Zimtpulver*
*100 g dunkle Schokolade*
*4 Esslöffel Rahm*
*1/2 l Vanilleis*

*Geräte:*
*kleines Pfännchen,*
*4 Glasschalen*

• In einem tiefen Teller Kastanienpüree, Rum und Zimt nach Belieben mit einer Gabel zerdrücken und zu einer glatten Masse rühren.
• Unmittelbar vor dem Servieren die in Stücke gebrochene Schokolade mit 2 Esslöffeln Wasser in das Pfännchen geben. Bei sehr schwacher Hitze unter Rühren erwärmen, bis die Schokolade vollständig geschmolzen ist. Sie darf aber keinesfalls kochen.
• Den Rahm zur Schokolade geben, gut rühren und bei niedrigster Temperatur auf dem Herd lassen.
• Das Vanilleis in die Glasschalen verteilen. In die Mitte je einen Teil der Kastanienmasse geben und die sehr heisse Schokolade darübergiessen. Sofort servieren.

---

# Falsche «Spiegeleier» – Gelato in tegamino

**Für 4 Personen**
*Arbeitsaufwand: 5 Minuten*

*Zutaten:*
*ca. 1/2 l Vanilleis*
*4 Aprikosenhälften aus der Dose*

*Geräte:*
*Dosenöffner, Eisportionierer,*
*4 kleine Eierpfännchen*

• Die Dose mit den Aprikosen öffnen und in der Nähe bereithalten.
• Eine grosse Kugel Eis in ein Eierpfännchen geben und mit einem Löffelrücken oder der Klinge eines Messers flachdrücken,

so dass es dem Eiweiss eines Spiegeleis ähnlich sieht. In den Kühlschrank stellen und die übrigen 3 Portionen gleich vorbereiten. Jedes Pfännchen sofort in den Kühlschrank stellen.
● Die Aprikosenhälften mit einer Gabel aus der Dose nehmen, sehr gut abtropfen lassen und mit der runden Seite nach oben in die Mitte des vorbereiteten Eises legen, so dass das Ganze wie Spiegeleier aussieht. Sofort servieren.

# Birnenbecher – Coppa di pere

**Für 4 Personen**
*Arbeitsaufwand: 5 Minuten*
*Kochzeit: 8–10 Minuten*
*Auskühlen: 1 Stunde*

*Zutaten:*
*6 Esslöffel Zucker*
*3–4 grosse, reife Birnen*
*1/2 l Amaretto-Eis (s. Seite 417)*
*Erdbeersauce mit Grand Marnier (s. Seite 414)*

*Geräte:*
*mittelgrosse Pfanne, kleines Küchenmesser, Spiesschen, Schaumlöffel, 4 Glasschalen, Eisportionierer*

● 1/2 l Wasser mit dem Zucker in der Pfanne aufsetzen.
● Die Birnen schälen, vierteln und Kerngehäuse sowie Stiel entfernen.
● In das siedende Zuckerwasser geben. Sobald es wieder kocht, die Temperatur reduzieren und die Birnen 5–7 Minuten leise kochen lassen, oder bis sie sich beim Einstechen mit einem Spiesschen (durch eine Gabel würden sie beschädigt) weich anfühlen. Sie dürfen aber nicht zerfallen.
● Herausnehmen, abtropfen und auf einem Teller erkalten lassen.
● Zum Servieren das Eis in die Mitte der Glasschalen verteilen, indem mit dem Portionierer Kugeln geformt oder mit 2 Löffeln Portionen abgestochen werden. Darum herum je 3–4 Birnenschnitze anordnen.
● Die Erdbeersauce darübergiessen.

# Flambiertes Eis – Gelato flambé

**Für 4 Personen**
*Arbeitsaufwand: 3 Minuten*

*Zutaten:*
*ca. 1/2 l Vanilleeis*
*4 gehäufte Esslöffel Aprikosen-, Orangen- oder Erdbeerkonfitüre*
*4 Teelöffel Rohzucker*
*4–6 Esslöffel Grand Marnier*

*Geräte:*
*4 Glasschalen oder Kelche, kleines Pfännchen oder Schöpflöffel*

● Zum Servieren einen Teil des Eises auf den Boden der Schalen oder Kelche geben. Die Konfitüre darüber verteilen und dann den Rest des Eises darübergeben. Mit dem Zucker bestreuen.
● In dem kleinen Pfännchen auf dem Herd oder in einem Schöpflöffel über einer Kerze den Grand Marnier einige Sekunden erwärmen. Dann den Schöpflöffel oder das Pfännchen etwas schief halten und den Likör an der Kerzenflamme bzw. mit einem Streichholz entzünden.
● Über das Eis verteilen und sofort servieren.

# Saucen, Buttermischungen und Marinaden

«Saucen sind die Basis der guten Küche.» Das gilt auch in Italien, wo man neben klassischen französischen auch zahlreiche typische eigene Saucen kennt. Ganz vorzüglich ist die italienische Vinaigrette. Sie lebt von der Qualität ihrer Zutaten, vor allem vom guten Olivenöl und auch vom Essig, der in Italien aus Wein hergestellt wird. Gekonnt wird mit Kräutern und anderen Zutaten kombiniert, und auf diese Weise entstehen Saucen, die ausgezeichnet zu kaltem Fleisch oder gekochtem Gemüse passen.

Die Einsatzmöglichkeiten guter Saucen in der italienischen Küche sind sehr vielseitig. Bei den verschiedensten Gerichten werden zum Beispiel einige Esslöffel Tomatensauce beigefügt, sei es des Geschmackes wegen oder zum Binden, oder um die Farbe zu verändern. Auch die Béchamelsauce, die zu manchen Teigwarengerichten und Gratins eine gute Ergänzung darstellt, wird öfters in kleinen Mengen verwendet. Deshalb steht im italienischen Kühlschrank auch meist ein Topf mit Tomaten- oder Béchamelsauce, wobei insbesondere der Zubereitung der Tomatensauce sehr viel Aufmerksamkeit geschenkt wird.

Eine besondere Rolle spielen in diesem Zusammenhang natürlich die gehaltvollen Saucen zu Teigwaren und Polenta. Sie vermögen aus einfachen, rustikalen Gerichten Spezialitäten zu machen. Eine der berühmtesten ist der «Pesto», die meist im Mörser zubereitete Basilikumsauce. Vielfach basieren diese Saucen auf Tomaten, denen je nach Jahreszeit oder Region Kräuter, Gemüse, Pilze, Oliven, Hülsenfrüchte und Muscheln beigefügt werden. Das Geheimnis besteht aber in der Zubereitung: Sie werden lange und langsam geschmort, damit sie ihr Aroma voll entfalten können.

Kalten und warmen Buttermischungen begegnet man vor allem in Oberitalien, wo sehr viel mit Butter gekocht wird. Daneben enthält das Kapitel auch Rezepte für Marinaden, weil in Italien gerne und häufig mariniert wird. (Süsse Dessertsaucen finden sich auf den Seiten 414–416.)

*Einige Teigwarensaucen (von rechts nach links): Sauce mit Erbsen und Peperone, Sauce mit grünen Oliven, ungekochte Tomatensauce, Sauce mit Erbsen und Saubohnen, ungekochte Eiersauce (s. Seite 443–447)*

# Saucen

## Verschiedene Saucen

Es folgen einige warme und kalte Saucen, die zum Teil typisch italienisch, zum Teil aber von der französischen Küche übernommen sind. Ein solches Beispiel ist die Béchamelsauce, die sehr häufig zum Überbacken der verschiedensten Gerichte verwendet wird. Es ist eine eigentliche Grundsauce, die sich vielfältig abwandeln lässt und die immer warm serviert wird.

Bei der Vinaigrette handelt es sich um eine Emulsion von Essig, Salz und Öl, obwohl diese Zutaten manchmal direkt über einen Salat verteilt werden, ohne sie vorher zu mischen. Anstelle des Essigs wird oft die gleiche Menge Zitronensaft verwendet. Man spricht in diesem Fall von einer Zitronensauce. Diese beiden Saucen, die auch zu Fleisch, Fisch und Eiern serviert werden, verwendet man immer kalt. Sie lassen sich mit Kräutern, Kapern, Senf, Käse usw. beliebig variieren. Über Blattsalat und Tomaten verteilt man sie erst im letzten Moment, damit diese nicht schlaff werden.

# Béchamelsauce – Besciamella

**Für 4 Personen**
*Arbeitsaufwand: 5 Minuten*
*Kochzeit: 15 Minuten*

*Zutaten:*
*25 g Butter*
*30 g Mehl*
*ca. ¼ l Milch*
*Salz*
*(weisser Pfeffer)*

*Geräte:*
*mittelgrosse Pfanne,*
*Kochlöffel oder kleiner*
*Schwingbesen*

Diese Zutaten ergeben knapp 3 dl sämige Sauce, wie sie in den meisten Fällen benötigt wird. Nur ausnahmsweise (z.B. wenn die Béchamelsauce als Grundlage für eine Suppe verwendet wird) braucht man eine dünnflüssigere Sauce, gelegentlich auch eine dickere. Dann muss das Verhältnis der Zutaten entsprechend geändert werden. Die richtigen Mengen werden von Fall zu Fall in den Rezepten dieses Buches angegeben.

• Die Butter bei schwacher Hitze schmelzen. Darauf achten, dass sie nicht aufschäumt oder Farbe annimmt.
• Das Mehl beifügen, mit der Butter vermischen und unter Rühren bei schwacher Hitze einige Minuten dünsten.
• Die Temperatur etwas reduzieren und unter ständigem und kräftigem Rühren nach und nach die Milch beifügen, und zwar immer nur so viel, dass sie vom aufquellenden Mehl aufgesogen wird; erst dann wieder Milch dazugiessen. Keine Milch mehr beifügen (die genaue Menge hängt von der Mehlqualität ab), wenn die Sauce sämig geworden ist. Salzen und nach Belieben mit etwas Pfeffer abschmecken.
• Die Temperatur auf die kleinste Stufe reduzieren und die Sauce unter ständigem Rühren noch ungefähr 10 Minuten köcheln lassen.

# Sardellensauce – Salsa all'acciuga

*Zu gekochtem oder im Ofen gebackenem Fisch oder zu Siedfleisch*

**Für 4 Personen**
*Arbeitsaufwand: 6 Minuten*
*Kochzeit: 15 Minuten*

*Zutaten:*
*wie für Béchamelsauce (s. Seite 434)*
*1 Esslöffel Sardellenpaste*
*40 g Butter*
*(Saft von ¼ Zitrone)*

*Geräte:*
*mittelgrosse Pfanne,*
*Kochlöffel oder kleiner*
*Schwingbesen,*
*kleines Küchenmesser*

● Eine Béchamelsauce (s. Seite 434) zubereiten.
● Vom Herd wegziehen und die Sardellenpaste, die in kleine Stücke geschnittene Butter sowie Zitronensaft nach Belieben in die Sauce geben und so lange verrühren, bis sich alle Zutaten vollständig vermischt haben.

# Rahmsauce – Salsa alla panna

*Zu gekochtem Gemüse, Geflügel oder Fisch, pochierten oder wachsweich gekochten heissen Eiern*

**Für 4 Personen**
*Arbeitsaufwand: 7 Minuten*
*Kochzeit: 15 Minuten*

*Zutaten:*
*wie für Béchamelsauce (s. Seite 434)*
*2 dl Rahm*
*(Saft von ¼ Zitrone)*

*Geräte:*
*mittelgrosse Pfanne,*
*Kochlöffel oder kleiner*
*Schwingbesen, kleine Pfanne*

● Eine Béchamelsauce (s. Seite 434) zubereiten.
● Wenn sie beinahe fertig ist, den Rahm in einer separaten kleinen Pfanne bei mässiger Temperatur erhitzen, ohne kochen zu lassen.
● Neben dem Herd Béchamelsauce und Rahm verrühren und nach Belieben Zitronensaft daruntermischen (allerdings nicht, wenn die Sauce zu Eiern serviert wird).

# Mornay-Sauce – Salsa Mornay

*Zu Fisch, Gemüse, gekochtem Huhn, pochierten oder wachsweich gekochten heissen Eiern, Makkaroni, Gratins*

**Für 4 Personen**
*Arbeitsaufwand: 7 Minuten*
*Kochzeit: 15 Minuten*

*Zutaten:*
*wie für Béchamelsauce (s. Seite 434),*
*aber die Hälfte der Milch durch Rahm ersetzen*
*25–30 g Butter*
*3 Esslöffel geriebener Greyerzer*
*(1–2 Eigelb)*
*1 Prise Muskatnuss*

*Geräte:*
*mittelgrosse Pfanne,*
*Kochlöffel, Käseraffel,*
*Muskatnussreibe*

● Eine Béchamelsauce zubereiten (s. Seite 434), dabei zu Beginn den Rahm mit der Milch mischen.
● Vom Herd wegziehen, die übrigen Zutaten beifügen und mit der Sauce mischen (dies muss sehr schnell geschehen, damit das

Eigelb nicht gerinnt). Weiterrühren, bis die Butter geschmolzen ist und sich samt dem Eigelb mit der Sauce gut vermischt hat.

---

- *In Italien wird der Greyerzer oft durch Parmesan ersetzt.*

---

# Golf-Sauce – Salsa Golf

*Zu kalten Krevetten und Scampi, Krebsen, Fisch, harten, pochierten oder wachsweich gekochten Eiern, Reissalat*

**Für 4–6 Personen**
*Arbeitsaufwand: 16 Minuten*

*Zutaten:*
*300 g Mayonnaise*
*4–5 Esslöffel Rahm*
*2 Esslöffel Tomaten-Ketchup*
*1 Esslöffel Zitronensaft*
*2 Teelöffel Worcestershire-Sauce*
*(einige Spritzer Tabasco)*
*(Salz)*

*Geräte:*
*kleine Schüssel,*
*kleiner Schwingbesen*

- Rahm, Ketchup, Zitronensaft, Worcestershire-Sauce und (nach Belieben) Tabasco unter die Mayonnaise mischen. Wenn nötig, mit etwas Salz nachwürzen.

---

- *Evtl. mit gehackten Pfefferschoten und Kräutern noch pikanter würzen.*

*Golf-Sauce, Vinaigrette mit Kräutern und Sauerrahmsauce sind alle sehr leicht zuzubereiten*

# Vinaigrette – Vinaigrette

*Zu allen Salaten (roh oder gekocht) aus Blättern, Gemüse, Reis, Fleisch oder Meeresfrüchten, zu harten oder wachsweich gekochten Eiern, zu Tatar*

**Für 4 Personen**
*Arbeitsaufwand: 1 Minute*

*Zutaten:*
*1/2–2 Esslöffel Essig*
*Salz*
*4–6 Esslöffel Öl*

*Geräte:*
*tiefer Teller oder*
*Salatschüssel, Gabel*

- Zuerst Essig und Salz vermischen und mit der Gabel einen Moment rühren.
- Das Öl beifügen und noch ein wenig rühren.

- *Diese Sauce lässt sich je nach Verwendungszweck beliebig abwandeln, z.B. mit Kräutern oder etwas fein zerdrücktem Gorgonzola (zu allen Blattsalaten), mit wenig Senf oder mit einigen gehackten Kapern (zu Salaten aus Fleisch, Reis, Meeresfrüchten sowie zu gekochten Eiern).*

# Zitronensauce – Citronnette

*Zu Salaten jeder Art, roh oder gekocht, warm oder kalt, gekochten oder grillierten Fischen oder Meeresfrüchten*

**Für 4 Personen**
*Arbeitsaufwand: 1 Minute*

*Zutaten:*
*1/2–2 Esslöffel Zitronensaft*
*Salz*
*4–6 Esslöffel Öl*

*Geräte:*
*tiefer Teller oder*
*Salatschüssel, Gabel*

- Den Zitronensaft mit dem Salz vermischen und einen Moment mit der Gabel rühren.
- Das Öl beifügen und nochmals etwas rühren.

- *Die Sauce nach Belieben mit einer reifen Avocado pürieren oder mit gehackten Kapern, Petersilie oder hartgekochtem Eigelb mischen.*

# Sardellensauce mit Pinienkernen
## Salsa di acciughe ai pinoli

*Zu kalten Eiern*

**Für 4 Personen**
*Arbeitsaufwand: 2 Minuten*

*Zutaten:*
*6 Sardellenfilets*
*1/2 Esslöffel Kapern*
*2 Esslöffel Pinienkerne*
*4 Esslöffel Öl*
*1 Esslöffel Essig*

*Geräte:*
*Mixer oder Stabmixer*

- Alle Zutaten so lange mixen, bis Sardellen, Kapern und Pinienkerne ganz fein zerhackt sind.

# Tatarsauce – Salsa tartara

*Zu grilliertem, gebratenem, gekochtem Fleisch oder zu Tatar*

**Für 4 Personen**
*Arbeitsaufwand: 15 Minuten*

*Zutaten:*
*2 hartgekochte Eigelb*
*2½ dl Öl*
*½ Teelöffel scharfer Senf (Dijon-Senf)*
*1 knapper Esslöffel gehackter Schnittlauch*
*½ Esslöffel Essig*
*Salz*
*(Pfeffer)*

*Geräte:*
*Tasse, Kochlöffel*

Diese Sauce ist eine der schwierigsten, die existieren, wenn nicht überhaupt die schwierigste: Sie sollte am Schluss wie eine Mayonnaise sein, bei der das Eigelb und das Öl vollständig vermischt sind. In der Praxis verbinden sich Eigelb und Öl nur sehr schwer, wie bei einer geschiedenen Mayonnaise.

- Das Eigelb in einer Tasse mit dem Löffel so lange zerdrücken, bis eine vollständig glatte Paste entsteht.
- Das Öl beifügen, zuerst nur tropfenweise und dann in einem dünnen Faden.
- Senf, Schnittlauch, Essig, Salz und Pfeffer nach Belieben beifügen und gut verrühren.

- *Die Sauce kann auch mit einem elektrischen Rührwerk oder in einem Mixer zubereitet werden.* • *Eine einfachere Tatarsauce lässt sich aus 200–300 g Mayonnaise, fein gehackten Kapern, Petersilie und Cornichons, einem hartgekochten, in kleine Würfel geschnittenen Ei sowie ca. 3 Esslöffeln Öl zubereiten.*

# Grüne Sauce – Salsa verde

*Zu harten oder wachsweich gekochten oder pochierten kalten Eiern, gekochtem oder grilliertem Fisch, warm oder kalt*

**Für 4 Personen**
*Arbeitsaufwand: 3 Minuten*

*Zutaten:*
*2 Esslöffel gehackte Petersilie*
*1 Scheibe Kastenbrot (ohne Kruste)*
*4 kleine Sardellenfilets*
*1 Esslöffel Kapern*
*6 Esslöffel Öl*
*2½ Esslöffel Essig*

*Geräte:*
*Mixer oder Stabmixer*

Bei dieser Sauce ist es wichtig, einen kräftigen Mixer oder einen Cutter zu verwenden, weil ein solcher mit schwächerer Leistung die Petersilie nicht fein genug hacken würde. Allenfalls kann man die Zutaten auch mit dem Wiegemesser fein hacken.

- Die Petersilie von den Stielen trennen, waschen und gut abtropfen lassen.

- Das Brot mit Wasser befeuchten und gut ausdrücken.
- Alle Zutaten in einen Mixer geben und pürieren, bis sie fein zerhackt sind.

---

- *Man kann eine Scheibe Knoblauch oder 1 Prise Knoblauchpulver und/oder 4–5 grüne Oliven beifügen.* • *Ein Teil des Essigs kann durch Zitronensaft ersetzt werden.* • *Anstelle des Brotes kann eine ganz kleine gekochte Kartoffel verwendet werden.*

---

# Sauerrahmsauce – Salsa di panna acida

*Zu Ofenkartoffeln*

**Für 4 Personen**
*Arbeitsaufwand: 3 Minuten*
*Stehenlassen: ca. 30 Minuten*

*Zutaten:*
*2 dl Rahm*
*Saft von ½ Zitrone*
*1 Esslöffel gehackte Petersilie*
*1 hauchdünne Scheibe Knoblauch oder 1 Scheibe Zwiebel*
*Salz*

*Geräte:*
*Tasse, Löffel, Holzbrett und Wiegemesser*

- Rahm und Zitronensaft in eine Tasse geben und gut verrühren.
- Ca. 30 Minuten stehenlassen.
- Knoblauch oder Zwiebel fein hacken und zusammen mit der gehackten Petersilie zur Sauce geben. Salz beifügen und gut vermischen.

---

- *Man kann die Sauce selbstverständlich auch mit Sauerrahm oder saurem Halbrahm zubereiten. In diesem Fall den Zitronensaft weglassen.* • *Anstelle von frischem Knoblauch kann man auch 1 Prise Knoblauchpulver verwenden.* • *Anstatt Petersilie mit Knoblauch oder Zwiebel kann auch 1 Esslöffel gehackter Schnittlauch beigefügt werden.*

---

# Peperonisauce – Salsa piperata

*Zu Teigwaren, Trockenreis, weissem Reis, auch zu Steaks*

**Für 4 Personen**
*Arbeitsaufwand: 5 Minuten*
*Kochzeit: ca. 30 Minuten*

*Zutaten:*
*1 kleine Zwiebel (ca. 70 g)*
*4 Esslöffel Öl*
*1 kleiner Peperone, wenn möglich grün*
*250 g geschälte Tomaten aus der Dose (Pelati), abgetropft*
*Salz*

*Geräte:*
*kleines Küchenmesser, Holzbrett, mittelgrosse Pfanne, Dosenöffner*

- Die Zwiebel schälen, der Länge nach halbieren und dann in feine Scheiben schneiden.
- Mit dem Öl in die Pfanne geben und bei niedriger Temperatur unter häufigem Wenden dünsten.
- Unterdessen den Peperone vorbereiten: Stielansatz, Samen und weisse Rippen wegschneiden. Waschen, in 8–10 Stücke schneiden und diese in ½ cm breite Stückchen.

- Zur Zwiebel geben und alles unter häufigem Wenden 5–7 Minuten kochen.
- Die geschälten und abgetropften Tomaten mit einer Gabel gut zerdrücken und beifügen. Salzen und weitere 15–20 Minuten kochen. Von Zeit zu Zeit umrühren. Die Hitze so regulieren, dass eine sämige Sauce entsteht.

## Saucen zu Teigwaren

Es handelt sich meist um warme Saucen (der «Pesto» ist diesbezüglich die berühmteste Ausnahme), die separat zubereitet werden. Einige dieser Saucen (etwa die Tomatensaucen) finden auch für andere Gerichte Verwendung. Je nach ihrer Zusammensetzung verwandeln sie Teigwaren, aber auch Polenta zu einem sättigenden Hauptgericht am Familientisch.

# Bologneser Fleischsauce – Ragú alla bolognese

*Zu Nudeln, Spaghetti, überbackenen Lasagne*

**Für 4 Personen**
*Arbeitsaufwand:*
*8–10 Minuten*
*Kochzeit: ca. 1 Stunde*

*Zutaten:*
*1 kleine Zwiebel (ca. 50 g)*
*1 kleine Karotte*
*1 Selleriestange*
*50 g magerer Pancetta*
*2 Esslöffel Öl*
*30 g Butter*
*200 g mageres, gehacktes Rindfleisch*
*1 Lorbeerblatt*
*200 g geschälte Tomaten aus der Dose (Pelati), abgetropft*
*1 Esslöffel Tomatenpüree*
*1½ dl trockener Weisswein*
*½ Mokkalöffel geriebene Muskatnuss*
*Salz*
*(Pfeffer)*
*(4–5 Esslöffel Rahm)*

*Geräte:*
*kleines und grosses Küchenmesser, Holzbrett, (Wiegemesser), mittelgrosse Pfanne, Deckel, Dosenöffner, Muskatnussreibe*

- Die Zwiebel schälen. Die Karotte schälen und waschen. Die Selleriestange waschen.
- Die Schwarte vom Pancetta wegschneiden.
- Alle diese Zutaten hacken oder in kleine Würfel schneiden.
- Öl und Butter bei mittlerer Temperatur erhitzen. Wenn die Butter geschmolzen ist, die vorbereiteten Zutaten hineingeben. Ca. 5 Minuten unter häufigem Rühren dünsten, ohne Farbe annehmen zu lassen.
- Das gehackte Rindfleisch dazugeben und bei etwas stärkerer Hitze unter häufigem Wenden hellbraun dünsten (ca. 5 Minuten).
- Lorbeerblatt, die zerkleinerten Pelati und das Tomatenpüree, Wein, Muskatnuss, Salz und nach Belieben Pfeffer zugeben und alles zum Kochen bringen.
- Zudecken, die Temperatur reduzieren und unter gelegentlichem Rühren 30 Minuten garen.
- Nach 30 Minuten enthält die Sauce, wenn sie bei kleiner Hitze und mit einem gut schliessenden Deckel gekocht wurde, immer

noch ziemlich viel Flüssigkeit. Deshalb ungedeckt noch ca. 10 Minuten bei stärkerer Hitze kochen. Darauf achten, dass eine dickflüssige Sauce entsteht.

● Nach Belieben den Rahm beifügen, gut mischen und bei mässiger Hitze nochmals 5 Minuten kochen, oder bis die Sauce wieder die gewünschte Konsistenz erreicht hat.

---

*● Die Teigwaren mit dieser Sauce, etwas Butter (ca. 40 g für 4 Personen) und geriebenem Parmesan servieren. ● Zusammen mit Lorbeerblatt, Tomaten usw. kann man 10 g gedörrte, während 15 Minuten in Wasser eingelegte, ausgedrückte und gehackte Pilze beifügen.*

# Basilikumsauce – Pesto

*Zu Trenette, Spaghetti, Farfalle, Nudeln, Kartoffelgnocchi*

**Für 4 Personen**
*Arbeitsaufwand: 20 Minuten*

*Zutaten:*
*Basilikum*
*(im Volumen einem halben kleinen Salatkopf entsprechend)*
*20 g reifer, rezenter sardischer Pecorino*
*35 g Parmesan*
*1–2 Knoblauchzehen*
*6 Esslöffel Olivenöl*
*(1 Esslöffel Pinienkerne)*
*1 Prise Salz*

*«Pesto», die berühmte Basilikumsauce, die kalt serviert wird*

*Geräte:*
*(Sieb und Küchentuch),*
*Käseraffel, kleines*
*Küchenmesser, Mörser*
*mit Stössel*

Man sollte das kleinblättrige, helle Basilikum mit dem milden Geschmack und Geruch verwenden und nicht das grossblättrige, sehr grüne mit dem fast aggressiven Geschmack, das man aber zu gewissen Zeiten leichter bekommt.

• Das Basilikum abblättern. Wenn es sehr sauber ist, nicht waschen. Sonst in ein grosses Gefäss mit kaltem Wasser geben, einmal durchschwenken und gut abtropfen lassen. Wenn nötig diesen Vorgang wiederholen. Dann die Blätter auf ein Küchentuch legen, mit dem Tuch bedecken und mit der Handfläche sorgfältig trockentupfen.
• Die beiden Käsesorten reiben.
• Den Knoblauch schälen und in Scheibchen schneiden. Basilikum und Knoblauch im Mörser mit dem Stössel zu einem Brei zerstampfen, indem man sie gegen den Boden und die Wände reibt.
• Nach und nach Käse, Öl und nach Belieben Pinienkerne beifügen, weiter zerstossen und mischen, bis eine cremeähnliche Masse entsteht. Zuletzt mit Salz abschmecken. Vorsichtig vorgehen, da der Salzbedarf von der Schärfe der beiden Käsesorten abhängt.

• *Man kann den Pesto auch in einem starken Mixer zubereiten.*

# Muschelsauce – Sugo alle vongole

*Zu Spaghetti*

**Für 4 Personen**
*Arbeitsaufwand: ca. 20 Minuten*
*Kochzeit: ca. 25 Minuten*

*Zutaten:*
*1 kg Vongole (kleine Muscheln), ohne Schalen ca. 150 g*
*6 Esslöffel Olivenöl*
*2 Knoblauchzehen*
*300 g geschälte Tomaten aus der Dose (Pelati), abgetropft*
*1 gehäufter Esslöffel gehackte Petersilie*
*Salz*

*Geräte:*
*Sieb, mittelgrosse Pfanne,*
*Deckel, Holzlöffel, Gefäss*
*für das Muschelfleisch,*
*kleine Pfanne, Dosenöffner,*
*Holzbrett und Wiegemesser*

• In einem grossen Gefäss die Muscheln in reichlich kaltem Wasser spülen. Herausnehmen und gut abtropfen lassen.
• In die mittelgrosse Pfanne geben und zudecken. Bei starker Hitze 5 Minuten dünsten, oder bis sich die Muscheln geöffnet haben. Während dieser Zeit häufig rühren.
• Wenn alle Muscheln offen sind, etwas auskühlen lassen, das Fleisch aus den Schalen nehmen und in ein Gefäss geben. (Am Anfang kann man einen kleinen Löffel zu Hilfe nehmen. Wenn die Muscheln nicht mehr so heiss sind, lässt sich das Muschelfleisch leichter mit den Fingern aus den Schalen holen.)
• In der kleineren Pfanne bei mittlerer Hitze die geschälten, ganzen Knoblauchzehen im Öl dünsten.
• Wenn sie nach 3–4 Minuten etwas Farbe angenommen haben (aufpassen, dass sie nicht zu dunkel werden, weil sonst Geruch und Geschmack zu ausgeprägt würden), herausnehmen und wegwerfen.
• Das Muschelfleisch in das Öl geben und 1–2 Minuten dünsten.

- Die gut abgetropften Tomaten, Petersilie und Salz beifügen. Bei mittlerer Hitze ca. 15 Minuten kochen. Dabei die Temperatur so regulieren, dass am Ende der Kochzeit die Sauce die gewünschte Konsistenz aufweist.

---

- *Normalerweise werden mit dieser Sauce fertig gekochte, abgetropfte Spaghetti in der zum Servieren vorgesehenen Schüssel gemischt. Einzelne Köche ziehen es jedoch vor, die noch nicht ganz fertig gekochten, gut abgetropften Spaghetti in der Sauce zu Ende zu kochen. Die Sauce halten sie zu diesem Zweck ziemlich dünnflüssig und bereiten sie in der Bratpfanne zu.*

---

# Ungekochte Tomatensauce
## Salsa di pomodoro crudo

*Vor allem zu Spaghetti*

**Für 4 Personen**
*Arbeitsaufwand: 10 Minuten*

*Zutaten:*
*500 g reife Tomaten*
*(wenn möglich birnenförmige Saucentomaten)*
*ca. 12 Blätter Basilikum*
*2 Scheibchen Knoblauch*
*Salz*
*(Pfeffer)*
*3–4 Esslöffel Öl*

*Geräte:*
*kleines Küchenmesser,*
*Passevite (Gemüse-*
*passiermaschine), Holzbrett*
*und Wiegemesser*

- Die Tomaten waschen und der Länge nach halbieren. Mit einem Finger die Kerne herausdrücken.
- Durch die Gemüsepassiermaschine treiben.
- Das Basilikum grob und den Knoblauch fein hacken. Zusammen mit den übrigen Zutaten zum Tomatenpüree geben.

---

- *Anstatt die Tomaten durch eine Passiermaschine zu treiben, kann man sie auch mit den übrigen Zutaten (mit Ausnahme des Öls, welches später zugefügt wird) mixen. In diesem Fall die Tomaten zuvor schälen (s. Seite 495), ausser man verfügt über einen sehr starken Mixer.*

---

# Tomatensauce mit Basilikum
## Salsa di pomodoro al basilico

*Zu allen Teigwarensorten*

**Für 4–6 Personen**
*Arbeitsaufwand: 3–4 Minuten*
*Kochzeit: ca. 12 Minuten*

*Zutaten:*
*500 g reife Tomaten*
*(wenn möglich birnenförmige Saucentomaten)*
*ca. 10 Blätter Basilikum*
*2 Esslöffel Öl*
*Salz*

- Die Tomaten waschen und der Länge nach halbieren. Die Kerne herausdrücken. Jede Hälfte in 2–3 Stücke schneiden.

*Geräte:*
*kleines Küchenmesser,*
*Holzbrett und Wiegemesser,*
*mittelgrosse Bratpfanne*

- Das Basilikum wenn nötig waschen, gut abtropfen lassen und hacken.
- Das Öl in der Bratpfanne bei ziemlich starker Hitze ganz kurz erwärmen.
- Die Tomaten hineingeben und bei gleichbleibender Hitze kurz dünsten.
- Das Basilikum beifügen, die Sauce salzen, die Temperatur reduzieren und bei mittlerer Hitze unter gelegentlichem Rühren und Zerdrücken der Tomaten mit einer Gabel noch 10 Minuten kochen, oder bis die Tomaten zerfallen und die Sauce etwas eingekocht ist.

---

- *Diese Sauce kann man, mit etwas Öl oder Butter, geriebenem Parmesan und, nach Belieben, noch etwas Basilikum (nicht gehackt, sondern nur mit den Fingern in Stückchen gerissen), zu beliebigen Teigwaren servieren.* • *Wenn die Tomatenhäute stören, kann man die Tomaten vor der Verwendung schälen (s. Seite 495) oder die Sauce vor dem Anrichten durch das Passevite (Gemüsepassiermaschine) treiben.* • *Sollten geschälte Tomaten oder Sauce übrig bleiben, kann man sie im Kühlschrank in einem Glas einige Tage aufbewahren. Die Oberfläche mit etwas Öl bedecken. Anstelle von frischen Tomaten kann man auch 400 g Pelati aus der Dose verwenden.*

---

# Fleischsauce mit Pilzen
## Sugo di carne con funghi

*Vor allem zu Makkaroni*

**Für 4 Personen**
*Einweichen der Pilze:*
*15 Minuten*
*Arbeitsaufwand: 5 Minuten*
*Kochzeit: ca. 40 Minuten*

*Zutaten:*
*5–10 g getrocknete Pilze (Steinpilze)*
*4 Esslöffel Öl*
*150–200 g gehacktes Rindfleisch*
*1 kleine Zwiebel*
*(2 Scheiben gekochter Schinken)*
*5 Esslöffel trockener Weisswein*
*250 g geschälte Tomaten aus der Dose (Pelati), abgetropft*
*1 Esslöffel Tomatenpüree*
*Salz*
*(3 Esslöffel Rahm)*

*Geräte:*
*Tasse, mittelgrosse Pfanne,*
*kleines Küchenmesser,*
*Holzbrett und Wiegemesser,*
*Dosenöffner*

- Die Pilze in der Tasse mit lauwarmem Wasser 15 Minuten einweichen.
- Das Öl in der Pfanne 1/2 Minute erhitzen. Das Rindfleisch darin unter häufigem Wenden bei mittlerer Hitze 3–5 Minuten dünsten. Unterdessen die Zwiebel schälen und hacken.
- Die Zwiebel zum Fleisch geben und weitere 5 Minuten unter Rühren dünsten.
- Die Pilze abtropfen lassen und ausdrücken (die Einweichflüssigkeit nicht weggiessen). Nicht allzu fein hacken, nach Belieben zusammen mit dem Schinken, und zum Fleisch geben.
- Die Einweichflüssigkeit der Pilze (ohne den allfälligen sandigen Rückstand) dazugiessen und Weisswein, Tomaten, Tomatenpüree und Salz zugeben.

*Diese Fleischsauce mit Pilzen macht aus Teigwaren ein Hauptgericht*

● Bei starker Hitze zum Kochen bringen, dann die Temperatur reduzieren und unter gelegentlichem Rühren ca. 25 Minuten, oder bis die Sauce etwas eingekocht ist, leise köcheln lassen.
● Nach Belieben den Rahm beifügen und nochmals 5 Minuten kochen, oder bis die Sauce die gewünschte Konsistenz aufweist.

● *Die Teigwaren mit dieser Sauce, nach Belieben einigen Stückchen Butter und geriebenem Parmesan servieren.*

# Ungekochte Eiersauce – Salsa cruda all'uovo

*Zu Spaghetti, Trenette, Nudeln*

**Für 4 Personen**
*Arbeitsaufwand: 2 Minuten*

*Zutaten:*
*3 Eigelb*
*3–4 Esslöffel geriebener Parmesan*
*½ Teelöffel geriebene Muskatnuss*
*(2 Esslöffel Rahm)*
*30 g Butter*

*Geräte:*
*Schüssel, Käseraffel,*
*Muskatnussreibe*

● Während die Teigwaren kochen, in der zum Servieren vorgesehenen Schüssel Eigelb, Parmesan, Muskatnuss und, nach Belieben, Rahm zu einer gleichmässigen Sauce verrühren. Die in kleine Stückchen geschnittene Butter beifügen.
● Die fertig gekochten und gut abgetropften Teigwaren in die Schüssel geben und gut umrühren. Sofort servieren.

# Sauce mit grünen Oliven – Sugo con olive verdi

*Zu Spaghetti, Trenette, Bucatini*

**Für 4 Personen**
*Arbeitsaufwand: 10 Minuten*

*Zutaten:*
*50 g entsteinte grüne Oliven*
*80 g frischer Ziegenkäse*
*4 Esslöffel reifer, geriebener Pecorino*
*30 g Butter*
*Salz*

*Geräte:*
*Holzbrett und Wiegemesser,*
*Schüssel, Gabel*

- Während die Teigwaren kochen, die Oliven fein hacken und in die Schüssel geben.
- Käse, Butter und wenig Salz beifügen.
- Wenn die Teigwaren fast fertig gekocht sind, 2–3 Esslöffel Kochflüssigkeit in die Schüssel geben. Alle Zutaten verrühren und mischen, bis eine gleichmässige Masse entstanden ist.
- Die gekochten und gut abgetropften Teigwaren dazugeben, mischen und servieren.

---

- *Falls keine entsteinten Oliven verfügbar sind, kann man sie selber mit einem Olivenentsteiner oder einem kleinen Messer von den Steinen befreien. Von nicht entsteinten Oliven braucht es ca. 70 g.*

# Sauce mit Erbsen und Saubohnen
## Sugo con piselli e fave

*Zu Spaghetti, Trenette, Nudeln*

**Für 4 Personen**
*Arbeitsaufwand:*
*10–15 Minuten*
*Kochzeit: ca. 25 Minuten*

*Zutaten:*
*300 g grüne Erbsen (mit Hülsen)*
*200–250 g zarte Saubohnen (mit Hülsen)*
*1 sehr kleine Zwiebel*
*1 Scheibe magerer Pancetta*
*3 Esslöffel Öl*
*1 Teelöffel Mehl*
*3 Esslöffel trockener Weisswein*
*Salz*

*Geräte:*
*kleines Küchenmesser,*
*Holzbrett, Küchenmesser*
*oder Wiegemesser,*
*mittelgrosse Pfanne*

- Erbsen und Saubohnen enthülsen.
- Die Zwiebel schälen und mit dem Pancetta fein hacken.
- Öl, Zwiebel und Pancetta in die Pfanne geben. Bei schwacher Hitze und unter häufigem Rühren 5 Minuten dünsten, ohne Farbe annehmen zu lassen.
- Erbsen und Bohnen beifügen und einige Minuten mitdünsten.
- Mit dem Mehl bestäuben und gut mischen.
- Den Weisswein dazugiessen und, wenn er eingekocht ist, falls nötig nach und nach etwas heisses Wasser zugeben. 20 Minuten weiterkochen, oder bis Erbsen und Bohnen gar sind.

---

- *Die Teigwaren mit dieser Sauce, etwas Butter und, nach Belieben, geriebenem Parmesan oder Pecorino servieren.*

# Sauce mit Erbsen und Peperone
## Sugo con piselli e peperone

*Zu allen Teigwarensorten*

**Für 4 Personen**
*Arbeitsaufwand: 5 Minuten*
*Kochzeit: ca. 20 Minuten*

*Zutaten:*
*2 Scheiben geräucherter Pancetta*
*½ kleiner Peperone (Paprikaschote)*
*400 g geschälte Tomaten aus der Dose (Pelati), abgetropft*
*6–8 Esslöffel enthülste Erbsen, evtl. tiefgekühlt*
*2 Esslöffel Öl*
*Salz*

*Geräte:*
*Holzbrett, kleines und grosses Küchenmesser, mittelgrosse Pfanne, Deckel, Dosenöffner*

- Die Pancetta-Scheiben auf das Holzbrett legen und in je 4–5 Stücke schneiden. Aufeinanderlegen und zusammen in kleine Quadrate schneiden.
- Vom Peperone den Stielansatz, die inneren Rippen und Samen entfernen. Waschen, der Länge nach in 3–4 mm breite Streifen und dann in kleine Vierecke schneiden.
- Alle Zutaten in die Pfanne geben (beim Salzen berücksichtigen, dass der Pancetta bereits stark gesalzen ist). Zudecken.
- Bei starker Hitze kurz aufkochen. Die Temperatur reduzieren und bei schwacher Hitze 20 Minuten leise kochen. Gegen Ende der Kochzeit den Deckel abheben und die Temperatur leicht erhöhen, damit die Sauce etwas einkocht.

- *Beliebige Teigwaren mit dieser Sauce und einigen Esslöffeln Öl anrichten. Geriebenen Parmesan separat servieren.*

## Saucen zu Polenta

Zu Polenta passen viele Arten von Saucen. Je nachdem, was diese enthalten, wird Polenta zu einem Hauptgericht, das auch optisch vollauf zu befriedigen vermag. Denn neben dem leuchtenden Gelb einer Polenta sehen fast alle Zutaten, etwa eine Tomaten- oder eine Eierschwammsauce, schön aus. Im übrigen lassen sich die meisten Saucen, die zu Teigwaren passen, auch zu frisch gekochter oder in Scheiben geschnittener, gebratener Polenta servieren.

# Eierschwammsauce – Sugo di funghi galletti

*Zu Polenta und Fleischgerichten*

**Für 4 Personen**
*Arbeitsaufwand:*
*8–10 Minuten*
*Kochzeit: ca. 30 Minuten*

*Zutaten:*
*350 g Eierschwämme (Pfifferlinge)*
*1 mittelgrosse Zwiebel*
*1 Knoblauchzehe*
*4–5 Esslöffel Öl*
*250 g geschälte Tomaten aus der Dose (Pelati), abgetropft*
*½ Esslöffel Tomatenpüree*
*1 gehäufter Esslöffel gehackte Petersilie*
*Salz*

*Geräte:*
*kleines Küchenmesser,*
*Holzbrett, mittelgrosse*
*Pfanne, Deckel, Dosenöffner,*
*Wiegemesser*

- Die Pilze putzen und erdige Stellen wegschneiden. Rasch unter fliessendem kaltem Wasser waschen und sofort mit einem Küchentuch trockentupfen. In eher kleine Stücke schneiden.
- Die Zwiebel schälen und in kleine Würfel schneiden. Die Knoblauchzehe schälen.
- Öl, Pilze, Zwiebel und Knoblauchzehe in die Pfanne geben. Bei mittlerer Hitze unter häufigem Wenden 2–3 Minuten anziehen lassen.
- Die gut abgetropften und mit einer Gabel zerdrückten Pelati, Tomatenpüree, Petersilie und Salz beifügen.
- Bei mittlerer Hitze zum Kochen bringen.
- Den Deckel aufsetzen, die Temperatur reduzieren und unter gelegentlichem Rühren bei schwacher Hitze ca. 25 Minuten kochen, oder bis die Pilze gar sind. Dabei darauf achten, dass die Sauce nicht zu stark einkocht und die Pilze nicht ansitzen (falls nötig, noch ganz wenig Wasser beifügen).

# Fleischsauce mit Wurstmasse
## Sugo di carne e salsiccia

*Zu Polenta und Makkaroni*

**Für 4 Personen**
*Einweichen der Pilze:*
*15 Minuten*
*Arbeitsaufwand: 5–6 Minuten*
*Kochzeit: 30–35 Minuten*

*Zutaten:*
*10–15 g getrocknete Pilze (Steinpilze)*
*100 g Schweinebratwurstmasse*
*3 Esslöffel Öl*
*1 mittelgrosse Zwiebel*
*150 g gehacktes Rindfleisch*
*5 Esslöffel Rotwein*
*200 g geschälte Tomaten aus der Dose (Pelati), abgetropft*
*1/4 Esslöffel Tomatenpüree*
*Salz*

*Geräte:*
*grosse Tasse, mittelgrosse*
*Pfanne, kleines Küchen-*
*messer, Holzbrett, Wiege-*
*oder grosses Messer,*
*Dosenöffner*

- Die Pilze für 15 Minuten in lauwarmes Wasser einlegen.
- Die Wurstmasse aus dem Darm pressen und nicht allzu stark zerkleinern. Mit dem Öl in die Pfanne geben. Bei schwacher Hitze unter häufigem Rühren 2–3 Minuten anziehen und etwas Farbe annehmen lassen.
- Inzwischen die Zwiebel schälen und in sehr kleine Würfel schneiden.
- Die Pilze abtropfen lassen, ohne die Einlegeflüssigkeit wegzugiessen, gut ausdrücken und nicht zu fein hacken.
- Zwiebel, gehacktes Rindfleisch und Pilze ebenfalls in die Pfanne geben und 4–5 Minuten mitdünsten.
- Den Rotwein dazugiessen, die Pelati beifügen und mit einer Gabel gut zerdrücken. Tomatenpüree, 5 Esslöffel Einlegeflüssigkeit der Pilze (darauf achten, dass ein allfälliger Bodensatz in der Tasse zurückbleibt) und Salz (nicht zuviel, da die Wurstmasse bereits gewürzt ist) dazugeben. Sehr gut umrühren.
- Alles bei mittlerer Hitze zum Kochen bringen, dann die Temperatur reduzieren und bei schwacher Hitze 25–30 Minuten kochen lassen. Die Temperatur so regulieren, dass am Ende der Kochzeit die Sauce die gewünschte Konsistenz aufweist.

# Buttermischungen

Butter ist ein so köstliches Produkt, das unverändert und kalt oder mehr oder weniger stark erhitzt über bereits angerichtete Speisen verteilt werden kann. Mit wenigen anderen Zutaten (Kräutern, Sardellen, Knoblauch usw.) vermischt, verleiht Butter Fleisch, Fisch, Gemüse, Reis oder Teigwaren zusätzlichen Geschmack.

## Kalte Buttermischungen

Kalte Buttermischungen, d. h. mit anderen Zutaten gewürzte Butter, schmecken besonders gut zu kurz gebratenem oder grilliertem Fleisch oder zu Hackfleischkugeln, aber auch zu Fisch. Sie sind sehr praktisch, weil sie im voraus zubereitet und kalt gestellt werden müssen. Sie lassen sich im Kühlschrank einige Tage und im Tiefkühlgerät über längere Zeit aufbewahren. In diesem Fall ist es unbedingt nötig, sie eine halbe Stunde vor der Verwendung herauszunehmen, um sie etwas aufzutauen.

Normalerweise werden die kalten Buttermischungen direkt aus dem Kühlschrank entweder in Scheiben geschnitten (wenn sie vorher zu einer Rolle geformt wurden) oder auf einem passenden Teller serviert und erst ganz zuletzt auf das heisse, gebratene Fleisch gelegt. Man kann aber auch ein Stückchen einer solchen kalten Buttermischung nach dem Braten in die Pfanne geben, um damit den Bratensatz zu lösen, und das Ganze dann heiss über das Fleisch verteilen.

Für die Zubereitung der Mischung ist es wichtig, dass die Butter Zeit hatte, bei Raumtemperatur genügend weich zu werden.

# Basilikumbutter – Burro al basilico

*Zu grilliertem Fleisch oder Fisch, Hackfleischkugeln*

**Für 4 Personen**
*Arbeitsaufwand: 3 Minuten*

*Zutaten:*
*1 Esslöffel gehacktes Basilikum*
*(1 Scheibe Knoblauch)*
*50 g Butter*
*1 Teelöffel Zitronensaft*
*Salz*
*(Pfeffer)*

*Geräte:*
*Holzbrett und Wiegemesser,*
*tiefer Teller oder*
*niedrige Schüssel, Gabel*

- Das Basilikum, evtl. zusammen mit dem Knoblauch, hacken.
- Alle Zutaten in den Teller oder die Schüssel geben. Mit der Gabel gut vermischen.
- Aufbewahren und servieren, wie in der Einleitung erklärt.

- *Anstatt Basilikum kann mit der Butter eine durchgepresste Knoblauchzehe vermischt werden. Aber auch fein gehackte Kapern, zerdrückter Gorgonzola, Sardellenpaste oder ganz einfach 1 Teelöffel scharfer Senf verleihen der Butter einen köstlichen Geschmack. (Bei diesen Varianten den Zitronensaft weglassen.)*

*Butter Maître d'hôtel hat auch in der italienischen Küche Aufnahme gefunden*

# Butter Maître d'hôtel – Burro maître d'hôtel

*Zu grilliertem Fleisch, Hackfleischkugeln, zu Kalbs- oder anderen Schnitzeln*

**Für 4 Personen**
*Arbeitsaufwand: 3 Minuten*

*Zutaten:*
*50 g Butter*
*1 gehäufter Esslöffel gehackte Petersilie*
*½ Esslöffel Zitronensaft*
*Salz*
*(weisser Pfeffer)*

*Geräte:*
*Holzbrett und Wiegemesser,*
*tiefer Teller oder*
*niedrige Schüssel, Gabel*

● Alle Zutaten in den Teller oder die Schüssel geben und mit der Gabel gut verrühren.
● Aufbewahren und servieren, wie in der Einleitung auf Seite 449 erklärt.

# Petersilien-Knoblauch-Butter
## Burro al prezzemolo e aglio

*Zu grilliertem Fleisch oder Fisch, Hackfleischkugeln*

**Für 4 Personen**
*Arbeitsaufwand: 3 Minuten*

*Zutaten:*
*1 gehäufter Esslöffel gehackte Petersilie*
*1–2 Scheiben Knoblauch*
*50 g Butter*
*Salz*
*(Pfeffer)*

*Geräte:*
*Holzbrett und Wiegemesser,*
*tiefer Teller oder niedrige*
*Schüssel, Gabel*

- Petersilie und Knoblauch zusammen sehr fein hacken.
- Alle Zutaten in den Teller oder die Schüssel geben und mit der Gabel gut verrühren.
- Aufbewahren und servieren, wie in der Einleitung auf Seite 449 erklärt.

## Warme Buttermischungen

Auch die warmen Buttermischungen passen sehr gut zu Fleisch, aber auch zu Teigwaren, Reis oder pochierten Eiern schmecken sie ausgezeichnet. Zum Servieren werden sie direkt über das entsprechende Gericht verteilt oder aber in eine vorgewärmte Sauciere angerichtet. Wichtig ist bei diesen Zubereitungen, dass die Butter nicht allzu stark erhitzt wird. Sie soll wohl aufschäumen, darf sich aber nicht verfärben.

---

# Sardellenbutter – Burro all'acciuga

---

*Zu gekochtem oder grilliertem Fleisch, Hackfleischkugeln, gekochtem Reis, Spaghetti*

**Für 4 Personen**
*Arbeitsaufwand: 6 Minuten*

*Geräte:*
*kleines Pfännchen, Gabel*

*Zutaten:*
*50 g Butter*
*50 g Sardellenfilets*

- Butter und Sardellenfilets in das Pfännchen geben. Die Butter bei schwacher Hitze schmelzen.
- Wenn sie geschmolzen ist, mit der Gabel die Sardellenfilets zerzupfen und gleichzeitig umrühren. Die Sardellenfilets zerfallen vollständig.
- Heiss, aber bevor die Butter zu kochen beginnt, über das vorgesehene Gericht verteilen.

---

- *Nach Belieben gleichzeitig mit den Sardellen 1 Esslöffel gehackte Kapern oder 1 Teelöffel scharfen Paprika zur Butter geben.*

---

# Estragonbutter – Burro al dragoncello

---

*Zu gekochtem, grilliertem oder im Ofen gebackenem Fisch, zu grilliertem Fleisch, heissen pochierten Eiern*

**Für 4 Personen**
*Arbeitsaufwand: 5 Minuten*

*Geräte:*
*kleines Küchenmesser,*
*kleines Pfännchen, Löffel*
*oder Gabel*

*Zutaten:*
*1 Teelöffel gehackter, frischer Estragon*
*50 g Butter*
*Saft von 1 kleinen Zitrone*
*Salz*

- Alle Zutaten in das Pfännchen geben und bei schwacher Hitze unter ständigem Rühren erwärmen, bis die Butter die Konsistenz einer Creme aufweist. Sie soll weder flüssig noch durchsichtig werden.
- Vom Herd nehmen, in eine Sauciere giessen und servieren.

# Marinaden

Bei den Marinaden handelt es sich um ein Gemisch aus Flüssigkeiten, Gewürzen und anderen Zutaten, in welche Fleischstücke oder Fische vor der weiteren Zubereitung über kürzere oder längere Zeit eingelegt werden. Zum Marinieren ein Gefäss verwenden, das sich durch Säuren nicht verändert (Gefässe aus Aluminium oder glasiertem Ton eignen sich zum Beispiel nicht).

## Pikante Marinade – Marinata piccante

*Für Fleisch im allgemeinen*

**Für 4 Personen**
*Arbeitsaufwand: 2 Minuten*

*Zutaten:*
*4 Esslöffel Öl*
*2 Esslöffel Worcestershire-Sauce*
*½ Esslöffel Zitronensaft*
*einige Tropfen Tabasco*
*Salz*

*Geräte:*
*Gefäss zum Marinieren*
*(s. oben), Löffel oder*
*Gabel*

- Alle Zutaten in das zum Marinieren verwendete Gefäss geben und vermischen.
- Das zu marinierende Fleisch hineingeben, wenden und einige Stunden ruhen lassen (evtl. im Kühlschrank).

## Zitronenmarinade – Marinata al limone

*Für Fleisch und Fisch*

**Für 4 Personen**
*Arbeitsaufwand: 3 Minuten*

*Zutaten:*
*1 kleine Zwiebel (ca. 50 g)*
*1 Lorbeerblatt*
*4 Esslöffel Öl*
*1 Teelöffel Oregano*
*Saft von ½ Zitrone*
*Salz*
*(Pfeffer)*

*Geräte:*
*kleines Küchenmesser,*
*Holzbrett, Gefäss zum*
*Marinieren (s. oben),*
*Löffel oder Gabel*

- Die Zwiebel schälen und in dünne Scheiben schneiden.
- Das Lorbeerblatt in kleine Stücke brechen.
- Alle Zutaten in das zum Marinieren verwendete Gefäss geben und vermischen.
- Das zu marinierende Fleisch hineingeben, wenden und 2–12 Stunden ruhen lassen (evtl. im Kühlschrank).

# Rotweinmarinade
## Marinata al vino rosso

*Für dunkles Fleisch*

**Für 4 Personen**
*Arbeitsaufwand: 5 Minuten*

*Zutaten:*
*1 kleine Zwiebel (ca. 50 g)*
*1 kleine Karotte*
*3–4 Zweiglein Petersilie*
*1 Teelöffel schwarze Pfefferkörner*
*2 Zweiglein frischer oder 1 Prise getrockneter Thymian*
*2 Esslöffel Öl*
*1 Esslöffel Essig*
*1 dl Rotwein*
*Salz*

*Geräte:*
*kleine Küchenmesser,*
*Holzbrett, Fleischhammer,*
*Gefäss zum Marinieren*
*(s. Seite 452), Löffel*
*oder Gabel*

- Die Zwiebel schälen. Die Karotte schälen und waschen. Beides in dünne Scheiben schneiden.
- Die Petersilie unter kaltem Wasser waschen und abtropfen lassen.
- Die Pfefferkörner auf das Holzbrett legen und mit dem Fleischhammer leicht zerdrücken, ohne sie ganz zu zerquetschen.
- Alle Zutaten in das zum Marinieren verwendete Gefäss geben und vermischen.
- Das zu marinierende Fleisch hineingeben, wenden und 2–12 Stunden ruhen lassen (evtl. zugedeckt im Kühlschrank). Dabei von Zeit zu Zeit die Stücke wenden.

---

# Wacholdermarinade – Marinata al ginepro

*Für dunkles Fleisch und Wild*

**Für 4 Personen**
*Arbeitsaufwand: 3 Minuten*

*Zutaten:*
*1 kleine Zwiebel (ca. 50 g)*
*1 Teelöffel Wacholderbeeren*
*1 dl Rotwein*
*1 Zweiglein frischer oder 1 Prise getrockneter Thymian*
*Salz*
*(Pfeffer)*

*Geräte:*
*kleines Küchenmesser,*
*Holzbrett, Fleischhammer,*
*Gefäss zum Marinieren*
*(s. Seite 452), Löffel*
*oder Gabel*

- Die Zwiebel schälen und in ziemlich dünne Scheiben schneiden.
- Die Wacholderbeeren mit dem Fleischhammer leicht zerstossen.
- Alle Zutaten in das zum Marinieren verwendete Gefäss geben und vermischen.
- Das zu marinierende Fleisch hineingeben, wenden und 2–12 Stunden ruhen lassen (evtl. zugedeckt im Kühlschrank). Dabei von Zeit zu Zeit die Stücke wenden.

---

- *Nach Belieben 1 in Scheiben geschnittene Knoblauchzehe beifügen.*

# Weine aus Italien

Die italienischen Weine erfreuen sich zusehends grösserer Beliebtheit, denn lange Zeit wurden sie bei uns unterschätzt. Auch kannte man nur gerade den Chianti, den Valpolicella, die Tiroler Weine, den Merlot oder Veltliner. Kenner befassten sich allerdings schon lange mit den hervorragenden Weinen des Piemont, wie Barolo, Barbaresco und Nebbiolo, um nur einige zu nennen, die es mit den Spitzenweinen Frankreichs aufnehmen können. Inzwischen weiss man, dass es auch aus anderen Regionen Italiens Tropfen gibt, die ihresgleichen suchen. Denken wir dabei nur an Weine aus der Toscana, wie den Brunello di Montalcino oder den Vino nobile di Montepulciano, an den Amarone aus dem Veneto oder an die hervorragenden Weissweine aus dem Friaul. Viele Weine tragen den Namen ihres Herkunftsortes, wie beispielsweise Orvieto, Frascati, Cinque Terre usw., und sind vor allem durch Italienreisende bekannt geworden.

Immer noch etwas verkannt sind die ausgezeichneten trockenen Weissweine aus dem Friaul und der Pinot grigio sowie die verschiedenen Spumante, die neuerdings auch «brut», also sehr trocken, erhältlich sind und einem Aperitif sehr gut anstehen. So hat zum Beispiel ein Prosecco nichts mehr gemeinsam mit den süssen Schaumweinen, die wir früher aus Italien zu importieren pflegten.

Zu einem gelungenen Essen gehört ein guter Wein. Das weiss man auch in Italien, und im Restaurant wird der Kellner den Gast gut beraten. Damit Sie auch zuhause die passenden Weine einkaufen und servieren können, folgen auf den nächsten Seiten Steckbriefe der wichtigsten italienischen Weine mit dem Hinweis, zu welchen Gerichten sie serviert werden können. Seien Sie nicht enttäuscht, wenn vielleicht Ihr Lieblingswein nicht dabei ist. In Italien gibt es über 2000 Weinsorten, und es ist unmöglich, eine allen Wünschen gerecht werdende Auswahl zusammenzustellen.

*Das Angebot an italienischen Weinen ist heute auch nördlich der Alpen so reichhaltig, dass man zu jeder italienischen Mahlzeit den passenden Wein findet*

# Weinlandschaften, Qualitätsklassen, Etikett

## Die italienischen Weinlandschaften

Italien ist heute der grösste Weinproduzent der Welt. Es gibt in diesem Land nur wenige Regionen, in welchen kein Wein angebaut wird. Die wichtigsten Gebiete sind:

PIEMONT
NORDWESTEN ITALIENS
*(Oberitalien, Lombardei, Ligurien, Venetien, Emilia-Romagna)*
FRIAUL

TOSCANA und MITTEL-ITALIEN *(Umbrien, Latium)*
SÜDITALIEN
SARDINIEN
SIZILIEN

## Die kontrollierten Qualitätsklassen

1963 wurden im italienischen Weingesetz drei kontrollierte Qualitätsklassen definiert:

**Vini da tavola con indicazione geografica:** Darunter versteht man einfache Tafelweine, die nur einen Hinweis auf das Produktionsgebiet tragen.

**Denominazione di origine controllata (DOC):** Dies sind registrierte Weine mit abgegrenztem Anbaugebiet und mit Qualitätsnormen, die beim Eintrag ins Register eingehalten werden müssen. Diese Weine tragen ein DOC-Etikett und werden amtlich überprüft.

**Denominazione di origine controllata e garantita (DOCG):** Ein Spitzenprädikat, das nur bestimmten Weinen einzelner Produzenten, nicht aber ganzen Distrikten verliehen wird. Dieser Wein muss vom Produzenten oder von einer verantwortlichen Weinkellerei abgefüllt und mit einem staatlichen Siegel verschlossen werden.

Die Bezeichnung hat ähnliche Bedeutung wie die «Appellation contrôlée» in Frankreich.

Die Klassifizierung der Weine ist nicht abgeschlossen.

**Gallo nero:** Dieses Zeichen, das einen schwarzen Hahn darstellt, sieht man auf dem Etikett des Chianti classico. Es gibt aber auch andere ausgezeichnete Weine aus diesem Gebiet ohne dieses Signet.

## Das Etikett

Damit die italienische Weinsprache auf den Etiketten besser verständlich ist, hier ein paar gebräuchliche Ausdrücke:

*tenuta* oder *podere*
**Besitz oder Weingut**

*cantina*
**Keller oder Weinkellerei**

*cantina sociale* oder *cooperativa*
**Winzergenossenschaft**

*vendemmia* **Jahrgang**

*riserva* **Wein besserer Qualität**

*imbottigliato* **abgefüllt**

*imbottigliato nell'origine*
**Abfüllung auf dem Weingut**

*vino da tavola* **einfacher Wein**

*bianco* **weiss**

*rosso* **rot**

*nero* **tiefdunkelrot**

*rosato* **rosé**

*secco* **trocken**

*amaro*
**bitter oder sehr trocken**

*amabile* **lieblich, mittelsüss**

*abboccato* **süsslich**

*dolce* **sehr süss**

*Vino Santo* **aus sonnengetrockneten Trauben gekeltert**

*stravecchio* **sehr alter Wein**

*vino liquoroso*
**sehr süsser, likörartiger Wein**

*spumante*
**schäumend, Schaumwein**

*frizzante* **halbschäumend**

*gradi*
**Volumenprozente Alkohol**

# Die zu verschiedenen Gelegenheiten am besten passenden Weine

(Die Nummern beziehen sich auf die auf den Seiten 458–473 erwähnten Weine.)

| | |
|---|---|
| für die ganze Mahlzeit passend | 12, 45, 57, 62, 115, 124 |
| allein trinkbar | 3, 5, 7, 16, 17, 19, 23, 25, 46, 50, 51, 60, 61, 62, 75, 109 |
| als Aperitif | 2, 3, 7, 24, 25, 28, 29, 31, 32, 35, 37, 46, 48, 55 |
| zu Vorspeisen | 14, 55; *italienische:* 4, 22, 27, 28, 38, 39, 45, 52, 53, 54, 56, 58, 86, 88, 93; *warme:* 30, 98, 124; *Fisch und Meeresfrüchte:* 11, 13, 30, 34, 49; *leichte und fleischlose:* 12, 22, 24, 27, 31, 35, 37, 38, 39, 41, 43, 44, 45 |
| zu Teigwaren, Reis und Suppen | *beliebige Teigwaren- und Reisgerichte:* 2, 9, 12, 26, 35, 36, 37, 40, 42, 45, 54, 93, 105; *mit Fisch(saucen):* 10, 13, 15, 30, 34, 39, 43, 44; *mit Fleischsaucen:* 64, 95, 98, 103, 114, 122, 124; *besondere:* 49, 67, 79, 85, 86, 98, 113; *Suppen:* 14, 22, 27, 28, 33, 34, 37, 42, 53, 95, 99 |
| zu Fisch und Meeresfrüchten | 4, 10, 11, 24, 27, 31, 35, 36, 40; *gebraten:* 8, 28, 32, 46, 47, 49; *gekocht:* 22, 33, 38; *grilliert:* 6, 22, 30, 37, 39, 43; *fritiert:* 6, 8, 22, 26, 33, 37, 38, 39, 43, 47; *mit Saucen:* 8, 26, 28, 32, 37, 42, 58; *geschmort:* 15, 37, 43, 44; *Aufläufe und Soufflés:* 14, 41; *übrige:* 2, 12, 15, 21, 29, 32, 38, 46, 47, 98; *Fischsuppen:* 2, 15, 37, 40, 43, 47, 49, 58 |
| zu Rind-, Kalb- und Schweinefleisch | gebraten – dunkel und hell: 59, 63, 64, 66, 69, 71, 73, 74, 78, 81, 82, 86, 89, 91, 94, 95, 96, 99, 101, 105, 108, 111, 113, 114, 117, 118, 120, 122, 123, 126; *dunkel:* 52, 59, 68, 70, 72, 73, 76, 77, 92, 104, 110, 112, 116, 119, 121, 125; *hell:* 57, 67, 83, 85, 88, 90, 91, 97, 100, 102, 103, 124; gekocht: 26, 64, 66, 81, 83, 93, 98, 102, 103, 105, 122; *geschmort:* 66, 69, 74, 85, 95, 110, 124; *grilliert:* 59, 69, 72, 73, 76, 78, 80, 81, 82, 83, 85, 95, 97, 102, 103, 117, 123, 126; fritiert: 93, 95, 101, 102, 103; mit Saucen: 57, 64, 65, 67, 88, 91, 92, 97, 106, 107, 112, 120 |
| zu Lamm und Zicklein | 59, 71, 73, 76, 79, 106, 123 |
| zu Geflügel | 40, 58, 63, 64, 65, 67, 68, 70, 71, 74, 80, 85, 86, 87, 89, 90, 91, 92, 93, 94, 95, 96, 99, 100, 101, 104, 105, 106, 108, 111, 112, 113, 114, 116, 117, 119, 121, 122, 126 |
| zu Kaninchen | 67, 79, 88, 91, 126 |
| zu Wild | 52, 59, 63, 66, 68, 69, 70, 72, 73, 74, 76, 77, 78, 86, 87, 89, 92, 94, 96, 99, 104, 108, 110, 112, 113, 116, 117, 118, 119, 120, 121, 122, 123, 125, 126 |
| zu Innereien | 9, 32, 36, 41, 49, 52, 55, 56, 58, 63, 72, 106; *Kutteln:* 52, 55, 56, 58, 79 |
| zu Wurstwaren und Schinken | 9, 11, 33, 36, 42, 46, 54, 66, 74, 82, 84, 88, 94, 99, 103, 106, 107, 116 |
| zu Gemüse | 9, 40, 93; *fritiert:* 12, 53, 122; *Aufläufe und Soufflés:* 14, 33, 34, 41 |
| zu Trüffeln | 85, 92 |
| zu Eiergerichten | 2, 9, 10, 21, 27, 29, 30, 32, 33, 34, 35, 36, 38, 42, 45, 54, 93 |
| zu Käse | 16, 33, 56, 100, 109; *Weichkäse:* 4, 9, 12, 21, 27, 34, 54, 114; *körniger Hartkäse:* 73, 88, 94, 96, 117, 119; *pikant:* 5, 23, 41, 42, 46, 48, 51, 81; *mittelscharf:* 11, 12; *mild:* 7, 22, 38, 65; *besondere:* 60, 91, 93, 105 |
| zu Obst | 1, 3, 7, 11, 18, 19, 50, 60 |
| zu Süssspeisen | 1, 3, 11, 18, 50, 109; *trocken:* 7, 23; *Feingebäck:* 20; *mit Früchten:* 5; *ohne Früchte oder Likör:* 25; *ohne Cremen:* 28; *stark gezuckert:* 5, 19; *mit Mandeln:* 19, 60; *gewisse Eisspeisen:* 51 |

# Die wichtigsten italienischen Weine

## Weissweine

### 1. Albana di Romagna amabile

*Herkunft:* Emilia-Romagna (Bologna, Forlí, Ravenna)
*Farbe:* goldgelb
*Geschmack:* lieblich
*Alterung:* 3–4 Jahre (für gewisse Jahrgänge länger)
*Serviertemperatur:* 10–12 °C
*Entkorken:* unmittelbar vor dem Servieren
*Passt zu:* Obst, Süssspeisen

### 2. Albana di Romagna secco

*Herkunft:* Emilia-Romagna (Bologna, Forlí, Ravenna)
*Farbe:* strohgelb, goldfunkelnd
*Geschmack:* trocken, mit leicht bitterem Nachgeschmack
*Alterung:* 2–3 Jahre (für gewisse Jahrgänge länger)
*Serviertemperatur:* 12 °C
*Entkorken:* unmittelbar vor dem Servieren
*Passt zu:* Teigwaren, Reis, Eiergerichten, Fisch (besonders zu Aal am Spiess und Fischsuppen); auch als Aperitif trinkbar

### 3. Asti spumante

*Herkunft:* Piemont (Asti, Cuneo, Alessandria)
*Farbe:* strohgelb, goldfunkelnd
*Alterung:* möglichst kurz
*Serviertemperatur:* 6–8 °C

*Entkorken:* unmittelbar vor dem Servieren
*Passt zu:* Obst und Süssspeisen; auch als Aperitif oder allein trinkbar

### 4. Breganze vespaiolo

*Herkunft:* Venetien (Vicenza)
*Farbe:* kräftig strohgelb
*Geschmack:* trocken, säuerlich
*Alterung:* sofort zu konsumieren
*Serviertemperatur:* 10–12 °C
*Entkorken:* unmittelbar vor dem Servieren
*Passt zu:* italienischen Vorspeisen, Fisch, Weichkäse

### 5. Caluso passito

*Herkunft:* Piemont (Turin)
*Farbe:* bernsteinfarben
*Geschmack:* sehr süss
*Alterung:* 5–14 Jahre (für gewisse Jahrgänge länger)
*Serviertemperatur:* 8–10 °C
*Entkorken:* unmittelbar vor dem Servieren
*Passt zu:* Süssspeisen (Früchtekuchen, sehr süssen Desserts), pikantem Käse; auch allein trinkbar

### 6. Capri

*Herkunft:* Kampanien (Insel Capri)
*Farbe:* weisslich bis strohgelb
*Geschmack:* trocken, säuerlich
*Alterung:* sofort zu konsumieren
*Serviertemperatur:* 8–10 °C
*Entkorken:* unmittelbar vor dem Servieren
*Passt zu:* Meeresfrüchten, grillierten Fischen und Krustentieren, fritiertem Fisch

### 7. Cartizze spumante

*Herkunft:* Venetien (Cartizze in der Provinz Treviso)
*Farbe:* helles Strohgelb
*Geschmack:* lieblich
*Alterung:* so kurz wie möglich
*Serviertemperatur:* 9–10 °C
*Entkorken:* unmittelbar vor dem Servieren
*Passt zu:* Obst, trockenen Süssspeisen, mildem Käse; auch allein oder als Aperitif trinkbar

### 8. Cinqueterre

*Herkunft:* Ligurien (verschiedene Gemeinden der Provinz La Spezia)
*Farbe:* goldgelb, grünfunkelnd
*Geschmack:* trocken
*Alterung:* kurz (gewisse Jahrgänge sind haltbar)
*Serviertemperatur:* 9 °C

*Entkorken:* wenige Minuten vor dem Servieren
*Passt zu:* gebratenem und fritiertem Fisch, Fisch mit Sauce

## 9. Colli Albani

*Herkunft:* Latium (Rom)
*Farbe:* weisslich bis schwach strohgelb
*Geschmack:* trocken
*Alterung:* sofort zu konsumieren
*Serviertemperatur:* 10–12 °C
*Entkorken:* unmittelbar vor dem Servieren
*Passt zu:* Teigwaren, Teigwaren in Fleischbrühe, Schinken und leichten Wurstwaren, Eiergerichten mit Gemüse, römischen Spezialitäten aus Hirn und Milke, Spargel, Weichkäse

## 10. Erbaluce di Caluso

*Herkunft:* Piemont (Ivrea in der Provinz Turin)
*Farbe:* strohgelb
*Geschmack:* trocken
*Alterung:* 1–4 Jahre
*Serviertemperatur:* 10–12 °C
*Entkorken:* unmittelbar vor dem Servieren
*Passt zu:* Teigwaren- und Reisgerichten (besonders mit Fisch), Fisch, Eiergerichten

## 11. Est Est Est

*Herkunft:* Latium (Viterbo)
*Farbe:* strohgelb
*Geschmack:* trocken oder süss
*Alterung:* sofort zu konsumieren
*Serviertemperatur:* 10–12 °C
*Entkorken:* unmittelbar vor dem Servieren
*Passt zu:* Vorspeisen aus Meeresfrüchten, Süsswasser-

fischen, Rohschinken, Käse mittlerer Schärfe; lieblicher Est Est Est ist ein Dessertwein

## 12. Frascati

*Herkunft:* Latium (Rom)
*Farbe:* strohgelb
*Geschmack:* trocken
*Alterung:* sofort zu konsumieren
*Serviertemperatur:* 10–12 °C
*Entkorken:* unmittelbar vor dem Servieren
*Passt zu:* leichten Vorspeisen, Lachs, Reis- und Teigwarengerichten, Frischkäse, Krevettencocktail, fritierten Artischocken, Pecorino mittlerer Schärfe; für die Römer zur ganzen Mahlzeit passend

## 13. Gavi

*Herkunft:* Piemont (Alessandria)
*Farbe:* mehr oder weniger helles Strohgelb, manchmal grünfunkelnd
*Geschmack:* bitter, etwas säuerlich
*Alterung:* 1–3 Jahre
*Serviertemperatur:* 8–10 °C
*Entkorken:* unmittelbar vor dem Servieren
*Passt zu:* Vorspeisen aus Meeresfrüchten, Reis- und Teigwarengerichten, Teigwaren mit Fischsaucen

## 14. Malvasia del Collio

*Herkunft:* Friaul-Julisch Venetien (verschiedene

Gemeinden in der Provinz Gorizia)
*Farbe:* hellgelb
*Geschmack:* trocken
*Alterung:* 1–3 Jahre
*Serviertemperatur:* 8–10 °C
*Entkorken:* unmittelbar vor dem Servieren
*Passt zu:* Vorspeisen, klaren Suppen, Gemüsesuppen (besonders Cremesuppen), Fisch- und Gemüseaufläufen und -soufflés, Fisch

## 15. Malvasia di Cagliari

*Herkunft:* Sardinien (Cagliari)
*Farbe:* von grünlichweiss bis goldgelb
*Geschmack:* trocken
*Alterung:* bald zu konsumieren
*Serviertemperatur:* 10 °C
*Entkorken:* einige Minuten vor dem Servieren
*Passt zu:* geschmortem Fisch, Fischsuppe, Reis oder Teigwaren mit Fisch, Krustentieren

## 16. Marsala

*Herkunft:* Sizilien (Palermo, Trapani, Agrigent)
*Farbe:* bernsteinfarben
*Geschmack:* trocken
*Alterung:* 30 und mehr Jahre
*Serviertemperatur:* 10–12 °C
*Entkorken:* einige Stunden vor dem Servieren
*Passt zu:* Käse; auch allein trinkbar

## 17. Marsala vergine

*Herkunft:* Sizilien (Trapani, Palermo, Agrigent)
*Farbe:* dunkel bernsteinfarben
*Geschmack:* trocken
*Alterung:* sehr lange haltbar
*Serviertemperatur:* 10 °C

*Entkorken:* einige Stunden vor dem Servieren
*Passt zu:* nur allein trinkbar

## 18. Moscato di Sorso-Sennori

*Herkunft:* Sardinien (Sassari)
*Farbe:* dunkel bernstein-farben
*Geschmack:* sehr süss, likör-ähnlich
*Alterung:* kurz
*Serviertemperatur:* 8–10 °C
*Entkorken:* einige Minuten vor dem Servieren
*Passt zu:* Obst, typisch sardischen Süssspeisen

## 19. Moscato di Trani

*Herkunft:* Apulien (Umgebung von Trani, Provinz Bari)
*Farbe:* goldgelb
*Geschmack:* sehr süss, likör-ähnlich
*Alterung:* 3–4 Jahre
*Serviertemperatur:* 8–10 °C
*Entkorken:* unmittelbar vor dem Servieren
*Passt zu:* gekochtem Obst, Süssspeisen mit Mandeln, Honig oder Gewürzen; auch allein trinkbar

## 20. Moscato passito di Pantelleria

*Herkunft:* Sizilien (Insel Pantelleria in der Provinz Trapani)
*Farbe:* bernsteinfarben
*Geschmack:* sehr süss
*Alterung:* 5 Jahre
*Serviertemperatur:* 8–10 °C
*Entkorken:* wenige Minuten vor dem Servieren
*Passt zu:* Feingebäck

## 21. Müller Thurgau del Collio

*Herkunft:* Friaul-Julisch Venetien (Gorizia)

*Farbe:* gelb
*Geschmack:* trocken
*Alterung:* sofort zu konsumieren
*Serviertemperatur:* 10–11 °C
*Entkorken:* unmittelbar vor dem Servieren
*Passt zu:* eleganten Fischgerichten, Eierspeisen, Weichkäse

## 22. Orvieto

*Herkunft:* Umbrien (Terni), Latium (Viterbo)
*Farbe:* weisslich strohgelb
*Geschmack:* trocken
*Alterung:* sofort zu konsumieren
*Serviertemperatur:* 10–11 °C
*Entkorken:* wenige Minuten vor dem Servieren
*Passt zu:* Vorspeisen ohne Fleisch oder mit Schinken, leichten Gemüsesuppen, fritiertem, gekochtem und grilliertem Fisch, mildem Käse

## 23. Picolit del Friuli

*Herkunft:* Friaul-Julisch Venetien (verschiedene Gemeinden in der Provinz Udine)
*Farbe:* goldgelb
*Geschmack:* süss

*Alterung:* 4–10 Jahre (für gewisse Jahrgänge sehr viel länger)
*Serviertemperatur:* 6–8 °C
*Entkorken:* wenige Minuten vor dem Servieren
*Passt zu:* pikantem Käse, trockenen Süssspeisen; auch allein trinkbar

## 24. Pinot bianco di Franciacorta

*Herkunft:* Lombardei (Gemeinden in der Provinz Brescia)
*Farbe:* sehr helles Strohgelb, grünfunkelnd
*Geschmack:* trocken
*Alterung:* kurz
*Serviertemperatur:* 10 °C
*Entkorken:* unmittelbar vor dem Servieren
*Passt zu:* Vorspeisen ohne Fleisch, Soufflés, Aufläufen, Fisch; sehr gut als Aperitif

## 25. Pinot di Franciacorta spumante

*Herkunft:* Lombardei (Brescia)
*Farbe:* blassgelb, grünfunkelnd
*Geschmack:* frisch, säuerlich
*Alterung:* höchstens 2 Jahre
*Serviertemperatur:* 6 °C
*Entkorken:* unmittelbar vor dem Servieren
*Passt* zum Aperitif, zum Plaudern, für grosse Essen oder intime Abende; zu Süssspeisen ohne Früchte und Likör

## 26. Pinot grigio del Collio

*Herkunft:* Friaul-Julisch Venetien (Gorizia)
*Farbe:* goldgelb
*Geschmack:* trocken
*Alterung:* kurz
*Serviertemperatur:* 10–11 °C

*Entkorken:* unmittelbar vor dem Servieren
*Passt zu:* Reis- und Teigwarengerichten, gekochtem Rindfleisch und Geflügel, fritiertem Fisch, Fisch an Sauce, geräuchertem Schweinekarree, Scampi, Riesenkrevetten

## 27. Pinot grigio del Friuli

*Herkunft:* Friaul-Julisch Venetien (verschiedene Gemeinden in der Provinz Udine)
*Farbe:* goldgelb
*Geschmack:* trocken, mit leicht bitterem Nachgeschmack
*Alterung:* kurz
*Serviertemperatur:* 8–10 °C
*Entkorken:* unmittelbar vor dem Servieren
*Passt zu:* Vorspeisen ohne Fleisch und solchen auf italienische Art, Suppen (besonders Cremesuppen), Fisch, Scampi, Langusten, Eiergerichten, Weichkäse

## 28. Pinot spumante dell'Oltrepò

*Herkunft:* Lombardei (verschiedene Gemeinden im Oltrepò Pavese)
*Farbe:* strohgelb
*Geschmack:* charakteristisch trocken
*Alterung:* nicht länger als 2 Jahre
*Serviertemperatur:* 6–8 °C
*Entkorken:* unmittelbar vor dem Servieren

*Passt zu:* italienischen Vorspeisen, Reis- und Teigwarengerichten, Gemüsesuppen, gebratenem Fisch oder Fisch mit Sauce, Süssspeisen ohne Cremen; auch als Aperitif trinkbar

## 29. Prosecco spumante

*Herkunft:* Venetien (Treviso)
*Farbe:* strohgelb
*Geschmack:* trocken
*Alterung:* sofort zu konsumieren
*Serviertemperatur:* 6–8 °C
*Entkorken:* unmittelbar vor dem Servieren
*Passt zu:* Pfannkuchen, Fisch; auch als Aperitif trinkbar

## 30. Riesling del Collio

*Herkunft:* Friaul-Julisch Venetien (Gorizia)
*Farbe:* goldgelb
*Geschmack:* trocken mit harmonischem Körper
*Alterung:* kurz
*Serviertemperatur:* 8–10 °C
*Entkorken:* unmittelbar vor dem Servieren
*Passt zu:* warmen, eleganten Vorspeisen, Vorspeisen und Reisgerichten mit Fisch, grilliertem Fisch, Eiergerichten, Schnecken

## 31. Riesling della Riviera del Garda

*Herkunft:* Lombardei (Brescia)
*Farbe:* weisslich strohgelb, grünfunkelnd
*Geschmack:* trocken, säuerlich
*Alterung:* 1–3 Jahre
*Serviertemperatur:* 10 °C
*Entkorken:* unmittelbar vor dem Servieren
*Passt zu:* Vorspeisen ohne Fleisch, Fisch; auch als Aperitif trinkbar

## 32. Riesling renano d'Alto Adige

*Herkunft:* Trentino-Tiroler Etschland (verschiedene Gemeinden in der Provinz Bozen)
*Farbe:* strohgelb, hellgrün funkelnd
*Geschmack:* trocken, fruchtig, angenehm säuerlich
*Alterung:* kurz
*Serviertemperatur:* 8 °C
*Entkorken:* unmittelbar vor dem Servieren
*Passt zu:* kalten Eiergerichten, gebratenem Fisch oder Fisch in Sauce, warmen Meeresfrüchten, geräuchertem Hering, Pâté; auch als Aperitif trinkbar

## 33. Sauvignon del Collio

*Herkunft:* Friaul-Julisch Venetien (Gorizia)
*Farbe:* strohgelb
*Geschmack:* trocken
*Alterung:* sofort zu konsumieren
*Serviertemperatur:* 8–10 °C
*Entkorken:* unmittelbar vor dem Servieren
*Passt zu:* Suppen (besonders Reis- oder Cremesuppen), Gemüseaufläufen und -soufflés, Eiern, leichten Wurstwaren, gekochtem oder fritiertem Fisch, Käse

## 34. Sauvignon del Friuli

*Herkunft:* Friaul-Julisch Venetien (verschiedene Gemeinden in den Provinzen Udine und Gorizia)
*Farbe:* stroh- bis goldgelb
*Geschmack:* trocken
*Alterung:* sofort zu konsumieren
*Serviertemperatur:* 8–10 °C
*Entkorken:* unmittelbar vor dem Servieren
*Passt zu:* Vorspeisen mit Fisch, Suppen (besonders

Cremesuppen), Spaghetti mit Fisch oder Muscheln, Gemüseaufläufen und -soufflés, Eiergerichten, Weichkäse

## 35. Soave

*Herkunft:* Venetien (verschiedene Gemeinden in der Provinz Verona)
*Farbe:* helles Strohgelb; grünlich funkelnd, wenn er jung ist, Bernsteinreflexe, wenn er älter ist
*Geschmack:* trocken, delikater Mandelgeschmack
*Alterung:* kurz
*Serviertemperatur:* 10 °C
*Entkorken:* unmittelbar vor dem Servieren
*Passt zu:* Vorspeisen ohne Fleisch (besonders Gemüse), Teigwaren und Reis, Eiern, Fisch; auch als Aperitif trinkbar

## 36. Sylvaner d'Alto Adige

*Herkunft:* Trentino-Tiroler Etschland (verschiedene Gemeinden in der Provinz Bozen)
*Farbe:* strohgelb
*Geschmack:* trocken, delikat
*Alterung:* kurz
*Serviertemperatur:* 10 °C
*Entkorken:* unmittelbar vor dem Servieren
*Passt zu:* Teigwaren und Reis, Eiern, Fisch, Trockenfleisch, Pâté

## 37. Tocai del Collio

*Herkunft:* Friaul-Julisch Venetien (Gorizia)
*Farbe:* strohgelb
*Geschmack:* trocken, bitterlicher Abgang
*Alterung:* kurz
*Serviertemperatur:* 9–10 °C
*Entkorken:* unmittelbar vor dem Servieren
*Passt zu:* Vorspeisen ohne Fleisch, Reis- und Teigwaren, Gemüsesuppen, Fischsuppen, fritiertem, grilliertem oder geschmortem Fisch, Fisch in Sauce, regionalen Spezialitäten; auch als Aperitif trinkbar

## 38. Tocai del Friuli

*Herkunft:* Friaul-Julisch Venetien (verschiedene Gemeinden in der Provinz Udine)
*Farbe:* helles Strohgelb
*Geschmack:* trocken, aromatischer Nachgeschmack
*Alterung:* kurz
*Serviertemperatur:* 10–11 °C
*Entkorken:* unmittelbar vor dem Servieren
*Passt zu:* Vorspeisen ohne Fleisch und solchen auf italienische Art, Teigwaren in Fleischbrühe, regionalen Reis- und Teigwarengerichten, Scampi-Cocktail, gekochtem und fritiertem Fisch, Eiergerichten, mildem Käse

## 39. Tocai del Piave

*Herkunft:* Venetien (verschiedene Gemeinden in den Provinzen Treviso und Venedig)
*Farbe:* helles Strohgelb
*Geschmack:* trocken, bitterlicher Abgang
*Alterung:* sehr kurz
*Serviertemperatur:* 8–10 °C
*Entkorken:* unmittelbar vor dem Servieren

*Passt zu:* Vorspeisen ohne Fleisch und solchen auf italienische Art, Reisgerichten (v. a. mit Fischsaucen), fritiertem Fisch, Fischspiesschen

## 40. Tocai di San Martino della Battaglia

*Herkunft:* Lombardei (Brescia)
*Farbe:* gelb, mit der Alterung Neigung zu goldgelb
*Geschmack:* trocken, bitterlicher Nachgeschmack
*Alterung:* keine
*Serviertemperatur:* 10–11 °C
*Entkorken:* unmittelbar vor dem Servieren
*Passt zu:* Reis- und Teigwarengerichten, gefülltem Gemüse, Geflügelsalat, Fischsuppen, Fisch

## 41. Traminer aromatico del Trentino

*Herkunft:* Trentino-Tiroler Etschland (verschiedene Gemeinden)
*Farbe:* von weisslichem Strohgelb bis goldgelb
*Geschmack:* trocken, mit bitterlichem Einschlag
*Alterung:* 2–4 Jahre
*Serviertemperatur:* 10–11 °C
*Entkorken:* unmittelbar vor dem Servieren
*Passt zu:* Vorspeisen ohne Fleisch, Fisch- und Gemüsesoufflés, Fisch, Gänseleber, pikantem Käse

## 42. Traminer del Collio

*Herkunft:* Friaul-Julisch Venetien (Gorizia)
*Farbe:* helles Strohgelb
*Geschmack:* trocken, aromatisch
*Alterung:* kurz
*Serviertemperatur:* 10–12 °C

*Entkorken:* unmittelbar vor
dem Servieren
*Passt zu:* Reis- und Teigwarengerichten, Gemüsesuppen,
regionalen Wurstwaren und
Fleischgerichten, Fisch in
Sauce, Eiern, pikantem Käse

## 43. Verdicchio dei Castelli di Jesi

*Herkunft:* Marken (Ancona)
*Farbe:* weisslich strohgelb
*Geschmack:* leicht bitter-
licher Abgang, säuerlich
*Alterung:* kurz
*Serviertemperatur:* 12 °C
*Entkorken:* unmittelbar vor
dem Servieren
*Passt zu:* Vorspeisen ohne
Fleisch, Reis und Teigwaren
mit Fischsaucen, Fischsuppen,
geschmortem, fritiertem und
grilliertem Fisch

## 44. Verdicchio di Matelica

*Herkunft:* Marken (Macerata
und Ancona)
*Farbe:* helles Strohgrün
*Geschmack:* trocken, leicht
bitterer Abgang
*Alterung:* sehr kurz
*Serviertemperatur:* 12 °C
*Entkorken:* unmittelbar vor
dem Servieren
*Passt zu:* kalten Vorspeisen
ohne Fleisch, Teigwaren und
Reis mit Fischsaucen,
geschmortem Fisch

## 45. Verduzzo del Friuli

*Herkunft:* Friaul-Julisch
Venetien (verschiedene
Gemeinden in den Provinzen
Udine und Gorizia)
*Farbe:* goldgelb
*Geschmack:* trocken, leicht
tanninhaltig
*Alterung:* sofort zu konsu-
mieren
*Serviertemperatur:*
10–12 °C
*Entkorken:* unmittelbar vor
dem Servieren
*Passt zu:* fleischlosen und
italienischen Vorspeisen, re-
gionalen Reis- und Teigwaren-
gerichten, Eiern; passt auch
für die ganze Mahlzeit

## 46. Vermentino di Gallura

*Herkunft:* Sardinien
(Sassari)
*Farbe:* weisslich strohgelb
*Geschmack:* trocken, leicht
bitterer Abgang
*Alterung:* 3–5 Jahre (für ge-
wisse Jahrgänge länger)
*Serviertemperatur:* 8–10 °C
*Entkorken:* unmittelbar vor
dem Servieren
*Passt zu:* scharfen Wurst-
waren, Fisch (besonders zu
gebratenem), Langusten,
Schafkäse (Pecorino); kann
sehr kalt (4–6 °C) als Aperitif
serviert werden; sehr gute
Qualitäten sind auch allein
trinkbar

## 47. Vermentino d'Imperia

*Herkunft:* Ligurien (Imperia)
*Farbe:* helles Strohgelb
*Geschmack:* trocken, leicht
prickelnd
*Alterung:* kurz
*Serviertemperatur:* 8–10 °C
*Entkorken:* unmittelbar vor
dem Servieren
*Passt zu:* Meeresfrüchten,
gebratenem Fisch, gratinier-
ten Miesmuscheln, Fisch-
suppen (besonders Livorneser
Cacciucco)

## 48. Vernaccia di Oristano

*Herkunft:* Sardinien
(Cagliari)
*Farbe:* bernsteingelb
*Geschmack:* trocken, leicht
bitterer Abgang
*Alterung:* 3–9 Jahre
*Serviertemperatur:* 8–10 °C
*Entkorken:* wenige Minuten
vor dem Servieren
*Passt zu:* pikantem Käse;
sehr kalt (4–6 °C) auch als
Aperitif trinkbar

## 49. Vernaccia di San Gimignano

*Herkunft:* Toscana (Siena)
*Farbe:* helles Goldgelb
*Geschmack:* trocken
*Alterung:* kurz
*Serviertemperatur:* 10 °C
*Entkorken:* unmittelbar vor
dem Servieren
*Passt zu:* Vorspeisen aus
Fisch mit Sauce, Fischsuppen,
Tortellini in Brühe oder
Rahmsauce, Risotto mit
Fisch, im Ofen, am Spiess
oder auf dem Grill
gebratenen Fischen und
Krustentieren, Hirn

## 50. Vin Santo toscano

*Herkunft:* Toscana (Florenz)
*Farbe:* bernsteingelb
*Geschmack:* süss

*Alterung:* 8–20 Jahre (für gewisse Jahrgänge länger)
*Serviertemperatur:* 6–8 °C
*Entkorken:* wenige Minuten vor dem Servieren
*Passt zu:* Süssspeisen, Obst; am Ende einer Mahlzeit auch allein trinkbar

## 51. Vin Santo trentino

*Herkunft:* Trentino-Tiroler Etschland (verschiedene Gemeinden)
*Farbe:* bernsteinartiges Strohgelb
*Geschmack:* süss

*Alterung:* 8–20 Jahre
*Serviertemperatur:* 6 °C
*Entkorken:* wenige Minuten vor dem Servieren
*Passt zu:* pikantem Käse; kann auch über Eisspeisen gegossen werden; vor allem auch allein trinkbar

# Rosé-Weine

## 52. Cerasuolo di Vittoria

*Herkunft:* Sizilien (Ragusa und einige Gemeinden in den Provinzen Caltanissetta und Catania)
*Farbe:* rosé
*Geschmack:* trocken
*Alterung:* sofort zu konsumieren
*Serviertemperatur:* 10–11 °C
*Entkorken:* wenige Minuten vor dem Servieren
*Passt zu:* italienischen Vorspeisen, Innereien, gebratenem dunklem Fleisch, regionalen Gerichten; besonders gut zu am Spiess gebratenem Wildhasen

## 53. Chiaretto del Garda

*Herkunft:* Lombardei (Brescia)
*Farbe:* rosé
*Geschmack:* trocken mit leicht bitterlichem Einschlag
*Alterung:* innerhalb eines Jahres zu konsumieren
*Serviertemperatur:* 10–11 °C
*Entkorken:* unmittelbar vor dem Servieren
*Passt zu:* italienischen Vorspeisen, regionalen Gerichten, leichten Suppen, fritierten Süsswasserfischen, Artischocken und Pommes frites

## 54. Clastidio rosato

*Herkunft:* Lombardei (Pavia)
*Farbe:* rosé, orangefunkelnd
*Geschmack:* trocken, säuerlich
*Alterung:* 1–4 Jahre
*Serviertemperatur:* 10–11 °C
*Entkorken:* unmittelbar vor dem Servieren
*Passt zu:* warmen Vorspeisen, Schinken und Salami, Eiergerichten (besonders Eierkuchen), Teigwaren- und Reisgerichten, Weichkäse

## 55. Corato Castel del Monte

*Herkunft:* Apulien (Bari)
*Farbe:* kräftig rosé
*Geschmack:* trocken
*Alterung:* 4–9 Jahre
*Serviertemperatur:* 11 °C
*Entkorken:* unmittelbar vor dem Servieren
*Passt zu:* Vorspeisen, Innereien vom Kalb, Schwein und Lamm (besonders Kutteln); sehr kühl auch als Aperitif trinkbar

## 56. Five Roses

*Herkunft:* Apulien (Lecce)
*Farbe:* rosé
*Geschmack:* trocken, leicht würzig

*Alterung:* 4–10 Jahre
*Serviertemperatur:* 10–11 °C
*Entkorken:* wenige Minuten vor dem Servieren
*Passt zu:* italienischen Vorspeisen, Innereien (besonders Kutteln), Käse

## 57. Lagrein Kretzer

*Herkunft:* Trentino-Tiroler Etschland (verschiedene Gemeinden)
*Farbe:* rosé
*Geschmack:* trocken, leicht prickelnd
*Alterung:* sofort zu konsumieren
*Serviertemperatur:* 12 °C
*Entkorken:* unmittelbar vor dem Servieren
*Passt zu:* Schweinefleisch,

gebratenem hellem Fleisch, Saucengerichten; passt auch für die ganze Mahlzeit

### 58. Rosato del Salento

*Herkunft:* Apulien (Lecce, Brindisi)

*Farbe:* rosé
*Geschmack:* trocken, leicht bitterer Abgang
*Alterung:* 1–3 Jahre
*Serviertemperatur:* 14–16 °C
*Entkorken:* wenige Minuten vor dem Servieren

*Passt zu:* italienischen Vorspeisen, Fischsuppen, Fisch im Ofen mit Sauce, Innereien (besonders Kutteln), hellem Fleisch verschiedener Zubereitungsart, Poulet in Aspik, Vitello tonnato (Kalbfleisch an Thunfischsauce)

# Rotweine

### 59. Aglianico del Vulture

*Herkunft:* Basilikata (verschiedene Gemeinden in der Provinz Matera)
*Farbe:* granatrot
*Geschmack:* trocken, leicht tanninhaltig
*Alterung:* 14–15 Jahre (für gewisse Jahrgänge auch länger)
*Serviertemperatur:* 18 °C
*Entkorken:* einige Stunden vor dem Servieren
*Passt zu:* gebratenem und grilliertem dunklem Fleisch und Wild, pikanten Gerichten, Schweine- und Schafbraten, Lammragout

### 60. Aleatico

*Herkunft:* Toscana (Insel Elba)
*Farbe:* kräftig rubinrot
*Geschmack:* süss, likörähnlich
*Alterung:* 10–12 Jahre (für gewisse Jahrgänge auch länger)
*Serviertemperatur:* 14–18 °C
*Entkorken:* 24 Stunden vor dem Servieren
*Passt zu:* getrocknetem und kandiertem Obst, Mandelspeisen, Käse mit Nüssen; auch allein trinkbar

### 61. Anghelu Ruju

*Herkunft:* Sardinien (Sassari)
*Farbe:* rot
*Geschmack:* likörähnlich
*Alterung:* 3–9 Jahre (für gewisse Jahrgänge länger)
*Serviertemperatur:* 18 °C
*Entkorken:* 1 Stunde vor dem Servieren
*Passt zu:* wird nur allein getrunken

### 62. Barbacarlo

*Herkunft:* Lombardei (Gemeinde Broni in der Provinz Pavia)
*Farbe:* sattrot
*Geschmack:* trocken, leicht mandelartig, jung: tanninhaltig
*Alterung:* 4–8 Jahre (für gewisse Jahrgänge länger)
*Serviertemperatur:* Raumtemperatur (18 °C), etwas kühler, wenn er noch jung ist
*Entkorken:* unmittelbar vor dem Servieren
*Passt* für die ganze Mahlzeit, solange er jung ist; ältere Jahrgänge werden ausserhalb der Mahlzeiten getrunken

### 63. Barbaresco

*Herkunft:* Piemont (verschiedene Gebiete der Gemeinde

Alba in der Provinz Cuneo)
*Farbe:* rubinrot, orangefunkelnd
*Geschmack:* trocken, vollmundig, ausgeglichen
*Alterung:* innerhalb von 10 Jahren zu konsumieren
*Serviertemperatur:* 18–19 °C
*Entkorken:* einige Stunden vor dem Servieren
*Passt zu:* gebratenem hellem und dunklem Fleisch, Geflügel, Geflügelleber, Nieren, Wildragout

### 64. Barbera d'Alba da invecchiamento

*Herkunft:* Piemont (verschiedene Gebiete in der Provinz Cuneo)
*Farbe:* sattes Rubinrot, ältere Jahrgänge granatrot

*Geschmack:* trocken, leicht tanninhaltig
*Alterung:* 4–8 Jahre (für gewisse Jahrgänge länger)
*Serviertemperatur:* 18–19 °C
*Entkorken:* wenige Minuten vor dem Servieren
*Passt zu:* Risotto, gefüllten Teigwaren, hellem und dunklem Fleisch mit brauner Sauce, Geflügel, Braten, Siedfleisch

## 65. Barbera d'Asti da invecchiamento

*Herkunft:* Piemont (verschiedene Gemeinden in den Provinzen Asti und Alessandria)
*Farbe:* granatrot
*Geschmack:* trocken oder leicht lieblich
*Alterung:* 3–6 Jahre (für gewisse Jahrgänge länger)
*Serviertemperatur:* 18–19 °C
*Entkorken:* einige Stunden vor dem Servieren
*Passt zu:* hellem und dunklem Fleisch mit brauner Sauce, Geflügel, mildem Käse

## 66. Barbera dell'Oltrepò Pavese

*Herkunft:* Lombardei (verschiedene Gemeinden in der Provinz Pavia)
*Farbe:* rubinrot bis granatrot
*Geschmack:* trocken, gelegentlich etwas herb
*Alterung:* 4–9 Jahre (für gewisse Jahrgänge etwas länger)
*Serviertemperatur:* 18–19 °C
*Entkorken:* 2 Stunden vor dem Servieren
*Passt zu:* Siedfleisch, heissen Wurstwaren, regionalen Gerichten, Wild, Schweinefleisch im Ofen, Schmorbraten mit Gemüse

## 67. Bardolino

*Herkunft:* Venetien (verschiedene Gemeinden in der Provinz Verona)
*Farbe:* rubinrot
*Geschmack:* trocken mit leicht bitterem Abgang
*Alterung:* 2–4 Jahre
*Serviertemperatur:* 16–17 °C
*Entkorken:* unmittelbar vor dem Servieren
*Passt zu:* gebratenem hellem Fleisch (besonders Geflügel und Kaninchen) oder Saucengerichten, Reis- und Teigwarengerichten mit Pilzen, Geflügelleber oder Erbsen

## 68. Barolo

*Herkunft:* Piemont (verschiedene Gebiete in der Provinz Cuneo)
*Farbe:* rubinrot, ältere Jahrgänge orangefunkelnd

*Geschmack:* trocken
*Alterung:* 8–15 Jahre
*Serviertemperatur:* 19–20 °C
*Entkorken:* 3 Stunden vor dem Servieren
*Passt zu:* gebratenem dunklem Fleisch, Geflügel, gebratenem Wild, Gerichten mit Trüffeln

## 69. Bonarda dell'Oltrepò Pavese

*Herkunft:* Lombardei (verschiedene Gemeinden in der Provinz Pavia)
*Farbe:* rubinrot
*Geschmack:* trocken, leicht mandelartig
*Alterung:* 3–8 Jahre (für gewisse Jahrgänge etwas länger)
*Serviertemperatur:* 18–19 °C
*Entkorken:* 1 Stunde vor dem Servieren
*Passt zu:* gebratenem hellem und dunklem Fleisch, Schmorbraten, Wild, grillierten Schweinefüssen

## 70. Bramaterra

*Herkunft:* Piemont (Vercelli)
*Farbe:* lebhaft granatrot, später orangefarben
*Geschmack:* trocken, mit leicht bitterlichem Einschlag
*Alterung:* 6–10 Jahre (für gewisse Jahrgänge etwas länger)
*Serviertemperatur:* 18–19 °C
*Entkorken:* 2 Stunden vor dem Servieren
*Passt zu:* gebratenem dunklem Fleisch, Geflügel, Wild

## 71. Bricco del Drago

*Herkunft:* Piemont (Cuneo)
*Farbe:* rubinrot
*Geschmack:* trocken, mit leicht bitterem Abgang

*Alterung:* 4–8 Jahre (für gewisse Jahrgänge länger)
*Serviertemperatur:* 18–19 °C
*Entkorken:* 2 Stunden vor dem Servieren
*Passt zu:* eleganten Gerichten, gebratenem hellem und dunklem Fleisch, Geflügel, Lamm

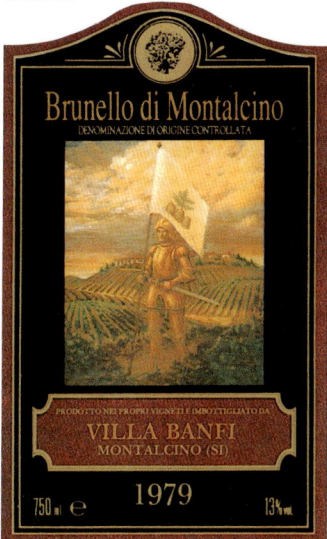

## 72. Brunello di Montalcino

*Herkunft:* Toscana (Siena)
*Farbe:* kräftig rubinrot, später orangefarben
*Geschmack:* trocken und gefällig
*Alterung:* sehr lang (es gibt 100jährigen Wein, der noch gesund ist)
*Serviertemperatur:* 19–20 °C
*Entkorken:* 24 Stunden vor dem Servieren dekantieren
*Passt zu:* Braten aus dunklem Fleisch, Wild, gemischten Grilladen, Gerichten mit Gänseleber, Nieren, Leber, Fleischpasteten

## 73. Cabernet del Collio

*Herkunft:* Friaul-Julisch Venetien (Gorizia)

*Farbe:* rubinrot
*Geschmack:* trocken
*Alterung:* 2–6 Jahre (für gewisse Jahrgänge etwas länger)
*Serviertemperatur:* 18 °C
*Entkorken:* einige Stunden vor dem Servieren
*Passt zu:* dunklem Fleisch und gebratenem Wild, kaltem dunklem und hellem Fleisch, Schweinefleisch im Ofen; gute ältere Jahrgänge passen zu grilliertem Fleisch, gebratenem Lamm, körnigem Käse

## 74. Cabernet di Pramaggiore

*Herkunft:* Venetien (Pordenone, Treviso)
*Farbe:* kräftig rubinrot
*Geschmack:* trocken, tanninhaltig
*Alterung:* 2–4 Jahre
*Serviertemperatur:* 18 °C
*Entkorken:* 1 Stunde vor dem Servieren
*Passt zu:* gebratenem hellem und dunklem Fleisch, Geflügel, Wild, Schmorbraten, Wurstwaren

## 75. Canonau oder Cannonau di Sardegna

*Herkunft:* Sardinien (Nuoro, Sassari)
*Farbe:* granatrot
*Geschmack:* von trocken bis süss

*Alterung:* in der Regel sofort zu konsumieren (gewisse Jahrgänge lassen sich jedoch lagern)
*Serviertemperatur:* 14–16 °C
*Entkorken:* 1–2 Stunden vor dem Servieren
*Passt* hervorragend zu gewissen Desserts, trinkt sich aber besser ausserhalb der Mahlzeiten

## 76. Carema

*Herkunft:* Piemont (Gemeinde Carema in der Provinz Turin)
*Farbe:* rubinrot, später fast granatrot
*Geschmack:* trocken, leicht bitter
*Alterung:* 4–10 Jahre (für gewisse Jahrgänge etwas länger)
*Serviertemperatur:* 18 °C
*Entkorken:* einige Stunden vor dem Servieren
*Passt zu:* gebratenem dunklem Fleisch und Wild, gebratenem Kalb- und Lammfleisch, Fleischgrilladen, gedünsteten frischen Pilzen

## 77. Chambave rouge

*Herkunft:* Piemont (Gemeinde Chambave, Provinz Aosta)
*Farbe:* rubinrot
*Geschmack:* trocken, leicht säuerlich
*Alterung:* 3–10 Jahre (für gewisse Jahrgänge etwas länger)
*Serviertemperatur:* 18 °C
*Entkorken:* 2 Stunden vor dem Servieren
*Passt zu:* gebratenem dunklem Fleisch und Wild

## 78. Chianti classico

*Herkunft:* Toscana (verschiedene Gemeinden in den Pro-

vinzen Siena und Florenz)
*Farbe:* rubinrot
*Geschmack:* trocken
*Alterung:* 3–8 Jahre (für gewisse Sorten und Jahrgänge auch länger)
*Serviertemperatur:* 18–19 °C
*Entkorken:* 1–2 Stunden vor dem Servieren
*Passt zu:* gebratenem, grilliertem und am Spiess gebratenem hellem und dunklem Fleisch sowie Wildragout

## 79. Chianti Colli Aretini

*Herkunft:* Toscana (Arezzo)
*Farbe:* rubinrot
*Geschmack:* trocken, weinig
*Alterung:* 2–6 Jahre
*Serviertemperatur:* 18–19 °C
*Entkorken:* 1 Stunde vor dem Servieren

*Passt zu:* Spaghetti nach Köhlerart, Kutteln nach toskanischer Art, gebratenem Kaninchen und Zicklein

## 80. Chianti Colli Fiorentini

*Herkunft:* Toscana (Florenz)
*Farbe:* rot
*Geschmack:* trocken
*Alterung:* 2–6 Jahre
*Serviertemperatur:* 18–19 °C
*Entkorken:* 1 Stunde vor dem Servieren
*Passt zu:* am Spiess gebratenem Schweinekarree, gebratenem Spanferkel, Poulet «al mattone», gemischten Grilladen, «Fiorentina»

## 81. Chianti Colli Pisani

*Herkunft:* Toscana (Pisa)
*Farbe:* rubinrot
*Geschmack:* trocken, ausgewogen
*Alterung:* 2–6 Jahre
*Serviertemperatur:* 18 °C
*Entkorken:* 1 Stunde vor dem Servieren
*Passt zu:* Kalbs- und Schweinekoteletts, Rindskoteletts, Siedfleisch, pikantem Käse

## 82. Chianti Colli Senesi

*Herkunft:* Toscana (Siena)
*Farbe:* rot
*Geschmack:* trocken
*Alterung:* 4–8 Jahre
*Serviertemperatur:* 18–19 °C
*Entkorken:* 1 Stunde vor dem Servieren
*Passt zu:* Wildschweinschinken, Braten, gemischten Fleischgrilladen

## 83. Corvo rosso

*Herkunft:* Sizilien (Palermo)
*Farbe:* rubinrot
*Geschmack:* trocken

*Alterung:* 3–5 Jahre (für gewisse Jahrgänge etwas länger)
*Serviertemperatur:* 18–19 °C
*Entkorken:* 1 Stunde vor dem Servieren
*Passt zu:* regionalen Fleischgerichten, hellem, im Ofen gebratenem oder dunklem, am Spiess gebratenem Fleisch, Siedfleisch

## 84. Dolcetto d'Acqui

*Herkunft:* Piemont (verschiedene Gemeinden in der Provinz Alessandria)
*Farbe:* rot
*Geschmack:* trocken
*Alterung:* 2–3 Jahre (für gewisse Jahrgänge auch länger)
*Serviertemperatur:* 17–18 °C
*Entkorken:* wenige Minuten vor dem Servieren
*Passt zu:* Wurstwaren und regionalen Gerichten

## 85. Dolcetto d'Alba

*Herkunft:* Piemont (verschiedene Gebiete in der Provinz Cuneo)
*Farbe:* rubinrot
*Geschmack:* trocken, leicht mandelähnlich
*Alterung:* 2–5 Jahre
*Serviertemperatur:* 18 °C

*Entkorken:* 1 Stunde vor dem Servieren
*Passt zu:* Risotto mit Pilzen oder Trüffeln, Geflügel, gebratenem hellem Fleisch, Schmorbraten

## 86. Dolcetto d'Ovada

*Herkunft:* Piemont (Alessandria)
*Farbe:* rubinrot
*Geschmack:* trocken
*Alterung:* 4–6 Jahre (für gewisse Jahrgänge auch länger)
*Serviertemperatur:* 18 °C
*Entkorken:* 2 Stunden vor dem Servieren
*Passt zu:* Vorspeisen mit Wurstwaren oder Fleisch, gefüllten Teigwaren, gebratenem hellem oder dunklem Fleisch, Geflügel, Wild

## 87. Foianeghe rosso

*Herkunft:* Trentino–Tiroler Etschland (Trento)
*Farbe:* rubinrot orangefunkelnd
*Geschmack:* trocken
*Alterung:* 4–9 Jahre (für gewisse Jahrgänge auch länger)
*Serviertemperatur:* 18–19 °C
*Entkorken:* 1 Stunde vor dem Servieren
*Passt zu:* Geflügel, am Spiess gebratenem oder grilliertem Wild

## 88. Franciacorta rosso

*Herkunft:* Lombardei (Gebiet südlich des Iseo-Sees in der Provinz Brescia)

*Farbe:* rubinrot
*Geschmack:* trocken, körperreich
*Alterung:* 2–5 Jahre
*Serviertemperatur:* 18 °C
*Entkorken:* 1 Stunde vor dem Servieren
*Passt zu:* italienischen Vorspeisen, gebratenem oder in Sauce geschmortem hellem Fleisch, grillierten Schweinewürsten, Kaninchen mit Pilzen, körnigem Käse

## 89. Frecciarossa rosso

*Herkunft:* Lombardei (Pavia)
*Farbe:* ausgeprägt rubinrot
*Geschmack:* trocken
*Alterung:* 3–9 Jahre
*Serviertemperatur:* 18–19 °C
*Entkorken:* 2 Stunden vor dem Servieren
*Passt zu:* gebratenem hellem oder dunklem Fleisch, Geflügel, Wild

## 90. Freisa d'Asti

*Herkunft:* Piemont (Asti, Alessandria)
*Farbe:* rubinrot
*Geschmack:* trocken, etwas herb
*Alterung:* 2–5 Jahre (für gewisse Jahrgänge auch länger)
*Serviertemperatur:* 18 °C
*Entkorken:* wenige Minuten vor dem Servieren
*Passt zu:* Geflügel, hellem Fleisch

## 91. Freisa secco d'Alba

*Herkunft:* Piemont (verschiedene Gebiete in der Provinz Cuneo)
*Farbe:* rubinrot bis granatrot
*Geschmack:* trocken, bitterlich
*Alterung:* 3–5 Jahre
*Serviertemperatur:* 18 °C
*Entkorken:* unmittelbar vor dem Servieren

*Passt zu:* Kalbs- und Schweinebraten, Geflügel, Kalbshaxen nach Mailänder Art, Kaninchen mit Polenta, Fontina aus dem Aostatal

## 92. Gattinara

*Herkunft:* Piemont (Vercelli)
*Farbe:* rubinrot, mit der Alterung gelblichfunkelnd
*Geschmack:* trocken
*Alterung:* 4–12 Jahre (für gewisse Jahrgänge auch länger)
*Serviertemperatur:* 19–20 °C
*Entkorken:* einige Stunden vor dem Servieren, in eine Karaffe dekantieren
*Passt zu:* gebratenem dunklem Fleisch oder Fleisch mit brauner Sauce, Geflügel, Wild, Gerichten mit Trüffeln

## 93. Grignolino d'Asti

*Herkunft:* Piemont (Asti, Cuneo)
*Farbe:* helles Rubinrot
*Geschmack:* trocken, leicht bitterer Abgang
*Alterung:* nicht länger als 3 Jahre
*Serviertemperatur:* 15–17 °C
*Entkorken:* wenige Minuten vor dem Servieren
*Passt zu:* italienischen Vorspeisen, Reis- und Teigwarengerichten, Siedfleisch, fritiertem Fleisch, Geflügel, Eiergerichten, Gemüse, Fontina-Käse

## 94. Grumello

*Herkunft:* Lombardei (Sondrio)
*Farbe:* lebhaftes Rubinrot
*Geschmack:* trocken und vollmundig
*Alterung:* 2–10 Jahre
*Serviertemperatur:* 18–19 °C

*Entkorken:* 2 Stunden vor dem Servieren
*Passt zu:* gebratenem hellem und dunklem Fleisch, Geflügel, Wild, Trockenfleisch, körnigem Käse

## 95. Gutturnio

*Herkunft:* Emilia-Romagna (verschiedene Gebiete in der Provinz Piacenza)
*Farbe:* ausgeprägt rubinrot
*Geschmack:* trocken, gelegentlich leicht süsslich
*Alterung:* 2–3 Jahre
*Serviertemperatur:* 15 °C
*Entkorken:* 1 Stunde vor dem Servieren
*Passt zu:* Gemüsesuppen, Teigwaren, Risotto, geschmortem Schweinefleisch, Rindskoteletts, Filets, grillierten Kalbs- und Schweinekoteletts, Geflügel, fritiertem oder gebratenem Fleisch

## 96. Inferno

*Herkunft:* Lombardei (verschiedene Gemeinden in der Provinz Sondrio)
*Farbe:* ziegelrot
*Geschmack:* trocken, ausgewogen
*Alterung:* 2–6 Jahre (für gewisse Jahrgänge auch länger)
*Serviertemperatur:* 18–19 °C
*Entkorken:* 2 Stunden vor dem Servieren
*Passt zu:* gebratenem hellem und dunklem Fleisch, Geflügel, Wild, körnigem Hartkäse

## 97. Lagrein Dunkel

*Herkunft:* Trentino-Tiroler Etschland (verschiedene Gemeinden)
*Farbe:* helles Rubinrot
*Geschmack:* trocken, körperreich

*Alterung:* 5–6 Jahre
*Serviertemperatur:* 18 °C
*Entkorken:* 1 Stunde vor dem Servieren
*Passt zu:* gebratenem hellem Fleisch oder Fleisch mit Sauce, regionalen Gerichten, grilliertem Schweinefleisch mit pikanten Saucen

## 98. Lambrusco di Sorbara

*Herkunft:* Emilia-Romagna (Modena)
*Farbe:* hellrot bis rosa
*Geschmack:* trocken, mit bitterlichem Einschlag, prickelnd, mit rotem Schaum
*Alterung:* möglichst kurz
*Serviertemperatur:* 14–16 °C
*Entkorken:* unmittelbar vor dem Servieren
*Passt zu:* Vorspeisen mit Wurstwaren (besonders warmen), gratiniertem Mais, Tortellini an Fleischsauce, Siedfleisch, Forellen

## 99. Marzemino d'Isera

*Herkunft:* Trentino-Tiroler Etschland (verschiedene Gemeinden in der Provinz Trento)
*Farbe:* granatrot
*Geschmack:* trocken, mit bitterlichem Abgang
*Alterung:* 5–6 Jahre (für gewisse Jahrgänge auch länger)
*Serviertemperatur:* 18 °C
*Entkorken:* wenige Minuten vor dem Servieren
*Passt zu:* warmen Wurstwaren, Bohnensuppe mit Teigwaren, gebratenem hellem und dunklem Fleisch, Geflügel, Wild

## 100. Merlot d'Aprilia

*Herkunft:* Latium (Gemeinden Aprilia, Cisterna, Latina, Nettuno)

*Farbe:* granatrot
*Geschmack:* trocken, gerade richtiger Tanningehalt
*Alterung:* 3–6 Jahre (für gewisse Jahrgänge länger)
*Serviertemperatur:* 18 °C
*Entkorken:* 1 Stunde vor dem Servieren
*Passt zu:* gebratenem hellem Fleisch, Geflügel, Käse

## 101. Merlot del Collio

*Herkunft:* Friaul-Julisch Venetien (Gorizia)
*Farbe:* rubinrot
*Geschmack:* trocken, mit bitterlichem Abgang
*Alterung:* 2–4 Jahre
*Serviertemperatur:* 18 °C
*Entkorken:* 1 Stunde vor dem Servieren
*Passt zu:* gebratenem hellem oder dunklem Fleisch, Geflügel, fritiertem Fleisch

## 102. Merlot del Friuli

*Herkunft:* Friaul-Julisch Venetien (Udine und Gorizia)
*Farbe:* rubinrot
*Geschmack:* trocken, mit bitterlichem Abgang
*Alterung:* 1–3 Jahre (für gewisse Jahrgänge auch länger)
*Serviertemperatur:* 18 °C
*Entkorken:* unmittelbar vor dem Servieren
*Passt zu:* gebratenem hellem Fleisch, Siedfleisch, fritiertem und grilliertem Schweinefleisch

## 103. Merlot di Pramaggiore

*Herkunft:* Venetien (Venedig, Pordenone und Treviso)
*Farbe:* rubinrot
*Geschmack:* trocken, tanninhaltig
*Alterung:* 2–4 Jahre (für gewisse Jahrgänge auch länger)
*Serviertemperatur:* 18–19 °C

*Entkorken:* unmittelbar vor
dem Servieren
*Passt zu:* Teigwaren mit
Fleischsaucen, gebratenem
hellem Fleisch, Siedfleisch,
fritiertem oder grilliertem
Schweinefleisch, Schinken

## 104. Monfortino

*Herkunft:* Piemont (Cuneo)
*Farbe:* ziegelrot und bern-
steinfunkelnd
*Geschmack:* trocken
*Alterung:* sehr lang
*Serviertemperatur:* 18 °C
*Entkorken:* viele Stunden
vor dem Servieren
*Passt zu:* Braten aus dunk-
lem Fleisch, Geflügel, Wild

## 105. Nebbiolo d'Alba

*Herkunft:* Piemont (verschie-
dene Gebiete in der Ge-
meinde Alba in der Provinz
Cuneo)
*Farbe:* rubinrot, orange-
funkelnd
*Geschmack:* trocken
*Alterung:* 3–9 Jahre
*Serviertemperatur:*
18–19 °C
*Entkorken:* 1 Stunde vor
dem Servieren
*Passt zu:* gebratenem oder
grilliertem hellem und dunk-
lem Fleisch und Geflügel,
Fondue nach Piemonteser
Art, Siedfleisch, Reis- und
Teigwarengerichten mit kräfti-
gem Geschmack

## 106. Pinot nero del Collio

*Herkunft:* Friaul-Julisch
Venetien (Gorizia)
*Farbe:* rubinrot
*Geschmack:* trocken, leicht
würzig
*Alterung:* 2–5 Jahre
*Serviertemperatur:*
16–18 °C
*Entkorken:* 1 Stunde vor
dem Servieren
*Passt zu:* hellem Fleisch, be-
sonders mit Sauce, Geflügel,
gekochten Wurstwaren, Nie-
ren, Lamm

## 107. Pinot nero del Friuli

*Herkunft:* Friaul-Julisch
Venetien (Udine, Gorizia)
*Farbe:* rubinrot
*Geschmack:* trocken, mit bit-
terlichem Abgang
*Alterung:* 2–6 Jahre (für ge-
wisse Jahrgänge auch länger)
*Serviertemperatur:* 19 °C
*Entkorken:* 1 Stunde vor
dem Servieren
*Passt zu:* hellem Fleisch, be-
sonders mit Sauce, Schnit-
zeln, gekochten Wurstwaren

## 108. Raboso del Piave

*Herkunft:* Venetien (Treviso,
Venedig)
*Farbe:* granatrot
*Geschmack:* trocken, leicht
tanninhaltig
*Alterung:* 4–8 Jahre
*Serviertemperatur:*
18–19 °C
*Entkorken:* 2 Stunden vor
dem Servieren
*Passt zu:* gebratenem hel-
lem und dunklem Fleisch,
Geflügel, Wild

## 109. Recioto classico
della Valpolicella

*Herkunft:* Venetien (fünf Gemeinden des Valpolicella in
der Provinz Verona)

*Farbe:* ausgeprägtes Rubinrot mit Purpur
*Geschmack:* lieblich
*Alterung:* 3–4 Jahre (für
einige besondere Jahrgänge
auch sehr viel länger)
*Serviertemperatur:*
14–15 °C
*Entkorken:* unmittelbar vor
dem Servieren
*Passt zu:* Käse, regionalen
Süssspeisen; auch allein
trinkbar

## 110. Recioto della Val-
policella Amarone

*Herkunft:* Venetien (fünf Ge-
meinden des Valpolicella in
der Provinz Verona)
*Farbe:* ausgeprägtes Rot
*Geschmack:* trocken, bitter
*Alterung:* 3–12 Jahre (für
einige Jahrgänge länger)
*Serviertemperatur:* 19 °C
*Entkorken:* einige Stunden
vor dem Servieren
*Passt zu:* dunklem Fleisch,
Wild, Schmorbraten

## 111. Refosco dal pedun-
colo rosso (Refosco
dal pecol ross)

*Herkunft:* Friaul-Julisch Venetien (verschiedene Gemeinden in den Provinzen Gorizia
und Udine)

*Farbe:* ausgeprägtes Granat-
rot
*Geschmack:* trocken, leicht
tanninhaltig
*Alterung:* 3–10 Jahre
*Serviertemperatur:* 18 °C
*Entkorken:* 2 Stunden vor
dem Servieren
*Passt zu:* kräftigen regiona-
len Gerichten, Fasan,
Perlhuhn, Schweinefleisch,
Truthahn im Ofen

## 112. Regaleali rosso del conte

*Herkunft:* Sizilien (Palermo)
*Farbe:* rubinrot
*Geschmack:* trocken
*Alterung:* 4–8 Jahre (für gewisse Jahrgänge auch länger)
*Serviertemperatur:*
18–19 °C
*Entkorken:* 1 Stunde vor
dem Servieren
*Passt zu:* dunklem gebratenem oder mit Sauce servier-
tem Fleisch, Geflügel, Wild,
regionalen Gerichten

## 113. Rossese di Dolceacqua

*Herkunft:* Ligurien (Val
Nervia und andere Gemein-
den in der Umgebung von
Ventimiglia in der Provinz
Imperia)
*Farbe:* rubinrot
*Geschmack:* geschmeidig,
leicht bitterlich
*Alterung:* 2–5 Jahre
*Serviertemperatur:*
18–19 °C
*Entkorken:* 1 Stunde vor
dem Servieren
*Passt zu:* gebratenem hel-
lem und dunklem Fleisch,
Geflügel, Wild, Ravioli

## 114. Rosso dell'Oltrepò Pavese

*Herkunft:* Lombardei (Pavia)
*Farbe:* rubinrot

*Geschmack:* trocken, leicht
tanninhaltig
*Alterung:* 2–4 Jahre
*Serviertemperatur:* 18 °C
*Entkorken:* 1 Stunde vor
dem Servieren
*Passt zu:* Reis- und Teig-
warengerichten, gebratenem
hellem und dunklem Fleisch,
Geflügel, Weichkäse

## 115. Sangiovese di Romagna

*Herkunft:* Emilia-Romagna
(Forlí, Ravenna, Bologna)
*Farbe:* ausgeprägtes Rubin-
rot
*Geschmack:* trocken, mit bit-
terlichem Abgang
*Alterung:* 2–4 Jahre
*Serviertemperatur:* 18 °C
*Entkorken:* 1 Stunde vor
dem Servieren
*Passt* für die ganze Mahlzeit

## 116. Santa Maddalena

*Herkunft:* Trentino-Tiroler
Etschland (Bozen)
*Farbe:* je nach Jahrgang
von rubinrot bis granatrot
*Geschmack:* trocken, leicht
bitterlicher Abgang
*Alterung:* 1–3 Jahre (für gewisse Jahrgänge auch länger)
*Serviertemperatur:*
18–19 °C
*Entkorken:* wenige Minuten
vor dem Servieren
*Passt zu:* regionalen Knob-
lauchwürsten, gebratenem
dunklem Fleisch, Geflügel,
Wild (besonders nach Südtiro-
ler Rezepten)

## 117. Sassella

*Herkunft:* Lombardei (Sondrio)
*Farbe:* granatrot
*Geschmack:* trocken
*Alterung:* 3–10 Jahre (für
gewisse Jahrgänge auch
länger)

*Serviertemperatur:*
18–19 °C
*Entkorken:* einige Stunden
vor dem Servieren
*Passt zu:* gebratenem
hellem und dunklem Fleisch,
grilliertem dunklem Fleisch,
Geflügel, Wild, körnigem
Hartkäse

## 118. Sassicaia

*Herkunft:* Toscana (Livorno)
*Farbe:* granatrot
*Geschmack:* trocken
*Alterung:* 5–12 Jahre (für
gewisse Jahrgänge auch
länger)
*Serviertemperatur:*
18–19 °C
*Entkorken:* einige Stunden
vor dem Servieren
*Passt zu:* verschiedenen
Zubereitungsarten von
hellem und dunklem Fleisch,
Wild

## 119. Taurasi

*Herkunft:* Kampanien
(Avellino)
*Farbe:* rubinrot
*Geschmack:* trocken, würzig
*Alterung:* 4–14 Jahre (für
gewisse Jahrgänge auch
länger)
*Serviertemperatur:*
16–18 °C

*Entkorken:* einige Stunden vor dem Servieren

*Passt zu:* gebratenem dunklem Fleisch, Geflügel, Wild, körnigem Hartkäse

## 120. Teroldego

*Herkunft:* Trentino-Tiroler Etschland (Trient)
*Farbe:* rubinrot
*Geschmack:* trocken, leicht tanninhaltig, mit Bittermandelgeschmack
*Alterung:* 3–8 Jahre (für gewisse Jahrgänge auch länger)
*Serviertemperatur:* 18 °C
*Entkorken:* 2 Stunden vor dem Servieren
*Passt zu:* gebratenem hellem und dunklem Fleisch, Wild, dunklem Fleisch mit brauner Sauce

## 121. Tignanello

*Herkunft:* Toscana (Florenz)
*Farbe:* rubinrot, mit der Alterung eher orangerot
*Geschmack:* trocken
*Alterung:* sehr lang
*Serviertemperatur:* 18–19 °C
*Entkorken:* 2 Stunden vor dem Servieren, in eine Karaffe dekantieren
*Passt zu:* gebratenem dunklem Fleisch, Wild, Geflügel, eleganten Gerichten

## 122. Torgiano rosso

*Herkunft:* Umbrien (Perugia)
*Farbe:* rubinrot
*Geschmack:* trocken
*Alterung:* 3–8 Jahre (9 Jahre für gewisse Jahrgänge)
*Serviertemperatur:* 18–19 °C
*Entkorken:* 2 Stunden vor dem Servieren
*Passt zu:* Reis- und Teigwarengerichten, Geflügel, gebratenem hellem und dunklem Fleisch, gekochtem hellem Fleisch, Wild; fritierten Artischocken, Kartoffeln und Blumenkohl; Ostertorte mit Käse

## 123. Torre Quarto rosso

*Herkunft:* Apulien (Foggia)
*Farbe:* rubinrot
*Geschmack:* trocken, leicht tanninhaltig, mandelähnlich
*Alterung:* 4–12 Jahre (für gewisse Jahrgänge auch länger)
*Serviertemperatur:* 18–19 °C
*Entkorken:* einige Stunden vor dem Servieren
*Passt zu:* gebratenem oder grilliertem hellem oder dunklem Fleisch, Wild, Lammfleisch mit Sauce

## 124. Valpolicella

*Herkunft:* Venetien (verschiedene Gebiete in der Provinz Verona)
*Farbe:* rubinrot
*Geschmack:* trocken, mit bitterlichem Abgang
*Alterung:* 2–5 Jahre (für gewisse Jahrgänge auch länger)
*Serviertemperatur:* 18–19 °C
*Entkorken:* wenige Minuten vor dem Servieren
*Passt zu:* warmen italienischen Vorspeisen, Teigwaren

mit Fleischsauce, regionalen Gerichten, gebratenem oder geschmortem hellem Fleisch; passt auch für die ganze Mahlzeit

## 125. Venegazzù

*Herkunft:* Venetien (Treviso)
*Farbe:* rubinrot bis granatrot
*Geschmack:* trocken, samtig, ausgewogen
*Alterung:* 4–12 Jahre (für gewisse Jahrgänge auch länger)
*Serviertemperatur:* 18–19 °C
*Entkorken:* 2 Stunden vor dem Servieren
*Passt zu:* gebratenem dunklem Fleisch, Wild, eleganten kalten Gerichten

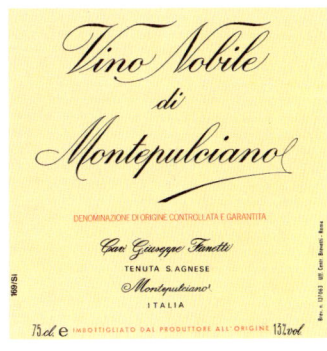

## 126. Vino nobile di Montepulciano

*Herkunft:* Toscana (Siena)
*Farbe:* rubinrot
*Geschmack:* trocken, leicht tanninhaltig, mit bitterlichem Abgang
*Alterung:* 4–12 Jahre (für gewisse Jahrgänge auch länger)
*Serviertemperatur:* 18 °C
*Entkorken:* 2 Stunden vor dem Servieren
*Passt zu:* gebratenem hellem und dunklem Fleisch, «Fiorentina», Geflügel, Kaninchen, Wild

# Italienischer Käse

In Italien gibt es viele Käsesorten, die je nach Region, aus der sie stammen, und je nachdem, ob sie aus Kuh-, Schaf-, Ziegen- oder Büffelmilch hergestellt werden, sehr unterschiedlich sein können. Es ist unmöglich, sie hier alle aufzuzählen. Wir beschränken uns deshalb auf die Sorten, welche auch ausserhalb Italiens erhältlich sind.

Schon bereits drei oder fünf dieser Käse, auf einer Platte oder einem Brett schön angeordnet, vermögen ein gutes Essen aufs beste abzurunden oder stellen eine gute Zwischenverpflegung oder ein Nachtessen dar. Wird Parmesan serviert, gehören Birnen dazu. Dieser harte Käse wird nicht etwa mit einem Messer geschnitten, sondern mit einem kleinen Spezialmesser gespalten und abgebrochen. Zu einer italienischen Käseplatte serviert man je nach Jahreszeit ausgewählte Früchte, zum Beispiel Trauben, Feigen, Aprikosen, Pfirsiche und andere gerade erhältliche Sorten.

(Rezepte für Käse finden sich auf den Seiten 29–31 und 46.)

*Die köstlichen italienischen Käse passen auf jede Käseplatte. Hier in der Mitte ein Stück Gorgonzola, darum herum Taleggio, Caciocavallo (birnenförmig), Parmesan, Provolone und Bel Paese*

# Die wichtigsten Käsesorten

**Bel Paese**
: Cremiger Vollfettkäse aus Kuhmilch, sehr feiner und beliebter Tafelkäse (Lombardei)

**Caciocavallo**
: Birnenförmig abgebundener, kleiner bis mittelgrosser Käse aus Kuhmilch, je nach Reife milder bis pikanter Tafelkäse (Kampanien, Sizilien)

**Caciotta**
: Sehr aromatischer Käse aus Schaf- und Kuhmilch gemischt. Er wird frisch gegessen oder mit Kräutern in Öl eingelegt (Toscana, Umbrien)

**Fontina**
: Fettkäse aus Kuhmilch, der vor allem zum Kochen verwendet wird, weil er gut schmilzt (s. «Fonduta piemontese», Seite 46), (Piemont)

**Gorgonzola**
: Edelpilzkäse aus Kuhmilch, der etwas weicher ist als der französische Roquefort und auch milder im Geschmack. Bekannter Tafelkäse. In zwei Sorten erhältlich: klassisch und etwas fester, oder mit Rahm und deshalb weicher und milder (Lombardei)

**Grana Lodigiane**
: Hartkäse mit körniger Struktur, aus Kuhmilch, ähnlich wie Parmesan. Wird als Tafel- und Reibkäse verwendet (Lombardei)

**Grana Parmigiano Reggiano**
: Hartkäse aus Kuhmilch, sehr aromatisch und pikant. Körnig mit sehr kleinen Löchern, die etwas Feuchtigkeit enthalten sollten. Wird als Tafel- und Reibkäse verwendet. Echter Parmesan darf nur in den Regionen Reggio, Parma, Modena, Mantova und Bologna hergestellt werden

**Mascarpone**
: Frischer Rahmkäse, der auch für Süssspeisen verwendet oder – mit Gorgonzola oder Kräutern in Lagen gemischt – als Tafelkäse verkauft wird (Lombardei)

**Mozzarella**
: Kugelförmiger, kleiner, weicher Käse aus Büffelmilch mit süsslich mildem Geschmack. Wird für viele warme Gerichte (Pizzas) verwendet, weil er leicht schmilzt (Kampanien)

**Pecorino romano**
: Grosser, runder Käse aus Schafmilch mit pikantem, eigenwilligem Geschmack. Er wird als Reibkäse verwendet und vermittelt z.B. Teigwaren, Pesto usw. den typischen Geschmack (Latium)

**Pecorino sardo**
: Mittelgrosser, halbfester Schaf- oder Ziegenmilchkäse von zylindrischer Form. Aromatischer Tafel- und Reibkäse (Sardinien)

**Provolone**
: Kugelförmiger, mittelgrosser Käse aus Schaf-, Ziegen- und Kuhmilch mit pikantem, etwas scharfem Geschmack. Wird als Tafel- und oft auch als Reibkäse verwendet (Süditalien)

**Ricotta**
: Quark aus Schafmilch. Gesalzen und ungesalzen erhältlich. Muss frisch verwendet werden (Umbrien)

**Robiola delle Langhe**
: Frischer, weicher Tafelkäse aus Schafmilch von kleiner, runder Form, der mit zunehmendem Alter pikanter wird (Piemont)

**Stracchino**
: Sehr weicher, aromatischer Tafelkäse aus Kuhmilch. Die bekannteste Sorte ist der «Stracchino di Gorgonzola» (Lombardei)

**Taleggio**
: Weichkäse aus Kuhmilch in viereckiger Form, sehr aromatischer Tafelkäse (Lombardei)

# Warenkunde und Fachausdrücke

**Abgiessen** – Darunter versteht man das Entfernen der Flüssigkeit von Lebensmitteln oder aus Pfannen. Man verwendet dafür eine Schaumkelle oder ein Sieb.

**Ablöschen** – Angebratenem Fleisch, Gemüse usw. Flüssigkeit zugiessen.

**Abmessen einer Form** – Der Inhalt einer Form kann festgestellt werden, indem man sie bis oben mit Wasser füllt und dieses in einen Messbecher giesst.

**Abschäumen** – Den auf der Oberfläche eines kochenden Gerichtes entstandenen Schaum entfernen, was meistens mit einer Schaumkelle, einem Schöpflöffel oder einem Löffel mit langem Stiel gemacht wird.

ABSCHÄUMEN – Den Schaum auf der Oberfläche mit einer Schaumkelle abheben.

**Abschrecken** – Durch Eintauchen in sehr kaltes Wasser oder unter fliessendem Wasser ein Lebensmittel abkühlen und den Garprozess abbre-

chen. Dieses Vorgehen wird beispielsweise bei hartgekochten Eiern, bei gekochtem Reis und bei gewissem Gemüse angewendet.

**Äpfel** – Um das Verfärben des Fruchtfleisches nach dem Schälen zu verhindern, die Äpfel sofort mit Zitronen- oder nach Belieben Orangen- oder Grapefruitsaft vermischen.

**Al dente** – Bissfest, d.h. körnig gekocht (z.B. Teigwaren, Reis, Gemüse).

**Amaretti** – Mit Bittermandelaroma parfümiertes, zartes Mandelgebäck, das ursprünglich aus dem Piemont stammt (Amaretti di Saronno). Heute sind die Amaretti fast überall erhältlich und werden auch bei uns hergestellt, und zwar als Dauergebäck meist in Biskuitfabriken oder von Konditoren bzw. Bäckern als Patisserie oder Konfekt.

**Ananas** – Die Frucht kann mit einem grossen, wenn möglich gezahnten Messer in Scheiben geschnitten werden. Die einzelnen Scheiben mit einem spitzen Messer von der Schale und den «Augen» sowie dem harten Mittelstück befreien. Den Strunk in der Mitte allenfalls mit einem scharfen, runden Teigausstecher entfernen (s. Abb.). Man kann die Ananas auch oben und unten geradeschneiden, auf einen Teller stellen und dann in senkrechten Streifen die Schale entfernen und die Frucht erst dann in Scheiben schneiden.

ANANAS

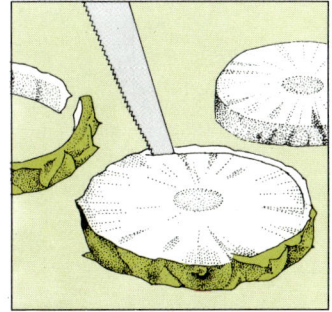

Zubereitung: 1. Schale wegschneiden.

2. Harten Kern ausstechen.

Eine andere Zubereitungsart besteht darin, die Ananas (samt den Blättern) der Länge nach in vier gleichmässige Schnitze zu teilen. In diesem Fall muss man zuerst das Fussstück wegschneiden. Dann von jedem Schnitz den harten Mittelteil entfernen. Anschliessend die Schale wegschneiden, das Fruchtfleisch aber darin belassen und quer in kleine Schnitze teilen. Diese leicht verschoben in der Schale anordnen (s. Abb. Seite 478).
Um eine Ananas auszuhöhlen, damit sie nachher mit dem in Würfel geschnittenen und mit Zucker und nach Belieben mit

ANANAS

Zubereitung: 1. Schale mit einem Messer lösen.

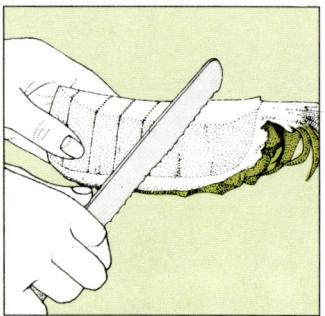

2. Fleisch in Schnitze schneiden.

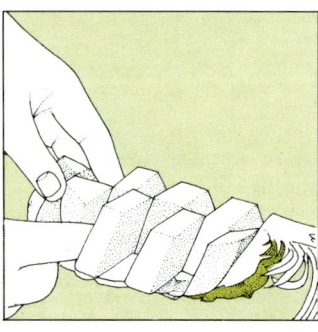

3. Schnitze leicht versetzt in der Schale anordnen.

Likör marinierten Fruchtfleisch (oder auch mit Eis oder einem Fruchtsalat) gefüllt werden kann, zuerst einen Deckel (samt den Blättern) wegschneiden. Dann 1 cm von der Schale entfernt von oben bis unten rundherum einen Schnitt anbringen und das Fruchtstück herausheben. (Um es leichter vom Boden zu lösen, muss man mit einem Löffel nachhelfen.) Viel einfacher ist es, die Ananas der Länge nach entzweizuschneiden, das Fruchtfleisch mit einem Grapefruitmesser mit gebogener Klinge von der Schale zu lösen und herauszuheben.

**Anbraten** – Ein Lebensmittel, vor allem Fleisch, zu Beginn des Kochvorganges durch Braten in Fett bei mittlerer bis starker Hitze Farbe annehmen lassen.

**Anbrennen** – Wenn ein Gericht oder eine Zutat anbrennt, kann der grösste Teil meistens trotzdem verwendet werden. Das Gericht sofort aus der Pfanne nehmen, und zwar möglichst ohne verbranntes Material (zum Beispiel bei Gemüse oder einer Suppe). Andernfalls das Angebrannte sogleich entfernen, denn es schmeckt bitter und würde diesen Geschmack auf das ganze Gericht übertragen. Wenn es sich um ein Stück Fleisch handelt, die verbrannte Fläche wegschneiden. Anschliessend wenn nötig in einer anderen Pfanne wie folgt eine neue Sauce zubereiten: Wenig Mehl in Butter dünsten, mit etwas Weisswein, Fleischbrühe oder Milch ablöschen und nach Belieben würzen. Man kann auch etwas Rahm vorsichtig einkochen, bis er dickflüssig und leicht bräunlich ist, dann mit etwas flüssigem Rahm oder Milch verdünnen und nach Belieben würzen. Die Oberfläche eines verbrannten Kuchens wird über dem Spültrog mit einer Käseraffel abgerieben.

**Anis** – Die Samen werden zum Würzen von Süssspeisen, Gemüse, Wild, Schweinefleisch und gelegentlich auch Fisch verwendet.

**Anrühren** – Eine trockene Zutat, z.B. Mehl, oder eine halbtrockene, z.B. Sardellenpaste, mit etwas Flüssigkeit vermischen.

**Anziehen lassen** – Ein Lebensmittel in heissem Fett leicht anbraten, ohne Farbe annehmen zu lassen.

**À point** – Fleisch, das nach dem Braten im Inneren noch rosa ist. Es bietet dem Fingerdruck Widerstand (wie die Nasenspitze).

**Aromatisieren** – s. *Parfümieren*

**Ausbuttern** – Um ein Gefäss inwendig mit Butter zu bestreichen, ohne sich jedoch die Hände zu beschmutzen, nimmt man am besten ein verpacktes Stück Butter und löst die Verpackung nur an einer Stelle. Damit bestreicht man die Wände des Gefässes. Man kann aber auch ein kleines Stück Butter eine halbe Stunde im voraus in das Gefäss geben, durch die Raumtemperatur weich werden lassen und es dann mit einem Pinsel verstreichen.

AUSBUTTERN – Die Butter nur teilweise aus der Verpackung nehmen.

**Avocado** – Um Avocados auszuwählen, die genau richtig reif sind, muss man sie mit den Fingern prüfen. Sie sollen gleichmässig weich, aber nicht allzu weich sein. Bei zu weichen Früchten besteht die Gefahr, dass sie nicht mehr gut schmecken und das Fruchtfleisch dunkel verfärbt ist. Damit sich das Avocadofleisch nach dem Aufschneiden der Frucht nicht verfärbt, mit etwas Zitronensaft beträufeln.

**Bananen** – Sie sind dann richtig reif, wenn die Schale von ganz kleinen, runden und dunklen Flecken bedeckt ist. Früchte, die noch zu wenig reif sind, zu einer sehr reifen Banane legen oder in eine Papiertüte packen. Geschälte und in Scheiben geschnittene Bananen verfärben sich rasch. Sie sollen deshalb erst unmittelbar vor dem Servieren zerschnitten oder müssen mit Zitronen- oder Orangensaft beträufelt werden.

**Basilikum** – Ein rund um das Mittelmeer häufig verwendetes Gewürz. Die Blätter werden für Saucen, gemischte Salate und Gemüsegerichte verwendet. Basilikum passt sehr gut zu Tomaten und ist die wichtigste Zutat für «Pesto». Es wird nach Möglichkeit frisch verwendet, ist aber auch getrocknet erhältlich.

**Bemehlen** – Wenn es darum geht, viele kleine Zutaten (z.B. ganze Fischchen oder Zwiebelringe) mit Mehl zu bestäuben, ist es am einfachsten, sie mit etwas Mehl in eine Papier- oder Plastiktüte zu geben, diese oben zuzuhalten und gut zu schütteln. Den Inhalt in ein Sieb geben und durch erneutes Schütteln das überschüssige Mehl entfernen.
Um eine Kuchenform oder ein Blech mit Mehl oder Paniermehl zu bestäuben, die Form zuerst mit Butter bestreichen. Dann je nach Grösse der Form 1–2 Esslöffel Mehl oder

BEMEHLEN

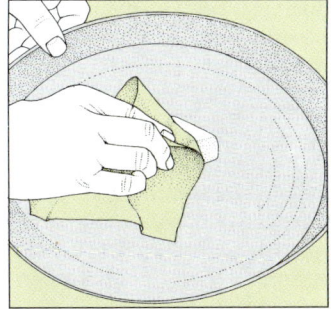

1. Blech mit Butter bestreichen.

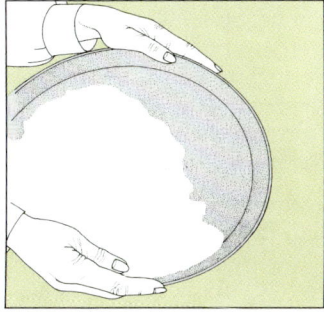

2. Schräg halten, um das Mehl zu verteilen.

Paniermehl hineingeben. Die Form in verschiedenen Richtungen neigen, damit sich das Mehl überall auf Boden und Wänden verteilen kann. Zum Schluss über dem Schüttstein das überschüssige Mehl oder Paniermehl leicht abschütteln.

**Bepinseln** – Eine Oberfläche mit Hilfe eines Küchenpinsels

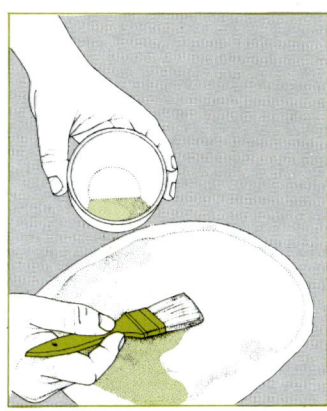

BEPINSELN – Den Pinsel befeuchten und das Lebensmittel bestreichen.

mit Flüssigkeit bestreichen (z.B. einen Teig mit verquirltem Eigelb bepinseln).

**Bien cuit** – Durchgebratenes Fleisch, das bei Fingerdruck nicht mehr nachgibt (es fühlt sich an wie das Kinn).

**Binden** – Ein Stück Fleisch oder Geflügel wird vor dem Braten oder Kochen gebunden, damit es seine Form behält. Beim Fleisch macht man dies entweder mit verschiedenen, je einzeln verknoteten Schnurstücken oder einer einzigen, aber nach jeder Umdrehung geknoteten Schnur (s. Abb.). Man kann aber auch einfach eine Schnur um das Fleischstück herumwickeln,

BINDEN eines Fleischstückes – Mit Küchenschnur umwickeln und verknoten.

was zwar weniger elegant aussieht, aber das gleiche Resultat bringt (die Schnur wird ohnehin vor dem Servieren entfernt). Statt das Fleischstück zu binden, kann man auch Metallklammern verwenden.
Das Binden eines Poulets oder anderen Geflügels ist nicht unbedingt notwendig. Es empfiehlt sich jedoch dann, wenn das Poulet ganz auf den Tisch kommt und erst vor den Gästen zerschnitten wird. Zu diesem Zweck die Beine über dem Bürzel zusammenbinden.

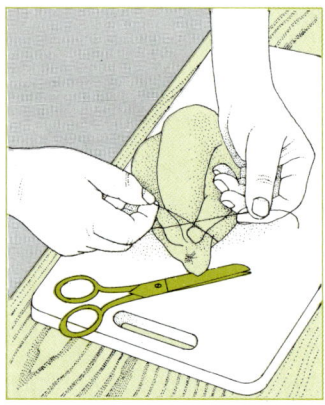

BINDEN von Geflügel – Zuerst die Schenkel beim Bürzel fixieren.

Die Schnur sodann über den Körper nach vorne führen und dort nochmals um das Tier herumwickeln.
Man kann ein Poulet aber auch ohne Schnur fixieren, indem man die beiden Beine in zwei gegen den Schwanz hin angebrachte Hautschlitze steckt und die Flügel auf den Rücken zurückbiegt.
Das Wort «binden» hat in der Küche noch eine andere Bedeutung, nämlich das Eindikken eines Gerichtes (Suppe, Sauce) durch Beifügen von entsprechenden Zutaten, wie Mehl, Speisestärke, Butter, Mehlbutter, Rahm, Eigelb usw.

**Blanchieren** – Damit wird meistens das kurze Eintauchen eines Lebensmittels in siedendes Wasser bezeichnet. In gewissen Fällen kann jedoch ein Lebensmittel auch mit kaltem Wasser bedeckt und zum Kochen gebracht werden. Auf jeden Fall dauert das Blanchieren immer nur wenige Minuten. Es gibt verschiedene Gründe für diesen Vorgang: Entweder soll etwas, zum Beispiel ein Gemüse, dadurch kurz vorgekocht werden, oder man will auf diese Weise ein Lebensmittel entsalzen oder entfetten. Durch

Blanchieren kann auch ein allzu starker Geschmack gemindert oder, wie bei den Tomaten, das nachfolgende Schälen erleichtert werden.

**Blind backen** – Torten- oder Kuchenböden leer backen. Zu diesem Zweck den Teig mit einem Stück Aluminiumfolie belegen und mit getrockneten Bohnenkernen oder Kirschensteinen beschweren.

**Bräter** – Schwere Eisenpfanne, oft in ovaler oder viereckiger Form, die auf der Herdplatte oder im Backofen für das Braten von grösseren Fleischstücken verwendet werden kann.

**Bratwurstmasse** – Um sie aus dem Darm zu pressen, jeweils kleine Portionen mit den Fingern lösen und gegen die Öffnung drücken.

**Brot** – Es empfiehlt sich, Brot, das erst in 2 oder 3 Tagen konsumiert wird, zuerst in eine Papier- und dann in eine Plastiktüte zu geben. Um es wieder knusprig zu machen, im Backofen aufbacken, und zwar wenige Minuten im mässig warmen Ofen (200–220 °C) oder eine halbe Stunde im nur schwach erhitzten Ofen.
Brot, das über längere oder unbestimmte Zeit aufbewahrt werden muss, wird am besten tiefgefroren. 30 Minuten bis 1 Stunde vor dem Gebrauch zum Auftauen herausnehmen. Wenn man das Brot rascher benötigt, den Backofen oder (wenn es sich um Brotscheiben handelt) den Toaster zu Hilfe nehmen. Es ist überhaupt empfehlenswert, Brotlaibe vor dem Einfrieren in Scheiben zu schneiden. Sie sind schneller aufgetaut, und man kann dem Tiefkühler nur so viel Brot entnehmen, wie gerade benötigt wird.

Brot, das getrocknet werden soll, nie in einer Plastiktüte aufbewahren. Diese würde die Feuchtigkeit zurückbehalten und das Brot verschimmeln lassen.

**Brot, geröstet (Croûtons)** – Croûtons werden aus Brot ohne Kruste (meistens Kastenbrot) geschnitten und in Butter geröstet. Je nach Verwendungszweck handelt es sich um kleine (ca. 1 cm grosse) Würfel, Dreiecke oder Phantasieformen (z.B. Herzen). In ganzen Scheiben werden sie oft als Unterlage beim Anrichten von in Scheiben geschnittenem, gebratenem Filet, kleinem Federwild oder Eiern verwendet.

**Butter, eingesottene** – Um Butter einzukochen, diese bei ganz kleiner Hitze schmelzen. Es bildet sich oben eine Schicht klarer, durchsichtiger Butter und unten ein trüber Satz. Die Butter aufschäumen lassen und durch ein Sieb in ein passendes Gefäss giessen. Dabei darauf achten, dass der Satz in der Pfanne zurückbleibt.
Eingesottene Butter wird vor allem dann verwendet, wenn hohe Temperaturen benötigt werden. Die bei nicht eingesottener Butter noch vorhandenen Unreinheiten, welche verbrennen, bevor die gewünschte Temperatur erreicht ist, werden durch das Einkochen im Satz gebunden und können auf diese Weise entfernt werden.

**Butter, Mehl-** – Es handelt sich um Butter, die mit Mehl vermischt wurde (meistens im Verhältnis 2 : 1, d.h. 2 Esslöffel Mehl auf 1 Esslöffel Butter). Die beiden Zutaten werden dabei auf einem Teller mit einer Gabel verknetet. Mehlbutter wird meistens zum Eindicken von Saucen verwendet. Denn das Mehl, welches die Sauce eindickt, könnte ohne die Hilfe der Butter nicht beigefügt werden, ohne dass sich Knöllchen bilden.

**Cayennepfeffer** – Es handelt sich bei diesem Gewürz gar nicht um Pfeffer, sondern um gemahlene, scharfe, orangerote bis gelbe kleine Pfefferschoten.

**Cime di rapa** – Dies ist die italienische Bezeichnung für Rapssprossen (s. Abb. Seite 48). Grobe Blätter und Stiele entfernen und nur die zarten Teile verwenden. Besonders geschätzt ist dieses Gemüse allerdings wegen der Blütenknospen und der sie umgebenden Blättchen. Die Garzeit beträgt ca. 15 Minuten.

**Consommé** – Besonders kräftige klare Fleischbrühe.

**Coppa** – An der Luft getrockneter Schweinehals, der vorher mariniert wurde.

**Cotechino** – Eine Spezialität aus Modena: mittelgrosse, frische Schweinewurst.

**Curry-Pulver** – Der englische Name Curry ist indischen Ursprungs und bezeichnet ein Gemisch aus verschiedenen gemahlenen Gewürzen und Kräutern, das für die Zubereitung vieler orientalischer Gerichte benötigt wird. Die Zusammensetzung kann verschieden sein, und demzufolge ist der Geschmack mehr oder weniger intensiv und pikant.

**Cutter** – Elektrisches Hackgerät mit scharfem Messer, das sich zum Zerkleinern von Fleisch, Nüssen, Brot, Käse usw. ohne Flüssigkeitszugabe eignet.

**Einkochen** – *s. Reduzieren*

**Einweichen, einlegen** – Getrocknete Lebensmittel, z.B. Früchte, Pilze, Gemüse, werden in kaltem oder lauwarmem Wasser eingelegt, damit sie weich werden und aufgehen. Das gleiche Resultat wird auch durch langsames Kochen bei schwacher Hitze erreicht.

**Eischnee** – Wenn man Eischnee unter einen Teig oder eine andere Masse ziehen muss, geht man in zwei bis drei Etappen vor, indem man vorsichtig und langsam, ohne stark zu rühren, jeweils nur einen Teil des Eischnees mit der Masse vermengt. Möglichst nur in einer Richtung und von unten nach oben rühren, damit die Masse luftig bleibt. Zum Schlagen s. *Steif schlagen.*

**Eiswürfel** – Um für einen bestimmten Anlass genügend Eis zur Hand zu haben, im voraus einen Vorrat anlegen, indem Eiswürfel gefroren, aus der Eisschublade herausgenommen und in Plastiktüten ebenfalls im Tiefkühlgerät aufbewahrt werden. Vor der Verwendung die Tüten gegen eine glatte Fläche schlagen, damit sich die Würfel voneinander lösen.

**Erdbeeren** – Erdbeeren zum Waschen kurz in reichlich kaltes Wasser geben, mit den Fingern durchrühren und sofort wieder herausnehmen. Wenn sie länger im Wasser liegen, saugen sie sich voll, werden weich und verlieren den Geschmack. Nur diejenigen Erdbeeren verwenden, die an die Oberfläche steigen. Beeren, die auf den Boden des Gefässes sinken, sind fast immer verdorben. Jede dieser Beeren einzeln prüfen, bevor sie zu den übrigen gegeben wird.

Wenn es sich um schön trockene Früchte handelt, kann man evtl. auf das Waschen verzichten. Die grünen Blättchen beim Stielansatz erst nach dem Waschen entfernen.

**Essenzen, flüssige** – Es handelt sich um Extrakte verschiedener Aromastoffe zum Parfümieren von Gerichten, meistens von Süssspeisen. Am leichtesten erhältlich sind Vanille-, Mandel- oder Bittermandel-, Orangen- oder Zitronenessenz. Sie sollen nur sparsam verwendet werden, da ihr Aroma sehr intensiv ist.

**Essiggemüse** – In Italien fehlen die «Sottaceti» bei keinem «Antipasto». Es handelt sich um zerschnittenes, in Essig konserviertes Gemüse, das auch zu Siedfleisch und kalten Platten passt (s. Abb. Seite 22).

**Estragon** – Es handelt sich um ein Gewürzkraut, von dem in der Küche die langen, schmalen Blätter frisch, getrocknet oder in Essig eingelegt verwendet werden. Der Geschmack harmoniert sehr gut mit Fisch, Poulet und Kalbfleisch, passt aber auch zu Buttermischungen.

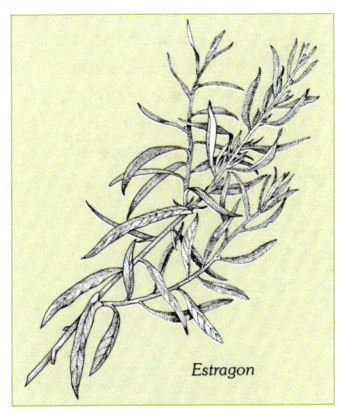

Estragon

**Farce** – Füllung für Gemüse, Fleisch oder Pasteten.

**Fische** – Die Namen der in Italien am häufigsten verwendeten Meer- und Süsswasserfische sind aus den Tafeln auf Seite 484 f. ersichtlich.

**Flambieren** – Flambieren heisst, eine über das Gericht gegossene Spirituose anzünden oder sie bereits brennend darüber zu verteilen. Wenn der Alkoholgehalt nicht sehr hoch ist, muss die Spirituose zuerst erwärmt werden (entweder in der Pfanne oder, wenn sie brennend über das Gericht gegossen werden soll, in einem separaten Gefäss). Sie darf auch nicht durch bereits vorhandene Flüssigkeit allzu sehr verdünnt werden. Zum Anzünden entweder vorsichtig ein brennendes Streichholz in die Nähe des Alkohols halten oder, wenn der Vorgang in einem Gefäss mit niedrigem Rand und über

FLAMBIEREN

1. Alkohol dazugiessen und erwärmen.

2. Pfannenrand in die Nähe der Flamme bringen.

einer Flamme (z.B. auf dem Flambier-Rechaud) stattfindet, durch Schräghalten des Gefässes den Alkohol in die Nähe der Flamme bringen, damit er sich entzündet (s. Abb.).

**Fleisch aufschneiden** – Es ist sehr wichtig, dass gebratenes oder gekochtes Fleisch quer zur Faser geschnitten wird. Davon ausgenommen sind nur die Rindskoteletts, Schlegel und Haxen, bei denen das Fleisch parallel zum Knochen geschnitten wird. Fleisch muss mit einem scharfen oder noch besser mit einem elektrischen Messer geschnitten werden. Wenn man ganz dünne Scheiben wünscht, empfiehlt sich die Verwendung einer Aufschnittmaschine. Damit der austretende Saft nicht verlorengeht, legt man das Fleischstück zum Schneiden mit Vorteil auf ein Holzbrett mit einer Saftrinne.

**Fleischbrühe** – Eine gute Fleischbrühe soll klar sein. Um dies zu erreichen, wird sie mit einem Eiweiss pro Liter bei mittlerer Hitze aufgekocht und dabei mit dem Schwingbesen geschlagen, bis sich an der Oberfläche ein dichter Schaum gebildet hat. Wenn dies der Fall ist, nicht mehr schwingen und die Brühe noch eine Stunde ganz leicht kochen lassen. Dann durch ein Sieb giessen, das mit befeuchtetem, zusammengefaltetem Stoff oder Filterpapier ausgelegt wurde (s. Abb.). Um eine Fleischbrühe zu entfetten, lässt man sie am besten erkalten und stellt sie, wenn genügend Zeit vorhanden ist, anschliessend noch in den Kühlschrank. Das Fett steigt an die Oberfläche und wird dort fest. Es kann mit einer Gabel oder einem Löffel einfach abgehoben werden. Eine

heisse Fleischbrühe, die entfettet werden soll, muss zuerst einige Minuten stehengelassen werden, damit das Fett an die Oberfläche steigen kann. Dann ein Küchen- oder Löschpapier darüber ziehen.

FLEISCHBRÜHE

Klären: 1. Eiweiss mit der Brühe verquirlen.

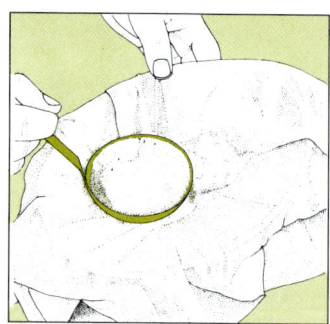

2. Am Ende der Kochzeit filtrieren.

**Fleischrouladen** – s. Rouladen

**Folie (garen in der Folie)** – Der italienische Ausdruck «in cartoccio» bedeutet wie die französische Bezeichnung «en papillote», dass ein Lebensmittel, meist ein Fleischstück, in einer Aluminiumfolie gegart wird. Dies kann fast oder ganz ohne Fett geschehen, weshalb auf diese Weise zubereitete Gerichte besonders leicht sind. Sie sind auch sehr saftig und schmackhaft, da sie nicht austrocknen und die Aromen nicht entfliehen können.

**Fontina** – s. Kap. «Italienischer Käse»

**Fritieren** – In heissem Öl schwimmend ausbacken. Um festzustellen, ob das Öl heiss genug ist, ein kleines Brotstücklein hineingeben. Wenn es innerhalb von 30 Sekunden Farbe angenommen hat, weist das Öl die richtige Temperatur auf.

**Gehen lassen** – Ein Teig, der mit Frisch- oder Trockenhefe zubereitet wurde, muss vor dem Backen an einem warmen Ort aufgehen können: Zu starke Hitze bricht das Aufgehen vorzeitig ab. Bei Verwendung von Backpulver ist dies nicht nötig. Mit Backpulver zubereitete Teige können sofort weiterverarbeitet werden.

**Gelatine** – Gelatine wird aus tierischen Restprodukten hergestellt. Man benutzt sie, um Flüssigkeiten fest werden zu lassen. Sie wird bei uns meist in farblosen Blättern verwendet, die man zuerst in kaltem Wasser einige Minuten einweicht, dann ausdrückt und in wenig heisser Flüssigkeit auflöst. Gelatine soll nicht gekocht werden, da sie dabei den Geschmack der zu festigenden Masse beeinträchtigen würde.

**Gelee** – Zur Herstellung von Gelee, auch Sulz oder Aspik genannt, wird klare Brühe benötigt (s. Fleischbrühe). Diese wird meistens mit Fleisch, aber auch mit Geflügel oder Fisch zubereitet. Man löst darin pro ¼ l Flüssigkeit 3 Blätter Gelatine (s. d.) auf, die vorher in kaltem Wasser einige Minuten eingeweicht wurde. Die Brühe kann nach Belieben mit Zitronensaft oder Spirituosen (Sherry, Portwein, trockenem Marsala oder Madeira) abgeschmeckt werden. Man rechnet 2–3 Esslöffel pro ¼ l Brühe. Sie muss

ziemlich kräftig gesalzen sein, da sie beim Festwerden an Geschmack einbüsst. Man verwendet Gelee meist im Zusammenhang mit Vorspeisen. Sehr gut und leicht sind aber auch Früchte im Gelee (s. Seite 393 und 403), wobei hier die Gelatine im Fruchtsaft aufgelöst wird.

**Gemüse, rohes** – Rohes, geputztes Gemüse, wenn nötig zerschnitten (meistens in Stäbchen), wird, begleitet von Öl und Salz, einer Vinaigrette, einer Zitronen- oder anderen Sauce, meistens als Vorspeise serviert. In Italien beliebt ist nicht zuletzt die Verwendung bei der «Bagna cauda» (s. Seite 310).

**Gemüse zerkleinern** – Zum Zerkleinern von Gemüse gibt es eine ganze Menge von Hilfsgeräten. Viele ziehen es jedoch vor, das Gemüse mit einem scharfen Küchenmesser zu zerschneiden.
Um ein eher hartes, rundes Gemüse (z.B. Kartoffeln oder Karotten) in Scheiben zu schneiden, empfiehlt es sich, es zuerst geradezuschneiden, damit es gut auf der Arbeitsfläche aufliegt. Während des Schneidens die Fingerspitzen

GEMÜSE ZERKLEINERN – Kohlkopf zuerst vierteln, dann in Streifen schneiden.

GEMÜSE ZERKLEINERN

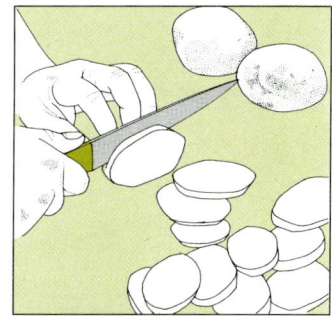

1. In Scheiben schneiden.

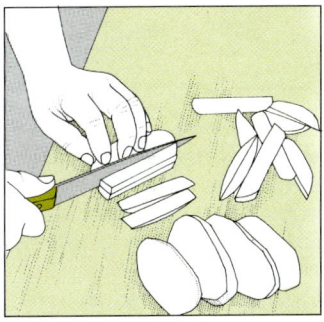

2. Dann in Stäbchen schneiden.

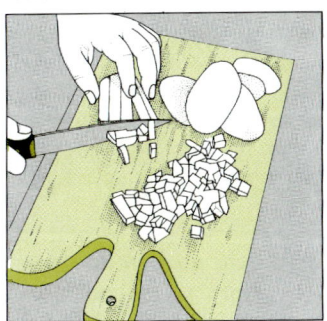

3. Zuletzt aus den Stäbchen Würfel schneiden.

immer leicht nach innen krümmen und das Messer den Fingerknöcheln entlanggleiten lassen. Diese dienen dem Messer als Anschlag, und man schneidet sich auf diese Weise nicht in die Finger (s. Abb.).
Um Stäbchen oder Würfel zu schneiden, einige Scheiben bzw. Stäbchen zusammenfassen und gemeinsam zerschneiden (s. Abb.).
Blattgemüse wie Kohl, Lattich, Endivie wird meist in Streifen geschnitten. Sehr fe-

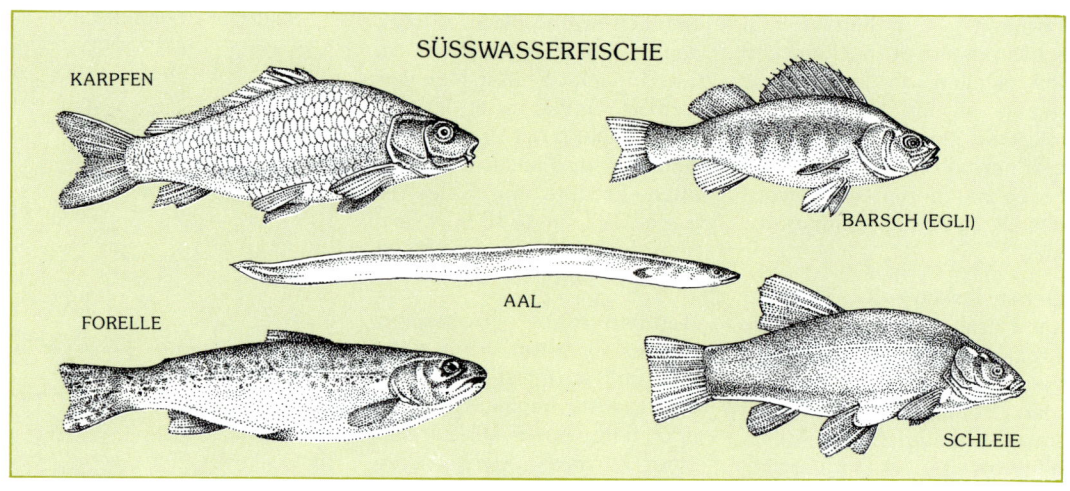

SÜSSWASSERFISCHE

KARPFEN

BARSCH (EGLI)

AAL

FORELLE

SCHLEIE

ste Kohlköpfe, wie z.B. den Rotkohl, schneidet man zuerst in Hälften oder Viertel und erst dann, ohne die Blätter einzeln zu lösen, in feine Streifen (s. Abb. Seite 483).
Wirsing wird zuerst geviertelt. Dann schneidet man bei allen Stücken den Strunk heraus und schneidet sie anschliessend quer oder längs in Streifen. Wenn auch die gröbsten Blattrippen entfernt werden sollen, müssen die Blätter einzeln vom Strunk gelöst werden.
Um Zucchini in Würfel zu schneiden, werden sie zuerst der Länge nach kreuzweise bis kurz vor den Stielansatz eingeschnitten. Dann quer in ca. $1/2$ cm grosse Würfel schneiden. Auf die gleiche Weise werden auch Karotten gewürfelt.
Zum Schneiden von Zwiebeln s. dort.

**Gerüche, unangenehme** – Um unangenehme Gerüche beim Kochen von Blumenkohl oder anderem Kohl zu vermeiden oder wenigstens zu reduzieren, empfiehlt es sich, einen Zitronenschnitz mitzukochen. Schlechter Geruch an den Händen nach dem Umgang mit Fisch verschwindet, wenn

etwas Salz zwischen den Händen verrieben wird.
Um Fischgeruch an einer Bratpfanne zu beseitigen, diese mit Salz bestreuen, heisses Wasser darübergiessen und eine halbe Stunde oder länger stehenlassen.

**Gestrichen** – Man spricht von einem gestrichenen Löffel oder anderen Gefäss und versteht darunter: genau bis zum Rand gefüllt, aber nicht mehr, also nicht gehäuft.

**Gewürzkräuter** – s. Küchenkräuter

**Gewürznelken** – Es handelt sich um kleine Blütenknospen, die nach der Ernte getrocknet werden. Sie sind sehr aromatisch und werden zum Würzen von Siedfleisch, Marinaden, Schmorgerichten, Süssspeisen, Kompotts usw. verwendet.

**Gewürzsträusschen** – In der Fachsprache als «Bouquet garni» bekannt. Es besteht aus Küchenkräutern und wird einem Gericht während des Kochens beigefügt. Dafür können je nach Gericht verschiedene Kräuter verwendet werden, aber die häufigste Kombination besteht aus 2–4 Peter-

silienzweigen, einem Thymianzweig und $1/3$ Lorbeerblatt. Man kann die Gewürze in ein Stückchen Stoff einbinden oder nur mit etwas Küchenschnur zusammenbinden. Wenn ein genügend langes Schnurstück daran gelassen wird, kann man dieses über den Pfannenrand hängen und die Gewürze am Ende der Kochzeit damit leicht wieder entfernen.

**Glasieren** – Ein Lebensmittel so kochen oder zubereiten, dass es am Schluss von einer dünnen, glänzenden Schicht überzogen ist. Dies geschieht z.B., wenn Gemüse mit wenig Wasser, Butter und Zucker gegart wird oder indem ein Gericht immer wieder mit dem ausgetretenen Saft beträufelt wird, während es im Ofen schmort.
Ein Gebäck glasieren bedeutet, dass es mit Glasur überzogen wird (s. Abb. Seite 486).

**Glasur** – Dient zum Bedecken von Torten und Kleingebäck. Sie wird in der Regel aus Schokolade oder aus Puderzucker, der mit wenig geschlagenem Eiweiss gemischt wurde, zubereitet. Man kann der Glasur nach Belieben

# MEERFISCHE

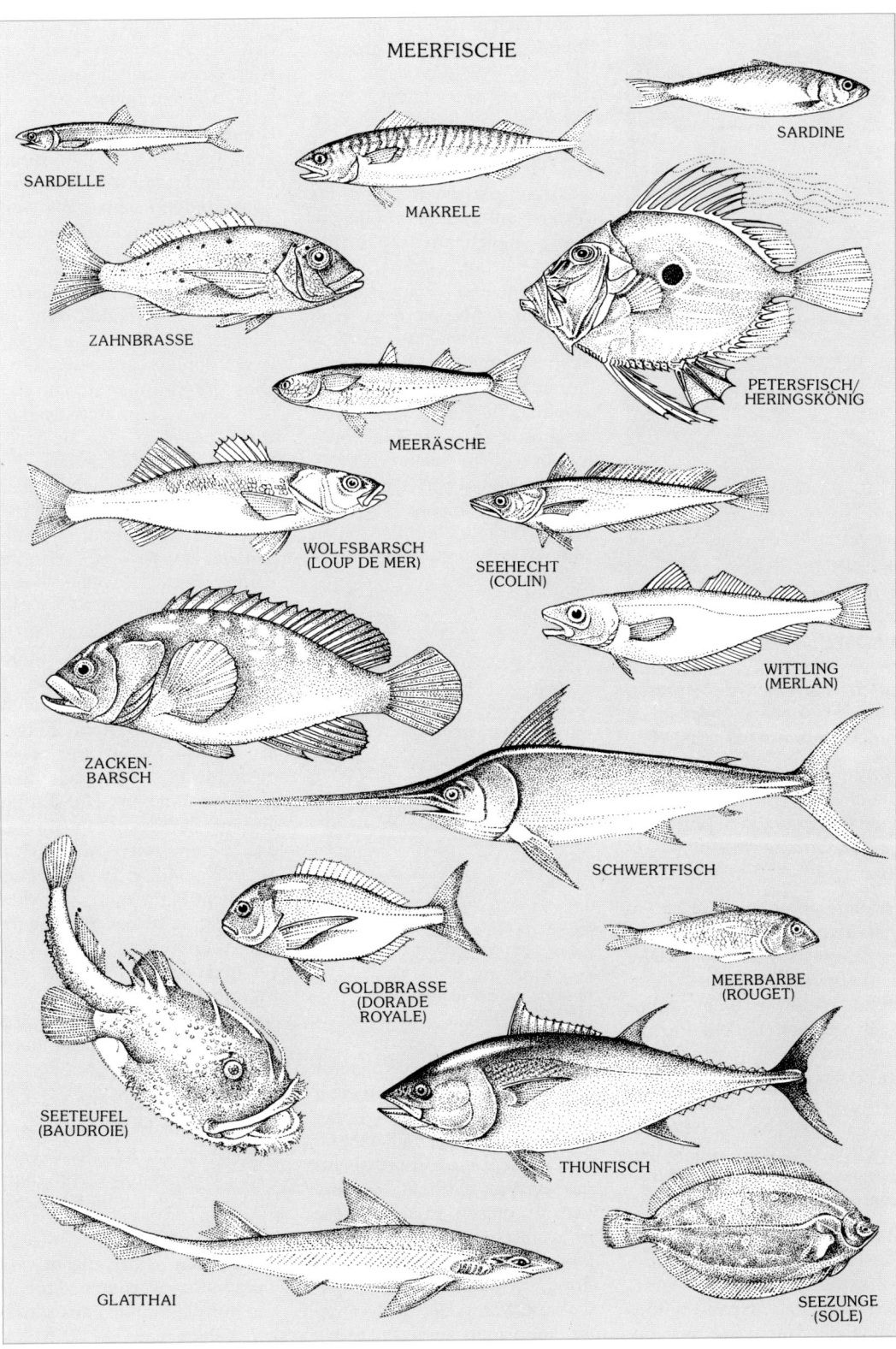

SARDINE

SARDELLE

MAKRELE

ZAHNBRASSE

PETERSFISCH/
HERINGSKÖNIG

MEERÄSCHE

WOLFSBARSCH
(LOUP DE MER)

SEEHECHT
(COLIN)

WITTLING
(MERLAN)

ZACKEN-
BARSCH

SCHWERTFISCH

GOLDBRASSE
(DORADE
ROYALE)

MEERBARBE
(ROUGET)

SEETEUFEL
(BAUDROIE)

THUNFISCH

GLATTHAI

SEEZUNGE
(SOLE)

GLASIEREN

Bei einer Torte: 1. Glasur daraufgiessen.

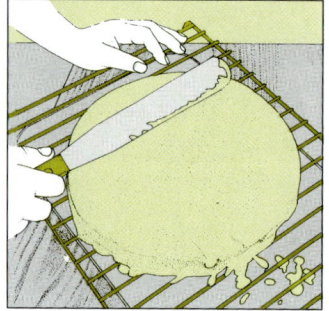

2. Gleichmässig verstreichen.

durch besondere Zutaten einen speziellen Geschmack verleihen (s. auch *Torten*).

**Gratin** – Gericht, das mit geriebenem Käse, Butterflöckchen o. ä. überzogen und überbacken wird, so dass eine Kruste entsteht.

**Gratinieren** – Ein Gericht in den heissen Backofen schieben, damit auf der Oberfläche eine goldgelbe Kruste entsteht. Meist wird es zuvor noch mit geriebenem Parmesan bestreut, über den kleine Butterflocken verteilt werden. Man kann zum Gratinieren auch eine Béchamel- oder Käsesauce oder nur mit Rahm vermischten geriebenen Käse über ein Gericht verteilen.

**Hacken** – Für das Hacken von Petersilie und anderen Gewürzkräutern sind im Handel verschiedene Spezialgeräte erhältlich. Nach wie vor be-

währt sich aber auch das Wiegemesser oder ein grosses, scharfes Küchenmesser (am besten mit einer leicht bogenförmigen Klinge), dessen Spitze mit der linken Hand auf das Holzbrett gedrückt wird, während die rechte Hand das Messer auf und ab und gleichzeitig seitlich nach links und rechts bewegt (s. Abb.).

Karotten und Zwiebeln, die mit einem Messer oder Wiegemesser gehackt werden, schneidet man am besten vorher in Scheiben. Da sie jedoch ziemlich hart sind und gerne wegspringen, schneidet man sie besser in kleine Würfel, statt sie zu hacken (s. dazu *Gemüse* und *Zwiebeln*).

Gewürzkräuter können auch mit einer Schere geschnitten werden.

HACKEN – Die Spitze des grossen Messers mit der linken Hand niederdrücken.

**Käse, geriebener** – Falls für das Reiben von Käse ein elektrisches Gerät verwendet wird, möchte man vielleicht etwas mehr Käse raffeln, als für ein einziges Gericht benötigt wird. In diesem Fall den Käse im Kühlschrank oder, wenn es länger dauert bis zur Verwendung, im Tiefkühlgerät aufbewahren. Wenn die Zeit knapp ist, kann man auch ein Stück

Käse und die Käseraffel auf den Tisch bringen und den Käse direkt über die angerichteten Speisen reiben.

**Kapern** – Es handelt sich um aromatische Blütenknospen einer im Mittelmeerraum vorkommenden Pflanze. Sie werden in Salz- oder Essiglake konserviert.

**Karamel (karamelisierter Zucker)** – Es handelt sich um Zucker, der erhitzt wurde, bis er ein dunkles, bernsteinähnliches Braun angenommen hat und einen charakteristischen Duft ausströmt, der an geröstete Haselnüsse erinnert. Um dies zu erreichen, den Zucker in einer schweren Pfanne bei niedriger Temperatur erhitzen. (Ideal wäre eine verzinnte Kupferpfanne, welche die Hitze besonders gleichmässig verteilt, aber man kann auch eine gewöhnliche Chromnickelstahlpfanne verwenden.) Der Zucker schmilzt zuerst und verfärbt sich dann. In diesem Moment ist er sehr heiss, deshalb aufpassen, dass man nicht damit in Berührung kommt. Zum Rühren während des Schmelzens am besten einen Kochlöffel aus Holz verwenden. Man kann, um den Vorgang zu beschleunigen, am Anfang ganz wenig Wasser mit dem Zucker in die Pfanne geben.

Karamelisierter Zucker wird für Süssspeisen, insbesondere für Karamelcreme benötigt.

**Karamelisieren** – Zucker erhitzen, bis er zu Karamel wird (s. d.). Auch Zucker, der in einigen Lebensmitteln enthalten ist, kann nach langer Kochzeit karamelisieren.

**Kardamom** – Von dieser Gewürzpflanze werden in der Küche nur die Samen verwendet, von denen man 12–20 Stück

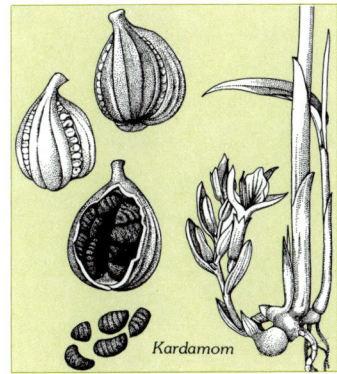

Kardamom

in der Kardamomfrucht, einer gelbgrauen Kapsel, findet. Sie werden im Handel ganz oder gemahlen angeboten und dienen für die Zubereitung von Gebäck. Kardamom ist, nebst anderen Gewürzen, ein Bestandteil des Curry-Pulvers (s. dort).

**Kastenbrot** – In einer rechteckigen Form gebackenes Brot, das vor allem für Kanapees, Toasts und belegte Brote verwendet wird.

**Kaviar** – Besteht aus Eiern des Störs, die in Salzlake eingelegt sind. Am besten ist der Beluga-Kaviar, Eier von grossen Stören aus dem Kaspischen Meer, die über 70 Jahre alt und bis zu 3 m lang werden können.
Es ist wichtig, dass Kaviar kühl aufbewahrt und aufgetragen wird. Falls man kein spezielles Gefäss zum Servieren von Kaviar besitzt, kann man ihn im Originalglas auf Eis stellen. Mit Brot (nach Belieben dunklem) und Butter oder mit Blinis (kleinen Pfannkuchen aus Buchweizenmehl) und Butter oder Sauerrahm servieren.
Daran denken, dass Kaviar, wenn das Glas oder die Dose einmal geöffnet ist, nicht mehr lange aufbewahrt werden kann, auch nicht im Kühlschrank.

**Kerbel** – Kerbel ist ein Gewürzkraut, das ein wenig der italienischen, glatten Petersilie ähnlich sieht, aber mit kleineren Blättern. Es wird in kleinen Mengen zum Würzen von Saucen, Suppen, Fischen und Buttermischungen verwendet. Ganze Blättchen verleihen einer feinen Suppe eine raffinierte Note.

Kerbel

**Knoblauch** – Nicht bei zu starker Hitze dünsten und auch nicht zu braun werden lassen, da er sonst bitter schmeckt. Knoblauchzehen vor dem Schälen mit der Faust leicht zerdrücken, die Haut löst sich danach leichter. Wenn Brotscheiben oder Fleisch mit einer Knoblauchzehe eingerieben werden müssen, von dieser zuerst eine Scheibe wegschneiden und mit der Schnittfläche arbeiten. Frischer Knoblauch kann auch durch Knoblauchpulver ersetzt werden (vorsichtig verwenden, da es sehr stark ist).

**Koriander** – Beim Koriander handelt es sich um eine Pflanze, von der – besonders im Orient – sowohl die Blätter als auch die Samen verwendet werden, und zwar frisch oder getrocknet. Sein Geschmack passt nicht nur zu Süssspeisen und Gebäck, sondern auch zu Fleisch, ganz besonders zu

Schweinefleisch. Koriander wird daher auch bei der Wurstfabrikation, für Fleischgerichte und pikante Füllungen verwendet.

**Krustentiere** – Die Namen der in der italienischen Küche am häufigsten verwendeten Krustentiere sind aus der Tafel auf Seite 488 ersichtlich.

**Küchengeräte, elektrische** – Beim Nichtfunktionieren zuerst, bevor man sie in die Reparatur bringt, prüfen, ob der Stecker in Ordnung ist. Es wäre möglich, dass sich darin ein Kabel gelöst hat. Wenn dies nicht der Fall ist, das Funktionieren der Steckdose kontrollieren, indem man ein anderes Gerät, das sich in gutem Zustand befindet, anschliesst und zur Probe in Betrieb setzt. Diese beiden Massnahmen können unter Umständen eine grössere Auslage ersparen.

**Küchenkräuter (Gewürzkräuter)** – Es handelt sich um Pflanzen, von denen ein Teil zum Kochen verwendet wird, um gewissen Gerichten mehr Geschmack zu verleihen. Die gebräuchlichsten in der italienischen Küche sind Petersilie, Basilikum, Pfefferminze, Rosmarin, Thymian, Majoran, Estragon und Kerbel. Die Gewürzkräuter werden am einfachsten gewaschen, indem man sie unter fliessendem kaltem Wasser abspült. Von Gewürzen mit grossen Blättern, wie Petersilie, Pfefferminze und Basilikum, nachher die Blätter abnehmen.
Zum Aufbewahren die frischen Gewürze wie ein Blumensträusschen in einem mit Wasser gefüllten Glas in den Kühlschrank stellen oder ohne Wasser in ein Glas mit Deckel geben. Zum Trocknen

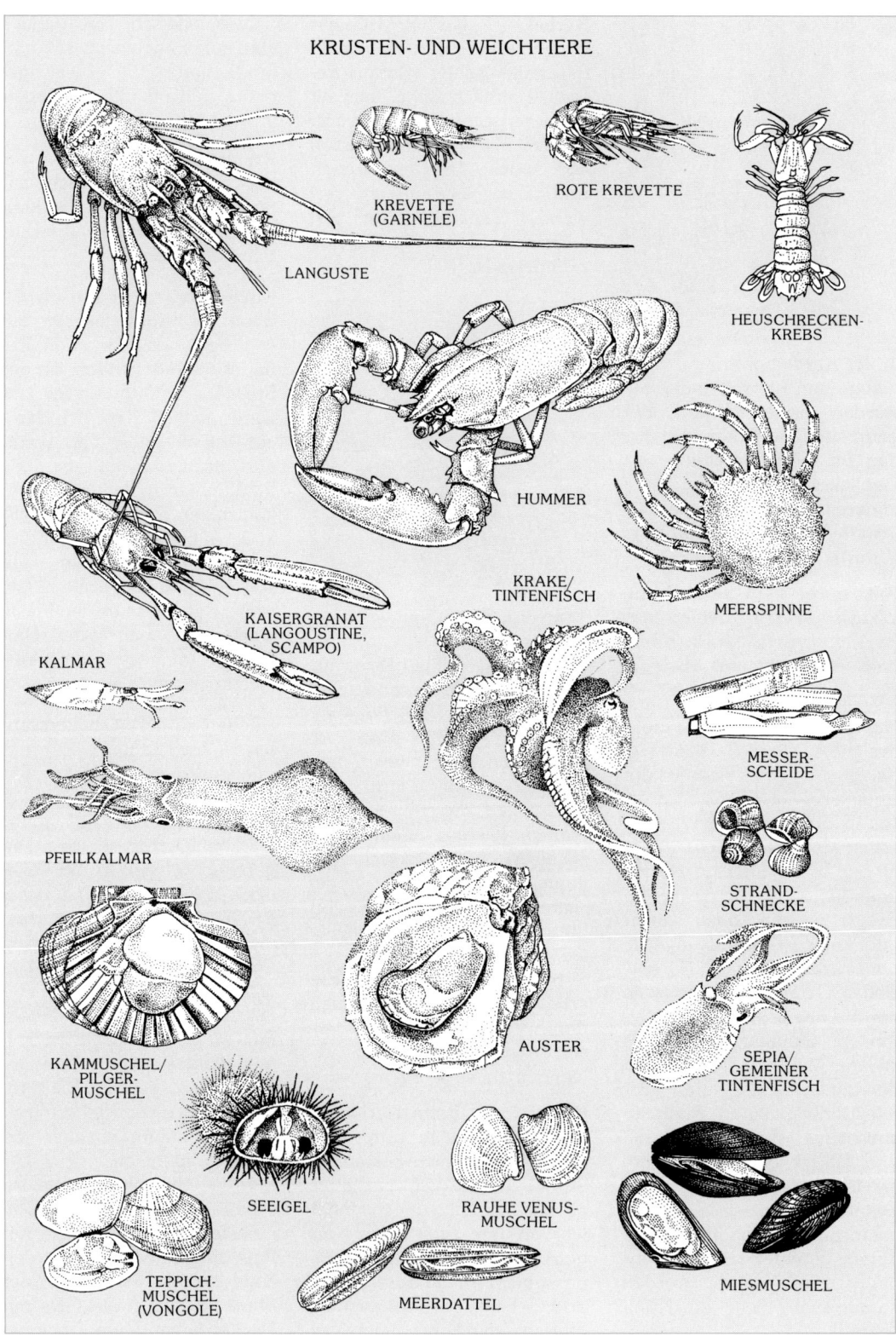

KRUSTEN- UND WEICHTIERE

KREVETTE
(GARNELE)

ROTE KREVETTE

LANGUSTE

HEUSCHRECKEN-
KREBS

HUMMER

KRAKE/
TINTENFISCH

MEERSPINNE

KAISERGRANAT
(LANGOUSTINE,
SCAMPO)

KALMAR

MESSER-
SCHEIDE

PFEILKALMAR

STRAND-
SCHNECKE

KAMMUSCHEL/
PILGER-
MUSCHEL

AUSTER

SEPIA/
GEMEINER
TINTENFISCH

SEEIGEL

RAUHE VENUS-
MUSCHEL

TEPPICH-
MUSCHEL
(VONGOLE)

MEERDATTEL

MIESMUSCHEL

zu kleinen Büscheln zusammenbinden und an einer Schnur aufhängen oder – was einfacher ist und praktisch das gleiche Resultat ergibt – die Kräuter in einem verhältnismässig grossen Korb trocknen und mehrmals pro Tag wenden, so dass die unterste Schicht jeweils nach oben kommt. Sie sind dann trocken genug, wenn sie sich zwischen den Fingern zerreiben lassen. In Gläsern im Dunkeln (oder in dunklen Gläsern) aufbewahren, da sie durch die Einwirkung von Licht blass werden. Niemals im Backofen – auch nicht bei ganz niedriger Temperatur – trocknen, da auf diese Weise die Gefahr besteht, dass die Kräuter ihr Aroma verlieren.

**Kümmel** – Gewürzpflanze, von der die Samen, meist ganz und nur selten gemahlen, verwendet werden. Sie sind sehr aromatisch und werden auch für die Likörherstellung gebraucht.

**Lorbeer** – Die Blätter sind sehr aromatisch und dürfen deshalb nur sparsam verwendet werden. Sie passen besonders gut zu eher fetten Gerichten wie Schweinefleisch, Pâté usw.

**Majoran** – Vom Majoran werden in der Küche die Blätter

Majoran

verwendet. Er passt geschmacklich zu allen Fleischarten, zu Gerichten auf Gemüsebasis, Eierspeisen und besonders gut zu Tomaten. Er kann leicht in Balkonkästen gepflanzt werden.

**Mandeln** – Zum Schälen die Mandeln in einem Pfännchen mit kaltem Wasser aufsetzen und zum Kochen bringen. Den Herd ausschalten und die Mandeln 3–4 Minuten ziehen lassen. Dann in einem Sieb mit kaltem Wasser abspülen. Die braune Haut kann jetzt ganz leicht abgezogen werden, indem man sie mit einem Fingernagel am breiteren Ende der Mandel aufreisst und den Kern herausdrückt. Es sind aber auch bereits geschälte Mandeln erhältlich.

MANDELN – Zum Schälen mit heissem Wasser überbrühen, dann die Schale mit dem Fingernagel aufreissen.

**Marinieren** – Darunter versteht man das Einlegen eines Lebensmittels (Fleisch, Fisch, Wild) in einer mit aromatischen Beilagen gewürzten Flüssigkeit (Wein, Essig, Öl: einzeln oder alle drei miteinander kombiniert). Das Marinieren kann weniger als eine Stunde, aber auch mehrere Tage dauern (siehe auch Seite 452).

**Mascarpone** – s. Kap. «Italienischer Käse»

**Meerrettich** – Leicht bitteres und eher scharfes Wurzelgemüse, das gut zu Fleisch und gewissen Fischen schmeckt, besonders wenn sie etwas fett sind. Meerrettich ist in guten Geschäften oft frisch erhältlich und wird dann geschält und wie Käse gerieben. Es gibt Meerrettich jedoch auch als Paste in Tuben oder kleinen Gläsern.

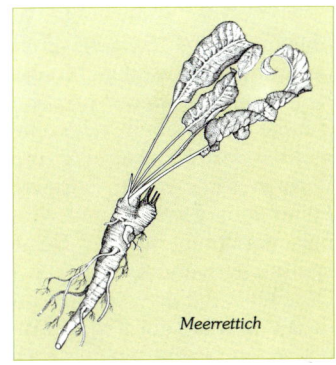

Meerrettich

**Mehlbutter** – s. Butter

**Melone** – Um festzustellen, ob eine Melone reif ist, mit beiden Daumen auf die dem Stielansatz gegenüberliegende Seite drücken. Sie soll dem Druck leicht nachgeben, ohne allzu weich zu sein.

**Messerspitze** – Ein ebenso ungenaues Mass wie die Prise, nämlich so viel einer Zutat, wie auf der Spitze eines Messers Platz findet.

**Mortadella** – Sehr grosse Wurst (sie kann bis zu 30 cm Durchmesser aufweisen) aus Schweinefleisch mit Gewürzen (u.a. ganzen Pfefferkörnern) und Pistazien. Stammt ursprünglich aus Bologna.

**Mostarda** – Senfsauce; oft versteht man unter Mostarda auch einfach Senf.

**Mostarda mit Früchten** – Italienische Spezialität aus Früchten, die in Senfsauce eingelegt sind und meistens zu Siedfleisch serviert werden. Die Früchte sind in der Regel gemischt, die berühmteste Mostarda jedoch, diejenige aus Verona, wird nur mit Äpfeln zubereitet.

**Mousse** – Schaumiges Gericht, das sowohl süss als auch pikant sein kann.

**Mozzarella** – s. Kapitel «Italienischer Käse»

**Muskatnuss** – Samen eines ursprünglich aus den Molukken stammenden grossen Baumes. Gerieben oder gemahlen wird Muskatnuss zum Würzen von Saucen, Suppen, Füllungen, Fleisch- und Gemüsegerichten sowie Süssspeisen verwendet.
Die Hülle, mit der die Muskatnuss innerhalb der Schale umgeben ist, nennt man Mazis. Ihr Geschmack erinnert nicht nur an Muskatnuss, sondern zusätzlich noch an Zimt. Mazis wird für Saucen, Füllungen, Süssspeisen, Fisch und Meeresfrüchte verwendet. Er verträgt sich auch gut mit gewissen Gemüsearten.

**Olivenöl** – Während man in der nördlichen Hälfte Italiens (mit Ausnahme der Gegend um Genua) vorwiegend mit Butter kocht, verwendet man im Süden Olivenöl. Die beste Qualität heisst «Olio di oliva extra vergine» («vergine» ist der Oberbegriff für kaltgepresstes Olivenöl) und stammt aus der allerersten Pressung. Es schimmert grünlich, und das Besondere daran ist sein geringer Säuregehalt.

**Orangenblütenwasser** – In Drogerien oder Apotheken erhältlich. Es kann behelfsweise auch selbst hergestellt werden, indem dünn abgezogene Schalen von gut gewaschenen Orangen einige Minuten in wenig Wasser ausgekocht werden.

**Oregano** – Gewürzkraut, von dem die kleinen Blätter verwendet werden. Es ist die Grundlage aller Gerichte mit der italienischen Bezeichnung «alla pizzaiola», d.h. nach Art des Pizzabäckers, und es wird auch für Gemüsegerichte, mit Fleisch gefüllte Tomaten, Marinaden, Schweine- und Lammbraten verwendet.

**Pancetta** – Geräucherte oder in Salz eingelegte Schweinebrust. Ist in Italien am Stück oder gerollt (s. Abb. Seite 75) und dünn geschnitten erhältlich.

**Panettone** – Sehr luftiger, mit viel Eigelb, Rosinen und kandierten Früchten gebackener Hefeteigkuchen von zylindrischer Form. Er wird meistens um die Festtage gekauft oder gebacken, aber auch während des ganzen Jahres oft zum Frühstück serviert. Ist auch ausserhalb Italiens in vielen Geschäften erhältlich.

**Panieren** – Dies bedeutet, dass ein Lebensmittel vor dem Braten mit einer Schicht aus Paniermehl oder geriebenem Brot bedeckt wird. Damit das Paniermehl besser am Fleisch usw. haftet, wird dieses zuerst durch verquirltes Ei gezogen (evtl. zuvor noch in Mehl gewendet). Erst dann wird das Fleisch in Paniermehl oder geriebenem Brot gewendet (s. Abb.).
Man kann zu diesem Zweck auch nur Eigelb oder Eiweiss verwenden, die vielleicht von einem anderen Gericht übriggeblieben sind. Nach Belieben dem Ei einen Esslöffel Öl,

1. Lebensmittel in Mehl wenden.

2. Durch verquirltes Ei ziehen.

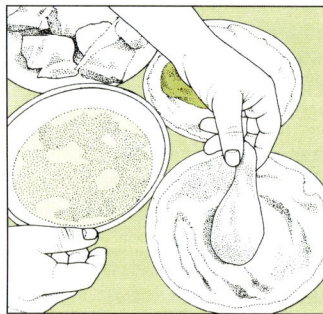

3. Im Paniermehl wenden.

Wasser oder Milch beimischen. Jedoch kein Salz beifügen, da es dem Fleisch oder Gemüse das Wasser entziehen würde.

**Paprika** – Es handelt sich dabei um Pulver von roten Paprikaschoten, und es gibt sowohl milde als auch scharfe Qualitäten. Die milden werden als «edelsüss» bezeichnet.

**Parfait** – Im klassischen Sinne versteht man darunter eine luftige, halbgefrorene Süssspeise mit verschiedenen Aromen. Heutzutage bezeichnet man damit aber auch eine sehr feine, streichfähige Pâté (s.d.), die meist mit viel Butter zubereitet wird.

**Parfümieren** – Einem Gericht durch Zugabe von Aromaten wie Likör oder Branntwein einen bestimmten Geschmack verleihen.

**Pariser Löffel** – Halbkugelförmiger Löffel mit ziemlich scharfen Kanten zum Ausstechen von kleinen Kugeln aus Gemüse oder Obst. Meist befinden sich an einem Griff aus Holz oder Kunststoff zwei verschieden grosse Pariser Löffel im Durchmesser von z.B. 1,5 und 2 cm.

**Passieren** – Suppen, Saucen, Gemüse, Beeren usw. durch ein Sieb streichen.

**Pasta** – Unmissverständliches italienisches Wort für Teigwaren in jeder Form und Zubereitungsart. Es gibt in Italien über 600 Sorten, und die Teigwarenhersteller erfinden immer neue dazu, um aktuell zu sein. So gibt es z.B. unter den neueren Arten «Discovolanti» (fliegende Untertassen) u.ä. Siehe dazu die Tafel auf Seite 493.

**Pastete (franz. Pâté)** – Pastete, franz. Pâté, ist der Oberbegriff für pürierte oder gehackte, verschieden gewürzte Fleischmassen, denen nach Belieben grössere Fleischstücke (z.B. Leber oder Filet), Nusskerne usw. beigefügt werden. Pasteten werden entweder in einer Teighülle oder direkt in einer entsprechenden Form mit Deckel gegart. In diesem Falle bezeichnen wir sie auch als Terrine (s.d.).

**Pecorino** – s. Kap. «Italienischer Käse»

**Petersilie** – Eines der in der italienischen Küche am meisten verwendeten Gewürzkräuter. Es werden in erster Linie die Blätter, ganz oder gehackt, gebraucht, und zwar zum Würzen von Saucen, Suppen, Buttermischungen, Fleisch, Fisch, Eiern usw. Die glatte, in Italien gebräuchliche Art ist aromatischer als die krause, die sich besonders gut zum Dekorieren von Gerichten eignet.

**Pfeffer** – Weisser, schwarzer und grüner Pfeffer werden alle von der gleichen Pflanze geerntet. Schwarzer Pfeffer ist die getrocknete unreife Frucht, weisser Pfeffer die reife und geschälte Frucht, und grüner Pfeffer sind unreife Früchte, die entweder in Salzlake eingelegt sind oder denen das Wasser entzogen wurde. Grüne Pfefferkörner werden meist ganz verwendet, obwohl sie ohne weiteres auch gemahlen werden könnten. Gleichgültig um welche Qualität es sich handelt: Pfeffer soll wenn möglich erst unmittelbar vor der Verwendung gemahlen werden, andernfalls verliert er an Aroma.

**Pfefferminze** – Gewürzkraut, von dem die Blätter verwendet werden. Pfefferminze wird für Gemüsegerichte, Salate, Fruchtsalat und Getränke verwendet.

**Pfirsich** – Pfirsiche werden gleich geschält wie Tomaten: einige Sekunden in sehr heisses Wasser tauchen, dann die Haut mit einem Messer in Stücken abziehen.

**Pimentpfeffer** – Es handelt sich um die Beeren des Nelkenpfefferbaumes, der dem Lorbeer verwandt ist. Ganze Körner werden in Marinaden gegeben, während für Fleisch-

und Fischgerichte gemahlener Piment verwendet wird.

**Pochieren** – Aufgeschlagene Eier in leicht kochendem Essigwasser garen; Fisch im Sud langsam garen.

**Prise** – Es handelt sich um ein ziemlich ungenaues Mass, nämlich um so viel, wie man mit den Fingerspitzen von Daumen und Zeigefinger fassen kann.

**Puderzucker** – Dient zum Bestäuben von Süssspeisen. Da er häufig Klümpchen bildet, empfiehlt es sich, ihn mit dem Rücken eines kleinen Löffels durch ein Teesieb zu drücken. Dies ist gleichzeitig die beste Methode, um den Zucker gleichmässig zu verteilen.

**Reduzieren, einkochen** – Das Volumen einer Flüssigkeit oder Sauce durch starkes Kochen bzw. Verdampfen vermindern. Die Flüssigkeit erhält dadurch mehr Konsistenz und, da sie konzentrierter ist, mehr Geschmack.

**Ricotta** – s. Kap. «Italienischer Käse»

**Rosmarin** – Seine nadelförmigen Blätter haben ein sehr durchdringendes Aroma, weshalb er sparsam zu verwenden ist. Er darf aber bei der Zubereitung von vielen Braten, Saucen, Suppen und Buttermischungen nicht fehlen. Die Zweige zusammenbinden, wenn die Nadeln im Gericht stören.

**Rouladen** – Fleischrouladen können mit einem der Länge nach hineingesteckten Holzstäbchen (z.B. Zahnstocher) oder mit Küchenschnur, die vor dem Servieren wieder entfernt wird, fixiert werden. Es gibt für diesen Zweck auch spezielle Rouladenklammern oder -spiesschen aus Metall, die immer wieder verwendet werden können.

ROULADEN – Mit einem Zahnstocher fixieren.

**Safran** – Safran wird aus den Blütennarben der Safranpflanze gewonnen. Er ist berühmt geworden durch den Safranreis, findet aber auch in anderen Gerichten Verwendung.

**Saignant** – Nicht ganz durchgebratenes Fleisch. Es fühlt sich weich an (wie die Lippen).

**Salbei** – Gewürzkraut mit sehr kräftigem Aroma. Sparsam zum Würzen von Spiesschen, Braten, Füllungen und Saucen verwenden.

**Salsicce** – Salsicce sind frische italienische Schweinewürste. Sie können durch Luganighe oder – wie bei den Rezepten in diesem Buch – durch rohe Schweinebratwürste ersetzt werden.

**Salz** – Damit es in einer verschlossenen Dose oder in einem Salzstreuer keine Klümpchen bildet, einige Reiskörner hineingeben, die die Feuchtigkeit aufnehmen.

**Sardellenfilets** – Sardellenfilets sind bei uns hauptsächlich aus dem Öl erhältlich (in Italien auch aus dem Salz). Sardellenfilets aus dem Öl müssen gut abgetropft werden. Bei denjenigen aus dem Salz vor der Weiterverwendung das Salz entweder mit einem Messerchen abschaben oder unter fliessendem kaltem Wasser abwaschen. Wenn man Sardellenfilets erhitzen muss, soll die Temperatur dabei nicht zu hoch sein, da sie sonst bitter werden. In der Regel ist es nicht nötig, sie im Mörser oder mit einer Gabel zu zerkleinern, da sie durch die Hitze von selbst auseinanderfallen. Wenn sie allerdings nur einen kurzen Moment erhitzt werden, empfiehlt es sich, sie mit einer Gabel zu zerzupfen.

**Sardellenpaste** – In Italien ein relativ häufig verwendetes Produkt. In guten Lebensmittelgeschäften ist es auch bei uns in Tuben erhältlich. Sardellenpaste besteht in der Regel nur aus pürierten, gesalzenen Sardellen. Gelegentlich enthält sie auch Olivenöl. Gekühlt ist sie ziemlich lange haltbar. Vorsichtig verwenden, da sie einen sehr kräftigen Geschmack aufweist. Falls keine Sardellenpaste zur Verfügung steht, kann man mit einer Gabel fein zerdrückte oder im Mörser zerstossene Sardellenfilets verwenden.

**Sauerrahm** – Um Sauerrahm herzustellen, den Saft einer kleinen Zitrone unter gewöhnlichen frischen Rahm mischen. Umrühren und 30 Minuten oder länger stehenlassen (je nach der Raumtemperatur; Wärme beschleunigt das Sauerwerden). In der Schweiz ist sowohl saurer Rahm als auch saurer Halbrahm in Lebensmittelgeschäften erhältlich.

**Schalotten** – Gewürzpflanze, von der die Knollen verwendet werden. Sie haben einen typischen Geschmack, auch wenn sie einige Ähnlichkeit mit der Zwiebel aufweisen. Sie können an einem kühlen, trockenen Ort ziemlich lange aufbewahrt werden.

**Schlagrahm** – Rahm soll nicht allzu lange vor dem Servieren geschlagen werden. Nach höchstens einer Stunde fällt er zusammen und scheidet Flüssigkeit aus. Zum Schlagen s. *Steif schlagen*.
Wird Schlagrahm unter einen Teig oder eine andere Masse gezogen, gilt das gleiche wie für Eischnee (s. d.).

**Schnittlauch** – Küchenkraut, von dem die runden, röhrenförmigen, grünen Blätter verwendet werden. Sie haben einen zwiebelähnlichen, aber feineren Geschmack. In der italienischen Küche wird Schnittlauch selten verwendet. Er schmeckt aber sehr gut zu Salaten, Eiergerichten, Gemüsecremesuppen oder Buttermischungen.

**Sellerie** – Während bei uns der Knollensellerie bekannt ist und roh zum weissen Selleriesalat verarbeitet, einem Fleischsud beigefügt oder gar als eigenständiges Gemüse zubereitet wird, kennt man in Italien vor allem den Stangen- oder Bleichsellerie. Man verwendet ihn roh (zum Beispiel zur «Bagna cauda» s. Seite 310), gekocht oder geschmort als feines Gemüse, in Suppen und für die Saucen von geschmorten Fleischgerichten. Die innersten, fast weissen Stiele und Blättchen bezeichnet man als Sellerieherz.

**Senf** – Senf besteht aus Essig, gemahlenen Senfsamen, Gewürzen und manchmal Meerrettich usw. Er wird in verschiedenen milden und pikanten Qualitäten hergestellt.

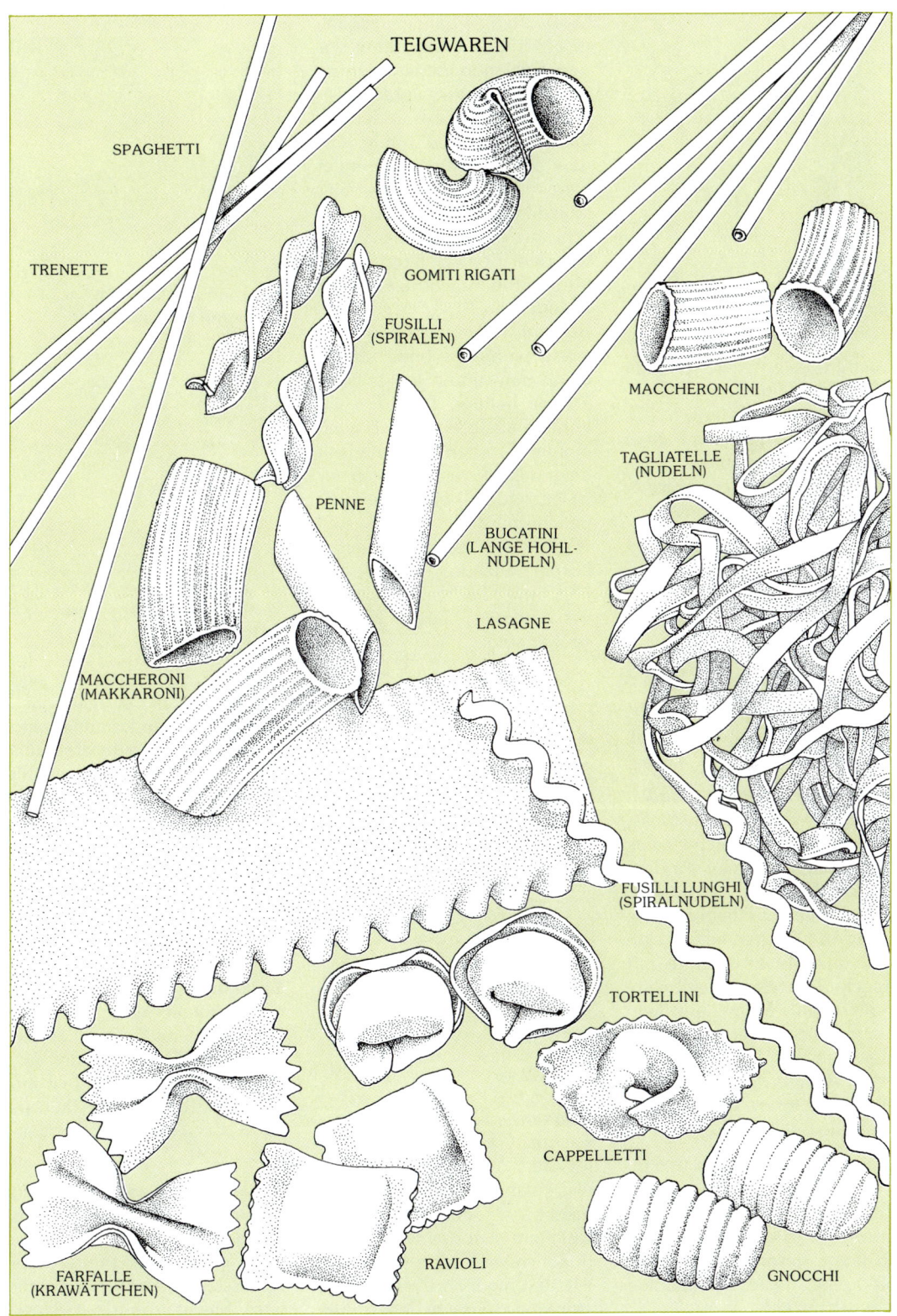

TEIGWAREN

SPAGHETTI

TRENETTE

GOMITI RIGATI

FUSILLI
(SPIRALEN)

MACCHERONCINI

PENNE

TAGLIATELLE
(NUDELN)

BUCATINI
(LANGE HOHL-
NUDELN)

LASAGNE

MACCHERONI
(MAKKARONI)

FUSILLI LUNGHI
(SPIRALNUDELN)

TORTELLINI

CAPPELLETTI

FARFALLE
(KRAWÄTTCHEN)

RAVIOLI

GNOCCHI

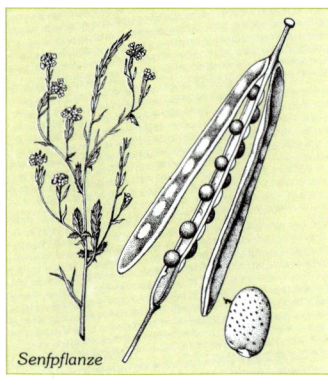
*Senfpflanze*

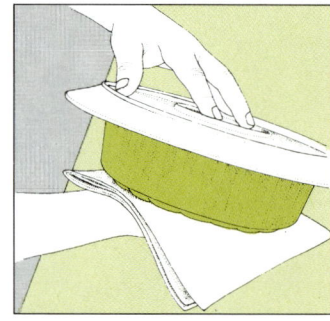

1. Geschirr mit einem Teller bedecken.

2. Beides zusammen rasch umdrehen.

Auch in Italien ist der pikante Dijon-Senf nach französischem Rezept bekannt. In der Küche verwendet man auch ganze oder gemahlene Senfsamen, und zwar für Marinaden und Gemüsekonserven.

**Senffrüchte** – s. *Mostarda mit Früchten*

**Sorbet** – Auch Sorbett oder Scherbett. Eis aus Fruchtsaft oder -mark, Zucker und Zitronensaft oder Wein, Likör, Champagner oder Sekt.

**Soufflé** – Delikater Auflauf, pikant oder süss.

**Spicken** – Gespickt werden normalerweise Fleischstücke, gelegentlich aber auch Fische. Dabei schneidet man vor dem Braten die dafür vorgesehenen Stücke mit einem spitzen, scharfen Küchenmesser ein und füllt die Einschnitte mit Speck-, Pancetta- oder Schinkenstreifen. Man kann ein Fleischstück aber auch mit Gewürzen (z.B. Knoblauch oder Kräutern) spicken. Es gibt für diesen Zweck auch spezielle Spicknadeln.

**Steif schlagen** – Rahm und Eiweiss können mit einem Schwingbesen, Handrädchen oder elektrischen Rührwerk so lange geschlagen werden, bis eine feste, schaumige Masse entsteht.

Unabhängig von der gewählten Methode muss Rahm vor dem Schlagen immer mehrere Stunden gekühlt werden, wogegen das Eiweiss (oder die ganzen Eier) nie direkt aus dem Kühlschrank verwendet werden soll. Kommen die Eier trotzdem direkt aus dem Kühlschrank, empfiehlt es sich, sie vor dem Steifschlagen ca. 10 Minuten in lauwarmes Wasser zu legen.

Sowohl Rahm wie auch Eiweiss werden schneller steif, wenn man ihnen einige Salzkörner beifügt. Dem Eiweiss können anstelle von Salz auch einige Tropfen Zitronensaft beigemischt werden. Ferner ist besonders beim Eiweiss zu beachten, dass es nur steif wird, wenn es keine Fremdkörper (auch kein Eigelb) enthält und die zum Schlagen verwendeten Geräte absolut sauber sind.

STEIFSCHLAGEN VON RAHM – Mit einem grossen, starken Schwingbesen schlagen.

**Stürzen** – Wenn man ein gekochtes Gericht auf einen Teller oder eine Platte stürzen will, wählt man diese etwas grösser als das Geschirr, in welchem sich das Gericht befindet. Den Teller oder die Platte umgekehrt auf das zu stürzende Gericht legen, bei-

des zusammendrücken und wenden, damit der Teller nach unten zu liegen kommt. Wenn möglich ein Gericht erst stürzen, wenn es etwas ausgekühlt ist, sonst die Hände durch ein mehrfach gefaltetes Tuch oder spezielle Backhandschuhe schützen (Topflappen sind in der Regel zu dünn).

**Sud** – Kochwasser für Fleisch, Fisch oder Gemüse.

**Sultaninen** – Kleine, getrocknete, tabakbraune Traubenbeeren, je nach Qualität mit oder ohne Kerne. Vor der Verwendung müssen sie fast immer 20–30 Minuten in lauwarmem Wasser eingeweicht werden.

**Tabasco** – Ausserordentlich pikante Pfeffersauce, die aus roten, drei Jahre in Eichenfässern gelagerten Pfefferschoten, Essig und Salz hergestellt wird. Sie ist in guten Lebensmittelgeschäften in kleinen Fläschchen erhältlich und wird nur tropfenweise zum Würzen und Abschmecken von Saucen, Eiergerichten, Fischsalat usw. verwendet.

**Teigwaren** – s. Pasta

**Terrine** – Pastete ohne Teigkruste, die in einer Terrinenform im Wasserbad gegart wurde.

**Thymian** – Küchenkraut, das zum Würzen von Kalbs-, Lamm- und Schweinebraten, von Geflügel, geschmortem Fleisch, Marinaden, Füllungen und für Gerichte, die mit Wein oder Gemüse zubereitet werden, verwendet wird. Vorsicht: sein Geschmack ist sehr kräftig!

Thymian

**Tintenfische** – Es handelt sich dabei nicht, wie aus dem Namen vermutet werden könnte, um Fische, sondern um Weichtiere, von denen sehr unterschiedliche Gattungen auf den Markt kommen (s. auch Tafel auf Seite 488): Der Polpo, bei uns Krake oder Octopus genannt, ist nicht nur der grösste, sondern auch der auffallendste. Er hat acht mit zwei Reihen Saugnäpfen versehene Fangarme. Die bei uns angebotenen «Polpi» haben meist ein Gewicht von 1–1,5

kg. Es gibt aber auch kleinere sowie sehr viel schwerere (bis zu 5 kg).
Die Sepia oder der gemeine Tintenfisch ist immer weiss. Auch er kann sehr unterschiedlich gross werden. Sein Körper hat eine eher rundliche Form.
Der Kalmar hingegen ist länglich und leicht violettfarbig.

**Tomaten** – Es gibt, je nach Saison, die verschiedensten Tomatensorten. Besonders erwähnt sei hier, dass die Italiener für Salate nicht vollständig ausgereifte, sondern noch fast grüne Tomaten verwenden. Für die feinen Tomatensaucen andererseits bevorzugen sie die birnenförmigen Saucentomaten. Und ausgesprochen dekorativ als Garnitur auf kalten oder warmen Gerichten wirken kleine Cherry-Tomaten. Eine Besonderheit der italienischen Küche sind die «Pelati», geschälte Tomaten in der Dose, die immer dann anstelle von frischen Tomaten verwendet werden können, wenn es um die Zubereitung einer Sauce oder Suppe geht. Sie enthalten sehr viel Flüssigkeit und werden in der Regel abgetropft verwendet.

**Tomaten schälen** – Es gibt eine Methode zum Schälen der Tomaten, die sehr einfach ist: die Früchte für einige Sekunden in sehr heisses Wasser tauchen, die Haut mit einem Messer einschneiden und in grossen Stücken abziehen (s. Abb.). Das Eintauchen in sehr heisses Wasser soll nur ca. 10 Sekunden dauern, da sonst eine zu dicke Schicht des Tomatenfleisches weich und mit der Haut weggezogen wird.
Es lohnt sich jedoch nicht, für eine oder zwei Tomaten Wasser zu erhitzen. In diesem

TOMATEN

Schälen: 1. In kochendes Wasser geben.

2. Haut einschneiden und abziehen.

Falle schält man die Tomaten ohne Eintauchen in heisses Wasser: Wenn sie reif sind, schneidet man einfach die Haut ein und zieht sie ab. Sind sie jedoch nicht ganz reif, kann man sie wie einen Apfel schälen, indem die Haut dünn mit einem scharfen Messer weggeschnitten wird.

**Torten** – Wenn Torten mit einer Glasur bestrichen werden müssen, stellt man sie zu diesem Zweck am besten auf ein Kuchengitter, damit die überschüssige Glasur abtropfen kann.
Um Torten zum Füllen vorzubereiten, sie entweder mit einem grossen, scharfen Messer horizontal durchschneiden oder einen starken Faden rund um die Torte legen und durch Ziehen an beiden Enden auf diese Weise einschneiden. Um die einzelnen Lagen abzuheben, verwendet man

mit Vorteil einen Karton, damit sie nicht zerbrechen.

**Tranchieren** – Geflügel, Fleisch oder Fisch fachgerecht zerlegen.

**Trüffeln** – Es gibt weisse und schwarze Trüffeln, wobei die weissen aber unerschwinglich teuer sind.
Es wird oft behauptet, dass Trüffeln nicht gewaschen werden dürfen, da sie dabei an Aroma verlieren. In Wirklichkeit geschieht ihnen nichts, wenn sie nur rasch unter fliessendem kaltem Wasser gewaschen und dabei mit einem weichen Bürstchen von Sand oder Erde befreit werden.
Für kürzere Zeit werden sie ungeputzt an einem kühlen Ort aufbewahrt. Damit nichts von ihrem Aroma verlorengehen kann, werden sie oft in rohen Reis gelegt. Eine noch bessere Methode besteht darin, sie in ein in kaltes Wasser getauchtes und gut ausgewrungenes Tuch sowie zusätzlich noch in Klarsichtfolie einzuwickeln und in den Kühlschrank zu legen. Die Klarsichtfolie ist dabei sehr wichtig, denn eine Trüffel von guter Qualität überträgt ihr Aroma auf alle Lebensmittel, die sich in ihrer Nähe befinden. (Man kann sich leicht davon überzeugen, wenn man eine Trüffel in einem verschlossenen Gefäss zusammen mit einem oder mehreren rohen Eiern aufbewahrt und diese danach in der Schale kocht: Wenn die Trüffel von guter Qualität war, haben die Eier einen exquisiten Geschmack bekommen.)
Um Trüffeln für längere Zeit (auch über Jahre) aufzubewahren, werden sie sorgfältig gewaschen und von Schmutz befreit. Dann gibt man sie mit genügend Salzwasser in ein hermetisch verschliessbares Gefäss und sterilisiert sie (30 Minuten für ein Halbliter- und 45 Minuten für ein Einlitergefäss).

**Überziehen** – Wenig Sauce über eine angerichtete Speise verteilen.

**Unterheben** – Geschlagenes Eiweiss, Rahm o. ä. vorsichtig mit einem Teig, einer Süssspeise oder einer Sauce vermengen, ohne stark zu rühren, damit die Masse besonders luftig wird.

**Vanille** – Es handelt sich dabei um die getrocknete Frucht einer in Zentralamerika beheimateten Kletterorchidee, deren Geschmack sehr geschätzt ist. Man kauft sie als Stange oder Schote in einem langen, gut verschlossenen Gläschen oder auch in flüssiger Form als Extrakt. Wenn sie in Kristallzucker aufbewahrt wird, überträgt sie ihr Aroma auch auf den Zucker, der dann als sog. Vanillezucker zum Süssen und gleichzeitig Parfümieren von Desserts verwendet wird. Ganze Vanilleschoten, die z.B. in Milch oder einer Creme aufgekocht wurden, müssen nicht weggeworfen werden, sondern können, gewaschen, getrocknet und gut verschlossen aufbewahrt, noch mehrere Male weiterverwendet werden.

Vanille

**Vanillezucker** – Zucker mit Vanillearoma, den man bereits fertig kauft oder auch selber herstellen kann *(s. Vanille)*.

**Versalzen** – Ein versalzenes Gericht kann in der Regel nur noch schwer gerettet werden. Bei einer Suppe oder einem mehr oder weniger flüssigen Gericht kann man den Schaden zu beheben versuchen, indem man eine oder mehrere Kartoffeln mitkocht, die einen Teil des Salzes aufnehmen. Herausnehmen, bevor sie zerfallen, und für eine Suppe beiseite legen.

**Vongole** – Vongole sind kleine, bräunliche Muscheln (s. Tafel Seite 488). Sie werden auf die gleiche Weise zubereitet wie die Miesmuscheln (s. Seite 20), und man serviert sie meistens entweder in Risotto oder in einer Sauce zu Teigwaren.

**Vorwärmen** – Zum Vorwärmen einer Platte gibt es verschiedene Möglichkeiten: Man stellt sie in die Wärmeschublade des Backofens, auf eine Pfanne mit wenig kochendem Wasser oder mit einem kochenden Gericht (nicht vergessen, die Platte anschliessend auf der Unterseite abzutrocknen), auf eine ausgeschaltete Kochplatte oder in den schwach erhitzten Backofen. Man kann aber auch heisses Wasser darübergiessen.

**Wacholder** – Es handelt sich um einen Strauch, dessen schwarze, runde Beeren in der Küche und für die Likörherstellung verwendet werden. Beim Kochen braucht man sie meistens für Wildgerichte und – eher selten – zum Würzen von Schweinefleisch. Aus Wacholderbeeren wird Gin gebrannt.

**Warm stellen** – Diesem Begriff begegnet man in Rezepten sehr häufig, und es gibt dafür verschiedene Möglichkeiten.

Man kann z.B. ein Gericht, das warm gehalten werden soll, in den auf der niedrigsten Stufe eingeschalteten Backofen stellen. Oder man kann es auf einen Teller geben, zudecken und den Teller auf eine Pfanne stellen, die mit wenig kochendem Wasser gefüllt ist. (Wenn es sich nur um kurze Zeit handelt, kann man den Teller auch auf eine warme, aber ausgeschaltete Herdplatte stellen). Für kurze Zeit kann ein Fleischstück oder ein Poulet auch auf ein Holzbrett gelegt und mit einer umgekehrten Schüssel bedeckt werden. Empfindliche Saucen werden im Wasserbad warm gehalten (s.d.). Fritierte Gerichte andererseits dürfen nicht zugedeckt warm gehalten werden, da sie sonst nicht mehr knusprig sind. Man stellt sie deshalb am besten in den warmen Backofen.

**Wasserbad** – Methode zum Kochen oder Warmhalten eines Gerichtes, vor allem angewendet bei der Zubereitung von hitzeempfindlichen Gerichten (z.B. Saucen). Dabei wird das Kochgeschirr in ein grösseres Gefäss gestellt, in welchem sich heisses, aber niemals kochendes Wasser befindet.

**Weichtiere** – Die Namen der in der italienischen Küche am häufigsten verwendeten Weichtiere sind aus der Tafel auf Seite 488 ersichtlich.

**Worcestershire-Sauce (Worcestersauce)** – So heisst eine pikante, dunkle Sauce, die aus Essig, Soja, Sardellen, Zucker, Salz und verschiedenen Ge-

würzen besteht. Man kauft sie im Fläschchen und würzt damit Saucen und Saucengerichte.

**Ziehen lassen** – Eier, Würste, Gnocchi o.ä. in Flüssigkeit bei sehr kleiner Hitze langsam gar werden lassen.

**Zimt** – Es handelt sich um die Rinde eines Bäumchens, das ursprünglich aus Ceylon stammt. In der Küche verwendet man Zimtstangen oder -pulver meistens für Süssspeisen.

**Zitronen** – Um mehr Saft aus einer Zitrone pressen zu können, diese vorher mit einer Hand kräftig auf einer glatten Unterlage hin- und herrollen oder sie 15 Minuten in heisses Wasser einlegen (s. auch *Zitrusfrüchte*).

**Zitrusfrüchte** – Pflanzengattung, zu der Zitronen, Orangen und andere Agrumen gehören.

**Zitrusfrüchte, geschälte** – Für bestimmte Verwendungszwecke schält man Orangen oder andere Zitrusfrüchte mit einem scharfen Messer bis auf das Fruchtfleisch. Gezahnte Messer eignen sich besonders gut für diesen Vorgang. Die

GESCHÄLTE ZITRUSFRÜCHTE – Auf eine Gabel stecken und die Schale spiralförmig wegschneiden.

Frucht kann in der Hand gehalten oder auf eine Gabel gesteckt werden (s. Abb.). Über einem Teller arbeiten, damit der austretende Saft aufgefangen wird.

Auf diese Weise geschälte Früchte entweder in Scheiben schneiden oder zwischen den Trennhäuten mit dem scharfen Messer geschälte Schnitze herausschneiden. Die zurückbleibenden Trennhäute mit der Hand gut auspressen, da darin noch viel Saft enthalten ist.

**Zitrusfruchtschalen** – Unter einem Stück Schale, meistens von Orangen oder Zitronen, versteht man ein hauchdünnes, etwa 1–2 cm breites und beliebig langes Schalenstück. Man verwendet zum Schälen entweder ein normales, scharfes Küchenmesser (darauf achten, dass keine weisse Schale mitkommt, da sie bitter schmeckt) oder ein Messer, wie es zum Schälen von Äpfeln oder Kartoffeln gebraucht wird (s. Abb.). Die Früchte sol-

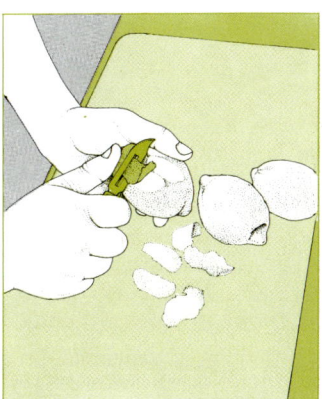

ZITRONENSCHALE – Mit einem Sparschäler die Haut ganz dünn abziehen.

len vorher sehr gut gewaschen werden. In Reformhäusern sind auch ungespritzte Früchte erhältlich.

Man verwendet diese Schalen

zum Würzen einer anderen Zutat (z.B. der Milch für eine Süssspeise) oder als Dekoration (eine lange Schale kann z.B. über den Rand eines Glases gehängt werden).

Um die Schale abzureiben, wird oft eine Raffel verwendet. Dies hat den Nachteil, dass viel von der Schale in den Löchern der Raffel hängenbleibt und beim Reinigen mühsam entfernt werden muss. Einfacher ist es, mit der Klinge eines scharfen Messers mit ziemlich starkem Druck in Richtung des Daumens über die Schale zu fahren (s. Abb.). Dies geht sehr viel leichter mit einer frischen, festen Frucht, besonders wenn sie aus dem Kühlschrank kommt.

Um aus der Schale feine Streifchen zu schneiden, dünn abgezogene Schalenstücke aufeinanderschichten (nicht allzu viele, da sie leicht heruntergleiten) und mit dem Messer in Streifchen schneiden.

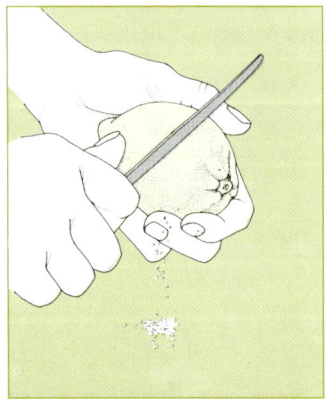

ABGERIEBENE ZITRONEN-SCHALE – Zum Reiben mit einer Messerklinge über die Schale fahren.

**Zucker, brauner** – Brauner Zucker kann aus Rohzucker hergestellt oder mit Melasse gefärbter normaler Zucker sein. Es gibt ihn in verschiedenen Brauntönen, und er ist vor allem in Reformhäusern er-

hältlich. Gut verschlossen aufbewahren, da er sonst feucht wird und sich zusammenballt.

**Zucker, karamelisierter** – *s. Karamel*

**Zuckersirup** – Zuckersirup entsteht, wenn man Zucker mit Wasser im Verhältnis 2:1 so lange kocht, bis eine klare Flüssigkeit entstanden ist. Er wird vor allem zum Süssen von kalten Getränken und Cocktails verwendet, in denen sich normaler Zucker nur schwer auflösen würde.

**Zwiebeln** – Zwiebeln schält man am leichtesten, indem man zuerst oben den Blattansatz kegelförmig herausschneidet und dann die Schale mit einem kleinen Küchenmesser gegen den Wurzelansatz hin abzieht. Wenn es sich um sehr scharfe Zwiebeln handelt, empfiehlt es sich, unter fliessendem kaltem Wasser zu arbeiten. Wenn viele Zwiebeln zu schälen sind und man es eilig hat, die Zwiebeln vor dem Schälen eine Minute in kochendes Wasser geben.

Um sie in Scheiben zu schneiden (sofern nicht runde Scheiben oder Ringe benötigt werden), die Zwiebeln zuerst der Länge nach halbieren, mit der Schnittfläche nach unten auf ein Holzbrett legen und dann nach Belieben quer oder der Länge nach zerschneiden.

Um Zwiebeln in Würfelchen zu schneiden (was eigentlich dem Hacken gleichkommt), sie ebenfalls zuerst der Länge nach halbieren und mit der Schnittfläche nach unten auf ein Holzbrett legen. Dann der Länge nach möglichst dicht nebeneinander durchschneiden, aber nicht ganz bis zum Wurzelansatz, damit die Zwiebelhälfte nicht auseinanderfällt. Anschliessend im glei-

ZWIEBELN

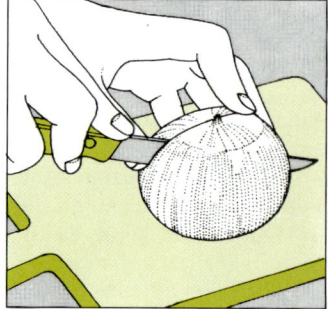

Würfeln: 1. Der Länge nach halbieren.

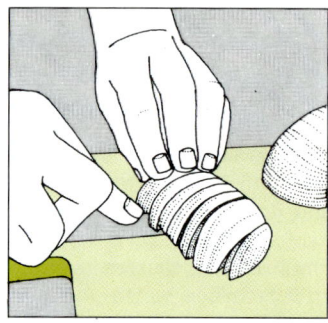

2. Der Länge nach parallel durchschneiden.

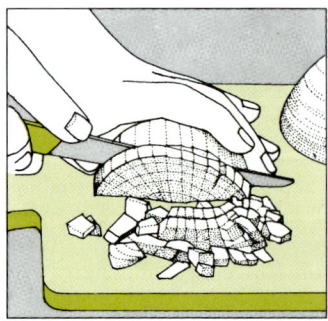

3. Quer dazu durchschneiden.

chen Abstand quer durchschneiden. Dank der verschiedenen übereinanderliegenden Schichten entstehen kleine Würfelchen (s. Abb.).

Wie der Knoblauch wird auch die Zwiebel bei nicht allzu starker Hitze und möglichst nicht zu lange gedünstet (s.d.). Sie soll in der Regel (wenn das Rezept nicht ausdrücklich etwas anderes vorsieht) nur «glasig», d.h. leicht durchsichtig, oder – wenn der Kochvorgang verlängert wird – hellgelb werden. Zwiebeln, die bei zu grosser Hitze oder zu lange gedünstet werden, sind schwer verdaulich und verleihen einem Gericht einen allzu ausgeprägten Geschmack.

Um den Zwiebeln etwas von ihrer Schärfe zu nehmen (besonders wenn sie roh verwendet werden), kann man sie, in Scheiben oder ganz dünne Schnitzchen geschnitten, vorher eine Stunde oder länger in kaltes Wasser einlegen.

## Kleines Wörterbuch
### der schweizerischen und deutschen Küchensprache

| Schweizerisch | Deutsch | Schweizerisch | Deutsch |
|---|---|---|---|
| Aubergine | Eierfrucht | Kefen | Schnee-Erbsen |
| Baumnuss | Walnuss | Krautstiel | Stielmangold |
| Biskuits | Kekse | Krevette | Garnele |
| Bouillon | Fleischbrühe | Omeletten | Pfannkuchen |
| Brandy | Weinbrand | Orange | Apfelsine |
| Brokkoli | Spargelkohl | Passevite | Gemüsepassiermaschine |
| Butter, eingesottene | Butterschmalz | Peperone | Paprikaschote |
| Cakeform | Kastenform | Poulet | Hähnchen |
| Cicorino rosso | Radicchio | Rahm, Schlagrahm | Sahne, Schlagsahne |
| Coupe | Eisbecher | Randen | rote Beete |
| Eierschwamm | Pfifferling | Rollgerste | Perlgraupen |
| Endivie (Winter-) | Eskariol | Rüebli | Karotten |
| Glace | Eis, Speiseeis | Sauerrahm | saure Sahne |
| Gnocchi | Klösschen | Truthahn | Truthahn, Puter |
| Jus | Saft | Voressen | Ragout |
| Kabis | Kohl | Wallholz | Nudelholz |
| Kartoffelstock | Kartoffelpüree | Zucchetti | Zucchini |

### Fleischstücke
Da die Tiere beim Schlachten je nach Land unterschiedlich zerschnitten werden, handelt es sich bei den folgenden Ausdrücken für die Fleischstücke oft nur um eine annähernde Entsprechung.

| Schweizerisch | Deutsch | Schweizerisch | Deutsch |
|---|---|---|---|
| **Rind** | | **Nierstück** | Nierenbraten |
| Eckstück | Eckstück aus der Keule | Nierstück | Nierenbraten |
| Entrecôte | Roastbeef | Schulterfilet/ | Falsches Filet von |
| Hohrücken | Hochrippe/Siegelstück | Falsches Filet | Schulter/Bug |
| Huft | Hüfte/Hüftdeckel | Schulterspitz | Dicker und flacher Bug |
| Rindskotelett | Rinderrippe | Stotzen | Keule |
| Schenkel | Haxe/Hesse/Beinfleisch | Unterspälte | Oberschale |
| Schulter | Schulter/Bug | | |
| Stotzen | Keule/Hinterschenkel | **Schwein** | |
| Unterspälte | Oberschale | Brustspitzchen | Brustspitze |
| | | Filet | Filet/Lende |
| **Kalb** | | Karree mit Knochen | Kotelettstück/ |
| Brustspitz | Brustspitze/Brustkern | (Kotelettstück) | Karbonade/ |
| Eckstück | Eckstück aus der Keule | | Rippenspeer |
| Falsches Filet | Unterschale/ | Nierstück | Filetkotelett |
| (runder Mocken) | Schwanzstück | Stotzen/Schinken | Keule/Hinterschinken/ |
| Filet | Filet/Lende | | Schlegel |
| Hals | Hals/Nacken | | |
| Haxe | Haxe/Schenkel/Bein | **Innereien** | |
| Huft | Huft/Hüfte | Kutteln | Kaldaunen |
| Kalbsbrust | Kalbsbauch mit Lappen | Milken | Bries |
| Karree mit Knochen | Kotelettstück | | |

# Register deutsch

Die *kursiven* Seitenzahlen beziehen sich auf die Einleitungstexte der einzelnen Kapitel, die **halbfett** gedruckten Seitenzahlen bezeichnen die Abbildungen. Bei Rezeptvarianten in den Fussnoten wird auf das Hauptrezept verwiesen.

# E

Eier *313*
gefüllte, mit Kräutern **316**, 317
mit Petersilie und Sardellen **316**, 316
mit Schinken 315
mit schwarzen Oliven 315, **316**
mit Thunfisch, s. Eier, gefüllte, mit Schinken
harte *314*
mit Tomaten und Thun-fischsauce 314
hartgekochte, mit Vinaigrette 314
im Förmchen **312**, *318*, 321
pochierte *318*
an grüner Sauce **319**, 319
einfache 320
nach Genueser Art 318
wachsweich gekochte *314*
einfache 318
Eierflockensuppe 51
Eierkuchen *325*
mit Mangold **312**, 325
mit Peperoni **327**, 327
mit Zucchini und Ricotta 326
Eiersauce, ungekochte **432**, 445
Eierschwämme im Ofen 306
Eierschwammsauce 447
Eis
flambiertes 431
mit Rahm oder Eiern *417*
Eisbecher *429*
Eissoufflé(s) *425*
mit Grand Marnier 427
mit Mokka **428**, 428
Eisspezialitäten *387*, *417*
Eiszubereitung, Methoden der *420*
Endivie *293*
mit Sardellen 298
mit Tomaten 298
Englische Creme 388
Ente
an Orangensauce 258
gebratene 258
s. Geflügel *256*

Erbsen
gedünstet in Butter 279
mit Karotten und Lattich 278
mit Schinken 278
Erdbeereis, s. Aprikoseneis
Erdbeerkuchen 375, **376**
Erdbeer-Parfait **426**, 426
Erdbeersauce **415**, 415
mit Grand Marnier 414
Essiggemüse **22**
Estragonbutter 451

# F

Fasan *264*
gebratener 267
geschmorter 266
Fasnachtsküchlein *369*, 384, **385**
Fenchel *275*
mit Kräutern 275
mit Oregano 276
Filetsteaks
einfache 147
grillierte 355
mit Rosmarin 147
mit schwarzem Pfeffer 148
Fisch(e) *109*, *110*
gegart auf dem Teller 112
gratinierter, s. Fisch, Reste von
grillierter 112
in der Folie 112
Reste von 129
Fischfilets *122*
Fischfond 112
Fischmayonnaise, s. Fisch, Reste von
Fischsalat *15*, **19**, 19
Fischsuppe(n) *140*
einfache 143
Livorneser 142
ohne Gräten 140, **141**
Fischtranchen *122*
Fleisch *145*
an Marsala-Sauce 361
an Pilz-Sauce 361
grilliertes *350*, 355
mit Gemüse 362
mit Zitrone und Rosmarin 360
nach Art des Pizza-Bäckers **363**, 363

Fleischbrühe
mit Ei nach Art von Pavia **52**, 52
mit Nudeleinlage 51
Fleischkroketten 360
Fleischreste *360*
Fleischsalat *15*, 15
Fleischsauce
mit Pilzen 444, **445**
mit Wurstmasse 448
Florentiner Steak 150, **348**
Fondue nach Piemonteser Art 46, **47**
Forellen mit Petersilie 117
Forellenfilets 125
Früchtedesserts *393*
Früchtegelee **386**, 393
Fruchteis *422*
Früchtekuchen 372, *372*, **373**
Früchtespiesschen 406
Fruchtsalat aus Pfirsichen und Feigen 394

# G

Gebäck *369*
Geflügel *235*, *236*, *256*
Geflügelcocktail mit Spargel 41, **42**
Geflügelleber an Marsala-Sauce 225
Geflügelleber-Parfait 34
Geflügelsalat
mit Apfel und Sellerie 17
mit Mayonnaise 17
Gemüse *269*
grilliertes *356*, *357*
Reste von *10*, *359*
saures 311
Gemüseauflauf mit Eiern *331*, 331
Gemüsefondue, Piemonteser 310, **311**
Gemüsesalat(e) *10*
gemischter **8**, 12
Gemüsesuppe(n)
mit Teigwaren *57*
nach Genueser Art 65
nach Mailänder Art **63**, 63
Gemüsetopf mit Spargel 271
Gerstensuppe 67
Gianduja-Eis, s. Schokoladeneis
Gitterkuchen **368**, 375

# Register italienisch

Die *kursiven* Seitenzahlen beziehen sich auf die Einleitung der
einzelnen Kapitel, die **halbfett** gedruckten Seitenzahlen bezeichnen die Abbildungen.

Das Beste aus Italiens Küche
Originalrezepte von heute

Herausgegeben durch:
DAS BESTE AUS READER'S DIGEST AG

Satz: Typopress Zürich AG, Zürich
Lithos: Litho-Service AG, St. Gallen
Druck: Dietschi AG, Olten
Binden: Buchbinderei Burkhardt AG, Mönchaltorf-Zürich
Papier: Leichtgestrichen, matt, holzfrei, SK3, 100 gm$^2$

Printed in Switzerland